3.11
大震災の記録

中央省庁・
被災自治体・
各士業等の対応

震災対応セミナー実行委員会 [編]

発行 民事法研究会

はしがき

　平成23年3月11日午後2時46分。三陸沖を震源とするマグニチュード9.0、最大震度7（宮城県栗原市）の大地震が生じ、その後の大津波およびそれに伴う原子力発電所の事故が相次いで起こり、わが国にとって未曾有の災害となりました。

　死者は、平成24年6月20日現在1万5863名、行方不明者は2949名（警察庁緊急災害警備本部資料）に上り、現在も多くの方が避難生活を余儀なくされている状況にあります。

　ここにあらためて多くの死者およびご遺族さらには苦難に耐えられている皆様に心からのお悔やみおよびお見舞いを申し上げる次第です。

　震災対応セミナー実行委員会は、実務公法学会、第二東京弁護士会公法研究会のメンバーが中心となり、元官僚、弁護士、行政書士、司法書士、税理士、社会保険労務士、土地家屋調査士等により構成され、平成23年7月より活動を開始し、同年11月2日、3日に国連大学において、中央省庁や被災自治体等から講演者をお招きし「東日本大震災にどのように対応したのか」をテーマにセミナーを開催いたしました。

　本書は、上記セミナーの講演内容に大幅な加筆をいただいたものと、その後同テーマについて分科会を開催しご講演いただいたもの、さらに各被災自治体、各士業団体から寄稿いただいたものです。

　その内容は、これまでのマスコミ報道等では知ることのできなかった多くの関係者の熱い思いとご苦労、迅速な対応、今後の課題が豊富な資料とともに解説されています。たとえば、第1編では、警察の措置として、警察官の活躍が報告され特に岩手県大船渡警察署高田幹部交番では高橋警視が、大津波警報が出たときに署員や部下に住民の避難のための誘導を指示した後、「さあ、これからが俺の仕事だ」という言葉とともに避難誘導に向かい殉職されたことが、消防庁の対応においては、阪神・淡路大震災の経験を踏まえ、各消防機材等の統一を図ったこと、緊急消防援助隊が今回初めて消防庁長官

はしがき

　の指示により出動したこと、防災計画の策定に参考となる事例が解説されており、厚生労働省からは、災害派遣医療チーム（DMAT）の迅速な対応が、環境省からは災害廃棄物の広域処理の必要性が訴えられています。第2編では、岩手県での災害現場で次々と起こる難題を解決していく様子が語られ、宮城県からは道路の確保、ボランティア対応の有益な情報が、福島県からは原子力発電所の事故による被害と対応、千葉県からは帰宅困難者対策に苦慮されていることが述べられています。第3編では、弁護士と行政書士が、チームを組んで被災者の原子力災害の損害賠償に対応していること、司法書士会が法律相談のために相談員の養成をしたこと、税理士会による確定申告期限の延長の意見具申と無料相談等の対応、社会保険労務士会による「復興支援ほっとライン」の開設と厚生労働大臣への意見具申、土地家屋調査士による復興支援のための調査と法務省への意見具申が報告されており今後の災害対応において必ず参考になるものと思われます。生命保険業界、損害保険業界の速やかな保険料の支払いのための対応は貴重な資料となることでしょう。

　平成7年の阪神・淡路大震災の経験は確かに活かされ、今後はこの東日本大震災の対応を踏まえて災害対策はより充実していくものと思われます。

　本書解説は、震災対応セミナーが開催された平成23年11月現在の内容が中心となっておりますことをご注意ください。その後も各省庁等は、復旧から復興に向けて現在も引き続き新たな対応を行っていますから、その内容は各ホームページ等で確認できます。また、各執筆者の役職名は、平成23年11月の震災対応セミナーおよび同年11月から平成24年1月にかけて行われた各分科会における講演時のものとなっておりますことをご了承いただければと思います。

　東日本大震災からもうすぐ500日が経過しようとしています。この災害の経験は決して風化させてよいものではありません。今後も東海地震、東南海・南海地震等の発生が危惧されているところでありますが、第2編第1章においてふれられているように「想定外」をなくし「減災」をめざすために本書をご活用いただければ幸いです。

最後に各講演者・執筆者には、ご多忙の中貴重な論考を寄せていただいたことに厚く感謝を申し上げるとともに、一刻も早い被災地の復興をお祈り申し上げる次第です。
　平成24年7月吉日

　　　　　　　　　　　　　震災対応セミナー実行委員会会長　山 田 英 雄

第1編　中央省庁の対応

第1章　震災と危機管理 ……………野田　健・2

I　阪神・淡路大震災の教訓 …………………………………………… 2
　1　初期情報の把握 ……………………………………………… 2
　2　危機管理センターの設置 …………………………………… 3
　3　危機管理体制──内閣危機管理監と緊急参集チーム ……… 3
　4　情報通信ネットワークの整備 ……………………………… 4
　5　迅速な自衛隊の災害派遣 …………………………………… 4
　6　実働機関の広域応援体制 …………………………………… 5
II　東日本大震災における課題 ……………………………………… 5
　1　2：7に着目せよ ……………………………………………… 6
　2　被災地は情報発信能力をなくす …………………………… 6
　3　憂いなければ備えない ……………………………………… 7
　4　大成功が大失敗のもと ……………………………………… 7
　5　手立てを講じ実行せよ ……………………………………… 7
III　最後に …………………………………………………………… 8

第2章　法務省の対応 ……………小川秀樹・9

I　はじめに …………………………………………………………… 9
II　初動体制 …………………………………………………………10
III　法務省職員派遣状況等 …………………………………………10

1　物資提供等 …………………………………………………………10
　　2　人的支援体制 ………………………………………………………11
Ⅳ　政策・施策 …………………………………………………………………12
　1　「特定非常災害の被害者の権利利益の保全等を図るための
　　　特別措置に関する法律」に基づく措置 ………………………………12
　　(1)　制定の経緯 ………………………………………………………13
　　(2)　行政上の権利利益に係る満了日の延長 ………………………13
　　(3)　期限内に履行されなかった義務に係る免責 …………………15
　　(4)　債務超過を理由とする法人の破産手続開始の決定の特例 …16
　　(5)　民事調停法による調停の申立ての手数料の免除 ……………17
　2　登記・戸籍 …………………………………………………………17
　　(1)　登記手数料の免除 ………………………………………………18
　　(2)　東日本大震災により登記の申請をすべき期間に登記の申請が
　　　　できなかった場合 ………………………………………………18
　　(3)　東日本大震災による戸籍届出期間 ……………………………19
　　(4)　死体未発見者に係る死亡届 ……………………………………19
　　(5)　東日本大震災による地殻変動に伴う地図等証明書上の座標値
　　　　表示への影響 ……………………………………………………20
　　(6)　東日本大震災により滅失した戸籍の再製 ……………………21
　　(7)　登記・戸籍に関する相談窓口 …………………………………22
　3　出入国管理・外国人登録等 ………………………………………23
　　(1)　出入国管理 ………………………………………………………23
　　(2)　外国人被災者の安否確認調査 …………………………………23
　　(3)　避難先の市区町村窓口での外国人登録の各種手続 …………24
　　(4)　震災により途中帰国した研修生、技能実習生の方のための
　　　　新たな査証（ビザ）の発給 ……………………………………24
　　(5)　相談窓口 …………………………………………………………24
　4　罹災都市借地借家臨時処理法と被災区分所有建物の再建

目　次

　　　　等に関する特別措置法の取扱い……………………………………25
　　5　その他の法律……………………………………………………………26
　　6　その他（規制緩和）……………………………………………………27
　　7　情報提供…………………………………………………………………28
　　　(1)　土地、建物の登記済証（権利証）を紛失した場合………………29
　　　(2)　境界標識………………………………………………………………29
　　　(3)　手形・小切手…………………………………………………………29
　　　(4)　被災地域の外国人登録者に関する情報の提供……………………29
　　　(5)　被災外国人の支援に関する国際移住機関（IOM）との協力………30
　　8　人への風評被害…………………………………………………………30
　　　(1)　放射線被ばくについての風評被害等………………………………30
　　　(2)　啓発発動の実施………………………………………………………31
　　　(3)　相談窓口………………………………………………………………31
Ⅴ　その他――各種相談体制……………………………………………………31
Ⅵ　おわりに………………………………………………………………………32

第3章　東日本大震災に伴う警察措置　　西村泰彦・34

はじめに………………………………………………………………………………34
Ⅰ　概　要…………………………………………………………………………35
　　1　東日本大震災の特徴……………………………………………………35
　　2　被災地への部隊派遣状況（阪神・淡路大震災との比較）…………35
Ⅱ　福島第1原子力発電所周辺地域における警察活動………………………35
　　1　事故発生時の初動措置…………………………………………………35
　　　(1)　付近住民の避難誘導…………………………………………………35
　　　（資料1）被災地への部隊派遣状況……………………………………36
　　　(2)　原子炉建屋への放水活動……………………………………………36

2　行方不明者の捜索………………………………………………37
　　　(1)　20～30キロメートル圏内…………………………………37
　　　(2)　10～20キロメートル圏内…………………………………38
　　　(3)　10キロメートル圏内………………………………………38
　　　(4)　放射線量測定………………………………………………38
　　3　警戒区域の設定に伴う諸活動…………………………………38
　　　(1)　警戒区域における検問……………………………………38
　　　(2)　一時立入りの支援…………………………………………39
　　4　原子力発電所周辺地域における治安維持活動………………39
　　5　サイバー攻撃への対策…………………………………………40
　　（資料2）原子力発電所事故に関する情報の提供を装った標準的メール……40

Ⅲ　被災地における安全と秩序の確保、復興に向けた取組み…………41
　　1　生存者の救出・救助……………………………………………41
　　2　被災者の避難誘導………………………………………………42
　　3　関係道路の交通規制……………………………………………42
　　4　避難所等での被災者の支援……………………………………43
　　　(1)　被災者の心に響く支援の推進……………………………43
　　　(2)　被災者向け行政手続の負担軽減…………………………43
　　5　ご遺体の身元確認………………………………………………43
　　（資料3）東日本大震災と阪神・淡路大震災との比較……………44
　　6　生活の安全と秩序の維持………………………………………45
　　（資料4）治安再生に向けたアプローチ……………………………46
　　7　警察の情報通信…………………………………………………46

Ⅳ　被災地での警察をとりまく状況………………………………………47
　　1　警察官の被害……………………………………………………47
　　2　警察施設等の被害………………………………………………48
　　3　困難な状件下での警察活動……………………………………48
　　　(1)　水、食料等生活必需品の不足……………………………48

目　次

　　(2)　警察署等に泊まり込んで連日活動……………………………48
　　(3)　寒さの厳しい中での活動………………………………………48
　　(4)　福島第1原子力発電所周辺での活動…………………………49
　　(5)　浸水地域での捜索活動…………………………………………49
　　(6)　惨事ストレス……………………………………………………49
　　(7)　暑さが厳しい中での活動………………………………………49
　　(8)　遺品等を目のあたりにする活動………………………………49
　　(9)　避難所での支援活動……………………………………………49
　　(10)　がれき等の粉塵の中での活動…………………………………50
　　(11)　ご遺族等への対応………………………………………………50
　　(12)　疲労解消が困難な中での活動…………………………………50
Ⅴ　被災県警察への支援…………………………………………………50
Ⅵ　補　論…………………………………………………………………51
　1　はじめに……………………………………………………………51
　2　本件検証資料の主な内容…………………………………………51
　　(1)　体制の確立………………………………………………………52
　　(2)　被災者の避難誘導………………………………………………52
　　(3)　被災者の救出救助・捜索………………………………………53
　　(4)　身元確認…………………………………………………………53
　　(5)　交通対策…………………………………………………………53
　　(6)　被災地における安全・安心の確保……………………………54
　　(7)　警察の情報通信の確保…………………………………………55
　　(8)　原子力災害等への対応…………………………………………56
　　(9)　警察施設の防災機能の強化……………………………………58
　　(10)　国民への情報提供………………………………………………58
　3　警察庁災害対策検討委員会の設置………………………………58

第4章 消防庁の対応① ……………佐々木克樹・59

- I 消防の基本的しくみ……………………………………59
  - 1 市町村消防………………………………………59
    - （資料1）地域の防災力……………………………60
  - 2 消防の応援………………………………………60
  - 3 緊急消防援助隊制度……………………………61
    - (1) 緊急消防援助隊とは…………………………61
    - (2) 部隊編成………………………………………61
    - (3) 出動までの流れ………………………………61
    - （資料2）緊急消防援助隊の迅速な出動体制の構築……62
    - (4) 東日本大震災のケース………………………63
    - （資料3）緊急消防援助隊の出動事例………………63
- II 東日本大震災での応急対応等……………………………64
  - 1 震災における火災の状況………………………64
  - 2 ・緊急消防援助隊の活動…………………………65
    - (1) 出動規模………………………………………65
    - (2) 余震・原子力発電所事故に伴う対応………65
    - (3) 東日本大震災での活動概要…………………66
    - （資料4）主な被災県に対する緊急消防援助隊の応援状況……67
    - （資料5）東京電力㈱福島原子力発電所に関連する消防の対応……68
  - 3 消防団……………………………………………69
    - (1) 水門閉鎖………………………………………69
    - (2) 避難誘導………………………………………69
    - (3) 消防職団員の被害……………………………69
    - （資料6）消防団員が災害に巻き込まれた事例……70
- III 震災を踏まえた消防防災体制の確保……………………71

目　次

　　1　緊急点検通知…………………………………………………………71
　　2　補正予算……………………………………………………………72
　　3　消防審議会…………………………………………………………73
　　　（資料7）第26次消防審議会の審議事項等……………………………74

第5章　消防庁の対応❷
―――地域総合防災力の充実に向けて…山口英樹・76

Ⅰ　東日本大震災………………………………………………………………76
　　1　震災の概要と被害状況………………………………………………76
　　　（資料1）東日本大震災の被害状況………………………………………76
　　　（資料2）津波の観測状況…………………………………………………77
　　2　津波による被害状況…………………………………………………78
　　　（資料3）浸水範囲と痕跡・各市町村の浸水面積………………………79
　　3　火災の被害……………………………………………………………80
　　　（資料4）東日本大震災による火災の状況………………………………81
　　4　東日本大震災における消防活動……………………………………82
　　　(1)　主な被災県の消防機関………………………………………………82
　　　(2)　主な被災県の消防活動………………………………………………82
　　　（資料5）東日本大震災の被害状況と消防の活動（主な被災県の消防の
　　　　　活動状況①）…………………………………………………………82
　　　(3)　主な被災県の消防機関の被害状況…………………………………83
　　　(4)　消防機関の応援活動――緊急消防援助隊の活動等………………83
　　　（資料6）東日本大震災の被害状況と消防の活動（主な被災県の消防の
　　　　　活動状況②）…………………………………………………………83
　　　（資料7）東日本大震災の被害状況と消防の活動（主な被災県に対する
　　　　　他県の消防の応援状況）……………………………………………85
　　　（資料8）緊急消防援助隊の救助活動事案……………………………85

5　中央防災会議専門調査会報告書の要点……………………………89
　　（資料9）東北地方太平洋沖地震を教訓とした地震・津波対策に関する
　　　　　　専門調査会・報告要点…………………………………………90
　　（資料10）中央防災会議で検討対象とした大規模地震…………………91
　　（資料11）死因・年齢構成…………………………………………………92
　　（資料12）過去の地震との比較……………………………………………92
Ⅱ　地域防災計画における地震・津波対策の充実強化に関する
　　検討会報告書の概要………………………………………………………93
　　1　地域防災計画の見直しのための対応………………………………93
　　2　地域防災計画における地震・津波対策の充実強化に関する
　　　　検討会報告書の概要……………………………………………………94
　　（資料13）地域防災計画における地震・津波対策の充実・強化に関する
　　　　　　検討会報告書の概要（平成23年12月消防庁防災課）……………95
　　（資料14）参考事例（宮城県気仙沼市の取組事例）………………………98
　　（資料15）参考事例（和歌山県の取組事例）………………………………99
　　（資料16）参考事例（災害時の都道府県による市町村への支援）………99
Ⅲ　東日本大震災を踏まえた大規模災害発生時における消防団
　　活動のあり方に関する検討会……………………………………………100
　　1　検討会の設置……………………………………………………………100
　　（資料17）東日本大震災を踏まえた大規模災害時における消防団活動の
　　　　　　あり方等に関する検討会……………………………………………100
　　2　東日本大震災における消防団の活躍…………………………………101
　　　（1）水門閉鎖……………………………………………………………101
　　　（2）避難誘導……………………………………………………………101
　　　（3）その他の活動………………………………………………………102
　　3　検討会における主な検討事項…………………………………………102
　　（資料18）大規模災害時における消防団活動のあり方等に関する検討会
　　　　　　中間報告書の概要…………………………………………………103

目　次

　　　（資料19）津波災害時の消防団員の安全確保対策（活動・安全管理
　　　　　マニュアル整備のフローチャート）……………………………………105
　　　（資料20）津波災害時の消防団活動・安全管理マニュアル等で定める
　　　　　べき事項……………………………………………………………………106
　Ⅳ　地域総合防災力の充実に向けて……………………………………………108
　　　（資料21）自然災害による死者・行方不明者の推移…………………………109

第6章　防衛省の対応 …………………… 井上一徳・110

　Ⅰ　はじめに………………………………………………………………………110
　Ⅱ　東日本大震災の概要…………………………………………………………110
　　1　防衛省の主な対応状況……………………………………………………110
　　　（資料１）地震の概要と防衛省の主な対応状況………………………………111
　　2　自衛隊の活動の特徴………………………………………………………112
　　　（資料２）東日本大震災と自衛隊の活動の特徴………………………………112
　　　（資料３）東日本大震災における被害状況等…………………………………113
　　　（資料４）自衛隊の派遣規模および活動実績…………………………………113
　　　（資料５）阪神・淡路大震災と東日本大震災の比較…………………………114
　　　（資料６）派遣規模の推移………………………………………………………115
　　　（資料７）発災当初からの派遣人員の比較……………………………………116
　Ⅲ　救助・捜索活動………………………………………………………………116
　　　（資料８）沿岸部集中捜索………………………………………………………117
　Ⅳ　物資・人員の輸送……………………………………………………………118
　　　（資料９）民生支援物資の輸送…………………………………………………119
　　　（資料10）燃料輸送支援の状況（多賀城駐屯地の例）………………………120
　Ⅴ　生活支援………………………………………………………………………120
　Ⅵ　即応予備自衛官・予備自衛官の活動………………………………………121
　　　（資料11）活動実績（原子力災害派遣）………………………………………122

目 次

Ⅶ　原子力災害対処 …………………………………………………………………122
　　（資料12）自衛隊による放水作業およびモニタリング ………………………123
　　（資料13）福島原子力発電所周域における活動 ………………………………124
Ⅷ　米軍・豪州軍との協力 …………………………………………………………125
　　（資料14）米軍の活動（TOMODACHI作戦）………………………………126
　　（資料15）米軍による福島原子力発電所事故への災害対処 …………………127
　　（資料16）米軍による被災地のインフラ復興支援 ……………………………128
Ⅸ　教訓事項（中間とりまとめ）…………………………………………………128
　　（資料17）東日本大震災への対応に関する教訓事項（中間取りまとめ）
　　　　　　　のポイント …………………………………………………………129
　　1　意思決定 ……………………………………………………………………132
　　2　運　用 ………………………………………………………………………133
　　3　各国との連携 ………………………………………………………………134
　　4　通　信 ………………………………………………………………………134
　　5　人事・教育 …………………………………………………………………134
　　6　施　設 ………………………………………………………………………134
Ⅹ　最後に ……………………………………………………………………………135

第7章　厚生労働省の対応① ………唐澤　剛・136

Ⅰ　はじめに …………………………………………………………………………136
Ⅱ　東日本大震災の被害状況 ………………………………………………………136
　　（資料１）東日本大震災における被害状況 ……………………………………137
　　1　医療機関の被災状況 ………………………………………………………137
　　（資料２）被害状況①（医療機関・社会福祉施設）……………………………138
　　2　水道の被害状況 ……………………………………………………………138
　　（資料３）被害状況②（水道）……………………………………………………139
　　3　事業所・就業者への影響 …………………………………………………139

目　次

　　（資料４）震災以前の被災３県の臨海部（市町村）における就業状況 ……… 140
Ⅲ　厚生労働省の対応 …………………………………………………………… 141
　1　厚生労働省の体制 ………………………………………………………… 141
　　（資料５）政府における東日本大震災関係の対策本部等 ……………………… 141
　2　保健・医療に関する対応 ………………………………………………… 142
　　(1)　災害派遣医療チーム（DMAT） ………………………………………… 142
　　（資料６）東日本大震災に対するこれまでの対応① …………………………… 143
　　（資料７）東日本大震災に対するこれまでの対応② …………………………… 143
　　（資料８）東日本大震災に対するこれまでの対応③ …………………………… 144
　　（資料９）東日本大震災に対するこれまでの対応④ …………………………… 144
　　(2)　災害医療コーディネーター ……………………………………………… 145
　　(3)　医師の派遣 ………………………………………………………………… 145
　3　医薬品の調達 ……………………………………………………………… 146
　　（資料10）医薬品の調達 ………………………………………………………… 146
　4　雇用への対応 ……………………………………………………………… 147
　　（資料11）「日本はひとつ」しごとプロジェクト ……………………………… 147
　　（資料12）主な支援制度 ………………………………………………………… 148
　　（資料13）（参考）雇用創出基金事業の取組状況（９月29日現在厚労省
　　　　　　把握分） ……………………………………………………………… 148
　　（資料14）被災者への取組み …………………………………………………… 149
　5　原子力発電所事故への対応 ……………………………………………… 149
　　（資料15）原子力発電所事故への対応 ………………………………………… 150
　　(1)　入院患者の搬送 …………………………………………………………… 150
　　(2)　食品の安全確保 …………………………………………………………… 151
　6　専門職員（保健師、心のケアチーム、薬剤師、栄養士、
　　　介護職員）の活動 ………………………………………………………… 152
　　(1)　保健師 ……………………………………………………………………… 153
　　(2)　心のケアチーム …………………………………………………………… 153

(3)　薬剤師 ……………………………………………………………153
　　(資料16)　医療関係者の派遣等 ……………………………………154
　　(資料17)　保健師の活動 ……………………………………………154
　　(資料18)　薬剤師の活動 ……………………………………………155
　　　(4)　栄養士 ……………………………………………………………155
　　(資料19)　栄養改善対策 ……………………………………………156
　　　(5)　介護職員 …………………………………………………………156
　7　震災孤児・震災遺児 …………………………………………………156
　8　災害救助法の適用 ……………………………………………………156
　　(資料20)　介　護 ……………………………………………………157
　　(資料21)　災害救助法の適用 ………………………………………157
　9　仮設住宅 ………………………………………………………………158
　　　(1)　みなし仮設 ………………………………………………………158
　　　(2)　仮設住宅での生活期間と配慮 …………………………………158
　　(資料22)　仮設住宅について ………………………………………159
　　　(3)　サポート拠点の設置 ……………………………………………159
　　(資料23)　仮設住宅へのサポート体制について …………………160
Ⅳ　最後に ……………………………………………………………………161

第8章　厚生労働省の対応❷
——食品の安全確保を中心に
　　　　　　　………震災対応セミナー実行委員会厚生労働省分科会・162

はじめに ………………………………………………………………………162
Ⅰ　被災地の復興に向けて …………………………………………………162
　1　平成23年度補正予算・平成24年度予算（案）での支援 …………162
　　(資料1)　平成23年度厚生労働省第3次補正予算（案）の概要 ………163
　2　市町村復興支援チーム ………………………………………………164

3　復興特区制度 ……………………………………………………165
Ⅱ　東日本大震災からの復興基本方針──厚生労働省関連部分 ……165
　　（資料２）東日本大震災からの復興の基本方針（厚生労働省関連部分）……165
Ⅲ　原子力発電所事故に伴う食品の安全への対応 …………………168
　　1　対　応 ……………………………………………………………168
　　（資料３）原子力発電所事故への対応（食品の安全）………………169
　　2　食品の安全確保のしくみ──リスク分析 ……………………170
　　（資料４）食品の安全への取組み（リスク分析）……………………170
　　3　食品安全委員会の食品健康影響評価書 ………………………171
　　4　新たな基準値設定のための基本的な考え方 …………………171
　　（資料５）主な論点と対応の方向 ………………………………………172
　　（資料６）現行の食品の暫定規制値の考え方 …………………………173
　　（資料７）海外における食品中の放射性物質に関する基準値の比較 ………174
　　（資料８）食品中の放射性物質に関する規制値の見直しに係るスケジュール見込み …………………………………………………………175

第9章　厚生労働省の対応③
──雇用・労働関係施策を中心に
　　………震災対応セミナー実行委員会厚生労働省分科会・176

はじめに …………………………………………………………………176
Ⅰ　雇用保険の特例等 ………………………………………………176
　　1　特例的な失業給付の支給 ………………………………………176
　　2　広域求職活動、移転費等の支給対象となる被災地域の指定 ……178
　　3　被災者等を雇い入れる事業主を対象とした助成金の創設 ……179
　　4　被災者の雇い入れ、再雇用して職業訓練を行う中小企業事業主への支援 …………………………………………………179
Ⅱ　雇用調整助成金の活用等 ………………………………………180

1　雇用調整助成金の特例……………………………………………180
　　　2　派遣労働者の雇用維持・確保……………………………………182
　　　3　有期契約労働者およびパートタイム労働者の雇用維持・確保……183
　　　4　産休切り・育休切り等への対応…………………………………183
　Ⅲ　就職支援の強化等………………………………………………………184
　　　1　就職支援の強化……………………………………………………184
　　　2　雇用問題への配慮に関する経済団体への要請…………………184
　　　3　しごと情報ネットの被災者向け求人情報の提供および積極
　　　　　的な活用について要請……………………………………………185
　　　4　復興工事に従事する建設労働者の教育訓練・雇用改善への
　　　　　対応……………………………………………………………………186
　Ⅳ　新規学卒者に対する就職支援………………………………………187
　Ⅴ　被災者等就労支援・雇用創出推進会議……………………………189
　　（資料1）「日本はひとつ」しごとプロジェクト・フェーズ1（第1段階）……190
　　（資料2）「日本はひとつ」しごとプロジェクト・フェーズ2（第2段階）……190
　　（資料3）「日本はひとつ」しごとプロジェクト・フェーズ3（第3段階）……191
　Ⅵ　労働保険……………………………………………………………………191
　　　1　労働保険料の納付期限の延長……………………………………191
　　　2　被災地における労災保険の事務処理についての通知…………192
　　　3　労災診療費等の請求の取扱い……………………………………193
　　　4　遺族年金の支給、労働保険料の免除の特例等…………………193
　　　5　労災保険のメリット制の特例措置………………………………194
　Ⅶ　被災地における労働災害の防止……………………………………195
　Ⅷ　労働条件の確保等………………………………………………………199
　　　1　緊急相談窓口の開設………………………………………………199
　　　2　震災に伴う解雇、雇止め等の事案に対する啓発指導の実施
　　　　　状況………………………………………………………………………200
　　　3　労働条件等の適切な明示について要請…………………………201

17

目　次

　　4　震災に伴う災害復旧工事等に係る建設業附属寄宿舎の法定
　　　　基準の周知について要請……………………………………………202
　　5　震災に伴う復旧工事等の実施にあたって建設業団体に労働
　　　　者派遣法の遵守を要請………………………………………………202
Ⅸ　労働局の確保等……………………………………………………………203
　　（資料4）出張相談実績……………………………………………………203
　　（資料5）ハローワークにおける職業紹介状況等………………………203
　　（資料6）労働基準監督署において受理した申請等……………………204

第10章　農林水産省の対応①　……………真鍋郁夫・205

はじめに………………………………………………………………………………205
Ⅰ　東北地方太平洋沖地震の概要……………………………………………205
　　（資料1）平成23年（2011年）東北地方太平洋沖地震の概要…………206
Ⅱ　地震・津波による農林水産業への影響…………………………………207
　　1　農林水産関係被害の概要…………………………………………………207
　　（資料2）東日本大震災における農林水産関係被害の重大さ…………207
　　（資料3）阪神・淡路大震災との比較……………………………………208
　　（資料4）東北3県の農林水産業の概況（平成21年）…………………209
　　2　水産業への被害……………………………………………………………210
　　（資料5）水産業への被害①………………………………………………210
　　（資料6）水産業への被害②………………………………………………211
　　3　農業への被害………………………………………………………………211
　　（資料7）農業への被害……………………………………………………212
　　4　林業・木材加工業への被害………………………………………………213
　　（資料8）林業・木材加工業への被害……………………………………213
Ⅲ　地震・津波被害からの復旧対策…………………………………………214
　　1　応急復旧……………………………………………………………………214

（資料9）震災直後の応急の対応 ……………………………………215
　　2　補正予算による復旧 ……………………………………………216
　　　(1)　水産関係への復旧対策 ………………………………………216
　　　（資料10）水産関係復旧対策 ………………………………………216
　　　(2)　農業関係への復旧対策 ………………………………………217
　　　（資料11）農業関係復旧対策 ………………………………………218
　　　(3)　林野関係の復旧対策 …………………………………………218
　　　（資料12）林野関係復旧対策 ………………………………………219
　　　(4)　農林水産省の被災現場での復旧支援の取組み ……………219
　　　（資料13）東日本大震災に対応した現地支援チームの現在の取組み ……220
Ⅳ　被災した農山漁村の復興に向けた対策 …………………………221
　　　（資料14）復興基本方針における農林水産関係の位置づけ ……221
　　1　水産復興マスタープラン ………………………………………222
　　　（資料15）水産復興マスタープランの概要 ………………………222
　　　（資料16）水産を構成する各分野を総合的・一体的に復興 ……223
　　2　農業・農村の復興マスタープラン ……………………………223
　　　（資料17）農業・農村の復興マスタープランの概要 ……………224
　　　（資料18）年度ごとの営農再開可能面積 …………………………225
　　　（資料19）農地の復旧可能性の図面（宮城県）……………………226
　　　（資料20）「農業・農村の復興マスタープラン」による農業・農村の復興
　　　　　　　イメージ ………………………………………………………227
Ⅴ　原子力発電所問題の農林水産業への影響と対策 ………………227
　　　（資料21）食品の出荷制限等について ……………………………228
　　　（資料22）農地土壌の放射性物質による汚染状況 ………………229
　　　（資料23）米の放射性物質調査等のしくみ ………………………229
　　　（資料24）原子力発電所事故による諸外国・地域の輸入規制の動き ……231

目　次

第11章　農林水産省の対応②
──農地・農業用施設等の災害復旧と今後の対応 ………………………村松睦宏・232

- Ⅰ　はじめに …………………………………………………………………………232
- Ⅱ　農地・農業用施設等の被災の状況 ……………………………………………232
  - 1　被害の概要 …………………………………………………………………232
    - （資料1）農地・農業用施設等の被災状況 ……………………………233
  - 2　被害の分布 …………………………………………………………………233
    - （資料2）被災の地域分布 ………………………………………………234
  - 3　被害の特徴 …………………………………………………………………234
  - 4　地盤の変動と農地の冠水 …………………………………………………235
    - （資料3）地盤沈下の状況 ………………………………………………236
- Ⅲ　震災発生後の対応 ………………………………………………………………237
  - 1　初期の情報収集体制（水土里（みどり）災害派遣隊） ………………237
    - （資料4）被災後の対応 …………………………………………………237
    - （資料5）応急復旧（査定前着工等） …………………………………238
  - 2　応急復旧の推進 ……………………………………………………………239
  - 3　土地改良法特例法 …………………………………………………………239
    - （資料6）土地改良法特例法 ……………………………………………240
    - （資料7）査定の簡素化と早期査定 ……………………………………241
  - 4　災害査定の簡素化等 ………………………………………………………242
    - （資料8）国・県職員の派遣支援 ………………………………………242
  - 5　国・県職員の派遣 …………………………………………………………243
  - 6　農業・農村の復興マスタープラン ………………………………………243
    - （資料9）「農業・農村の復興マスタープラン」による農業・農村の復興イメージ ……………………………………………………………………243

	7 　除塩の推進 ………………………………………………………244
	8 　災害復旧の予算措置 ……………………………………………244
	（資料10）復旧の推進（復旧・除塩）………………………………245
IV	課題と対応 ……………………………………………………………246
	（資料11）課題と対応 ………………………………………………246

第12章 水産庁の対応 ……………………………大久保慎・250

I	はじめに ………………………………………………………………250
	（資料１）水産への被害（漁船、漁港、養殖、共同利用施設）……………250
	（資料２）被害の大きかった７道県の水産への被害 ……………………251
	（資料３）東北地方太平洋沖地震に伴う津波により被災を受けた漁港
	（東北圏域）……………………………………………………252
	（資料４）東北地方太平洋沖地震に伴う津波により被災を受けた漁港
	（北海道・関東圏域）…………………………………………253
II	第１ステップ＝応急の対応 …………………………………………254
	（資料５）東日本大震災の発生に対応した現地支援体制 ………………255
III	第２ステップ＝当面の復旧対策 ……………………………………256
	（資料６）水産関係１次補正予算の概要【総額2,153億円】……………257
IV	第３ステップ＝本格的復興対策 ……………………………………258
	（資料７）水産復興マスタープランの概要 ………………………………260
	（資料８）水産を構成する各分野を総合的・一体的に復興 ……………261
	（資料９）東日本大震災からの復興の基本方針（水産関係抜粋）
	（平成23年７月29日公表）……………………………………261
	（資料10）復興施策の工程表（水産関係抜粋）（平成23年８月26日、
	11月29日公表）…………………………………………………262
	（資料11）水産関係復旧・復興対策 ……………………………………263
	（資料12）水産関係復旧・復興対策予算の概要 ………………………264

目　次

　　　　（資料13）漁港施設の災害復旧・復興工事の実施状況……………………265
　　　　（資料14）漁港の応急復旧の事例（気仙沼漁港（宮城県気仙沼市））………266
　　　　（資料15）漁港の応急復旧の事例（大船渡漁港（岩手県大船渡市））………266
　　　　（資料16）水産加工団地など漁港の地盤沈下対策の事例（石巻漁港（宮城
　　　　　県石巻市））……………………………………………………………267
　Ⅴ　水産業における放射性物質対策…………………………………………267
　　　　（資料17）原子力発電所事故の影響と対応………………………………268
　　　　（資料18）消費者への情報提供の充実……………………………………269
　Ⅵ　おわりに………………………………………………………………………270

第13章　林野庁の対応　　　　　　　　　　　　　　　　添谷　稔・271

　Ⅰ　はじめに………………………………………………………………………271
　Ⅱ　被害状況等……………………………………………………………………271
　　１　林野関係の被害状況………………………………………………………271
　　２　復興・復旧に必要な木材需要……………………………………………271
　　３　合板工場などの被災状況…………………………………………………271
　　　〈表〉林野関係の都道府県別被害状況……………………………………272
　　４　海岸防災林の被害状況……………………………………………………273
　Ⅲ　平成23年度補正予算における対応状況…………………………………273
　　１　平成23年度第１次補正予算による対応…………………………………273
　　２　平成23年度第２次補正予算による対応…………………………………274
　　３　平成23年度第３次補正予算による対応…………………………………274

第14章　環境省の対応①　　　　　　　　　　　　　　清水康弘・277

　はじめに…………………………………………………………………………277

目　次

I　東日本大震災における環境省の役割 …………………………………277
1　震災直後の環境省の5つの役割 ……………………………………277
(1)　災害廃棄物処理・し尿処理 ………………………………………277
(2)　環境汚染対応 ………………………………………………………278
(3)　被災ペットの救護 …………………………………………………278
(4)　国立公園の復旧と創造 ……………………………………………279
2　原子力発電所事故に関連する環境省の新しい役割 ………………279
(1)　放射性物質による環境汚染への対応 ……………………………279
(2)　環境省外局としての原子力規制庁の創設 ………………………280
II　災害廃棄物の処理に関する制度と体制 ……………………………280
1　災害廃棄物とは何か …………………………………………………280
(1)　災害廃棄物とは ……………………………………………………280
(2)　ヘドロ等の処理 ……………………………………………………281
(3)　工場起源の廃棄物 …………………………………………………281
(4)　海中ごみ、海洋漂流ごみ …………………………………………281
2　災害廃棄物の発生状況と処理方法 …………………………………282
(1)　被災地の状況 ………………………………………………………282
(2)　災害廃棄物の発生量 ………………………………………………283
(3)　災害廃棄物の処理方法 ……………………………………………283
（資料1）災害廃棄物の処理フロー …………………………………283
3　東日本大震災に際しての特例措置 …………………………………285
(1)　財政的支援措置 ……………………………………………………285
（資料2）東日本大震災に係る災害等廃棄物処理事業 ……………285
（資料3）東日本大震災に係る廃棄物処理施設災害復旧事業 ……286
(2)　予算計上額 …………………………………………………………286
（資料4）災害廃棄物処理の予算措置状況 …………………………287
(3)　技術的支援措置 ……………………………………………………287

23

目　次

　　（4）　法令上の特例措置 …………………………………………287
　　（資料5）災害廃棄物の処理方針の提示 ………………………288
　　（資料6）災害廃棄物の法令上の特例措置の導入 ……………288
　　（資料7）災害廃棄物の処理に関する特別措置法の概要 ……289
　　（5）　環境省における地方公共団体への支援体制 …………290
　　（資料8）災害廃棄物の処理指針（マスタープラン）（5月16日）……290
　　（資料9）災害廃棄物の処理に向けたスケジュール（マスタープランに
　　　　　　よる）………………………………………………………291
　4　支援体制の整備 ………………………………………………291
　　（1）　環境省による支援体制の整備 …………………………291
　　（資料10）災害廃棄物の処理技術に関する実務的支援について ………292
　　（2）　市町村職員の派遣 ………………………………………292
　　（3）　県内支援チームの設置 …………………………………293
　　（資料11）環境省現地災害対策本部の体制図 …………………293
　　（4）　巡回訪問の実施 …………………………………………294
　　（資料12）環境省職員・研究者・技術者チームの巡回訪問 …294
Ⅲ　災害廃棄物の処理の現場での問題とその解決 …………………295
　1　所有者・占有者の確定できない財物の処理と盗難問題 ………295
　2　廃棄物の分別問題 ……………………………………………296
　3　水産加工品問題 ………………………………………………296
　4　被災自動車・船舶問題 ………………………………………297
　5　津波堆積物の処理 ……………………………………………298
　　（資料13）東日本大震災津波堆積物処理指針 …………………298
　6　仮置場の立地と管理 …………………………………………299
　7　火災の発生と防止 ……………………………………………299
Ⅳ　各県における災害廃棄物の処理の実際 …………………………300
　1　岩手県における災害廃棄物の処理状況 ………………………300
　　（1）　各地区別の処理計画の概要 ……………………………301

（資料14）岩手県の仮置場 …………………………………301
　　　（2）　広域処理の推進 ……………………………………302
　　2　宮城県における災害廃棄物の処理 ……………………302
　　　（資料15）宮城県の仮置場 …………………………………303
　　3　福島県における災害廃棄物の処理 ……………………304
　　　（資料16）福島県の仮置場 …………………………………304
Ⅴ　マスコミで注目されたトピック ……………………………305
　1　災害廃棄物の処理は遅かったのか ……………………305
　　　（1）　現場感覚では迅速な撤去 ……………………………305
　　　（2）　搬入率データにまつわる誤解 ………………………306
　　2　被災地では悪臭・害虫が多かったのか ………………307
　　　（1）　悪臭、衛生害虫問題 ………………………………307
　　　（2）　悪臭、衛生害虫への対応 …………………………308
Ⅵ　災害廃棄物の広域的な処理の推進 …………………………308
　1　放射性物質による汚染の問題 …………………………308
　　　（1）　放射性物質により汚染された災害廃棄物と放射性廃棄物の違い…308
　　　（資料17）焼却灰の安全な埋立て方法 ……………………309
　　　（資料18）（参考）8000Bq/kg 超え10万 Bq/kg 以下の焼却灰等の処
　　　　　分方法の概要 …………………………………………309
　　　（2）　環境省のガイドライン ………………………………310
　　　（3）　岩手県と宮城県の災害廃棄物の実態 ………………310
　　　（資料19）（参考）家庭ごみの焼却灰の放射性セシウム濃度（平成23年
　　　　　6月調査）……………………………………………311
　　　（資料20）災害廃棄物の広域処理の推進に係るガイドライン（平成23年
　　　　　10月11日一部改定）………………………………312
　　　（資料21）災害廃棄物の広域処理推進体制図 ……………312
　　2　東京都による災害廃棄物の受入れ ……………………313
結　び………………………………………………………………313

目　次

第15章　環境省の対応②
——平成24年度重点施策を中心に……塚本瑞天・315

はじめに………………………………………………………………………315
Ⅰ　環境省重点施策の概要……………………………………………………315
Ⅱ　東日本大震災からの復旧・復興に係る重点施策………………………316
　　1　災害廃棄物の迅速な処理等の推進……………………………………316
　　2　放射性物質による環境汚染への対応…………………………………317
　　3　被災地におけるアスベストをはじめとする有害物質対策の
　　　　推進…………………………………………………………………318
　　4　三陸復興国立公園（仮称）への再編成を軸とした東北の
　　　　豊かな自然環境を活かした取組みの推進……………………………318
　　5　東日本大震災の教訓等を踏まえた持続可能な社会の実現………319
　　6　東日本大震災からの復旧・復興に係る予算…………………………320
　　（資料1）東日本大震災からの復旧・復興対策に係る予算（案）（東日本
　　　　大震災復興特別会計（仮称）計上）……………………………………320
　　（資料2）環境省の主な復旧・復興関係予算（案）の概要………………321
　　7　平成24年度機構・定員査定結果の概要……………………………322
　　（資料3）平成24年度機構・定員査定結果の概要………………………322
Ⅲ　津波被害による岩手県・宮城県の災害廃棄物の受入れ………………324
　　（資料4）災害廃棄物の安全性……………………………………………325
　　（資料5）災害廃棄物の処理………………………………………………326
Ⅳ　各県の廃棄物処理状況……………………………………………………327
　　（資料6）災害廃棄物処理の進捗状況（岩手県）…………………………327
　　（資料7）災害廃棄物処理の進捗状況（宮城県）…………………………328
　　（資料8）災害廃棄物処理の進捗状況（福島県）…………………………329
　　（資料9）最近の動き………………………………………………………329

目 次

第16章 国土交通省の対応 …………大藤 朗・330

- I 震災復興関連の法案…………………………………………330
- II 東日本大震災の特徴と過去の大震災を踏まえた対応………330
  - （資料1）阪神・淡路大震災と東日本大震災の比較……………331
  - （資料2）過去の大災害を踏まえた対応～関東大震災～…………331
  - （資料3）過去の大災害を踏まえた対応～阪神・淡路大震災～……332
  - （資料4）東日本大震災における死者数と死因…………………332
- III 国土交通省の応急対応……………………………………333
  - 1 TEC-FORCEの派遣……………………………………333
  - 2 道路の復旧……………………………………………333
  - （資料5）東日本大震災へのTEC-FORCEの派遣………………334
  - （資料6）くしの歯作戦～三陸沿岸地区の道路啓開・復旧～……335
  - 3 鉄道、港湾の復旧………………………………………336
  - （資料7）東日本大震災に伴う迂回石油列車の運転………………336
  - （資料8）燃料輸送（日本海側ルート→太平洋側ルートへの展開）………337
  - 4 交通関係の復旧状況……………………………………337
- IV 復興に向けて…………………………………………337
  - 1 被災市街地の建築制限…………………………………337
  - （資料9）交通関係の復旧状況の推移………………………338
  - （資料10）東日本大震災により甚大な被害を受けた市街地における建築制限の特例に関する法律（平成23年法律第34号）…………339
  - 2 被災市街地復興手法検討調査……………………………339
  - （資料11）津波被災市街地復興手法検討調査の実施体制について……340
  - 3 防波堤の効果……………………………………………341
  - （資料12）釜石港における湾口防波堤の効果………………341
  - 4 津波防災まちづくりの考え方……………………………342

27

目　次

　　（資料13）津波防災まちづくりの考え方 …………………………………342
　　5　過去の災害とそれを契機とする法制度 ………………………………343
　　（資料14）（参考）過去の災害とそれを契機とする法制度（主なもの）……343
Ⅴ　災害に強い国土構造への転換 ……………………………………………343
　　1　今後の地震の発生確率 …………………………………………………343
　　（資料15）主な海溝型地震の今後30年以内の発生確率と規模 …………344
　　2　津波影響範囲と道路整備の状況 ………………………………………344
　　（資料16）東海・東南海・南海地震の津波影響範囲 ……………………345
　　3　首都直下地震への備え …………………………………………………346
Ⅵ　国土交通省における東日本大震災の復旧・復興に向けた対応 ………346
　　1　応急対応、応急復旧から本格的な復旧・復興に向けて ……………346
　　2　被災者の生活再建と安定 ………………………………………………346
　　（資料17）災害に強い高速道路のダブルネットワークのイメージ ……347
　　（資料18）首都直下地震への備えの必要性 ………………………………348
　　3　復興まちづくり …………………………………………………………348
　　（資料19）国土交通省における東日本大震災の復旧・復興に向けた対応 ……349
　　（資料20）被災者の生活再建と安定～急ぐ生活再建と、時間がかかる
　　　　　　　まちづくりとの調和～ ……………………………………………350
　　（資料21）新たな発想による復興まちづくり～ハード・ソフトの施策を
　　　　　　　総合した安全・安心なまちづくり～ …………………………351
　　4　地域の産業・経済の再生 ………………………………………………352
Ⅶ　東日本大震災からの復興の基本方針 ……………………………………352
　　1　災害に強い地域づくり …………………………………………………352
　　（資料22）地域の産業・経済の再生とそれを支える都市・交通基盤～東北
　　　　　　　地方における産業再生が、日本経済再生・国際競争力確保に直結～……353
　　（資料23）災害に強い国土構造への再構築 ………………………………354
　　2　地域経済活動の再生 ……………………………………………………355
　　3　大震災の教訓を踏まえた国づくり ……………………………………355

Ⅷ 鉄道、港湾、道路等インフラの復旧・復興策……355
　（資料24）東日本大震災復興基本方針における国土交通省関連施策の概要……356
　（資料25）沿岸部の鉄道の復旧・復興について……358
　（資料26）港湾の「産業・物流復興プラン」の推進……359
　（資料27）被災地域の再生に必要な道路整備等の推進……360

Ⅸ 法律、予算措置……360
　1　津波防災地域づくりに関する法律案……360
　　（資料28）津波防災地域づくりに関する法律案……361
　2　津波法における特例措置……361
　　（資料29）津波防災住宅等建設区制度の創設……362
　3　津波災害警戒区域の指定……362
　　（資料30）津波避難ビルの容積率規制の緩和……363
　　（資料31）津波災害警戒区域および津波災害特別警戒区域、津波防護施設等……363
　4　拠点市街地の整備……364
　　（資料32）拠点市街地の整備に関する制度……365

Ⅹ 東日本大震災復興特別区域法案……365
　1　東日本大震災復興特別区域法案とは……365
　　（資料33）東日本大震災復興特別区域法（案）（復興特区制度の概要）……366
　　（資料34）東日本大震災復興特別区域法（案）（土地利用再編の特例）……367
　2　土地利用再編の特例……367

Ⅺ 各種の予算措置……368
　1　防災集団移転促進事業……368
　　（資料35）防災集団移転促進事業の制度改正……368
　2　盛土造成地が滑動・崩落した地区に対応する事業制度……369
　　（資料36）盛土造成地が滑動・崩落した地区に対応するための事業制度の創設……369
　3　市街地の液状化対策……369
　　（資料37）市街地液状化対策事業の創設……370

目 次

  4　津波復興拠点市街地整備事業 …………………………………………370
  （資料38）津波復興拠点市街地整備事業の創設 ………………………371
  5　土地区画整理事業支援措置の拡充 ……………………………………371
  6　東北地方の高速道路の無料開放 ………………………………………371
  （資料39）土地区画整理事業支援の拡充 ………………………………372
  （資料40）東北地方の高速道路の無料開放 ……………………………372
 XII　最後に ………………………………………………………………………373

第17章　財務省の対応 …………………… 高橋俊一・374

 I　はじめに ……………………………………………………………………374
 II　国有財産関係 ………………………………………………………………374
 III　国税の申告期限の延長等 …………………………………………………375
 IV　関税の申請等の期限の延長等 ……………………………………………377
 V　政策金融機関等での対応 …………………………………………………378
  1　震災直後から平成23年度第1次補正予算成立までの対応 ………378
  2　平成23年度第1次補正予算成立後の対応 …………………………379
 VI　予算に係る対応 ……………………………………………………………380
  1　予備費（東日本大震災復旧・復興予備費を含む）…………………380
  （1）平成22年度予備費 ……………………………………………………381
  （2）平成23年度予備費 ……………………………………………………381
  2　補正予算 …………………………………………………………………382
  （1）補正予算の成立と財源 ………………………………………………382
  （2）平成23年度第1次補正予算における歳出の追加事項の内訳 ……383
  （資料1）平成23年度補正予算フレーム ………………………………384
  （3）平成23年度第2次補正予算における歳出の追加事項の内訳 ……385
  （資料2）平成23年度補正予算（第2号）フレーム …………………386
  （4）平成23年度第3次補正予算における歳出の追加事項の内訳 ……387

（資料３）平成23年度補正予算（第３号）フレーム……………………388
　Ⅶ　税制に係る対応………………………………………………………………389
　　　（資料４）東日本大震災への税制上の対応（第一弾）（国税）……………391
　Ⅷ　国債に係る対応………………………………………………………………395
　Ⅸ　塩・たばこ事業に係る対応…………………………………………………396
　　１　塩事業………………………………………………………………………396
　　２　たばこ事業…………………………………………………………………396
　Ⅹ　地方公共団体向けの財政融資に係る対応…………………………………397
　Ⅺ　地震保険に係る対応…………………………………………………………397
　Ⅻ　税関の支援策…………………………………………………………………399
　ⅩⅢ　最後に…………………………………………………………………………400

第18章　金融庁の対応　……………………長谷川靖・402

はじめに………………………………………………………………………………402
　Ⅰ　金融上の措置の養成…………………………………………………………402
　Ⅱ　被災地域の金融機関の状況…………………………………………………404
　　　（資料１）東北６県および茨城県に本店のある72金融機関の営業店
　　　　（約2700）のうち、閉鎖されている店舗数の推移………………………404
　Ⅲ　金融業界等の主な取組み……………………………………………………405
　　１　預金取扱金融機関等の対応………………………………………………406
　　２　保険会社等の対応…………………………………………………………407
　　３　その他の対応………………………………………………………………408
　Ⅳ　東日本大震災に係る保険金・共済金の支払状況…………………………408
　　　（資料２）東日本大震災に係る保険金・共済金の支払状況………………409
　Ⅴ　災害の発生に乗じた不適切な取引の監視…………………………………409
　Ⅵ　規制・検査・監督上の特例措置……………………………………………410
　Ⅶ　「中小企業金融円滑化法」の改正……………………………………………411

31

目　次

Ⅷ　「金融機能強化法」の改正 ……………………………………………413
　　（資料３）東日本大震災に対処するための金融機能強化法等の改正の概要 …413
Ⅸ　「二重債務問題」への対応 ………………………………………………415
　1　「二重債務問題」とは ………………………………………………415
　2　対応策 …………………………………………………………………415
　　（資料４）「二重債務問題」への対応 …………………………………416
　3　個人向けの私的整理ガイドライン …………………………………417
　　（資料５）「個人債務者の私的整理に関するガイドライン」の概要 ………417
　　(1)　対象となり得る債務者数と債権額 ………………………………419
　　(2)　ガイドラインの適用の効果 ………………………………………420
　　(3)　対象となる債務者・債権者 ………………………………………420
　　(4)　債務免除額 …………………………………………………………420
　　(5)　連帯保証人への対応 ………………………………………………421
　　(6)　手続の流れ …………………………………………………………421
　　(7)　ガイドラインの運用 ………………………………………………421
　　(8)　相談件数 ……………………………………………………………422
　　(9)　ガイドラインの周知徹底 …………………………………………422
　4　事業者の再生支援 ……………………………………………………422
Ⅹ　今後の課題 …………………………………………………………………423

第19章　内閣府の対応 ……………小滝　晃／丸谷浩明・425

はじめに ……………………………………………………………………………425
Ⅰ　東日本大震災の特徴 ………………………………………………………425
　1　地震の規模 ……………………………………………………………425
　2　大規模地震発生のメカニズム ………………………………………426
　　（資料１）大規模地震の概要 …………………………………………426
　　(1)　海溝型地震 …………………………………………………………426

(2)　直下型地震 ……………………………………………………… 427
　3　大津波の発生 ……………………………………………………… 427
　　(1)　浸水の範囲と痕跡 ……………………………………………… 427
　　(2)　津波の大きさ …………………………………………………… 427
　4　沿岸部の壊滅的被害による市町村機能の喪失 ……………………… 427
　5　人的被害等の規模と特徴 ………………………………………… 428
　　(1)　人的被害の規模 ………………………………………………… 428
　　(2)　人的被害等の特徴 ……………………………………………… 428
　6　液状化被害の発生 ………………………………………………… 428
　7　地震・津波による被害額 ………………………………………… 428
　　(1)　被害額の大きさ ………………………………………………… 428
　　(2)　被害の内容 ……………………………………………………… 428
　8　阪神・淡路大震災との比較 ……………………………………… 429
　(資料2)　被害状況の阪神・淡路大震災との比較 ………………… 429
　　(1)　発生日時 ………………………………………………………… 430
　　(2)　地震の規模と種別 ……………………………………………… 430
　　(3)　被災地域の範囲と国の役割 …………………………………… 430
　　(4)　被害内容の比較 ………………………………………………… 430
Ⅱ　東日本大震災における応急・復旧活動 ………………………………… 431
　1　政府の震災・復興対応体制──緊急災害対策本部の設置 ……… 431
　2　初動および本部体制の確立 ……………………………………… 431
　　(1)　3月11日 ………………………………………………………… 431
　(資料3)　初動および本部体制の確立 ……………………………… 432
　　(2)　3月12日 ………………………………………………………… 434
　　(3)　3月17日まで …………………………………………………… 434
　3　部隊派遣・各国・地域からの支援 ……………………………… 436
　4　避難者数の推移と避難所運営の課題 …………………………… 436
　5　応急仮設住宅 ……………………………………………………… 437

目 次

  6 がれきの撤去············437
  7 主なインフラ等の復旧状況············437
Ⅲ 今後の主な防災対策の視点と方向性············438
 （資料4）今後の主な防災対策の視点・方向性等について············438
  1 地震・津波対策の全般的見直し············438
 （資料5）東北地方太平洋沖地震を教訓とした地震・津波対策に関する
   専門調査会············439
  2 自然災害発生時の応急対策の検証············441
  3 東海・東南海・南海地震（3連動地震）への備え············441
  4 首都直下地震等への備え············441
 （資料6）東海・東南海・南海地震（3連動地震）について············442
 （資料7）南海トラフの巨大地震モデル検討会············442
  5 災害対策法制の見直し············443
  6 自然災害発生時の危機管理体制の見直し············443
  7 防災対策推進検討会議の設置············443
 （資料8）防災対策推進検討会議（平成23年10月11日中央防災会議決定）···444
Ⅳ 災害応急対策の検証と課題の整理············444
  1 情報伝達・伝達の課題と対応の方向············444
   (1) 「プッシュ型」支援体制の検討············444
   (2) 電話や無線の不通等、通信インフラの途絶············445
   (3) 行政機能の喪失············445
   (4) 映像の活用ができない············445
  2 救出・救助活動の課題············445
  3 災害医療の課題と対応の方向············446
  4 緊急輸送体制の課題と対応の方向············446
  5 物資輸送・調達の課題と対応の方向············447
  6 避難所運営・管理の課題············447
  7 広域連携体制の整備の課題············448

8　広報の課題 …………………………………………………………………448
　　9　海外からの支援の課題 ……………………………………………………449
　　10　男女共同参画や災害時要援護者への配慮 …………………………………450
　Ⅴ　災害対策法制の見直し ………………………………………………………450
　　1　巨大災害に対する災害法制の見直し ………………………………………450
　　　(1)　市町村機能の代行制度の拡充 …………………………………………450
　　　(2)　市町村支援のための職員の派遣や応援制度 …………………………451
　　　(3)　緊急事態布告時の緊急措置の拡充 ……………………………………452
　　　(4)　復興関係の規定等の整備 ………………………………………………452
　　2　災害対策法制の基本構造 ……………………………………………………452
　　　(1)　防災（予防、応急、復旧、復興）と「減災」………………………452
　　　(2)　多様な主体による防災活動 ……………………………………………452
　　3　被災者支援措置 ………………………………………………………………453
　　　(1)　エバキュエーション（純粋な避難）とシェルタリング
　　　　　（避難生活）の峻別 ………………………………………………………453
　　　(2)　広域避難への対応 ………………………………………………………453
　　　(3)　被災者支援の総合化 ……………………………………………………453
　（資料9）東日本大震災における災害応急対策に関する検討会──中間
　　　　とりまとめ──（平成23年11月28日）…………………………………454
　（資料10）災害対策法制のあり方に関する研究会──中間論点整理
　　　　（案）──（平成23年12月6日）…………………………………………462

第20章　中小企業庁の対応 ……………鍛治克彦・480

Ⅰ　東日本大震災による中小企業の被災状況 ……………………………………480
　（資料1）東日本大震災による中小企業の被災状況 …………………………481
　（資料2）（参考1）津波による直接の被害を受けた沿岸の漁業地域の状況…482
　（資料3）（参考2）小規模都市圏としての地域特性 …………………………483

目　次

II　被災中小企業支援策——総論 …………………………………484
　（資料４）被災中小企業支援策について …………………………484
　（資料５）被災中小企業支援策について（第１次・第２次補正予算）………485
　（資料６）被災中小企業支援策について（第３次補正予算）………………485

III　資金繰り対策 ……………………………………………………486
　（資料７）資金繰り支援・東日本大震災復興特別貸付・保証等 …………487
　（資料８）東日本大震災復興特別貸付の概要 ……………………488
　（資料９）東日本大震災復興緊急保証の概要① …………………489
　（資料10）東日本大震災復興緊急保証の概要② …………………489
　（資料11）東日本大震災後の中小企業資金繰り支援策実施状況 …………490
　（資料12）小規模事業者経営改善資金融資（マル経融資）の拡充 ………490

IV　二重ローン対策 …………………………………………………491
　（資料13）二重ローン対策 ……………………………………491
　（資料14）産業復興相談センターおよび「機構」による一貫した支援 ……492
　（資料15）産業復興相談センターと機構による再生支援 …………492
　（資料16）株式会社東日本大震災事業者再生支援機構のイメージ …………493

V　福島対策 …………………………………………………………494
　（資料17）原子力災害に伴う「特定地域中小企業特別資金」………………495

VI　仮設事業場の整備 ………………………………………………495
　（資料18）仮設工場・店舗施設整備 …………………………………496
　（資料19）仮設店舗、仮設工場等の整備（代表的事例①）……………497
　（資料20）仮設店舗、仮設工場等の整備（代表的事例②）……………497
　（資料21）仮設店舗、仮設工場等の整備（代表的事例③）……………498
　（資料22）仮設店舗、仮設工場等の整備（代表的事例④）……………498

VII　グループ補助金事業 ……………………………………………499
　（資料23）中小企業等グループ補助 ……………………………500
　（資料24）共同施設等の災害復旧補助の考え方の例 ………………501
　（資料25）石巻都市雇用圏における企業の取引構造 ………………501

（資料26）中小企業組合等共同施設等災害復旧事業 ………………………502
　　（資料27）中小企業等グループ補助金について ………………………………502
Ⅷ　その他の支援措置 …………………………………………………………503
　　（資料28）商店街災害復旧・アーケード撤去等事業 …………………………503
　　（資料29）経営相談支援（支援専門家派遣） …………………………………504
　　（資料30）風評被害への対応（中小企業海外展開等支援事業） ……………505
　　（資料31）風評被害への対応 ……………………………………………………505
Ⅸ　復旧・復興貢献企業の表彰 ………………………………………………506
　　（資料32）被災地の復旧・復興に貢献された中小企業の皆様方の取組み ……506
　　（資料33）被災地の復旧・復興に貢献された中小企業の皆様方の取組み・
　　　　　　　事例(1) ……………………………………………………………507
　　（資料34）被災地の復旧・復興に貢献された中小企業の皆様方の取組み・
　　　　　　　事例(2) ……………………………………………………………507
　　（資料35）被災地の復旧・復興に貢献された中小企業の皆様方の取組み・
　　　　　　　事例(3) ……………………………………………………………508

第2編　被災自治体の対応

第1章　「想定外」をなくし最大「減災」をめざす …………北里敏明・512

Ⅰ　東日本大震災において「想定外」といわれ ……………………………512
　1　万里の長城といわれた田老地区の防潮堤は想定外の津波で
　　破壊されたのか ……………………………………………………………512
　2　東京電力の福島第1原子力発電所の被害は想定外であったか ……514
　3　非常災害対策本部を設置すべき町役場および町長の喪失は

目 次

　　　「想定外」であったか……………………………………………515
　Ⅱ　今後の国・地方の防災体制…………………………………………516

第2章　岩手県の対応 ……………………………越野修三・518

　Ⅰ　はじめに ………………………………………………………………518
　Ⅱ　地震・津波の概要……………………………………………………519
　　1　地震の概要 …………………………………………………………519
　　2　津波の概要 …………………………………………………………519
　　（資料1）東北地方太平洋沖地震の概要 ……………………………519
　　（資料2）津波の概要 …………………………………………………520
　Ⅲ　被害の概要……………………………………………………………520
　　（資料3）東日本大震災における人的被害・建物被害状況 ………521
　Ⅳ　初動対応の課題とその教訓…………………………………………522
　　1　災害対策本部活動 …………………………………………………522
　　（1）　発災時の状況…………………………………………………522
　　（2）　災害対策本部の情報収集……………………………………523
　　（3）　状況不明下の状況判断………………………………………524
　　（4）　縦割り行政の弊害と職員の意識……………………………526
　　（資料4）県災害対策本部の組織図 …………………………………526
　　（資料5）本部支援室の強化 …………………………………………528
　　2　人命救助活動 ………………………………………………………529
　　3　避難行動 ……………………………………………………………530
　　（1）　なぜ避難が遅れたのか………………………………………530
　　（資料6）大槌湾の死者・行方不明者の居住分布 …………………532
　　（2）　津波教育の成果………………………………………………534
　　4　避難者・避難所支援 ………………………………………………535
　　（1）　避難所への支援 ………………………………………………535

（2）　避難所の運営 ··· 538
　5　緊急支援物資の集積・輸送 ··· 539
　　（1）　物流拠点 ·· 539
　　（2）　物資の調達、配分、輸送 ·· 540
　　（3）　物流に関する課題 ·· 541
　6　行方不明者（遺体）捜索・処理 ····································· 542
　　（1）　行方不明者（遺体）の捜索 ·· 542
　　（2）　遺体の処理 ··· 543
　7　がれきの撤去・処理 ·· 544
　8　初動対応でスムーズにできた事項 ································· 546
　　（1）　非常時における自衛隊の活動拠点を事前に決め、展開訓練を
　　　　　実施していた ··· 546
　　（2）　自衛隊の司令部を県庁内に設置した ························ 547
　　（3）　各機関の連携を重視した訓練を実施していた ········ 548
　9　大規模災害における災害対策本部の教訓（まとめ） ··· 548
Ⅴ　おわりに ··· 550

第3章　宮城県の対応　　　　　　　　　　　　　東海林清広・551

Ⅰ　被災の状況 ··· 551
　1　東北地方太平洋沖地震の概況 ··· 551
　2　人的被害 ·· 552
　3　住家被害 ·· 552
　4　避難状況 ·· 552
　5　県内の津波の高さ・浸水面積 ··· 553
　6　地盤沈下の状況 ·· 553
　　（資料1）地盤沈下の状況 ·· 553
　7　被災の状況 ·· 554

目 次

　　8　被害額 …………………………………………………………………554
Ⅱ　発災直後の初動態勢 ……………………………………………………556
Ⅲ　発災初期の課題 …………………………………………………………557
　1　情報不足 ………………………………………………………………557
　　（資料2）被災地の情報不足 …………………………………………558
　2　道路の確保 ……………………………………………………………559
　　(1)　くしの歯作戦 ……………………………………………………559
　　（資料3）くしの歯作戦 ………………………………………………560
　　(2)　道路の啓開・復旧 ………………………………………………560
　3　深刻な燃油不足 ………………………………………………………560
　　(1)　概　況 ……………………………………………………………560
　　（資料4）燃料不足 ……………………………………………………561
　　（資料5）宮城県内のサービスステーション（SS）の発災後の稼働状況
　　　（電話調査）…………………………………………………………561
　　（資料6）燃料不足解消のための取組み ……………………………562
　　(2)　燃油不足解消のための取組み …………………………………562
　　（資料7）燃油の共同調達・運送タンクローリーの確保 …………563
　　(3)　「安心宣言」（3月22日臨時記者会見）……………………………563
　　（資料8）燃料不足解消の経過 ………………………………………564
　　(4)　教訓として ………………………………………………………564
　4　食料・飲料水の確保 …………………………………………………564
　　(1)　避難者のための食料確保 ………………………………………564
　　（資料9）食料・飲料水の確保 ………………………………………565
　　(2)　避難していなくても食料・飲料水確保が困難 ………………565
　　(3)　教訓として ………………………………………………………565
　5　災害廃棄物の処理 ……………………………………………………566
　　(1)　災害廃棄物処理の基本方針と災害廃棄物処理実行計画の策定 ……566
　　（資料10）廃棄物の処理 ………………………………………………566

(2)　災害廃棄物の処理ブロック……………………………………………567
　　　（資料11）災害廃棄物の処理ブロック……………………………………567
　　　(3)　教訓として………………………………………………………………568
　　6　ボランティア活動……………………………………………………………568
　　　(1)　東北自動車道・ボランティア・インフォメーションセンター
　　　　　の開設………………………………………………………………………568
　　　(2)　ボランティア受入れ体制………………………………………………569
　　　(3)　教訓として………………………………………………………………569
　　　（資料12）東北自動車道・ボランティア・インフォメーションセンター
　　　　　の開設………………………………………………………………………569
　　　（資料13）ボランティア受入れ体制（石巻市の場合）……………………570
　　7　福島第1原子力発電所事故への対応………………………………………570
　　　（資料14）福島第1原子力発電所への対応…………………………………571
Ⅳ　復興計画の策定……………………………………………………………………571
　　　（資料15）復興計画の策定……………………………………………………572
Ⅴ　復興の基本理念……………………………………………………………………572
　　1　基本理念…………………………………………………………………………572
　　2　災害に強いまちづくり宮城モデルの構築…………………………………573
　　3　高台移転・職住分離・多重防御のイメージ………………………………573
　　　(1)　高台移転・職住分離……………………………………………………573
　　　(2)　多重防御…………………………………………………………………573
　　　(3)　沿岸被災市町の復興のイメージ………………………………………573
　　　（資料16）高台移転・職住分離・多重防御のイメージ…………………574
Ⅵ　おわりに……………………………………………………………………………574
　　　（資料17）沿岸被災市町の復興のイメージ…………………………………575

目 次

第4章 福島県の対応 ……………… 古市正二・576

- I 地震・津波による被災の状況と対応 …………………………576
  - 1 津波・地震の概況 ……………………………………………576
    - （資料）福島県の推定浸水域 ……………………………578
  - 2 被災の対応 …………………………………………………579
    - (1) 初動対応 ……………………………………………579
    - (2) 避難所の運営 ………………………………………580
    - (3) 住宅の確保と生活安定化支援 ……………………580
- II 原子力発電所事故による災害の状況と対応 …………………582
  - 1 原子力発電所の事故の状況と住民避難 ……………………582
    - (1) オフサイトセンターの情報通信機能の喪失 ………582
    - (2) 住民避難指示の経過 ………………………………582
    - (3) 避難区域等の状況 …………………………………583
  - 2 緊急被ばくスクリーニングと環境放射線モニタリングの実施 …583
    - (1) 緊急被ばくスクリーニングの実施 …………………583
    - (2) 環境放射線モニタリングの実施 ……………………584
  - 3 現在の福島第1原子力発電所の状況 ………………………584
  - 4 農林水産物等の出荷制限、摂取制限とその対応 …………585
  - 5 風評被害対策 ………………………………………………586
  - 6 市町村行政機能回復支援とサテライト校制度 ……………587
  - 7 県民の安全・安心のための施策 ……………………………587
    - (1) 学校等における放射線量低減対策 ………………588
    - (2) 線量低減化活動支援事業 …………………………588
    - (3) 県民健康管理調査（全県民対象）と内部被ばく検査の実施 …588
    - (4) ふくしまっ子夏の体験活動応援事業の取組み ……589
- III 諸課題・復興に向けて ……………………………………………589

1　当面の諸課題……………………………………………………………589
　　2　復興に向けて…………………………………………………………589

第5章　千葉県の対応 …………………………関口龍海・591

はじめに ………………………………………………………………………591
Ⅰ　被害状況 …………………………………………………………………591
　　〈表〉東日本大震災による千葉県内の被害状況……………………592
Ⅱ　震災対応等の分析 ………………………………………………………593
　　1　震災対応等についての主な論点 …………………………………593
　　2　課題分析 ………………………………………………………………594
Ⅲ　今後の震災対策の方向性 ………………………………………………594
　　1　個別事象についての課題への対応 ………………………………594
　　　(1)　千葉県地域防災計画修正の基本方針 …………………………594
　　　(2)　津波対策 ……………………………………………………………595
　　　(3)　帰宅困難者対策 ……………………………………………………596
　　2　複合的または広域的事象ととらえた場合の課題への対応 ……596
　　　(1)　災害対策本部体制 …………………………………………………597
　　　(2)　救援物資の調達 ……………………………………………………597
　　　(3)　その他 ………………………………………………………………598
Ⅳ　おわりに …………………………………………………………………598

目 次

第3編　各士業・保険業界等の対応

第1章　日本弁護士連合会の対応…永井幸寿・600

Ⅰ　阪神・淡路大震災における支援活動……………………………600
Ⅱ　東日本大震災における災害復興支援……………………………600
　1　無料法律相談の実施……………………………………………601
　　(1)　概　要………………………………………………………601
　　(2)　法律相談の機能……………………………………………602
　　(3)　法律相談実施の工夫………………………………………603
　　(4)　法律相談支援の課題——日弁連と各弁護士会との調整……604
　2　震災 ADR の実施………………………………………………604
　　(1)　ADR とは——広域かつ多数の被災者のための簡易・迅速・
　　　　安価な手続が必要…………………………………………604
　　(2)　二重ローン ADR……………………………………………605
　　(3)　原子力損害賠償 ADR………………………………………606
　　(4)　弁護士会の震災 ADR………………………………………607
　3　原子力発電所事故等への対応…………………………………608
　　(1)　日弁連による原子力発電所事故等についての提言………608
　　(2)　原子力損害賠償紛争への対応……………………………608
　4　立法提言………………………………………………………610
　5　広域避難者支援…………………………………………………612
　　(1)　東日本大震災特有の課題…………………………………612
　　(2)　弁護士・日弁連の活動、提言……………………………613
　6　復興まちづくり支援……………………………………………614
　　(1)　東日本大震災における課題………………………………614

(2) 弁護士の役割……………………………………………………………615
　Ⅲ　日弁連の災害復興支援体制………………………………………………615

第2章　日本行政書士会連合会の対応………………北山孝次・617

はじめに……………………………………………………………………………617
　Ⅰ　初動期（震災直後の即時対応）…………………………………………618
　　1　地震発生～被害状況の把握、災害対策本部設置………………………618
　　2　災害対策本部による即時対応等…………………………………………618
　Ⅱ　第2期（復興へ向けた方向性を描く）…………………………………620
　　1　被災単位会・会員および被災住民に対する義援金等…………………620
　　(1) 災害助成基金積立預金……………………………………………………620
　　(2) 義援金………………………………………………………………………620
　　2　政府・省庁等への要望……………………………………………………620
　　(1) 政府・緊急災害対策本部等への提言……………………………………620
　　(2) 政党への提言………………………………………………………………622
　　3　被災者向け支援事業の始動（被災者向け相談フリーダイヤル開設について）……………………………………………………………624
　Ⅲ　第3期（第2期に描いた復興支援策の実行推進）………………………625
　　1　日本行政書士会連合会被災者相談センター（福島事務所）……625
　　（資料1）日本行政書士会連合会被災者相談センターの活動実績（相談内容内訳。平成23年12月15日現在）……………………………………626
　　（資料2）日本行政書士会連合会被災者相談センターの活動実績（原発関連内訳。平成23年12月15日現在）……………………………………627
　　2　原子力損害賠償支援機構の事業への協力………………………………628
　Ⅳ　おわりに――今後の展望…………………………………………………629
　　（資料3）平成23年3月18日付け・会長談話…………………………………630

（資料４）平成23年６月３日付け・会長談話……………………………631
　（資料５）平成23年10月７日付け・会長談話……………………………634
　（資料６）日本行政書士会連合会震災対応時系列メモ…………………635
　（資料７）日本行政書士会連合会被災者相談センター（福島事務所パンフレット）……………………………………………………………637

第3章　日本司法書士会連合会の取組み………………今川嘉典・639

I　はじめに……………………………………………………………………639
II　日司連の対応（その概要）………………………………………………640
　1　情報の収集………………………………………………………………640
　2　情報の共有………………………………………………………………641
　3　支援活動の概要…………………………………………………………641
III　会員の被災状況……………………………………………………………642
　1　死亡、事務所および自宅の全壊または半壊…………………………642
　2　その他の被災状況………………………………………………………642
　（資料１）日司連が把握している会員の被災状況………………………643
IV　支援活動のための組織および運営基準…………………………………643
　1　支援活動に関する規則と支援組織……………………………………643
　2　市民救援基金……………………………………………………………645
　（1）市民救援基金…………………………………………………………645
　（2）基金設置の経緯………………………………………………………645
　（3）過去の災害における救援基金の利用実績…………………………646
V　支援活動の詳細……………………………………………………………647
　1　被災会および被災会員の救援活動……………………………………647
　（1）義援金等………………………………………………………………647
　（2）会費の減免……………………………………………………………648

(3)　貸付け ………………………………………………………648
　2　被災市民の救済活動 ……………………………………………649
　　　(1)　電話相談の実施 ……………………………………………649
　　　(2)　無料相談会の実施 …………………………………………649
　　　(3)　宮城県内一斉相談会 ………………………………………650
　　　(4)　原子力発電所事故に関する相談会 ………………………650
　3　相談員の養成 ……………………………………………………651
　　　(1)　震災相談の特殊性 …………………………………………651
　　　(2)　相談員養成研修 ……………………………………………651
　　　(3)　福島原子力発電所事故に係る相談員養成 ………………652
　4　復興支援事務所 …………………………………………………652
　　（資料２）復興支援事務所の開設状況 …………………………653
Ⅵ　基金の財源 …………………………………………………………653
Ⅶ　今後の課題 …………………………………………………………654
Ⅷ　最後に ………………………………………………………………655

第4章　全国社会保険労務士会連合会の対応 ……………金田　修・656

Ⅰ　震災直後の取組み状況 ……………………………………………656
　1　震災当日（3月11日）……………………………………………656
　2　震災翌日（3月12日）……………………………………………657
　3　震災翌々日（3月13日）…………………………………………657
　4　震災3日後（3月14日）…………………………………………657
Ⅱ　復興支援事業実施の決定 …………………………………………658
Ⅲ　東日本大震災対策事業の展開 ……………………………………659
　1　「東日本大震災義援金（当初名称：東北地方太平洋沖地震義援金）」……………………………………………………………659

2　「社労士会復興支援ほっとライン」を開設 …………………………………660
　　（資料1）社労士会復興支援ほっとライン相談受付等件数報告書 …………661
　3　「社労士会労働・年金相談ほっとキャラバン（岩手・宮城・
　　福島）」実施 ……………………………………………………………………664
　4　厚生労働大臣への意見具申の実施 …………………………………………664
　　（資料2）社労士会労働・年金相談ほっとキャラバン（福島県）…………665
　　（資料3）東日本大震災の発生に伴う特例措置等に関する社会保険労務
　　　　士からの意見について ……………………………………………………666
　　（資料4）東日本大震災の発生に伴う特例措置等に関する社会保険労務
　　　　士からの意見について ……………………………………………………673
　5　宮城労働局主催の「賃金立替払制度相談業務」を支援 …………………674
　6　被災5県会における連合会会費の減免措置 ………………………………674
Ⅳ　金田連合会会長の被災会員へのお見舞い、現地視察（4月）……674
Ⅴ　東日本大震災復興支援講演会・宮城県仙台市における常任
　　理事会・理事会合同会議開催 ……………………………………………677
Ⅵ　被災県会会長による報告 ……………………………………………………680
　　（資料5）岩手会における相談活動 …………………………………………683
　　（資料6）復興支援セミナー開催状況 ………………………………………684
Ⅶ　結　　び ………………………………………………………………………692

第5章　日本税理士会連合会の対応 …………………中村一三・693

Ⅰ　はじめに ………………………………………………………………………693
Ⅱ　**日本税理士会連合会における実務対応** …………………………………694
　1　税制に関する対応 ……………………………………………………………694
　　(1)　要望書の提出 ………………………………………………………………694
　　(2)　情報提供 ……………………………………………………………………694

| 2　納税者への支援活動 ………………………………………695
Ⅲ　結　び………………………………………………………………695
　（資料１）納税申告書の提出期限の延長等に関する緊急要望書 ………696
　（資料２）東北地方太平洋沖地震に関連する要望事項 ……………697
　（資料３）東日本大震災に関する税制改正要望 ……………………699
　（資料４）全国無料税務相談ポスター ………………………………702

第6章　日本土地家屋調査士会連合会の対応 …………関根一三・703

Ⅰ　初期活動 ……………………………………………………………703
　1　土地家屋調査士会会員の安否情報の収集 ……………………703
　2　救援・支援物資の調達と搬送 …………………………………704
　（資料１）救援・支援物資搬送経路 …………………………………705
　（資料２）主な救援・支援物資 ………………………………………705
　3　被災地の視察 ……………………………………………………707
　4　保険会社の要請による地震保険調査協力 ……………………709
　（資料３）保険会社からの委託業務の内容 …………………………709
　5　登記事務の取扱いに関する情報伝達関係 ……………………711
　(1)　被災地の法務局管内・地方法務局管内の一部支局・出張所の
　　　一時事務停止の連絡 ……………………………………………711
　（資料４）被災地の法務局管内・地方法務局管内の一部支局・出張所の
　　　　　一時事務停止の通知 …………………………………………711
　(2)　基準点測量成果（電子基準点、三角点、水準点）の公表およ
　　　び街区基準点の成果の公開を停止 ……………………………712
　（資料５）基準点測量成果の公表が停止された地域における地積測量図
　　　　　の作成等に関する留意点について（通知）………………712

(3)　計画停電実施の際の登記・供託オンライン申請システム等の
　　　運用についての通知……………………………………………………714
　(4)　災害復旧における境界標識等の保存…………………………………714
　(資料6)　東北地方太平洋沖地震による災害復旧における境界標識等
　　　の保存について（依頼）……………………………………………………714
　(5)　「環境に配慮した復興」への協力要請…………………………………715
　(6)　消費者庁との協力………………………………………………………716
　(資料7)　被災地相談に際しての専門家派遣事業のスキーム（消費者
　　　庁作成）…………………………………………………………………………716
　6　災害復旧・復興支援対策に関する政策要望関係……………………717
　(資料8)　提言・要望事項……………………………………………………717
II　復興支援………………………………………………………………………721
　1　職権建物滅失登記に関する処理方法等作成、調整…………………721
　(資料9)　倒壊等建物の滅失調査結果………………………………………722
　2　地図実態調査等に関する作業フロー等作成、調整…………………722
　(資料10)　法務省への提案内容…………………………………………………723
III　会員の被害の状況……………………………………………………………733
　(資料11)　土地家屋調査士会員の被害状況…………………………………733

第7章　生命保険業界の対応　………椿　雅実・734

I　震災対応への基本的な考え方……………………………………………734
　(資料1)　震災対応への基本的考え方………………………………………734
II　震災対応における生命保険協会の役割…………………………………735
　1　生命保険協会とは………………………………………………………735
　2　東日本大震災への対応…………………………………………………735
　(資料2)　プラットホームとしての生命保険協会……………………………736
　3　震災対応の意思決定組織………………………………………………736

（資料３）大地震対策本部の設置 ··· 737
Ⅲ　生命保険業界の取組み（概観） ··· 737
　　　（資料４）生命保険業界の取組み（概観） ····································· 738
Ⅳ　被災者の生活支援と安心感の提供 ·· 739
　　１　被災地への生活支援 ··· 739
　　２　その他の被災地支援 ·· 740
　　３　保険契約上の措置 ··· 741
　　　(1)　地震免責条項等の不適用 ·· 741
　　　(2)　保険料の払込猶予期間の延長 ·· 742
　　　(3)　金利減免等の特別取扱い（各生命保険会社） ····························· 743
　　　(4)　簡易・迅速な保険金・給付金の支払い ······································ 743
　　　（資料５）簡易・迅速な保険金・給付金のお支払い ························· 743
　　　(5)　保険金等各種支払いに関するガイドラインの策定 ······················ 743
　　　（資料６）保険金等各種支払いに関するガイドライン ····················· 744
Ⅴ　照会・請求手続への対応 ·· 744
　　１　災害地域生保契約照会制度 ··· 744
　　　（資料７）災害地域生保契約照会制度の背景 ································· 745
　　　（資料８）災害地域生保契約照会手続の流れ ································· 746
　　　（資料９）災害地域生保契約照会センター調査結果（平成24年３月31日
　　　　　　現在） ·· 747
　　２　お客さまからの相談対応 ·· 747
Ⅵ　各種取扱い等の周知 ·· 748
　　　（資料10）必要な情報をお客さまに届ける取組み ··························· 749
Ⅶ　お客さまの安否確認活動 ·· 750
　　　（資料11）お客さまの安否確認活動 ··· 750
Ⅷ　確実に保険金を支払うための基盤整備 ·· 751
　　１　業界共通データベースの構築 ·· 751
　　　（資料12）業界共通データベースの構築 ······································· 752

2　市区町村役場の戸籍・住民票等開示の要望 ……………………………752
　　　（資料13）戸籍・住民票等の開示の要望 ……………………………………753
　Ⅸ　保険金・給付金の支払い状況 …………………………………………………753
　　　（資料14）生命保険会社43社の保険金支払件数・金額（平成24年3月30日
　　　　現在） ……………………………………………………………………………754
　Ⅹ　行方不明者への対応 ………………………………………………………………754
　Ⅺ　震災孤児対応 ………………………………………………………………………755
　　　（資料15）未成年者生保支援ネットワーク …………………………………756
　Ⅻ　今後に向けて ………………………………………………………………………756
　　　（資料16）番号制度を通じたICTの利活用 ……………………………………757

第8章　損害保険業界の対応 ……………村田勝彦・758

　Ⅰ　東日本大震災の規模・特徴 ……………………………………………………758
　　　（資料1）東日本大震災〜阪神・淡路大震災との比較 ……………………759
　Ⅱ　地震保険金 …………………………………………………………………………759
　　1　支払実績 …………………………………………………………………………759
　　　（資料2）地震保険のこれまでの保険金支払実績 …………………………760
　　2　保険金の支払状況 ……………………………………………………………760
　　　（資料3）地震保険の保険金お支払い状況（平成23年11月24日現在）………761
　Ⅲ　東日本大震災への損害保険業界の取組み …………………………………762
　　1　東日本大震災の対応体制 ……………………………………………………762
　　2　対策本部の設置 ………………………………………………………………762
　　　（資料4）対策本部の設置 ………………………………………………………763
　　3　具体的な取組み状況 …………………………………………………………764
　　　(1)　各種取組みの全体像 ………………………………………………………764
　　　(2)　相談対応 ……………………………………………………………………764
　　　(3)　損害調査対応 ………………………………………………………………765

（4）　特別措置 ··· 767
　　（資料5）新たな特別措置 ·· 768
　　（5）　情報発信 ··· 768
　　（6）　その他の取組み ·· 768
　Ⅳ　今後の課題 ··· 768

第9章　被災地における里山・里海の復興に向けて ·········· 中尾文子・770

はじめに ·· 770
　Ⅰ　里山・里海 ··· 770
　　（資料1）社会生態学的生産ランドスケープおよびその構成要素の呼称
　　　　　　の例 ··· 771
　Ⅱ　SATOYAMAイニシアティブの長期目標、行動指針および
　　　視点 ··· 772
　　（資料2）長期目標・行動指針・視点 ································ 773
　Ⅲ　復興支援の取組み ··· 774
おわりに ·· 775

資料編　自治体アンケート

［資料］自治体アンケート ··· 778

・震災対応セミナー実行委員会 ·· 787

第1編 中央省庁の対応

第1章 震災と危機管理

前内閣危機管理監・財団法人公共政策調査会理事長　野田　健

I　阪神・淡路大震災の教訓

　現在、日本政府が行っている危機管理、特に震災対策その他については、阪神・淡路大震災の教訓を基に制度が作成され、対応されている。
　阪神・淡路大震災のときに最も教訓となったものは何か。6項目に分けて考えられている。

1　初期情報の把握

　第1に初期情報の把握、あるいは連絡を取り合う意識が十分に浸透していなかったということである。当時、各役所は、現場で何が起きているかについての情報収集に相当な努力をしたものの、同時にその情報を速やかに官邸に送り、内閣総理大臣の判断を仰ぐ、施策に反映させることは、十分に行われなかった。震災等の災害に際して、直接、政府にかかわりがある役所としては、総理府の防災局があげられるが、防災局は災害の後の復旧・復興にどのようにあたるかといった点に主たる役割があり、実際に起きている災害の被害を最小にとどめる、あるいは減殺させるという点については、国の直接的な役割というよりは、都道府県知事にお任せという実態であったと思われる。したがって、必ずしも国（＝政府）は、情報を収集する態勢になっていなかったといえる。

2　危機管理センターの設置

　第2に、阪神・淡路大震災の当時の総理大臣官邸は昔の古い建物であり、災害対策室は、災害が生じると、官邸の半地下にある小食堂と大食堂の間のスペースに、机や黒板、ホワイトボードを設置し、地図を用意したりして、まさに立ち上げていた。したがって、災害対策本部の準備に、2時間くらいを費やし、発災直後は、とても情報の収集に対応できる態勢ではなかった。

　このような反省を踏まえ、現在の官邸を建設する際には、地下に危機管理センターを設けた。この危機管理センターは、同時に複数の事件・事故が起きても対応できるように、緊急の会議ができるスペースや、各省からのリエゾン（連絡員）が集まる場所を用意し、広さと機能を備えている。

　現在では、災害等が生じた場合には、各省庁からの情報や、テレビの報道、通信社の通信なども集約できるようになっている。また、警察庁や消防庁、自衛隊、海上保安庁などの各機関のヘリコプターによる被災地等の状況が撮影された映像も、危機管理センターに送られるしくみが設けられた。

　さらに、災害初期段階において、コンピュータによる分析のうえ、被害の規模や全体像を予測し、把握できるようにもなり、初動体制を速やかに整えられるようになった。

3　危機管理体制——内閣危機管理監と緊急参集チーム

　第3に、阪神・淡路大震災当時は、施設のみならず、危機管理を実施できる体制も整っていなかった。当時の内閣府防災局には当直の担当もおらず、夜中に災害が起きると翌日の朝まで何も対応できず、情報も収集できない状況であった。現在は、内閣危機管理監の制度や、内閣危機管理監を補佐する内閣官房副長官補や、危機管理審議官も設けられた。

　また、危機管理センターには、震災、テロ、列車事故、油の漏出事故、情報セキュリティなど、事案に応じて30近い関係省庁局長級の緊急参集チームが編成されている。また、各省庁から選抜された約150人のスタッフが、交

代しながら24時間体制で災害に備え、いつでもその知見を活用できるしくみとなっている。

　仮に緊急事態が発生した場合には、上記緊急参集チームが30分以内に危機管理センターに集まることになる。局長が出張などにより不在の場合には、代理として省庁を代表して意見が述べられる審議官や代表課長などが、必ず出席することが定められている。そのため、緊急参集チームのメンバーは、総理大臣官邸からおおむね2キロ以内にある危機管理宿舎で生活している。

4　情報通信ネットワークの整備

　第4は、信頼度の高い情報通信ネットワークが設けられていなかったことである。もちろん電話などの通信手段はあったが、アンテナが倒れてつながらないなど肝心な時に機能しない場合があった。そこで、別ルートの通信手段として、指定行政機関等と都道府県、指定公共機関らを結ぶ、中央防災無線網が整備された。上記、緊急参集チームのメンバーや危機管理宿舎等には、この中央防災無線網を通じて、呼び出しその他情報の連絡ができる体制となっている。

5　迅速な自衛隊の災害派遣

　第5に、自衛隊の災害派遣が迅速に行われなかった点があげられる。当時の法律では、自衛隊は派遣はもちろん偵察を行う際にも、知事の応援要請がないと出動できないことになっていた。現在は知事が要請することができない場合、あるいは要請しない場合でも、市町村長による出動要請が可能となり、偵察であれば自衛隊が独自判断で行い、必要なニーズを各自治体から聞いて動くことも可能となったことにより、迅速な出動が実現できるようになった。

　また、法律上、総理大臣は自衛隊を派遣することができる。東日本大震災に際しても、10万人規模での自衛隊の派遣については、総理大臣からの指示によるものであるが、本来は、被災都道府県の知事による、どの場所で、ど

のような支援を実施し、どこに滞在するのか、といった指示がなければ、被災地において混乱する事態が生じかねないことには留意する必要があるだろう。

6　実働機関の広域応援体制

第6に、いわゆる実働機関の広域応援体制が、必ずしも十分に行われなかった点があげられる。

阪神・淡路大震災に際しては、全国の都道府県警察から多数の機動隊等が被災地に派遣され災害救助にあたったが、資機材の不足など、必ずしも迅速な対応はできなかった。そこで、都道府県警察による広域緊急援助隊が充実強化された。

また、阪神・淡路大震災では、大規模な火災が発生し、各地の市町村消防が応援にかけつけた。しかし、遠方の炎を消火するために消防車を連ねてホースを連結させようと思っても、それぞれのホースの口径が合わないなど、連携体制に課題があった。現在では、緊急消防援助隊を設け、常に全国からの援助隊の連携がとれるようハード、ソフト両面からさまざまな対策が講じられている。

このほか、医療関係では緊急医療体制、広域連携が整っていなかったことから、阪神・淡路大震災を契機として、DMAT（災害派遣医療チーム）が誕生し、医師、看護師、業務調整員からなるおおむね5人1組のチームが、全国各地の指定医療機関に配置され、平素から訓練を受けている。

II　東日本大震災における課題

このように政府では、阪神・淡路大震災で明確となった多くの教訓を活かし、大災害があっても素早く対応ができる体制を整えてきた。実際、これまでの10年間に生じた災害については、相応の対応がなされてきたといえる。しかし、東日本大震災については、その規模が桁外れであったために、さら

なる課題が浮き彫りとなった。この大災害を踏まえ、検討を加え、さらに強靱な体制を築きあげる必要がある。

そこで、筆者の４年半にわたる危機管理監を努めた経験から、今後、危機管理にかかわるすべての人が共通認識とすべきであると思われる点を述べたい。

1　２：７に着目せよ

まず、２：７に着目せよということである。２：７とは、仕事をしている時間としていない時間の比率である。役所であれば、開庁している時間は２であり、閉庁している時間が７ということになる。つまり、災害は皆がそろっていない、企業ならば社長も副社長も不在の時間帯に起きる可能性のほうが極めて高い。その場合に、どのように連絡をとり、適切に対応するかを常に考えておく必要がある。

2　被災地は情報発信能力をなくす

次に、被災地は情報発信能力をなくすということである。筆者は、２度の震災でこのことを経験した。

１回目は昭和55年にイタリア南部で発生した地震である。日曜日の夜８時頃に起きた地震であったが、その被害について、発災３時間後の11時のニュースでは、ミサをしていた教会が倒れて約200人が亡くなったというものであった。翌日は、ナポリなどの主要都市の被害状況は報じられたものの被害の全体像は把握できない。そして、翌々日の火曜日の朝に、突然、１つの村が全滅して最悪5000人が犠牲になっている可能性があるとの報道がなされた。実際、火曜日の朝にヘリコプターで上空から被災地を確認したところ、街の建物がすべてがれきになっていたことが判明した（なお、月曜日は、濃霧のためヘリコプターは飛べなかった）。実際には、犠牲者は、約3000人であったが、30時間以上もこの状況が把握できなかった。

２回目は平成16年に日本で起きた新潟県中越地震である。このときは、最

もひどい揺れは震度7に達したが、地震計が振り切れたり、停電による通信端末の停止などの原因により、その事実が伝わらなかった。

つまり、災害が起きた場合には、被災地は、上記のように情報発信能力を失うものである。したがって、情報がもたらされることを待っているのではなく、自らとりにいく必要があるといえる。

3　憂いなければ備えない

「備えあれば憂いなし」とはよくいうが、実際には、憂いがないために、備えもしないケースがあまりに多い。たとえば首都直下型地震では、関東大震災ではマグニチュード7.9であったにもかかわらず、7.3を想定している。過去に例のあるマグニチュード7.9は想定せず、同8となるともはや想定外として、勝手に基準を設け、対策を講じていない。東日本大震災を契機として、改善がなされるものとは思われるが、「憂いなければ備えない」ということではなく、きちんと憂えて、しっかり備える必要がある。

4　大成功が大失敗のもと

「失敗は成功のもと」とよくいうが、大成功が大失敗のもとになる可能性もある。「勝って兜の緒を締めよ」とはよくいったもので、成功したときに、その成功した原因は何か、それは単に幸運によって成功したのか、それとも実力で成功したのかを十分に検証する必要がある。

5　手立てを講じ実行せよ

最後は、お題目的に「危機管理」とか「防災対策」といっているだけでは駄目ということである。言葉だけを繰り返しても何の意味もない。できることはいろいろあるはずであるから、現状を厳しく見直して、厳しい事態が生じても最小の被害で済むように、仮に被害を受けても最短の時間で回復できるような手立てを講じることを考え、実行しなくてはならないと考える。

III 最後に

東日本大震災では、原子力災害が同時に起きてしまったことが非常に困難な状況を招き、復旧・復興の大きな負担になっていることは確かであろう。しかし、この状況を乗り越えなければ、また同じような事態が起きかねない。日本人は、失敗を活かすこと、あるいは災害の経験を踏まえて復旧のために知恵を出すということは大変得意だと思われる。各関係者が意見や知恵を出し合うことが何より大切である。

第2章 法務省の対応

法務省大臣官房秘書課長　小川　秀樹

I　はじめに

　まず、法務省の対応について解説する前提として、法務省の性格を理解していただく必要があると思われる。すなわち、法務省は、基本的には、法秩序の維持や国民の権利義務の擁護を目的として、法務局や、矯正施設、入国管理局など多数の地方支分部局を抱え、その中で安全・安心にかかわるようなことや、国民の権利義務の擁護に関することなどを、日々着実に遂行していくということが役割であるといえる。その意味では、震災のような災害に対して、たとえば道路の修復に対応するとか、人員を相当数被災自治体に派遣するといった形で災害に対応する大規模な事業官庁というわけではなく、一見地味と思われるような役目を担う役所であることにご留意いただきたい。

　しかし、他方では、法務省には、民法や会社法、民事訴訟法、倒産法などの基本法制を所管するという特質がある。したがって、国民の権利義務を定める民法に関連して、たとえば借地借家の関係や、区分所有法の関係、あるいは震災などに関連する倒産の事件のほか、直接所管する立場ではないものの、司法制度と非常に深くかかわることになり、そういった点にも、法務省が災害に対して担うべき役割があるといえる。

　上記を踏まえ、以下においては、東日本大震災に際しての、①法務省の初動体制、②法務省職員派遣状況等、③政策・施策、④相談体制などを解説する。このうち、特に、③政策・施策について重点をおいて解説することとする。

9

II　初動体制

> 平成23年3月11日の震災発生後、直ちに「法務省災害情報連絡室」を設置し、被災地の状況および政府の対応等に関する情報収集にあたるとともに、「法務省災害対策本部」を設置している。

　まず、法務省の初動態勢について解説する。平成23年3月11日の東日本大震災発災後、法務省では法務省災害情報連絡室を設置し、被災地の状況および政府の対応等に関する情報の収集にあたり、また、法務省災害対策本部を設置した。

III　法務省職員派遣状況等

1　物資提供等

> 発災直後からの主なもの
> ①　刑務所が所有する毛布3500枚、マスク5000枚、簡易トイレ32台、アルファー米2800食の提供
> ②　入国管理局が所有するマスク5万枚の提供
> ③　法務省職員の研修施設を、全国の地方自治体職員の宿泊施設として提供

　法務省の職員の派遣状況に関連して、物資等の提供について解説する。
　まず、発災直後から、全国の刑務所が所有する毛布、マスク、簡易トイレ、アルファー米などの非常食などを被災地に提供した。これについては、東北の被災した地域の刑務所だけではなく、たとえば神戸刑務所や大阪刑務所といった全国的なネットワークによって、各地から必要物資を速やかに車に積み込んで被災地に提供した。また、入国管理局もかなりの数のマスクを所有していたことから、これらを提供した。その他、仙台にある法務省職員の研

修施設などを、支援に駆けつけた全国の自治体職員の宿泊施設として提供した。

2　人的支援体制

① 被災自治体への職員派遣の延べ人数、約400名（10月17日時点）
② 職員派遣先等での主な業務内容
　診察、メンタルヘルスケア、戸籍審査関係、避難所の運営支援、心理相談、登記・戸籍・人権問題等に関する特設相談所の開設など

派遣職員の具体的な業務内容
○　全国の刑事施設から職員を派遣しての石巻市避難所の運営支援
○　少年鑑別所等から職員を派遣してのメンタルヘルスケア
○　矯正施設に勤務する医師を派遣しての被災者の診療等
○　被災市町村の外国人登録事務に係る業務処理の代行

　次に、人的な支援体制について、被災自治体への職員の派遣などを実施した。被災自治体への派遣職員の延べ人数は約400名になる。職員の派遣先での主な業務内容としては、診療、メンタルヘルスケア、戸籍の審査の援助、避難所の運営支援、被災者の方々への心理相談、その他特設相談所の開設などを行っており、これはいろいろな意味での法務省の業務の幅の広さを示しているといえる。

　具体的な業務内容については、まず、刑務所の刑務官などが、石巻の避難所の運営の支援を行った。また、少年鑑別所には、心理技官という非行行為をした少年の心理状況などをテストして報告をする役割の者がいるが、この心理技官が被災地に派遣されて、少年に限らず、被災者のメンタルヘルスケアに努めた。同様に、刑務所等の矯正施設の医師が、被災地での診療にあたったりした。

　また、被災市町村の外国人登録事務や戸籍事務に関する自治体の事務の支援も行っており、戸籍事務に関しては、延べ155名の職員が、被災自治体の

戸籍、審査事務の支援をしている。

IV 政策・施策

① 「特定非常災害の被害者の権利利益の保全等を図るための特別措置に関する法律」に基づく措置
② 登記・戸籍
③ 出入国管理
④ 罹災法および被災マンション法
⑤ 法律
⑥ その他（規制緩和）
⑦ 情報提供
⑧ 人への風評被害

1 「特定非常災害の被害者の権利利益の保全等を図るための特別措置に関する法律」に基づく措置

① 行政上の権利利益に係る満了日の延長（法3条）
② 期限内に履行されなかった義務に係る免責（法4条）
③ 債務超過を理由とする法人の破産手続開始の決定の特例（法5条）
④ 民事調停法による調停の申立ての手数料の免除（法6条）
　※　平成23年東北地方太平洋沖地震による災害についての特定非常災害及びこれに対し適用すべき措置の指定に関する政令（政令19号）
　※　平成23年東北地方太平洋沖地震による災害についての特定非常災害及びこれに対し適用すべき措置の指定に関する政令の一部を改正する政令（政令160号）

Ⅳ　政策・施策

(1)　制定の経緯

　特定非常災害の被害者の権利利益の保全等を図るための特別措置に関する法律（以下、「特定非常災害法」という）は、平成8年に制定され、施行されたものである。もともと平成7年に起きた阪神・淡路大震災の際に、さまざまな措置をとるため特別の法律が定められたが、これらをいわば恒久法化すべきであるということから、平成8年において、当時の国土庁などが中心となって制定されたものが特定非常災害法である。以下に解説する(2)から(5)の内容については、いずれも阪神・淡路大震災に対する特例法として定められた内容を同法においてそのまま踏襲したものである。

　特定非常災害法は、恒久法化されたことから、特定の災害だけを対象とするのではなく、政令によって指定することで、どの震災にも対応できることとされたパターンの震災立法である。東日本大震災においては、阪神・淡路大震災に比べると、新たに立法された法律の本数だけをとらえると少ないといえるが、これは、かなりの部分について、すでに恒久法化された法律が存在していることによる。当然のことながら、阪神・淡路大震災の際は、法律ができるまでに、国会の審議などを経ることから相応の時間を要したが、東日本大震災に際しては、発災直後に政令が制定されて、さまざまな法律が適用されている。

(2)　行政上の権利利益に係る満了日の延長

> ①　外国弁護士による法律事務の取扱い関する特別措置法7条の規定による承認で、同法12条の規定により、平成23年8月30日以前に効力を失うもの。（平成23年3月16日法務省告示123号）
> ②　建設機械抵当法8条の規定に基づく建設機械の登記用紙の閉鎖がされない。（平成23年4月1日法務省・国土交通省告示1号）
> ③　工場抵当法8条3項の規定に基づく工場財団の消滅がされない。（平成23年4月1日法務省告示153号）
> ④　工場抵当法10条の規定に基づき工場財団の所有権保存の登記の効力が失われない。（平成23年4月1日法務省告示153号）

13

⑤ 犯罪被害財産等による被害回復給付金の支給に関する法律に基づく被害回復給付金の支給申請期間等の延長（平成23年12月31日まで）（平成23年政令273号、8月30日法務省告示414号）
⑥ 出入国管理及び難民認定法2条の2第3項に規定する在留期間の延長（平成23年4月1日法務省告示123号）
⑦ 在留資格取得許可申請期間、特別永住許可申請期間等について、本地震により被害を受け、期間の延長を必要とする者
⑧ 出入国管理及び難民認定法に規定する以下の許可等について、個別事案に即し、許可の期限等を平成23年8月31日までの指定する日まで延長
　→寄港地上陸許可　　→在留資格取消しに係る出国期間
　→通過上陸許可　　　→口頭審理の請求に係る期間
　→乗員上陸許可　　　→異議の申出に係る期間
　→緊急上陸許可　　　→出国命令の出国期限
　→遭難上陸許可　　　→仮滞在許可に係る滞在期間
　→一時庇護上陸許可

　行政上の権利利益に係る満了日の延長（特定非常災害法3条）について、特に法務省に関連するものを解説する。

　この措置の手続としては、具体的な措置の内容、すなわち具体的な権利利益、対象地域、延長満了日などについて、各省庁がそれぞれ告示し、この告示によって、それぞれの省庁での所管事項について対応していくということになっている。すなわち行政上の権利利益、たとえば、運転免許のような行政上の許認可によっていったん生じた権利利益には、存続期間や有効期間が定められているものが多いが、その期間が切れる満了の日を迎える前に、震災で非常に混乱した状況があるということに鑑みて、満了日を延長するといった対応を行うのである。

　法務省の所管事項については、外国弁護士の関係や登記の関係、後者についてみると、たとえば、工場抵当法10条の規定に基づく工場財団の所有権保存の登記の効力などが失われない、とした措置があげられる。具体的には、工場抵当法に基づく工場財団の所有権保存の登記は、抵当権の設定を目的と

していることから、6カ月以内に抵当権の設定の登記をしないと、所有権保存の登記の効力が失われることになる（工場抵当法10条）が、震災の影響に鑑み、平成23年4月1日法務省告示153号によって、その満了日の延長を図ったものである。

また、出入国関係などでは、外国人の在留期間の延長の措置をとった。その他、仮滞在許可に係る滞在期間や一時庇護の上陸許可など、いくつかの許可の期限、許可に伴う権利利益の延長などを定めている。

(3) 期限内に履行されなかった義務に係る免責

① 債権管理回収業者における役員等の氏名等の届出義務の免除（債権管理回収業に関する特別措置法7条、35条）
② 認証紛争解決業者が消滅することとなる合併等の行為をした者から認証紛争解決手続の当事者に対する通知義務の免責（裁判外紛争解決手続の利用の促進に関する法律17条3項、18条2項、23条5項、34条1項4号）
③ 解散の届出義務の免責（裁判外紛争解決手続の利用の促進に関する法律18条1項、34条1項2号）
④ 会社・法人等の設立、変更等の登記の申請義務の免責（会社法911条1項、一般社団法人及び一般財団法人に関する法律301条1項、独立行政法人等登記令3条1項、組合等登記令2条1項等）
⑤ 建物の滅失の登記等の申請義務の免責（不動産登記法36条、37条、42条、47条1項、51条1項〜4項、57条）
⑥ 外国人登録法に定める各種申請義務等の免責（外国人登録法7条1項、11条1項・2項・6項等）

履行されなかった義務に係る免責とは、特定非常災害法において、一定の期限内に履行を義務として求められているものについて、それを怠った場合に、通常であれば、過料などの制裁を受けるものにつき、震災の影響に鑑み免責が与えられるものである（特定非常災害法4条）。東日本大震災においては、会社法人等の設立、変更等の登記の申請義務の不履行について免責する措置をとり、たとえば会社役員の変更の登記がされる場合には、役員の変更

があってから２週間以内に登記をしなければ、過料の制裁が科されるところ（会社法911条１項、976条）、この申請義務について免責することとした。建物の滅失の登記などについても、建物が滅失してから１カ月以内に登記の申請を行う義務が課されているが（不動産登記法57条、164条）、免責することとし、滅失してから１カ月以内に申請しなくても特段の制裁を受けないことを、明確にしている（特定非常災害法４条）。

(4) 債務超過を理由とする法人の破産手続開始の決定の特例

> 東日本大震災に伴う被害により債務超過の状態に陥った法人については、支払不能の状態にある場合や自ら破産手続開始の申立てをした場合等を除き、破産手続開始の決定をすることができない。

債務超過を理由とする法人の破産手続開始の決定の特例（特定非常災害法５条）も、阪神・淡路大震災の際に、特例法として定められた内容について、特定非常災害法の下で恒久法化されたものである。なお、この特例については、関東大震災の際にも同様の措置がとられていた。

法人の破産手続開始原因には支払不能のほか、債務超過があり、東日本大震災に伴って、たとえば資産としての本社ビルが倒壊した場合には、その瞬間をとらえると債務超過の状態になっている可能性が高い。すなわち東日本大震災に伴い被害が生じたことによって債務超過となり、その結果、破産手続開始原因が生じることになる。自己破産の申立てをした場合のほか、支払不能の場合には、一般的、継続的に期限の到来した債務を支払わない状態であるから、破産手続開始決定がされることもやむを得ないといえるが、そうでない場合には、震災を原因として債権者から破産手続開始の申立てがされ、その法人が破産してしまうことは、いかにも不当であるといえよう。そこで、債務超過のみを理由として法人の破産手続の開始決定を行うことは、２年間できないという措置がとられている。

(5) 民事調停法による調停の申立ての手数料の免除

> 平成23年東北地方太平洋沖地震による災害についての特定非常災害及びこれに対し適用すべき措置の指定に関する政令の一部を改正する政令（政令160号、施行日平成23年6月1日）
> ① 東日本大震災に起因する民事紛争について、民事調停法による調停の申立てをする場合
> ② 平成23年3月11日から平成26年2月28日までの間

　東日本大震災に起因する民事紛争について、民事調停法による調停の申立てをする場合には、手数料を約3年間免除するということになっている（特定非常災害法6条）。もともと民事調停の場合、申立手数料については、訴訟に比べると安く設定されているが、災害後の紛争への対策として一定期間免除の措置をとっている。この措置も阪神・淡路大震災の際に実施された措置を、特定非常災害法として恒久法化したものである。なお、阪神・淡路大震災の際には、発災後半年を過ぎたあたりからかなりの件数の調停の申立てがあったが、東日本大震災に伴う東北における調停の申立ての件数は、同時期と比較すると、まだあまり多くないという報道がなされている。

2　登記・戸籍

> ① 登記手数料の免除
> ② 東日本大震災により登記の申請をすべき期間に登記の申請ができなかった場合
> ③ 東日本大震災による戸籍届出期間
> ④ 死体未発見者に係る死亡届
> ⑤ 東日本大震災による地殻変動に伴う地図等証明書上の座標値表示への影響
> ⑥ 東日本大震災により滅失した戸籍の再製
> ⑦ 登記・戸籍に関する相談窓口

(1) 登記手数料の免除

> 東日本大震災の被災者等に係る登記事項証明書等の交付についての手数料の特例に関する政令（政令140号、施行日平成23年5月23日）
> ① 被災者等が被害を受けた建物に代わるものとして建物を取得する等のために当該被災者の被害建物またはその敷地の登記事項証明書および地図等の証明書の交付の請求があった場合
> ② 請求書等に地震による被害からの復興上必要である旨の市町村長の証明書の添付があるとき
> ③ 平成33年3月31日までの間
> 　※ 東日本大震災の被災者等に係る登記事項証明書等の交付についての手数料の特例に関する省令（平成23年5月13日法務省令16号）

　登記手数料の免除については、阪神・淡路大震災の際にも、特例的な内容として運用上同様の措置を行ったものであるが、東日本大震災に際しては、政令を定めて明確に登記手数料を免除することとした。これは、被害を受けた建物に代わるものとして新たな建物を取得するなどのため、登記事項証明書（かつての登記簿謄本）をとる必要性が出てくることから、平成33年3月31日までの間、罹災証明書などを付けて申請することにより、通常700円かかるところ、これを無料とする取扱いである。

(2) 東日本大震災により登記の申請をすべき期間に登記の申請ができなかった場合

> 建物の滅失登記等の申請について、震災によって、その申請が困難であったと認められるときには、申請の不履行について不利益な取扱いはしない。
> 　※ 特定非常災害の被害者の権利利益の保全等を図るための特別措置に関する法律（平成8年法律85号）および関係政令によれば、このような申請の不履行については、平成23年6月30日までは責任を問われないこととされているが、同年7月1日以降に不履行があったものについても対象とした。

　前述のとおり、一定の申請義務のあるものについては、平成23年6月30日を過ぎても、法律上、あるいは政令などで定めた期間を経過しても、運用の

問題として、建物の滅失登記等の申請について不履行があったものとはしないという取扱いとした。

(3) 東日本大震災による戸籍届出期間

> 震災によって、出生、死亡等の戸籍の届出が法律に定められた期限内に提出されない場合であっても、その提出が遅延したことによって不利益な取扱いはしない。

戸籍は、法定受託事務であることから、直接的な実施主体は自治体、市町村ということになるが、法務省は、法務局において戸籍業務について指導・監督をする立場にある。

そこで、東日本大震災による混乱、被害状況に鑑み、戸籍の届出期間などの遅延については、不利益な取扱いはしないこととした。

(4) 死体未発見者に係る死亡届

> 戸籍法の特例ではなくて、戸籍法86条3項、死亡届と同時に死亡の事実を証すべき書面を添付する件について、現行の戸籍法の運用方針を示し、届出をされる方々の負担軽減を最大限図っている。
> ※ 「死亡の事実を証すべき書面」を例示し、届出人等が申述内容を簡潔・明瞭に記載できるように申述書等の様式を示した。
>   ・届出人の申述書
>   ・行方不明者の被災状況を現認した者等からの申述書
>   など

東日本大震災に際しては、遺体が発見されない方が、かなりの数に上る。本来、戸籍法の原則からすると、死亡届の提出とは、死体検案書や死亡証明書などとともに提出する形で行われている。しかし、遺体が発見されない方については、そのような取扱いは困難となる。そこで、家族の方の心情という点もあることから、死亡の事実について、死体検案書や死亡証明書などではなく、簡略化された方法での届出を可能とした。

戸籍法86条3項においても、認定死亡として、死亡の事実を証すべき書面

を添付するという手続で死亡の届出ができることになっている。そこで、死亡の事実を証すべき書面については、比較的死亡届を受理しやすい運用となるように工夫した。すなわち届出人の申述書について、死体未発見者の最後の所在地、勤務場所などが津波によって流されてしまったといった申述内容のものや、チェック方式による記載しやすいものを用意し、これを死亡の事実を証すべき書面として認め、定型的に示すことによって、負担の軽減を図ったものである。平成23年10月21日現在において、この措置による手続によって3544件の届出がなされたが、そのうち3520件が受理され、死亡届として受け付けられたということになり、死体の未発見者についても死亡したものとして法律関係を確定することができることとなった。

(5) 東日本大震災による地殻変動に伴う地図等証明書上の座標値表示への影響

> 東日本大震災による地殻変動に伴い、東日本の土地が移動したため、同震災前に作成された登記所備付地図および地積測量図に表示されている筆界点、図郭等の座標値が、現在の土地の筆界点等の座標値と異なる可能性があることから、地図の座標値については、修正を予定している。

東日本大震災によって大きな地殻変動が生じ、土地についても国土地理院などに照会したところ、東南東に最大5メートルほど移動したとのことである。これに伴い法務省、法務局においては、新たに地図を整備しているところである。ここでいう地図とは、権利の対象となる区画が正確に判別できるよう、座標をもって復元可能な数値を反映させた地図をいい、これを整備しているところである。

後日、国土地理院より国家基準点の移動距離が公表されるとのことであるが、前述のとおり、すべての土地が東南東に5メートルの平行移動があったとは限らない。よって、単純に地図の座標値を変換することはできないことから、現状においては、この対応方法について調査を開始したところである。宮城県については、11月から開始されており、この調査にあたっては、土地

IV　政策・施策

家屋調査士の活躍が期待されている。土地家屋調査士による実態調査を実施したうえで、地図を修正したり、測量をしなおすことになる。境界線を打ちなおすといったことも含めて、手続を進めていく予定である。

(6) 東日本大震災により滅失した戸籍の再製

> 東日本大震災により滅失した宮城県本吉郡南三陸町、同県牡鹿郡女川町、岩手県陸前高田市および同県上閉伊郡大槌町の戸籍の正本について、管轄法務局において保存していた戸籍の副本等に基づき再製作業を行い、4月25日に戸籍の再製データの作成を完了している。
> →戸籍データの保管（バックアップ）体制の見直し

　東日本大震災によって、自治体も非常に大きな被害を受けたところであるが、とりわけ宮城県本吉郡南三陸町、同県牡鹿郡女川町、岩手県陸前高田市および同県上閉伊郡大槌町については、役場がそれぞれ大きな被害を受けた関係で、戸籍の正本が滅失する被害が生じた。この4市町はいずれも電子化された戸籍を有していたところ、今回は紙ベースの書面が滅失したわけではなく、電子データが水につかったことなどによって再現できない状態となったのである。

　他方で戸籍法上、法務局は、自治体を指導・監督する立場にあり、戸籍の副本を保管する役割を担っている。この副本についても、すでに電子化されたものであったことから、これに基づいて4市町について滅失した戸籍を再製する作業にかかり、4月25日に再製データの作成を完了した。

　戸籍は、国民であることを含め、わが国におけるさまざまな身分関係について証するために必要となる非常に重要なものである。したがって上記のような形で再製が図られたことにより、さまざまな面で深刻な問題が生ずることを防ぎ得たといえる。なお、岩手県陸前高田市および同県上閉伊郡大槌町の戸籍については、各戸籍の副本を保管していた法務局（陸前高田市は宮古支局、上閉伊郡大槌町は水沢支局）の被害は比較的軽微であったが、宮城県の本吉郡南三陸町、および牡鹿郡女川町における戸籍の副本については、気仙

沼の法務局の支局が保管していたところ、気仙沼支局は、海沿いに所在していたことから、建物の2階まで津波の被害が生じた結果、2階に保管されていた閉鎖された紙の登記簿は流されてしまったが、幸い電子化された戸籍は3階に保管されており、滅失せずに再製に役立てることが可能となった。

　このような反省を踏まえ、現在、法務省では戸籍データの保管体制の見直しを考えている。実際、被災地域の近隣にバックアップ体制を用意していても、大規模な災害によって被災地域が拡大すれば、副本とともに滅失する危険があることになる。したがって、全国の法務局を3グループに分け、それぞれ離れた地域で戸籍データを保管することを検討している。具体的には、各自治体から1カ月ごとを目安に最新のデータを送ってもらい、各法務局に分けて保管するということである。これは今後、法務省としても具体的に進めていくべき施策であると考えている。

　なお、登記については電子化をすでに完了していることから、戸籍のような問題は生じないであろうと考えている。登記のデータは全国にネットワークを組んで、それぞれ離れたところで保管することになっている。現在、約2億7000万の不動産があるが、これらの登記のデータは、盤石な状態で保管されているといえる。

(7) 登記・戸籍に関する相談窓口

> ① 法務局震災相談フリーダイヤルを設置して登記に関する相談の受付を行っている。
> ② 被災地の市役所等において、特設相談所を開設し、登記・戸籍等に関する相談の受付を行っている。

　登記・戸籍に関する相談窓口を法務局に設けた。司法書士会や土地家屋調査士会の協力を得て、フリーダイヤルを設置し、相談の受付を行っている。当初は、登記済証（権利証）の紛失についての相談から始まり、その後、相続の登記に関する相談なども非常に多く寄せられたとのことである。

3　出入国管理・外国人登録等

① 出入国管理
② 外国人被災者の安否確認調査
③ 避難先の市区町村窓口での外国人登録の各種手続
④ 震災により途中帰国した研修生、技能実習生の方のための新たな査証（ビザ）の発給
⑤ 相談窓口

(1) 出入国管理

① 外国からの援助隊の受入れ
　海外からの緊急救助隊の入国手続については、簡便な方法をとり可能な限り迅速な入国手続を行い、時間をとらせることなく円滑に活動地へ移動できるよう対処
② 出国時の再入国許可申請
　出国の急増があったところ、特別な事務処理を行うことで、申請当日に再入国許可を出すように対処

　東日本大震災に伴い、20の国・地域から1100名の緊急救助隊が支援に訪れたことから、円滑かつスピーディーに受け入れる体制を整備した。一方で、出国の急増が生じ、平成23年3月16日には、通常の12倍といわれる2万人の外国人が出国申請のため東京入国管理局を訪れた。あわせてこれらの出国希望者の多くは、再入国することも前提であったことから、再入国許可を迅速に出す体制も整えた。

(2) 外国人被災者の安否確認調査

① 東日本大震災で被災された可能性のある方の安否確認のため、出国しているかどうかの事実に関する照会（出国事実の照会）
② 青森県、岩手県、宮城県、福島県の4県の中で災害救助法適用地域の市町村において外国人登録を受けている外国人が照会対象

> ③ 申告に該当する外国人登録記録があったものについて、「出国の事実」について回答

　外国人被災者の安否確認調査を行った。東北地方の被災地を中心として、約7万5000人の方が外国人登録をされていたことから、その安否確認については、非常に重要な対応となり、出国の事実などについて各国大使館からの照会等に迅速に対応できるよう努めた。

(3) 避難先の市区町村窓口での外国人登録の各種手続

> ① 東日本大震災により、外国人登録している元の居住地を離れて避難
> ② 避難先の市区町村への居住地変更手続をしていない方
> ③ 避難先の市区町村役場の窓口を通じて
> ④ 避難元の市区町村へ、登録証明書の切替えや再発行などの手続が可能

　避難先において外国人登録の手続を円滑にできるように、さまざまに工夫し対応した。

(4) 震災により途中帰国した研修生、技能実習生の方のための新たな査証（ビザ）の発給

> ① 外国人研修生・技能実習生の方が日本から出国する際に、再入国許可をとらずに出国した方
> ② 研修・技能実習の途中で出国したものの、再度、来日して従前受けていた研修・技能実習の継続を希望
> ③ 実施環境が整っているような場合
> ④ 簡易な手続により、日本国大使館・領事館で新たな査証（ビザ）の発給が受けられる

　震災によって途中帰国した研修生、技能実習生も多かったことから、ビザの発給手続をスムーズに受けられるように体制を整えた。

(5) 相談窓口

> ① 外国人在留総合インフォメーションセンターにおける震災に関する相談の受付

> ② 成田空港（第1・第2ターミナル）に出入国関係の相談カウンターを設置し、一時帰国を希望する外国人の相談の受付
> ③ 休日における緊急の出入国関係の相談・照会に対応するため専用ダイヤルを設置しての受付

　外国人については言葉の問題があることから、インフォメーションセンターや相談窓口を充実させ、成田空港には相談カウンターを設けた。

4　罹災都市借地借家臨時処理法と被災区分所有建物の再建等に関する特別措置法の取扱い

> ① 東日本大震災について、罹災都市借地借家臨時処理法（昭和21年法律13号）を適用しないこととした。
> 　→同法については、見直しを検討している。
> ② 東日本大震災について、被災区分所有建物の再建等に関する特別措置法（平成7年法律43号）を適用しないこととした。

　罹災都市借地借家臨時処理法（以下、「罹災法」という）は、戦後できた法律であり、戦災によって建物が倒壊あるいは滅失した場合に、そこに居住していた借家人、借地人も含めて一定の保護を図るという内容である。これは阪神・淡路大震災では適用されたが、東日本大震災においては、復興のあり方としては、同じ場所に建物を建てるというよりは、むしろ移転先を考えるという点もあり、また、これは国土交通省と共管する法律であることから、同省と協力して関係自治体に意向を確認したところ、適用する必要はないとの意見であった。

　罹災法自体は、借家人、あるいは借地人を保護する内容であるが、たとえば借家人の保護として、地主が建物を建ててくれない場合に、優先的な借地権を借家人に認めるものとして優先借地権が認められている（罹災法14条）。これは戦災復興をイメージすると、誰も建物を建てないときには、借家人自らがとりあえずの建物を建てるということが念頭におかれているものと思わ

れる。しかし、この規定は、はたして現在の状況に適合しているといえるのか、という議論もあり、日本弁護士連合会ほか各弁護士会などからも見直しの必要性を指摘されている。

　罹災法は、政令で指定することによって適用が可能になるものであるが、最終的に、東日本大震災においては適用しないこととなった。これは、前述のとおり日本弁護士連合会の意見や、自治体の意向などを踏まえたことによる。他方で、罹災法がこのままでよいのかという問題は残ることから、この法律については一定の見直しを検討することとしている。

　次に、被災区分所有建物の再建等に関する特別措置法（以下、「被災マンション法」という）について、これは阪神・淡路大震災のときに制定されたものであり、やはり政令で指定することによって各震災に対応できるが、最終的にはこれも東日本大震災については適用されないこととなった。これは、実態調査を実施し、各マンションの管理組合の意向などを確認したところ、結果的に、区分所有のマンションが非常に甚大な被害を受けた地域はないということ、また、被害があったマンションについても、共同所有関係を解消し売却によってその利益を分配するという方法がとられたこともあって、被災マンション法が想定していた、5分の4以上の多数決によって、同じ場所にマンションを再建するという手続は必要性がないという判断に至ったことによる。

5　その他の法律

① 東日本大震災に伴う相続の承認又は放棄をすべき期間に係る民法の特例に関する法律（施行日：平成23年6月21日）

　　東日本大震災の被災者であって、平成22年12月11日以降に自己のために相続の開始があったことを知った方（相続人）

⇩

> 相続の承認又は放棄をすべき期間を、平成23年11月30日まで延長
>
> ② 東日本大震災関連義援金に係る差押禁止等に関する法律（施行日：平成23年8月30日）

　その他の法律、これらは議員立法であるが、簡単に説明する。

　東日本大震災に伴う相続の承認又は放棄をすべき期間に係る民法の特例に関する法律は、民法における、自己のために相続の開始があったことを知ってから3カ月以内に、相続の限定承認や相続放棄をしない場合は、単純承認が擬制されるという規定（民法921条）について、この期間を延長している。

　東日本大震災に際しては、平成22年12月11日以降に、自己のために相続の開始があったことを知った方、すなわち、震災によって相続が開始した場合以外に、まさに震災の日に上記期間の3カ月目を迎えた方も含めて、その段階で、仮に放棄しようと考えていたにもかかわらず、混乱によって実行できないということもあり得ることから、救済すべき範囲を拡大した措置をとったものといえる。限定承認、相続放棄の期間については、11月30日まで延長した。

　また、東日本大震災関連義援金に係る差押禁止等に関する法律は、厚生労働省などが所管するものであるが、義援金を差押えの対象からはずすという措置を設けている。その他弔慰金などいくつかの金銭については、債権だけではなく、給付を受けた金員そのものについても差押禁止の対象としており、破産をした場合であってもこれらは破産財団に含まれず、被災者の手元に残ることになる。生活保護などでも差押禁止の例があるが、それと同様に、破産した場合もいわゆる自由財産になるということが最も大きな効果といえる。

6　その他（規制緩和）

> ① 供託金の納入期日の延長
> ② 供託官が振り出した小切手の換金場所の緩和
> ③ 印鑑の証明書の発行停止に係る取扱い等

> ④ 印鑑の改印等に係る取扱い
> ⑤ 難民認定申請において在留資格に係る許可および仮滞在許可をする際の除外事由の適用
> ⑥ 再入国許可を取得せず途中帰国した技能実習生等

　その他、東日本大震災の被害に鑑み、規制の緩和を運用により実施した。詳細は省略することとする。

7　情報提供

> 法務省ホームページ、政府広報などを通じて行った情報提供等の主なもの
> ① 土地、建物の登記済証（権利証）を紛失した場合
> ② 境界標識等の可能な限りの保存についての留意
> ③ 手形・小切手をなくされた方へ
> ④ 被災地域の外国人登録者に関する情報の提供
> ⑤ 被災外国人の支援に関する国際移住機関（IOM）との協力

　情報の提供は、災害が発生した場合においては、非常に重要な対応だと考えている。東日本大震災に際しては、法務省のホームページを従来よりも大幅に閲覧しやすく、あるいはリンク等に工夫をして利用しやすいものとした。特に登記や戸籍などは、国民の生活に密接なかかわりを有し、多くの質問が寄せられることから、ホームページ上に回答を掲載する等して情報の提供に努めている。たとえば、「土地・建物の登記済証を紛失しても、権利を失うことはありません」、「境界標識などについては可能な限り保存してください」といった内容についても以下のとおりホームページ上に掲載しているところである。

　また、被災地域の外国人登録者に関する情報の提供についても、外国人向けに英語の内容のコンテンツをホームページ上に用意し、確認しやすいように配慮した。

Ⅳ　政策・施策

(1) 土地、建物の登記済証（権利証）を紛失した場合

> 土地、建物の登記済証（権利証）を紛失した場合、所有権等の権利を失うことはないこと、不動産等の売却等の処分ができなくなるわけではないこと、また、不正な登記がされることを予防する方法として不正登記防止申出制度の案内などを行っている。

土地・建物の登記済証を紛失した場合には、多くの方は、かなり不安を抱かれることから、所有権等の権利を失うことはない、登記済証とは、いわば本人確認の手法であるということを伝え、不正登記防止申出などについても案内を行った。

(2) 境界標識

> 復旧作業の際、土地の境界を特定するために役立つ、境界標識、塀、石垣の基礎部分や側溝などについて、可能な限り保存について留意するようお願いを行っている。

復旧作業の際に誤って境界標識などを抜いたり、壊したりということのないように、保存をお願いする旨、法務省ホームページ上で案内を行った。

(3) 手形・小切手

> 手形・小切手をなくされた方に対して、裁判所における公示催告手続に関する案内などを行っている。

(4) 被災地域の外国人登録者に関する情報の提供

> 外国人住民の方の安否確認に利用するため、地方自治体および在外公館へ、災害救助法適用市町村である被災地域の外国人登録者に関する情報を提供
> ※「外国人登録に関する情報」とは身分事項、外国人登録番号、居住地、入国港、入国年月日、勤務先など

29

(5) 被災外国人の支援に関する国際移住機関（IOM）との協力

> 岩手県、宮城県、福島県および茨城県の避難所等で、IOMが行っている母国への帰国を希望する被災外国人の方に対する人道的帰国支援事業を周知するとともに、次の出入国管理行政に関する被災者支援措置についての情報提供を多言語で行っている。

　国際移住機関（IOM）が、母国への帰国を希望する被災外国人のための支援を開始したことから、これに情報提供を行った。

8　人への風評被害

> ①　放射線被ばくについての風評被害等
> ②　啓発活動の実施
> ③　相談窓口

(1)　放射線被ばくについての風評被害等

> ①　原子力発電所の事故があった福島県からの避難者がホテルで宿泊を拒否されたり、ガソリンの給油を拒否されるといった事案のほか、小学生が避難先の小学校でいじめられるなどの事案の報道
> ②　「根拠のない思い込みや偏見で差別することは人権侵害につながる。」といった内容の緊急メッセージを、平成23年4月30日に法務省ホームページへ掲載

　法務省には、人権擁護局があり、地方の法務局などでも人権擁護活動を行っている。東日本大震災における原子力発電所の事故に伴って、人への風評被害が生じたと報道されたが、これらは、人権上の問題があったことから、啓発活動を実施した。この点については、新聞などでも、原子力発電所の事故があった福島県からの避難者がホテルでの宿泊を拒否されたり、あるいは福島のナンバープレートであるとのことから、ガソリンの給油を拒否されるといった事案、さらには避難先の小学校で、小学生がいじめにあっているという報道があった。事実の有無についての確認は困難であるが、上記のよう

な相談は、実際に法務局にも寄せられたとのことである。

　この点については、平成23年4月に、根拠のない思い込みや偏見で差別することは、人権侵害につながるということをメッセージとして、法務省のホームページ上に掲載し、啓発活動などを行ったところである。

(2) 啓発活動の実施

> ① 全国各地において、避難先や地域の掲示板等を活用して、ポスターの掲出、避難所地域でのチラシの配布、公共機関やコンビニエンスストアへのチラシの掲出などの活動を行っている。
> ② いっこく堂氏による「人権啓発デジタルコンテンツ」を作成し、同コンテンツを活用

　上記(1)の啓発活動のほかに、ポスター、チラシなどで人権に関する問題を指摘するほか、タレントのいっこく堂氏に依頼し、腹話術を使ってのわかりやすい人権問題に関するメッセージを、人権啓発デジタルコンテンツとして、法務省のホームページから発信した。

(3) 相談窓口

> 　法務局、地方法務局およびその支局の人権相談窓口や避難所等における特設相談所において、以下に関する人権相談を行っている。
> ① 放射線被ばくについての風評等に基づく差別的取扱い
> ② 長期化する被災者の避難生活に伴い生起するプライバシー侵害
> ③ その他、震災に伴って生起するさまざまな人権問題

　その他、各地に相談窓口を設け、風評に伴う人権被害などについての特設相談などを行っている。

V　その他——各種相談体制

> 日本司法支援センター（法テラス）関係
> ① 常勤弁護士が、避難所等へ赴き、被災者に対して生活再建等に関する法制

> 度等についての情報提供を行っている。
> ② 日本弁護士連合会等と共催で、被災者を対象とした弁護士による無料の電話相談を行っている。
> ③ 被災地の関係団体と連携協力し、被災3県の避難所等を中心に、弁護士による出張、巡回相談を行っている。
> ④ 宮城県沿岸部3カ所（南三陸町・東松島市・山元町）に出張所を開設し、法律相談や各専門家によるよろず相談を行うこととしている（平成23年10月3日南三陸町開設）。

　最後に、各種相談体制について解説する。総合法律支援法に基づいて設立された日本司法支援センター（法テラス）において、各種相談体制をとっている。なお、法テラスは、日本弁護士連合会や日本司法書士会連合会の協力をもって運営しているものであるが、常勤弁護士による相談や日本弁護士連合会との共催による電話相談など、さまざまな形で相談・活動を行っている。

　また、宮城県沿岸部に3カ所の出張所を開設して、法律相談などを受けることとした。

VI　おわりに

　法務省の役割・役目というものは、前記Iのとおり、本来地味といえる。しかし、東日本大震災に伴う法律的な問題に対応することは、法務省としても非常に重要な役割だと思われる。

　これまでの東日本大震災に伴う法律相談の内容を分析すると、住居・不動産に関するものが最も多く、次に、生活上の取引に関連して、ローン、あるいは借金、カードのローンに関するもの、第3に、相続なども含めた家族関係の問題、第4に、損害賠償の問題などがあり、これに労働の案件が続いていて、これらはまさに被災地の現状を示している。今後は、原子力関係の損害賠償も含めて、訴訟に発展する問題も増えてくるのではないかと考えている。

VI　おわりに

　法務省の法務行政を進めるにあたっては、専門家としての弁護士、司法書士、土地家屋調査士等の各士業の協力が必須と考えており、協働体制の下で対応していく必要があると考えている。

　なお、最後に、震災に対する法務省の対応といった点からは、視点が異なるかもしれないが、関連する事柄についてのエピソードとして紹介すると、刑務所において、受刑者が領置金や作業に伴う報奨金などを義援金として供出した。具体的には、全国で約2800名の受刑者から合計2000万円を超える額の義援金が提供された。

　また、被災地の少年院でも、やはり少年たちが東日本大震災に関するテレビを見て、被災者の方々に比べ、自分たちが温かい食事をとり、いろいろと守られていて非常に恵まれているということを強く感じて、その後、高齢者施設のボランティアなどを積極的に行っているといった話も聞いているので紹介しておきたい。

第3章 東日本大震災に伴う警察措置

警察庁警備局長　西村泰彦

　本稿は、平成23年（以下、平成23年については、表記を省略する）11月2日に行われた震災対応セミナーにおける講演内容を基に作成したものである。

はじめに

　3月11日の震災発生時、筆者は警察庁で勤務していた。筆者のオフィスは20階にあるので、その尋常ではない揺れに、「これはどこか地方でとんでもない地震が起こっているに違いない」ということを確信した。生まれて初めての経験であったが、警察庁の庁舎もエレベーターが全部止まる中、地下まで駆け降り、首相官邸に参集した。

　首相官邸では、情報の集約、関係省庁との連絡調整、全国からの部隊派遣等々の業務に当初従事をした。その時の思いは、1人でも多くの方の命を救いたいというものであり、その一念でさまざまな対応をしたところである。これは筆者1人ではなく、全国の警察職員が同じような思いで被災地に対する支援活動を行っていたものである。

　以下、大きく福島第1原子力発電所周辺地域における警察活動と被災地における安全と秩序の確保、復興に向けた取組みについて、説明をする。

I　概　要

1　東日本大震災の特徴

　東日本大震災は、以下の点で、過去の災害とは全く異なる特有の状況が見受けられる。
① 　津波の甚大な被害が極めて広範囲にわたっており、行方不明者の捜索、被災地の復旧・復興は相当長期化する見通しである。
② 　福島第1原子力発電所の事態収束までには相当の期間を要し、これまで経験したことのないさまざまな困難を伴う対応が必要である。
③ 　津波により街全体が流されて家や職場を失い、被災者が各地に分散して避難することにより、従来の地域コミュニティが崩壊し、地域社会の犯罪抑止力が弱体化するおそれがある。

2　被災地への部隊派遣状況（阪神・淡路大震災との比較）

　被災地への派遣状況は、（資料1）のとおりである。

II　福島第1原子力発電所周辺地域における警察活動

1　事故発生時の初動措置

⑴　付近住民の避難誘導

　3月12日に福島第1原子力発電所で水素爆発が起きた際、その第一報を官邸に届けたのは福島県警察からの情報であった。現地で活動中の警察官より、爆発音が聞こえ、「どうもふわふわと白いものが空中から落ちてくる」という情報が、警察庁経由で首相官邸にいた筆者に入り、早速官邸で報告を行っ

（資料１）　被災地への部隊派遣状況

被災地への特別派遣人員
- 東日本大震災：約４，８００人（最大時）
- 阪神淡路大震災：５，５００人（最大時）
  （※　派遣日数：１９６日間、延べ人員：４２６，５００人）

行方不明者の捜索状況
- 東日本大震災：平成２４年３月２８日現在、行方不明者が３，０８９人
- 阪神淡路大震災：発災１０日後に一斉捜索を実施
  約１か月後に行方不明者が２人
  ５４日後に最後の御遺体発見

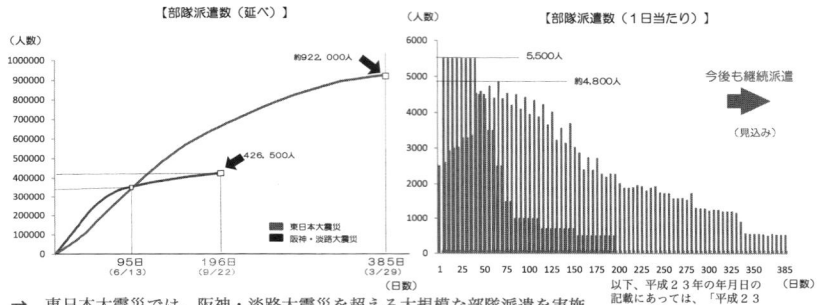

→　東日本大震災では、阪神・淡路大震災を超える大規模な部隊派遣を実施

た。

　３月12日以降、福島第１・第２原子力発電所の周辺地域において、圏外への避難が順次指示されたことに伴い、警察は、市町村と連携しつつ、圏内の住民を迅速に避難誘導した。その際、連絡が途絶えていたことにより、総理大臣の避難指示がなかなか伝わらない自治体があったことから、福島県警察の警察無線を通じて、総理大臣の指示が確実に各自治体に伝達されるよう対応した。

　また、３月17日～21日、20～30キロメートル圏内にいて自力で避難することができない入院患者等545人を病院や介護施設から圏外に移送した。

(2)　原子炉建屋への放水活動

　福島第１原子力発電所の３号機が冷却機能を失い、原子炉建屋で水素爆発が起きたことを受け、３月17日、警察（警視庁機動隊）は、他の関係機関に先駆けて、使用済み燃料プールへの地上からの放水を行った。

　この放水活動は、場所によっては300ミリシーベルトパーアワー（mSv/h）という高い放射線量の中、本来は暴徒の鎮圧に使われる「高圧放水車」

を転用するなど、極めて困難な任務となったが、警視庁機動隊の隊員は約44トンの水を放水し、一定量の注水を行うことに成功した。地上からの放水はこれが最初であった。

(参考) ～フクシマの英雄たち：アストゥリアス皇太子賞～

　スペインのアストゥリアス皇太子財団は、科学、文化、社会の各分野において国際的に活躍し、人類に貢献しているとみなされた個人、機関、組織に対して贈られる「アストゥリアス皇太子賞・共存共栄部門賞（The Prince of Asturias Award for Concord）」を、自らの危険を顧みず、福島第1原子力発電所の事故対応にあたった「フクシマの英雄たち」に授与すると発表し、10月21日、スペイン国アストゥリアス州オビエド市において、2011年アストゥリアス皇太子賞の授与式が開催された。

　この授与式には、「フクシマの英雄たち」を象徴する人物として、警察、消防、自衛隊からの代表5名が出席し、警察からは、福島第1原子力発電所3号機の使用済み核燃料貯蔵プールに対する警視庁機動隊の高圧放水車による放水の指揮をとった警視庁警備部警備第2課管理官大井川典次警視と、福島第1原子力発電所における事故の発生直後から、福島第1原子力発電所の所在する双葉町等を管轄する警察署長として、自力では避難が困難なお年寄りや病院の入院患者に寄り添い、最後まで現場において住民の避難誘導を指揮した福島県双葉警察署長（当時）渡邊正巳警視が出席した。

　巨大地震と大津波、それに引き続く福島第1原子力発電所による事故から、「住民を1人でも多く、かつ一刻も早く」との思いで避難誘導・救出救助活動等にあたった全警察職員の努力と、警視庁機動隊による放水をはじめとして、事態が急変し、混乱する状況の中で、強い使命感をもって福島第1原子力発電所の事故対応にあたった全警察職員の活動が世界的に認められた受賞となった。

2　行方不明者の捜索

(1)　20～30キロメートル圏内

　3月25日から、特別派遣部隊を行方不明者の捜索活動に投入し、多数のご遺体を収容した。当初、ご遺体表面の放射線量が問題とされていたが、ご遺

37

体の着衣をはずせば高い放射線量が測定されることはなく、圏外に搬送できないご遺体はこれまでのところ見受けられない。

(2) 10～20キロメートル圏内

4月7日から20キロメートル圏内の本格的捜索を初めて実施している（約360人体制）。11月2日現在までに延べ約1万2700人の警察官が活動に従事した。

(3) 10キロメートル圏内

4月14日から約300人による捜索を実施している。11月2日現在までに延べ約1万4900人の警察官が活動に従事した。

(4) 放射線量測定

発災直後より、福島第1原子力発電所周辺地域で活動する警察官をサポートするため、全国のNBCテロ対応専門部隊を福島県に展開し、付近の放射線量のモニタリングを行った。このNBCテロ対応専門部隊は、NBCテロ（核兵器（Nuclear）、生物兵器（Biological）、化学兵器（Chemical）を使用したテロ）が発生した際に、放射線量の測定、化学物質の特定や事案への対処を行うための部隊であり、警察は全国の主要都道府県警察にこの部隊を有している。

3　警戒区域の設定に伴う諸活動

(1) 警戒区域における検問

警戒区域が設定された4月22日以降、警察では、関係者以外の者の立入禁止措置の実効性を確保するため、約250人の警察官が20キロメートル外周において検問（市町村長発行の許可証や東京電力発行の通行証の確認等）を行っている。

検問所等では、自治体により仮設ガードレールやバリケードが設置されるとともに、電光掲示板や看板により立入りの禁止が明示されている。

今後、主要なポイントにはカメラを設置し、不審車両が区域内に流入しないよう監視する予定である。

(2) 一時立入りの支援

5月10日以降、警戒区域内への一時帰宅を実施。警察では、住民を乗せたバスをパトロールカー（以下、「パトカーという」）で先導するとともに、立入禁止区域周辺における警戒警らを実施している。これまでのところ、一時帰宅した住民が所在不明となるような事案は把握していない。

4　原子力発電所周辺地域における治安維持活動

発災直後、世界の報道機関、あるいは日本の報道において、暴行や略奪は起きていない、東京でも秩序正しく皆が列をつくって列車が動くのを待っているといった、日本人の規律ある行動が高く称賛されたところである。筆者は、大変日本人であることを誇らしく思った記憶があるが、他方で残念なことに、原子力発電所周辺地域では空き巣をはじめとする侵入窃盗が増加している。警戒区域に一時立入りをした住民の方からも、盗難被害の申告が相次いでいる。

警戒区域を管轄する福島県警察の警察署は双葉、南相馬、田村の3つがあるが、この3署では3月から9月までの7カ月間で、刑法犯は1145件発生している。これは、前年と比べると336件の増加である。また、刑法犯のうち空き巣が466件であり、前年と比べると422件の増加となっている。

20キロメートル圏内にはATMが80カ所ほどあるが、このATM関連の窃盗事件も33件あり、これは前年比で33件の増加である。すなわち、前年は1件も発生していなかったものが、平成23年は7カ月間でこれだけの数が発生したという状況である。

警察では、検問と合わせ、20キロメートル圏内に特別の部隊を編成し、パトカーによる警戒によって犯罪を抑止するとともに、機動捜査部隊（私服の刑事がいわゆる覆面パトカーに乗車して犯罪の取締りを行う部隊）を展開し、検挙に努めているところである。

5　サイバー攻撃への対策

　原子力発電所事故に関する情報の提供を装った標的型メールが政府機関や民間企業に複数送付されていることが確認されている。電子メールには、ウイルス対策ソフトでは検知できない不正プログラムが仕込まれており、情報窃取の危険性がある。

　（資料2）にあるように、標的型メールには、「福島原発最新状況」、「福島原発ドキュメント」、「被災者の皆様、とくにお子さんをお持ちの被災者の皆様へ」、「放射線被ばくに関する基礎知識」等々といった件名と添付ファイルが付けられている。このような件名であると、思わず添付ファイルを開けてしまうが、ファイルを開けると不正プログラムに感染し、コンピュータの内部にある情報が外部へ持ち出されてしまうこととなる。震災や原子力発電所の事故に関連し、このような標的型メール攻撃が多数発生したのである。

　連日報道されている三菱重工業に対する攻撃、また11月2日に報道がなされた、衆議院や参議院に対する標的型メールの送付、さらには外務省の在外公館に対する標的型メールの送付といった、わが国の主要な政府機関あるいは重要な企業に対する攻撃が行われているところである。このうち、三菱重

（資料2）　原子力発電所事故に関する情報の提供を装った標準的メール

件名	添付ファイル
福島原発最新情報	福島原発.doc
被災者の皆様、とくにお子さんをお持ちの被害者の皆様へ	放射線被ばくに関する基礎知識1.doc
被ばくに関する防護対策について	安定ヨウ素剤の服用方法.xls
福島第一原子力発電所2号機取水口付近からの放射性物質を含む液体の海への流出について	2号機取水口付近海水への流出イメージ図.pdf

工業の事案については、9月末に警察で被害届を受理し、現在、捜査を展開しているところであり、その他の事案については、現在事実確認を行っているところである。

　警察では、情報窃取の標的となるおそれのある事業者等と情報共有ネットワークを構築し、標的型メールの分析や注意喚起を実施している。また、警察庁では、サイバーフォースセンターによる不正プログラムの分析等を通じ、サイバー攻撃の実態解明を進めるとともに、これらの情報をウイルス対策ソフト提供事業者等に提供することにより、社会全体の情報セキュリティの向上に貢献している。

Ⅲ　被災地における安全と秩序の確保、復興に向けた取組み

　11月2日現在、被災3県では合計約5700人（うち他県からの派遣は2100人）の体制で被災地における安全と秩序の確保、復興に向けた取組みを進めているところである（最大時では合計約1万2800人体制（約4800人を他県から派遣））。

1　生存者の救出・救助

　発災と同時に、「広域緊急援助隊」を全国から被災3県に派遣した。この広域緊急援助隊は、平成7年1月17日に発生した阪神・淡路大震災における災害警備活動の経験を踏まえ、災害対策のエキスパートチームとして、同年6月1日、全国の都道府県警察に設置したものである。現在、広域緊急援助隊は、救出救助活動を行う警備部隊、緊急交通路の確保等を行う交通部隊および検視等を行う刑事部隊から構成されており、大規模災害が発生した際には、全国から被災地に派遣される。

　東日本大震災で派遣された広域緊急援助隊や機動隊は、被災地で生存者の救出・救助活動に従事し、これまでに、約3750名の方を救出したところであるが、津波により孤立した地域が多かったことから、阪神・淡路大震災の場

合とは異なり、警察ヘリコプターにレンジャー部隊が同乗し、地上から接近できない現場で救出・搬送を実施した事例が多数あった。

たとえば、3月12日、仙台市荒浜地区で広域緊急援助隊（警視庁）が孤立集落を発見したところ、現場は津波の影響で水浸しの状態であったため、隊員が数珠つなぎとなり、孤立者を順次救助した事例などが代表的である。また、3月20日、宮城県石巻警察署の警察官4人が、倒壊家屋から助けを求める16歳少年と80歳女性を発見し、消防と協力して被災から9日ぶりに救助した事例はテレビ等でも大きく報道されたところである。

2　被災者の避難誘導

災害発生直後、津波の危険性の高い地域の住民を高台に避難誘導したが、その過程では、多くの警察官が殉職をすることとなった。また、福島原子力発電所周辺では、前述のとおり、避難指示圏内の住民の方を避難誘導した。

好事例としては、JR常磐線に乗車中に被災した巡査2名が、先導と最後尾に分かれて乗客約40名を高台の町役場に避難誘導した事例や、青森県八戸警察署の警察官が、付近の河川の状況から大規模な津波が発生することを察知し、沿岸部住民等に対し高台に向かうようよびかけて避難誘導を実施し、約150人の住民等を無事に避難させた事例などがあった。

3　関係道路の交通規制

地震により道路が大きく損壊したことから、東北道、常磐道等の一部を災害対策基本法に基づき「緊急交通路」に指定し、緊急通行車両以外には通行禁止の措置をとった。3月24日に全面解除をするまで、12日間にわたって通行禁止の措置をとったが、道路状況を踏まえて規制区間は逐次縮小したところである。他方、人命救助や緊急の物資輸送等を行う緊急通行車両に対して標章を交付し、道路状況を踏まえてその交付対象を拡大したところであり、最終的な交付枚数は16万3208枚となった。

また、被災地では随所で信号機が停電したり、津波で壊されたことから、

Ⅲ 被災地における安全と秩序の確保、復興に向けた取組み

信号機が滅灯した交差点等において、警察官が手信号で交通整理を行った。

4 避難所等での被災者の支援

(1) 被災者の心に響く支援の推進

特に女性警察官等を避難所に派遣し、被災者の方からいろいろな要望等をうかがった。被災者の中には、話を聞いていただけるだけでありがたいということで、涙ながらに女性警察官の手をとり、涙にくれた方も多数いたと聞いている。

また、行方不明者の親族等からの求めに応じ、死亡届に添付する書面を発行（9月28日現在、全国で3610件）しているほか、遺族年金等の審査事務を行う機関等からの照会に対応している。

(2) 被災者向け行政手続の負担軽減

運転免許証の再交付申請の際に必要となる写真を警察で撮影したり、臨時の受付窓口を設置するなど、被災者の負担軽減に努めているほか、車庫の現地調査を省略したり、津波で流された元の自宅や避難先を車庫と認めたりして、車庫証明を即日交付することとしている。

5 ご遺体の身元確認

東日本大震災では津波による被害により、ご遺体が居住地から相当離れた場所で発見されたり、あるいは所持品等が失われていたりして、なかなか身元の確認ができないという状況であった。阪神・淡路大震災のときには、倒壊家屋の中でご遺体を発見したことから、その家にお住まいの方であるということがわかり、比較的身元確認は早くできたが、今回は大変苦労をしている。

その中で、全国から派遣された検視官や地元3県警察の検視官は、とにかく一刻でも早くご家族の下にご遺体をお返ししようと活動を行ってきた。当初、断水や停電していたことから、ご遺体の全身についた泥をバケツに汲んだわずかな水できれいに洗い落とし、本当にわずかな明かりの下で、細心の

第1編　第3章　東日本大震災に伴う警察措置

（資料3）　東日本大震災と阪神・淡路大震災との比較

東日本大震災と阪神・淡路大震災との比較
9月11日現在

※　　　は東日本大震災（被災3県）、　　　は阪神・淡路大震災の数値を示す。

	発災後3日	1週間	10日	1ヵ月	3ヵ月	4ヵ月	6ヵ月
収容遺体数	1,988	6,855	8,593	13,051	15,346	15,480	15,714
	4,550	5,090	5,140	5,372	5,480	5,480	5,480
身元不明遺体数	1,147	3,842	4,511	2,141	1,982	1,496	1,093
	101	89	38	27	10	9	9
身元確認率	42.3%	44.0%	47.5%	83.6%	87.1%	90.3%	93.0%
	97.8%	98.3%	99.3%	99.5%	99.8%	99.8%	99.8%
行方不明者数	2,361	10,687	12,659	13,714	8,065	5,340	4,082
	727	102	51	2	2	2	2

注意を払いながら見分を行い、身元の確認に努めたところである。

　11月2日現在1万5761体のご遺体の検視を行い、そのうち身元確認できたものが1万4918体である。したがって、いまだ身元の確認のできないご遺体が843体ある。この843体の身元確認に備え、指紋、掌紋、あるいはDNA型鑑定資料、歯牙形状の採取等、個人識別に有効なさまざまな資料を収集し、身元確認に努めているところである。

　また、このような身元確認の際、ご遺族の心情にも配慮したうえで、情報を広く知らしめるため、ホームページに身元不明のご遺体の身体特徴や所持品の掲載をしているところである。1つの遺体安置所で他の遺体安置所等にあるご遺体に関する情報、顔写真や身体特徴、所持品等を確認することができるよう、それぞれの安置所に台帳を備え付ける取組みも進めている。

　さらに、5月中旬からは、身元確認作業を強化するため、ご家族に対しさらなる協力（本人の直接関係する資料の有無の確認や、DNA型の親子鑑定的手

法の活用のための資料提供)をお願いしたり、日本赤十字社から、献血した本人の血液検体の提供を受けて確認作業に活用している。

6　生活の安全と秩序の維持

　被災3県とも刑法犯認知件数は前年と比べて減少している(3月〜9月：前年比1111件(21.9%)の減少)ものの、無人の家屋・店舗の一部では窃盗事件が発生している。

　また、発災当初、被災地で強盗や強姦等が多発しているかのような流言飛語が流布し、被災者の不安をあおり立てる状況であったことから、避難所等におけるチラシやポスターでのよびかけや、ホームページでの注意喚起、正確な犯罪情勢の発信等を行ったところ、4月下旬から流言飛語が減少した。また、インターネット上の原子力発電所事故に関連した悪質な流言飛語については、サイト管理者等へ削除等を依頼したところである。

　震災に便乗した詐欺、悪質商法としては、被災者への義援金名目で金品を騙し取る詐欺、屋根の修繕や住宅電気設備の点検が必要であると称して高額な修理・点検代を請求する事案、放射線の測定や除染等にかこつけ物品を販売しようとする事案等が確認されており、このような悪質な事案に対しては、徹底した取締りを行っているところである。

　このような情勢を踏まえ、全国警察で「地域警察特別派遣部隊」を編成し、制服警察官とパトカーを東北3県に派遣(152台322人)しているほか、警備部隊約700人を派遣して避難所や遺体安置所の警戒を行うなど、パトロールを強化している。また、「特別機動捜査派遣部隊」を編成し、捜査員を東北3県に派遣して初動捜査を強化している(22台88人)。

　課題としては、①治安の基盤である地域コミュニティが崩壊し、住民が各地に分散して避難したところも少なくないことから、治安再生に相当の努力が必要であること、②原子力発電所周辺の避難が長期化することに伴う無人地域の防犯対策が重要であることがあげられる。

第1編　第3章　東日本大震災に伴う警察措置

(資料4)　治安再生に向けたアプローチ

治安再生に向けたアプローチ

● 被災地に見られた特異な状況
- ◆ 窃盗犯は全体で減少しているものの、無人となった民家や商店を狙った侵入窃盗などが多発
  - ➢ 被災3県のH23.3～H24.2の侵入窃盗の認知件数はH22.3～H23.2に比べ増加、特に空き巣が顕著
  - ➢ 原発周辺では空き巣が大幅に増加、警戒区域を管轄する警察署(田村警察署、双葉警察署、南相馬警察署)においてH24.2末までに約1,700件の刑法犯を認知(大半が窃盗犯)
- ◆ コンビニATM等からの窃盗
  - ➢ 被災3県において、ATM被害に係る窃盗犯を 61件(うち未遂12)認知、被害額は約6億8千万円(コンビニに設置されたATMで被害大)
- ◆ 被災地を含め全国で義援金名目の詐欺や悪質商法事案が発生
  - ➢ 義援金等名目の詐欺事件をH24.2末までに98件認知、被害額は約1億1,600万円
  - ➢ H24.2末までに、義援金等名目の詐欺事件67件を検挙、悪質商法等事件15事件を検挙
- ◆ 避難所・仮設住宅の治安は安定
  - ➢ 被災3県における仮設住宅においては、車両に対する器物損壊が散見されるものの、殺人、強盗などの凶悪犯罪の発生はなし
  - ➢ 避難所・仮設住宅における性犯罪の発生は3件のみ。性犯罪等に関する情報や噂については、「事実なし」といったものがほとんど

● 具体的対策
- ◆ 原発事故により住民が避難している地域における犯罪抑止対策
  - ・侵入防止 ～ (警察)検問の実施、監視カメラによる出入管理
    (自治体)バリケード設置、立入許可の厳正運用
  - ・犯罪抑止 ～ (警察)パトロール強化、防犯ボランティア支援
    (自治体)一時立入の推進による貴重品等の早期持出、緊急雇用創出事業の活用
  - ・安心感の醸成 ～ 域内の写真の公開等情報発信、相談の受付
- ◆ ATM対策
  - ・金融機関、ATM運営会社等と協力して現金回収を促進
  - ・関係省庁、業界団体と連絡会議を開催し、防犯対策の高度化について検討
- ◆ 義援金等名目の詐欺、悪質商法対策
  - ・取締りの強化、関係省庁等との関連情報の共有、犯罪利用口座凍結のための金融機関への情報提供及び被害防止のための広報啓発活動
- ◆ 避難所対策
  - ・パトロールの強化、女性警察官等による避難所の巡回による相談の受理、チラシによる注意喚起等

7　警察の情報通信

　電気通信事業者回線が不通となり、携帯電話も通話困難となる中、警察の情報通信は、情報通信職員の機動力ある活動により、その機能を維持することができた。これにより、被災現場の映像を警察庁や首相官邸等に伝送するなど、迅速かつ的確な救出救助活動等に貢献できたところである。その過程では、情報通信職員が山中の無線中継所等に徒歩で登り、燃料補給を行うなどの懸命の作業が行われた。

　また、衛星画像により被災の実態を把握するとともに、東北3県警察、官邸危機管理センター等に衛星画像を提供し、被災地における救出救助活動等に活用された。

46

IV 被災地での警察をとりまく状況

1 警察官の被害

　警察職員の中にも数多くの殉職者や行方不明者が確認された。これらの職員のほとんどは、パトカーで住民に避難をよびかけている間に津波に襲われるなど、公務中に被災しており、最期まで警察職員としての職責を全うした。現在まで25人の死亡が確認されているが、5人については行方不明のままである。

　この殉職事案に関して、常日頃交流のある海外の治安機関関係者からも多くの言葉が寄せられた。とある国の警察官は、日本の警察官に対し、「このたびの震災により約50名（実際は30名である）の警察官が行方不明になったり、亡くなったと聞き、非常に心を痛めている。深くお悔やみを申し上げる。津波が迫り、人々が高台へと避難する中、亡くなった警察官は逆に下へ下へと降りていかなければならなかったのだろう。そうした行為は警察官としての宿命であり、彼らの勇気と行動は、世界のいかなる地域の警察官も皆が共感する。国は違えど、国の平和を守るために生きた彼らのことをわれわれは同じ仲間、兄弟のように思っている。今心配していることは、残されたご遺族のことである。われわれは、有志でご家族のためにお金を募った。決して十分な額ではないが、ぜひご遺族の元に届けてほしい」という口上とともに、日本の香典袋をわざわざ調達し、それに入れて渡してくれたとのことである。この口上を述べた外国の警察官の目には、涙が浮かんでいたということである。

　筆者らはこの話を聞き、国民のために力を尽くそうという警察官の思いは、全世界に共通するのだということで、大変意を強くした次第である。

2 警察施設等の被害

東北3県を中心に警察施設や車両等に大きな被害が生じた。通信施設も被害を受けたが、警察の無線通信網は、停電中の無線中継所への燃料補給や応急措置によりその機能を維持し、自治体への避難指示の伝達にも活用された。

警察署では、岩手で14署、宮城で24署、福島で20署・4分庁舎が被害を受けた。筆者も視察に行った岩手県釜石警察署では、2階以下が完全に壊滅状態という状況であった。また、岩手県大船渡警察署の高田幹部交番では高橋警視が殉職したが、彼は大津波警報が出たときに署員や自分の部下に「早く住民の方を避難させろ。さあ、これからが俺の仕事だ」という言葉を残したまま、避難誘導に向かい殉職をしたと聞いている。

そのほかに交番、駐在所等も多くの被害を受けており、今期の補正予算や来年度予算等で修復を行うこととしている。

3 困難な条件下での警察活動

(1) 水、食料等生活必需品の不足

発災当初は、断水や物流不全の影響で水や食料等の生活必需品が不足した。備蓄食料や水、救援物資等は避難所には配分されたが、被災者であっても警察署等に泊まり込んで仕事をする警察職員には十分に届かなかったのが実態である。岩手県では、隣の秋田県警察からおにぎりの炊出しを受けたこともあったと聞いている。

(2) 警察署等に泊まり込んで連日活動

発災当初は、本来は宿泊設備ではない勤務先の警察署の道場等で仮眠をとり、洗面、入浴、着替えをすることなく連日活動をした。全国から派遣された部隊についても、当初は公民館や体育館等で、寝袋で仮眠をとりながら活動を行ったところである。

(3) 寒さの厳しい中での活動

岩手県、宮城県および福島県では、3月から4月にかけて、最低気温が氷

点下となり、一部の地域では雪が降る日もみられるなど、非常に寒い中で各種活動に従事した。

(4) 福島第１原子力発電所周辺での活動

放射性粉じん簡易防護服を着用しての活動は、気温上昇の影響を大きく受け、非常に蒸し暑く、また、ゴーグルは湿気で曇りやすいうえ、粉塵が入り込み視界が妨げられることもあるなど、厳しい状態での活動を強いられている。

(5) 浸水地域での捜索活動

津波による浸水地域では、胴長靴を着用し、行方不明者の捜索活動を実施している。大量のがれきが沈んでいることもあり、受傷事故の防止にも配意しながら、慎重に活動に従事しているところである。

(6) 惨事ストレス

警察官はご遺体の扱いに慣れているであろうとの報道もあったが、多くの警察官はご遺体の扱いに慣れているわけではない。検視官は確かに多数扱っているが、機動隊員で検死を行ったり、ご遺体を扱ったりすることはごく稀である。大変悲惨なご遺体を扱うことによって、強いストレスを受けた隊員も多々いた。そのような職員の心のケアも、大きな課題である。

(7) 暑さが厳しい中での活動

夏季の到来に伴い、温度・湿度が上昇している中での活動を強いられており、熱中症対策を講じながら活動に従事している。

(8) 遺品等を目のあたりにする活動

行方不明者の捜索現場では、ご遺体の発見が次第に困難となる中、写真やアルバム、トロフィー等、被災前の生活の痕跡を残す物が多数残されており、隊員は、これを１つひとつ洗い流すなど、大切に取り扱いながら、活動に従事している。自分の子と年齢が同じくらいの子どもの写真を発見して、思わずそこで嗚咽したという隊員も数多くいたと報告を受けている。

(9) 避難所での支援活動

長期にわたり避難生活を余儀なくされている被災者からは、心身の疲労を

訴える声や、ストレスを背景にした感情的なトラブルの相談が寄せられており、こうした中で、1つひとつ丁寧にこれらに耳を傾けるなど、被災者の支援活動にあたっている。支援活動にあたる警察官は、「聞いてもらっただけで救われた」という言葉を励みに活動を行ってきた。

⑽　がれき等の粉塵の中での活動

被災現場では、いまだにがれきや倒壊家屋が山積しており、特に晴れた日は空気中にかなりの粉塵が漂う状況である。このような中、マスクやゴーグルを使用して各種活動に従事しているが、交通部隊員が交差点で交通整理を行う際などはマスク・ゴーグルをしても粉塵が中へ入ってくる大変厳しい勤務環境となっている。

⑾　ご遺族等への対応

遺体安置所、警察署等において、ご遺体の身元確認や行方不明者の相談に従事するにあたり、ご家族の計り知れないご心痛に配意しながら、対応にあたっている。

⑿　疲労解消が困難な中での活動

部隊員の宿舎事情は改善されつつあるものの、いまだに活動現場から遠距離にある地点で宿泊しているケースもみられるなど、疲労が解消されない中で各種活動に懸命に従事している。

Ⅴ　被災県警察への支援

これまで述べてきたように、警察は、被災3県警察に対して、全国一枚岩となって部隊を派遣し、支援を行ってきた。阪神・淡路大震災の場合とは異なり、東日本大震災で被災した東北3県は、①県警察の体制が小規模であること、②管轄区域が広大であること、③原子力災害が発生していること等の特徴がある。今後、被災3県警察への支援をさらに強力に進めることにより、災害警備活動に万全を期すとともに、一刻も早く警察活動を復旧させなければならないと考えている。

そこで、現地でのパトロール、犯罪抑止のための活動、捜索活動等に従事する人的基盤を強化するため、国会に上程している第3次補正予算において、3県に対し750名の警察官を緊急に増員することを国会に諮っているところである。また、多くの警察施設や警察装備についても修復する必要があることから、1次補正予算、3次補正予算、さらには平成24年度当初予算で必要な経費を措置したいと考えている。

 そして、地震や津波といった自然災害が発生した際における警察の対応能力を向上させ、国民の安全の確保のために万全を期してまいりたいと考えている。

VI　補　論

1　はじめに

　上記Ⅰ～Ⅴの西村泰彦警察庁警備局長の報告の最後に指摘があったとおり、警察庁より、11月10日、東日本大震災に関して検証を行った「東日本大震災における警察活動に係る検証」と題する資料が公表された（以下、「本件検証資料」という。この資料は、警察庁のウェブサイト〈www.npa.go.jp〉に全文が掲載されている）。

　そこで、12月12日、警察庁警備局警備企画課課長補佐である重久真毅氏をオブザーバーに迎え、上記資料について解説をいただく分科会を開催した。

　以下、上記資料の主な内容および警察庁分科会において指摘された事項について、震災対応セミナー実行委員会警察庁分科会座長である水野泰孝より紹介させていただく。

2　本件検証資料の主な内容

　本件検証資料において「今後の検討事項等」としてあげられている項目を中心に、その主な内容を次のとおり紹介させていただく（前記のとおり、そ

の全文については警察庁のウェブサイトにあげられているので参照されたい)。

(1) 体制の確立

(ア) 警備本部等の設置

　特に、岩手県警察、宮城県警察および福島県警察においては、警察施設の損壊、ライフラインの途絶等により、警備本部等の移転を余儀なくされるなど、警察活動に支障が生じた。

　東日本大震災は執務時間内の発生であったため、速やかな警備本部の立上げ等迅速な対応を行うことができた。今後、執務時間外に災害が発生した場合の体制確保についての検討が必要である。

　そこで、警察施設の損壊、ライフラインの途絶といった、甚大な被害が発生することも想定し、こうした場合であっても、警察活動を迅速かつ的確に推進することができるよう、災害警備本部の機能移転も含めたバックアップ態勢について具体的な検討を実施する。

　また、夜間や休日等の執務時間外における幹部への連絡や搬送、警備本部要員の参集等について、さらなる検討を実施する。

(イ) 部隊の派遣

　一部の広域緊急援助隊では自活能力の不足が判明した。また、部隊派遣の長期化、大規模化に伴い派遣部隊の要員確保に困難を生じた事例があった。

　そこで、今後の検討事項としては、広域緊急援助隊の自活能力の一層の整備・充実を図っていくほか、その他の部隊を含め、具体的な想定に基づいた部隊派遣シミュレーションを実施するなど、部隊派遣のあり方についての検討を実施する。

　また、受入れ支援要員を全国警察から被災県警察に派遣することなども含め、検討を実施する。

(2) 被災者の避難誘導

　津波からの避難誘導にあたる中、数多くの警察官が殉職したことから、住民や警察官に被害を出さない避難誘導方法等も検討が必要である。

　そこで、東日本大震災を踏まえた政府、関係機関における検討の場に積極

的に参画し、地方自治体関係機関と緊密に連携しながら、災害時要援護者、避難場所、避難経路等についての実態把握等をあらためて徹底することを検討する。

また、住民や警察官に被害を出さないため、津波到達予想時間に十分配意した避難誘導のあり方について検討する。

　　(3)　被災者の救出救助・捜索

東日本大震災のように、大規模な地震・津波災害や原子力災害が複合的に発生することも想定した実践的訓練を反復継続して実施し、救出救助能力を強化することを検討する。

また、さまざまな災害に対処するため必要な装備資機材の整備・充実を図ることを検討する。

　　(4)　身元確認

ご遺体の身元確認にあたっては、その所持品や発見場所から氏名、住所等を特定することや、ご遺族等に対面していただくことなどが必要となるところ、震災に伴い収容されたご遺体は、津波に飲み込まれて居住地から相当離れた場所で発見されたり、所持品が失われていたり、家族全員が罹災していたりすることなどから、身元確認が困難となるケースが多かった。

そこで、検視、身元確認等に係る各種装備資機材の整備・充実を図り、また、科学的知見等を活用した身元確認手法の検討等の推進を検討する。

　　(5)　交通対策

　(ア)　緊急交通路の確保

道路の損壊状況の把握や高速道路の出入口等で検問にあたる各都道府県警察の体制の調整に時間を要した。

また、災害によっては、一般道路を長期にわたって規制しなければならない場合も想定する必要がある。

そこで、首都直下地震、東海地震等の大規模災害の種別ごとに、被害想定を複数設定のうえ、広域的な交通規制計画を策定することを検討する。

(ｲ)　緊急通行車両確認標章の交付

　標識の迅速な交付にあたっては、緊急通行車両の事前届出制度が有効であるものの、現在、事前届出車両の大部分は、公的機関や報道機関が所有する車両であり、公的機関の依頼等により食料、燃料等の輸送を行った民間のトラックやタンクローリーについては、事前届出制度が十分に活用されていない状況があった。

　そこで、特に、トラックやタンクローリー等民間車両を念頭において、標章の交付対象が拡大しすぎることによる円滑な緊急交通路の確保への悪影響にも留意しつつ、事前届出制度の見直しについて検討を進めるとともに、制度の一層の周知を推進することを検討する。

　(ｳ)　信号機の消滅への対応

　警察官の体制の限界から、滅灯した信号機のあるすべての交差点に警察官を配置することは困難である。

　また、信号機に発動発電機を接続することなどにより、停電による信号の機能停止を防止することができるものの、現在の整備数は十分でない状況にある。

　そこで、可搬式発動発電機、発動発電機常設式信号機等の一層の整備を行うなど、信号機の滅灯対策を的確に推進することを検討する。

　(6)　被災地における安全・安心の確保

　(ｱ)　警察用航空機（ヘリコプター）の運用

　応援派遣される警察用航空機（ヘリコプター）の駐機場の確保、全国から被災地への派遣を想定した支援要員等の指定の推進を検討する。

　(ｲ)　緊急通報への対応

　大規模災害等の発生直後には、緊急通報が急激に増加することなどから、通信指令の体制の大幅な強化等が必要である。

　そこで、緊急通報の受理等に対応し得る職員をあらかじめ支援要員として指定するなど、非常時において、緊急通報を処理するための体制を確立することを検討する。

VI 補論

(ｳ) 各種犯罪等への対策

被災地における安全・安心を確保するため、パトロールや取締りの強化等、各種犯罪等への対策を進めていくことが必要である。

そこで、部隊の効率的・効果的な運用編成についての検討を進めていくとともに、各種装備資機材や要員の整備・充実等について検討する。

また、平素から、災害発生時においても治安上の問題が生じないよう犯罪の起きにくいまちづくりを推進することを検討する。

さらに、被災者等に正確な情報が迅速に伝わるよう、情報発信のための方策等について検討する。

(ｴ) 被災者の支援、行方不明者相談の対応

極めて多数の行方不明者に関する情報が震災発生直後から警察に集中したことから、行方不明者情報の重複を長時間解消できないなど、行方不明者情報の効果的活用が難航した。

そこで、大規模災害時における避難所等を訪問しての相談受理活動、避難所の巡回活動、行方不明者に関する情報の収集・管理のあり方やこれらを実施するための体制の確保等について検討する。

(ｵ) 津波により流出した金庫への対応

今後、大規模災害等が発生し、同様の対応が必要となった場合には、保管場所、必要な処理体制の確保、遺失者の特定方法等について被災県警察に早期の伝達を図るなど、早期返還に向けた的確な対応を検討する。

(ｶ) 復旧・復興事業からの暴力団排除

復旧・復興事業の全体像を把握し、各業界・事業ごとの暴力団排除連絡協議会の設置・活用を図るなど、今後も関係機関・団体と連携し、暴力団排除の取組みを強力に推進することを検討する。

(7) 警察の情報通信の確保

(ｱ) 警察の情報通信の維持

大規模災害等発生時においても警察の情報通信が途絶しないよう、対策が必要である。

そこで、大規模災害等が発生した場合においても、警察の情報通信が途絶しないよう、関係機関とも連携を図りながら、無線中継所の機能維持、警察機関通信網の強化、移動通信システムの更新・高度化を図るなどして、危機管理能力の高度化を推進することを検討する。
　(イ)　機動警察通信隊の活動
　必要な通信を確保する過程においては、通信機器の搬送が困難であったことなどから、その対応に相当の時間を要するケースもみられた。
　そこで、大規模災害発生時においても、通信手段をより迅速かつ的確に確保できるよう、可搬性や操作性にすぐれた通信資機材等を整備・拡充することを検討する。
　(ウ)　情報通信技術の活用
　大規模災害が発生した場合において、必要な情報の集約と伝達、携帯電話等の解析等に最新の情報通信技術を活用できるよう、警察の情報通信部門の技術力向上を推進することを検討する。
　(8)　原子力災害等への対応
　(ア)　避難誘導等
　災害時要援護者の避難誘導にあたっては、自治体の主体的な活動が不可欠であり、警察の装備や知見に基づく活動だけでは、医療行為の必要な被災者や自力歩行が困難な被災者等の避難誘導が困難であった。
　また、地震発生直後の混乱の中、電気通信事業者の回線が不通になるなど、自治体等関係機関との連絡が困難となったことから、当該機関との緊密な意思疎通が困難になり、避難誘導にあたって、災害時要援護者の把握が困難になるなど、多くの問題が発生した。
　そこで、原子力災害が発生した場合に備え、自治体が迅速かつ的確に住民の避難誘導等を行うべく、自治体による平素の実態把握の推進および避難誘導等の実効的な計画の策定に積極的に関与することを検討する。
　また、災害等発生時においても途絶しない連絡手段の検討や災害時要援護者の避難誘導の具体的な方法についての検討を自治体等関係機関に対してよ

VI 補論

びかけるなど、関係機関との緊密な連携を構築することを検討する。

　(イ)　原子力建屋への放水活動

　地震と津波の影響により、福島第1原子力発電所3号機の使用済み核燃料貯蔵プール内に保管された核燃料から、大量の放射性物質が大気中に漏れ出すおそれがあったことから、経済産業省は、警察にプールへの注水を要請した。これを受けて、警視庁の機動隊員等13人は、3月17日、高圧放水車により、プールに向けて約44トンの水を放水した。

　隊員らは、放射線量が刻一刻変化する厳しい環境にさらされながら、元来の目的である暴徒鎮圧とは別の用途で放水を行わなければならないという困難な状況の中、放水を成し遂げ、その後の自衛隊や東京消防庁等による放水活動の先駆けとなった。

　(ウ)　訓練・装備資機材の整備等

　原子力災害に備え、訓練や教養、装備資機材の整備等の一層の推進が必要である。

　そこで、原子力災害を具体的に想定した実践的な訓練を実施するとともに、警察官に対する放射線の特性等についての教養を徹底することを検討する。

　また、放射性粉じん防護服、個人線量計等原子力災害の対処に必要な装備資機材の整備・充実を検討する。

　(エ)　福島第1原子力発電所周辺における警戒区域等の設定

　警戒区域の実効性を担保するため、自治体等関係機関との連携を強化することを検討する。

　(オ)　原子力関連施設の安全確保

　今後は、東日本大震災に伴う原子力発電所の事故を踏まえ、原子力関連施設に対するテロの未然防止の徹底が必要である。

　そこで、関係機関との連携を図りながら、警戒警備体制の強化、テロ対処に係る装備資機材の整備拡充等を検討する。

　(カ)　原子力発電所事故に関連したサイバー攻撃への対策

　大規模災害等の発生に伴うサイバー攻撃への対策強化が必要である。

そこで、平素より、サイバー攻撃の標的となるおそれのある事業者等に対する情報提供を実施することを検討する。

また、大規模災害等が発生した際には、情報提供を装う標的型メールについての迅速な注意喚起を実施することを検討する。

(9) 警察施設の防災機能の強化

大規模災害発生時においても、警察活動拠点としての機能を喪失しないよう、対策が必要である。

そこで、災害に強い構造とすることはもちろんのこと、業務継続に必要な物資の備蓄、部隊の機動的な展開、警察情報通信の確保等の観点からも防災機能を強化することを検討する。

(10) 国民への情報提供

地震発生直後においては、広報のタイミングや情報の正確性について、改善を要する部分も散見された。

また、正確な情報を適切なタイミングで提供できるよう、対策が必要である。

そこで、東日本大震災のように情報が錯綜する中にあっても、国民の幅広いニーズを踏まえて情報をタイムリーに提供できるよう、広報に係る都道府県警察との連絡体制の強化等必要な改善を推進することを検討する。

3 警察庁災害対策検討委員会の設置

警察庁では、東日本大震災の対応で得られた反省・教訓事項や政府レベルで策定される各種方針を踏まえ、警察庁および都道府県警察における災害対策の見直しを幅広く検討するため、「災害対策検討委員会」を設置し、今後の災害への備えに万全を期すこととされており、さらなる検証が進められているところである。

第4章 消防庁の対応①

消防庁国民保護・防災部長　佐々木 克樹

I　消防の基本的しくみ

1　市町村消防

　消防は、自治体消防、市町村消防として基本的な制度が構築されており、市町村長等の下に、消防機関がおかれている。全国の市町村1725のうち、消防本部をおいている市町村は1685、未設置市町村は40である。消防本部はいわゆる常備消防といわれ、常勤の消防職員により構成される。1685市町村のうち、単独で消防本部を設置しているのは495市町村、複数の市町村が共同で組合を設立して消防本部を設置しているのが1065市町村で組合消防本部の数としては303本部、他の市町村に消防事務を委託している市町村は125である。消防本部の数としては、トータルで798本部、消防職員数は約15万9000人である。一方で、消防団は非常勤の職員で構成され、全国で、2275団、消防団員数88万4000人である。消防団については、江戸の火消しなどにルーツを求めることもでき、他に生業をもちながら、自らの地域は自らで守るという意識の下活動しており、災害時の消火、救助・救出、災害防除、住民の避難誘導、啓発活動など幅広い活動を行っている。

　地域の防災力という観点からみると、常備消防が15万9000人、消防団が88万4000人、そして、自治会などを中心に組織化されている自主防災組織が3682万人となっている。特に、消防団については、一定のスキルを有しながら、88万人いることから、大規模災害時には、大きな役割を果たすことが期

第1編　第4章　消防庁の対応①

（資料１）　地域の防災力

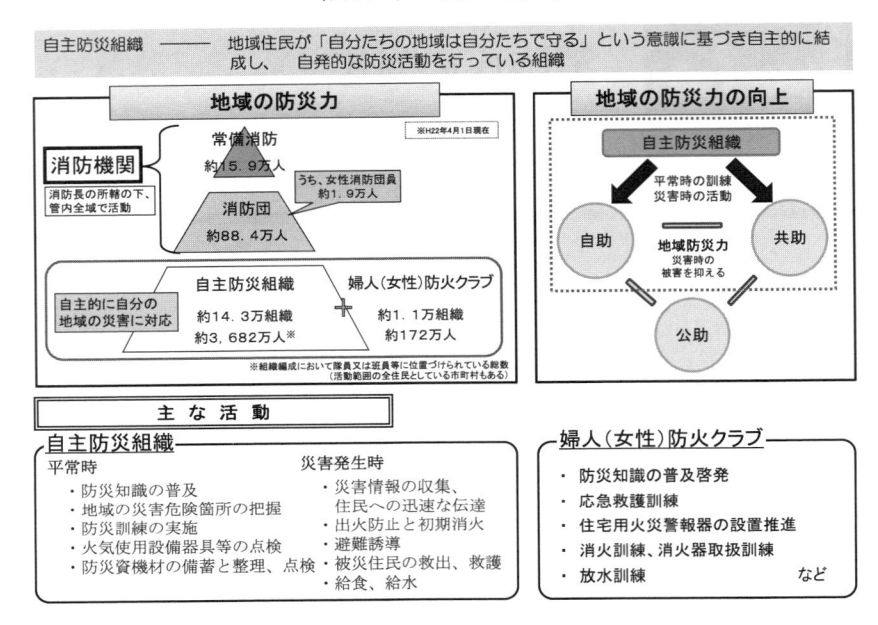

| 自主防災組織 | ── | 地域住民が「自分たちの地域は自分たちで守る」という意識に基づき自主的に結成し、自発的な防災活動を行っている組織 |

地域の防災力

消防機関
消防長の所轄の下、管内全域で活動

常備消防　約15.9万人
　うち、女性消防団員　約1.9万人
消防団　約88.4万人

自主的に自分の地域の災害に対応
自主防災組織　約14.3万組織　約3,682万人※
婦人（女性）防火クラブ　約1.1万組織　約172万人

※H22年4月1日現在
※組織編成において隊員又は班員等に位置づけられている総数（活動範囲の全住民としている市町村もある）

地域の防災力の向上

自主防災組織
平常時の訓練
災害時の活動

自助　―　地域防災力（災害時の被害を抑える）　―　共助
公助

主な活動

自主防災組織
平常時
・防災知識の普及
・地域の災害危険箇所の把握
・防災訓練の実施
・火気使用設備器具等の点検
・防災資機材の備蓄と整理、点検

災害発生時
・災害情報の収集、住民への迅速な伝達
・出火防止と初期消火
・避難誘導
・被災住民の救出、救護
・給食、給水

婦人（女性）防火クラブ
・防災知識の普及啓発
・応急救護訓練
・住宅用火災警報器の設置推進
・消火訓練、消火器取扱訓練
・放水訓練　　　など

待されている。自助と共助、そして公助、この3つの連携によって地域の防災力を築いていこうというのが、大きな考え方である（（資料１）参照）。

2　消防の応援

次に、消防の応援である。消防は基本的に市町村の責任で行われているものであり、通常の火災・事故、災害の場合は当該市町村の消防が対応するのが大原則となっている。ある程度大きな火災事故が起きた場合は、消防の相互応援協定等に基づいて、近隣の市町村等と連携をしながら対応していくことになり、これを消防の応援といっている。同一都道府県内の市町村全体が参加する協定数が47、個別協定数が1739、県外の市町村と締結しているものが559である。そして、さらに大規模な災害等の場合は、緊急消防援助隊という制度があり、後記に詳述するが、その本質は、市町村の消防応援である。

3　緊急消防援助隊制度

(1)　緊急消防援助隊とは

　緊急消防援助隊は、阪神・淡路大震災の後、大規模災害時に、消防応援活動をより迅速かつ組織立って行うため、当初は要綱の形で制度化され、現在は法律改正を経て消防組織法に基づき、運用されている。総務大臣が緊急消防援助隊の編成、施設整備等に係る基本的な事項に関する計画を策定し、知事・市町村長からの申請により消防庁長官が緊急消防援助隊の登録を行う。要綱時代から含めてこれまで24回の出動実績がある。

(2)　部隊編成

　部隊構成では、まず指揮支援部隊がある。指揮支援部隊は、全国8つのブロックごとに大都市消防からなる指揮支援隊で構成され、東京消防庁や大阪市消防局などが指揮支援部隊長としてそれぞれを統括する。災害が起こると真っ先にヘリコプターで迅速に現地に展開し、状況の把握、消防庁との連絡、現地の消防機関の指揮支援等を行う部隊である。指揮支援隊は、指揮支援部隊長の委任を受けて、被災地市町村において指揮支援等を行う。次に、応援消防部隊は都道府県ごとにまとまり都道府県隊という形で動くしくみになっており、指揮支援部隊の下、いくつかの都道府県隊が協力して、活動する。都道府県隊の構成は、指揮隊の下に消火部隊・救助部隊・救急部隊・後方支援部隊のほか、毒・劇物災害など、特殊な災害に対応する特殊部隊といった部隊もある。さらに、水難救助活動や遠距離送水等の機材を有している特殊装備部隊もある。登録隊数は、平成23年（以下、平成23年については、表記を省略する）4月1日現在4354隊で、大体、車両の数とほぼ対応しており、たとえば消防ポンプ車1台に対して1隊が相当すると考えてもらってよいものである。

(3)　出動までの流れ

　緊急消防援助隊の出動までの流れであるが、被災地の知事から応援要請があり、長官が出動の求めを他の自治体に行って緊急消防援助隊が出動すると

いうことが基本になる。ただし、緊急を要し、被災地の知事の要請を待つ暇がないときは、長官の判断で出動要請をすることができる。また、出動は県に要請することが基本であるが、ケースによっては直接市町村に要請することもできる。長官の要請には、求めと指示があり、求めは、お願いベースのものであり、指示は一定の法的な拘束力を有するものである。災害の状況によって求め・指示を使い分けることになる。東日本大震災では、初めてこの指示により、緊急消防援助隊が動いた。

　大規模な地震が起こると先述の総務大臣の基本計画、あるいはそれを受けた迅速出動要綱等により、出動が行われる。この基本計画は、被災地域が1つの都道府県の範囲内である場合を想定してつくられている。震度6強の場合、発生と同時に近隣4都道府県から先遣隊20隊が出ることになっており、震度7の場合は近隣4都道府県の出動可能な全隊が出場、状況に応じ、速やかに隊の増強を図っていくこととなっている。このほか、東海地震や首都直

（資料2）　緊急消防援助隊の迅速な出動体制の構築

○大規模な災害では、消防庁長官の求め又は指示により近隣の都道府県や全国から緊急消防援助隊が出動。
○地震災害の場合、あらかじめ定められた出動計画に基づき迅速に出動。

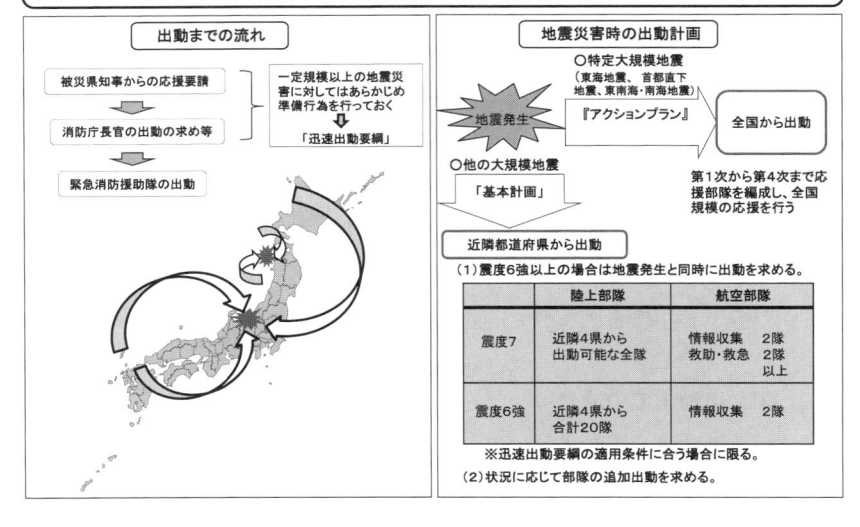

【出動までの流れ】
被災県知事からの応援要請
↓
消防庁長官の出動の求め等
↓
緊急消防援助隊の出動

一定規模以上の地震災害に対してはあらかじめ準備行為を行っておく
「迅速出動要綱」

【地震災害時の出動計画】
地震発生
○特定大規模地震（東海地震、首都直下地震、東南海・南海地震）
『アクションプラン』→ 全国から出動
第1次から第4次まで応援部隊を編成し、全国規模の応援を行う

○他の大規模地震
「基本計画」

近隣都道府県から出動
(1) 震度6強以上の場合は地震発生と同時に出動を求める。

	陸上部隊	航空部隊
震度7	近隣4県から出動可能な全隊	情報収集　2隊 救助・救急　2隊以上
震度6強	近隣4県から合計20隊	情報収集　2隊

※迅速出動要綱の適用条件に合う場合に限る。
(2) 状況に応じて部隊の追加出動を求める。

下地震など政府で想定されている広域的な大規模地震については別途アクションプランを策定し、内閣府等の被害想定を前提に、全国的な応援体制も念頭に、どこの県はどこの県に応援に行く、どのようなルートを行くなどを定めている。

(4) 東日本大震災のケース

しかし、今回の地震は極めて広域的に発生した大地震であるにもかかわらず、この想定に入っていなかった。このため、消防でもこれに相当するアクションプランはなく、前述の基本計画の応用で対応することとなった。今回は、災害の規模が非常に大きいということがわかるにつれ、出動の規模をどのように拡大していくかということがポイントになった。消防庁としては、想定外の大規模な地震ではあったが、かなりの都道府県に早期から出動の要請をお願いし、しかも初めての長官指示という形をとって出動の措置がとれ

（資料3） 緊急消防援助隊の出動事例

【平成7年6月緊急消防援助隊創設】
1　蒲原沢土石流災害（平成8年12月6日）
2　岩手県内陸北部を震源とする地震（平成10年9月3日）震度6弱
3　有珠山噴火災害（平成12年3月31日）
4　鳥取県西部地震（平成12年10月6日）震度6強
5　芸予地震（平成13年3月24日）震度6弱
6　宮城県北部を震源とする地震（平成15年7月26日）震度6強、6弱
7　三重県ごみ固形燃料発電所火災（平成15年8月14日）
8　栃木県黒磯市ブリヂストン栃木工場火災（平成15年9月8日）
9　十勝沖地震（平成15年9月26日）震度6弱
10　出光興産北海道製油所原油貯蔵タンク火災（平成15年9月28日）

【平成16年4月1日法制化以降】
11　新潟・福島豪雨（平成16年7月13日）
12　福井豪雨（平成16年7月18日）
13　台風第23号兵庫県豊岡市水害（平成16年10月21日）
14　新潟県中越地震（平成16年10月23日）震度7
15　福岡県西方沖を震源とする地震（平成17年3月20日）震度6弱
16　ＪＲ西日本福知山線列車事故（平成17年4月25日）
17　奈良県吉野郡上北山村土砂崩れ車両埋没事故（平成19年1月30日）
18　能登半島地震（平成19年3月25日）震度6強
19　三重県中部を震源とする地震（平成19年4月15日）震度5強
20　新潟県中越沖地震（平成19年7月16日）震度6強
21　岩手・宮城内陸地震（平成20年6月14日）震度6強
22　岩手県沿岸北部を震源とする地震（平成20年7月24日）震度6強
23　駿河湾を震源とする地震（平成21年8月11日）震度6弱
24　東日本大震災（平成23年3月11日）震度7

たということでは、それなりの対応はできたと思っている。しかし、今回の経験を踏まえ、なお改善すべき点はあると考えている（（資料2）（資料3）参照）。

II　東日本大震災での応急対応等

1　震災における火災の状況

　消防の専門分野である火災の状況を簡単に説明する。消防研究センターが、岩手・宮城県を中心に調査したところ大規模な火災として、4カ所の発生が確認された。

　岩手県の事象では、がれきで消防車両が火災現場に近づけなかった、市街地から林野火災へと広がった、また、道路で延焼が食い止められると考えられたところに、避難に用いられた車が乗り捨ててあり、それらの車が媒介となって延焼してしまったというケースや津波によって倒壊した建物が押し寄せてきて出火するというケースがあった。気仙沼市では、がれき・水没で消防車両が近づけなかった、岸壁に打ち上げられた船が燃えてがれき・林野へと延焼した、海上面でがれきが燃えていた、海上を炎がどんどん移動していったなどの事象がみられた。津波であり水ということで、それほど燃えないのではないかと思われがちだが、東日本大震災の場合、がれきが非常に燃えたということも注目すべき現象であった。石巻市でも、がれきで近づけない、車両からの出火を目撃する人が多かったとのことであった。名取市でも同じようにがれきで近づけないということのほか、家庭のプロパンガスや燃料タンクなどが津波に流され発火したことも多かったとのことであった。

　消防として東日本大震災における津波の事象を踏まえ、いろいろ検証して、対応策を考えていかなければならないと思っている。

2　緊急消防援助隊の活動

(1)　出動規模

　緊急消防援助隊の実際の応援活動について紹介する。発災直後から、長官指示により出動を開始し、主な被災県である岩手・宮城・福島県の3県以外の44都道府県から出動した。

　長官指示に基づく出動というものは今回が初めてである。3月11日から6月6日まで、88日間で2万8620人（精査後12月1日現在3万463人）。全消防職員15万9000人の数からすると、6人に1人が出動した計算になる。延べ人数では、10万人を超える人数かと思われる。

　消防の場合は市町村消防ということで、当然ながらそれぞれの市町村において日夜、消火活動や救急業務等にあたっているわけであり、そのような中で6人に1人がこの応援に出動したことになる。

　救助者数は5064人である。3月18日が出動のピークになっており、6099人、1558隊（精査後12月1日現在7035人、1912隊）、その後はピークアウトしていき、最終的に6月4日、後半は、救急搬送、広域搬送任務で福島県に応援に出ていた隊が中心であった。

　なお、茨城県、千葉県、あるいは青森県も一定の被災があったが、被災対応がある程度めどがついた段階で、これらの県も岩手・宮城・福島県に応援に出動した。それぞれ地元も被災しながらも、相互の応援として最大限の助け合いをいただいたと思っている。

(2)　余震・原子力発電所事故に伴う対応

　また、発災翌日の12日、長野県で6強、新潟県で6弱の地震があった。静岡県でも6強の地震が15日にあり、大きな地震が続く中それぞれ対応した。ちなみに、長野県の地震の際は、移動中のため付近にいた兵庫県隊に急遽対応してもらったが、長野県で対応のめどが立ったことを確認し、兵庫県隊には、今度は福島県へ向かってもらった。しかし、福島県へ向かったところ原子力発電所の事故が起きて、活動エリアが制約を受けたことから、宮城県に

第1編　第4章　消防庁の対応①

向かってもらった。兵庫県隊には非常に申し訳なかったが、このように本震以外の余震、余震といいながらも6強や6弱という地震が頻発したこと、それから深刻な原子力発電所の事故があったことなど、これら事態の推移に応じ、緊急消防援助隊のオペレーションを行った。

　(3)　東日本大震災での活動概要
　㋐　岩手県での活動概要

　岩手県における緊急消防援助隊の活動概要であるが、指揮支援部隊の部隊長は名古屋市消防局となっており、岩手県の全体の調整、指揮支援の調整を行った。指揮支援隊としては横浜市、堺市、大阪市、浜松市消防局および東京消防庁であり、それぞれ岩手県内の地域ごとにそのとりまとめを行った。なお、緊急消防援助隊とは別に、岩手県内の内陸の消防が県内応援として出動している。

　㋑　宮城県での活動概要

　本来、基本計画では、東北ブロックで大規模災害が起こった場合には、仙台市消防局が指揮支援部隊として活動することになっているが、東日本大震災においては、仙台市自体が被災をしたため、第2順位である札幌市消防局が対応した。しかも札幌市消防局が駆けつける前に、東京消防庁が早く仙台市に入ったことから、東京消防庁に暫定で支援部隊の指揮をとってもらい、札幌市消防局が到着した段階で指揮支援をバトンタッチした。その後東京消防庁は、気仙沼市に展開し、消火活動等にあたるなど、お互い密接な連携を確保しながら、対応をしていった。

　また、1つの被災市町村の中に、北海道隊、新潟県隊、和歌山県隊などいくつかの県隊が入って、普段はそれぞれ当然別々で活動しているところ、相互にチームワークを発揮し対応してもらった。

　㋒　福島県での活動概要

　福島県についても、原子力発電所により、通常の消防活動についてはかなり制約を受けたが、その中で広域搬送等しかるべく対応していただいた。

㈔　航空部隊による活動概要

　ヘリコプターによる航空部隊であるが、これは陸上とは別に、全国的な調整をしながら、各県の要望を踏まえて、それぞれ活動している。

　東日本大震災においては、前記において津波で車両が近づけなかったという報告を紹介したが、あらためて航空力、ヘリコプターが非常に重要だと感じた。ヘリコプターの活動としては、当初は救急事案が多く、救急搬送、広域搬送も含めて、需要が多かった。また、救助事案、偵察・情報収集活動が初期に集中している。初期の段階を少し過ぎたあたりで、人員物資、あるいは物資搬送の活動のピークがあった。

㈥　原子力発電所への対応

　東日本大震災においては原子力発電所施設の中枢に放水することになり、そもそも自治体消防の任務なのかと思われるような事案であった。この任務は、あまりに危険であり、情報も十分入らない中でのものであったことから、消防庁長官による単独での指示のレベルを超えている（しかも、自衛隊などと違い、消防庁長官にその直接の指揮命令権があるわけでもない。指示権はある

（資料４）　主な被災県に対する緊急消防援助隊の応援状況

・ 地震発生直後から、主な被災県である岩手県、宮城県及び福島県の3県に向けては、これら被災県以外の44都道府県の緊急消防援助隊の出動を指示（指示に基づく出動は初めてのこと）
・ 平成23年3月11日から活動終了の6月6日までの88日間における総派遣人員数は2万8,620人となり、全消防職員（158,809人）の6人に1人に相当
・ 航空部隊は、人命救助、空中消火及び情報収集等に、陸上部隊は消火、救助、救急活動等に従事し、これまでに把握している救助者数は5,064人※（地元消防本部等と協力し救出したものを含む。うち、1,302人は警察と共同）　※ 平成23年6月1日時点での暫定値

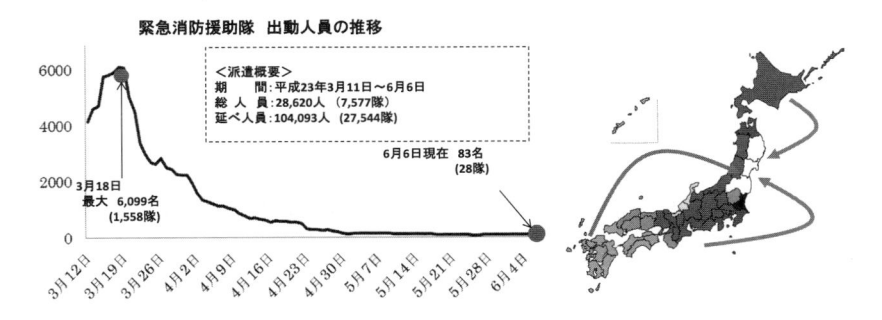

緊急消防援助隊　出動人員の推移

＜派遣概要＞
期　　間：平成23年3月11日～6月6日
総　人　員：28,620人（7,577隊）
延べ人員：104,093人（27,544隊）

3月18日
最大　6,099名
（1,558隊）

6月6日現在　83名
（28隊）

67

第1編　第4章　消防庁の対応①

（資料５）　東京電力(株)福島原子力発電所に関連する消防の対応
【緊急消防援助隊】

発電所内放水

> 福島第一原子力発電所の3号機の放水活動を実施
※3月18日～4月2日まで。4月2日以降は首都圏の消防本部が即応体制を確保

東京消防庁	72隊	370人
大阪市消防局	17隊	53人
横浜市消防局	9隊	67人
川崎市消防局	12隊	36人
名古屋市消防局	6隊	34人
京都市消防局	11隊	40人
神戸市消防局	7隊	55人

福島第一原子力発電所で活動中の緊急消防援助隊（東京消防庁HPより）

緊急消防援助隊による3号機への放水（東京消防庁HPより）

除　染　支　援

> 現地調整所（Ｊ－ビレッジ）において、大型除染システムの設置及び運転方法を指導
※3月22・23日

新潟市消防局	1隊	4人
浜松市消防局	1隊	5人

広域医療搬送

> 福島第一原子力発電所周辺区域（屋内退避区域（20～30km）等）の病院、福祉施設等からの救急搬送を、緊急消防援助隊、県内応援隊及び地元消防機関により実施
※5月31日時点で329名搬送

　が、それはまた性格を異にするものである）と考えられ、まずは、総理大臣から都知事宛てに東京消防庁の出動を求めていただくこととした。大阪市等の消防については、総務大臣から各関係市長に出動を求め、それぞれ引き受けていただいたうえで、消防庁長官から放水について要請するという手続を踏んだものである。東京消防庁は困難な状況の中、遠距離送水を行うスーパーポンパー、屈折放水塔車などを現場に展開し、そのうえで放水活動を行った。その後大阪市、横浜市、川崎市とリレーを踏んで、対応していく。このような態勢で４月２日の神戸市消防局まで対応したのである。

　また、除染の支援も行っている。現地調整所であるＪビレッジに除染システムを設置し、運用方法の研修を、新潟市、浜松市の２つの消防局が行っている。

　広域医療搬送等も行ったほか、地元の双葉地方広域市町村圏組合消防本部が消火活動のために出動しているが、自然鎮火あるいは東京電力が自己対応できたということで、実際に消火活動までは行っていない。

また、救急活動については、原子力発電所内で発生した負傷者等の搬送に何回か対応している（（資料４）（資料５）参照）。

3　消防団

(1)　水門閉鎖

　消防団の活動の１つに水門閉鎖の仕事がある。津波注意報や警報が出ると自動的に、事前命令という形で、水門を閉めに向かうこととしている消防団がほとんどであり、東日本大震災においてもすぐに対応したということである。岩手県大船渡市の例をみると、155カ所のうち147カ所とほとんどが手動による閉鎖が必要であったが、この147カ所の水門を消防団が閉めた。しかも、機械による遠隔操作になっていた８カ所の水門も、７カ所が故障で動かなかったため、これも手動によって対応した。結局、自動で閉まったのは、１カ所だけであり、154カ所の水門についてはすべて消防団が閉鎖をした。

(2)　避難誘導

　次に避難誘導が消防団の大きな役割の１つである。国民保護事案でも、消防団の避難誘導における役割は非常に期待されている。

　東日本大震災においては、宮城県塩竈市桂島での活動の例だが、自動参集して、分団長の指示によって活動を実施した。昭和35年のチリ地震津波の経験を踏まえて、今回はそれ以上ということで避難をよびかけ、軽トラック10台を使って避難を実施した。避難を拒否した３名についても、説得して避難させた。東日本大震災においては避難を拒否した住民も結構いたとのことであるが、これは大きな課題の１つであると思っている。それから、避難誘導をしつつ救助、消火活動、さらには、生存者・要救助者等の捜索活動を行っている。

(3)　消防職団員の被害

　東日本大震災においては、消防職団員の被害が非常に大きかった。消防職員については、直近の数字では、死者23名、行方不明４名、計27名となっている。消防団員については、直近の数字では、死者239名、行方不明者14名、

第1編　第4章　消防庁の対応①

（資料6）　消防団員が災害に巻き込まれた事例

（1）避難誘導中
① 岩手県宮古市崎山地区及び田老地区で、それぞれ住民の避難誘導に従事していた3名ずつの計6名が津波に巻き込まれた。
② 岩手県釜石市箱崎地区で、水門閉鎖後、住民の避難誘導に従事していた5名が津波に巻き込まれ、このうち2名が殉職した。
③ 宮城県仙台市若林区で、海岸近くにいる逃げ遅れた者を避難所である小学校へと消防団車両に乗せ往復し、3度目に校舎の昇降口に着いたところで津波に巻き込まれた。同乗していた住民は校舎内に避難したが、1名が殉職した。
④ 宮城県仙台市宮城野区で、避難広報中に寝たきり老人宅から助けを求められ、救助活動中に津波に巻き込まれ1名が殉職した。
⑤ 宮城県岩沼市相野釜地区で、災害時要援護者の避難や避難しない住人の説得にあたっていた分団の4名全員が津波に巻き込まれた。

（2）水門閉鎖中
① 宮城県石巻市で、4名で水門を閉鎖していたところ、津波が迫ってきたため、走って逃げたが、3名が津波に巻き込まれた。

（3）その他
① 宮城県女川町の消防団員は、勤務先での避難活動終了後、地元で活動を行うための参集途中に、津波に巻き込まれた。
② 宮城県仙台市宮城野区で、管内の避難状況の確認を一通り終え、今後の活動について4人で検討しているところ津波に巻き込まれ1名が殉職した。

⇒ 情報伝達手段の確保、安全装備の充実、住民への防災啓発、水門閉鎖等消防団の活動及び安全管理のあり方の検討

　合計253名という非常に大きな人的な被害が出てしまった。特に、消防団員の被害が大きく、深刻な課題と受け止めている（（資料6）参照）。

　まず、避難誘導中に巻き込まれたケースがあげられる。避難所と小学校を往復して3度目に、小学校の昇降口にたどり着いたところで巻き込まれた、寝たきり老人のお宅から助けを求められ、その救助に向かっているところで亡くなられた、あるいは、災害時要援護者の避難や避難しない住民の説得にあたっていて亡くなられたというような事例があった。

　また、避難誘導になると、分担してまわって歩くことが多くなるため、さらに大きな津波が迫っている等の追加情報が入らなかったのではないかということ、それから消防団の方は地元の顔なじみであり、危険とわかっていても、知っている人だけに助けなければいけない、自分だけ逃げるわけにはいかないという意識が当然あったと思われる。

　さらに、水門閉鎖中あるいは関連した事務を行っていて亡くなった消防団員もいる。水門閉鎖をしてから避難誘導にまわっている消防団員も少なから

ずおり、水門閉鎖にかかわらずに最初から避難誘導にあたっていれば、より多くの住民が逃げられたし、消防団員の方も被害にあわなかったかもしれないとも思われる。自動閉鎖の水門がそもそも少ないうえに、地震で大半が動かなかったりしたこともあり、課題としてあげられる。

消防団員間の情報伝達手段の確保、あるいは安全装備の充実、住民への防災啓発、水門閉鎖等消防団の活動、安全管理のあり方の検討をしていく必要がある。今後の対応を真剣に考えていくこととしたい。

III 震災を踏まえた消防防災体制の確保

1 緊急点検通知

東日本大震災の応急対応を継続している中で、さらなる地震も心配されることから、各自治体においては緊急に防災体制を点検していただく必要があるとの判断により、消防庁長官名で緊急点検通知を、5月6日に出した。中央防災会議で、専門調査会を設置して防災基本計画を見直す方針が出たところでもあり、国の計画が変われば、自治体の地域防災計画も変更しなければならないのだが、それ以前に、早めに点検をお願いする通知である。以下、ポイントのみ説明する。

第1に被害想定である。津波による被害想定については、現在の前提の下に、ハザードマップなどを作成しているわけであるが、現在の前提以上の津波もあり得ることを念頭に、避難場所、あるいは避難路等について点検、検討を求めたものである。

第2に、市町村の災害対策本部機能が喪失するという事態もあり、この場合の対応の検討があげられる。津波に対する避難指示の住民への伝達体制および伝達手段として防災無線の整備はもちろんであるが、コミュニティーFMやエリアメールなど他のいろいろな手段の活用、多重化も検討していただくものである。

応急対策においては、初期の情報収集で通信回線が途絶えたりした場合の対応の検討、それから防災事務に従事する者の安全確保についての配慮である。住民の安否情報では、東日本大震災のような大規模な避難では市町村外、あるいは県外へ避難された方々に対する対応、長期の避難所生活への配慮などをあげている。

　予防分野では、東日本大震災においては燃料不足が深刻であり、緊急消防援助隊も行先での燃料確保に非常に苦労したという報告を受けているが、このような問題への対応および都道府県の区域を越えた応援協定の締結、さらには、住民の防災意識の向上、知識普及についての点検をあげている。

2　補正予算

　消防庁の補正予算対応である。1次補正で621億円とした。まず、緊急消防援助隊等の消防活動関係経費で、256億円である。その内訳は、緊急消防援助隊が長官指示で出場すると、そのかかり増しの経費は国が負担するとなっており、その経費として201億円、原子力発電所関係については、別途、特別の手続を踏んだということもあり、別枠として18億円、被災した県内の内陸の消防が応援に向かった経費について通常これは国では負担しないものの、特別に10分の9の国庫支出をすることとし、4億円、それから殉職された消防職団員等に対する賞じゅつ金33億円である。次に、緊急消防援助隊の資機材の関係で、ヘリコプターや除染システム、それから線量計等の更新、新規配備で、84億円。そして、被災した地域での消防防災関係の施設・設備を復旧するための補助金281億円である。

　2次補正では、特別交付税が別途補正計上され、この特別交付税により、消防団員の公務災害補償において自治体が負担する特別掛金分についての措置、また緊急消防援助隊を派遣した消防本部の後方支援、消防力維持にかかった負担等についての措置を行っている。

　3次補正は、11月現在これから国会で審議に入ろうかというところであるが、1次補正項目の追加需要への措置に加え、消防防災通信基盤の緊急整備

に152億円を計上している。特に、消防救急無線のデジタル化は緊急消防援助隊の一体的な活動や無線の輻輳(ふくそう)を防ぐなど、非常に重要であり、早期整備を促す観点から、緊急消防援助隊機能強化と認められる部分について補助金を出すことにしている。その他通信関係の整備の予算もあわせて計上している。また、住民への情報伝達手段の多様化として、防災行政無線が中心であることは変わらないが、それ以外にFM放送、エリアメールなどいろいろな手法を活用できないかということを実証実験していくこととしている。さらに、消防団員の安全対策として20億円を計上するとともに、消防職団員の惨事ストレス対策も計上している。

3　消防審議会

　消防審議会において、まず、東日本大震災を踏まえた消防防災のあり方について、平成23年内の答申のために検討を進めていただいている。津波対策等の充実強化、あるいは緊急消防援助隊の活動の検証・今後のあり方、危険物施設対策のあり方等を検討している。緊急消防援助隊については、消防は長期にわたって区域外で活動することが想定されていなかったので、東日本大震災のような長期の活動にどのように対応するのか、それから、今回道路は使用できたが、もし道路が通れない場合にはどうしたらよいのかといったことも含めて検討することが、ポイントであると思っている。また、平成24年には、消防防災の基本的なあり方について、制度的な面も含め、検討していくこととしている。現在それぞれ消防庁で関係の検討会、あるいは内部検討を進めているが、これらの検討を集約しつつ、全体として消防審議会で結論を出していくという予定にしている（（資料7）参照）。

(資料7) 第26次消防審議会の審議事項等

I 審議事項

1 東日本大震災を踏まえた消防防災のあり方（年内目途）

- 津波対策等の充実・強化を検討（津波対策に関する中央防災会議専門調査会及び消防庁内の各検討会の進捗を踏まえて検討）
- 緊急消防援助隊の活動の検証。その後、今後のあり方を下記2の一環として検討
- 危険物施設に対する対策のあり方を検討等

2 新しい災害に対応できる消防防災のあり方（1の終了後）

- 多種多様化する災害に対する消防防災のあり方について検討（市町村消防、消防の広域化、緊急消防援助隊等の応援のあり方、国の役割について総合的に検証を行い、今後のあり方を検討）

※審議に当たっては、庁内の個別課題に対する検討（資料1－3参照）と相互に連携することとし、本審議会においてこれらの検討状況を随時報告するとともに、庁内の各個別検討においても、本審議会の方針を踏まえ検討を進めることとする。

No.	件名	趣旨・目的	スケジュール	担当課室
1	地域防災計画における地震・津波対策等の充実・強化に関する検討会	東日本大震災を踏まえた、地方公共団体の災害対応の検証を行い、地方公共団体が行う地域防災計画の見直し等を支援する。	第1回6月17日7月から10月まで3回予定第4回（取りまとめ）	防災課
1-①	東日本大震災における津波警報等の伝達に関する検討	東日本大震災における津波警報等の伝達状況について検証を行い、迅速、効果的に住民に伝達するための改善点等について検討する。	7月から10月まで	防災情報室国民保護運用室
2	東日本大震災による危険物施設等の地震・津波対策のあり方に係る検討会	東日本大震災による危険物施設や石油コンビナート施設の被害状況実態調査を行うとともに、危険物施設等に対する地震・津波対策のあり方を検討する。	5月から12月まで3回予定（3回目とりまとめ）	危険物保安室特殊災害室
2-①	東日本大震災による危険物施設等の地震・津波対策のあり方に係る検討分科会	東日本大震災による危険物施設や石油コンビナート施設の被害状況実態調査結果から危険物施設等の形態等に応じた地震・津波対策の課題と今回の対策について検討する。	9月から12月まで3回予定（3回目とりまとめ）	危険物保安室特殊災害室
3	建築物等における防災管理体制や消防用設備等の耐震措置等に関する検証	東日本大震災発生時の建築物における防災管理体制の運用実態や消防用設備等の状況を調査し、当該調査結果を踏まえ、防火管理体制の「大規模地震等に対応した消防計画作成ガイドライン」や「大規模地震に対応した消防用設備等のあり方に関する検討会報告書」等の内容の検証を行う。	＜検討会＞6月から11月まで3回予定＜調査＞夏ごろ実施予定	予防課
4	緊急消防援助隊の円滑な運用及び体制強化に係る検討	東日本大震災における緊急消防援助隊の活動の検証を踏まえ、活動体制の充実強化に必要な装備・資機材や訓練等のあり方について検討するとも	見直すべき各項目の方向性につき年	応急対策室

74

Ⅲ 震災を踏まえた消防防災体制の確保

6	救助技術の高度化等検討会	大規模災害時、耐火建築物が多数倒壊した救助活動現場における救助隊の部隊運用及び他機関との連携などについて検討する。	7月から12月まで5回実施(5回目取りまとめ)	参事官
7	救急業務のあり方に関する検討会	大規模災害時の救急業務のあり方を含め、救急業務の課題やそれに対する対応策について検討し、必要な制度の見直しを行う。	6月から2月まで4回予定(4回目取りまとめ)	救急企画室
7-①	災害時における救急業務のあり方検討作業部会	①津波や直下型地震発生時における救急業務 ②救急と医療の連携(DMAT、JMAT等との連携)、③災害時における救急救命士の特定行為、④災害時における救急安心センター、⑤停電時における119番通報等のあり方について検討する。	6月から1月まで3回予定(3回目取りまとめ)	救急企画室
8	社会全体で共有するトリアージ体系のあり方検討会	災害時におけるトリアージのあり方について検討を行う(コールトリアージ、現場トリアージ)。	6月から2月まで5回予定(5回目取りまとめ)	救急企画室
9	大規模災害時における消防団活動のあり方等に関する検討会	東日本大震災の反省等を踏まえ、大規模災害時における消防団が果たすべき役割を整理した上で、必要な資機材や教育訓練、安全管理のあり方等について検討する。	2カ年で検討予定(今年度は2回程度開催予定)	防災課
10	消防庁応急体制の見直し	東日本大震災を含めた大規模災害時における応急体制の対応状況について検証を行い、緊急消防援助隊のオペレーション等消防庁の災害対応業務がより効果的なものとなるよう、その見直しを行う。	実施中(訓練等による検証を行いつつ年内に見直す予定)	応急対策室防災情報室

第5章 消防庁の対応②
――地域総合防災力の充実に向けて

消防庁国民保護・防災部防災課長　山　口　英　樹

I　東日本大震災

1　震災の概要と被害状況

　東日本大震災の特徴は、マグニチュード9.0というわが国の観測史上最大規模の震災であったこと。長さ450キロメートル、幅200キロメートルという非常に広範囲にわたって大きな3つの断層破壊が連続して起こり、揺れの時

（資料1）　東日本大震災の被害状況

平成23年3月11日(金)14時46分頃、三陸沖を震源とする東日本大震災（モーメントマグニチュード9.0、最大震度7・宮城県栗原市）が発生し、東日本に甚大な被害が発生

災害等の特徴

- 我が国の観測史上最大規模（モーメントマグニチュード9.0）の地震であって、長さ約450km、幅約200kmの断層で3つの巨大な破壊が連続して発生。東北各地で6分以上の揺れが継続（震度6強を観測した仙台市では、その間4回の大きな揺れを観測）
  ※　断層の破壊は、宮城県沖から始まり、岩手県沖の方向、福島県・茨城県沖の方向に伝播
- 津波に起因する人的被害・物的被害が甚大
- 被災地域が広大（人的被害・物的被害は東北地方を中心に東日本の広範囲に及ぶ。）
- 避難者数は、最大約55万人超（3月15日時点）を数え、現在も多数（67,387人、11月11日現在）
- 福島第一原子力発電所の事故（津波が主因）
- 余震回数（マグニチュード5.0以上）は、これまでに585回　　※　気象庁発表　平成23年11月29日現在

被害の概要　（消防庁　平成23年11月11日現在）

人的被害		うち岩手県	うち宮城県	うち福島県
死　　者：16,079名		4,665名	9,462名	1,885名
行方不明者：3,499名（届出のあったもの）		1,427名	1,995名	73名
負　傷　者：6,051名		188名	4,013名	241名

※　各県から報告を受けた数値であり、調査中としている市町村も多い。

（消防庁　平成23年11月11日現在）

住家被害	うち岩手県	うち宮城県	うち福島県
全　　壊：120,209棟	20,182棟	77,033棟	18,392棟
半　　壊：189,523棟	4,539棟	93,555棟	56,033棟
一部破損：616,217棟	7,215棟	179,509棟	131,477棟

※　津波により水没し壊滅した地域があり、調査中としている市町村も多い。

（消防庁　平成23年11月11日現在）

火災発生件数	うち岩手県	うち宮城県	うち福島県
286件	34件	135件	11件

※　発生した火災の多くは、津波に起因するものと考えられる。

I 東日本大震災

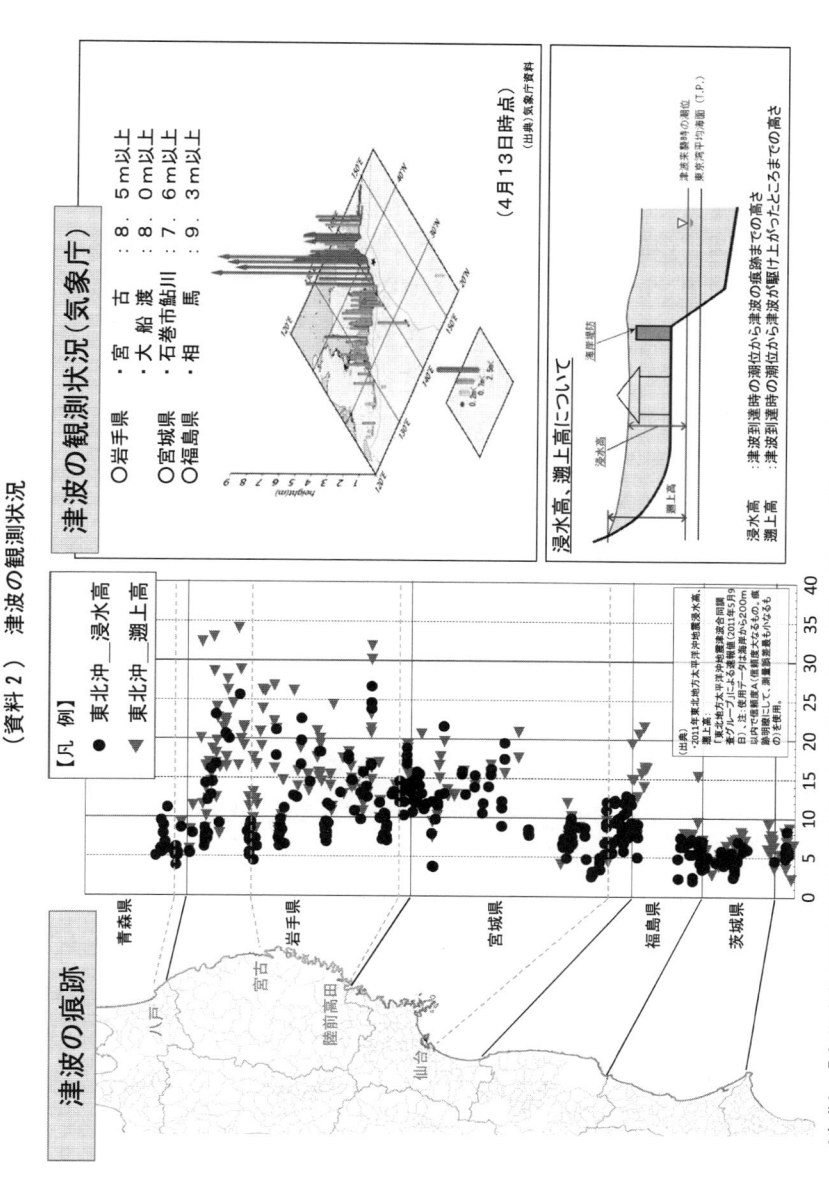

(資料2) 津波の観測状況

津波の観測状況(気象庁)

○岩手県
　宮古　：8.5m以上
　大船渡　：8.0m以上

○宮城県
　石巻市鮎川　：7.6m以上

○福島県
　相馬　：9.3m以上

(4月13日時点)
(出典)気象庁資料

浸水高、遡上高について

浸水高：津波到達時の潮位から津波の痕跡までの高さ
遡上高：津波到達時の潮位から津波が駆け上がったところまでの高さ

津波の痕跡

【凡例】
● 東北沖_浸水高
▼ 東北沖_遡上高

(出典)
・2011年東北地方太平洋沖地震津波合同調査グループによる速報値(2011年5月9日)。注:使用データは海岸から200m以内で信頼度大きくなるもの。仮設用測量について、測量誤差もありえる。

(出典)「東北地方太平洋沖地震を教訓とした地震・津波対策に関する専門調査会」気象庁資料

間も6分以上に及ぶ非常に長いものであった。

　震度は、多くの地域で震度6強・弱（消防庁では震度6弱以上の地震が起こると全職員が参集するということになっている）を記録、宮城県栗原市では震度7、東京23区では震度5強であった。

　第2の特徴は、津波による被害が極めて広い範囲に及び甚大であったことである。気象庁の記録を基にした中央防災会議の専門調査会の資料（〔図2〕）には浸水高（浸水した建物に残った痕跡の高さ）と遡上高（浸水高からさらに斜面を駆け上った波の高さも含める）の各地域の詳細が掲げられているが、この記録によれば、遡上高は最大で40メートル近くにまで上っていた。

　避難者は最大で55万人超であり、現在も（福島第1原子力発電所事故の影響もあるが）避難が長期化している。

　東日本大震災は、巨大地震と津波に加えて福島の原子力災害により甚大な被害を及ぼした。人的被害は、死者・行方不明者はおよそ2万人、住宅全壊と半壊30万棟以上、火災の被害も約300件を数え深刻なものであった。

2　津波による被害状況

　明治三陸地震の際は、約270平方キロメートルの浸水被害があったと推測されているが、東日本大震災に伴う津波による浸水面積はその倍を超える561平方キロメートルであった。市町村ごとにみると、岩手県や宮城県気仙沼市あたりの三陸地域では、リアス式海岸であるため、すぐ山にぶつかる地形ということもあり、浸水面積はそれほど広くはない（岩手県宮古市では10平方キロメートル）ものの、遡上高が非常に大きかった。一方、宮城県仙台市のような平野部では宮城野区の3分の1以上（20平方キロメートル）、若林区の2分の1が浸水した。仙台市よりも南側の亘理町・山元町は24平方キロメートル（40％）が浸水した。岩手県大槌町、釜石市では山が迫っていたため浸水面積がそれほど広くないが、宮城県の石巻市では内陸深く浸水した（（資料3）参照）。

I 東日本大震災

(資料3) 浸水範囲と痕跡・各市町村の浸水面積

県	市区町村	市町村面積 (km²)	浸水面積 (km²)		県	市区町村	市町村面積 (km²)	浸水面積 (km²)
青森県	六ヶ所村	844	24		福島県	新地町	2,456	112
	三沢市	253	5			相馬市	46	11
	おいらせ町	120	6			南相馬市	198	29
	八戸市	72	9			浪江町	399	39
	階上町	305	9			双葉町	223	6
岩手県	洋野町	94	0.5			大熊町	51	3
	久慈市	4,946	58			富岡町	79	2
	普代村	303	1			楢葉町	68	1
	田野畑村	623	4			広野町	103	3
	岩泉町	81	2			いわき市	58	3
	宮古市	70	1		茨城県	北茨城市	1,231	15
	山田町	156	1			高萩市	1,444	23
	大槌町	993	10			日立市	187	3
	釜石市	1,260	4			東海村	194	1
	大船渡市	263	7			ひたちなか市	226	4
	陸前高田市	441	8			水戸市	37	3
宮城県	気仙沼市	323	13			大洗町	99	3
	南三陸町	232	327			鉾田市	217	1
	石巻市	2,003	18			鹿嶋市	23	2
	女川町	333	10			神栖市	208	2
	東松島市	164	73		千葉県	銚子市	106	3
	松島町	556	3			旭市	147	3
	利府町	66	37			匝瑳市	689	17
	塩竈市	102	2			横芝光町	84	1
	七ヶ浜町	54	0.5			山武市	130	3
	多賀城市	45	5			九十九里町	102	1
	仙台市宮城野区	18	6			大網白里町	67	1
	仙台市若林区	13	5			白子町	146	6
	仙台市太白区	20	6			長生村	24	2
	名取市	58	20			一宮町	58	0.5
	岩沼市	48	29				27	1
	亘理町	228	3				28	1
	山元町	100	27				23	1
		61	29		合計※		12,382	561
		73	35					
		64	24					

出典:浸水面積:国土地理院「津波による浸水範囲の面積(概略値)について(第5報)平成23年4月18日」
※市町村面積及び浸水面積合計は青森、岩手、宮城、福島、茨城、千葉の6県62市町村

(出典)「東北地方太平洋沖地震を教訓とした地震・津波対策に関する専門調査会」資料

3　火災の被害

　火災発生は300件に上った。特に大規模な火災が発生したのは岩手県下閉伊郡山田町、宮城県気仙沼市、石巻市、名取市である。

　まず、山田町では市街地広域火災が起こり、町役場前の約6ヘクタールが焼失、陸中山田駅付近は約10ヘクタールが焼失した。消防研究センターによると、①津波によるがれきのため消防車両が現場に近づけず焼失面積が広がってしまった、②市街地火災から林野のほうへ延焼してしまったケースがあった、③通常であれば道路で火が焼け止まるのだが、乗り捨てられた車両が媒体となり延焼してしまった、④倒壊した家屋やがれきが津波に押し寄せられ発火した、⑤防火水槽が5分くらいで空になった、との報告がなされている。

　また、港町である気仙沼市では約12ヘクタールが焼損し、①流されたタンクが壊れていた、②多くの船舶が津波により打ち上げられていた、③がれきが燃えて住宅に燃え移っていた、④ボンベ、ドラム缶の焼けたものが多くみつけられた等の状況が報告されている。

　石巻市では、管内で20件もの火災が発生し、4ヘクタールが焼損している。①小学校の校庭の避難者の車両が津波により流され、その後、出火した車両が延焼媒体となったとの目撃証言や、②門脇町の北側は崖になっていたため、がれきが集まっており、がれきへの延焼の危険があったことから、消防隊は崖の上への延焼阻止活動を実施した、③焼け跡には、車両、ボンベが多数確認できたなどの報告がなされた。

　名取市でも上記と同様の甚大な被害が生じ、報告がなされている。

I 東日本大震災

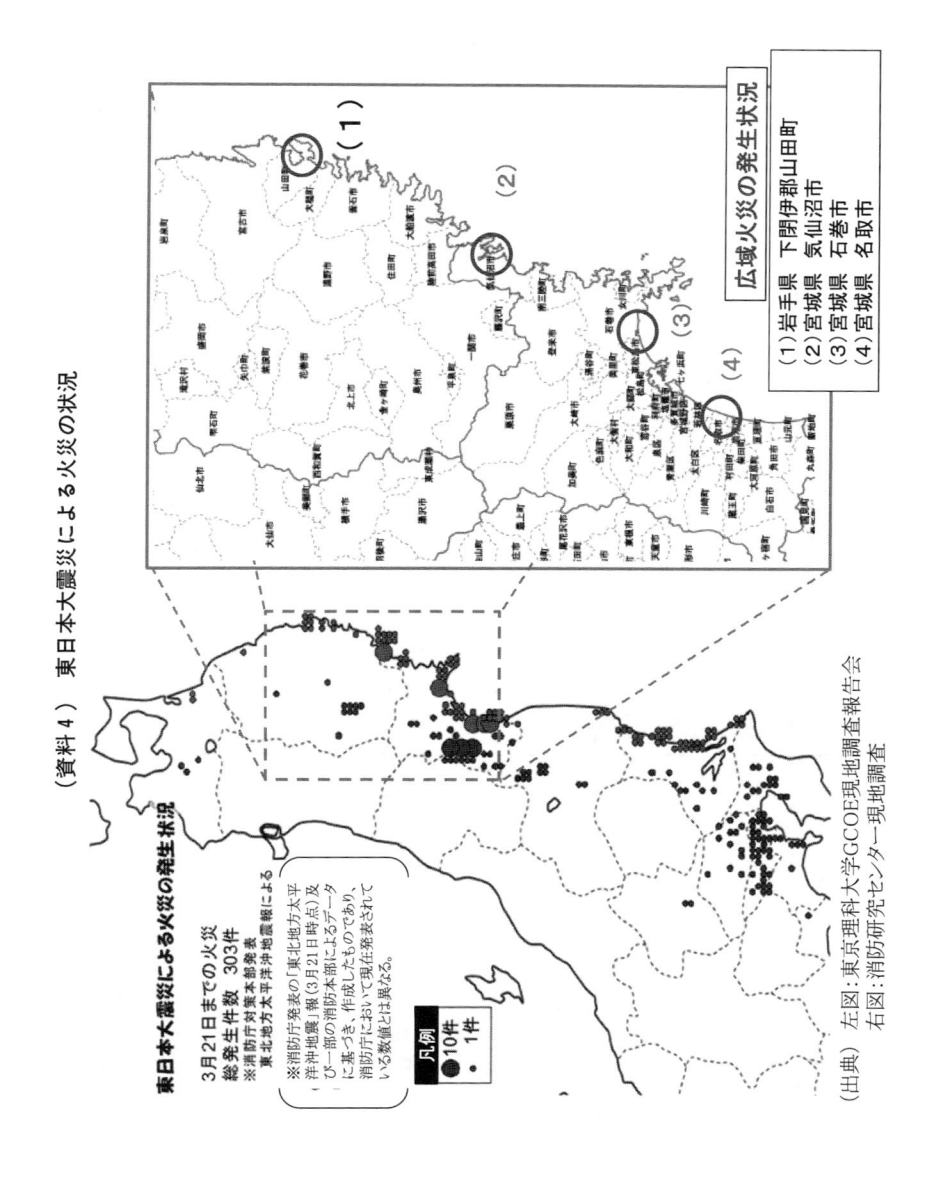

(資料4) 東日本大震災による火災の状況

東日本大震災による火災の発生状況

3月21日までの火災
総発生件数 303件
※消防庁対策本部発表
東北地方太平洋沖地震情報による

※消防庁発表の「東北地方太平洋沖地震」第1報(3月21日時点)及び一部の消防本部によるデータに基づき、作成したものであり、消防庁において現在発表されている数値とは異なる。

凡例
● 10件
・ 1件

広域火災の発生状況

(1) 岩手県 下閉伊郡山田町
(2) 宮城県 気仙沼市
(3) 宮城県 石巻市
(4) 宮城県 名取市

(出典) 左図:東京理科大学GCOE現地調査報告会
　　　右図:消防研究センター現地調査

4 東日本大震災における消防活動

(1) 主な被災県の消防機関

被害の大きかった岩手県、宮城県、福島県の3県では消防本部が36本部、常勤の消防職員が約7400名、非常勤の特別職公務員である消防団員が約8万人であった。

東日本大震災のような大災害となると消防職員のみでは対応できないことから、消防団員の協力が不可欠となる。東日本大震災により非常勤の消防団員の重要性を再認識させられた。しかし、サラリーマンで消防団員となっていただいている方は、勤務地と消防団員として働く場が離れていることが多く、災害時にすぐに対応できるわけではない。そのため、被災県において8万人全員が活動できる状況ではなかった。

(2) 主な被災県の消防活動

活動内容は大津波警報の伝達のため消防車両での広報、住民の避難誘導、

（資料5） 東日本大震災の被害状況と消防の活動
（主な被災県の消防の活動状況①）

主な被災県の消防機関の概況

(平成22年4月1日 現在)

区分	消防本部	消防署	出張所	消防職員	消防団	消防団員
岩手県	12	24	54	1,944名	34	23,420名
宮城県	12	31	71	3,014名	48	21,681名
福島県	12	29	71	2,431名	59	35,340名
3県合計	36	84	196	7,389名	141	80,441名

主な被災県の消防の主な活動

地元の消防本部では、津波警報の伝達や住民の避難誘導、消火、救助、救急等の対応を実施したほか、県内の消防本部により、消火、救助、救急等の広域応援を実施
また、地元に密着した消防団では、これらの活動のほか、防潮堤の閉鎖等の水防活動も実施

※ 消防団員の活動に関する報道例については、次ページ参照

＜消防本部等による救助活動の具体例＞
・ 岩手県山田町船越小学校における孤立者200人
・ 宮城県女川町の5地区における孤立者約630人
・ 宮城県気仙沼市の3地区における孤立者約600人

消火活動、救助・救急などである。

(3) 主な被災県の消防機関の被害状況

消防機関の被害状況は消防職員27名の方が死亡あるいは行方不明となった。消防本部、消防署、消防車両も被害を受けた。また、消防団員254名の方が死亡もしくは行方不明となっている。消防団員の被害者のうち、公務災害という形で報告を受けている方は約200名である。消防団詰所、車両も多くの被害を受けた（平成23年11月11日現在。（資料6）参照）。

(4) 消防機関の応援活動──緊急消防援助隊の活動等

消防機関は、東京消防庁を除き、市町村が管理・運営にあたっている。東日本大震災では全国のすべての消防本部から応援があった。88日間で約3万人の消防職員が駆けつけ活動した。

阪神・淡路大震災以前には、応援協定に基づき、要請がないと原則として各地の消防本部から応援部隊が駆けつけることはできなかった。また、消防

（資料6） 東日本大震災の被害状況と消防の活動
（主な被災県の消防の活動状況②）

主な被災県の消防機関の被害状況

【消防本部の主な被害】 （平成23年11月11日現在）

消防職員	死者：23名、行方不明者：4名
建物被害（全壊、半壊又は一部損壊）	消防本部・消防署：141棟 分署・出張所：150棟
車両等被害	車両：77台、消防艇：2艇、*県防災ヘリ1機

【消防団の主な被害】 （平成23年11月11日現在）

消防団員	死者：242名、行方不明者：12名
建物被害（使用不能）	消防団拠点施設（詰所等）：412箇所
車両等被害	車両：257台

※ 被害状況のうち、常備消防については、青森県、岩手県、宮城県、福島県、茨城県、栃木県、千葉県及び長野県の各消防本部から、消防団については、岩手県、宮城県及び福島県から現時点で把握できるものとして報告を受けた数値。なお、消防団については、調査中であり不明としている市町村がある。
＊ 仙台市消防ヘリポート（仙台市若林区）に駐機中の宮城県防災航空隊 ヘリコプターが津波により流され、使用不能となっている。

参考…消防団員の活動に関する報道例

鳴らし続けた半鐘…消防団11人死亡・不明 （3/23 毎日新聞）
東日本大震災で2000人を超える死者・行方不明者を出した岩手県大槌町で、大槌町消防団第2分団（越田弘分団長、28人）の団員たちは、防潮堤の門扉を閉じ、住民を避難させようと最後まで海辺にとどまった。任務を果たした結果、4人が死亡し、7人が行方不明。その中の一人、越田冨士夫さん(57)は団の象徴である「半鐘」を鳴らし続け、津波にのみ込まれた。

地震後すぐ出動…消防分団、死亡・不明26人 （3/28 読売新聞 朝刊）
岩手県陸前高田市の消防団高田分団（約120人）の団員たちは、地震直後、防潮堤の鉄門5カ所をすばやく閉鎖した。しかし、大津波は防潮堤をはるかに乗り越え、住民の避難誘導などに取りかかった団員を次々とのみこんだ。分団の死者・行方不明者は26人。「地域の守り手」として誇りを持つ団員たちは仲間たちを弔いとまもなく、がれきの除去や行方不明者の捜索を続けている。

最後までマイク握り 避難呼びかけた消防団員 （3/21 東京新聞 朝刊）
「高台へ逃げてください」。地震発生の日、住民に拡声器で声を振り絞った消防団員は津波にのまれた。宮城県名取市の桜井歩さん(46)の最後のアナウンス。流された消防車は無残に押しつぶされ、団員三人は遺体で見つかったが、助手席の桜井さんは右手にマイクを握りしめたままだった。

は基本的に市町村の責任で行われているものであり、消防車両も市町村単位で整備されていたことから、たとえば、応援にきても水利がなく、ホースをつないで遠距離送水をしようと試みたものの、ホースの口径が異なり、うまく送水できないという事態が生じた。こういった課題を解決するために、装備は基本的に同じものにすることや、全国の消防機関の協力により応援に行く部隊を事前に消防庁に登録する緊急消防援助隊というしくみを平成7年に創設するなど工夫が重ねられた。

　緊急消防援助隊創設当初は、東京消防庁、横浜市、大阪市、京都市など大都市の消防本部が登録し救助活動などを中心に行っていたが、平成23年4月現在では、全国798消防本部のうち783消防本部から登録されている。また、東海地震、東南海・南海地震、首都直下地震などの切迫性を踏まえ、（従来は消防庁長官の要請に基づいて出動することになっていたが、）平成15年6月に消防組織法が改正され、複数県にまたがるような大規模災害時には、消防庁長官が出動を指示することができるようになり、その場合の出動経費は国が負担することになった。この消防庁長官による指示権を使った緊急消防援助隊の出動は、東日本大震災が初めてのことであった。

　岩手県、宮城県、福島県の緊急消防援助隊による広域応援の概要については、陸上部隊が順次被災地に到着し、一部の部隊は震災当日11日から活動を始めており、17日、18日に最大規模の活動を行っている。航空部隊は12日から活発に活動を開始し、全国から58機ほどが活動に加わった。機動力という意味ではヘリコプターが有効であり、阪神・淡路大震災の際は消防機関のヘリコプターは全国で40機に満たなかったが、現在は約70機体制となっている（一部の機体はそれぞれの地域ブロックに残す必要がある）。東日本大震災では、救助、救急などに有効に活動した。

　救助に関しては岩手県において12日に46人、13日に311人、14日115人、15日には大槌町で92時間ぶりに70歳女性を救助した。宮城県では12日に556人、13日に3862人、14日に123人、15日には石巻市で96時間ぶりに1人を、さらに20日に80歳女性と16歳少年を救助した。東日本大震災では津波の被害が大

Ⅰ 東日本大震災

（資料7） 東日本大震災の被害状況と消防の活動
（主な被災県に対する他県の消防の応援状況）

- 地震発生直後から、主な被災県である岩手県、宮城県及び福島県の3県に向けては、これら被災県以外の44都道府県の緊急消防援助隊の出動を指示（指示に基づく出動は初めてのこと）
- 平成23年3月11日から活動終了の6月6日までの88日間における派遣人員総数は、約3万人となり、全消防職員（158,809人）の5～6人に1人に相当
- 航空部隊は、人命救助、空中消火及び情報収集等に、陸上部隊は消火、救助、救急活動等に従事し、現在までに把握している救助者数は5,064人（地元消防本部等と協力し救出したものを含む。）

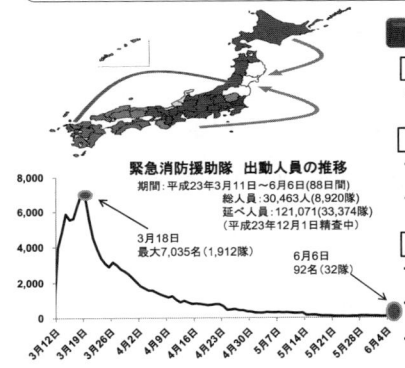

緊急消防援助隊について

目 的
- 地震等の大規模・特殊災害発生時における人命救助活動等を効果的かつ迅速に実施する消防の援助体制を国として確保

創設の経緯等
- 阪神・淡路大震災での教訓を踏まえ、平成7年に創設。当初は、東京消防庁をはじめ、大都市の消防本部を中心に登録
- 平成15年6月消防組織法の改正により、緊急消防援助隊を法律上明確に位置付け、消防庁長官の指示による派遣が可能に

概 要
- 総務大臣が、編成及び施設の整備等に基本的な事項に関する計画を策定。計画に基づいて消防庁長官が部隊を登録
- 大規模・特殊災害発生時には、消防庁長官の指示又は求めにより部隊が出動
- 平成23年4月現在、全国798消防本部のうち、783消防本部が登録

緊急消防援助隊 出動人員の推移
期間：平成23年3月11日～6月6日（88日間）
総人員：30,463人（8,920隊）
延べ人員：121,071人（33,374隊）
（平成23年12月1日精査中）

3月18日 最大7,035名（1,912隊）
6月6日 92名（32隊）

きく、広範囲が水没し、孤立したケースが多く、ヘリコプターによる救助が有効であった。

また、原子力発電所の事故対応としては、東京消防庁をはじめとする消防部隊が放水活動に従事した。そのほか、大型の除染システムの貸出、現地の消防署による救急搬送等も担った。

（資料8） 緊急消防援助隊の救助活動事案

都道府県	救助人数		概要	日付
岩手県	46人	7人	宮古地区で浸水家屋から救助	3月12日
		7人	野田村にて、浸水家屋や浸水家屋屋根からヘリで救助	
		15人	陸前高田市県立高田病院屋上から救助	
		17人	大槌港10名、釜石市3名、大船渡市沿岸部4名をヘリで救助	

85

	約311人	約90人	大船渡市のマイヤ本店屋上53名、プラザホテル15～30名、まるごビル3名、ただの旅館6名、北日本プライフィットの屋根2名より救助	3月13日
		8人	長円寺から要救助者を救助	
		2人	釜石市大平中学校の要救助者を防災ヘリで救助	
		約200人	山崎機能訓練ディサービスホームの要救助者を救助	
		2人	石川県隊にて野田村の要救助者2名救助	
		1人	大阪府隊にて大槌町の要救助者1名救助	
		7人	山形県隊にて大船渡市の要救助者7名救助	
		1人	福井県隊にて陸前高田市の要救助者1名救助	
	115人	5人	東京消防庁が県内沿岸部にて救助	3月14日
		10人	神奈川県隊が県内沿岸部にて救助	
		10人	浜松隊が県内沿岸部にて救助	
		23人	秋田隊が宮古市内にて救助	
		44人	大阪府隊が大槌町にて救助	
		9人	福井県隊が陸前高田市にて救助	
		14人	埼玉県隊が陸前高田市にて救助	
	1人	1人	大阪府隊が大槌町において92時間ぶりに70歳の女性を救助	3月15日
福島県	7人	3人	長沼地区の要救助者3名救助	3月12日
		4人	群馬県ヘリにて南相馬市の要救助者4名救助	
	33人	2人	福島県防災ヘリにて浪江町の要救助者2名救助	3月13日

		1人	福島県防災ヘリにて双葉町の要救助者1名転院搬送	
		4人	群馬県防災ヘリにて小高地区の要救助者4名救助	
		1人	福島県防災ヘリにて相馬市の要救助者1名救助	
		1人	鹿児島県防災ヘリにて双葉町の要救助者1名転院搬送	
		3人	福島県防災ヘリにて相馬市の孤立住民3名救助	
		3人	鹿児島県防災ヘリにて相馬市の孤立住民3名救助	
		2人	福井県防災ヘリにて相馬市の孤立住民2名救助	
		2人	滋賀県防災ヘリにて新地町の孤立住民2名救助	
		14人	群馬県隊にて相馬市の孤立住民14名救助	
	0人	0人	群馬県隊、岐阜県隊、静岡県隊、滋賀県隊がそれぞれ相馬市、新地町、いわき市、南相馬市の海岸線を捜索	3月14日（注）
宮城県	556人	31人	長野県隊が多賀城市にて31名救助	3月12日
		89人	石巻市でヘリにより89名を救助	
		66人	気仙沼市沿岸部でヘリにより66名を救助	
		256人	仙台市でヘリにより256名を救助	
		1人	南三陸町でヘリにより1名を救助	
		9人	東松島市でヘリにより9名を救助	
		9人	仙台空港付近でヘリにより9名救助	
		95人	亘理町でヘリにより95名を救助	
	約3,862人	480人	中野小学校、荒浜小学校から救助	3月13日

		400人	中野中学校から要救助者を救助	
		687人	中野小学校、荒浜小学校及び中野中学校の屋上の要救助者687名救助	
		971人	孤立集落及び被災集落の要救助者971名を救命ボートを使用して救助	
		2人	大分県防災ヘリにて亘理町の孤立住民2名救助	
		1人	奈良県防災ヘリにて亘理町の要救助者1名救助	
		3人	滋賀県防災ヘリにて亘理町の要救助者3名救助	
		2人	愛媛県防災ヘリにて亘理町の孤立住民2名救助	
		4人	香川県防災ヘリにて亘理町の孤立住民4名救助	
		4人	福島県防災ヘリにて亘理町の孤立住民4名救助	
		2人	奈良県防災ヘリにて亘理町の孤立住民2名救助	
		2人	福岡県防災ヘリにて亘理町の孤立住民2名救助	
		1人	香川県防災ヘリにて亘理町の孤立住民1名救助	
		約1,300人	仙台空港から誘導	
		1人	長野県隊が七ヶ浜町にて1名救助	
		2人	長野県隊が多賀城市にて2名救助	
	123人	20人	東京消防庁及び山梨県隊が県内沿岸部にて救助	3月14日
		30人	京都府隊、兵庫県隊及び鳥取県隊が県内沿岸部にて救助	

		18人	北海道隊、新潟県隊及び和歌山県隊が県内沿岸部にて救助	
		30人	富山県隊及び広島県隊が県内沿岸部にて救助	
		25人	愛知県隊及び奈良県隊が県内沿岸部にて救助	
	1人	1人	新潟県隊が、石巻市において96時間ぶりに25歳の男性を救助	3月15日
	2人	2人	新潟県隊と地元消防本部が警察と協力して石巻市において80歳の女性と16歳の男性を救助	3月20日
新潟県	2人		十日町市で土砂災害があり、2名救助	3月12日
茨城県	5人		東海村ひたちなか火力発電所において煙突上及び宙づり状態を茨城県ヘリで救助	3月11日（3名）、3月12日（2名）
合計	約5,064人			

※注　福島第１原発の水素爆発に伴う待機を余儀なくされたため、活動が短時間であった。
　　（救助人数については、平成23年８月25日発表の消防庁被害報による値）

5　中央防災会議専門調査会報告書の要点

　平成23年９月27日に出された中央防災会議専門調査会の報告書の要点としては、まず、あらゆる可能性を考慮した最大クラスの巨大な地震、津波を想定することとしている。その中で２つのレベル、①「発生頻度は極めて低いものの、甚大な被害をもたらす最大クラスの津波」に対しては、住民等の生命を守ることを最優先とし、住民の避難を軸に、とりうる手段を尽くした総合的な津波対策を確立する必要があるとし、②「発生頻度は高く、津波高は低いものの大きな被害をもたらす津波」に対しては、人命保護に加え、住民財産の保護、地域の経済活動の安定化、効率的な生産拠点の確保の観点から海岸保全施設等を整備すべきであるとしている（（資料９）参照）。これは、

第1編　第5章　消防庁の対応②

（資料9）東北地方太平洋沖地震を教訓とした地震・津波対策に関する専門調査会・報告要点

主旨
- 東日本大震災の数少ない経験と厳しい教訓は、過去、現在、そして未来をつなぐ証拠として、災害に負けない国土づくり、地域づくりの知見に引き継がなければならない。
- 政府においては、本報告を踏まえ、我が国における地震・津波対策全般について必要な見直しを実施し、今後の防災対策に万全を期し、ひいては国民の生命、財産を守るという行政としての根源的な責務を十分に果たすことを期待する。

今回の地震・津波被害の特徴と今後の想定津波の考え方
- 巨大な地震・津波による甚大な人的・物的被害が発生
- 想定できなかった規模M9.0の巨大な地震
- 実際に保全施設等に大きく隔たりを持っていた従前の想定
- 海岸保全施設等は一部でしか機能せず、防災対策/運用等を下回った津波警報発令

今回の地震・津波対策で対象とする地震・津波の考え方
- あらゆる可能性を考慮した最大クラスの巨大な地震・津波を検討
- 古文書等の分析、津波堆積物調査、海岸地形等の調査などの科学的知見に基づく地震・津波を設定
- 地震学、地質学、考古学、歴史学等の統合的研究を充実

防災対策の対象とする地震・津波の考え方
- 津波対策を構築するにあたっての、これからの想定津波の考え方
- 今後、二つのレベルの津波を想定
  - 発生頻度は極めて低いものの、甚大な被害をもたらす最大クラスの津波に対しては、住民等の生命を守ることを最優先とし、住民の避難を軸に、とりうる手段を尽くした総合的な津波防災対策を確立
  - 発生頻度が高く、津波高は低いものの大きな被害をもたらす津波に対しては、人命保護に加え、住民財産の保護、地域の経済活動の安定化、効率的な生産拠点の確保等の観点から、海岸保全施設等を整備

地震・津波対策の方向性

津波被害を軽減するための対策について

（1）基本的考え方
- 津波対策は、ハザードマップを基本とする「減災」の考え方に基づき、ハード対策とソフト対策を組み合わせて実施
- 津波防災の避難対策が中心となる地域を津波防災地域とし、自らが避難することを基本
- 津波到達時間が短い地域では、地震発生から最短5分程度で避難を目指すべきとし、地形的条件等の状況に応じ、このような状況が現出した場合においても避難が可能となる対策・防災体制等の整備

（2）円滑な避難行動のための体制整備とルールづくり
- 津波警報は、その内容について、受け手側からの内容について、津波警報等のあり方を早急に検討
- 情報伝達は、防災行政無線、J-ALERT、テレビ、ラジオ、携帯電話、ワンセグ等のあらゆる手段を活用した伝達について、より具体的な検討を行う
- 津波避難困難地域への対策は、広域の海抜地等を含め、避難場所の確保、対応を検討
- 避難場所の事前指定は、神社仏閣、GPS設計基準等の観測体制などを含む津波避難ビルの指定等を、避難所不適合地等の見直し
- 近隣住民が一体となって避難するルール、ICT等を活用した避難誘導ビル等との連絡等、総合的な対応、ルールを定める

今後に向けて

今後の方向性について
- 防災基本計画・地震・津波対策としての地震・津波の構え方を抜本的に見直し
- 地方公共団体における地震対策のグランドデザインを国土全体で定期的に再定め見直す
- 災害対策基本法、危機管理等の体系のあり方についての検討

東日本大震災の教訓の反映と継続的な発信

- 記録等を引き継ぎ、津波被害を軽減するアドバイスを十分に検討し内容を共有して、国外に対して広く情報発信

90

I　東日本大震災

（資料10）　中央防災会議で検討対象とした大規模地震

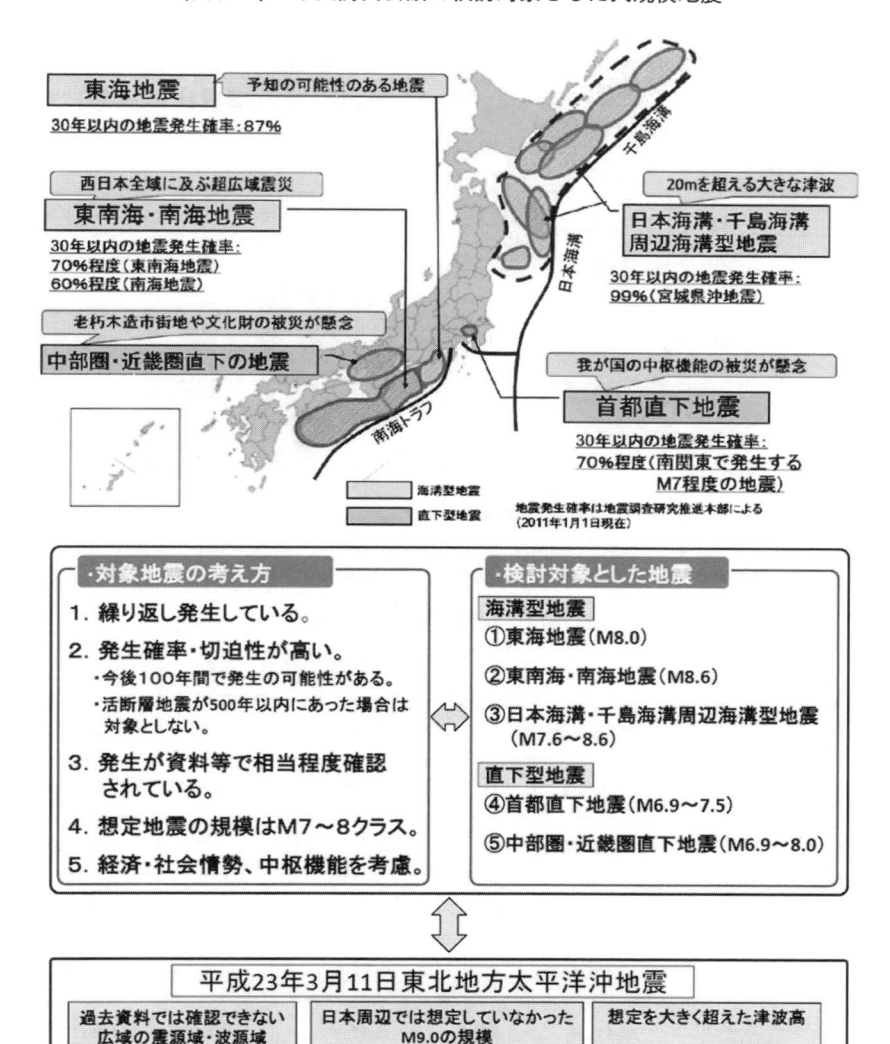

東海地震
30年以内の地震発生確率：87%

予知の可能性のある地震

東南海・南海地震
西日本全域に及ぶ超広域震災
30年以内の地震発生確率：
70%程度（東南海地震）
60%程度（南海地震）

中部圏・近畿圏直下の地震
老朽木造市街地や文化財の被災が懸念

日本海溝・千島海溝周辺海溝型地震
20mを超える大きな津波
30年以内の地震発生確率：
99%（宮城県沖地震）

首都直下地震
我が国の中枢機能の被災が懸念
30年以内の地震発生確率：
70%程度（南関東で発生する
M7程度の地震）

海溝型地震
直下型地震

地震発生確率は地震調査研究推進本部による
（2011年1月1日現在）

・対象地震の考え方
1. 繰り返し発生している。
2. 発生確率・切迫性が高い。
   ・今後100年間で発生の可能性がある。
   ・活断層地震が500年以内にあった場合は対象としない。
3. 発生が資料等で相当程度確認されている。
4. 想定地震の規模はM7〜8クラス。
5. 経済・社会情勢、中枢機能を考慮。

・検討対象とした地震
海溝型地震
①東海地震（M8.0）
②東南海・南海地震（M8.6）
③日本海溝・千島海溝周辺海溝型地震（M7.6〜8.6）

直下型地震
④首都直下地震（M6.9〜7.5）
⑤中部圏・近畿圏直下地震（M6.9〜8.0）

平成23年3月11日東北地方太平洋沖地震
| 過去資料では確認できない広域の震源域・波源域 | 日本周辺では想定していなかったM9.0の規模 | 想定を大きく超えた津波高 |

（出典）「東北地方太平洋沖地震を教訓とした地震・津波対策に関する専門調査会」資料

第1編　第5章　消防庁の対応②

(資料11)　死因・年齢構成

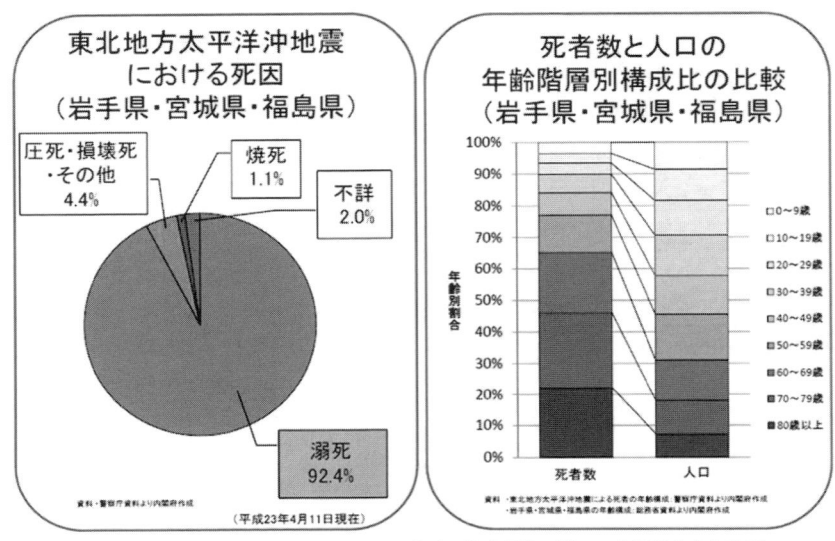

東北地方太平洋沖地震における死因
（岩手県・宮城県・福島県）

- 圧死・損壊死・その他　4.4%
- 焼死　1.1%
- 不詳　2.0%
- 溺死　92.4%

資料・警察庁資料より内閣府作成
（平成23年4月11日現在）

死者数と人口の年齢階層別構成比の比較
（岩手県・宮城県・福島県）

資料
・東北地方太平洋沖地震による死者の年齢構成，警察庁資料より内閣府作成
・岩手県・宮城県・福島県の年齢構成，総務省資料より内閣府作成

(出典)「東北地方太平洋沖地震を教訓とした地震・津波対策に関する専門調査会」資料

(資料12)　過去の地震との比較

	地震		マグニチュード	死者（名）	行方不明者（名）	負傷者（名）	家屋被害数※2
海溝型地震	明治29年6月15日（1896年）	明治三陸地震	8・1/4	21,920		3,899	7,957（戸）
	大正12年9月1日（1923年）	関東大震災	7.9	105,385		103,733	372,659（棟）
	昭和8年3月3日（1933年）	昭和三陸地震	8.1	1,522	1,542	1,092	6,067（棟）
	平成23年3月11日（2011年）	東北地方太平洋沖地震	9.0※1	15,234	8,616	5,339	161,665（戸）
内陸直下型地震	明治24年10月28日（1891年）	濃尾地震	8.0	7,273		17,175	222,501（棟）
	昭和23年6月28日（1948年）	福井地震	7.1	3,769		22,203	51,851（棟）
	平成7年1月17日（1995年）	阪神・淡路大震災	7.3	6,434	3	43,792	256,312（棟）

(出典)・マグニチュード 東北地方太平洋沖地震は気象庁「平成23年(2011年)東北地方太平洋沖地震」について（第15報）より、他は理科年表
・死者、行方不明者、負傷者、家屋被害数 東北地方太平洋沖地震 警察庁広報資料（平成23年5月26日）、関東大震災 日本地震工学会「日本地震工学会論文集Vol.4, No.4, September 2004」、関東地震（1923年9月1日）による被害要因別死者数の推定、諸井孝文・武村雅之」、明治三陸地震「1896(明治29)年「岩手県統計書」」、昭和三陸地震・濃尾地震・福井地震 東京大学出版会「日本被害地震総覧2003年初版、宇佐美龍夫」、阪神大震災・消防庁「阪神・淡路大震災について（確定報）平成18年5月19日」
※1 東北地方太平洋沖地震はモーメントマグニチュードを記載、※2数値は各資料に記載されている家屋被害の全壊、半壊、流失家屋数、全焼、半焼の被害数の合計値を記載。

92

専門調査会に提出された資料であるが、東日本大震災においては、亡くなった方の90％以上が溺死によるものであり、また、亡くなった方の65％が60歳以上を占めている（（資料11）参照）。専門調査会の報告は、従来の想定が十分ではなかったことの反省を踏まえたものである。

II　地域防災計画における地震・津波対策の充実強化に関する検討会報告書の概要

1　地域防災計画の見直しのための対応

　東日本大震災では、地震・津波等による甚大な人的・物的被害が発生し、地方公共団体においても、災害対応の拠点である庁舎や避難所等が被害を受け、住民の避難誘導等にあたる職員や消防職団員等も多く犠牲になったことに鑑み、これまでの防災・減災のための対策や体制を見直し、再構築する必要性が痛感された。

　消防庁では、平成23年5月6日に「地域防災計画等に基づく防災体制の緊急点検の実施について」という通知を地方公共団体に発出し緊急点検を要請した。

　また、東日本大震災における地方公共団体の災害対応等の検証を行い、地方公共団体が行う地域防災計画の見直し等を支援することを目的として、被災地の防災担当者や有識者などを委員とする検討会を設置し、平成23年6月以降4回開催した。

　検討にあたっては、主な被災地の防災担当者からの聴取り調査を行ったほか、主な被災3県を除く都道府県および沿岸市町村に対して地域防災計画等の見直しについてアンケート方式で取組み状況の調査を行った。被災地がどのような対応を行ったか、他の地方公共団体がどのように地域防災計画の見直しに取り組んでいるのか、などの参考事例と留意点を報告書にまとめ地方公共団体に提供し、それぞれの見直しに役立てるようにしたのである。

2　地域防災計画における地震・津波対策の充実強化に関する検討会報告書の概要

　報告書のポイントとしては、数値目標等を入れて実行計画として機能するよう、時間経過に即した災害対応を示すなど、実効的なものとなるよう意識して見直しをすることを求めている。

　東日本大震災では、市町村が災害対策本部機能を失う、または著しく低下するようなケースが生じたので、都道府県のバックアップ機能に力点をおくこととし、都道府県には迅速な支援、バックアップができるようなしくみ・体制の整備を促している。市町村庁舎や消防署、避難所等の移転を含めた安全対策、非常用電源設備などの点検、整備の推進にも言及している。

　アンケート調査によると、平成23年7月末時点に、都道府県の80％以上、沿岸市町村の約2割が地域防災計画の見直しに着手している。

　避難場所、避難路等の整備について、和歌山県の事例を取り上げている。和歌山県では、県が率先して市町村に避難場所等の点検を要請し、特に避難場所について安全レベルに応じた見直しを平成23年7月までに実施した。津波到達時間を考慮すると、おおむね5分程度で住民が避難できるような町づくりをめざす必要があるとし、津波避難ビルなどすでにあるビルの活用を推奨するとともに、訓練の重要性について言及し、徳島県阿南市における夜間の津波避難訓練、和歌山県海南市における小学生が避難訓練に積極的に取り組んだ事例などを紹介している。そして、東日本大震災における釜石東中学校の事例からもわかるように、防災教育の重要性、さらに情報伝達手段の確保や、市町村職員、消防など防災事務に従事する者の安全確保のための対策の重要性も指摘されている。

　そのほか、住民に関するデータのバックアップの参考事例を示している。また、備蓄の問題については、燃料の確保や、女性の視点から考えた備蓄品が必要であるとしている。自治体間の応援については、岩手県の内陸に位置する遠野市が沿岸部市町村に対し後方支援を行った事例や、全国知事会、お

Ⅱ 地域防災計画における地震・津波対策の充実強化に関する検討会報告書の概要

（資料13） 地域防災計画における地震・津波対策の充実・強化に関する検討会報告書の概要（平成23年12月消防庁防災課）

背景
○ 東日本大震災では、地震・津波等による甚大な人的・物的被害が発生。
○ 地方公共団体においても、災害対応の拠点である庁舎や避難所等が被害を受け、住民の避難誘導等に当たる職員や消防団員等も犠牲に。

→ これまでの防災・減災のための対策や体制を見直し、再検討する必要性

緊急点検通知の発出
消防庁は、本年5月6日に「地域防災計画等に基づく防災体制の緊急点検の実施について」通知を地方公共団体に発出し、緊急点検を要請。

中央防災会議
○ 東北地方太平洋沖地震を教訓とした地震・津波対策に関する専門調査会の設置（9月28日に報告取りまとめ）

検討の目的
東日本大震災における地方公共団体の災害対応等の検証を行い、地方公共団体が行う地域防災計画の見直し等を支援

【地域防災計画の見直しに係る留意点等及び参考事例の取りまとめ】

◆検討体制　有識者や地方公共団体の防災担当者を委員とする検討会を設置（座長 室崎益輝・関西学院大学教授）
◆検討経緯　年4回開催（第1回 6月、第2回 7月、第3回 10月、第4回 12月）

各種調査の実施

1. 主な被災3県沿岸市町村調査（初期の災害対応等）

(1) 実施時期： 平成23年7月
(2) 調査対象： 主な被災3県の沿岸市町村（37団体）
(3) 調査方法： 防災担当者からの聞き取り

2. 地域防災計画の見直しに関するアンケート調査（主な被災3県除く）

(1) 実施時期： 平成23年8月（7月末現在）　(2) 調査方法： アンケート調査票による調査
【都道府県】
44都道府県（主な被災3県除く）
回収数：44団体（回収率：100%）
【市区町村】
622団体（主な被災3県を除く海岸線を有する団体及び津波被害が想定される団体）
回収数：588団体（回収率：94.5%）

報告書の主な内容

東日本大震災を踏まえた地域防災計画の見直しに係る留意点等

全般的事項
○実効性ある計画に！
○特に災害初動期対応、住民の避難を重視して！

○ 簡潔明快で、数値目標設定等定量的な記述とし、実行計画として機能するものに
○ 災害の初動対応について時間経過に即して作成（マニュアル等）
○ 住民避難を柱とした応急対応に留意（住民への避難等の情報伝達）
○ 災害対応力を失った場合の受援について必要な事項を定める（都道府県においては市町村への迅速かつ適切な代替措置を）
○ 防災組織体制等の整備方針、整備水準等の基本的考え方を明らかにすることが適当
○ 緊急防災・減災事業（単独）を活用した避難対策等の一層の推進

Ⅰ 被害想定等

1 大津波等による被害の想定

【主な委員の意見】
○ 想定外のことが起きないように津波の高さを精緻に予測するなどのリスクマネジメントと、それでも想定外のことが起こった場合のクライシスマネジメントの2本立てで考えるべき　など

【補足説明（主なもの）】
○ 44都道府県のうち、7月末時点で地域防災計画の見直しに着手している団体は、37団体（84%）、17団体では津波被害想定の見直しにも着手。沿岸市町村でも、588団体のうち、130団体（22%）が地域防災計画の見直しに、62団体（11%）が津波被害想定の見直しに着手。
○ 専門調査会報告で示された今後の津波対策の方向性（2つのレベルの津波想定）をはじめ、津波防災地域づくり法に基づく国土交通大臣が策定する基本指針、都道府県知事による津波浸水想定の設定、市町村による津波防災地域づくりを推進するための計画等との整合性、関係性にも留意が必要。

2 市町村の災害対策本部機能の喪失又は著しい低下等への対応

【主な委員の意見】
○ 防災対応に当たるべき基礎自治体である市町村が壊滅的な状況に陥ったが、その対応を検討すべき
○ 市役所、警察署、消防署、基幹病院等の設置場所、耐震化、通信基盤等の点検、見直しを行うべき　など

95

第1編　第5章　消防庁の対応②

【補足説明（主なもの）】
○ 主な被災3県の沿岸37市町村のうち、22団体（59％）において、本庁舎又は支所等が全壊、半壊、浸水等の被害を受けた。また、19団体（51％）で、災害対策本部の設置場所の変更を余儀なくされた。
○ 市町村庁舎・消防署や避難所等の移転による安全対策、非常用電源設備などの点検、整備を推進。非常用電源については、設置場所や燃料等の備蓄を含め、必要な時間を確保すべき。想定復旧期間を十分上回る期間の発電が可能となるような燃料の備蓄等に努める必要がある。
○ 市町村が壊滅的被害を受けた場合を想定し、都道府県は迅速な支援、バックアップ等ができるような仕組み・体制を整備すべき。
【参考事例】災害発生時における都道府県の市町村への支援の取組
①ひょうご災害緊急支援隊（兵庫県）、②県境なき技師団（新潟県）、③緊急防災推進員制度（大阪府）など

Ⅱ　避難対策等

1　津波に関する避難指示等の住民への伝達体制等
【主な委員の意見】
○ 和歌山県の沿岸市町村で避難指示、避難勧告が発令されたものの、避難者数（避難所での確認人数）は少なく、今後、大きな課題　など
【補足説明（主なもの）】
○ 津波に関する避難勧告等に係る発令基準の策定状況（平成22年11月1日現在）は、津波が想定される656団体のうち445団体（67.8％）が策定済、147団体（22.4％）が策定中。速やかな策定と策定済みの場合の内容の再点検が必要。
○ 情報伝達時、避難時等において、災害時要援護者に配慮するとともに、避難者の見直しが必要。
【参考事例】日頃からの避難訓練（年4回）により助かった沿岸部の介護施設の入所者・職員80名（宮城県石巻市）

2　津波に対する避難指示等の住民への伝達手段
【主な委員の意見】
○ 防災行政無線等の電源確保、避難所への情報伝達手段の確保・整備　など
【補足説明（主なもの）】
○ 主な被災3県の沿岸37市町村の住民への伝達手段は、①消防団による広報、②防災行政無線（屋外拡声器）、③防災行政無線（戸別受信機）、④広報車の順に多かった。このうち、避難指示等として、津波警報（大津波）の津波の高さまで伝達した団体は約3割であり、その主な手段は防災行政無線（屋外拡声器）、防災行政無線（戸別受信機）であった。
○ J-ALERTの活用とともに、防災行政無線、コミュニティFM、緊急速報メール（エリアメール）等、衛星携帯電話など多様な伝達手段の確保と住民への確実な伝達を推進。併せて、耐震性の向上、津波の影響を受けない場所への移設、非常用電源の確保なども重要。
【参考事例】防災行政無線による遠隔地からの避難の呼びかけ（茨城県大洗町）、ツイッター（宮城県気仙沼市）やコミュニティFM（宮城県山元町）の活用

3　沿岸部の地形や都市化の状況など地域の特性も考慮した、避難場所、避難路等の整備・確保
【主な委員の意見】
○ 避難所に避難している者に対する細やかでローカルな避難や被害に関する情報提供のあり方の検討が必要
○ 車を使って良い人と悪い人、使って良い地域と悪い地域などの棲み分けも必要かもしれない
○ 歩行速度も含め、避難時間を考慮した避難の実動訓練の実施
○ 国民保護等との連携も視野に入れ、自衛隊車両等の幅などを考慮した避難路等の整備を進めることが必要　など
【補足説明（主なもの）】
○ 避難場所、避難所等の点検、見直しを一層推進すべき。併せてこれら施設への情報伝達の体制・手段を整備・確保を一層充実すべき。
【参考事例】県主導による沿岸市町村の避難所、避難場所の点検及び安全レベル（3段階）の設定（和歌山県）
　　　　　　　消防防災GISを活用した津波浸水想定区域の表示方法（三重県伊勢市）
　　　　　　　小学校における避難スロープ（岩手県大船渡市）や避難階段（同県岩泉町）の整備、蓄光石を用いた夜間でも見易い避難誘導看板（高知市）
○ 徒歩による避難を原則として、地域の実情を踏まえつつ、できるだけ短時間で、避難到達時間が短い地域では概ね5分程度で避難が可能となるようまちづくりを目指すべき。ただし、地形的条件や土地利用の実態など地域の状況により、このような対応が困難な地域については、車による避難も含め、避難到達時間などを考慮して津波から避難する対策を十分に検討することが必要。
○ 主な被災3県の沿岸37市町村のうち、津波避難計画を策定した団体は、14団体（39％）、平成22年度に津波防災訓練を実施したのは30団体（81％）。一方、沿岸市町村等588団体（主な被災3県を除く）のうち、津波避難計画の策定は119団体（20％）、住民が参加する津波避難訓練の実施（毎年実施）は、131団体（22％）に留まっている。
【参考事例】県主導による市町村の避難場所の点検及び安全レベル（3段階）の設定（和歌山県）、住民参加による夜間の津波避難訓練の実施（徳島県阿南市）、小学生の参画による実践的な津波避難訓練（和歌山県海南市）

Ⅲ　災害応急対策等

1　初期の情報収集手段
○ 災害時は通常の通信手段が使用できないことを想定し、様々な情報収集手段を事前に確保・整備
【参考事例】消防団によるトランシーバーを活用した連絡（岩手県山田町）、衛星携帯電話を活用した救助要請（宮城県女川町）
町内会による迅速な安否確認の取組［世帯全員が無事な場合、玄関先に黄色い旗を掲げて避難］（宮城県仙台市）

2　防災事務に従事する者の安全確保
【主な委員の意見】
○ 行政職員、消防団員など、現場の第一線で働いている職員、団員が犠牲に。これら職員や団員の安全確保の検討が必要
【補足説明（主なもの）】
○ 主な被災3県の沿岸37市町村のうち、14の市町村で職員が死亡又は行方不明となり、消防団員の死者・行方不明者は254人であった。
○ 主な被災3県の沿岸37市町村では、職員等の安全確保について必ずしもマニュアル化されていなかった。沿岸市町村等588団体（主な被災3県を除く）のうち、地域防災計画等において避難誘導や水門閉鎖に当たる者等の安全確保について定めている団体は46団体（8％）。
【参考事例】水門閉鎖対応時間の設定（兵庫県洲本市）

3　住民の安否情報の確認
【主な委員の意見】
○ 孤立集落対策が重要。無線や衛星携帯電話の整備も重要だが高齢者が使いやすいような仕組み等の構築が必要　など
【補足説明（主なもの）】
○ 携帯電話、インターネットなどの手段により、災害用伝言ダイヤル、伝言板、検索機能付き避難者名簿のほか、地方公共団体においても避難者名簿のホームページ掲載などの取組が行われたが、今後の災害に向けて、安否確認や避難先の情報提供などについて、手段の多様化、情報提供内容等の充実を推進する必要がある。

4　中・長期にわたる災害対応
【主な委員の意見】
○ 住民に関するデータのバックアップの検討・整備が必要

96

Ⅱ 地域防災計画における地震・津波対策の充実強化に関する検討会報告書の概要

○ 非常用電源は設置の有無のみならず、電源確保時間が重要 など
【補足説明(主なもの)】
○ 主な被災3県の沿岸37市町村のうち、庁舎被災などを含め、災害対策本部が設置された施設において、非常用電源の整備がなされていた団体は26団体(70%)であった。また、震災前に災害対応を行う施設(災害対策本部の設置場所)の代替施設を定めていた団体は14団体(38%)。なお、沿岸市町村等588団体(主な被災3県を除く)のうち、災害対応を行う施設(庁舎)の機能喪失又は著しい低下等に備えて代替施設等を定めているのは、169団体(29%)。
【参考事例】LGWAN-ASPサービスを活用した情報のバックアップ(埼玉県皆野町)、被災者支援システム(兵庫県西宮市)

Ⅳ 災害予防等

1 物資等の備蓄・輸送等
【主な委員の意見】
○ 自治体備蓄の在庫管理及び輸送手段に係るシステムの構築が重要。また、津波浸水の影響を受けない備蓄場所かどうかの点検も重要
○ 津波浸水予想地域の住民に対し、高台の避難所に非常持出し品を預けるシステムの検討(例:避難所に箱を用意し、住民が持ち寄り、自治体が保管) など
【補足説明(主なもの)】
○ 大震災を踏まえ、備蓄しておくべき物資の品目、数量等の検討、確保が必要。その際、男女共同参画の視点に留意すべき。
○ 物資の仕分け、配送等民間の物流専門事業者の活用を事前に検討すべき。
【参考事例】県主導による市町村の備蓄品目、数量の点検、洗い出し(和歌山県)
物資の仕分け、配送における民間事業者の活用(宮城県気仙沼市)

2 都道府県の区域を越えた災害時の相互応援協定の締結等
【主な委員の意見】
○ 施設整備などのハード整備だけでなく、訓練や協定締結などのソフト対策も含め、見直す必要がある など
【補足説明(主なもの)】
○ 平成22年4月1日現在、市区町村1,750団体のうち、1,571団体(89.8%)が防災に係る相互応援協定を締結。このうち、他の都道府県の市区町村との協定締結は、820団体が行っている。
【参考事例】岩手県の被災沿岸市町村への後方支援の取組(岩手県遠野市)
関西広域連合によるカウンターパート方式による支援の取組、全国知事会・市長会・町村会の取組
○ 災害時の応援の受け入れを想定し、受援計画の策定を検討すべき
【参考事例】四国4県広域応援協定に基づく広域受援計画の策定(愛媛県)

3 住民の防災意識向上のための普及啓発
【主な委員の意見】
○ ハザードマップそのものが安心マップになっていた感がある。マップに示されていない危険性をどう住民に理解してもらうかが重要。ハザードマップは一つのモデルであり、全てではないことを住民に丁寧に説明する必要がある。ハザードマップを介在させた住民と行政との協働による点検・話し合いが重要
○ 釜石市の小・中学校における児童・生徒の避難の成功事例があるように、防災教育が重要。自治体のトップに対する研修も重要 など
【補足説明(主なもの)】
○ 主な被災3県の沿岸37市町村のうち、36団体(97%)が津波ハザードマップを作成。沿岸市町村等588団体(主な被災3県を除く)では、327団体(56%)が作成していた。
○ 今回の大震災では、改めて、自助・共助の必要性、防災教育の重要性が再認識された。とりわけ、市町村においては住民とのリスクコミュニケーションを充実させることが重要。
【参考事例】小・中学生を守った防災教育の取組(岩手県釜石市)

Ⅴ その他
【主な委員の意見】
○ シンクタンクに地域防災計画を作成してもらう自治体が多い。計画の見直しは、自治体の担当者自らが関わり、その見直す過程に価値がある など
【補足説明(主なもの)】
○ 地域防災計画の策定、見直しに当たっては、時系列災害対応の明示、災害対応業務の優先順位の設定、数値目標の設定など、実効性ある計画の策定、見直しを行う必要がある。
【参考事例】時系列の災害初期対応を明記した地域防災計画(震災対策編)(新潟県、兵庫県伊丹市)
「津波から『逃げ切る!』支援対策プログラム」の策定～避難準備完了時間を設定した対策～(和歌山県)

97

第1編　第5章　消防庁の対応②

(資料14)　参考事例（宮城県気仙沼市の取組事例）

津波避難ビルの指定と震災時の避難者数

昭和57年9月
　「津波一時避難所」として12箇所指定
　高台まで距離のある場所における人工高台の意味合い。
　高さ，構造，外階段などの状況を考慮の上選定し依頼。

震災時　15箇所
　国）気仙沼合同庁舎，(宮城県)気仙沼合同庁舎，気仙沼中央公民館，気仙沼市勤労青少年ホーム，気仙沼市魚市場，気仙沼パークホテル，河北新報社気仙沼ビル，南気仙沼小学校，条南中学校，エースポート，総合市民福祉センター，ミッキー靴店，ヤヨイ食品，気仙沼向洋高等学校，岩井崎プロムナードセンター

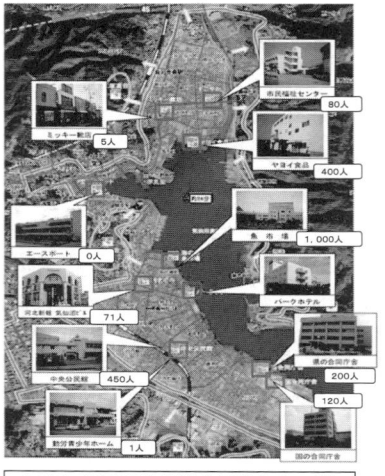

そのほか，猪苗代病院など数施設が避難ビルとして機能した模様（避難者数未確認）。

　よび全国市長会・全国町村会等の広域派遣の事例を示した。また、応援を受ける際の受援計画の具体例も示している。

　防災意識の向上に関しては、委員からハザードマップが安心マップになっていたのではないか。マップに示されていない危険性をどう住民に理解してもらうか。ハザードマップは1つのモデルにすぎずハザードマップを用いた市町村と住民とのリスクコミュニケーションが重要との指摘があった。以下、参考事例として、①宮城県気仙沼市の津波避難ビルの事例（資料14）、②和歌山県の避難所点検の事例（資料15）、③都道府県による市町村支援の事例（資料16）、の資料を添付している。

　なお、気仙沼市では災害時津波避難ビルを15カ所指定しており、約2000名が避難し難を逃れたとのことである。ただ中には、危機一髪というビルもあったとのことである。

II 地域防災計画における地震・津波対策の充実強化に関する検討会報告書の概要

(資料15) 参考事例(和歌山県の取組事例)

緊急点検(短期)【7月までに実施済み】

現在の想定を基に7月末までに実施
【項目】
1. 避難場所等の見直し、緊急点検
2. 減災対策の促進
3. 主要集客施設の落下物対策
4. 水門・樋門・陸閘の調査と対策
5. 市町村防災行政無線の機能維持調査
6. 備蓄品目、数量の点検・洗い出し
7. 孤立集落のヘリコプター離着陸場の調査
8. 学校、社会福祉施設、病院等の津波浸水予測調査
9. NTTドコモエリアメール導入

1. 避難場所等の見直し、緊急点検 ⇒ 避難場所の3段階レベル分け(1,337箇所)

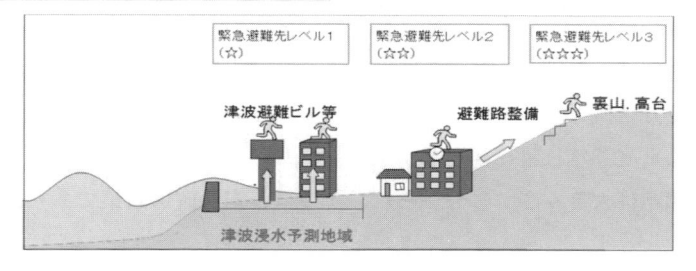

緊急避難先レベル1 (☆) 津波避難ビル等
緊急避難先レベル2 (☆☆) 避難路整備
緊急避難先レベル3 (☆☆☆) 裏山、高台
津波浸水予測地域

(資料16) 参考事例(災害時の都道府県による市町村への支援)

都道府県名	制度等の名称	概要
新潟県	県境なき技師団	発災後、被災市町村を管轄する県の地域振興局から連絡要員を派遣し、支援ニーズを把握、必要となる支援を行う。特に、土木部等においては、市町村に対する技術指導・助言等を行うことを目的に、応援派遣職員を事前に指名し、発災後速やかな応援派遣を可能とする「災害応援派遣事前準備体制(県境なき技師団)」を構築。
愛知県	先遣・情報チーム及び支援チーム	「先遣・情報チーム」を1市町村あたり3名派遣し、初動期の市町村の被害状況、災害対策状況の県への報告及び県との連絡調整並びに現地における情報収集を実施。「支援チーム」を1市町村あたり2名派遣し、市町村が実施する災害応急活動を支援。
大阪府	緊急防災推進員制度	勤務時間外における地震(震度5弱以上)発生の場合に、府職員が市町村庁舎に60分以内に自動参集する緊急防災推進員制度を実施。緊急防災推進員は情報収集・連絡調整等の任務にあたる。
兵庫県	ひょうご災害緊急支援隊	大規模災害が発生した際、災害対応のノウハウや専門職員の不足、庁舎の被災などにより初動・応急対策を迅速かつ的確に実施することが困難となった被災市町に対し、災害対応の知識や経験を持つ県・市町職員などによる先遣隊や専門家を派遣して、被災者対策など当該市町が行う応急対策について支援し、被災地の早期復旧に資する「ひょうご災害緊急支援隊」を平成22年9月に設置。
鳥取県	災害時緊急支援チーム	平成12年10月の「鳥取県西部地震」をきっかけに、大規模災害発生時に被災市町村の災害対策本部に入ってその活動を支援するため、県幹部職員等による「災害時緊急支援チーム」を創設。
徳島県	徳島県職員災害応援隊制度	大規模災害が発生した場合に備え、あらかじめ応援可能な県職員を登録しておき、研修や訓練等を実施しておく「徳島県職員災害応援隊制度」を平成20年10月創設。

Ⅲ 東日本大震災を踏まえた大規模災害発生時における消防団活動のあり方に関する検討会

1 検討会の設置

　国の平成23年度第3次補正予算の中でも消防団の安全装備のための補助金を盛り込み、無線やライフジャケットの整備を各市町村で進めているところであるが、東日本大震災においては、特に住民の避難誘導などにあたった消防団員に大きな犠牲が生じたことを踏まえ、大規模災害時における消防団活動のあり方を検討し、地域コミュニティの核としての消防団の充実強化を図るため、平成23年11月に検討会が設けられた（（資料17）参照）。

　検討課題は大きく2つに分けられ、1つは、安全確保対策であり、情報伝

（資料17） 東日本大震災を踏まえた大規模災害時における消防団活動のあり方等に関する検討会

1 趣旨
東日本大震災における消防団活動を検証し、今後の大規模災害時における消防団活動のあり方及び団員の安全確保並びに平常時における住民の防災意識の向上のための啓発のあり方等を検討し、地域コミュニティの核としての消防団の充実強化を図る。

2 検討課題
1. 大規模災害時における消防団の活動のあり方 について
　(1) 避難誘導活動（災害時要援護者の避難誘導等）　(2) 水門閉鎖活動
　(3) 消火活動・救助活動等　(4) 消防団の役割、活動の範囲
2. 消防団員の安全確保等 について
　(1) 消防団員の活動時の安全確保　(2) 消防団員の装備等
　(3) 消防団員の惨事ストレス対策
3. 活動時の情報伝達について
　津波警報・高さ情報・到達予想時刻、撤退指示等の情報を団員に的確に伝える方法
4. 地域住民の防災意識向上のための啓発について
　(1) 地域住民の防災意識向上（自助・共助の確立）のため消防団は何をすべきか
　(2) 関係機関、団体との連携のあり方
5. 消防団の装備、教育・訓練のあり方について
6. 消防団員の処遇改善・確保策の推進について
7. その他必要な事項について（消防団の広域応援、警察・自衛隊等との連携など）
　　　　　　　　　　　　　　　　　　　　　　　　　　　　　　　　ほか

3 スケジュール(案)
○11月25日（金）
　第1回検討委員会（本会）

ワーキンググループ（第1回～第3回）
※検討課題1～3を中心に検討

○3月
　第2回検討委員会（本会）
　＜中間報告＞

○4月
　第3回検討委員会（本会）

ワーキンググループ（第4回～第6回）
※検討課題4～6を中心に検討

○8月
　第4回検討委員会（本会）

達の問題を含め、平成24年3月までに一定の結論を出したいと考えている。2つ目は充実策であり、消防団員の減少傾向が続いており、平成2年に100万人を割り、現在は約88万人となっている。消防団員の人数減少に歯止めをかけ、自主防災組織などとの連携を充実させることなど課題となっており、これらについては、平成24年8月までに方向性を示していきたいと考えている。気仙沼市の消防団長や、宮古市市長にも委員として参画いただいている。

2　東日本大震災における消防団の活躍

(1)　水門閉鎖

宮古市では津波注意報以上が発令された場合、消防団が水門を閉鎖することが市の地域防災計画に定められている。

東日本大震災においては、津軽西地区の遠隔閉鎖機能付水門が、地震による停電で遠隔操作による閉鎖が不能となったため、消防団員が現場に急行し手動で閉鎖しすぐに避難したものの、ぎりぎりまで、津波が迫っていたという事例が報告されている。

また、岩手県大船渡市では、155カ所のうち、手動閉鎖式である147カ所を消防団員が閉鎖し、残りの遠隔閉鎖式8カ所は、常備消防の指令室から操作したものの、そのうち正常に作動しなかった7カ所を消防団員が手動で閉鎖したとのことである。

(2)　避難誘導

宮城県塩竈市では、離島である浦戸地区桂島（人口約240名）には、震災発生時に約150名の島民が島内にいたが、消防団員の迅速な活動により、すべての島民を避難所（旧浦戸第二小学校）へ避難させたことが報告されている。避難誘導するに際しては、海岸地区にあるすべての住宅を1軒ずつ回り、避難をよびかけ、要援護者の約30名は、消防団員と島民が協力し、軽トラック10台の荷台を使い避難させたとのことである。また、避難しないと訴えた3名についても、説得し避難させることに成功している。浦戸地区桂島は、今回の津波により全壊58棟、半壊7棟の被害が発生しているが、消防団員が高

齢者等の要援護者の住まいも把握していたため、人的被害を1人も出さなかった。

　また、宮城県亘理町においては、避難所に指定されていた長瀞小学校の体育館に約400人が避難していたところに津波が押し寄せてきたため、避難していた住民のうち老人や子供を消防団員20名がステージ上にあげるとともに、入口を運動用マット等で必死に押さえ、水の浸入を防いだとのことである。その後、翌々日（13日）の13時〜18時に消防団員50名で、漂流していたボート2隻と車両3台（トラック2台、軽トラック1台）を使い全員（約400名）を別の避難所へ移動させている。

(3) その他の活動

　そのほかにも、消火活動、遺体の検索活動、給水等の支援活動に消防団が活躍している。

　特に遺体の検索活動においては、消防団は地元の地理等に詳しいため、自衛隊、警察の道先案内、身元判明の役目も果たしたが、多くの知り合いが亡くなっているため、精神的な負担が大きかったとの指摘があった。

3　検討会における主な検討事項

　津波災害時において消防団員の安全を確保するためにどうすべきか。水門等については遠隔操作が可能な箇所は自動化する、不要な箇所はあらかじめ閉鎖しておくといったことも重要ではないか。別途気象庁の検討会で検討されているが、津波警報の改善と正確な情報を消防団員に伝えるにはどうすべきか。消防団員と住民の命を守るには、地域はどう取り組むべきか。こういったことを中心に議論し、中間報告にまとめることとしている（その後、消防団員の退避のルールの確立と地域ぐるみの避難計画の作成、情報伝達手段の整備等を柱とする、中間報告が平成24年3月9日に提出された。（資料18）（資料19）（資料20）参照）。

III 東日本大震災を踏まえた大規模災害発生時における消防団活動のあり方に関する検討会

（資料18）　大規模災害時における消防団活動のあり方等に関する検討会中間報告書の概要

H24.3　消防庁防災課

1. はじめに
- 東日本大震災において消防団は自らも被災者であったにも関わらず、水門等の閉鎖や住民の避難誘導、救助活動などを献身的に行った。
- 一方で、活動中に多数の犠牲者が生じた。（死者・行方不明者254名（うち公務中198名））
- 検討会では、「住民の安全を守るという消防団の任務」と「消防団員の安全確保」という2つの命題を達成すべくその方策について議論。

2. 東日本大震災における消防団の活動と消防団が果たすべき役割

(1) 最初から最後まで
　消防団は地域に最も密着した存在であるがゆえに、誰よりも真っ先に災害現場へ駆けつけ、そして最後まで活動することを余儀なくされる。

(2) 実に様々な活動に従事－地域コミュニティの核
　住民の生命・身体・財産を守るという使命から必要とされるありとあらゆる業務に献身的に取り組んだところであり、まさに地域コミュニティの核というべき存在。

(3) 自助、共助、公助－地域の総合防災力向上における消防団の役割
　郷土愛護の精神に基づく非常勤特別職の地方公務員からなる消防団は、公助の側面とともに、共助の側面も有している。常備消防、警察、自衛隊及び行政機関と自主防災組織や地域住民との間の「つなぎ役」、住民に対する「情報発信者」としての役割も担っている。地域の総合的な防災力を高めるために消防団が果たすべき役割は極めて大きくその充実が望まれる。

3. 東日本大震災における教訓と消防団員の安全確保対策等

(1) 消防団員に多くの犠牲が出た要因
① 想像を超えた津波
② 津波の最前線－危険が逼迫した状況での対応力を超えた任務
③ 情報の不足
④ 地域住民の防災意識の不足

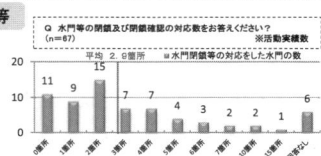

Q 水門等の閉鎖及び閉鎖確認の対応数をお答えください
(n=67) ※活動実箇数
■水門閉鎖等の対応をした水門の数
平均 2.6箇所
0回 11、1回 9、2回 15、3回 7、4回 4、5回 3、6回 2、7回 2、10回前 1、13回前 6、回答なし

(2) 津波災害時の消防団員の安全確保対策
　津波災害時の潜在的な危険要因をできるだけ排除。
　津波災害にあっては、消防団員を含めたすべての人が「自分の命、家族の命を守る」ため、避難行動を最優先にすべきであり、消防団員が自らの命を守ることがその後の消防活動において多くの命を救う基本であることを、皆が理解。

① 地震・津波の監視・観測体制の強化と津波警報の改善	② 退避ルールの確立と津波災害時の消防団活動の明確化
○ 津波予測、観測の充実強化等（巨大地震まで測定可能な国内広帯域地震計、沖合津波計の活用等） ○ 津波警報の改善	■退避の優先（津波到達予想時間が短い地域は退避が優先） ■津波災害時の消防団活動の明確化 　関係機関や地域の協力を得て、消防活動を真に必要なものに精査し、必要最小限に ○ 水門等の閉鎖活動の最小化⇒廃止や常時閉鎖化の促進、閉鎖作業の役割分担 ○ 避難誘導活動等の最適化⇒住民の率先避難の周知・徹底、住民への情報伝達手段の整備、避難路、避難階段、緊急避難場所の整備など、津波に強いまちづくりを促進
③ 情報伝達体制の整備と情報伝達手段の多重化	
○ 指揮命令系統に基づく情報伝達体制の整備 ○ 各隊への双方向の情報伝達手段の確保 ○ 情報伝達手段の多重化（車両を離れて活動する団員、参集途上の団員を考慮）	
④ 消防団の装備及び教育訓練の充実	■津波災害時の消防団活動・安全管理マニュアルの作成 ○ 退避のルールを確立。住民に事前に説明、理解 ○ 指揮命令系統（団指揮本部→隊長→団員）の確立。指揮者の下、複数人で活動 ○ 水門閉鎖活動時などのライフジャケットの着用 ○ 津波到達予想時刻を基に、出動及び退避に要する時間、安全時間を踏まえ、活動可能時間を設定。経過した場合は直ちに退避（「活動可能時間の判断例」を参照） ○ 隊長等は、活動可能時間の経過前でも、危険を察知した場合は、直ちに退避命令
○ 安全靴やライフジャケット等、消防活動上必要な安全装備について整備 ○ 安全管理マニュアルなどを消防団員に徹底するための訓練の積み重ね。国や都道府県は取組を支援	
⑤ 住民の防災意識の向上、地域ぐるみの津波に強いまちづくり	
○ 市町村は、地域住民、自治会、自主防災組織などと一緒に地域ぐるみで具体的な避難計画を作成（消防団の退避ルールを説明） ○ 市町村は、都道府県と協力しながら、避難路や津波避難ビルの整備を促進	

(3) 消防団員の惨事ストレス対策
- 心のケアの専門家を派遣する事業（消防庁、(財)日本消防協会共同）等を実施。引き続き中長期的な視点を含めた対策を検討

103

第1編　第5章　消防庁の対応②

4．消防団の装備、教育訓練の充実
○ 東日本大震災における消防団活動として救助や瓦礫撤去が多かったことを踏まえた装備と教育訓練のあり方について、検討を深めることとする。
○ ポンプ車両などの装備についても、その更新が遅れているとの指摘もあり、団員の安全確保の面からも適切な時期での更新が望まれる。

＜最終報告に向けて議論＞

5．消防団員の処遇改善及び入団促進等
○ 東日本大震災の教訓を踏まえて、地域の総合防災力を高めていくことや、防災教育などの取り組みの強化が求められている。
○ 消防団の処遇改善及び確保策の推進等については、これまでも多くの提言がなされており、それらも踏まえながらさらに検討を深める。
○ 各委員より、「現場で活動している人たちに、それなりの補償なり、報酬なりがいいような処遇のあり方の検討が必要である。」「少子高齢化で、団員の補充がなかなか難しい。地方の特に田舎の消防団は、新入団員の確保が難しい。」等の意見。

＜最終報告に向けて議論＞

6．住民の防災意識の向上
○ 消防団員の活動時の安全を確保する観点からも、また、住民の命を守るためにも、住民の防災意識、率先避難の意識の向上を図っていくことが重要。
○ 消防団が果たすべき役割、これまでの少年消防クラブの取り組みなどを踏まえた学校との連携等についてさらに検討。

＜最終報告に向けて議論＞

7．最終報告に向けて
○ 国、都道府県、市町村、消防団、地域住民は、それぞれの立場で地域における防災・減災に取り組んでいかなければならない。
○ 本中間報告を参考に各地で取り組みが進み、津波災害において、より多くの住民の命が救われるとともに、消防団員をはじめとする防災事務従事者の活動中の犠牲が発生しないことを期待。
○ 本検討会は、引き続き消防団の充実に向けて、活動環境の整備などの消防団への入団促進等、活動に相応しい処遇改善、消防団による広域応援、消防団と自主防災組織等との連携強化、防災教育への取り組みなどについて、検討を深めていく。

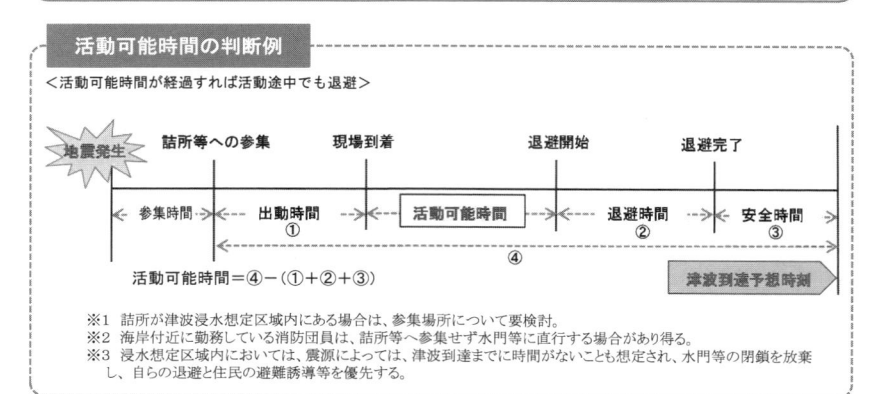

活動可能時間の判断例

＜活動可能時間が経過すれば活動途中でも退避＞

地震発生 → 詰所等への参集 → 現場到着 → 退避開始 → 退避完了

参集時間 ／ 出動時間① ／ 活動可能時間 ／ 退避時間② ／ 安全時間③

④

活動可能時間＝④－（①＋②＋③）

津波到達予想時刻

※1　詰所が津波浸水想定区域内にある場合は、参集場所について要検討。
※2　海岸付近に勤務している消防団員は、詰所等へ参集せず水門等に直行する場合があり得る。
※3　浸水想定区域内においては、震源によっては、津波到達までに時間がないことも想定され、水門等の閉鎖を放棄し、自らの退避と住民の避難誘導等を優先する。

III 東日本大震災を踏まえた大規模災害発生時における消防団活動のあり方に関する検討会

（資料19） 津波災害時の消防団員の安全確保対策
（活動・安全管理マニュアル整備のフローチャート）

津波災害時の過重な消防団活動

1 活動の明確化

①水門・陸閘等の閉鎖活動の最小化
- 必須ではない水門等の廃止
- 水門の半開化・遠隔操作化・自動化の促進、非常用電源設備の整備、施設の耐震化
- 常時閉鎖（コンクリート閉鎖、施錠、利用時開放の徹底）
- 自動浮揚式陸閘の導入、階段、スロープの設置

②避難誘導活動等の最適化
- 住民の率先避難の周知・徹底
- 避難路、避難階段、緊急避難場所の整備、津波避難ビルの確保
- 地域ぐるみの具体的な避難計画の作成
- 防災行政無線や防災ラジオ、エリアメールなど住民に対する多様な情報伝達手段の整備、確保

＜国等の取り組み＞
- 地震・津波の監視体制の強化
- 津波警報の改善
- 水門等の廃止・遠隔操作化　等

＜地域の取り組み＞
- 地域ぐるみの避難計画
- 津波に強い地域づくり　等

＜住民の防災意識の向上＞

負担の軽減

2 活動・安全管理マニュアルの整備

- 指揮命令系統の確立
- 退避ルールの確立
  （※津波到達までの予想時間が短い地域においては、退避を優先。住民への説明、理解）
- 単独行動の原則禁止
- 津波到達予想時刻等に基づく活動可能時間の設定
  （※警報の内容、地域の状況によっては、水門等の閉鎖は放棄し、自らの退避と住民の避難を優先）
- マニュアルの住民への周知と理解促進の取り組み
  （※消防団員も住民と一緒に率先避難する場合がある。住民への説明、理解）

安全性の向上

3 情報伝達体制の整備と手段の多重化

- 情報伝達体制の整備（団指揮本部 → 隊 → 団員）
- 常備消防等との連携
  （※団指揮本部に団長等が到着するまでの間の消防吏員、市町村職員による情報発信の代行等）
- 各隊への双方向の情報伝達手段の確保
- 参集途上の団員や単独行動を余儀なくされた団員への情報伝達を考慮した情報伝達手段の多重化
- 装備の充実

安全性の向上

＜教育・訓練＞
技術の向上・課題の抽出

訓練の反復・検証

「消防団の任務」と「団員の安全」の両立

(資料20) 津波災害時の消防団活動・安全管理マニュアル等で定めるべき事項

津波災害時の消防団活動・安全管理マニュアル等で定めるべき事項

1 前提
津波災害時において、地域の安全を確保する消防団活動を継続していくためには、消防団員に対する安全配慮が極めて重要である。このため、あらかじめ以下の事項について整備しておくとともに、津波到達までの予想時間が短い地域にあっては、「退避を優先する」ことについて徹底し、事前に住民に説明し理解を得ておく。
① 地域ごとの津波による被害想定(ハザードマップ等、津波高さ、浸水区域等)
② 地震発生から津波到達までの想定時間(津波地震や遠地地震についても留意)
③ 緊急避難場所、避難路、避難階段 等

2 参集
① 高台の詰所など、津波災害時の参集場所(車両・資機材の整備も考慮)をあらかじめ定めておく。詰所等が津波の浸水想定区域内にある場合は、移転等を含めた検討を行うとともに津波災害時の参集場所について別途定めておく必要がある。
② 原則として、複数人が参集した後、指揮者の下、活動する。
③ 参集途上において、津波に巻き込まれないように、ラジオ等による津波や避難に関する各種情報の収集及び参集ルートに注意する(無理な参集は行わず、参集できない場合はその旨団指揮本部に連絡する。)。
④ 海岸付近に勤務している者で、やむを得ず水門等に直行せざるを得ない者については、無線等の通信機器、ラジオの携行、ライフジャケットの着用などを義務づける。この場合も津波警報及び地域の状況によっては、水門等の閉鎖活動は行わず、自らの退避と住民の避難誘導を優先することがあり得る。

3 消防団の活動と安全管理
① 全般的事項
○ 団指揮本部は、消防本部等関係機関との連絡を密にし、津波到達予想時刻、予想される津波高などの情報を収集し、それに基づき活動の有無を含む活動方針及び活動可能時間(又は時刻)を判断し、団員に伝達する。
○ 原則として、隊(2名以上)として活動することとし、隊長は安全管理に特に留意する。
○ 隊長は、無線等で団指揮本部と連絡を取り、その指揮下で活動する。
○ 隊長は、団指揮本部と連絡が取れない状態となった場合は、周囲の状況に特に注意するとともに隊を速やかに安全なところに退避させる。
○ 津波災害時の活動にあたっては、必ずライフジャケットを着用する。
○ 車両を離れる場合で、3名以上の隊の場合には、原則として1名を車両に残し、団指揮本部との連絡、情報収集、周囲の警戒にあたらせる。また、車両は直ちに退避できるように、停車位置や向きに留意する。車両を離れる者は、原則として無線等を携帯する。ラジオ等からの津波情報にも十分留意する。
② 消防団として、津波災害時の初動対応として具体的に行うべき活動を精査の上、リストアップし、注意点を文書化するとともに、団員に周知しておく。

＜例＞
▷ 水門等の閉鎖
　水門等の閉鎖を担当する場合は、原則として1隊(2名以上)で1つの水門等を担当することとし、やむを得ず複数の水門等を担当せざるを得ない場合も、海岸線から高台等に向かって垂直に移動できるよう、退避ルートの設定等に留意する。津波到達予想時刻によっては、活動を中止する。(水門等の閉鎖を担当する場合は、水門等の管理者との間で情報伝達等について、別途確認しておく。水門等の管理者からの情報が早く確実な場合はそちらを優先する。)
▷ 避難誘導、避難広報等
○ 車両とともに活動する場合
　避難広報は、原則として車両で行うこととし、2名以上で乗車し、1名は常に無線、ラジオ放送、周囲の状況等を警戒する。また、常に高台等への退避ルートを念頭において活動する。

Ⅲ　東日本大震災を踏まえた大規模災害発生時における消防団活動のあり方に関する検討会

　　○　車両から離れて活動する場合
　　　　原則として、1名は車両で待機し、消防団指揮本部との連絡、ラジオ等での情報収集等、周囲の状況把握を行う。車両はでき得る限り見晴らしのよい所に停車させ、直ちに退避できるように停車位置や向きに配慮する。車両から離れて活動する場合は、隊（2名以上）として行動し、ライフジャケットを着用の上、無線（トランシーバーを含む。）を携行する。原則として、車両の拡声機のサイレン音が聞こえる範囲で活動する。
　注）海面監視
　　　　海面監視については、国等においてＧＰＳ波浪計などの監視・観測体制が強化されることとなっている。仮に消防団が行う場合は、安全な高台等で行うことを原則とする。危険を感じた場合は、直ちに、より安全な場所に退避するとともに、その旨、団指揮本部に連絡をする。
　注）災害時要援護者の避難
　　　　災害時要援護者の避難については、あらかじめ市町村の消防・防災部局及び福祉部局において、地域住民と一緒になって避難の方法を定めておくことが重要であり、その内容を消防団員等にも周知しておくことが必要である。

4　退避ルールと情報伝達手段
　①　退避ルール
　　○　津波浸水想定区域内にある消防団は、気象庁が発表する津波警報等の情報を入手までは、原則として退避を優先する。活動する場合においては、「出動時刻から気象庁が発表する津波到達予想時刻までの時間」から、「退避時間」（安全な高台等へ退避するために要する時間）や「安全時間」（安全・確実に退避が完了するよう、余裕を見込んだ時間）を差し引いた「活動可能時間」を設定し、それを経過した場合には直ちに退避する。
　　○　団指揮本部や隊長（隊長等）は、活動可能時間が経過した場合には、直ちに退避命令を出す。
　　○　隊長等は、活動可能時間の経過前であっても、現場の状況や沖合での津波観測情報等により危険を察知した場合は、直ちに退避命令を出す。
　②　情報伝達手段
　　　退避命令を消防団員に伝達する手段については、無線等のほか、車両のサイレンや半鐘なども含め、複数の情報伝達手段についてあらかじめ定めておき、団員に周知しておく。

5　補足注意事項
　①　気象庁は地震発生から3分程度以内を目標に津波警報等を発表することとしている。東日本大震災を踏まえ、津波警報の見直しとして津波高さなどがその時点で正確に予測できない場合は、高さについて「巨大」「高い」と発表する予定であり、その場合は特に注意が必要である。
　②　津波警報が発表されるタイミングに合わせて、各津波予報区内で最も早い津波到達予想時刻と、各津波観測点等における津波到達予想時刻が発表されることとなっており（ただし、テレビ、ラジオでは、津波予報区ごとのみの場合がある）、市町村災害対策本部又は消防本部は、それらの情報を確認の上、団指揮本部に伝達する。団指揮本部はそれらの情報を各隊長又は団員に伝達する。
　　　原則として、団員は詰所等（詰所等が浸水想定区域内にある場合には、あらかじめ津波に対し安全な参集場所を指定・整備しておく。この場合には、車両や資機材が使用できるよう配慮する。）に参集し、隊として行動する。
　　　団指揮本部は、津波到達予想時刻を踏まえ、「退避時間」に「安全時間」を見込んだ活動可能時間（又は時刻）を設定し、活動することを原則とすべきである（例　津波到達予想時刻が15時20分とされ、退避時間を5分間、安全時間を10分とすれば、活動可能時刻は15時5分までとなる。）。なお、海岸近くに勤務し、水門等の閉鎖、海岸付近の住民の避難誘導活動等を優先せざるを得ない団員は、周囲の安全を確認の上、ライフジャケットを着用し、通信機器、ラジオ等を携行の上、活動する。その場合、複数人の団員で活動することが望ましいが、周囲に団員がいない場合、周囲の者に協力を求めるとともに特に安全に注意する。団指揮本部又は水門等管理者等との指示を仰ぐとともに、危険を察知した場合は直ちに退避する。
　　　ただし、この場合においても、津波警報の内容及び地域の状況によっては、水門等の閉鎖は放棄し、自らの退避と住民の避難誘導を優先するものとする。
　③　津波災害時においては、住民が率先避難することが基本である。また、津波到達までの予想時間が短い場合など、退避を優先する必要がある場合には、消防団員も避難のリーダーとして住民と一緒になって率先避難することが望ましい。そのことについては、事前に住民と話し合って理解を求めておく必要がある。

Ⅳ　地域総合防災力の充実に向けて

　(資料21) の昭和20年以降の被災者数の推移をみると、戦後は戦争による国土の荒廃もあり、昭和20年には三河地震と枕崎台風により6000人以上が犠牲に、翌年には南海地震により1300人以上が犠牲になり、これが契機となって昭和22年に災害救助法がつくられたとされている。また、昭和34年の伊勢湾台風では、5000人以上の方が犠牲となり、そのことが契機となって災害対策基本法がつくられた。それ以後、平成7年の阪神・淡路大震災まで1000人を超える犠牲者はなかったわけで、ある意味、災害対策基本法に基づく各種防災計画、それに基づく河川や護岸の整備、関係者の努力もあり、一定の成果をあげてきたといえるのではないか。

　一方で平成7年の阪神・淡路大震災では、直下型地震により6000人を超える人的被害が生じた。その後新潟県中越地震等の大きな災害もあったが、東日本大震災において約2万人の犠牲者が出たということを考えると、もう一度しっかりと国としての体制、地方公共団体の体制を整える必要があるのではないかと思っている。

　今後東海、東南海・南海地震のような極めて広範囲に及ぶ災害の可能性を考えると、もちろん自衛隊による活動や、全国からの応援もあるだろうが、最初に活動するのは地元の消防本部や消防団あるいは自主防災組織である。今後消防庁としては、地域の消防本部、消防団、自主防災組織等の体制をもう一度見直し、充実させていく必要があるのではないかと考えている。そのために少しでも役に立てるように取り組んでまいりたい。

IV 地域総合防災力の充実に向けて

(資料21) 自然災害による死者・行方不明者の推移

年	人	年	人	年	人	年	人
昭和20	6,062	昭和37	381	昭和54	208	平成8	84
21	1,504	38	575	55	148	9	71
22	1,950	39	307	56	232	10	109
23	4,897	40	367	57	524	11	142
24	975	41	578	58	301	12	78
25	1,210	42	607	59	199	13	90
26	1,291	43	259	60	199	14	48
27	449	44	183	61	148	15	62
28	3,212	45	163	62	69	16	327
29	2,926	46	350	63	93	17	148
30	727	47	587	平成元	96	18	177
31	765	48	85	2	123	19	41
32	1,515	49	324	3	190	20	101
33	2,120	50	213	4	19	21	115
34	5,868	51	273	5	438	22	146
35	528	52	174	6	39	23	15,270 (死者)
36	902	53	153	7	6,482	23	8,499 (行方不明者)

H23防災白書より

三河地震・枕崎台風
死者4,779人
行方不明1,283人

福井地震
死者3,769人
行方不明6人

南紀豪雨・台風13号等
死者2,144人
行方不明901人

伊勢湾台風
死者4,697人
行方不明401人

阪神・淡路大震災
死者6,434人
行方不明3人

新潟県中越地震
死者68人

南海地震
死者1,330人

※平成23年の死者・行方不明者数は東日本大震災のみ(平成23年5月30日現在の数)

109

第6章 防衛省の対応

防衛省運用企画局事態対処課長　井上一徳

I　はじめに

　本章においては、東日本大震災への防衛省・自衛隊の対応の概要を解説したうえで、救助、捜索、物資輸送、人員輸送、生活支援の各場面で自衛隊がどのような活動を行ったか。また、東日本大震災においては、初めて即応予備自衛官・予備自衛官も活動に参加したが、その活動の概要について、さらには、原子力災害への対処についても解説する。そして、東日本大震災における活動の特徴は、トモダチ作戦と命名された米軍との共同活動や豪州軍の協力があったことから、その概要についても解説する。最後に、東日本大震災から得られた防衛省・自衛隊の教訓事項について、中間的な段階ではあるが、説明したい。

II　東日本大震災の概要

1　防衛省の主な対応状況

　東日本大震災に対する防衛省の主な対応として、まず発災直後の、14時50分に、電話によって了解をとる形で、災害対策本部長を防衛大臣とし、省災害対策本部を設置した。
　その後、同日15時30分に、第1回防衛省災害対策本部会議を開催し、断片情報であってもよいとのスタンスで、情報を集めた。この災害対策本部の会

II　東日本大震災の概要

(資料１)　地震の概要と防衛省の主な対応状況

```
地震の概要
```
1　発生日時：平成23年3月11日14時46分頃
2　震源および規模：三陸沖、深さ24km、M9.0
3　各地の震度（震度6強以上）
　震度7　：宮城県北部
　震度6強：宮城県南部・中部、福島県中通り・浜通り、茨城県北部・南部、
　　　　　栃木県北部・南部

```
防衛省の主な対応状況
```
1　防衛省災害対策本部の設置
　　3月11日14時50分　防衛省災害対策本部設置（本部長：防衛大臣）
　　3月11日15時30分　第1回防衛省対策本部会議開催（7月1日までに計41回開催）
2　大臣命令の発出
（1）大規模震災災害派遣命令等
　　3月11日18時00分　大規模震災災害派遣命令（8月31日終結）
　　※9月9日　継続していた生活支援活動（福島県における入浴支援）の終了
　　3月16日11時58分　予備自衛官及び即応予備自衛官の災害等招集命令（8月31日解除）
（2）原子力災害派遣命令
　　3月11日19時30分　原子力災害派遣命令

　議は、その後、平成23年（以下、平成23年の表記については省略する）7月1日の総合任務部隊解散まで41回開催されている。
　震災当日の会議では、18時に、大規模震災災害派遣命令を、19時30分には、原子力災害派遣命令を発出した。震災の当日に2つの大臣命令を出したのは初めてであり、また、上記命令自体が出されたことも初めてのケースである。

111

2　自衛隊の活動の特徴

東日本大震災への自衛隊の活動では、下記4つの特徴があげられる。
① 　最大で10万7000人、延べ人数では、約1064万人という自衛隊創設以来最大規模の運用
② 　大震災と原子力発電所事故の二正面の対応
③ 　予備自衛官・即応予備自衛官の招集
④ 　自衛隊、米軍、豪州軍との緊密な連携

自衛隊の活動として、人命救助、物資輸送、生活支援があげられ、それぞれご遺体の収容、医療チームの輸送、被災者等への給水、給食、燃料、入浴の支援等を行った。ほかには、医療支援、道路啓開やがれきの除去にあたっている。

自衛隊の派遣規模の推移については、（資料6）のとおり、3月18日には

（資料2）　東日本大震災と自衛隊の活動の特徴

地震の特徴

- 国内観測史上最大規模（マグニチュード9.0）の震災
- 同じく国内観測史上最大規模となる遡上高40.5mの津波による沿岸地域の甚大な被害
- 東北地方から関東地方までまたがる広域な被災地域
- 多数の地方自治体が壊滅的被害により機能喪失
- 福島原子力発電所の事故

自衛隊の活動の特徴

- 自衛隊創設以来最大規模の運用
  （陸・海・空の統合任務部隊・合計約10万7千人（延べ約1,064万人））
- 大震災と福島原発事故の2正面における対応
- 初の予備自衛官および即応予備自衛官の招集
- 自衛隊・米軍・豪州軍との緊密な連携

Ⅱ　東日本大震災の概要

（資料3）　東日本大震災における被害状況等

被害状況　（9月20日緊急対策本部資料）

	岩手県	宮城県	福島県	その他	合計
死　　者	4,660名	9,469名	1,604名	66名	15,799名
行方不明者	1,663名	2,145名	241名	4名	4,053名
負　傷　者	188名	4,000名	241名	1,498名	5,927名

被災者支援の状況　（9月20日緊急対策本部資料）

1　避難者：74,900名
2　仮設住宅等の状況
　　応急仮設住宅の着工戸数
　　　51,788戸着工済み（うち49,411戸完成）
　　　国家公務員宿舎、公営住宅等の受入可能戸数　60,810戸（うち15,888戸提供済み）
3　被災者の救助活動状況
　　救出等総数：27,157名

（資料4）　自衛隊の派遣規模および活動実績

派遣規模

23.10.21現在

	陸上自衛隊
人　員	約90名
航空機	1機
艦　艇	―

活動実績

活動内容		実績	備考
人命救助等	人命救助	19,286名	全体の約7割
	御遺体収容	9,505体	全体の約6割

113

	御遺体搬送	1,004体	
物資等輸送	物資等輸送	13,906t	
	医療チーム等輸送	20,240名	
	患者輸送	175名	
生活支援	給水支援	32,985t	最大約200カ所
	給食支援	5,005,484食	最大約100カ所
	燃料支援	1,321KL	
	入浴支援	1,092,526名	最大35カ所
	医療支援	23,370名	
	道路啓開	322km	

（資料5） 阪神・淡路大震災と東日本大震災の比較

	阪神・淡路大震災	東日本大震災
発生日時	平成7年1月17日 05:46	平成23年3月11日 14:46
マグニチュード（地震型）	M7.3（直下型）	M9.0（海溝型）
被災地	都市部中心	農林水産地域（沿岸部）中心
震度6弱以上県数	1県（兵庫）	8県（宮城、福島、茨城、栃木、岩手、群馬、埼玉、千葉）
津波	数十cmの津波の報告あり、被害なし	各地で大津波を観測（最大波 相馬9.3m以上、宮古8.5m以上、大船渡8.0m以上）
被害の特徴	建築物の倒壊。長田区を中心に大規模火災が発生。	大津波により、沿岸部で甚大な被害が発生、多数の地区が壊滅。
死者行方不明者	死者6,434名 行方不明者3名	死者15,799名 ※23.9.20現在 行方不明者4,053名 ※23.9.20現在
災害派遣日数	101日間	205日間 ※23.10.1現在
災害派遣人員	延べ約225万人	延べ約1,064万人 ※23.10.1現在

※阪神・淡路の3週間後の態勢（最大時）は隊員 約25,900人《陸:18,600人、海:3,400人、空3,900人》

II 東日本大震災の概要

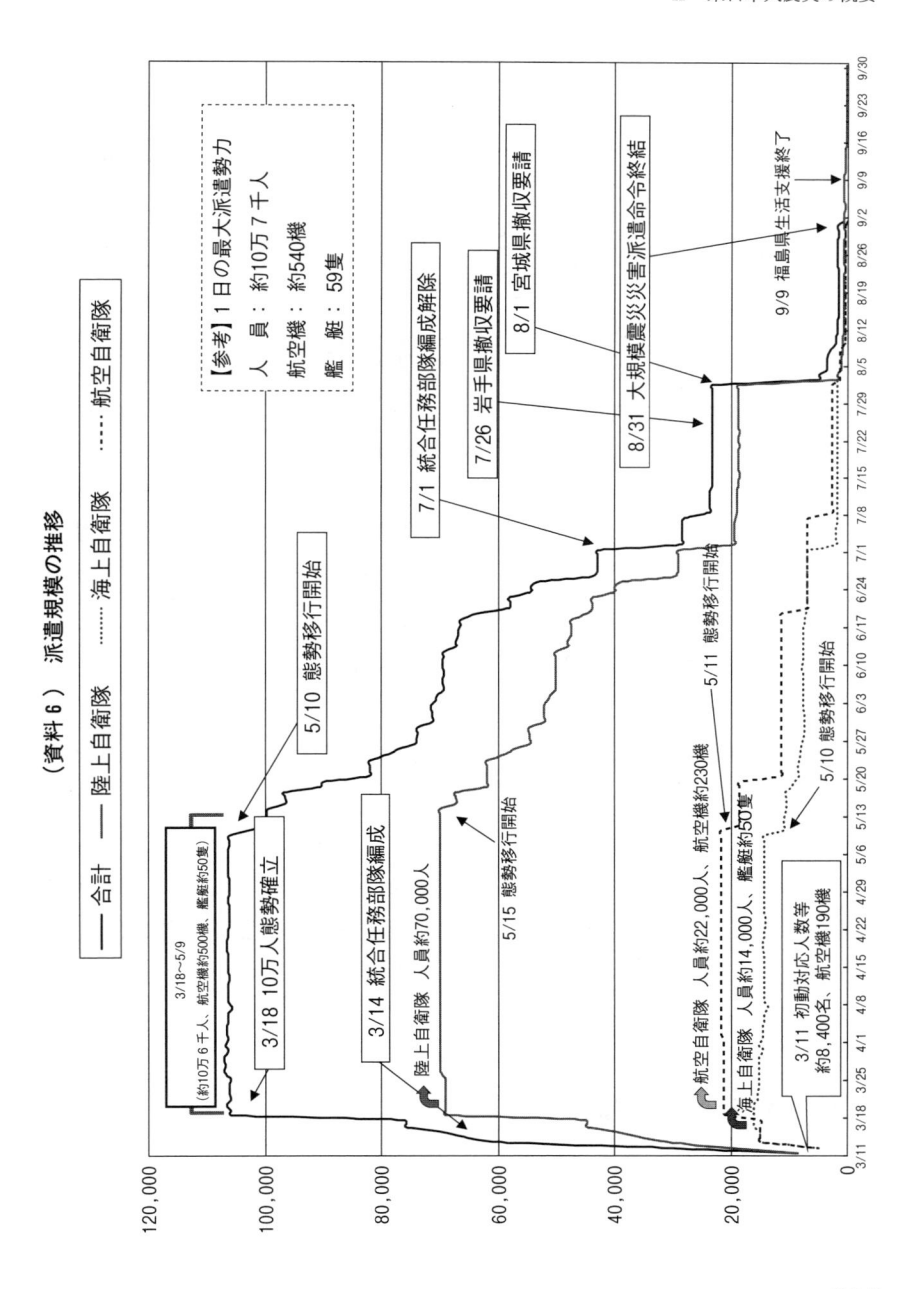

(資料6) 派遣規模の推移

第1編　第6章　防衛省の対応

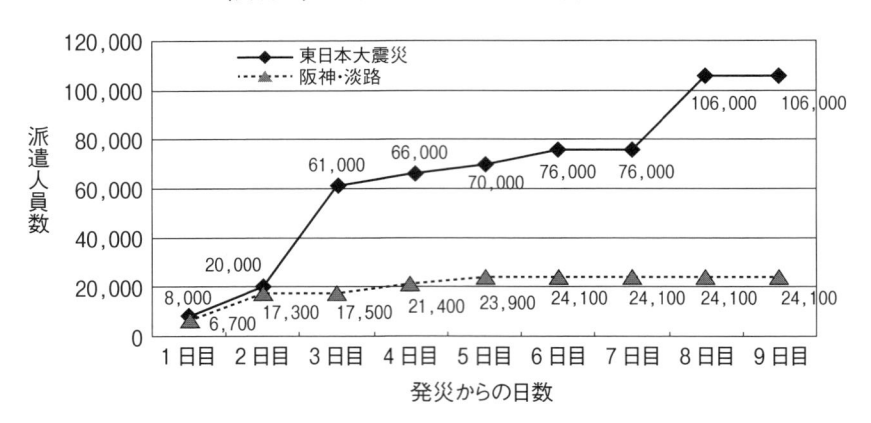

（資料7）　発災当初からの派遣人員の比較

発災からの日数	東日本大震災	阪神・淡路
1日目	8,000	6,700
2日目	20,000	17,300
3日目	61,000	17,500
4日目	66,000	21,400
5日目	70,000	23,900
6日目	76,000	24,100
7日目	76,000	24,100
8日目	106,000	24,100
9日目	106,000	24,100

10万人態勢を確立した。これは3月11日の段階では、初動で約8400人にすぎなかったが、総理大臣より、東日本大震災の被害の甚大さに鑑みて、防衛省・自衛隊の10万人態勢の構築が指示されたことによる。この10万人は、まさに前線に出て実際の救助活動にあたった者、後方でさまざまな支援にあたった者、それらを含めての態勢である。この態勢は5月10日まで維持され、その後は、被災地の状況が落ち着いてきたとの判断から、ニーズの減少に合わせる形で、態勢移行を行い、10月末日現在では、福島県において、活動を続けている部隊を残すのみとなっている。

阪神・淡路大震災と東日本大震災の比較を（資料5）に掲げた。特に大きな異同として、自衛隊の災害派遣人員が、阪神・淡路大震災の際には、225万人であったが、東日本大震災では、1064万人であり、東日本大震災における派遣規模の大きさがわかる。

III　救助・捜索活動

自衛隊は、震災発生直後より、警察、消防、海上保安庁等あらゆる実動部隊と同様の捜索救助活動にあたり、1万9000名を救助した（なお、阪神・淡

III 救助・捜索活動

(資料8) 沿岸部集中捜索

4月1日から3日、10日、25日および26日の3回(計6日間)にわたり、自衛隊は、警察、消防、海上保安庁および米軍と共同して、沿岸部集中捜索を実施。

発見者数(自衛隊実績分)
第1回(4/1〜3):69体
第2回(4/10):99体
第3回(4/25〜26):120体

【自衛隊勢力】(第3回)
人員 約25,000名
航空機 90機
艦艇 50隻

○米軍艦艇、航空機等
水際部〜約19km(10マイル)
※2回目はヘリおよび人員のみ
※3回目はヘリのみ

○海自艦艇
水際部〜指揮官所定
○海自航空機
沖合300m〜指揮官所定

○陸自ヘリ
河口部、大規模水没地域
(飛行地域:沖合300mまで)

○空自ヘリ
気仙沼市〜多賀城市の水際部約10km

【重点海域】
気仙沼市〜多賀城市沿岸部

釜石
気仙沼
多賀城
福島原発
半径30km

第2師団
第9師団
第4師団
第14旅団
第5旅団
第6師団
第10師団
第13旅団
第12旅団

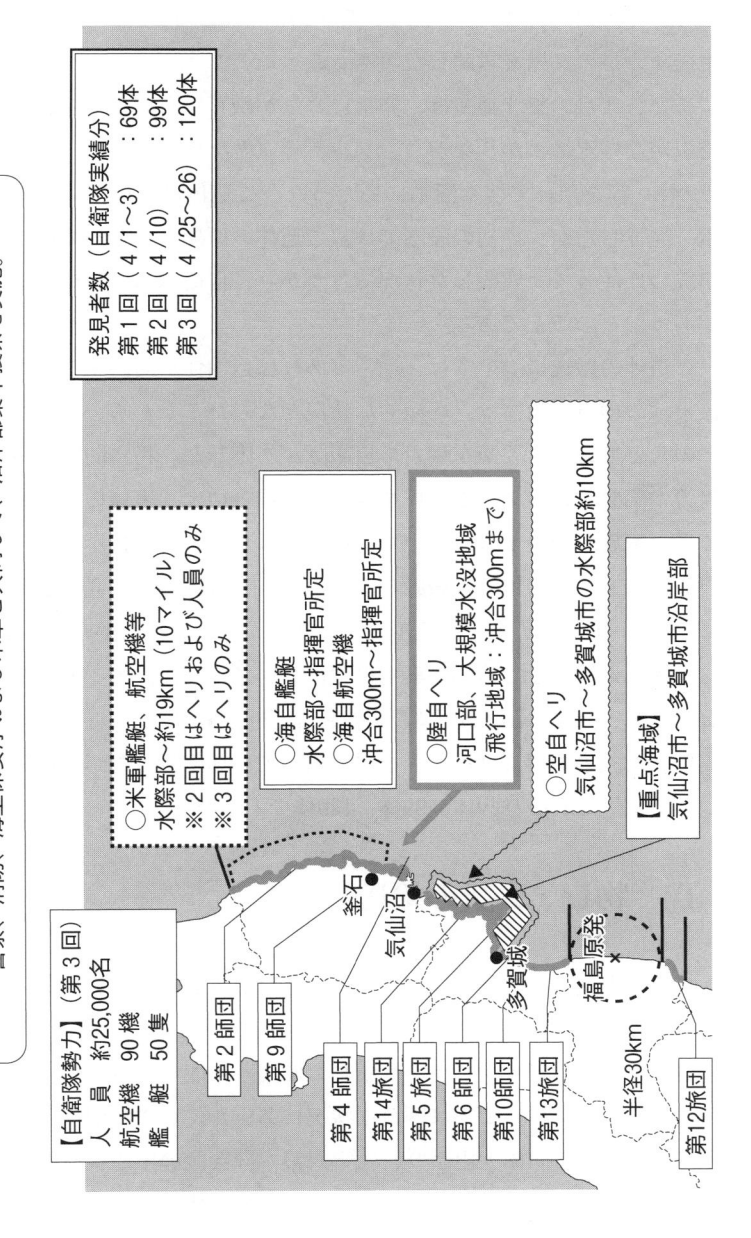

117

路大震災の際には、170名を救助している)。石巻において、発災から3日後に、生後4カ月の女児を救助した事例もあった。

　また、3月の東北地方は、非常に寒気が厳しい時期であり、降雪の中、まだ引かない水につかりながら、ゾンデ棒(雪などに差して、ご遺体等を捜すための棒)等を用いて捜索活動にあたった。ご遺体については、約9500体を捜索、発見したが、最初の段階では、ご遺体の原形をとどめていたものが、日が経つに従って、腐敗した状況でみつかり、自衛隊員も精神的に大きな負担があったとのことである。

　ご遺体の搬送については、通常であれば自治体が対応するところであるが、被災地の地方自治体は、壊滅的な状況となったことから、対応が困難であるとのことであり、要請を受けて自衛隊が対応した。特に防衛大臣より、災害対策本部会議の中で、ご遺体を発見した場合には、家族の下にお届けするまでは、家族の一員として、丁寧に扱ってほしいという指示があったことから、自衛隊員も、その趣旨を徹底し、その姿が、世界各地で発行される英字新聞「インターナショナル・ヘラルド・トリビューン」紙に掲載された。

　沿岸部におけるご遺体の集中捜索においては、津波でご遺体が流された状況にあり、発見は困難を極め、警察、消防、海上保安庁、米軍らと共同し、実施した。集中捜索はボートなどを用いて、3度行ったが、自衛隊の実績については、それぞれ69体、99体、120体であった。

Ⅳ　物資・人員の輸送

　物資・人員の輸送については、発災当日から自衛隊が、支援物資の輸送を行った。

　震災後は、交通インフラが寸断し、使用不可能であることから、民間業者等が物資を輸送することは困難な状況にあった。この状況に鑑み、省災害対策本部長である防衛大臣より、災害対策本部会議の中で、自衛隊が、各県から集めた物資を被災者まで届けるスキームを作成するよう指示があった。

Ⅳ　物資・人員の輸送

（資料９）　民生支援物資の輸送

・民生支援のため、生活物資の輸送の基本的なスキームを構築
・全国の自衛隊駐屯地などに物資を集積し、自衛隊が避難所まで輸送

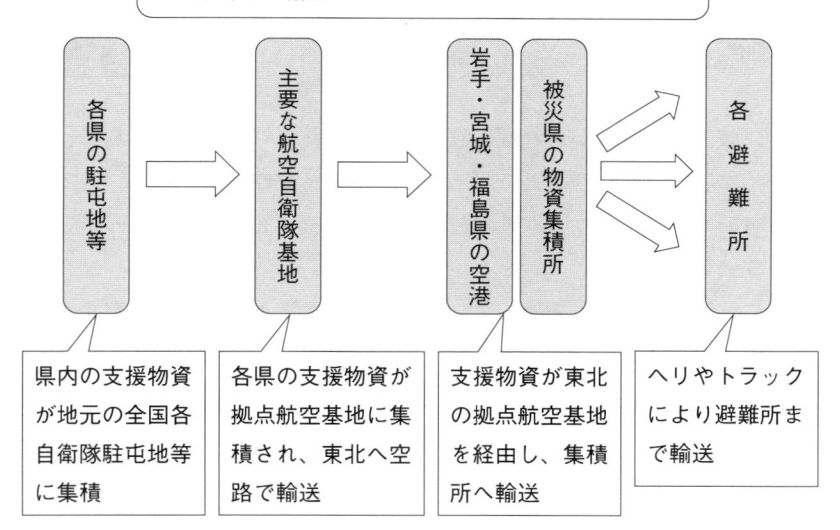

```
各県の駐屯地等 → 主要な航空自衛隊基地 → 岩手・宮城・福島県の空港 → 被災県の物資集積所 → 各避難所
```

- 県内の支援物資が地元の全国各自衛隊駐屯地等に集積
- 各県の支援物資が拠点航空基地に集積され、東北へ空路で輸送
- 支援物資が東北の拠点航空基地を経由し、集積所へ輸送
- ヘリやトラックにより避難所まで輸送

　そこで、作成されたのが、（資料９）のスキームである。まず、各県からの物資を最寄りの自衛隊の駐屯地に集積し、それをトラックで航空自衛隊の基地に運び、岩手、宮城、福島の空港を経て被災県の物資集積所に輸送し、そこからは車両で行けるところは車両、離島のようなところにはヘリコプターを利用することとした。

　物資の輸送に際しては、上記のとおり離島においては基本的にはヘリコプターを利用したが、港湾機能が喪失した中、海上自衛隊の所持する、LCAC（ホバークラフト）を使用しての物資輸送も行った。

　また、現地ニーズの把握にも努め、物資の輸送において最低限のものを届けた際に、足りないもの、必要なものをリサーチし、ヘリコプターやトラッ

(資料10)　燃料輸送支援の状況（多賀城駐屯地の例）

・自衛隊が保有する燃料を被災者等に対し無償で提供
・さらには避難所近傍に設置された臨時の燃料補給所（ミニSS）まで燃料を輸送

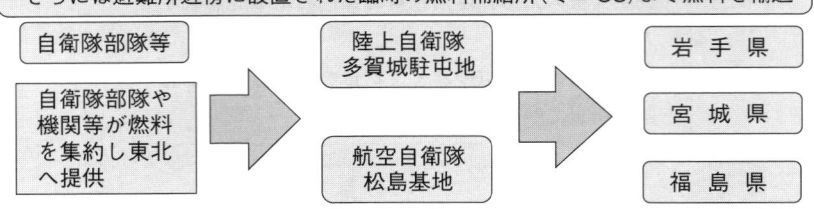

自衛隊部隊等
自衛隊部隊や機関等が燃料を集約し東北へ提供
→
陸上自衛隊多賀城駐屯地
航空自衛隊松島基地
→
岩手県
宮城県
福島県

クの中に該当する物資があればお渡しし、なければニーズを把握して、次回の輸送時に届けるということで対応した。特に、女性の被災者については、女性特有のニーズがあり、女性隊員のみのグループをつくり、ニーズを把握するようにした。

　さらに、物資輸送の一環として、燃料輸送にも携わっている。東北における３月の気候に鑑み、防衛大臣より特に指示があり、自衛隊の所持している燃料は、すべて被災者に届けるという方針をとった。全国の部隊が備蓄をしていた燃料、ガソリン、灯油などを集積し、（資料10）のスキームに従って燃料輸送を実施した。

V　生活支援

　次に、生活支援について解説する。給食、給水等の各支援を行ったが、その中でも入浴支援は、被災者に非常に喜んでいただいた。この入浴支援は、自衛隊の所持するすべての入浴支援施設を東北に輸送し対応した。陸上自衛隊の野外入浴セットを被災地において提供したり、海上自衛隊の艦艇の中に応急的な入浴施設を設けたり、航空自衛隊の松島基地では、通常、隊員が使用する浴場を、まずは被災者に使っていただくこととし、延べ約109万人に利用いただいた。

　また、孤立地域の医療支援として、特に、離島にヘリコプターで医師を運

び、医官も診療にあたった。

　がれきの除去、道路啓開についても対応した。発災直後は、がれきの下に、ご遺体がある可能性があることから、手探り状態で丁寧にがれきを取り除き、ご遺体がないことを確認した段階で、ショベルカーなど重機を使って除去していった。がれきの除去をしている最中には、アルバムや位牌などが発見されることもあり、それらについてはできる限り、集め、体育館等で陳列して、ご遺族に渡すようにした。

　がれきの除去は、岩手から宮城を中心に行っているが、基本的に自衛隊では、特に公共性の高いところ、たとえば小学校、中学校、病院などにおいて対応した。

　また、震災から約3カ月が経過した7月に、がれきに大量のハエが発生したことから、住民の強い要望があり、急きょ、防疫支援部隊を応急的に組織し、岩手、宮城などで、ハエの除去として、薬剤散布の防疫支援を行った（なお、本来自衛隊には、防疫支援部隊は存在しない）。

VI　即応予備自衛官・予備自衛官の活動

　続いて、即応予備自衛官・予備自衛官の活動について説明する。即応予備自衛官・予備自衛官とは、普段は、民間で仕事をしており、有事に、自衛官となる制度である。自衛隊を定年、あるいは若いときに辞めた人、自衛隊のいわゆるOBであり、民間で働きながら、年何回か訓練に参加し、もし何か事態が生じたときには、自衛官となって活躍することになる。これまで即応予備自衛官・予備自衛官が、自衛官となる事態は生じなかったが、東日本大震災は、規模の大きさ、被害の深刻さに鑑み、初めて、即応予備自衛官・予備自衛官が招集され、延べ2648人が活動した（即応自衛官2179名、予備自衛官469名）。

　東日本大震災に際して、即応予備自衛官・予備自衛官は、非常に士気が高く、さまざまな活動場面での活躍があり、たとえば、英語能力が非常に高い

（資料11）　活動実績（原子力災害派遣）

避難誘導等	給水作業／放水作業	除染支援	その他
【住民避難】 　第6師団の航空機および第12旅団の車両等により避難指示区域の病院・施設等の要介護者約420名の搬送支援を実施。 　第12旅団の車両等により、屋内退避区域の要介護者約400名および一般住民約430名の搬送支援を実施。 　屋内退避区域内へ食料、飲料水、医薬品等の配送を実施。 　自治体からの依頼により、警察・消防・自衛隊が分担して住民の現状について調査を実施。	【給水作業】 人員　　　約400名 水タンク車等　40両 （人員・車両はいずれも延べ数） 　3月13日および14日に第2原発への給水作業を実施。 【放水作業】 CH-47　2機 　1機あたり2回（計4回）の放水を第1原発に対して実施。（3月17日） 　放水量は合計約30t 消防車　44両（延べ） 　第1原発に対して放水を実施。（3月17日、18日、20日、21日） 　放水量は合計約332t	最大9カ所、人員約70名態勢 　立ち入り制限区域から避難した住民等に対して除染を実施。 行方不明者捜索 計62名のご遺体を発見 【陸上部】 陸自最大約3,400名態勢で捜索（4月18日～6月8日） 【洋上部】 海・空自により、艦艇およびヘリコプターで捜索（4月20日、4月21日、4月25日、4月26日、5月16日、5月25日）	○　モニタリング支援 　ヘリコプターによるサーモグラフィ撮影および放射線量測定 　地上におけるモニタリング支援 ○　固定翼機による集じん飛行（3月24日～4月1日） ○　ヘリコプターによる福島第1原発の映像伝送（3月23日、27日） ○　緊急燃料輸送（第2原発へ） ガソリン　ドラム缶10本 軽油　　　ドラム缶10本 ○　原発オフサイトセンターの退避支援 ○　第1原発30km圏内における給水支援および巡回診療を実施。

者は、米軍側の司令官の通訳を担当したり、医師の資格を有する者は、医療活動やメンタルヘルス活動を担当するなどした。

Ⅶ　原子力災害対処

　次に、原子力災害対処について解説する。
　自衛隊は、原子力発電所の近隣住民を避難させる、原子力発電所への給水・放水作業、除染活動等を行った。そのほか、外部から発電所の温度の測

VII 原子力災害対処

(資料12) 自衛隊による放水作業およびモニタリング

```
ヘリコプターによる水投下作業
```
実施日：平成23年3月17日（木）0948～1000
対　象：福島第一原子力発電所　3号機
機　種：CH－47×2機（1機あたり2回の水投下を実施）
放水量：約30t

```
消防車による放水作業
```
○　自衛隊の消防車による放水を計4回実施。
・3月17日（木）：福島第1原発3号機（約30t）
・3月18日（金）：福島第1原発3号機（約50t）
・3月20日（日）：福島第1原発4号機（約81t（1回目）、約81t（2回目））
・3月21日（月）：福島第1原発4号機（約90t）

```
航空機によるモニタリング
```
○　放水活動を行うとともに、原子炉建屋の状況を把握するため、ヘリコプター等により上空から、温度の測定、ビデオ撮影、放射線測定などを実施

※3月20日、総理大臣指示により、Jビレッジにおける、放水、観測の実施方針についての調整は、自衛隊が中心となって関係行政機関（警察・消防等）および東京電力との間で行うこととされた。

定、画像の撮影を行うモニタリング支援も行った（(資料11)（資料12）参照）。以下、各作業について、説明を加える。

　まず、放水作業について、発災直後の福島第1原子力発電所の1号機から4号機は、一刻も早く冷却する必要があり、水の投入が最優先課題であった。そこで、ヘリコプターによる水の投下を実施することとし、CH-47という輸送機に、大きなバケツのようなものを取り付け、ここに海水を入れて、発電所の上方から投下する方法をとった。このオペレーションは、バケツに入る水の容量が5トンと少ないことから、同日に合わせて消防車による放水作

123

第1編　第6章　防衛省の対応

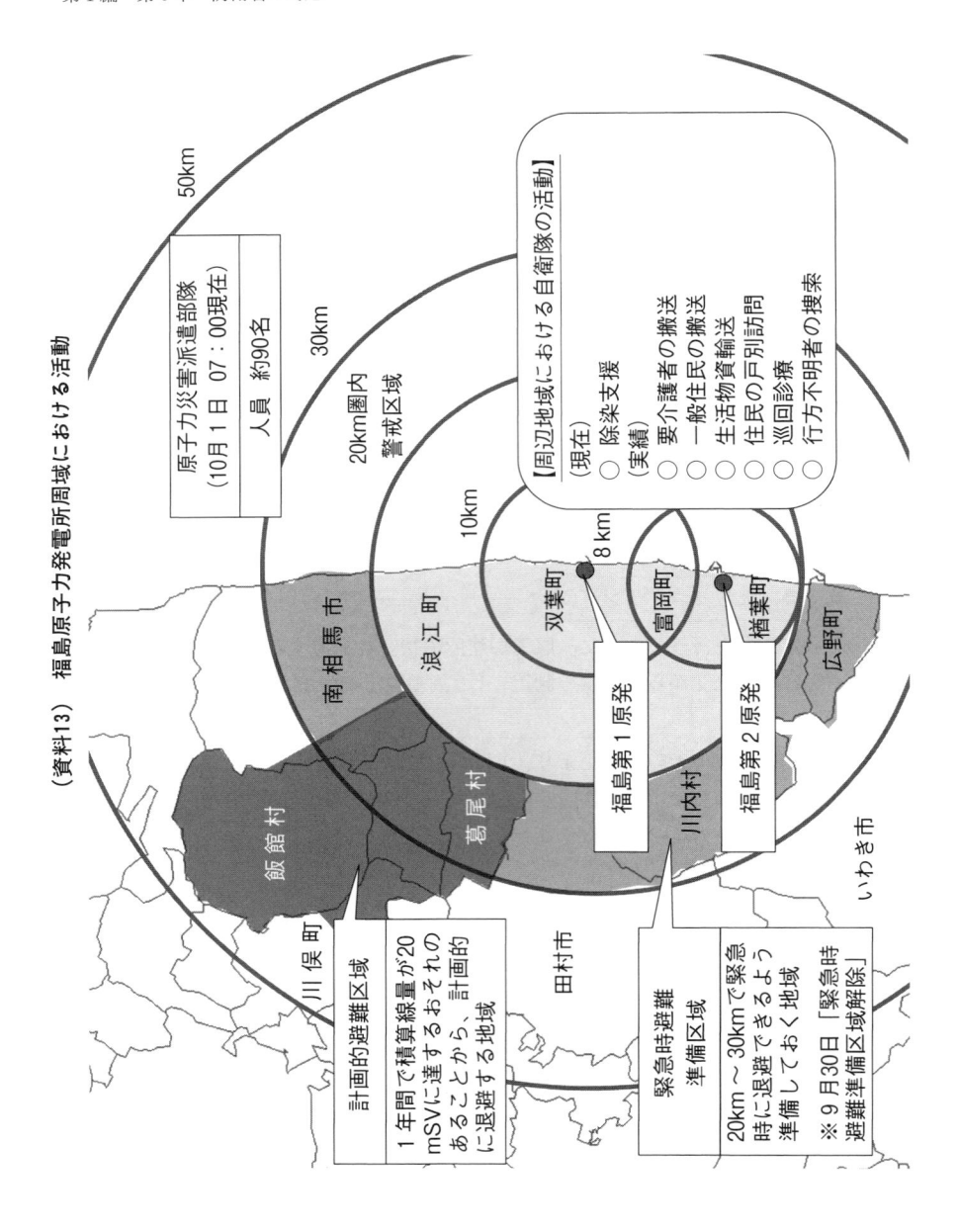

（資料13）　福島原子力発電所周域における活動

原子力災害派遣部隊
（10月1日 07：00現在）
人員　約90名

【周辺地域における自衛隊の活動】
（現在）
○除染支援
（実績）
○要介護者の搬送
○一般住民の搬送
○生活物資輸送
○住民の戸別訪問
○巡回診療
○行方不明者の捜索

50km
30km
20km圏内
警戒区域
10km
8km

南相馬市
浪江町
双葉町
富岡町
楢葉町
広野町
飯舘村
葛尾村
川内村
田村市
いわき市
川俣町

福島第1原発
福島第2原発

計画的避難区域
1年間で積算線量が20mSvに達するおそれのあることから、計画的に退避する地域

緊急時避難準備区域
20km～30kmで緊急時に退避できるよう準備しておく地域
※9月30日「緊急時避難準備区域解除」

124

業も行うこととし、自衛隊の消防車（通常は航空機の事故の際に使用する）からも発電所に向けて放水を行った。

次に、航空機によるモニタリングとして、たとえば、福島第1原子力発電所の1号機から4号機の温度の測定を行った。あまりに高温になると、原子炉自体が溶解してしまうという危険性が非常に高い状況であったことから、自衛隊が所有するある程度離れた距離でも正確な温度を測定できる機材をヘリコプターに取り付け、温度を測定したり、航空機から、状況を把握するためのビデオ撮影や放射線量の測定を行った。放射線量の調査にあたっては、パイロットは放射線を遮断するために、エプロンだけで12.5キロ、首のネックガード2.5キロと、非常に重く、なおかつ顔にもヘルメットおよび防護マスクを身に付け、非常に困難ではあったが、このような形で、航空機・ヘリコプターの操縦も行った。

また、原子力災害に伴う住民の避難に際しては、重病の患者については、CH-47というヘリコプターに患者を乗せ輸送したり、個別訪問を実施したほか、被災者や車の除染活動を実施した。

さらに行方不明者の捜索を、警察、海上保安庁、消防庁と協力しながら実施した。福島第1原子力発電所周辺は、土壌等の放射線量が非常に高かったことから、タイベックという簡易防護服を着用し、非常に暑い中、捜索活動を行った。

被災者支援に際しての対応については、特に留意したところであるが、その一例として福島第1原子力発電所の周辺から避難された方は、自分の家の状況について、非常に気がかりな様子であることを鑑み、自衛隊としては、震災直後の写真やがれき処理をした後の写真等を避難された方に、お見せし、安心していただくよう配慮した。

Ⅷ　米軍・豪州軍との協力

東日本大震災に際しては、米軍による、まさに「トモダチ作戦」として、

第1編　第6章　防衛省の対応

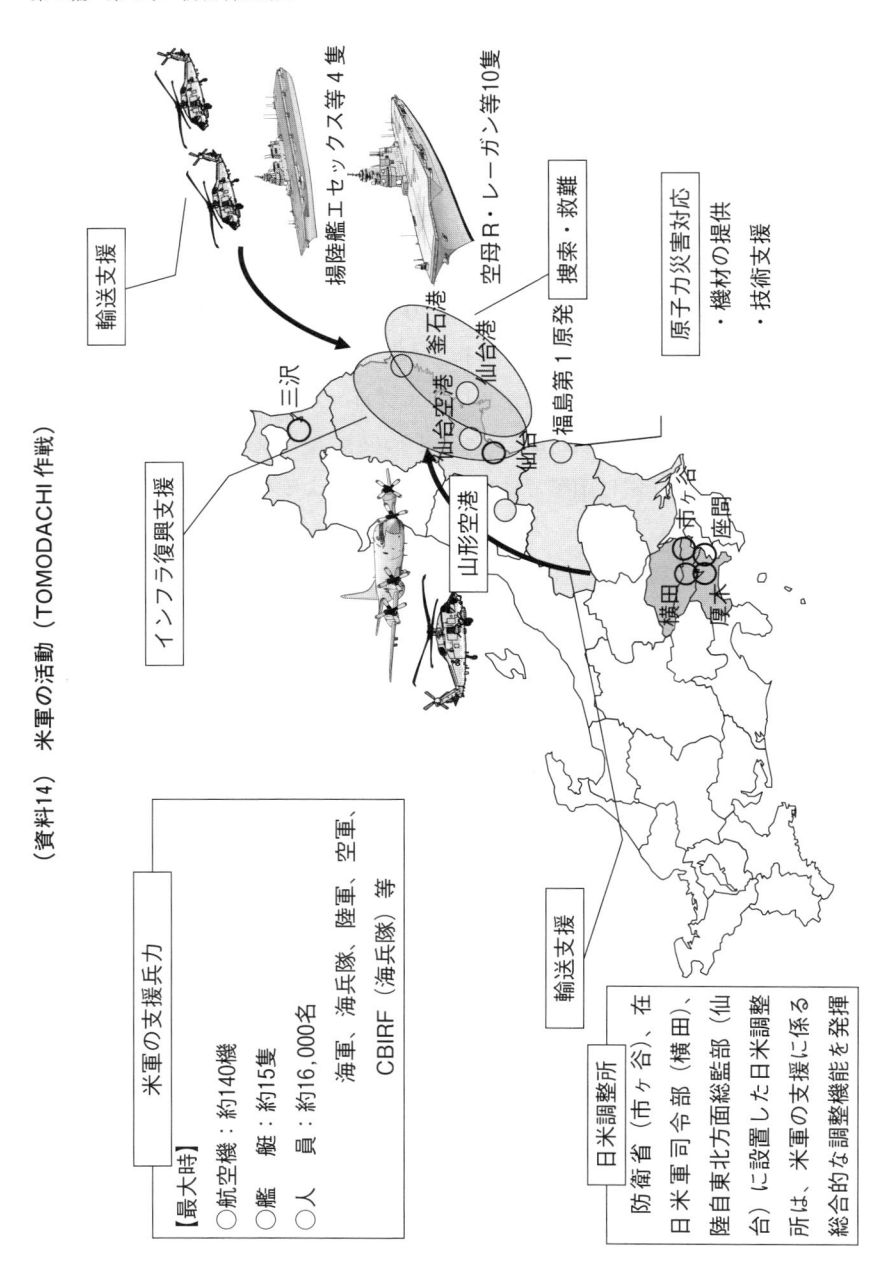

（資料14）米軍の活動（TOMODACHI作戦）

輸送支援

揚陸艦エセックス等4隻
空母R・レーガン等10隻
捜索・救難

原子力災害対応
・機材の提供
・技術支援

インフラ復興支援

三沢
釜石港
仙台空港
仙台港
仙台
山形空港
福島第1原発
横田
厚木
市ヶ谷

輸送支援

米軍の支援兵力
【最大時】
○航空機：約140機
○艦　艇：約15隻
○人　員：約16,000名
　　海軍、海兵隊、陸軍、空軍、
　　CBIRF（海兵隊）等

日米調整所
防衛省（市ヶ谷）、在日米軍司令部（横田）、陸自東北方面総監部（仙台）に設置した日米調整所は、米軍の支援に係る総合的な調整機能を発揮

126

発災直後から支援があった。本来であれば韓国軍との共同訓練のために韓国の沖合に向かっていた空母ロナルド・レーガンが、震災の一報を受けて、急きょ三陸沖に展開し、ここからヘリコプター等で物資を輸送するという支援を受けた。米軍からは、最大時、航空機約140機、艦艇15隻、人員約1万6000名の派遣、および海軍、海兵隊、陸軍、空軍、海兵隊のCBIRF（シーバーフ）などあらゆる軍種からの対応があった（(資料14) 参照）。

米軍の支援として、まず、被災者の捜索救助支援があげられる。空母ロナルド・レーガンからヘリコプター等により捜索救助を実施し、10名の被災者を救助したとのことである。また、米海軍所属の警戒監視のための航空機であるP-3Cによる捜索活動もあわせて実施された。

次に、救助物資、人員の輸送支援として、ヘリコプター等による食料や水、燃料、などの提供があった。特に米軍からの非常に心のこもった支援として、乗組員からのコートや靴、歯ブラシなどの生活必需品の寄付があげられる。輸送支援としては、全国の自衛隊各部隊すべてを被災地方面に展開したが、沖縄の部隊については、米軍所属の大型輸送機により、北海道の部隊については、米海軍所属のトーテュガという揚陸艦により、被災地方面へ運ばれた。

（資料15）　米軍による福島原子力発電所事故への災害対処

○　原子炉冷却支援
　―消防車の東京電力への提供（2両）
　―消火ポンプ5台の貸与
　―放射能防護衣の提供（約100着）
　―真水搭載バージ（2隻）とポンプの貸与
　　（それぞれ海自艦艇及び陸自車両により輸送）
　―ホウ酸の提供（約9トン）
○　情報収集・分析（航空機による放射線測定、画像の撮影等）
○　専門家の派遣（防衛省統合幕僚監部に3名が常駐）
○　米海兵隊・放射能等対処専門部隊（約140名）の派遣

(資料16) 米軍による被災地のインフラ復興支援

- ○ 米海兵隊・陸軍等が、仙台空港における民航機運航のための復興支援を実施（米軍機により一部運用）
- ○ 米海軍は、サルベージ船を用いて、沈没船引き上げ等の港湾復興作業を実施。また、八戸港や宮古港においても復興支援を実施
- ○ 米海兵隊が、気仙沼市大島のがれきの除去等を実施
- ○ 米海兵隊が、石巻市の小中高校のがれきの除去等（学生等との共同作業）を実施
- ○ 米陸軍が、自衛隊との共同でJR仙石線の復旧作業（ソウル・トレイン作戦）を実施

　米軍による福島原子力発電所事故への災害対処においては、冷却が非常に重要だった時期には、米軍所属の消防車のほか、ポンプ、防護衣100着、それから、バージ船という巨大な真水を入れる船の提供があった。また、専門家の派遣もあり、ワシントンからCBIRF（シーバーフ）という、放射能等対処専門部隊140名の派遣があり、実際に活動することはなかったものの、もし事態が深刻となった場合には、この専門部隊が活動する体制となっていた（（資料15）参照）。

　また、インフラの復興支援として、さまざまな活動に携わり、発災当初は、仙台空港において、米軍によるがれきの撤去により、空港の再開が適い、物資の支援が可能となった。そのほか、代表的な例として、石巻の工業高校の生徒とともに、小学校、中学校の始業式にあたり、ヘドロの除去作業にあたったなどの支援があげられる（（資料16）参照）。

　豪州軍についても、大型の航空機C-17によるポンプ等をはじめとする物資の輸送支援などがあった。

IX　教訓事項（中間とりまとめ）

　教訓事項として、東日本大震災を踏まえて、防衛省・自衛隊が、今後、同

IX 教訓事項（中間とりまとめ）

（資料17） 東日本大震災への対応に関する教訓事項（中間取りまとめ）のポイント

1 意思決定

① 発災後直ちに設置した防衛省災害対策本部を中心に、政務三役を含む幹部の間で情報が速やかに共有され、防衛省・自衛隊としての対応方針を決定。

② 今般の震災対応では、内部部局（内局）、統合幕僚監部（統幕）、各幕僚監部（各幕）等がそれぞれの役割や機能を活かしつつ、一体となって大臣を補佐し、全体として円滑に対処。今後も、各種事態への対応要領につき、演習等を通じ検討する必要。

2 運 用

① 発災直後より、情報収集、人命救助等迅速な初動対応を実施したほか、統合任務部隊の編成や総理指示に基づく10万人態勢の構築等により、自衛隊の総力をあげて対応（人命救助時における迅速な航空情報の発出による飛行高度の分離等、関係省庁とも緊密に連携）。統合任務部隊の下、各自衛隊の部隊が総合的に活動し、全般的に円滑な統合運用を実施。また、10万人規模での震災対応と通常の任務を両立。発災直後の部隊集中要領に関する検討や、第一線部隊等の充足率向上等を通じたマンパワーの確保が必要。

② 被災の混乱により自治体の機能が低下している中において、防衛省・自衛隊による輸送スキームの構築により、救援物資の迅速な輸送が実現。また、給水・給食支援、入浴支援、道路啓開等自衛隊がさまざまな生活支援を実施。行政機能の低下した自治体が生じる状況下で、防衛省・自衛隊がどのような役割を担うべきかについて検討が必要。

③ 原発事故に対しては、総理指示により、自衛隊が現地の放水任務等に関する他機関との調整において主導的な役割を担ったほか、現有の装備品をもってできる限りの対応を実施。今後、対応の実効性を高めるべく、無人機、ロボット等放射線環境下で有効な装備品の導入、原子力防災訓練への積極的な参加、関係国との協力の強化等が必要。また、災害発生直後の情報共有等についても、官邸や関係省庁との間であらためて検討する必要。

④ 高速道路における一般車両の通行制限等により、陸自部隊の大半は陸路で被災地まで展開できたが、海上輸送には制約も存在。陸自部隊の機動展開等のため、輸送力の強化、米軍・民間輸送力の活用等について検討が必要。また、港湾が被災した状況下における人員・物資の輸送要領等について検討が

129

必要。
⑤ 防衛省防災業務計画、各種災害対処計画（※）等について、複合的な災害を想定した見直しを行い、それぞれの機関が担うべき役割を明確にするとともに、自治体、関係機関等との共同訓練を行って、計画等の実効性を高めることが必要。
　　※自衛隊首都直下地震対処計画、自衛隊東南海・南海地震対処計画、自衛隊原子力災害対処計画等
⑥ 要人等の輸送についてはおおむね円滑に実施。発災当初の渋滞を考慮し、近距離でもヘリコプターを利用するなど、さまざまな輸送手段の検討が必要。また、発災当初、大臣、内局、部隊間の連携が徹底できなかった事例もあり、部隊等を含む省内関係機関の緊密な連絡調整の徹底が必要。

3　各国との連携

① 日米調整所を中心とする運用調整等により、日米共同の活動は大きな成果。日米調整所の人員・機能の増強等に関する検討、情報共有・調整のためのカウンターパートの整理が必要。
　　また、政府全体の日米調整の枠組みについては、緊急災害対策本部等を通じた関係省庁の連携強化や、大規模災害発生当初からの日米の関係省庁による会議等の設置について検討が必要。
② 各国からの支援受入れについては、関係省庁と連携し、より円滑に実施するための態勢や要領に関する検討が必要。

4　通　　信

① 統合任務部隊司令部（東北方面総監部）に統合通信調整所を設け、通信の一元的運用、調整を実施。関係省庁と連携して、発災日より、部隊運用に必要な周波数についても迅速に確保。
② 各自衛隊間の現場における連接性の強化、部隊展開後の通信能力の向上、民間通信事業者との連携の維持・強化、関係機関との現場における情報共有手段の整備等が必要。

IX　教訓事項（中間とりまとめ）

5　人事・教育

① 予備自衛官・即応予備自衛官は、社会人としての経験を活かして活躍。出頭調整の要領、雇用企業への影響を考慮した招集期間の決定等について検討が必要。

② 御遺体収容作業等の強い心理的負担を受ける業務に従事した隊員に対し、毎日の活動終了後におけるケアを含めた各種メンタルヘルス施策を実施し、一定の効果。平素からの指揮官等に対する教育の徹底、専門家の育成等、任務終了後も視野に入れたメンタルヘルス態勢・体制の強化・構築が必要。

③ 震災対応の際の放射線防護対策、感染症対策等を踏まえ、高度な専門性を持つ医官等を引き続き育成する必要。また、被ばく線量を人事記録と一体的に保管するなど、隊員の健康管理要領等を整備する必要。

④ 「戦力回復センター」の設置を含む戦力回復のための各種措置については一定の成果。隊員の家族支援や児童の一時預かり等の措置に関する実施態勢の整備について検討が必要。

6　広　報

○ 全般的には、さまざまな手段を用いて適切に情報発信し得たと考えられるが、一元的な広報体制の構築、戦略的な広報・報道、海外に対する情報発信等については、さらなる改善のための検討が必要。

7　情　報

① 関係省庁との情報共有については、平素から、大規模震災を含む事態発生時を想定し、情報共有のルートの整理、情報共有に用いるシステムの整備等が必要。

② 自治体との情報共有については、通信回線途絶時を含む情報伝達要領を検討するとともに、自治体等を含む関係機関との情報伝達訓練等の積極的な実施が必要。

8　施　設

○ 発災直後の被災者支援等のため、平素から駐屯地・基地等の機能や体制の

131

維持・強化が必要。また、老朽施設の更新、耐震化対策、津波対策等の防災面の強化についても検討が必要。

9 装　　備

① 原子力災害への対応等を見据え、これまで想定していなかった事態にも対応できる無人機、ロボット等の装備品に関する研究開発等が必要。
② 原発事故への対応なども含め災害時に活用される装備品の保有状況や、今回の震災で活用に制約のあった装備品等の問題点を考慮し、今後の防衛力整備や保有すべき装備品の検討が必要。

10 組織運営

① 統幕長は、軍事専門的見地からの大臣補佐と大臣の命令の執行を行うための業務が激増したことから、今後、業務量の拡大により適切に対応するため、統幕の機能強化を図ることが必要。また、陸自に日本全域における運用を総括する機能がないことを含め、統合運用の強化の観点から、指揮統制機能および業務の在り方についても検討が必要。
② 駐屯地・基地等が自衛隊の活動拠点・支援拠点としての機能を発揮していくため、民間力も含めた各種能力の組合せによる業務量の増大への対応策が重要。そのため、民間事業者の能力、自衛隊側の能力維持を含めて民間委託のあり方等について検討が必要。

様の災害が生じた際に、より適切な対応するために、現段階でまとめたものを解説する（（資料17）参照）。

1　意思決定

　まず、防衛省における意思決定について、東日本大震災に際しては、省災害対策本部を中心に対応したが、防衛省・自衛隊の役割とは震災のみならず、わが国にまさに有事があったときにどのように対応するかということを主任務としていることから、その際に、迅速に対応できるように、演習をしてお

く必要を感じている。

2　運　用

　運用面においては、発災直後の部隊集中に関する検討として、東日本大震災に際しては、被災地である東北方面に部隊を集中させたが、輸送力については非常に制限があった。その中で、どのように輸送を図り、部隊を集中させるかが課題としてあげられる。たとえば、首都圏で巨大地震が生じた際に、どのようにして全国の部隊を集めるか。四国、九州のような海を越える必要がある地域ではどのような形で部隊を集中させるか。この点の検討は、重要であろう。

　第一線部隊の充足率の向上、すなわち、人員を措置しておく必要がある。これまで、自衛隊は定員削減を進めてきたところであるが、震災のような災害の事態にはマンパワーが必要になることから、予算については、人員増を方針として要求している。

　東日本大震災への対応においては、自治体の機能が非常に低下したことから、防衛省・自衛隊がそれを補完する役割を担ったが、どこまで、何をやるべきかということについては、検討の必要がある。

　原子力発電所の事故についても、防衛省・自衛隊の所持している装備品をもって、できる限りの対応を実施したが、今後の同様の事故においては、やはり無人機やロボットといった、放射線環境下でも有効に対応できる装備を導入していく必要があるだろう。さらに、すでに毎年実施されている原子力防災訓練については、さらに実効性を高めた訓練を行い、防衛省・自衛隊としても、防災訓練には積極的に参加したいと考えている。

　輸送力の強化については、自衛隊のみならず、米軍や民間のもっている輸送力を活用することも検討しておきたい。

　防衛省における各計画については、東日本大震災を踏まえて見直しを行い、自治体関係機関との共同訓練については、いわゆる表面的な訓練にすることなく、実効性のある実動訓練としていきたいと思っている。

その他、震災発生当初、特に東京においては、大渋滞が生じた。この点を踏まえると、もはや車両のみの移動ではなく、近距離においてもヘリコプターを利用することも考えてもよいのではないかという検討もあがっている。

3 　各国との連携

米側との調整については、平素から政府としてのカウンターパートをしっかり決めておくこととしたい。これは、防衛省・自衛隊は、平素から米軍とさまざまな調整をしていることから、東日本大震災に際しても、速やかな調整が可能であったが、政府全体の枠組みとして、早期に日米の関係省庁による会議を開催することも検討する必要があるだろう。

4 　通　信

情報共有のためには、通信手段の整備・充実が必要である。この点は、自衛隊に限らずさまざまな機関、防衛省・自衛隊と警察、海上保安庁、消防庁、との間で、これまで以上に、さらにしっかりした情報共有手段を整備していく必要がある。

5 　人事・教育

人事教育については、災害にあたっては、非常に精神的・心理的に負担を受ける隊員、ご遺体の収容や搬送等で心理的負担を受けた隊員に対しては、メンタルヘルスをきちんと実施する必要がある。

6 　施　設

施設について、各方面から指摘されたところであるが、災害があったときには、被災者がまず難を逃れて、とりあえずの生活をしていくためにも、防衛省・自衛隊の駐屯地、基地において、被災者のための生活機能を準備しておく必要があるとのことから、たとえば発電機を増強する、水の施設を増強するといった点について、対応していきたいと思っている。

X　最後に

　防衛省としては、東日本大震災においては、10万人体制の構築も含めて、さまざまな面で初めての取組みがあったが、おおむね問題なく対応できたのではないかと思っている。今回の1つひとつの教訓事項は、それぞれ手当てを行い、今後、同様の災害があった場合には、より適切に対応できる組織づくりをめざしていくこととしたいと考えており、今後、気づいた点や、改善点があれば、ご指摘をいただくことにより、真摯に取り組んでいきたい。

第7章 厚生労働省の対応①

厚生労働省大臣官房審議官　唐　澤　　　剛

I　はじめに

　厚生労働省による東日本大震災への対応にあたっては、震災が前例にない未曾有の大災害となり、これまで経験したことのない事態にどう対応するのかが大きな課題となった。
　まず、災害が起こった瞬間には、迅速な災害救助法の適用が必要となる。同時に健康・医療対策、水とライフラインの確保等の迅速な対応が求められる。さらに、日常的・一般的な健康対策、介護・福祉サービスの確保、食品の安全等が順次必要になる。一定の期間を経過すると、雇用の確保、仮設住宅の設置が課題となる。
　厚生労働省は、省内に災害対策本部を設置し、省をあげてこれらの課題に対応した。以下、解説する。

II　東日本大震災の被害状況

　震災による死者は、約1万5000名余り、行方不明者は約3000名にも上った。行方不明者は、死者の身元の判明に伴い減少していくが、前例のない大規模な人数になった。このため、死者の検死にあたっては、非常に大きな労力を要し、約2000名のご遺体を一度に検死しなければならず、特に歯形の確認作業においては、歯科医師会の大きな協力をいただくこととなった。
　また、ご遺体の埋葬にあたっては、自衛隊による多大な尽力があった。震

（資料１）　東日本大震災における被害状況

○　平成23年3月11日（金）14:46に三陸沖でマグニチュード9.0の地震が発生。東北地方を中心に地震、津波等により大規模な被害。

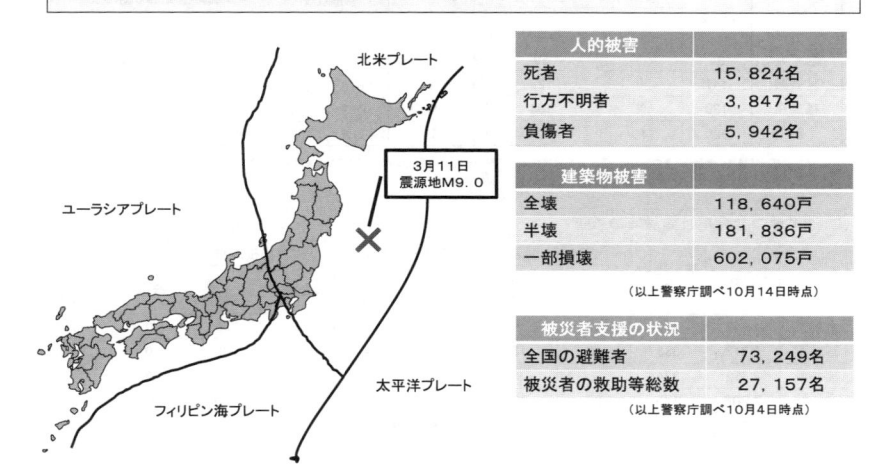

人的被害	
死者	15,824名
行方不明者	3,847名
負傷者	5,942名

建築物被害	
全壊	118,640戸
半壊	181,836戸
一部損壊	602,075戸

（以上警察庁調べ10月14日時点）

被災者支援の状況	
全国の避難者	73,249名
被災者の救助等総数	27,157名

（以上警察庁調べ10月4日時点）

災当初、ご遺体が非常に多く、ガソリン等の確保ができず、遺体の搬送が困難であった。このため、ご遺体すべてを火葬で対応することはできず、緊急的に埋葬させていただくことで対応せざるを得ない方もあった。これらのご遺体については、いずれ、ご遺族の意向に従い、改葬することとしている（なお、平成23年11月までに改葬はほぼ終了した）。

1　医療機関の被災状況

病院は、被災３県で全壊10、一部損壊290もの被害を受け、診療所は、全壊・一部損壊を合わせて医科4000、歯科2500もの被害を受けた。これらを今後どのように建て直していくか、今後の大きな課題となっている（（資料２）参照）。

（資料2） 被害状況①（医療機関・社会福祉施設）

（1）被災地の病院・診療所の被害の状況

（医政局7月11日時点まとめ）

	病院数	東日本大震災による被害状況	
		全壊	一部損壊※1
岩手県	94	3	59
宮城県	147	5	123
福島県	139	2	108
計	380	10	290

	診療所数		東日本大震災による被害状況			
			全壊		一部損壊※1	
	医科	歯科	医科	歯科	医科	歯科
岩手県	927	613	38	46	76	79
宮城県	1,626	1,065	43	32	581	367
福島県	1,483	919	2	5	516	374
計	4,036	2,597	83	83	1,173	820

※1 全壊及び一部損壊の範囲は、県の判断による。「一部損壊」には、建物の一部が利用不可能になるものから設備等の損壊まで含まれうる。
※2 一部確認中の病院・診療所がある。

（2）被災地の社会福祉施設等の被害

（社会・援護局5月13日時点まとめ）

	施設数※1	被災施設数	児童福祉施設		老人福祉施設		障害福祉施設		その他福祉施設	
			全壊	一部損壊※2	全壊	一部損壊	全壊	一部損壊	全壊	一部損壊
岩手県	2,142	208	12	29	9	92	9	56	0	1
宮城県	2,712	333	13	131	2	54	11	122	0	0
福島県	2,352	334	2	92	1	168	0	70	0	1
合計	7,206	875	27	252	12	314	20	248	0	2

※1 施設数については、被害のあった施設類型のうち主立ったものについて、平成21年度の各種統計を元に集計。
※2 全壊及び一部損壊の範囲は、県の判断による。「一部損壊」には、建物の一部が利用不可能になるものから設備等の損壊まで含まれうる。

2　水道の被害状況

　迅速な復旧が求められる水道の被害状況について、約230万戸が被災したが、平成23年10月末現在では、226万戸が復旧し、ほぼすべての水道が復旧している（（資料3）参照）。

　断水中の4万5000戸は、津波等により町ごとすべてが流されてしまった地域である。このため、水道のみを復旧することには意味がなく、現段階において、水道の復旧とともに被災地で町の復興方針が検討されている。元の場所に町をそのまま復興することは困難であり、場所を移したうえで、新たな町づくりを行う中で、水道の整備計画も行っていく必要があると考えている。

II 東日本大震災の被害状況

(資料3) 被害状況②（水道）

○ 津波の被災地を中心に、3県で少なくとも4.5万戸の断水被害が生じている状況。これまでに復旧した総数は226万戸。
○ 全国の水道事業者、工事業者による被災地での応急給水・応急復旧作業により速やかに復旧。

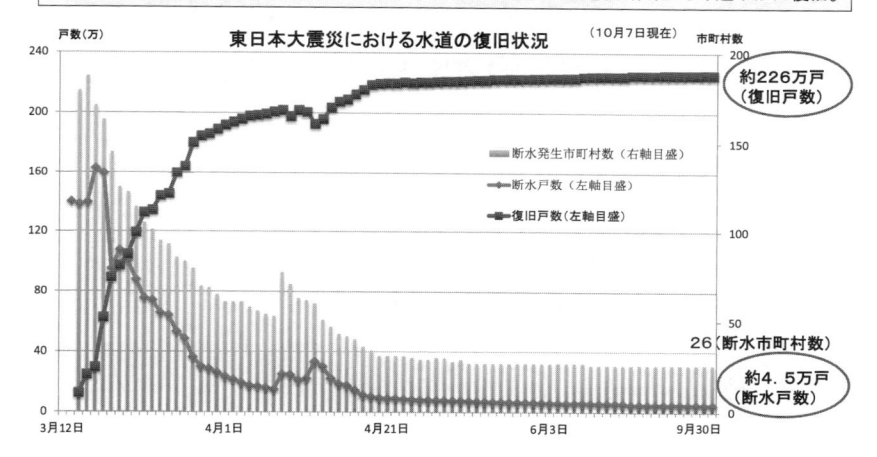

東日本大震災における水道の復旧状況 (10月7日現在)

約226万戸（復旧戸数）
26（断水市町村数）
約4.5万戸（断水戸数）

3　事業所・就業者への影響

　震災前の3県の就業状況には、それぞれ特徴があった。岩手は漁業関係、宮城は卸・小売、福島は製造業が就業者の割合として多い（（資料4）参照）。これらの特徴から、たとえば、福島県は多くの工場が立地している県であるとわかるが、今後、各被災地域の特徴を踏まえ、産業の復興について検討していく必要がある。

第1編　第7章　厚生労働省の対応①

(資料4) 震災以前の被災3県の臨海部（市町村）における就業状況

特に被害の大きい臨海部について把握

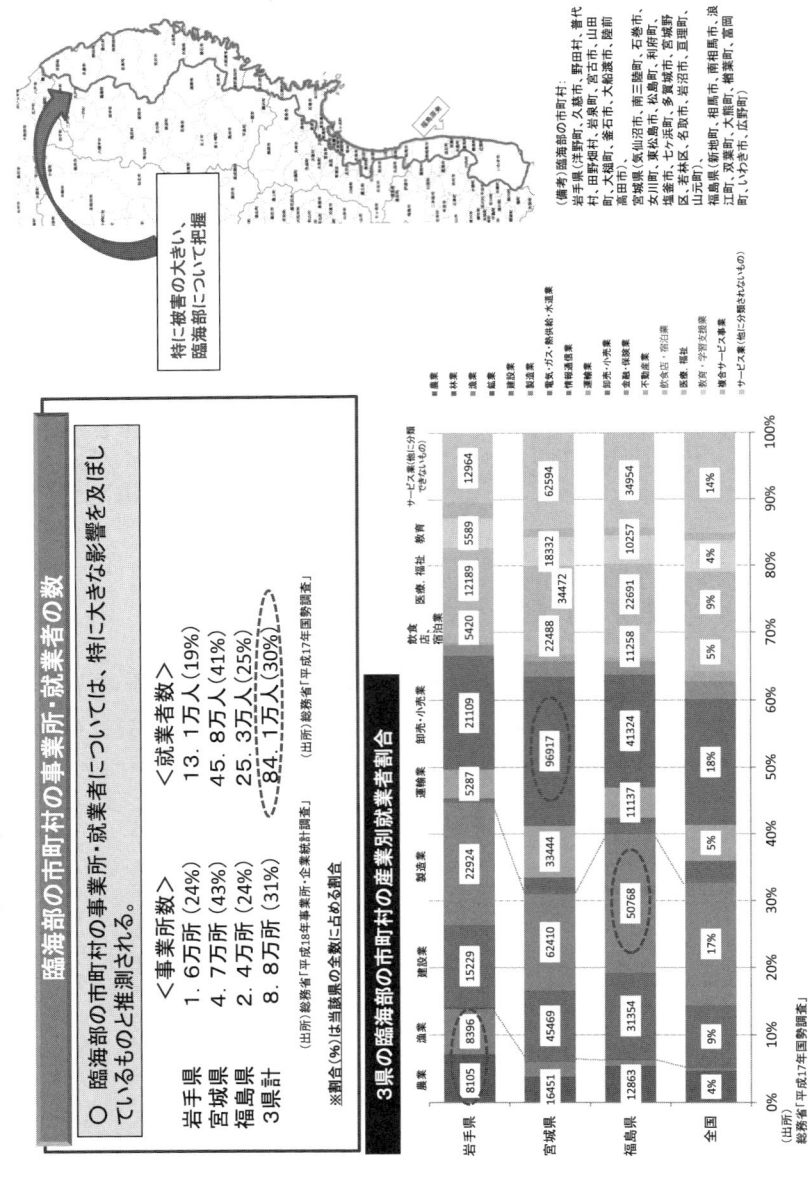

（備考）臨海部の市町村：
岩手県（洋野町、久慈市、野田村、普代村、田野畑村、岩泉町、宮古市、山田町、大槌町、釜石市、大船渡市、陸前高田市）
宮城県（気仙沼市、南三陸町、石巻市、女川町、東松島市、松島町、利府町、塩竈市、七ヶ浜町、多賀城市、宮城野区、若林区、名取市、岩沼市、亘理町、山元町）
福島県（新地町、相馬市、南相馬市、浪江町、双葉町、大熊町、楢葉町、富岡町、いわき市、広野町）

臨海部の市町村の事業所・就業者の数

○ 臨海部の市町村の事業所・就業者については、特に大きな影響を及ぼしているものと推測される。

	<事業所数>	<就業者数>
岩手県	1.6万所 (24%)	13.1万人 (19%)
宮城県	4.7万所 (43%)	45.8万人 (41%)
福島県	2.4万所 (24%)	25.3万人 (25%)
3県計	8.8万所 (31%)	84.1万人 (30%)

（出所）総務省「平成18年事業所・企業統計調査」「平成17年国勢調査」

※割合(%)は当該県の全数に占める割合

3県の臨海部の市町村の産業別就業者割合

	農業	漁業	建設業	製造業	運輸業	卸売・小売業	飲食店・宿泊業	医療・福祉	教育	サービス業(他に分類できないもの)
岩手県	8105	8396	15229	22924	5287	21109	5420	12189	5589	12964
宮城県	16451	45469	62410	33444		96917	22488	34472	18332	62594
福島県	12863	31354	50768	11137	41324	11258	22691	10257	34954	
全国	4%	9%	17%	5%	18%	5%	9%	4%	14%	

（凡例）農業、林業、漁業、鉱業、建設業、製造業、電気・ガス・熱供給・水道業、情報通信業、運輸業、卸売・小売業、金融・保険業、不動産業、飲食店・宿泊業、医療・福祉、教育・学習支援業、複合サービス事業、サービス業(他に分類されないもの)

（出所）総務省「平成17年国勢調査」

140

III 厚生労働省の対応

1 厚生労働省の体制

　政府の体制は、当初、緊急災害対策本部と原子力災害対策本部の2本立てとなっていたが、その後、平成23年6月に復興対策本部が設置され、現在は、3本立てとなっている。ただし、緊急災害対策本部は、復興対策本部に事実上吸収されており、実質的には、復興対策本部と原子力災害対策本部の2本立てで活動を継続しているといえる（(資料5）参照）。

　一方、厚生労働省の体制は、本省に厚生労働省災害対策本部を設け、現地にも政府の現地対策本部のほかに、厚生労働省現地対策本部を設置し、平成23年9月には、厚生労働省災害対策本部を吸収する形で、厚生労働省復興対策本部を正式に設置している。厚生労働省では、原子力事故による災害も含

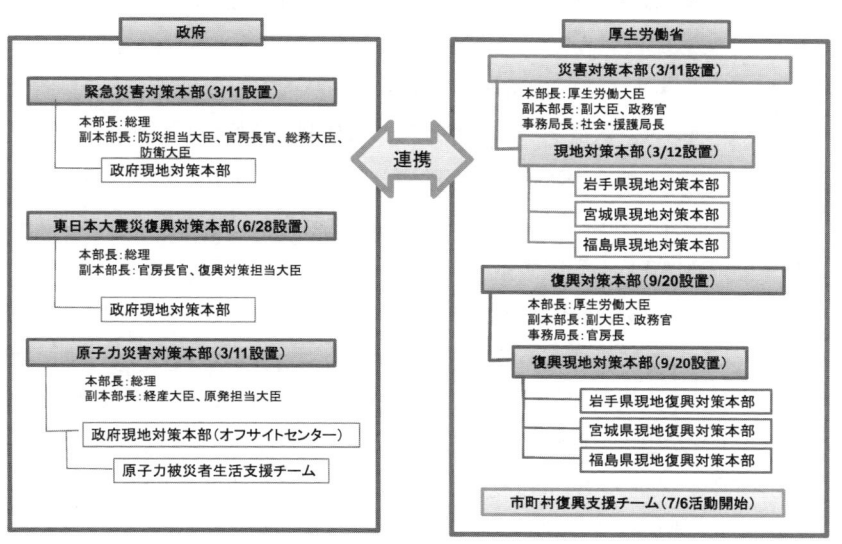

（資料5）　政府における東日本大震災関係の対策本部等

【政府】
- 緊急災害対策本部(3/11設置)
  - 本部長：総理
  - 副本部長：防災担当大臣、官房長官、総務大臣、防衛大臣
  - 政府現地対策本部
- 東日本大震災復興対策本部(6/28設置)
  - 本部長：総理
  - 副本部長：官房長官、復興対策担当大臣
  - 政府現地対策本部
- 原子力災害対策本部(3/11設置)
  - 本部長：総理
  - 副本部長：経産大臣、原発担当大臣
  - 政府現地対策本部(オフサイトセンター)
  - 原子力被災者生活支援チーム

【厚生労働省】
- 災害対策本部(3/11設置)
  - 本部長：厚生労働大臣
  - 副本部長：副大臣、政務官
  - 事務局長：社会・援護局長
- 現地対策本部(3/12設置)
  - 岩手県現地対策本部
  - 宮城県現地対策本部
  - 福島県現地対策本部
- 復興対策本部(9/20設置)
  - 本部長：厚生労働大臣
  - 副本部長：副大臣、政務官
  - 事務局長：官房長
- 復興現地対策本部(9/20設置)
  - 岩手県現地復興対策本部
  - 宮城県現地復興対策本部
  - 福島県現地復興対策本部
- 市町村復興支援チーム(7/6活動開始)

（連携）

めて、基本的には、窓口を一元化して対応している。

　さらに、厚生労働省では、復興対策本部という公式機関だけではなく、平成23年7月に市町村復興支援チームを設け、特に被災地に縁のある職員に被災地と厚生労働省の間をつなぐ任務を与えた。被災地の出身者・被災自治体への出向経験者、あるいは被災地の大学卒業者が、被災市町村をそれぞれ担当し、被災地への訪問や意見交換を行うという取組みを行っている。

2　保健・医療に関する対応

　東日本大震災に対する保健・医療に関する対応状況を整理する。
　なお、医療保険制度における支援にあたっては、保険証の提示を求めず、名前と生年月日の申出により、窓口負担は免除とする特例を設けた。平成23年度中は、原則として、この特例措置を継続する予定である。

(1)　災害派遣医療チーム（DMAT）

　医療の分野については、震災発生後、医療健康対策として、まず、災害派遣医療チーム（DMAT）が出動することになる。DMATの多くは救急や外科系の医師から構成されており、東日本大震災では、最大193チームが活動した。

　DMATは、もともと、阪神・淡路大震災を契機として創設された。発災当時、被災地では、医療チームを受け入れる体制を確保できなかったため、医療チームの被災地への派遣方法が課題となった。その後、ルールが整備された結果、全国に300以上ある災害拠点病院であらかじめ災害時に派遣されるチーム（DMAT）を養成することとなった。

　DMATは、命令があるから動くというものではなく、いわば複雑適応系のチームという点に特徴がある。災害が起きると、速やかに自らの判断で出動する。東日本大震災では、震災直後に福島県近くまで出動し、政府の正式なゴーサインが出ると同時に現地に入った。

　DMATは、災害があれば、現地に行って被災者を助けるというメンタリティを有する者で構成されている。このため、被災地に複数のチームが入っ

III 厚生労働省の対応

（資料６） 東日本大震災に対するこれまでの対応①

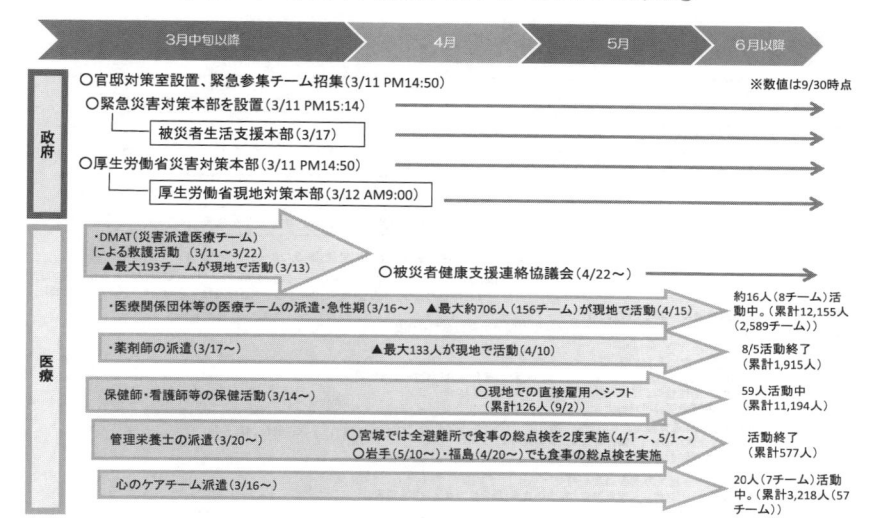

タイムライン： 3月中旬以降 → 4月 → 5月 → 6月以降

※数値は9/30時点

政府
- ○官邸対策室設置、緊急参集チーム招集（3/11 PM14:50）
- ○緊急災害対策本部を設置（3/11 PM15:14）
  - 被災者生活支援本部（3/17）
- ○厚生労働省災害対策本部（3/11 PM14:50）
  - 厚生労働省現地対策本部（3/12 AM9:00）

医療
- ・DMAT（災害派遣医療チーム）による救護活動（3/11～3/22）
  - ▲最大193チームが現地で活動（3/13）
- ○被災者健康支援連絡協議会（4/22～）　約16人（8チーム）活動中。（累計12,155人（2,589チーム））
- ・医療関係団体等の医療チームの派遣・急性期（3/16～）　▲最大約706人（156チーム）が現地で活動（4/15）
- ・薬剤師の派遣（3/17～）　▲最大133人が現地で活動（4/10）　8/5活動終了（累計1,915人）
- 保健師・看護師等の保健活動（3/14～）　○現地での直接雇用へシフト（累計126人）　59人活動中（累計11,194人）
- 管理栄養士の派遣（3/20～）　○宮城では全避難所で食事の総点検を2度実施（4/1～、5/1～）　○岩手（5/10～）・福島（4/20～）でも食事の総点検を実施　活動終了（累計577人）
- 心のケアチーム派遣（3/16～）　20人（7チーム）活動中。（累計3,218人（57チーム））

（資料７） 東日本大震災に対するこれまでの対応②

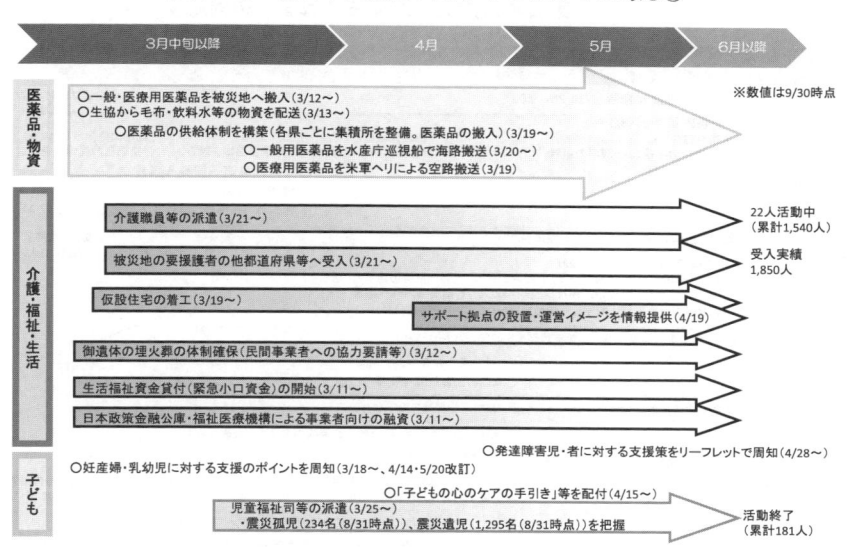

タイムライン： 3月中旬以降 → 4月 → 5月 → 6月以降

※数値は9/30時点

医薬品・物資
- ○一般・医療用医薬品を被災地へ搬入（3/12～）
- ○生協から毛布・飲料水等の物資を配送（3/13～）
- ○医薬品の供給体制を構築（各県ごとに集積所を整備。医薬品の搬入）（3/19～）
- ○一般用医薬品を水産庁巡視船で海路搬送（3/20～）
- ○医療用医薬品を米軍ヘリによる空路搬送（3/19）

介護・福祉・生活
- 介護職員等の派遣（3/21～）　22人活動中（累計1,540人）
- 被災地の要援護者の他都道府県等へ受入（3/21～）　受入実績1,850人
- 仮設住宅の着工（3/19～）
- ○サポート拠点の設置・運営イメージを情報提供（4/19）
- 御遺体の埋火葬の体制確保（民間事業者への協力要請等）（3/12～）
- 生活福祉資金貸付（緊急小口資金）の開始（3/11～）
- 日本政策金融公庫・福祉医療機構による事業者向けの融資（3/11～）
- ○発達障害児・者に対する支援策をリーフレットで周知（4/28～）

子ども
- ○妊産婦・乳幼児に対する支援のポイントを周知（3/18～、4/14・5/20改訂）
- ○「子どもの心のケアの手引き」等を配付（4/15～）
- 児童福祉司等の派遣（3/25～）
- ・震災孤児（234名（8/31時点））、震災遺児（1,295名（8/31時点））を把握
- 活動終了（累計181人）

143

第1編　第7章　厚生労働省の対応①

（資料8）　東日本大震災に対するこれまでの対応③

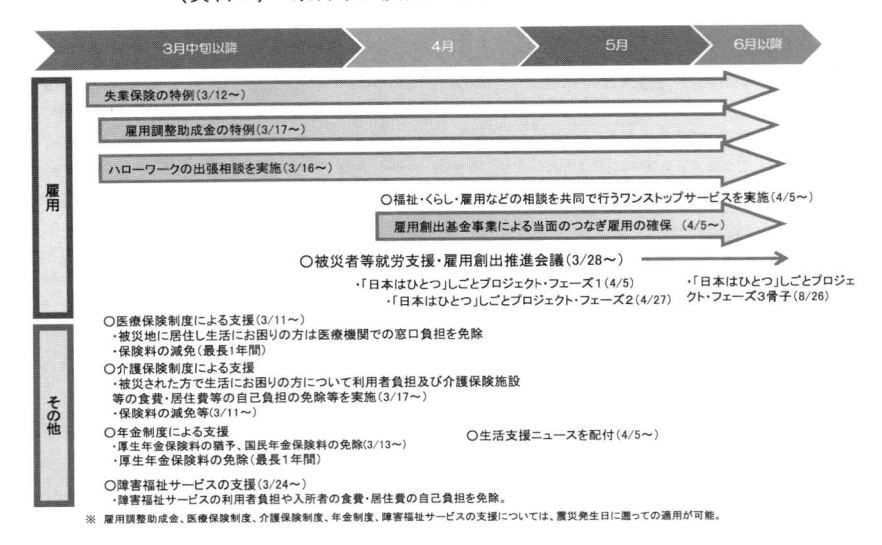

雇用
- 失業保険の特例（3/12～）
- 雇用調整助成金の特例（3/17～）
- ハローワークの出張相談を実施（3/16～）
- ○福祉・くらし・雇用などの相談を共同で行うワンストップサービスを実施（4/5～）
- 雇用創出基金事業による当面のつなぎ雇用の確保（4/5～）
- ○被災者等就労支援・雇用創出推進会議（3/28～）
  - ・「日本はひとつ」しごとプロジェクト・フェーズ1（4/5）
  - ・「日本はひとつ」しごとプロジェクト・フェーズ2（4/27）
  - ・「日本はひとつ」しごとプロジェクト・フェーズ3骨子（8/26）

その他
- ○医療保険制度による支援（3/11～）
  - ・被災地に居住し生活にお困りの方は医療機関での窓口負担を免除
  - ・保険料の減免（最長1年間）
- ○介護保険制度による支援
  - ・被災された方で生活にお困りの方について利用者負担及び介護保険施設等の食費・居住費等の自己負担の免除等を実施（3/17～）
  - ・保険料の減免等（3/11～）
- ○年金制度による支援
  - ・厚生年金保険料の猶予、国民年金保険料の免除（3/13～）
  - ・厚生年金保険料の免除（最長1年間）
- ○生活支援ニュースを配付（4/5～）
- ○障害福祉サービスの支援（3/24～）
  - ・障害福祉サービスの利用者負担や入所者の食費・居住費の自己負担を免除。

※　雇用調整助成金、医療保険制度、介護保険制度、年金制度、障害福祉サービスの支援については、震災発生日に遡っての適用が可能。

（資料9）　東日本大震災に対するこれまでの対応④

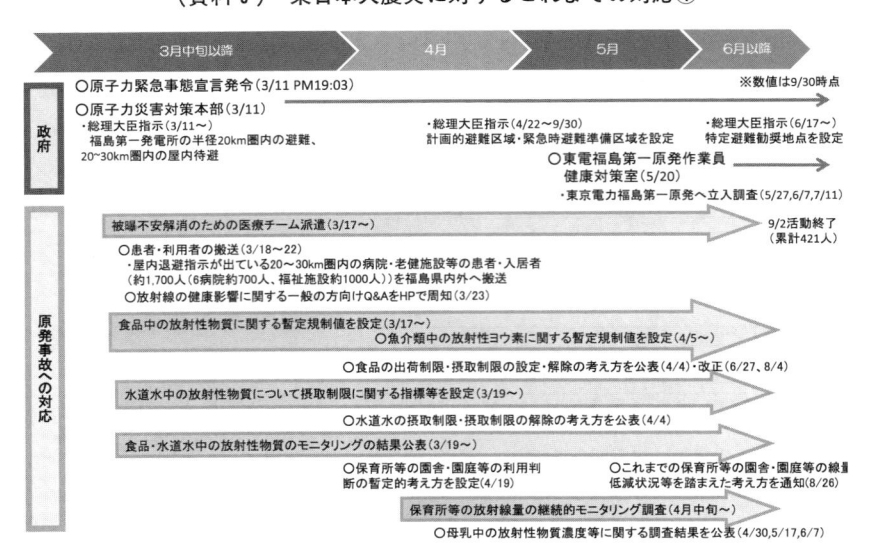

※数値は9/30時点

政府
- ○原子力緊急事態宣言発令（3/11 PM19:03）
- ○原子力災害対策本部（3/11）
  - ・総理大臣指示（3/11～）福島第一発電所の半径20km圏内の避難、20～30km圏内の屋内待避
  - ・総理大臣指示（4/22～9/30）計画的避難区域・緊急時避難準備区域を設定
  - ・総理大臣指示（6/17～）特定避難勧奨地点を設定
- ○東電福島第一原発作業員健康対策室（5/20）
  - ・東京電力福島第一原発へ立入調査（5/27,6/7,7/11）

原発事故への対応
- 被曝不安解消のための医療チーム派遣（3/17～）　9/2活動終了（累計421人）
- ○患者・利用者の搬送（3/18～22）
  - ・屋内退避指示が出ている20～30km圏内の病院・老健施設等の患者・入居者（約1,700人（6病院約700人、福祉施設約1000人））を福島県内外へ搬送
  - ○放射線の健康影響に関する一般の方向けQ&AをHPで周知（3/23）
- 食品中の放射性物質に関する暫定規制値を設定（3/17～）
  - ○魚介類中の放射性ヨウ素に関する暫定規制値を設定（4/5～）
  - ○食品の出荷制限・摂取制限の設定・解除の考え方を公表（4/4）・改正（6/27、8/4）
- 水道水中の放射性物質について摂取制限に関する指標等を設定（3/19～）
  - ○水道水の摂取制限・摂取制限の解除の考え方を公表（4/4）
- 食品・水道水中の放射性物質のモニタリングの結果公表（3/19～）
  - ○保育所等の園舎・園庭等の利用判断の暫定的考え方を設定（4/19）
  - ○これまでの保育所等の園舎・園庭等の線量低減状況等を踏まえた考え方を通知（8/26）
  - ○保育所等の放射線量の継続的モニタリング調査（4月中旬～）
  - ○母乳中の放射性物質濃度等に関する調査結果を公表（4/30,5/17,6/7）

144

た場合には、指揮命令系統が混乱するおそれがあるが、後から被災地に入ったチームは、先に被災地に入ったチームの指揮下に入ることになっている。なお、DMAT は災害急性期対応チームと位置づけられ、その活動は48時間となっている。

(2) 災害医療コーディネーター

また、東日本大震災では、災害医療コーディネーターが大きな活躍をした。宮城県では災害拠点病院ごとに、DMAT 等の調整を行う災害医療コーディネーターを震災前から任命しており、出動してきた DMAT や医療支援チームを県庁で一元的に整理し、ブロックごとの災害拠点病院に振り分ける作業を行った。あらかじめ災害医療をコーディネートする者を決めてあったことにより、全体がスムーズに機能した。

宮城県の石巻赤十字病院外科部長である石井正医師は、県の災害医療コーディネーターとして活躍された。石井医師は、DMAT 等の医療支援チームの各地域への派遣調整にあたり、災害医療コーディネーターである立場を明確にするため、白衣を脱いで作業にあたったとのことである。

(3) 医師の派遣

災害に際しては、通常、骨折ややけどへの外科的な治療が必要となるが、東日本大震災では、津波災害が甚大であったため、外科的な治療が必要な患者は非常に少なかった点が特徴としてあげられる。したがって、東日本大震災においては、DMAT（48時間）後の、高血圧や糖尿病などの内科系の病気、すなわち一般的な診療、日常的な医療というものが必要となった。このため、医師会、大学病院、病院関係団体、あるいは自治体病院などの医療関係団体等に医療チームや医師の派遣を要請した。

特に、日本医師会による医師の派遣は、大きな支援となった。たとえば、自治体病院の医師であれば公務員であることから、派遣への準備が万全であるといえるが、小規模病院の医師には、災害に際しての保険をかけていないという問題があった。そこで、このような小規模な病院に対しては、医師会の傘下として、保険の手続をとり被災地にチームとして入っていくことで対

応した。その他、薬剤師、保健師、栄養士、心のケアチームなどさまざまなチームが被災地で活躍した。

3　医薬品の調達

発災後1カ月は、ガソリンが非常に確保しにくい状況であり、医薬品の搬送が大きな問題となった。

医薬品については、東北の主力工場で全国の90％を生産しているという特殊な医薬品もあったが、通常の一般的、日常的な診療に必要とする医薬品は、各都道府県に大きな卸があり、各卸の在庫で一定期間をまかなうことが可能であった。しかし、燃料の問題から、在庫が十分確保されている医薬品を搬送することができなかった。また、何とか燃料を手当てし、被災地に入っても、発災当初は、さまざまな分野の緊急車両が必要となっていたことから、渋滞が生じ、緊急車両が緊急車両でなくなってしまうという問題も発生した。そこで、米軍のヘリコプターにより東京から医薬品10トンを搬送するという

（資料10）　医薬品の調達

○ 避難所への医療用医薬品の供給については、各県集積地に搬送された医療用医薬品を、各県の実情に応じ県薬剤師会等の協力により保健所・救護所等へ搬入し、巡回医師が携行。
○ 一般用医薬品については、各県集積地に搬送し、生活物資と同梱するなどにより避難所へ搬入

支援内容	搬送先	現地への搬送方法	避難所への搬入
医療用医薬品の搬入	岩手県、宮城県、福島県	・トラックによる陸路搬送 ・米軍ヘリによる空路搬送	各県集積地より、①県内の保健所・救護所等へ搬入した上で、②避難所を巡回する医療チームが携行
一般用医薬品の搬入	岩手県、宮城県、福島県	・トラックによる陸路搬送 ・水産庁巡視船による海路搬送	各県集積地より、生活物資と併せて避難所に搬送したり、避難所を巡回する医療チーム等が携行

（県集積地に運びこまれた一般医薬品）　　　　　　（仕分け梱包後、実情に応じて避難所へ）

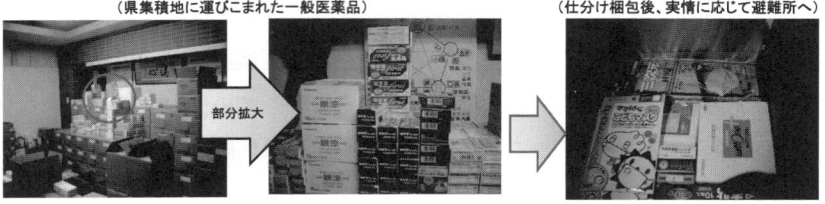

オペレーションなどを展開し、対応した。

その後、燃料の問題が解決する平成23年4月頃には、医薬品の不足はほぼ解消されていった。

4　雇用への対応

雇用対策として、失業保険の給付期間を延長するという特例を実施した。通常は、雇用保険の加入期間によって、給付期間が決まっているが、原則60日の個別延長給付をさらに60日延長し、最大で120日延長するという特例を設けた。その後、さらに120日の延長を認めている。しかし、給付期間の経過後は、失業給付は受けられない。このため、被災地における被災者の生活の安定や、雇用の確保をどう図るかが、今後大きな問題になると考えている。

これらの問題は、さらなる給付期間の延長の是非という失業保険の扱いとともに検討すべき問題であるが、永久に給付期間を延長することは困難である。現地産業の復興、雇用の確保、あるいは県外への就職の確保を進めてい

（資料11）「日本はひとつ」しごとプロジェクト

被災者の就労支援と雇用創出を促進するため、**補正予算・法改正等による総合対策**として、『**「日本はひとつ」しごとプロジェクト・フェーズ2**』をとりまとめ　（4月27日）

(参考)当面の緊急総合対策として、フェーズ1を4月5日にとりまとめ

補正予算・法改正等による総合対策		
復旧事業等による確実な雇用創出	**被災した方々の新たな就職に向けた支援**	**被災した方々の雇用の維持・生活の安定**
○**復旧事業の推進** 　公共土木施設等、空港、公営住宅、水道、工業用水道、廃棄物処理施設等の災害復旧、災害公営住宅等の整備・公共土木施設等の補修工事 　農地・農業用施設、海岸林・林地、漁港・漁場・養殖施設等の復旧支援 　医療、介護、児童、障害者施設、職業能力開発施設等の災害復旧 　市町村の行政機能の応急の復旧 　仮設住宅の建設等 　災害廃棄物（がれき等）の処理等 ○**雇用創出基金事業の拡充** 　重点分野雇用創造事業の基金を積み増して拡充　　　→次頁	○**被災した方を雇い入れる企業への助成の拡充** 　被災した離職者を雇入れ助成金（特定求職者雇用開発助成金）の助成対象に追加 ○職業訓練の拡充 ○復旧工事災害防止対策の徹底 ○避難所への出張相談と被災者のニーズに対応した求人開拓 ○広域に就職活動を行う方への支援 ○被災地における新規学卒者等への就職支援	○**雇用調整助成金の拡充**　→次頁 　特例対象期間（1年間）中に開始した休業を最大300日間助成金の対象 　暫定措置（被保険者雇用期間6か月未満の方を対象）を延長 ○各種保険料等の免除等 ○**中小企業者、農林漁業者、生活衛生関係営業者等の経営再建支援** ○**雇用保険の延長給付の拡充**　→次頁 　雇用保険の給付日数を、現行の個別延長給付（60日）に加え、更に延長 ○未払賃金立替払の請求促進・迅速な支払

（資料12） 主な支援制度

（1）雇用保険　震災被害により賃金が支払われない労働者のために、特例措置を実施

- 労働者が離職した場合に、失業手当を支給
  ※離職せずに休業している場合は支給されない

→【特例】

- 事業所が震災被害を受けたことにより休業となり、賃金が支払われない労働者に、離職していなくても、失業手当を支給する特例措置を実施
- 震災により休業及び離職を余儀なくされた方の給付日数について、原則60日の個別延長給付を更に60日分延長する特例措置を実施
- 更に、被災3県の沿岸地域等の市区町村に居住する方の給付日数を90日分延長する措置を実施

（2）雇用調整助成金　労働者の雇用を維持するために休業等を実施する企業に国が助成

- 経済的理由により事業活動の縮小（注）を余儀なくされた事業主が、労働者の雇用維持のため、休業等を実施した場合
  （注）最近3か月とその直前の3か月又は前年同期の事業活動を比較
  → 休業手当などの負担額の2/3
  　（中小企業は4/5）を国が助成

→【支給要件を緩和】

- 対象の拡大
  ・東京都を除く災害救助法適用地域の事業所
  ・これらの地域の事業所と取引関係が緊密な事業所等
- 事業活動縮小の確認期間の短縮（3か月→1か月）
- 支給対象期間（1年間）においては、これまでの支給日数とは別枠で、最大300日の受給を可能とする　等
- 8月の休業等実施計画届受理状況：
  49,798事業所、対象者数961,414人

（3）雇用創出基金事業　震災により失業された方々のために、雇用の場を確保　→次頁

- 国の交付金を財源として、都道府県・市町村が、離職した失業者の雇用機会を創出する事業
  ・対象分野：介護、医療、農林など
  ・雇用期間：1年以内、更新不可

→【要件緩和・積み増し】

- 基金を積み増して拡充し、「震災対応事業」として被災者の雇用機会を創出する事業を実施。
  （自治体の臨時職員として雇用することも可能）
  （例）　仮設住宅における子どもの一時預かりや高齢者の見守り、がれきの片付け　等
- 雇用期間の複数回更新を可能とする
- 全国で合計約43,000人の雇用創出計画（9月29日現在）

（資料13）（参考）雇用創出基金事業の取組状況（9月29日現在厚労省把握分）

> 東日本大震災により仕事を失われた方々の雇用の場を早急に確保するため、重点分野雇用創造事業等の雇用創出のための基金事業について、実施要件の緩和と基金の積み増しにより、被災された方々の雇用機会を創出する事業を実施。（23年度補正予算：500億円）

○　岩手県
　　10,000人の雇用計画数。うち、5,942人の求人数。うち、4,212人の採用実績。
　　役所の事務作業、仮設住宅の環境整備、流失した漁具の片づけ等を行う。

○　宮城県
　　11,000人の雇用計画数。うち、8,248人の求人数。うち、5,727人の採用実績。
　　被災地のパトロール、仮設住宅での高齢者の見守り・ニーズ調査、花の植栽等を行う。

○　福島県
　　11,000人の雇用計画数。うち、8,131人の求人数。うち、6,769人の採用実績。
　　避難所・仮設住宅のパトロールや清掃、住民票等受付・発行等を行う。

○　全国で、基金を活用し、約43,000人の雇用計画数。うち、約21,327人の採用実績。

(資料14) 被災者への取組み

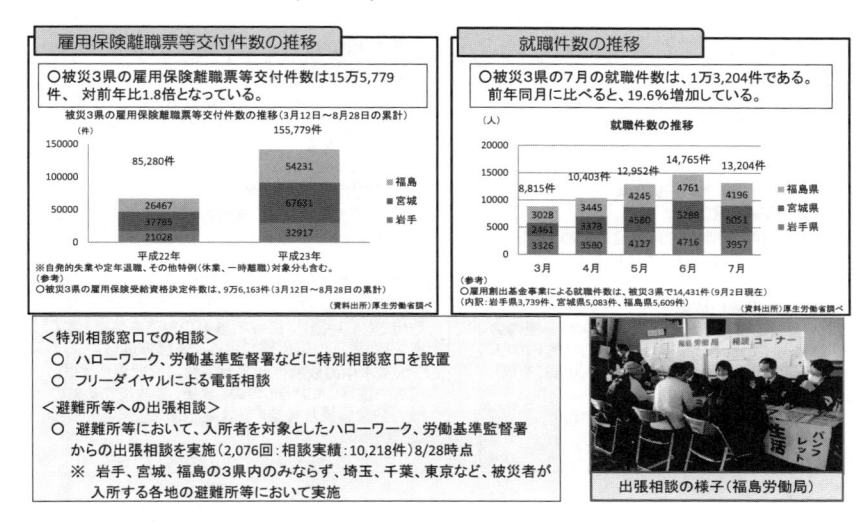

雇用保険離職票等交付件数の推移
○被災3県の雇用保険離職票等交付件数は15万5,779件、対前年比1.8倍となっている。

被災3県の雇用保険離職票等交付件数の推移（3月12日～8月28日の累計）

	平成22年	平成23年
福島	26467	54231
宮城	37785	67631
岩手	21028	32917
計	85,280件	155,779件

※自発的失業や定年退職、その他特例（休業、一時離職）対象分も含む。
（参考）
○被災3県の雇用保険受給資格決定件数は、9万6,163件（3月12日～8月28日の累計）
（資料出所）厚生労働省調べ

就職件数の推移
○被災3県の7月の就職件数は、1万3,204件である。前年同月に比べると、19.6%増加している。

就職件数の推移 （人）

	3月	4月	5月	6月	7月
福島県	3028	3445	4245	4761	4196
宮城県	2461	3378	4580	5288	5051
岩手県	3326	3580	4127	4716	3957
計	8,815件	10,403件	12,952件	14,765件	13,204件

（参考）
○雇用創出基金事業による就職件数は、被災3県で14,431件（9月2日現在）
（内訳）岩手県3,739件、宮城県5,083件、福島県5,609件
（資料出所）厚生労働省調べ

＜特別相談窓口での相談＞
○ ハローワーク、労働基準監督署などに特別相談窓口を設置
○ フリーダイヤルによる電話相談
＜避難所等への出張相談＞
○ 避難所等において、入所者を対象としたハローワーク、労働基準監督署からの出張相談を実施(2,076回：相談実績：10,218件)8/28時点
　※ 岩手、宮城、福島の3県内のみならず、埼玉、千葉、東京など、被災者が入所する各地の避難所等において実施

出張相談の様子（福島労働局）

く必要がある。

その他、支援策として雇用調整助成金の拡充を実施している。

5　原子力発電所事故への対応

　厚生労働省では、原子力発電所事故の災害に対して、福島県に現地対策本部を設けた。厚生労働省は、内政的な役所であることから、通常は市町村、都道府県を経由して、国に情報がもたらされるが、災害時は混乱のため、通常のルートでは情報はあがってこない。時には、誤った情報がもたらされることもある。そこで、現地に本部を設けることにより、まず、厚生労働省が所管する問題について、知見のある職員が、1次情報を獲得することとし、また、その情報の正否につきチェックすることとした。

　しかし、原子力発電所事故の災害については、東京電力と原子力安全・保安院以外から情報が発信されないため、現地においても1次情報を得ることは困難であった。

(資料15)　原子力発電所事故への対応

(1)健康の確保

①健康相談
○ 放射線に関する健康相談について、都道府県等の保健所に対し、相談窓口を設置するよう依頼。

②被ばく不安解消のためのスクリーニング対応医師等の派遣
○ 放射線の測定や健康管理のため、医師など累計421人が派遣されている。

③入院患者等の搬送
○ 屋内退避指示が出ている20～30km圏内の病院・老健施設等の患者・入居者（約1,700人（6病院約700人、福祉施設約1000人））を福島県内外へ搬送

(2)水道水の管理

①放射性物質の指標等
○ 水道水中の放射性物質の指標等を超過した時には、厚生労働省より、水道事業者に対して、摂取制限及び広報を要請
  - 放射性ヨウ素300Bq/kg（乳児は100Bq/kg）
  - 放射性セシウム200Bq/kg
※ 現時点で乳児または一般における摂取制限を行っている地域はない。（10/4時点）

②水道水における放射性物質対策検討会の検討結果
○ 東電福島第一原発から大量の放射性物質が再度放出されない限り、摂取制限等の対応を必要とするような水道水への影響が現れる蓋然性は低い
○ 水道水中の放射性物質が不検出又は極めて低い濃度で推移しているものの、今後、事故後初めての梅雨や台風襲来時期を迎えることから、モニタリングを継続実施

(3)食品

○ 3月17日　食品中の放射性物質に関する食品衛生法上の暫定規制値を設定
　⇒（例）野菜類：放射性ヨウ素2000Bq/kg、放射性セシウム500Bq/kg
○ 4月5日　魚介類中の放射性ヨウ素に関する暫定規制値を設定
　⇒魚介類：放射性ヨウ素2000Bq/kg

※検査実施状況　27,303件、うち暫定規制値超過675件（10/4時点）

（出荷制限の対象となっている食品）

県名	出荷制限品目
福島県	（一部地域）原乳、ホウレンソウ、カキナ、キャベツ、ブロッコリー、カリフラワー、カブ、原木しいたけ（露地・施設栽培）、キノコ類（野生のものに限る。）たけのこ、くさそてつ（こごみ）、ウメ、ユズ、クリ、ヤマメ（養殖を除く。）、ウグイ、アユ（養殖を除く。）等（全域）イカナゴの稚魚、牛肉（7/19～）（※）
茨城県	（全域）茶（6/2～）
栃木県	（一部地域）茶（6/2～、7/8～）、（全域）牛肉（8/2～）（※）
千葉県	（一部地域）茶（6/2～、7/4～）
神奈川県	（一部地域）茶（6/2～、6/23～、6/27～）

（摂取制限の対象となっている食品）

県名	摂取制限品目
福島県	（一部地域）ホウレンソウ、カキナ、キャベツ、ブロッコリー、カリフラワー、原木しいたけ（露地）、キノコ類（野生のものに限る。）等（全域）イカナゴの稚魚
群馬県	（一部地域）茶（6/30～）
宮城県	（全域）牛肉（7/28～）（※）
岩手県	（全域）牛肉（8/1～）（※）

※ 宮城県、福島県、岩手県、栃木県の牛肉に係る出荷制限については、8月25日までに順次、一部解除　　（10/4時点）

(1)　入院患者の搬送

　福島第1原子力発電所から20キロメートル圏内に避難命令が出され、その後、20から30キロメートル圏内に屋内退避の指示が出されたが、命令対象圏内に所在する病院に入院する患者への対応が問題となった。命令が出された

当時は、先の見通しが明確ではなかったことから、危険地域に、災害弱者である入院患者をそのままにしておくわけにはいかなかった。また、放射線被害の問題以外に、原子力発電所の事故に伴って産業活動が停止し、病院における給食材料の手配や、職員の通勤などに支障が生じ、病院の存続が困難になる可能性があった。最終的には、患者を緊急搬送することとし、厚生労働省の判断で、災害対策本部によるオペレーションを実施した。

患者の緊急搬送のオペレーションにあたっては、関東甲信越および山形県の11都県より、速やかに受け入れが可能な病院および診療科、患者数のリストアップへの協力があった。

被災地である福島県との調整にあたっては、県庁の職員も被災していたことから、厚生労働省職員の医師3名を県庁に派遣し、各病院の責任者と、どの自治体に、どの患者を搬送するかを話合い、搬送手段については、首相官邸の輸送班と相談することで対応した。

搬送手段としては、緊急搬送車やヘリコプターを用い、状況によっては、往復を繰り返し対応し、最終的に、入院患者900人、老人ホームなどの要介護入所者合わせて約2000人などを搬送した。

搬送にあたっては、迅速かつ実現可能性の高い、患者に配慮した方法を、それぞれの患者の状態に応じて選択する必要がある。特に、一般病院だけでなく急性期の入院患者の病院、療養型の病院、高齢者のいる病院、精神科の病院など、患者の状態にあわせた搬送方法をとることが重要であったといえる。

なお、わが国では、1000人単位で患者を搬送したことは、初めての経験であった。

(2) 食品の安全確保

この問題は、震災後1年を経過しようとしている現在においても継続している非常に深刻な問題である。

これまで大きな原子力発電所の事故による被害は生じたことがなく、放射線は、もともと確率論的なものでもあることから、あらかじめ本格的な規制

値を定めていなかった。そこで、東日本大震災後、まずは、暫定的な規制値を定め、その後、本格的な規制値を設定する作業を進めた。本格的な規制値が定まるまでは、全国の食品、特に野菜、魚、肉について、厚生労働省で各都道府県が行う検査結果をとりまとめて発表し、対応した。

水の安全の問題についても、全国の浄水場で放射線量の検査を実施すると、高い数値が検出され、各地で過敏な反応が続いた。水道水の放射性物質の状況についても、厚生労働省で各都道府県が行う検査結果をとりまとめて継続して発表し、対応した。現在（平成23年10末現在）は、水道水の検査結果の数値も低下し、問題は落ち着きをみせている。

また、幼児・児童は、放射線の被害が生じた場合に、長い年数の経過後に影響が出る可能性が高い。そのため、ヨウ素剤を飲ませるべきだという意見が多く出されたが、ヨウ素剤は、放射性ヨウ素を吸い込む、あるいは体内に取り込む前24時間以内または直後に摂取することが効果的であり、3日ほど時間が経過すると、服用したヨウ素剤のほとんどが排泄されてしまうため効果はなくなってしまう。早く飲み過ぎても、遅く飲んでも効き目がなく、副作用が出る可能性もあることから、必要かつ適切な時に摂取する必要がある。とにかく摂取すればよいというものではない。

災害に際しては、正確な情報が伝わらず、ある自治体では、正確な認識や指示がない状況にもかかわらず、住民からの強い要求により、断りきれず、配布してしまった事態が起きた。

6　専門職員（保健師、心のケアチーム、薬剤師、栄養士、介護職員）の活動

医療関係者の派遣については、発災初期は救急医療が必要なため、DMATが対応し、その後の一般的な医療は、医師会のJMATが対応した。医師会や病院団体、自治体等から多くの医者が派遣されたが、その他多くの専門職員が被災地に派遣されている（（資料16）参照）。

(1) 保健師

多くの保健師も被災地において支援を行った。保健師は、交通手段がない被災地へも、線路の上を歩いて現地に入ったとのことである。そのうえで、たとえば、朝6時に起床し、パンを食べてから避難所を巡回し、夜11時に宿泊所に戻るという多忙を極める厳しい状況の中で、発災当初は寒さ対策を主に実施し、夏には熱中症、感染症、食中毒、公衆衛生、心の相談などの支援を行い、また、エコノミークラス症候群対策のため、血流循環の悪化予防のため体操をするなどの取り組みも実施された。さらに、避難所の人たちの相談に乗り、指導にあたった。被災者にとっては、医師より保健師のほうが相談しやすい面もあったようである。ほとんどの避難所が閉鎖された後も、仮設住宅の巡回や相談という形で、被災地への支援にあたっている（（資料17）参照）。

(2) 心のケアチーム

また、仮設住宅への対応は、精神科医や看護師で構成されている心のケアチームも行っている。大災害においては、後遺症、心の損傷（PTSD）が生じやすい状態になっている。これらの症状は、ある日突然フラッシュバックのように戻ってくるという特徴があり、ご遺体の埋葬を手伝った方など、多くのご遺体に接した人の中には、精神的に大きな負担を感じた方もいることから、心のケアチームは大きな役割を担ったといえる。

(3) 薬剤師

薬剤師からは、特に医薬品の集積所での仕分けにあたり大きな支援があった。たとえば、岩手県では、医療用医薬品は、すべて岩手医科大学に集積し、駐車場で薬を一体管理し、そこから車で搬送する方法をとったが、地元から提供される薬は、分量が細かく分けられていたため対応に困難はなかったものの、東京など全国からの支援により提供されたものについては、各薬がまとまって搬送されてきたため、小さく分ける作業が必要となった。また、薬には、名称が類似しているものもあり（現在は、類似の名称は避けることとなっている）、対応を誤ると大きな被害が生じかねないことから、正確に小分

第1編　第7章　厚生労働省の対応①

（資料16）　医療関係者の派遣等

被災地における医療の現状
○ 地震発生から数ヶ月が経過し、医療の内容は救急医療から慢性疾患（高血圧など）対応へ

現状への対応

(1) 医療関係者の被災地への派遣
○ 日本医師会等の関係団体から、医師等を派遣
○ 全国の自治体との間で、保健師等の派遣を調整
○ 精神科医、看護師等から構成される「心のケアチーム」の派遣を調整

(2) 医療保険制度による対応
○ 氏名、生年月日などの申し出により、被保険者証なしで医療機関を受診することが可能
○ 被災地に居住し、生活にお困りの方は、医療機関での窓口負担を免除（震災後に他の市町村に移った方も同様）
（※ 7月からは、原則として被保険者証と免除証明書を窓口で提示することが必要）

（医療チームのミーティング）

（資料17）　保健師の活動

現在の活動
・避難所に常駐及び巡回しての健康・衛生管理
・在宅要支援者等への家庭訪問
・仮設住宅入居者の健康状況の把握

○ **熱中症予防対策**
・脱水症状を予防するため、こまめな塩分・水分摂取を呼びかけながら、健康相談・健康教育を実施
・避難所の管理者等に、室内温度を適切に保つための環境整備や水分補給が可能な体制整備について助言

○ **感染症や食中毒の予防**
手洗い、うがい、部屋の換気及びトイレ消毒等の保健指導や健康教育を実施

○ **心の相談への対応**
不眠やストレスを訴える避難者の把握、精神障害者の継続的な治療等を支援
必要に応じて、心のケアチーム等と連携

○ **福祉サービス等への連絡調整**
支援を必要とする高齢者、障害者等に対する必要なケアの実施
ニーズに応じて介護・福祉サービス、ボランティア等の支援につなぐための連絡や調整

今後の活動
○ 仮設住宅等の巡回及び家庭訪問による要支援者への継続した支援
○ 乳幼児健診等の市町村の平常業務再開に向けた支援

（エコノミークラス症候群等の予防のために健康体操を実施）

（資料18） 薬剤師の活動

現在の活動
・避難所等における医薬品供給、相談等
・病院、薬局における調剤等の医療活動
・医薬品集積所での医薬品の仕分け・管理等

○救護所・避難所等における被災者に対する医薬品提供、服薬説明及びお薬手帳の活用
　・医療チームに同行して、避難所等における処方支援、医薬品の識別、代替医薬品の提案、医薬品の提供、服薬説明
　・各避難所等において医薬品に関する相談応需・服薬説明、一般用医薬品の使用相談・提供
○被災地の病院の薬剤師業務の支援（院内調剤、外来患者への服薬説明等）
○避難所等における衛生管理、防疫対策
○医薬品集積所等での医薬品の仕分け・管理、救護所・避難所への払い出し作業

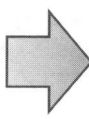

今後の活動
○被災地の薬局、医療機関における調剤、服薬指導等による患者への継続的な支援
○避難所や仮設住宅入居者への巡回による薬の提供や相談及び衛生管理

（被災地におけるくすりの相談窓口）　（避難所の仮設薬局での医薬品管理）

けする作業は、薬剤師、特に、開業薬剤師の大きな尽力により、対応された（（資料18）参照）。

　(4) 栄養士

　発災当初、避難所では、朝は菓子パン、昼はおにぎり、夜も菓子パンという食事が多く、また宮城県では都市ガスがしばらく使えなかったことから、温かい食事を出せない状況であった。このため、栄養士により、メニューの工夫や栄養の確保、糖尿病などの病気の状態に配慮した食事が提供された。また、各家庭を訪問し、栄養指導を実施した（（資料19）参照）。

（資料19） 栄養改善対策

現在の活動
○ 岩手県・宮城県・福島県、社団法人日本栄養士会の連携の下、被災外の自治体管理栄養士の協力も得て、栄養状況の厳しい避難所の巡回指導、個別相談、食事の確保に対応。（3／20〜）

○ 安定的に供給すべき食事提供のための当面の目標となる栄養量を提示。（4／21〜）

○ 岩手県・宮城県・福島県における避難所の食事提供状況等の把握、改善すべき課題の整理、対応。（4／1〜）

○ 被災後3ヶ月以降の避難所における食事提供のための栄養量とともに、適切な栄養管理の留意事項を提示。（6／14〜）

今後の活動
○ 避難所や仮設住宅への管理栄養士による重点的な巡回指導、栄養バランスのとれた食事の確保
○ 糖尿病などの疾病状況や生活状況といった個別ニーズに応じた食生活支援

（家庭訪問による栄養指導）

(5) 介護職員

東日本大震災に際しては、被災地に、介護職員を累計で1540人を派遣した。特に原子力発電所の事故の関係では、多数の要看護者を圏外搬送する支援があった（（資料20）参照）。

7　震災孤児・震災遺児

震災孤児とは、両親を亡くした子供である。震災孤児については、非常に関心が高い。一方で、片方の親を亡くした震災遺児も1295人いることが報告されている。震災孤児も震災遺児も、親を亡くしたことによる精神的なダメージが非常に大きいことから、いずれも同じように手厚くケアをしていく必要がある。

8　災害救助法の適用

災害救助法は災害発生時に最初に適用される法律である。被災3県につい

III 厚生労働省の対応

(資料20) 介 護

(1)介護職員等の被災地への派遣
○ 全国の都道府県等に対し、被災地の介護施設、障害者施設等への介護職員の派遣を依頼。
○ 岩手県308人、宮城県1,073人、福島県159人を派遣。累計1,540人。
　派遣可能人数：7,719人

(2)要援護者の被災地からの受入
○ 全国の都道府県に対し、被災地の要援護者の介護施設等への受け入れを依頼。

実績：1,850人(岩手県271人、宮城県953人、福島県626人)
このほか東京電力福島第一原子力発電所事故に伴う退避難者(介護施設等入所者)の受け入れ 約1,500人

※ 実績については、9/30現在

(3)介護保険制度による対応
○ 氏名、生年月日などの申し出により、被保険者証なしで介護サービスを利用することが可能
○ 利用料、介護保険施設等の食費・居住費の自己負担額の免除等を実施。

※7月1日以降は、原則として、被保険者証・免除証明書等が各々必要

(介護職員による家庭訪問の様子)

(資料21) 災害救助法の適用

○ 災害に際して、国が応急的に必要な救助を行い、救助経費を一部負担するもの。
　(被災自治体の財政力に応じ、最大9割国庫補助)
○ 宮城県、岩手県、福島県等に災害救助法が適用され、応急仮設住宅の設置をはじめとする災害救助のための経費として、第一次補正予算等で予算措置(約4,400億円)を講じた。

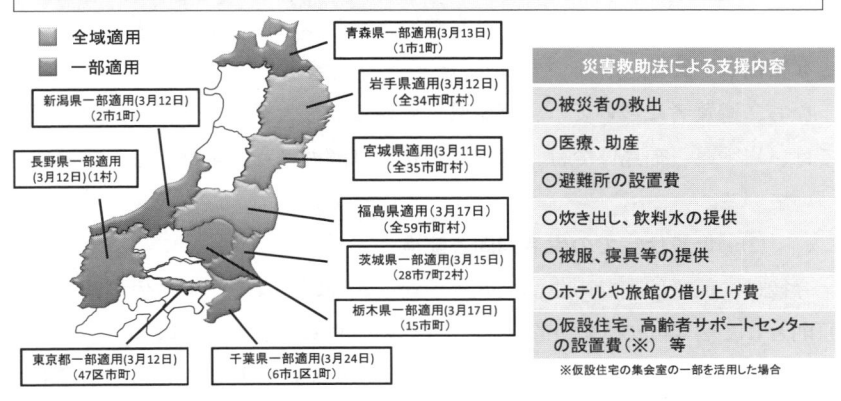

■ 全域適用
■ 一部適用

- 青森県一部適用(3月13日)（1市1町）
- 新潟県一部適用(3月12日)（2市1町）
- 長野県一部適用(3月12日)（1村）
- 東京都一部適用(3月12日)（47区市町）
- 岩手県適用(3月12日)（全34市町村）
- 宮城県適用(3月11日)（全35市町村）
- 福島県適用(3月17日)（全59市町村）
- 茨城県一部適用(3月15日)（28市7町2村）
- 栃木県一部適用(3月17日)（15市町）
- 千葉県一部適用(3月24日)（6市1区1町）

災害救助法による支援内容
○ 被災者の救出
○ 医療、助産
○ 避難所の設置費
○ 炊き出し、飲料水の提供
○ 被服、寝具等の提供
○ ホテルや旅館の借り上げ費
○ 仮設住宅、高齢者サポートセンターの設置費(※) 等

※仮設住宅の集会室の一部を活用した場合

157

ては全市町村に適用された。東京も震災により通勤困難となったことにより、一部適用された。今回のような非常に広い範囲で災害救助法を適用したことは、これまで例がなかった。

　災害救助法は、都道府県等が行う被災者の救出、医療、避難所の設置、炊き出し、衣服や寝具の提供、仮設住宅の設置について、国が財政的支援を行うことを規定している。これらの費用は被災県が負担するものの、最大9割を国費から支援することが可能となっている。もちろん、なかには市町村が実施し、県が費用を負担する場合もあるが、主体は県とされている。

　災害救助法は、適用にあたって迅速が求められ、非常に重要な法律といえる（（資料21）参照）。

9　仮設住宅

(1)　みなし仮設

　東日本大震災では、みなし仮設を適用した。普通仮設住宅は、新たに箱のようなものを組み上げることで建設されるものであるが、みなし仮設は、民間のアパートを仮設住宅とみなし、災害救助法を適用するものである。これは被災県が民間住宅の所有者と契約することで、仮設住宅として適用することになる。宮城県においては、みなし仮設への入居者は、2万3360人に及び、従来型の仮設住宅への入居者よりも多い。これは、東日本大震災における大きな特徴といえる。

　なお、避難者については、宮城県において、最大32万人であったが、現在では、岩手県、福島県では、ほぼ避難状態は解消され、宮城県も、解消に近づいている。

(2)　仮設住宅での生活期間と配慮

　今後は、仮設住宅での生活期間への対応が問題となる。通常仮設住宅は、原則として2年間の入居が認められるにとどまる。しかし、阪神・淡路大震災の際には、5年に及び入居された被災者がいた。これは固有の事情があることから、一律に入居期間が制限されるものではなく、それぞれ事情が検討

III　厚生労働省の対応

（資料22）　仮設住宅について

○ 災害救助法の適用により、応急仮設住宅の設置について国が財政的支援を実施。
○ 応急仮設住宅は供給については、50,409戸が完成しており、被災地から要請されている52,471戸のうち大半は完成（9/26時点）。また、58,127戸の民間賃貸住宅を借り上げている（10/3時点）。

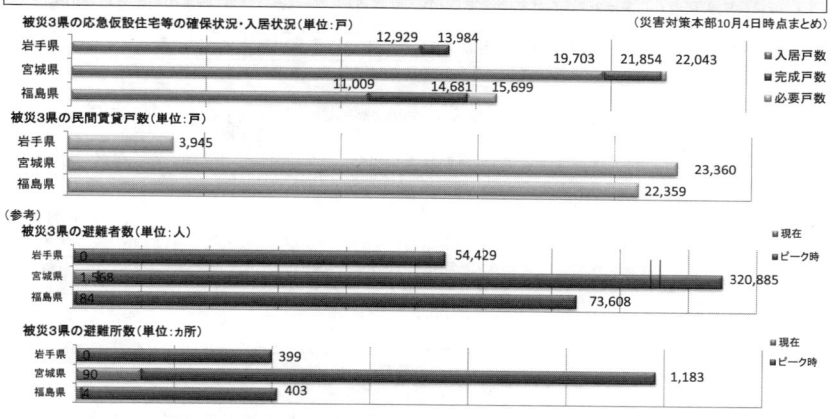

被災3県の応急仮設住宅等の確保状況・入居状況（単位：戸）　　　　　　　　　（災害対策本部10月4日時点まとめ）
- 岩手県：入居戸数 12,929／完成戸数 13,984
- 宮城県：19,703／21,854／必要戸数 22,043
- 福島県：11,009／14,681／15,699

被災3県の民間賃貸戸数（単位：戸）
- 岩手県：3,945
- 宮城県：23,360
- 福島県：22,359

（参考）
被災3県の避難者数（単位：人）
- 岩手県：現在 0／ピーク時 54,429
- 宮城県：1,568／320,885
- 福島県：184／73,608

被災3県の避難所数（単位：ヵ所）
- 岩手県：現在 0／ピーク時 399
- 宮城県：90／1,183
- 福島県：4／403

（注）避難者数は市町村の避難所等に避難している方の数値。

されることになる。

　仮設住宅への入居にあたって、阪神・淡路大震災の際には、公平を図るため自治体において抽選が実施されたが、その結果、知らない人ばかりの中に移り住むという事態が生じた。これはさまざまな問題が生じることから、今回は、地縁がある人は、できるだけまとまって、入居できるよう、自治体において、配慮されている。

(3)　サポート拠点の設置

　できうる限り地縁のある方の中での入居を図っても仮設住宅にひきこもってしまう被災者もあり、身体機能の衰えにより、廃用性症候群になる可能性がある。また、親しい方と会えなくなることから、精神的にもさまざまな問題が起こることが危惧される。そこで、厚生労働省では、1日中、部屋でテレビを見ているのではなく、できるだけ外出を促すよう、サポート拠点を設置した（（資料23）参照）。

159

第1編　第7章　厚生労働省の対応①

（資料23）　仮設住宅へのサポート体制について

- コミュニティの交流の拠点、情報収集拠点として、仮設住宅に併設
- 行政との接点となる自治会組織の活動拠点でもある
- 介護や障害福祉、子育て等のサービス支援の拠点となる
- 配食サービス、24時間の見守り、移動支援といった生活支援を行う
- 仮設住宅入居者から選ばれた「ふれあい推進員」の活動拠点として、お祭り、学校行事の打ち合わせの場に
- 介護等のサポート拠点の設置・運営費用として、岩手県20か所、宮城県43か所、福島県16か所（この他9ヶ所の要望についても検討中）分が、各県の6月までの補正予算に計上されている。

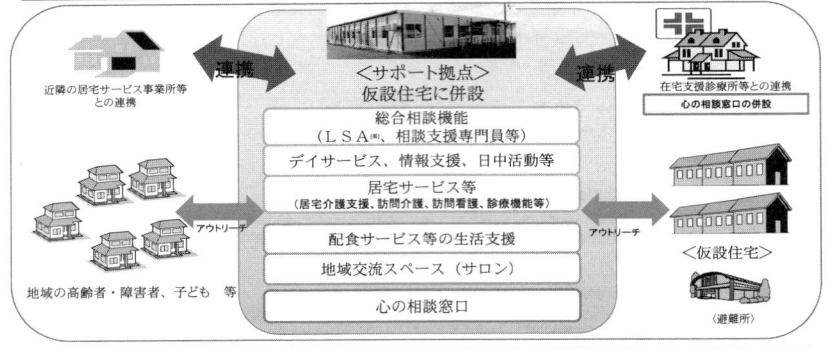

＜サポート拠点＞
仮設住宅に併設

- 総合相談機能（LSA®、相談支援専門員等）
- デイサービス、情報支援、日中活動等
- 居宅サービス等（居宅介護支援、訪問介護、訪問看護、診療機能等）
- 配食サービス等の生活支援
- 地域交流スペース（サロン）
- 心の相談窓口

近隣の居宅サービス事業所等との連携 ── 連携
在宅支援診療所等との連携（心の相談窓口の併設）
地域の高齢者・障害者、子ども　等 ── アウトリーチ
＜仮設住宅＞（避難所）

※　LSA：ライフサポートアドバイザー＝住民からの様々な相談を受け止め、軽微な生活援助のほか、専門相談や具体的なサービス、心のケア等につなぐなどの業務を行う者

　国が助成し都道府県が設置を行い、岩手県20カ所、宮城県43カ所、福島県16カ所の設置を進めているところであるが、さらなる設置が要望されている。要望については、さらに財政的な支援を検討している。

　このサポート拠点には、生活の総合相談のため、相談支援専門員をおき、デイサービスを行い、あるいは、体操したり、作業療法をしたり、リハビリテーションといったことを行っている。外出が困難な入居者については、居宅介護支援、ケアマネジメントによる居宅サービスや訪問介護ということが必要であることから、ヘルパーや訪問看護師、場合によっては往診などのサービスを提供している。

　また、仮設住宅では、基本的には自炊であるが、やはり食事の調理が困難な入居者もいる。そこで、自炊が困難な方、特に高齢の入居者に対しては、サポート拠点から配食サービスを実施している。さらに、仮設住宅の入居者だけではなく、地域の人たちに集まってもらうことで交流を図り、サポート

拠点をサロンのような場としている。
　今後は、仮設住宅の入居者の健康の確保と精神的ケアの提供、若者には、雇用の確保が大きな課題になっていくと思われる。

Ⅳ　最後に

　東日本大震災は、非常に大きな被害が生じ、特に原子力問題については、引き続き困難な問題が残っている。特に福島県相双地域の支援が非常に問題であり、厚生労働省としては、相双地域に平成23年10月から相双医療従事者確保センターという出先機関を設け、地域の状況について直接情報を獲得するよう努め、県と一体で必要な支援を実施できるよう職員を常駐させている。
　今後も被災地、被災者に必要な支援を継続して行っていくことを考えている。

第8章 厚生労働省の対応②
——食品の安全確保を中心に

震災対応セミナー実行委員会厚生労働省分科会

はじめに

　東日本大震災における厚生労働省の対応については、第7章において解説されたところであるが、その後、震災対応セミナー実行委員会ではさらに食品の安全確保の対応について厚生労働省よりオブザーバーを招き分科会を開催した。本稿は、分科会での内容を参考にしつつその他厚生労働省のホームページ等資料を参照しながら震災対応セミナー実行委員会にて独自にまとめたものである。

　なお、厚生労働省は平成24年4月1日から食品の安全に関する新基準値を施行した。その詳細は、同省のホームページを参照いただきたい。

I　被災地の復興に向けて

1　平成23年度補正予算・平成24年度予算(案)での支援

　厚生労働省では、被災地の復興に向けて、平成23年7月29日に決定された政府の基本方針に基づき、以下の取組みを支援することとしている。
① 医療や介護等の地域での暮らしの再生支援
　ⓐ 地域医療提供体制の再構築の支援、被災地の「絆」の再生のための支援
　ⓑ 保健・医療・介護・福祉・住まい等のサービスを一体的に提供する

「地域包括ケア」体制の整備など
② 雇用の復興に向けた支援
・復旧復興事業等による雇用創出、成長分野における職業訓練など
③ 食品の安全確保等の原子力災害への対策
・食品に係る安全対策、東京電力福島第1原子力発電所の作業員への健康管理対策など

そこで、平成23年度の第3次補正予算では、6534億円を求めている（（資料1）参照）。

（資料1） 平成23年度厚生労働省第3次補正予算（案）の概要

	計 6,534億円
	（一般会計6,388億円 特別会計147億円）
Ⅰ 東日本大震災に係る復興支援	2,592億円
	〔一般会計：2,591億円 特別会計：1.7億円〕
第1 地域での暮らしの再生 2,333億円	
【医療・福祉サービス・コミュニティの再生】	
1 地域医療提供体制の再構築	720億円
2 地域包括ケアの再構築	119億円
3 地域の「絆」の再構築等	202億円
4 障害福祉サービスの再構築	20億円
5 子育てサービスの再構築	16億円
【医療機器創出を通じた東北地方の再生】	
1 東北発の革新的医療機器創出・開発促進事業の実施	43億円
【被災者の健康確保】	
1 被災者の健康の確保	29億円
2 被災者の心のケア	28億円
【復旧への追加的支援】	
1 被災施設の災害復旧等	628億円
2 被災者等への支援	527億円
第2 原子力災害からの復興	4.3億円

```
                           〔一般会計：2.6億円　特別会計：1.7億円〕
 第3　今後の災害への備え                                    256億円
Ⅱ　復興・円高対応のための雇用対策                          3,925億円
                           〔一般会計：3,780億円　特別会計：145億円〕
  1　被災地の本格的な雇用復興のための産業政策と一体となった
    雇用機会創出への支援                                 1,510億円
  2　震災及び円高の影響による失業者の雇用機会創出への支援  2,000億円
  3　震災や円高の影響を受けた者への就職支援                  242億円
  4　ハローワークの機能・体制強化                            16億円
  5　職業訓練の拡充等                                       156億円
  6　労働者の労働条件の確保等                               80百万円
Ⅲ　その他
  台風等による被害を受けた水道施設等の復旧                   17億円
  東日本大震災復興交付金                              （内閣府で計上）
※　この他、
・基礎年金国庫負担2分の1のための所要額の繰り入れ（2.4兆円）（厚生労働省分）
・B型肝炎訴訟の給付金等の支払いのための基金の設置（480億円）
・「平成23年度における子ども手当の支給等に関する特別措置法」に基づく補正減額（▲1,050億円）
```

2　市町村復興支援チーム

　被災された市町村の復興計画の策定等をサポートするため、被災地出身者等、地域に縁のある職員、総合力を発揮する部局横断的な構成による「復興のための市町村支援チーム」（市町村復興支援チーム）を設置し、厚生労働省職員が直接、市町村の復興を支援する体制を整備した。

　岩手、宮城、福島の被災3県の沿岸部を中心に、合計14チーム（36人）を編成し、各チームはそれぞれ特定の市町村を担当し、市町村の立場に立って、総合力を発揮した支援を実施する。

3　復興特区制度

　地域における創意工夫を活かした復興を図るため、規制・制度の特例措置、税・財政・金融上の支援措置を講ずる復興特区法案を復興対策本部事務局が国会に提出した。
　厚生労働省としては、東北発医療機器等開発復興特区、被災地の医療機関・介護施設の基準等の特例、被災地の確定拠出年金に係る中途脱退要件の緩和および被災地の薬局等の基準の特例を検討しているところである。

II　東日本大震災からの復興基本方針──厚生労働省関連部分

　平成23年7月29日に決定された政府の基本方針において厚生労働省に関係する事項を（資料2）に掲げるので参照されたい。

（資料2）　東日本大震災からの復興の基本方針（厚生労働省関連部分）

> 1．復興施策
> 　(1)　災害に強い地域づくり
> 【被災者の居住の安定確保】
> ○　仮設住宅の居住環境を中心とした居住者の状況を踏まえた課題の把握、必要に応じた講ずべき対応等を検討。
> 　(2)　地域における暮らしの再生
> 【地域の支え合い】
> ○　少子高齢化社会のモデルとして、保健・医療、介護・福祉、住まい等のサービスを一体的、継続的に提供する「地域包括ケア」の体制を整備するため、被災地のニーズを踏まえ基盤整備を支援。
> ○　医療機関の機能分化と医療機能の集約・連携等により、地域医療提供体制の再構築を推進。
> ○　被災者が安心して保健・医療（心のケアを含む。）、介護・福祉・生活支援

サービスを受けられるよう、施設等の復旧のほか、専門人材の確保、医療・介護間の連携の推進、カルテ等の診療情報の共有化など、環境整備を進める。
○ 住民ニーズの把握、必要に応じたパーソナルサポート的な支援の導入、見守り等の支援体制の構築など、地域支援の仕組みによる社会的包摂を進めるための市町村の取組みを支援。
○ 子ども・子育て支援については、関係者の意向を踏まえ、幼保一体化をはじめ、子どもと子育て家庭に良質な成育環境を保障するための先駆的な取組みに対する支援を行うことにより、子どもの育ちと子育てを皆で支える新たな絆の仕組みを構築。

【雇用対策】
○ 復旧・復興事業等による確実な雇用創出、被災した方々の新たな就職に向けた支援、雇用の維持・生活の安定を政府を挙げて進める「「日本はひとつ」しごとプロジェクト」を推進。雇用創出基金を活用するとともに産業政策と一体となった雇用面での支援を実施。
○ 復旧・復興事業における適正な労働条件の確保や労働災害の防止等のため、被災地域におけるハローワーク等の機能・体制の強化等を行う。

【教育の振興】
○ 子どもたちの安全・安心を確保するための学校等の立地や福祉施設・社会教育施設等との一体的整備を検討。被害の大きい幼稚園や保育所の再建を支援するとともに、関係者の意向を踏まえ、幼保一体化施設（認定こども園）としての再開を支援。

【復興を支える人材の育成】
○ 被災地における当面の復旧事業に係る人材のニーズや、震災後の産業構造を踏まえ、介護や環境・エネルギー、観光分野等の成長分野における職業訓練の実施や、訓練定員の拡充、産業創出を担う人材の育成等を行う。

　(3) 地域経済活動の再生
【企業、産業、技術等】
○ 研究基盤の早期回復・相互補完機能を含めた強化や共同研究開発の推進等を図るとともに、産学官連携の下、中長期的・継続的・弾力的な支援スキームによって、復興を支える技術革新を促進。

○ 高度医療機関と地域の医療機関の連携・協力を確保した上で、医療・健康情報の電子化・ネットワーク化を推進。

【コミュニティを支える生業支援】

○ 理容、美容業、クリーニング業など、地域に密着した生活衛生関係営業者等、地域コミュニティを支える多様な生業を復元し、維持可能となるよう支援。

【二重債務問題等】

○ ワンストップ相談窓口と新たな「機構」の連携による債権買取り等の一貫した再生支援、「個人債務者の私的整理に関するガイドライン」の運用支援などの各施策を政府全体として総合的に推進していく。

(4) 大震災の教訓を踏まえた国づくり

【今後の災害への備え】

○ 大規模災害の発生時等にも医療を継続して提供できるよう、耐震化の促進等、医療施設等の防災対策を強化。

○ 水道の耐震化及び複数の水道施設の連結等による広域化を推進。

○ 試験研究機関の耐震化などの防災対策の推進や危機管理機能のバックアップを図る。

2．原子力災害からの復興

(1) 応急対策、復旧対策

【安全対策・健康管理対策等】

○ 食品中の放射性物質に係る安全対策について、中長期的な観点を踏まえ、規制値の再検討を行うとともに、各自治体が行う検査の支援、長期的なフォローアップなどのための体制整備を行う。

○ 子どもたちが受ける被ばく線量（内部被ばくを含む）を低減させる取組みを引き続き着実に実施。

○ 原子力発電所の労働者の健康診断を徹底する。被ばく線量等をデータベース化するなど長期的な健康管理を行う。

【賠償・行政サービスの維持等】

○ 風評被害に苦しむ事業者の雇用の維持を支援。

(2) 復興対策

【医療産業の拠点整備】

○ 特区制度の活用等を通じ、福島県に医療産業を集積し、産学官連携で世界最先端の研究開発を実施。

Ⅲ 原子力発電所事故に伴う食品の安全への対応

1 対　応

　平成23年3月11日発災後、同月17日には、原子力安全委員会の示した指標値を食品中の放射性物質の暫定規制値として設定した。その翌日18日には、地方自治体において、食品中の放射性物質に関する検査を開始した。検査実施状況は、4万4110件であり、そのうち、暫定規制値超過は844件となっている（平成23年11月10現在）。現在では、7月中旬以降は放射性ヨウ素の検出の報告はない一方で、一部の食品から暫定規制値を超える放射性セシウムが検出されている。

　平成23年3月18日からの検査結果に基づき、同19日以降暫定規制値を超えた食品については、同一ロットの食品を回収し、廃棄する措置をとっている。また、同21日以降は、検査結果に基づき、作物の形態、暫定規制値を超えた地点の広がり等を踏まえ、原子力災害対策本部により県域または県内の一部の区域を単位として出荷制限等を指示した。

　放射性セシウムの直近の1カ月以内の検査結果が、1市町村あたり3カ所以上、すべて暫定規制値以下であった場合には、原子力災害対策本部により食品の出荷制限等が解除される。

　今後の対応としては、食品安全委員会の最終的な評価書を踏まえ、暫定規制値に代わる規制値を設定することになる（下記4参照）。

III 原子力発電所事故に伴う食品の安全への対応

（資料３）　原子力発電所事故への対応（食品の安全）

厚生労働省

<食品中の放射性物質の暫定規制値>

食品衛生法（昭和22年法律第233号）の規定に基づく食品中の放射性物質に関する暫定規制値（ベクレル/kg）

核種		
放射性ヨウ素	飲料水・牛乳・乳製品（注2）	300
	野菜類（根菜、芋類を除く）、魚介類	2,000
放射性セシウム	飲料水・牛乳・乳製品	200
	野菜類・穀類・肉・卵・魚・その他	500

注1）ウラン、プルトニウム及び超ウラン元素のアルファ核種の暫定規制値も定められている。
注2）100bq/kgを超えるものは、乳児用調製粉乳に使用しないよう指導することとされている。

～暫定規制値に代わる新基準値の設定～

<食品中の放射性物質の新基準値>（平成24年4月施行）

食品衛生法（昭和22年法律第233号）の規定に基づく食品中の放射性物質に関する新たな基準値（ベクレル/kg）

核種		
放射性セシウム	飲料水	10
	牛乳	50
	乳児用食品	50
	一般食品	100

注1）規制対象の核種は、事故後、原発事故により放出された放射性物質のうち、原子力安全・保安院公表の放出量試算値リストに掲載されている核種で、半減期が1年以上の全ての核種（セシウム134と137、ストロンチウム90、プルトニウム、ルテニウム106）。これらのうち、移行経路が異なり、既に検出のない放射性ヨウ素以外は放射性セシウムで代表させて規制値を算出。合計して1ミリシーベルトを超えないように放射性セシウムの基準値を設定。
注2）放射性セシウム以外の核種については、測定に時間がかかるため、放射性セシウムを目安として区分。

<これまでの対応>

○食品中の放射性物質に関する暫定規制値の設定
原子力安全委員会の示した指標値を暫定規制値として設定
（H23/3/17）

○食品中の放射性物質に関する検査を開始（H23/3/18）
地方自治体において、放射性物質の検査を開始（H23/3/18）
検査実施状況
23年3月18日～24年3月31日 138,275件、うち暫定規制値超過 1,204件
24年4月 1日～24年4月30日 13,867件、うち基準値超過 350件

○超過食品の回収、廃棄
検査結果に基づき、基準を超えた食品については、同一ロットの食品を回収、廃棄（H23/3/19～）

○食品の出荷制限【原子力災害対策本部】
検査結果に基づき、作物の形態、基準を超えた地点の広がり等を踏まえ、県域又は県内の一部の区域を単位として出荷制限等を指示（H23/3/21～）

○食品の出荷制限等の解除（放射性セシウム）【原子力災害対策本部】
解除の条件：直近1ヶ月以内の検査結果が、1市町村当たり、3か所以上、すべて基準以下。

<今後の対応>

○新たな基準値のもと、地方自治体において効果的・効率的な検査が実施されるよう、引き続き各種の支援を行うなど、食品の安全・安心の確保の取組を推進。

・より一層、食品の安全・安心を確保するため、食品から許容する線量を年間5ミリシーベルトから1ミリシーベルトに引き下げる。
・子どもへの配慮の観点から、子どもの摂取量が大きい「牛乳」、「乳児用食品」を独立して区分。

169

2　食品の安全確保のしくみ──リスク分析

　リスク分析とは、国民の健康の保護を目的として、国民やある集団が危害にさらされる可能性がある場合、事故の後始末ではなく、可能な範囲で事故を未然に防ぎ、リスクを最小限にするためのプロセスをいう。

　食品の安全確保のためには、まず、食品安全委員会によりリスク評価を実施し、健康に悪影響を及ぼすおそれのある物質が食品中に含まれている場合に、どのくらいの確率でどの程度の悪影響があるのか評価する（食品安全基本法）。そのうえで、厚生労働省は、食品中の含有量について基準を設定したり、あるいは基準が守られているかの監視などを行い、農林水産省は、農薬の使用基準の設定や餌や肥料中の含有量について基準を設定し、あるいは動物用医薬品等の規制などを行い、消費者庁においては、食品衛生法、JAS法、健康増進法に従って食品の表示を規制することで、リスク管理を図っている。

（資料4）　食品の安全への取組み（リスク分析）

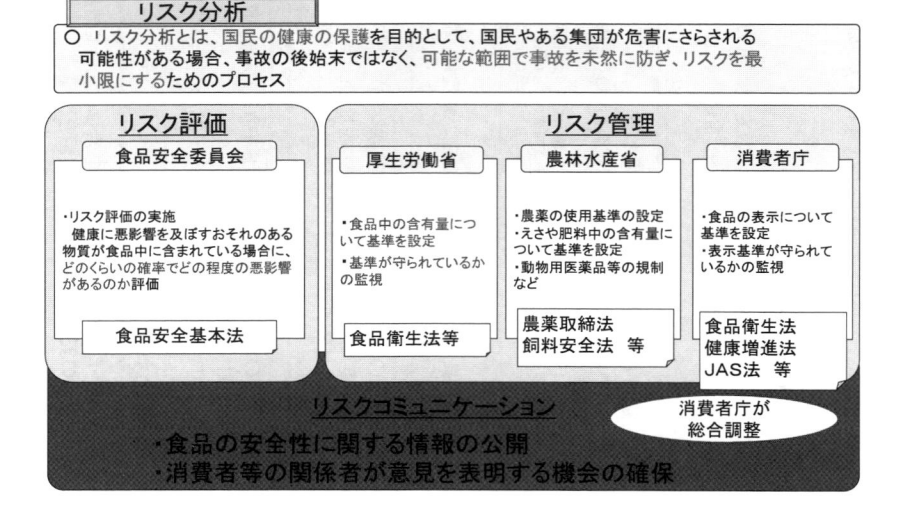

リスク分析
○ リスク分析とは、国民の健康の保護を目的として、国民やある集団が危害にさらされる可能性がある場合、事故の後始末ではなく、可能な範囲で事故を未然に防ぎ、リスクを最小限にするためのプロセス

リスク評価

食品安全委員会
・リスク評価の実施 　健康に悪影響を及ぼすおそれのある物質が食品中に含まれている場合に、どのくらいの確率でどの程度の悪影響があるのか評価
食品安全基本法

リスク管理

厚生労働省	農林水産省	消費者庁
・食品中の含有量について基準を設定 ・基準が守られているかの監視	・農薬の使用基準の設定 ・えさや肥料中の含有量について基準を設定 ・動物用医薬品等の規制　など	・食品の表示について基準を設定 ・表示基準が守られているかの監視
食品衛生法等	農薬取締法 飼料安全法　等	食品衛生法 健康増進法 JAS法　等

消費者庁が総合調整

リスクコミュニケーション
・食品の安全性に関する情報の公開
・消費者等の関係者が意見を表明する機会の確保

厚生労働省、農林水産省、消費者庁の間では、食品の安全に関する情報の共有と相互の意見交換および消費者等関係者の意見の施策の反映などのリスクコミュニケーションが不可欠である。

3　食品安全委員会の食品健康影響評価書

前記1でも述べたところであるが、平成23年3月17日から厚生労働省では、原子力安全委員会より示された「飲食物摂取制限に関する指標」を暫定規制値として、検査を実施している。しかし、この暫定規制値は、緊急を要するものであったために食品健康影響評価を受けずに定められたものであることから、同年3月20日に厚生労働大臣から諮問を受け、食品安全委員会に食品健康影響評価を要請した（食品安全基本法24条3項）。

そこで、食品安全委員会では、ワーキンググループ会合を重ね、平成23年10月27日に食品健康影響評価書を作成した。

この食品健康影響評価書のポイントとしては、①放射線による健康の影響が見出されるのは追加の累積線量として、おおよそ100ミリシーベルト以上、②小児の期間については、感受性が成人よりも高い可能性（甲状腺がんや白血病）があるとしている。

また、上記評価書にあわせてこれを作成した食品安全委員長の談話が発表されており、①食品のみから追加的な被ばくを受けたことを前提としていること、②行政上の規制値（介入線量レベル）ではなく、実際の被ばく線量について適用されるものであること、③100ミリシーベルトとは、おおよその値であり、健康への影響が必ず生じるという数値ではないとしている。

4　新たな基準値設定のための基本的な考え方

食品安全委員会の食品健康影響評価書を受けて、厚生労働省は新たな基準値の設定について検討してきた。その基本的な考え方としては、現在暫定規制値において、食品から許容することのできる線量を、放射性セシウムでは、年間5ミリシーベルトとしているところ、平成24年4月をめどとして、一定

171

（資料５）　主な論点と対応の方向

決定すべき論点	対応の方向
○許容できる線量（介入線量レベル）について 　暫定規制値は、原子力安全委員会の「飲食物摂取制限に関する指標」に基づいており、緊急時の値として放射性セシウムは、年間5ミリシーベルトになっている	○以下の点を考慮し年間1ミリシーベルトとしてはどうか ・食品の国際規格を作成しているコーデックス委員会の現在の指標では、年間1ミリシーベルトを超えないように設定されていること ・モニタリング検査の結果を確認すると、食品中の放射性セシウムの検出濃度は、多くの食品では、時間の経過とともに相当程度低下傾向にあること
○規制値設定対象核種について 　暫定規制値は、「放射性ヨウ素」「放射性セシウム」「ウラン」「プルトニウム及び超ウラン元素のα核種」に規制値を設定	○検査の実効性の観点から、規制値は放射性セシウム（セシウム134及びセシウム137）を中心として設定する ○その他の放射性核種による影響は、食品中における放射性セシウムとの比（スケーリングファクタ）を用いることによって考慮してはどうか ○放射性ヨウ素の検出は無くなっているので、現在の状況が継続するならば必要ないのではないか
○規制値を設定する食品区分とその取扱いについて 　暫定規制値は、「飲料水」「牛乳・乳製品」「野菜類」「穀類」「肉・卵・魚・その他」の5区分に規制値を設定	○適切な食品区分のあり方についてどのように考えるか ○食品加工（濃縮、除去、乾燥等）による放射性核種濃度の変化について考慮し、実際に規制を行う性状についてどのように考えるか
○子どもへの影響に対する具体的な配慮について 　暫定規制値は、年代別に、放射線への感受性や摂取量を踏まえて限度値を算出し最も厳しい値を採用。100Bq/kgを超えるものは、乳児用調整粉乳及び直接飲用に供する乳に使用しない	○内閣府の食品安全委員会の食品健康影響評価書において、「小児の期間については、感受性が成人より高い可能性（甲状腺がんや白血病）」が指摘されたことや各方面からの意見を踏まえ、具体的にどのような配慮を行うべきか

※これらの他、新たな規制値において経過措置を設ける際の対象とする食品や期間についても検討課題。

172

（資料6） 現行の食品の暫定規制値の考え方

食品衛生法に基づく放射性物質に関する暫定規制値の設定は、以下のような考え方により実施されている。
（1）①食品からの被ばくに対する年間の介入線量レベル（＝5mSv/年）（注1）を設定し、
②これを食品カテゴリーごとに割り当て（＝5カテゴリーごとに各々1mSv/年）たうえで、
③日本人の平均的な食生活を前提とした摂取量（例：成人の飲料水であれば、1.65L/日。）により、1年間摂取し続けるに際し、当該食品が全て同様な濃度で汚染されているものとした場合（注2）に、設定した線量レベル（＝食品カテゴリーごとに1mSv/年）を超えないような限度値（Bq/kg）を算定する。
（注1）ICRPのPub.40（1984）において、事故後の飲食物摂取制限に関する介入レベルを実効線量5mSv～50mSv/年の間とすべきとしていることを踏まえ、原子力安全委員会は下限レベルである5mSv/年を採用したもの。
（注2）放射性セシウムについては、食品の他地域からの流通等を踏まえ、「当該食品が全て同様な濃度で汚染されている」のではなく、「当該食品の半分は汚染されておらず、半分が同様な濃度で汚染されている」ものとして、算定している。
（2）限度値の算定は、成人、幼児、乳児のそれぞれについて、摂取量や感受性にも配慮したうえでこれを行い、この3つの限度値の中で最も厳しい数値（最小値＝飲料水であれば成人の201）につき、適宜端数の切捨て等を行ったうえで、全年齢を通じて適用させる暫定規制値として設定した。

例）現行の暫定規制値における、放射性セシウムに係る規制値の設定方法

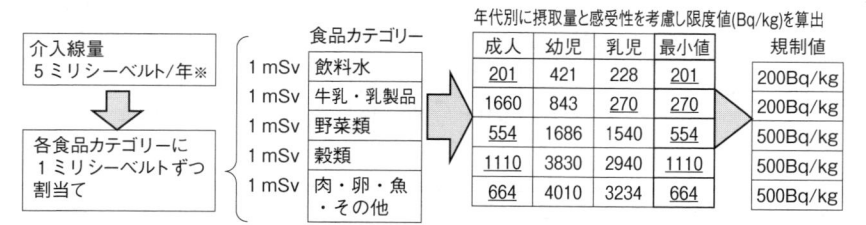

介入線量
5ミリシーベルト/年※
⇩
各食品カテゴリーに
1ミリシーベルトずつ
割当て

食品カテゴリー		年代別に摂取量と感受性を考慮し限度値(Bq/kg)を算出				規制値
		成人	幼児	乳児	最小値	
1 mSv	飲料水	201	421	228	201	200Bq/kg
1 mSv	牛乳・乳製品	1660	843	270	270	200Bq/kg
1 mSv	野菜類	554	1686	1540	554	500Bq/kg
1 mSv	穀類	1110	3830	2940	1110	500Bq/kg
1 mSv	肉・卵・魚・その他	664	4010	3234	664	500Bq/kg

※許容線量5mSv/年という数値は、暫定規制値が準用している原子力安全委員会策定の「飲食物摂取制限に関する指標」に基づいており、今後新たな規制値を設定する際には、許容線量をどのようにするかが課題となる。なお、食品の国際規格策定機関であるコーデックス委員会では、原発事故後に適用するガイドライン値について、1989年には5mSv/年、2006年には1mSv/年を超えないように設定している。

の経過措置を設けたうえで、許容できる線量を年間1ミリシーベルトに引き下げることを基本として検討を進めていくこととした。

年間1ミリシーベルトとするのは、①食品の国際規格を作成しているWHOのコーデックス委員会での現在の指標で、年間1ミリシーベルトを超えないように設定されていること、②モニタリング検査の結果で、食品中の放射性セシウムの検出濃度は、多くの食品では、時間の経過とともに相当程度、低下する傾向にあることを踏まえ、判断したものである。

第1編　第8章　厚生労働省の対応②

（資料７）　海外における食品中の放射性物質に関する基準値の比較

単：Bq/kg

核　種	コーデックス CODEX/STAN 193-1995	EU Regulation (Euratom) No 3954/87	米国 Compliance Policy Guide Sec. 560.750	日本 食品衛生法の 暫定規制値
ストロンチウム (^{90}S)	乳幼児用食品　100 一般食品　　　100 （ストロンチウム、 放射性ヨウ素等の和 として）	乳幼児用食品　　75 乳製品　　　　125 一般食品　　　750 飲料水　　　　125	160	ストロンチウムの寄 与を含めた指標をセ シウムで示す
放射性ヨウ素 (^{131}I)		乳幼児用食品　150 乳製品　　　　500 一般食品　　2,000 飲料水　　　　500	170	飲料水　　　　　300 牛乳・乳製品　　300 野菜類　　　　2,000 （根菜、芋類を除く。） 魚介類　　　　2,000
放射性セシウム (^{134}Cs, ^{137}Cs)	乳幼児用食品 1,000 一般食品　　1,000	乳幼児用食品　400 乳製品　　　1,000 一般食品　　1,250 飲料水　　　1,000	1,200	飲料水　　　　　200 牛乳・乳製品　　200 野菜類　　　　　500 穀類　　　　　　500 肉・卵・魚・その他 500
プルトニウム、 アメリシウム等 (^{239}Pu, ^{241}Am)	乳幼児用食品　　1 一般食品　　　 10	乳幼児用食品　　1 乳製品　　　　 20 一般食品　　　 80 飲料水　　　　 20	2	乳幼児用食品　　　1 飲料水　　　　　　1 牛乳・乳製品　　　1 野菜類　　　　　 10 穀類　　　　　　 10 肉・卵・魚・その他 10
規制値の適用	・乾燥や濃縮食品は、 　摂取する状態の食 　品に戻して適用 ・少量消費のスパイ 　スは希釈係数10を 　用いる	・摂取する状態の食 　品に対して適用	・乾燥や濃縮食品は、 　摂取する状態の食 　品に戻して適用 ・少量消費のスパイ 　スは希釈係数10を 　用いる	・流通の各段階に対 　して適用

※　コーデックスについては、介入レベル1mSv を採用し、全食品のうち10％までが汚染エリアと仮定。
※　EUについては、追加の被ばく線量が年間1mSv を超えないよう設定され、人が生涯に食べる食品の10％
　　が規制値相当汚染されていると仮定。
※　米国については、預託実効線量5mSv を採用し、食事摂取量の30％が汚染されていると仮定。
※　チェルノブイリ原発事故のあった旧ソ連のベラルーシでは、事故発生時は高い暫定規制値が設定された
　　（食品のみではなく、外部被ばく・内部被ばく全体の被ばく限度を事故1年目に100 mSv と設定）が、その
　　後、規制値は段階的に下げられ、1992年には食品中からの内部被ばくが年間1ミリシーベルトを越えないよ
　　う設定されている。放射性セシウム（^{137}Cs）は、例えば、ベラルーシではパンとパン製品、野菜は185 Bq/
　　kg、ウクライナではパンとパン製品は20Bq/kg、野菜は40 Bq/kg と設定されている）。

174

III　原子力発電所事故に伴う食品の安全への対応

（資料8）　食品中の放射性物質に関する規制値の見直しに係るスケジュール見込み

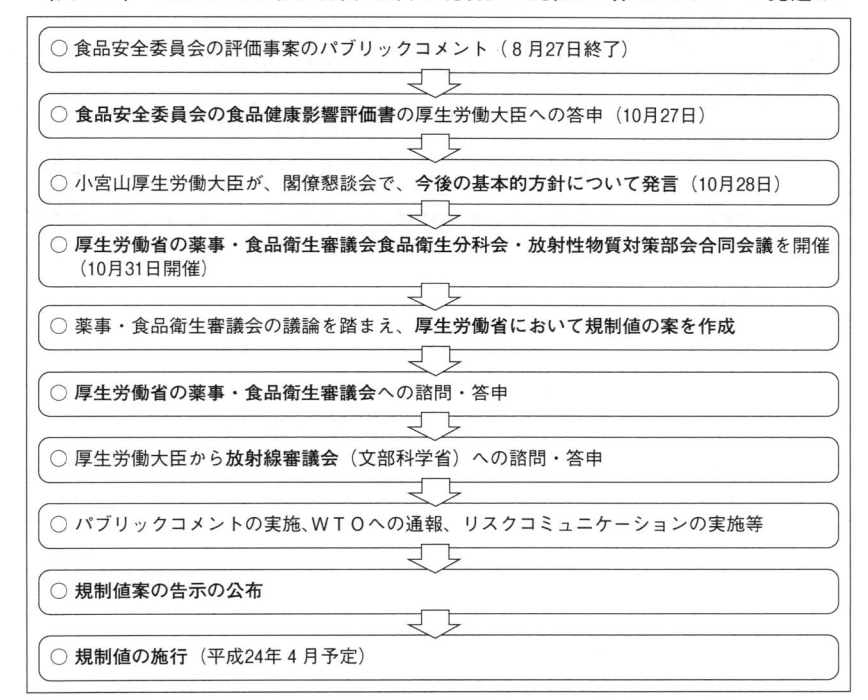

```
○ 食品安全委員会の評価事案のパブリックコメント（8月27日終了）
          ↓
○ 食品安全委員会の食品健康影響評価書の厚生労働大臣への答申（10月27日）
          ↓
○ 小宮山厚生労働大臣が、閣僚懇談会で、今後の基本的方針について発言（10月28日）
          ↓
○ 厚生労働省の薬事・食品衛生審議会食品衛生分科会・放射性物質対策部会合同会議を開催
  （10月31日開催）
          ↓
○ 薬事・食品衛生審議会の議論を踏まえ、厚生労働省において規制値の案を作成
          ↓
○ 厚生労働省の薬事・食品衛生審議会への諮問・答申
          ↓
○ 厚生労働大臣から放射線審議会（文部科学省）への諮問・答申
          ↓
○ パブリックコメントの実施、ＷＴＯへの通報、リスクコミュニケーションの実施等
          ↓
○ 規制値案の告示の公布
          ↓
○ 規制値の施行（平成24年4月予定）
```

　今後上記考え方を基本として、①子供への影響について具体的にどのような配慮を行うか、②規制値を設定する際の食品カテゴリーとその割当て方法をどうするか、③放射性セシウム以外の放射性元素の取扱いをどうするか、等について科学的知見に基づく検討を進めていく予定である。
　なお、この食品中の放射性物質に関する規制値の見直しに係るスケジュールについては（資料8）を参照されたい。

175

第9章 厚生労働省の対応③
——雇用・労働関係施策を中心に

震災対応セミナー実行委員会厚生労働省分科会

はじめに

　東日本大震災における厚生労働省の対応については、第7章において解説されたところであるが、その後、震災対応セミナー実行委員会ではさらに雇用・労働関係施策の対応について厚生労働省よりオブザーバーを招き分科会を開催した。本稿は、分科会での内容を参考にしつつその他厚生労働省のホームページ等資料を参照しながら震災対応セミナー実行委員会にて独自にまとめたものである。

　平成23年（以下、「平成23年」は省略する）3月11日に生じた東日本大震災への厚生労働省による雇用・労働関係施策としては、①雇用保険の特例、②雇用調整助成金の活用等、③就職支援の強化等、④新規学卒者に対する就職支援、⑤被災者等就労支援・雇用創出推進会議の創設、⑥労働保険、⑦被災地における労働災害の防止、⑧労働条件の確保等および⑨労働局の確保など多岐にわたる。以下、概略をあげる。

I　雇用保険の特例等

1　特例的な失業給付の支給

○　事業所が震災被害を受けたことにより休業や再雇用予約付で一時離職し、

賃金が支払われない労働者に、特例的に失業給付を支給する特例措置を実施（3月12日、13日）
○ 東京電力福島第1原子力発電所について新たに「計画的避難区域」および「緊急時避難準備区域」が設定されたことを受け、雇用保険の特例および雇用調整助成金の取扱いについて、
　① 計画的避難区域においては雇用保険の特例を利用可能なこと
　② 緊急時避難準備区域においては両制度が利用可能なこと
　③ 以前「屋内退避指示地域」とされ、今回どちらの区域にも設定されなかった区域においては、雇用調整助成金の利用が可能となるとともに、当分の間の経過措置として、雇用保険の特例を利用可能なことを通知（4月22日）
○ 特定被災区域の事業所に雇用されていた方であって、東日本大震災によりやむを得ず離職（休業、一時離職を含む）された方について、現在受給中の雇用保険の基本手当の支給終了日までに再就職（休業、一時離職前の事業所への再就業を含む）が困難な場合には、個別延長給付として、原則「60日」に加えて、さらに「60日」分を延長する特例措置を実施（5月22日）
○ 東京電力福島第1原子力発電所について新たに「特定避難勧奨地点」が設定されたことを受け、上記の取扱いに加えて、同地点において雇用保険の特例および雇用調整助成金を利用可能なことを通知（7月1日）

　雇用保険失業給付の特例措置として、「災害時における雇用保険の特例措置」により離職者、事業者に対応した。これは、災害により休業を余儀なくされた方、または一時的に離職を余儀なくされた方が、雇用保険の失業手当を受給できる特例措置であり、事業所が災害を受けたことにより休止・廃止したために、休業を余儀なくされ、賃金を受けることができない方については、実際に離職していなくとも失業給付（雇用保険の基本手当）を受給することができる。また、災害救助法の指定地域にある事業所が、災害により事業を休止・廃止したために、一時的に離職を余儀なくされた方については、事業再開後の再雇用が予定されている場合であっても、失業給付を受給できるものである。

4月22日には、福島第1原子力発電所の事故に伴い「計画的避難区域」および「緊急時避難準備区域」が設定されたことから、雇用保険の特例および雇用調整助成金の取扱いについて、①計画的避難区域においては雇用保険の特例を利用可能とし、②緊急時避難準備区域においては両制度が利用可能なこと、③以前「屋内退避指示地域」とされ、その後上記どちらの区域にも設定されなかった区域においては、雇用調整助成金の利用を可能とし、さらに当分の間の経過措置として、雇用保険の特例を利用可能とした。その後、さらに7月1日には「特定避難勧奨地点」が設定されたことから、上記に加えて、同地点において雇用保険の特例および雇用調整助成金を利用可能とした。

また、5月2日には、特定被災区域の事業所に雇用されていた方で東日本大震災によりやむを得ず離職（休業、一時離職を含む）された方について、現在受給中の雇用保険の基本手当の支給終了日までに再就職（休業、一時離職前の事業所への再就業を含む）が困難な場合には、個別延長給付として、原則「60日」に加えて、さらに「60日」分を延長する特例措置を実施した。

2 広域求職活動、移転費等の支給対象となる被災地域の指定

○ 被災求職者に対する職業転換給付金の「広域求職活動費」（遠隔地面接旅費相当）、「移転費」（転居費相当）、「訓練手当」の支給対象となる被災地域を指定（3月24日）

被災求職者が、ハローワークの紹介により遠隔地にある求人事業所を訪問して求人事業主との面接や事業所の見学を行う場合、一定の条件の下で広域求職活動費（面接旅費相当）を支給するものとした。

また、ハローワークが紹介した職業に就くため、あるいはハローワーク所長の指示した公共職業訓練などを受講するため、住所・居所を変更する場合、一定の条件の下で移転費（転居費相当）を支給するものとした。

3　被災者等を雇い入れる事業主を対象とした助成金の創設

○　高齢者や障害者などの就職が困難な方を雇い入れる事業主に対して助成金を支給する特定求職者雇用開発助成金の特例として、震災による離職者や被災地域に居住する求職者を雇い入れた事業主に対して助成（50万円（中小企業は90万円））する被災者雇用開発助成金を創設（5月2日）

○　被災者雇用開発助成金の対象者を10人以上雇い入れ、1年以上継続して雇用した場合、助成金の上乗せ（中小企業は90万円、大企業は50万円）を行うよう拡充（11月24日）

　東日本大震災による被災離職者および被災地域に居住する求職者（65歳未満）をハローワークもしくは地方運輸局または適正な運用を期すことのできる有料・無料職業紹介事業者の紹介により、継続して1年以上雇用することが見込まれる労働者として雇い入れた事業主に対しては、被災者雇用開発助成金を支給するものとした。

　さらに、この助成金の対象者を10人以上雇い入れ、1年以上継続して雇用した場合には、助成金を上乗せしている。

4　被災者の雇い入れ、再雇用して職業訓練を行う中小企業事業主への支援

○　震災による被災者（新規学卒者を含む）等を新規雇用・再雇用した中小企業事業主が、その労働者に職業訓練（OJTを含む）を行う場合に、業種を問わずその訓練費を助成できるよう成長分野等人材育成事業を拡充（7月26日）

　成長分野等人材育成支援事業を拡充し、東日本大震災による被災者を新規雇用・再雇用した中小企業事業主が、その労働者に職業訓練を行う場合は、業種を問わず訓練費を助成することとした。

成長分野等人材育成支援事業とは、健康、環境分野および関連するものづくり分野において、期間の定めのない従業員を雇い入れ、または他の分野から配置転換し、Off-JT（通常の業務を離れて行う職業訓練）を実施した事業主に対して、訓練費用の助成を行う制度である。

　なお、Off-JTだけでなく、労働者が仕事をしながら訓練を行うOJTも助成対象となる。

II　雇用調整助成金の活用等

1　雇用調整助成金の特例

○　震災被害に伴う経済上の理由により雇用調整助成金を利用する事業主のうち、当面、青森、岩手、宮城、福島、茨城の5県の災害救助法適用地域に所在する事業所の事業主については、支給要件の緩和（事業活動縮小の確認期間を3カ月から1カ月に短縮すること、生産量等が減少見込みの場合でも申請を可能にすること、計画届の事後提出を可能にすること）を実施（3月17日）

○　東北地方太平洋沖地震等の発生に伴い雇用調整助成金を利用する事業主に対し、
　①　管轄にこだわらず最寄りのハローワークで申請を受理する
　②　必要な書類が用意できないときは、事後に用意できるようになってから提出することを確約することで申請を認める
　③　今後、できるだけ迅速に支給できるような体制を早急に確立する
　ことの3点を、被災地を管轄する労働局にあらためて指示（3月30日）

○　東日本大震災等の発生に伴う雇用調整助成金の特例（事業活動縮小の確認期間の短縮、生産量等が減少見込みでの申請、計画届の事後提出）の対象を拡充し、
　①　従来の5県に加え、栃木県、千葉県、新潟県、長野県のうち災害救助法の適用を受けた地域に所在する事業所の事業主

② ①の地域に所在する事業所等と一定規模以上の経済的関係を有する事業所の事業主
③ 計画停電により事業活動が縮小した事業所の事業主
についても特例を適用（②、③については計画届の事後提出の特例を除く）（4月6日）
○ 東京電力福島第１原子力発電所について新たに「計画的避難区域」および「緊急時避難準備区域」が設定されたことを受けた雇用保険の特例および雇用調整助成金の取扱いについて通知（4月22日）
○ 震災に伴う雇用調整助成金の特例（事業活動縮小の確認期間の短縮、生産量等が減少見込みでの申請）の対象について、９県の災害救助法適用地域の事業所等と一定規模以上の経済的関係を有する事業所とさらに一定規模以上の経済的関係を有する事業所（２次下請け等）も対象に拡大（5月2日）
○ 東京都を除く９県の災害救助法適用地域に所在する事業所の事業主、当該地域の事業所等と一定規模以上の経済的関係を有する事業所の事業主、さらにその事業所と一定規模以上の経済的関係を有する事業所の事業主（２次下請け等）を対象に、以下の特例を実施（5月2日）
① 助成金の支給限度日数について、特例の支給対象期間（１年間）については、それまでの支給限度日数にかかわらず、最大300日の利用を可能とする
② 被保険者として継続して雇用された期間が６カ月未満の労働者も雇用調整助成金の対象とする暫定措置の延長
○ 雇用調整助成金の特例（遡及適用および事業活動の縮小見込みでも提出可能とする）について、期限を６月16日までとしていたが、東京電力福島第１原子力発電所周辺の事業主については、これを７月21日まで延長した。（6月15日）
○ 東京電力福島第１原子力発電所について新たに「特定避難勧奨地点」が設定されたことを受けた雇用保険の特例および雇用調整助成金の取扱いについて通知（7月1日）

　雇用調整助成金は、経済上の理由により、事業活動の縮小を余儀なくされた事業主が、雇用を維持するために休業等を実施した場合、休業手当などの

事業主負担相当額の一定割合を助成する制度である。

　この雇用調整助成金につき、東日本大震災の被害に伴う影響を受けた、青森、岩手、宮城、福島、茨城の5県の災害救助法適用地域に所在する事業所の事業主については、支給要件を緩和（事業活動縮小の確認期間を3カ月から1カ月に短縮すること、生産量等が減少見込みの場合でも申請を可能にすること、計画届の事後提出を可能にすること）を実施した。

　また、東京都を除く9県の災害救助法適用地域に所在する事業所の事業主、当該地域の事業所等と一定規模以上の経済的関係を有する事業所の事業主、さらにその事業所と一定規模以上の経済的関係を有する事業所の事業主（2次下請け等）を対象に、①助成金の支給限度日数について、特例の支給対象期間（1年間）については、それまでの支給限度日数にかかわらず、最大300日の利用を可能とする、②被保険者として継続して雇用された期間が6カ月未満の労働者も雇用保険助成金の対象とする暫定措置を延長することとした。

2　派遣労働者の雇用維持・確保

○　①現在締結されている労働者派遣契約をできる限り継続すること、②やむを得ず休業する場合には、雇用調整助成金を活用するなど、休業についての手当の支払いに努めること、③労働者派遣契約の解除等があった場合でも、派遣労働者の新たな就業場所の確保に努めること等について、厚生労働大臣名で、人材派遣関係団体や主要経済団体に要請（3月28日）

○　①労働者派遣契約の中途解除を行う場合、契約の規定等に基づき適切な補償をすること、②節電の影響で操業の一時停止をするときでも、派遣労働者の雇用の安定とその保護のために配慮をすることについて、職業安定局長より、派遣労働者を受け入れている派遣先関係団体（350団体）に要請（4月26日～）

　東日本大震災により被害を受けた派遣労働者に対し、派遣元事業主および派遣先が、派遣労働者の雇用の安定と保護を図るために最大限の配慮を行う

よう厚生労働大臣名で人材派遣関係団体や主要経済団体に対して要請を行った。

要請団体については、派遣先関係団体として、社団法人日本経済団体連合会、日本商工会議所、全国中小企業団体中央会であり、派遣元関係団体として、社団法人日本人材派遣協会、社団法人日本生産技能労務協会、有限責任中間法人日本エンジニアリングアウトソーシング協会、日本サービス業人材派遣協会、中部アウトソーシング協同組合である。

3　有期契約労働者およびパートタイム労働者の雇用維持・確保

> ○　有期契約労働者およびパートタイム労働者の雇用の安定とその保護を図るための最大限の配慮をすること等について、厚生労働大臣名で主要経済団体に要請（3月30日）

東日本大震災により被害を受けた有期契約労働者やパートタイム労働者の雇用安定と保護を図るため、①有期契約労働者およびパートタイム労働者の雇用の安定とその保護を図るための最大限の配慮をする、②やむを得ず休業する場合には、雇用調整助成金を活用するなどして、休業についての手当の支払いに努める、といった要請を主要経済団体に行った。

要請先は、社団法人日本経済団体連合会、日本商工会議所、全国中小企業団体中央会の主要経済団体である。

4　産休切り・育休切り等への対応

> ○　被災地等における労働局雇用均等室に、産前産後休業や育児休業等を理由とする解雇その他不利益取扱いなどの相談に対応するため、雇用均等特別相談窓口を開設するよう都道府県労働局に指示（4月6日）

雇用均等室は、①雇用の分野における男女の均等な機会および待遇の確保対策、②職業生活と家庭生活の両立支援対策、③パートタイム労働対策、等

の施策を推進する最前線として、各都道府県労働局内におかれている。

III 就職支援の強化等

1 就職支援の強化

> ○ 被災地を含む全国のハローワークにおいて、震災特別相談窓口の設置、広域職業紹介の実施、避難所への出張相談の実施、求人の確保、合同求人面接会の実施など、被災者に対する就職支援を強化（3月25日）
> ○ 独立行政法人雇用・能力開発機構の青森、岩手、宮城、福島および茨城センターにおいて、職業訓練受講者および事業主等に対する職業訓練や助成金の取扱い等に係る相談援助を行う「震災特別相談窓口」を設置（4月4日）
> ○ 被災地で発生している膨大な量の損壊家屋等のがれきの処理等を行う人材を育成するため、青森県、岩手県、宮城県、福島県および茨城県において、車両系建設機械運転技能講習等、基金訓練による「震災対策特別訓練コース」を設けるよう中央職業能力開発協会等に通知（5月27日）

　上記のとおり、震災特別相談窓口の設置、広域職業紹介の実施、避難所への出張相談の実施、求人の確保、合同求人面接会の実施など、被災者に対する就職支援を強化するとともに、車両系建設機械運転技能講習等、基金訓練による「震災対策特別訓練コース」を設けるよう中央職業能力開発協会等に通知した。

2 雇用問題への配慮に関する経済団体への要請

> ○ 震災に係る雇用問題に対し配慮いただくよう、日本経団連および全国中小企業団体中央会に対し、以下の内容で大臣から直接要請を実施（小宮山副大臣も同行）（4月11日）また、日本商工会議所に対しても、大臣から直接要請を実施（小林政務官も同行）（4月15日）
> ① 雇用調整助成金を活用した従業員の雇用の維持

② 被災地外での就職も含めた求人の積極的な申込み
③ 被災した未就職卒業者の積極的な採用
④ 電力不足に対応するために労働条件を変更する場合の労使での十分な話し合い
⑤ 非正規労働者の雇用の確保

　社団法人日本経済団体連合会、全国中小企業団体中央会に対し、相当の期間にわたり、事業活動および雇用への重大な影響が生じることが懸念され、多数の方々が生活の基盤となる職場を失うおそれがあることから、東日本大震災に係る雇用問題への配慮について、要請を行った。

3　しごと情報ネットの被災者向け求人情報の提供および積極的な活用について要請

> ○　官民が連携した「しごと情報ネット」において、被災者を対象とした求人情報を検索しやすくするため、運用ルールを設定しホームページで周知するとともに、より積極的に求人情報の掲載を行うことを周知啓発していただくよう、主要経済団体や人材ビジネス事業者団体に派遣・有期労働対策部長名で要請（5月30日）

　東日本大震災により被災した求職者と人材を必要とする企業との迅速・的確なマッチングを一層強力に支援するため、「しごと情報ネット」において、東日本大震災の被災者を対象とした求人情報を検索しやすくするための運用ルールを設け、これをホームページ上で案内することとした。
　そのうえで、「しごと情報ネット」の参加機関に、東日本大震災の被災者を対象とした求人情報の取扱いにあたっては、この運用ルールに留意し、より積極的に求人情報を提供いただくよう要請を行った。具体的には、東日本大震災の被災者を対象とした求人情報を掲載する場合には、求人情報の入力の際に「業務の内容、資格、経験等」の欄内に「震災被災者対象求人」と入力することによって、被災した求職者がその求人情報を検索できるようにし

た。

4　復興工事に従事する建設労働者の教育訓練・雇用改善への対応

> ○　被災地における建設労働者の確保・雇用改善を進めるため、被災地の中小建設事業主が行う建設教育訓練や雇用管理改善の取組みに対して支援する建設雇用改善助成金について、助成率の拡充等を行うとともに、合宿形式による失業者向け短期集中訓練に対する支援を実施（11月24日）

　被災３県（岩手県、宮城県、福島県）に限って、以下の助成率の拡充等を行った。

　建設教育訓練助成金の拡充として、①労働安全衛生法に基づく技能講習の種類を追加（建設業関連の作業主任者に係る技能講習）、②登録教習機関に委託して行う技能実習の助成割合を拡充（委託費の90％の額（現行70％））、③技能実習の実習時間の制限を緩和（10時間未満でも法令に基づく技能講習は可（現行10時間以上））、④広域訓練施設での訓練に労働者を派遣する場合の旅費助成の助成率を拡充（助成率３分の２（現行２分の１））した。

　建設雇用改善推進助成金の拡充として、作業員宿舎、現場福利厚生施設の賃借等に対する助成率等を拡充（助成率３分の２、限度額300万円（現行助成率２分の１、限度額200万円）した。

　また、復興建設労働者緊急集中育成プログラム（合宿型建設技能訓練の実施支援）として、広域職業訓練施設（富士教育訓練センター（静岡県富士宮市））において、建設業への就業を希望する被災３県の離職者を対象に、公共職業訓練として、建設重機の運転資格など、即戦力となり得る技能の習得を目的とする訓練を実施する場合に、当該施設に対し被災離職者の移送・宿泊に係る経費を助成する。

Ⅳ　新規学卒者に対する就職支援

○　厚生労働大臣・文部科学大臣連名で以下の内容について主要経済団体等（258団体）に要請（3月22日）
　①　採用内定を出した新卒者を可能な限り入社できるよう、また、予定期日に入社できるよう努めること
　②　被災地の学生の入社時期やエントリーシートの提出締切り等について柔軟に対応すること
　③　震災により採用内定取消しにあった学生の採用に協力すること
○　東日本大震災により採用内定取消しなどを受けた学生・生徒等を対象とした相談窓口（学生等震災特別相談窓口）を3月28日までに全国の新卒応援ハローワークに開設（56カ所設置）
○　学生・生徒・教師等からの相談状況（3月11日〜5月8日）
　・相談件数：全国1328件（うち岩手117件、宮城218件、福島251件）
　・主な相談内容別の件数
　　→内定取消しに関する相談：563件
　　→入職時期繰下げに関する相談：617件
　　→事業主との連絡がとれないとの相談：43件
○　採用内定取消しなどに関する事業主からの通知件数（3月11日〜8月31日）
　・内定取消し：全国469人（うち高校生285人、大学生等184人。うち岩手県89人、宮城県89人、福島県102人、東京都88人）
　※「採用内定取消し」のうち、307人が就職決定
　・入職時期繰下げ：全国2556人（うち中学生2人、高校生1547人、大学生等1007人。岩手県248人、宮城県326人、福島県462人、東京都666人）
　※「入職時期繰下げ」のうち、2330人が入職済み
○　3年以内既卒者対象奨励金の特例措置の状況（4月6日〜10月31日）
　・対象求人数：2万8383人
　　うち3年以内既卒者トライアル雇用奨励金：2万2545人
　　うち3年以内既卒者（新卒扱い）採用拡大奨励金：5838人

> ・雇用開始者数：1,260人
>   うち３年以内既卒者トライアル雇用奨励金：1065人
>   うち３年以内既卒者（新卒扱い）採用拡大奨励金：195人
> ○ 厚生労働省および文部科学省の連携により、関係機関の協力を得て、就職先が未定の被災学生等に、就職活動用の宿泊施設の無償提供を実施（４月26日～）
>   ・対象施設：（独）労働政策研究・研修機構「労働大学校」の宿泊施設の一部（埼玉県朝霞市）および（独）国立青少年教育振興機構の宿泊型研修施設「国立オリンピック記念青少年総合センター」（東京都渋谷区代々木）
> ○ 被災学生等に対する各種の対策を実施するために必要なジョブサポーターを2003人（23年度当初）から2203人（23年度第３次補正後）に増員
> ○ 被災学生に配慮する事業主を参集した「被災学生支援就職面接会」を交通費や宿泊費の負担が被災学生に生じない形で開催

　発災後の３月22日に、厚生労働大臣、文部科学大臣連名で、①採用内定を出した新卒者を可能な限り入社できるよう、また、予定期日に入社できるよう努めること、②被災地の学生の入社時期やエントリーシートの提出締切り等について柔軟に対応すること、③震災により採用内定取消しにあった学生の採用に協力すること、を主要経済団体等（258団体）に要請した。

　また、東日本大震災により採用内定取消しなどを受けた学生・生徒等を対象とした相談窓口（学生等震災特別相談窓口）を全国の新卒応援ハローワークに開設（56ヵ所）した。

　さらに厚生労働省および文部科学省の連携により、関係機関の協力を得て、就職先が未定の被災学生に、就職活動用の宿泊施設の無償提供を実施したほか、被災学生等に対する各種の対策を実施するためのジョブサポーターの増員、被災学生に配慮する事業主を集めた「被災学生支援就職面接会」を交通費や宿泊費の負担が被災学生に生じない形で開催した。

Ⅴ　被災者等就労支援・雇用創出推進会議

○　東日本大震災などの被災者等の就労の支援・雇用創出を促進するため、当面の緊急総合対策として「『日本はひとつ』しごとプロジェクト・フェーズ1（第1段階）」をとりまとめた（4月5日）

○　補正予算および法律措置によって拡充するフェーズ2（第2段階）をとりまとめ、関係施策4兆3000億円によって、170万人を上回る雇用創出・下支え効果を見込んでいる（4月27日）

○　雇用創出の際の雇用の質（労働条件、安全衛生など）への配慮について、推進会議のメンバーに対し、座長である小宮山副大臣から文書で要請（5月26日）。地域レベルでも労働局長からしごと協議会関係者に要請（5月26日～）

○　第3次補正予算等によって拡充するフェーズ3（第3段階）をとりまとめ、関係施策6兆1000億円によって、58万人程度の雇用創出・下支え効果を見込んでいる（10月25日）

　被災者等就労支援・雇用創出推進会議（以下、「推進会議」という）は、東日本大震災の被災者等の就労の支援・雇用創出を促進するため、総合的な対策を策定し、強力な推進を図るという目的により厚生労働副大臣を座長として設置されたものである。

　推進会議は、10月25日までに「『日本はひとつ』しごとプロジェクト」として、フェーズ3までとりまとめている（（資料1）～（資料3）参照）。

（資料1）「日本はひとつ」しごとプロジェクト・フェーズ1（第1段階）

～日本中が一つとなって、あなたのしごとと暮らしを支えます～　（被災者等就労支援・雇用創出推進会議第1段階とりまとめ）

平成23年4月5日

1. 基本的対処方針

① 復旧事業などによる被災した方々への就労機会の創出、被災地企業、資材の活用
② 被災した方々や地元の意向を十分踏まえつつ、希望する被災者が被災地以外の地域に就労可能にしていくこと

などにより、被災した方々のしごとと暮らしを、いわば日本中が一つとなって支えていく。

2. 当面の緊急総合対策

復旧事業等による確実な雇用創出

○復旧事業の推進
・インフラ復旧、がれきの撤去、仮設住宅の建設
被災住宅の補修・再建

◎**重点分野雇用創造事業と緊急雇用創出事業の拡充**
・「震災対応分野」を重点分野雇用創造事業の対象に追加
・雇用期間の1年の制限を廃止

◎**地元優先雇用への取組**
・当面の復旧事業における地域の建設企業の受注機会を推進
・ハローワークへの復旧事業の求人提出を民間事業者に要請
・被災漁業者を対象とした雇入れ助成金によるインセンティブ付与

被災した方々としごととのマッチング体制の構築

(1) 被災地におけるマッチング機能強化
○**「日本はひとつ」しごと協議会の創設**
・都道府県労働局が中心となり、自治体、国の出先機関、関係団体による協議会を都道府県単位で設置
○「日本はひとつ」ハローワーク機能の拡大
・避難所へのきめ細かな出張相談
・農林漁業者、自営業者に対する支援
・職業訓練の機動的な拡充・実施

○被災地域の就労支援等
・被災者向けの合同企業説明会の開催
・業界団体等に要請し、被災者の受入に積極的な企業を発掘

(2) 被災地以外におけるマッチング機能強化
・住居の確保・地元生活情報の提供
・農林漁業者、自営業者などの就業機会の確保

被災した方々の雇用の維持・確保

◎**雇用調整助成金の拡充**
・5県の特例をさらに必要な地域に拡大
・被災地の事業者等との取引関係が緊密な被災地以外の事業者等に特別措置

○中小企業者等の経営再建支援

○新卒者の内定取消しの防止等
・被災新卒者内定取消し防止作戦の実施
・**奨励金の拡充による被災学生などへの就職支援**
・重点分野雇用創造事業等を活用した自治体による雇用
・重点分野雇用創造事業の新卒者を雇用する企業の発掘・公表

○解雇・雇止め・派遣切りへの対応

3. 効果的な広報による被災者の方々への確実な周知

（資料2）「日本はひとつ」しごとプロジェクト・フェーズ2（第2段階）

～日本中が一つとなって、あなたのしごとと暮らしを支えます～　（被災者等就労支援・雇用創出推進会議第2段階とりまとめ）

補正予算・法律改正等による総合対策

平成23年4月27日

復旧事業等による確実な雇用創出（2兆5,440億円 雇用創出効果 20万人）

◎**復旧事業の推進**
・公共土木施設等（河川、海岸、道路、港湾、下水道等）、空港、公営住宅、水道、工業用水道、廃棄物処理施設等の災害復旧
・災害公営住宅等の整備・公共土木施設等の補修工事
・農地・農業用施設、海岸林、林地、漁港、漁船・養殖施設等の復旧工事
・医療、介護、児童、障害関係施設、職業能力開発施設等の災害復旧
・学校施設等の災害復旧
・市町村の行政機能の応急の復旧
・消防施設等の復旧
・仮設住宅の建設等
・災害廃棄物（がれき等）の処理

◎**雇用創出基金事業の拡充**
・重点分野雇用創造事業の基金を積み増して拡充

被災した方々の新たな就職に向けた支援（158億円 雇用下支え効果 6万人）

◎**被災した方を雇い入れる企業への助成**
・被災した離職者の雇入れに係る助成金（被災者雇用開発助成金）の創設

○**職業訓練の拡充**
・建設関連分野をはじめとした公共職業訓練を拡充
・学卒者訓練や在職者訓練の受講料等を免除

○復旧工事災害防止対策の徹底

○避難所への出張相談と被災者のニーズに対応した求人開拓
・ハローワークの出張職業相談の強化、求人開拓推進員の増員

○広域での就職活動を行う方への支援
・被災地以外での面接費用や転居費用の予算を増額

○被災地における新規学卒者等への就職支援

被災した方々の雇用の維持・生活の安定（1兆7,369億円 雇用下支え効果146万人 生活の安定効果43万人）

◎**雇用調整助成金の拡充**
・特例対象期間（1年間）中に開始した休業を最大300日間助成の対象
・暫定措置（被保険期間6か月未満の方を対象）を延長

○**各種保険料等の免除等**
・医療保険、介護保険、労働保険、厚生年金保険等の保険料等の免除等

◎**中小企業者、農林漁業者、生活衛生関係営業者等の経営再建支援**

◎**雇用保険の延長給付の拡充**
・雇用保険の給付日数を、現行の個別延長給付（60日）に加え、更に延長

○未払賃金立替払の請求促進・迅速な支払
・予算の増額、申請手続きの簡略化

フェーズ2の雇用創出・雇用の下支え効果
総額 4兆2,966億円　雇用創出効果 20万人程度　雇用の下支え効果 150万人強

(資料3)「日本はひとつ」しごとプロジェクト・フェーズ3(第3段階)

VI 労働保険

1 労働保険料の納付期限の延長

○ 震災により多大な被害を受けた地域における労働保険料および障害者雇用納付金の納付期限の延長等について、対象地域(青森県、岩手県、宮城県、福島県、茨城県)等を正式に決定する告示を制定(3月24日)
○ 震災により多大な被害を受けた地域における労働保険料および障害者雇用納付金の納付期限等の延長について対象地域のうち、青森県および茨城県における延長後の納付期限等を7月29日と定める告示を制定(6月10日)
○ 震災により多大な被害を受けた地域における労働保険料および障害者雇用納付金に関する納付期限等の延長措置を講じている岩手県、宮城県および福島県の地域のうち、その一部の地域について延長後の納付期限等を9月30日

> と定める告示を制定（8月19日）
> ○　震災により多大な被害を受けた地域における労働保険料および障害者雇用納付金に関する納付期限等の延長措置を講じている岩手県および宮城県のうち一部の地域について、延長後の納付期限等を12月15日と定める告示を制定（10月26日）
> ○　震災により多大な被害を受けた地域における労働保険料および障害者雇用納付金に関する納付期限等の延長措置を講じている宮城県石巻市、東松島市および牡鹿郡女川町について延長後の納付期限等を平成24年4月2日と定める告示を制定（平成24年2月17日）

　発災後の3月24日には、東日本大震災により多大な被害を受けた地域における労働保険料および障害者雇用納付金の納付期限の延長等について、対象地域（青森県、岩手県、宮城県、福島県、茨城県）等を正式に決定する告示を制定した。このうち青森県、茨城県については、延長後の納付期限を7月29日とし、岩手県、宮城県および福島県の地域のうちその一部については9月30日とした。さらに岩手県、宮城県のうち一部地域については、12月15日とし、宮城県石巻市、東松島市および牡鹿郡女川町については、延長後の納付期限等を平成24年4月2日と定めた。

2　被災地における労災保険の事務処理についての通知

> ○　東日本大震災に係る業務上外の判断等について、被災地では労災認定のための資料が散逸していることが予想されるため、資料がない場合の調査要領を定めて、迅速な労災補償を行うこととした（3月24日）

　労災認定にあたっては、東日本大震災により通常の事務処理に予定している資料を収集することができない場合には、代替資料（社員証、源泉徴収票、賃金明細書、社会保険証、家計簿、預貯金通帳等）を収集することで対応することとした。代替資料がない場合であっても、①適用事業場、②労働者性、③業務遂行性、④業務起因性、⑤給付基礎日額、などを可能な範囲で関係者から聴取し、調査したうえで業務上外を判断することとした。

そのほかについては、「東北地方太平洋沖地震による業務災害又は通勤災害の考え方」を作成し、労災認定の相談の目安とした。

3　労災診療費等の請求の取扱い

> ○　労災診療を行った指定医療機関等が、被災により診療録等を滅失した場合や、被災地域の指定医療機関からの通常の手続による請求が困難な場合における労災診療費等の請求方法等について、都道府県労働局に通知するとともに、関係団体に対して周知を依頼（3月30日）

3月診療分に係る労災診療費等の請求については、東日本大震災による被災により診療録等を滅失または棄損した場合、あるいは地震発生直後における診療行為については十分に把握することが困難であることから、定薬局または労災保険指定訪問看護事業者は、3月11日以前の診療等分について、4月13日までに「労働者災害補償保険診療費等特例請求書」に必要事項を記入し、労災保険指定医療機関あるいは都道府県労働局、労働基準監督署に提出する特例の請求を行うことができるものとし、3月12日以降の診療等分については原則として通常の手続による請求を行うこととした。また、災害救助法適用地域（東京都の区域を除く）に所在する医科に係る労災保険指定医療機関であって、3月12日以降に診療を行ったものについては、当該医療機関の状況に鑑み、通常の手続による請求を行うことが困難な場合に、同月1ヵ月分を通して上記の特例の請求を行うことができるものとした。

4　遺族年金の支給、労働保険料の免除の特例等

> ○　「死亡」を要件とする遺族年金等※について、1年後の民法の失踪宣告を待たずに、震災から3カ月間行方不明であれば、これを支給できることとすることや、労働保険料等の免除の特例等を定めた「東日本大震災に対処するための特別の財政援助及び助成に関する法律」等が公布・施行、同日付で都道府県労働局あて通知（5月2日）

> ○ 東日本大震災による災害により行方不明となった者に係る労災保険給付等※の請求があった場合、請求者本人の申立てや第三者の証明等に基づき、行方不明であることの確認を行うことについて、都道府県労働局あて通知（6月9日）
> ※労働者災害補償保険法のほか、石綿による健康被害の救済に関する法律および中小企業退職金共済法についても同様に措置
> ○ 「東日本大震災に対処するための特別の財政援助及び助成に関する法律第2条第2項及び第3項の市町村を定める政令の一部を改正する政令」の施行により、特定被災区域が追加指定されたこと、追加指定された地域の労働保険料等の免除の特例については、3月1日に遡及して適用されることを都道府県労働局に通知（8月17日）

　障害年金受給者が東日本大震災により死亡した場合には、公務または勤務関連以外の事由による死亡として、遺族年金または遺族給与金の対象となることとし、上記のとおり死亡が推定された者には、遺族年金または遺族給与金が支給される。この死亡の推定は、戦傷病者戦没者遺族等援護法のほか、公的年金、恩給など東日本大震災に対処するための特別の財政援助及び助成に関する法律に限って及ぶものであり、戸籍等において、死亡との処理がなされるものではない。

　東日本大震災による災害により行方不明となった者に係る労災保険給付等の請求があった場合には、①第三者（事業主、被災労働者の同僚等）の申立書、②上記死亡推定の特例を適用し、支給決定された国民年金等の給付の支給決定通知書、③行方不明であることを理由として、災害弔慰金の支給等に関する法律に規定する災害弔慰金の支給を受けたことがわかる書類、④その他これらに準じる書類によって確認される。

5　労災保険のメリット制の特例措置

> ○ 東日本大震災に伴う業務災害について給付した労災保険給付等については、メリット収支率の算定に反映させないものとする「労働保険の保険料の徴収

> 等に関する法律施行規則」の特例省令を制定し、その内容について都道府県労働局あて通知（8月11日）

　東日本大震災に伴い業務災害が生じ、多くの労災保険給付等が給付されることが見込まれたことから、地震に伴う業務災害に係る労災保険給付等はメリット制の効果の1つである事業主の災害防止努力の促進とは直接関係せず、その額をメリット収支率の算定に反映させたとしても事業主の災害防止努力が促進されないと考えられ、また、これを反映することとすると、被災地域の事業主の保険料負担が増加することが懸念されることから、地震に伴う業務災害について支給された労災保険給付等の額は、メリット収支率の算定に反映させないものとした。

Ⅶ　被災地における労働災害の防止

> ○　災害復旧工事における労働災害防止対策の徹底について、建設業団体に要請するとともに、都道府県労働局あて通知（3月18日）
> ○　災害復旧工事における労働災害防止対策の徹底について、次の事項を具体的に建設業団体に要請するとともに、都道府県労働局あて通知（3月28日）
> 　①　建築物の解体、改修工事、がれきの処理における労働災害防止対策
> 　②　応急仮設住宅の建築における安全対策　等
> ○　マスク製造企業から提供を受けた防じん用マスクを被災地の労働局において無償配布（第1次：2万枚（4月1日～）、第2次：7万枚（4月11日～）、第3次：10万枚（6月8日～）、第4次：6万枚（6月30日～））
> ○　屋外のがれき処理作業における防じん用マスクの不足に対処するため、わが国の型式検定合格品と同等以上の粉じん捕集能力を有する米国規格のマスクの使用を暫定的に認めることとした（4月11日）が、型式検定合格品の防じん用マスクの流通が回復したことから、平成24年3月31日をもって本特例を廃止することとし、都道府県労働局および関係団体に通知（11月24日）
> ○　今後がれき処理が本格化されることから、その労働災害防止対策についてQ&Aを作成し、周知徹底について都道府県労働局に通知（4月22日）

- 〇 がれき処理作業を行う方等を対象に、安全に作業を進めるための注意点についてまとめたリーフレットを作成し、被災地の労働基準監督署等で配布（4月22日）
- 〇 仙台市において、がれき処理作業の開始にあわせ、本省、宮城労働局、仙台労働基準監督署および建設業労働災害防止協会による合同パトロールを実施し、労働災害防止を指導（4月22日）
- 〇 初めてがれき処理に従事する労働者の労働災害防止のため、事業者に雇入れ時教育を確実に実施させるとともに、初めてがれき処理に従事する者に対する講習会を開催するよう都道府県労働局あて通知（講習会は、個人事業主やボランティアの方々も受講可能）（4月25日）
- 〇 相馬市、新地町およびいわき市で、がれき処理作業を行っている現場において、福島労働局および各労働基準監督署による安全衛生パトロールを実施（4月27日）
- 〇 宮古市、釜石市、大船渡市および仙台市で、がれき処理作業を行っている現場において、本省、各労働局、各労働基準監督署、建設業労働災害防止協会および労働安全衛生総合研究所による合同パトロールを実施。また、宮古市では、初めてがれき処理に従事する者等を対象とした安全講話を実施し、労働災害防止を指導（4月28日）
- 〇 岩手および宮城県内でがれき処理を行っている作業現場において、本省および各労働局による合同パトロールを実施（4月29日〜5月5日）
- 〇 津波で打ち上げられた船舶の解体等作業の増加が見込まれることから、高所での作業、重機等を用いた作業および石綿関連作業等に係る総合的な労働災害防止対策について、造船関係団体等に要請するとともに、都道府県労働局あて通知（5月10日、8月12日改正）
- 〇 福島県浜通りおよび中通り地方のうち、避難区域および計画的避難区域を除く地域で災害廃棄物を取り扱う業務に労働者を就かせる場合に労働者の安全衛生を確保するためにとるべき具体的措置について、都道府県労働局あて通知するとともに、福島県および関係団体に対して当該措置の周知を要請（5月11日）
- 〇 福島県内の下水処理場において下水汚泥等を取り扱う場合および事業場が下水汚泥等をセメント原料等として受け入れる場合において留意すべき事項

- について、都道府県労働局および福島県、茨城県、栃木県に通知（5月17日）
- 東京電力福島第1原子力発電所から20キロメートル圏内において許可を得て災害応急対策に従事する労働者の健康障害防止のための措置について、都道府県労働局に通知するとともに、福島県および関係団体に対して当該措置の周知を要請（5月17日）
- 計画的避難区域において事業所が例外的に事業を継続する場合に労働者の放射線による健康障害を防止するために留意すべき事項について、福島労働局および福島県に通知（5月24日）
- 災害復旧工事における労働災害防止対策の徹底について、梅雨入り以降特に懸念される次の事項を、建設業団体に要請するとともに、都道府県労働局あて通知（5月27日）
  ① 低層住宅の屋根等の改修工事に伴う墜落・転落災害等の防止
  ② 道路工事や上下水道工事における土砂崩壊災害の防止　等
- 震災復旧・復興工事における労働災害防止対策を官民が一体となって徹底するため、厚生労働省の要請により、建設業界内（事務局：建設業労働災害防止協会）に「東日本大震災復旧・復興工事安全推進本部」が設置され第1回会合を開催（6月3日）。以後、復旧・復興工事の進捗状況に応じて、以下の内容について検討を実施。第2回会合を開催し、被災地域ごとの安全衛生協議体制の構築、中小企業における安全衛生教育を徹底するための具体的方策について検討（7月6日）、第4回会合を開催し、新規参入者に対する安全衛生教育のさらなる徹底方法、今後の復興工事の安全な実施に係る課題把握のための体制整備等について検討（平成24年2月13日）
- 東京電力福島第1原子力発電所から20キロメートルの境界線をまたぐ事業所が市町村長の許可を得て操業する場合に労働者の健康障害防止のためにとるべき措置について、福島労働局に通知するとともに、福島県に対して当該措置の周知を要請（6月21日）
- 下水処理場、浄水場、焼却施設、廃棄物処分場等の事業場内において、放射性物質に該当する脱水汚泥や災害廃棄物等を取り扱う場合等に留意すべき事項について、都道府県労働局に指示するとともに、関係10都県に対して周知を要請（6月23日）

- 東日本大震災の被災地において、吹付けアスベストが飛散した事例が確認されたことを受け、石綿等が吹き付けられた建築物等からの石綿等の飛散およびばく露防止対策の徹底について、環境省と連名で都道府県労働局、地方公共団体に通知するとともに、関係団体に対応を依頼（6月30日）
- 岩手、宮城、福島の3労働局が、本格化しているがれき処理作業における労働災害を防止するための集中パトロールを実施（7月6日〜7月8日、8月24日〜8月26日）

  また、がれき処理作業を請け負う地元の建設事業者を対象として、①安全衛生教育の実施の徹底、②熱中症予防対策の徹底、③防じんマスクの着用の徹底等を内容とする集団指導を実施予定

  岩手県：宮古市（7/14）、釜石市（7/15）、陸前高田市（7/15）
  宮城県：気仙沼市（7/15）
- 地方自治体が発注する災害廃棄物処理に関し、発注者として行うべき作業者の安全衛生面への配慮等について、環境省と連名で関係12道県に対し要請するとともに、関係12道県の労働局あて通知（8月30日）
- 災害復旧工事における労働災害防止対策の徹底について、今後、集中的に実施される「地震・津波により被害を受けた建築物等の解体工事」において懸念される、①墜落・転落防止等の一般的な安全対策や建築物の構造に応じた解体作業の対策、②解体工事における石綿ばく露防止対策等を建設業団体に要請するとともに、都道府県労働局あて通知（8月31日）
- 原子力災害対策本部から「市町村による除染実施ガイドライン」が示されたことを受け、外部被ばく線量の記録、安全衛生教育の実施等、除染作業に労働者を就かせる場合に事業者が実施すべき事項について、都道府県労働局および関係9県に対して通知（9月9日）
- 今後、「まちづくり」の本格化に伴い、一定のエリア内で複数の工事が近接・密集して行われることに対応するため、①「工事エリア」ごとに関係者が安全衛生対策を協議するための組織、②①を円滑に設置・運営するための連絡会議の設置を岩手、宮城、福島の3労働局に対して指示するとともに、関係業界団体に対して要請（10月21日）
- 10月29日に東京電力福島第1原子力発電所で移動式クレーンに係る労働災害が発生したこと、また、年内に原子炉を安定的な冷温停止状態にするため

の工程（ステップ2）が終了し、今後、原子力発電所事故の収束に向けたさまざまな新たな工事が開始される。このため、各種工事における労働災害防止対策の徹底を福島労働局に指示するとともに、東京電力に対しても発注者として安全確保措置を強化するよう指示（11月24日）

○　除染作業等に従事する労働者の放射線障害防止に関する専門家検討会の報告書をとりまとめ公表（11月28日）

○　除染作業等に従事する労働者の放射線障害を防止するため、被ばく低減のための措置、汚染拡大の防止措置、労働者の教育、健康管理などを規定した省令案を労働政策審議会に諮問、答申（12月12日）。「東日本大震災により生じた放射性物質により汚染された土壌等を除染するための業務等に係る電離放射線障害防止規則」を公布（平成24年1月1日施行）し、あわせて、「除染等業務に従事する労働者の放射線障害防止のためのガイドライン」を公表（12月22日）

○　放射性物質汚染対処特措法に基づく除染特別地域等において重要な生活基盤の点検、整備の作業に従事する労働者の放射線障害防止のために講じるべき措置について、都道府県労働局および関係8県に対して通知（平成24年2月14日）

　災害復旧工事における労働災害防止対策について、①建築物、船舶等の解体、改修工事、②がれきの処理、③応急仮設住宅の建築、④災害廃棄物を取り扱う業務、⑤下水汚泥等を取り扱う場合、⑥原子力発電所近隣での作業、⑦除染作業等に際して、講習会、パトロール、安全措置の周知・徹底等を図った。

Ⅷ　労働条件の確保等

1　緊急相談窓口の開設

○　被災地域等の労働局およびその管内の労働基準監督署を中心に、労働条件、安全衛生、労働保険、労災補償等に関する労働者や事業主からの相談に対応

> するため、緊急相談窓口を開設（3月25日）

　東日本大震災による被災者や福島第1原子力発電所の事故による避難者、あるいは工場、営業所等が損壊、休止し休業せざるを得ない事業主等を対象とした「緊急相談窓口」を開設し、労働条件、安全衛生、労働保険、労災補償等に関する相談に対応できるようにした。

2　震災に伴う解雇、雇止め等の事案に対する啓発指導の実施状況

> ○　震災による直接または間接（原材料の仕入等が不可能となったこと等によるもの）の被害を受けたことに起因する解雇、雇止め等に対する啓発指導
> 474事業場、606事案（解雇：402事案　雇止め等：204事案）（12月31日現在）

　解雇、雇い止め等について、労働基準行政において、事業主等に対し、パンフレット等を活用し、集団指導や緊急相談窓口における相談対応、届出受理時など各種の機会を利用して、労働基準法等で定める法定労働条件を遵守することはもとより、労働契約法や裁判例等の周知を図り、適切な労務管理の必要性について啓発指導を行った。

　できうる限り解雇や雇止め等にかかわる紛争を防止する観点から、事前に労使の話合いや労働者への説明を十分に行う。

　また、職業安定行政においても、各種説明会等の機会を利用してパンフレットを配布する等し、雇用維持のための周知啓発を図る。その際に、東日本大震災に伴う経済上の理由により休業を余儀なくされた事業所については、雇用調整助成金が利用できること、また、震災による直接的な被害を受けたことによる休業を余儀なくされた場合については、雇用調整助成金は利用できないものの、雇用保険の失業手当を受給できる可能性があることについて、必ず説明するようにした。

3　労働条件等の適切な明示について要請

○　労働基準局長および職業安定局長の連名で、東京電力・主要経済団体・人材ビジネスの事業者団体に対し、労働者の募集や求人の申込み、労働契約の締結にあたって、労働条件等の適切な明示をすることを要請（5月13日）

　福島第1原子力発電所の敷地内または近隣における作業であるにもかかわらず、その実態とは異なる労働条件等を明示しての求人の申込みが行われていたことを踏まえ、職業安定法および労働基準法の趣旨に鑑み、東京電力株式会社、主要経済団体および人材ビジネスの事業者団体等に対して、労働者の募集や求人の申込み、労働契約の締結にあたって、労働条件等の適切な明示をすることなどを労働基準局長および職業安定局長の連名で要請した。

　団体ごとの要請内容は次のとおり。

①　東京電力株式会社
　　労働者の募集や求人の申込み、労働契約の締結にあたって、労働条件等の適切な明示が行われるよう、業務の発注を受ける関係企業に対する周知啓発の実施

②　主要経済団体、労働者派遣事業団体および建設業団体
　　労働者の募集や求人の申込み、労働契約の締結にあたって、労働条件等の適切な明示が行われるよう、各団体の全国の会員企業に対する周知啓発の実施

③　民間職業紹介事業団体および求人情報提供事業団体
　　求人の申込みや情報の掲載依頼を受け付ける場合において、求人者に職業安定法の趣旨を周知することや、職業安定法違反のおそれがある事案について、都道府県労働局まで情報提供することの実施など

4 震災に伴う災害復旧工事等に係る建設業附属寄宿舎の法定基準の周知について要請

> ○ 災害復旧工事等に係る建設業附属寄宿舎に関する建設業附属寄宿舎規程等の遵守等について、建設業団体に周知を要請するとともに、都道府県労働局あて通知（7月11日）

　災害復旧工事等に係る建設業附属寄宿舎の設置に際して、被災地における用地等の状況をみると、法令上の問題点の発生が懸念されることから、①設置場所、②商業施設等の既存施設を利用する場合、③火災その他非常設備等について通知するとともに、「望ましい建設業附属寄宿舎に関するガイドライン」を作成し、適合するよう努めることを通知している。

5 震災に伴う復旧工事等の実施にあたって建設業団体に労働者派遣法の遵守を要請

> ○ 建設業団体に対し、震災に伴う復旧・復興工事の実施にあたって、建設業務の労働者派遣が禁止されていることなど、労働者派遣法の遵守に向けての周知啓発を要請（7月25日）

　東日本大震災に伴う復旧・復興工事において労働者派遣法で禁止されている建設業務での労働者派遣が行われている事案が生じていることから、建設業団体11団体に対し、被災地での復旧・復興工事の実施にあたって労働者派遣法を遵守するよう要請した。

　その要請内容は、①建設業務について、労働者派遣事業を行ってはならないこと、また、労働者派遣の役務の提供を受ける者は、建設業務など禁止業務に派遣労働者を従事させてはならないこと、②無許可・無届出で労働者派遣事業を行ってはならないこと、また、労働者派遣の役務の提供を受ける者は、無許可・無届出で労働者派遣事業を行う事業主から、労働者派遣の役務の提供を受けてはならないこと、③建設業務については、請負の形態により

業務を処理できるが、発注者が請負労働者に指揮命令をすれば、偽装請負として、違法な労働者派遣にあたることがあること、である。

IX 労働局の確保等

岩手県、宮城県、福島県の労働局、ハローワーク、労働基準監督署で特別相談窓口を設置した。また、全国の避難所の入所者を対象としたハローワーク、労働基準監督署による出張相談を実施している。

（資料4） 出張相談実績

労働局	岩手	宮城	福島	その他
出張相談（※1）	1,770回	6,127回	7,115回	595回（※2）
	6,127件	7,115件	4,272件	5,472件

（※1） 平成24年1月31日現在
（※2） 北海道、青森、秋田、山形、茨城、栃木、群馬、埼玉、千葉、東京、神奈川、新潟、富山、福井、山梨、長野、岐阜、滋賀、京都、大阪

（資料5） ハローワークにおける職業紹介状況等

〈求職者数等〉（※1を除き1月分）

労働局	岩手	宮城	福島	合計
有効求人数	27,068人	50,681人	33,619人	111,368人
有効求職者数	36,232件	61,541件	46,309件	143,082件
就職者件数	2,956件	3,816件	3,316件	10,088件
雇用創出基金事業（就職件数※1）	6,670件	9,594件	13,274件	29,538件
雇用保険受給資格決定件数（※2）	7,595件	15,337件	12,233件	35,165件
雇用保険受給者実人員（※2）（※3）	11,517件 11,517件	15,337件 28,009件	12,233件 23,002件	35,165件 62,528件

203

（※１）　平成24年２月24日現在
（※２）　震災による休業や自発的失業・定年退職も含む
（※３）　下の段は個別延長給付等（個別延長給付、特例延長給付、広域延長給付）を含む数値

（参考）
・雇用保険離職票等交付件数　被災３県計23万9446件（３月12日〜平成24年３月11日）（前年比1.4倍）
・雇用創出基金事業による計画状況　被災３県計　３万2000人

（資料６）　労働基準監督署において受理した申請等

労働局　申請等	岩手	宮城	福島	３件合計	その他
未払賃金立替払関係(※１)					
認定申請(企業数)	57件	66件	26件	149件	―
確認申請(労働者数)	377件	390件	133件	900件	―
労災給付請求(※２)	705件	1,588件	267件	2,560件	995件
（うち遺族給付）	(626件)	(1,284件)	(170体)	(2,080件)	(36件)
労災支給決定件数	685件	1,565件	255件	2,505件	982件
（うち遺族給付）	(607件)	(1,264件)	(161件)	(2,032件)	(36件)

（※１）　平成23年３月21日〜平成24年３月22日
（※２）　平成24年３月８日現在

第10章 農林水産省の対応①

農林水産省経営局総務課災害総合対策室長 真 鍋 郁 夫

はじめに

本稿では、東日本大震災において、農業、林業、水産業の分野で、どのような被害が生じたのか、被害の概要について解説したうえで、その被害への対策の概要および今後の復興に向けたマスタープランの概要、最後に、原子力発電所の問題への対応についてもふれることとする。

I 東北地方太平洋沖地震の概要

農林水産関係の被害の説明に入る前に、まず、東北地方太平洋沖地震の概要についてふれておきたい。

今回の地震の最大震度は、宮城県北部栗原市の震度7、そして、かなり広い地域で、震度5以上を記録した。そして、地震による揺れ以上に特徴的であったのは、非常に大きい津波が襲ったことである（(資料1)参照）。

気象庁が後日陸上に残っていた津波の痕跡を調査・測定したデータでは、岩手県宮古を中心として、津波の遡上高が高いところでは、20から30メートルにも達している。浸水高についても10から15メートルという記録が残っている。あわせて、気象庁の津波計による観測データも示しているが、何メートル以上と書かれているものは、あまりに大きな津波のため機器が故障してしまったためと聞いている。いずれにしても、非常に大きな津波が、岩手、宮城、福島の3県等を襲った。後ほど、水産業への被害のところで説明するが、津波による被害は、これら3県だけではなく、西日本に至る非常に広範

第1編　第10章　農林水産省の対応①

(資料1) 平成23年 (2011年) 東北地方太平洋沖地震の概要

津波の痕跡

津波の観測状況 (気象庁)

福島県相馬：9.3m以上
宮城県石巻市鮎川：8.6m以上
岩手県宮古：8.5m以上
岩手県大船渡：8.0m以上 等

(9月26日時点)
図 気象庁提出資料

浸水高、遡上高について

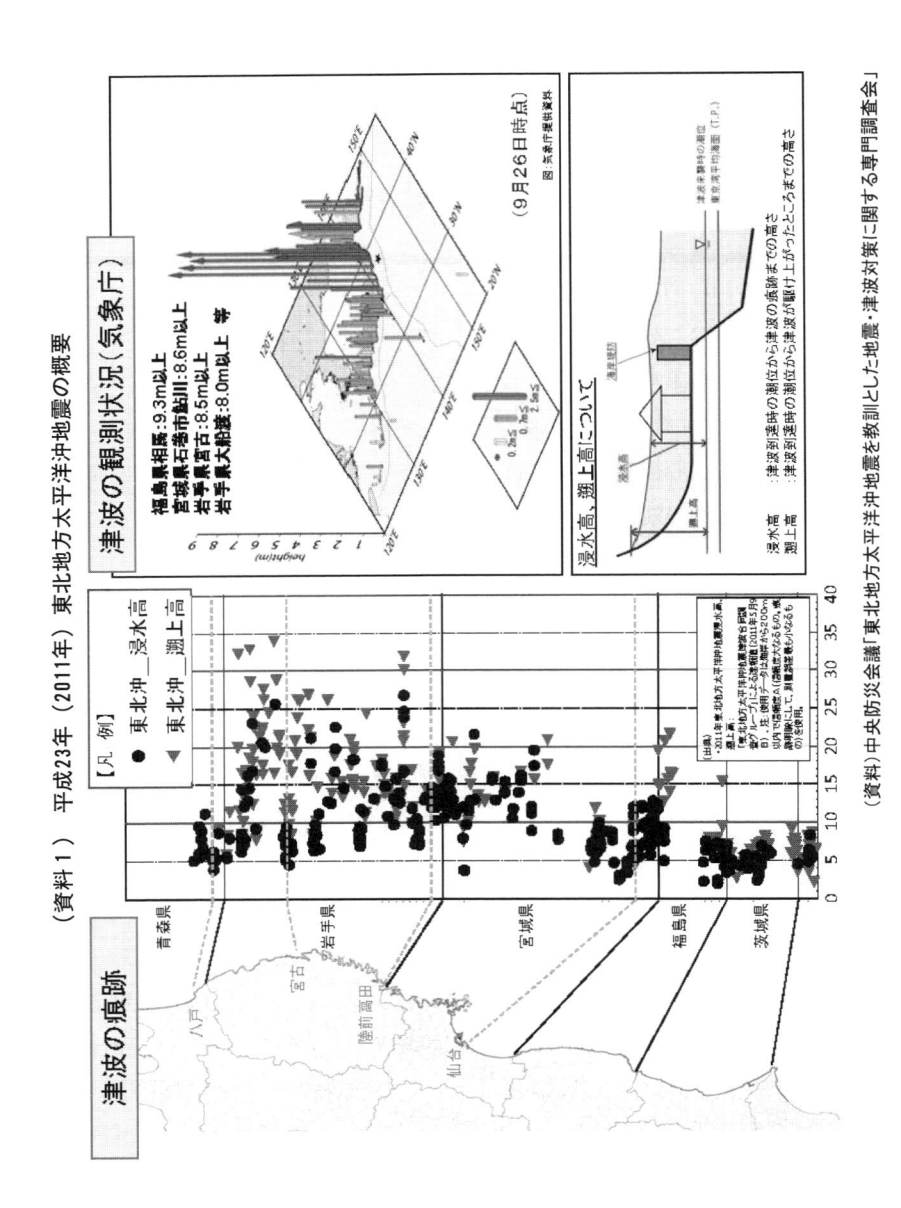

浸水高：津波到達時の潮位から津波の痕跡までの高さ
遡上高：津波到達時の潮位から津波が駆け上がったところまでの高さ

[凡例]
● 東北沖_浸水高
▼ 東北沖_遡上高

(出典)
・「東北地方太平洋沖地震被害各県
  まとめ」(2011年5月
  8日、注：調査は2011年4月20日
  以降で実施のものが混在しているもの。
  調査毎に、測量基準がバラバラも
  のを採用。

(資料) 中央防災会議「東北地方太平洋沖地震を教訓とした地震・津波対策に関する専門調査会」

206

囲な地域で生じている。今回の地震による農林水産関係の被害の最も大きな原因は、この津波であったと考えている。

II 地震・津波による農林水産業への影響

1 農林水産関係被害の概要

東日本大震災による農林水産関係の被害は極めて大きなものであった。現時点での最新のデータ（平成23年8月23日現在）では、農林水産関係の被害額の合計は2兆2839億円となっている。東日本大震災が発生するまで、農林水産関係の被害が最大であった震災は、7年前に発生した新潟県中越地震であり、被害額は1330億円であった（（資料2）参照）。

筆者は、新潟県中越地震の際に、新潟県庁内に設置された政府現地支援対策室で1ヵ月ほど震災対応の業務に携わり、被災現場をみる機会もあった。東日本大震災にあたっても、4月初めに、宮城県石巻市や名取市など被災現場を訪れたが、震災の被害状況は、中越地震とは全くといってよいほど異な

（資料2） 東日本大震災における農林水産関係被害の重大さ

○ 東日本大震災における、農林水産関係の被害は甚大
○ 農林水産関係被害額は、新潟県中越地震の約17倍、阪神・淡路大震災の約25倍

＜平成における震度7以上の震災の比較＞

名　称	発生年月	死者・行方不明者	農林水産関係被害
東日本大震災	平成23年3月	（死者）15,726人 （不明）4,593人	22,839億円
新潟県中越地震	平成16年10月	（死者）68人	1,330億円
阪神・淡路大震災	平成7年1月	（死者）6,434人 （不明）3人	900億円

（注）東日本大震災の数字は8月23日時点。

第1編　第10章　農林水産省の対応①

（資料３）　阪神・淡路大震災との比較

> 東日本大震災における被害額は、阪神・淡路大震災の被害額を大きく上回る。特に、農林水産関係の被害額が大きいことが特長。

項　目	東日本大震災の被害額	阪神・淡路大震災の被害額
建築物等（住宅・宅地、店舗・事務所、工場、機械等）	約10兆4千億円	約6兆3千億円
ライフライン施設（水道、ガス、電気、通信・放送施設）	約1兆3千億円	約6千億円
社会基盤施設（河川、道路、港湾、下水道、空港等）	約2兆2千億円	約2兆2千億円
農林水産関係（農地・農業用施設、林野、水産関係施設等）	約1兆9千億円	約5千億円
その他（文教施設、保健医療・福祉関係施設、廃棄物処理施設、その他公共施設）	約1兆1千億円	
総　計	約16兆9千億円	約9兆6千億円

（資料）内閣府「東日本大震災における被害額の推計について」（6月24日公表）による

っていると感じた。7年前も、民家がつぶれていたり、山が崩壊したりしていて、被害の大きさに大変驚いた記憶があるが、東日本大震災における被害、津波により建造物が流され、破壊されている様子は、比べようもない甚大な被害であった。新潟中越地震と東日本大震災の被害額と比べると、まさに桁違いであり、1330億円と2兆2839億円と17倍もの開きがある。

　一方、平成7年の阪神・淡路大震災における農林水産関係の被害は、被害額900億円と、さほど大きなものではなかった。これは、神戸を中心とした都市地域中心の震災であったため、淡路島などの兵庫県の農業地域を中心として、農地やため池等の農業被害があったものの、全体の大きな被害の中で、農林水産関係の被害は、大きくなかったということである。

　内閣府が、平成23年6月24日に、東日本大震災と阪神・淡路大震災について、農業を含む全体の被害額の比較について公表している（（資料３）参照）。被害額総額は、東日本大震災が16兆9000億円、阪神・淡路大震災は9兆6000億円であり、そのうち、農林水産関係の被害は、東日本大震災がこの時点では、1兆9000億円、阪神・淡路大震災が、その他の項目5000億円のうちの

208

II　地震・津波による農林水産業への影響

（資料4）　東北3県の農林水産業の概況（平成21年）

> 地震、津波により甚大な被害を受けた東北3県は、農業、林業、水産業いずれの生産額も全国の1割程度のシェア

	水産業 （漁業生産額）	農　業 （農業産出額）	林　業 （林業産出額）
岩手県	399億円 (2.9%)	2,395億円 (2.9%)	195億円 (4.7%)
宮城県	791億円 (5.7%)	1,824億円 (2.2%)	82億円 (2.0%)
福島県	160億円 (1.2%)	2,450億円 (2.9%)	130億円 (3.2%)
合　計	1,350億円 (9.8%)	6,669億円 (8.0%)	407億円 (9.9%)

（資料）農林水産省統計部「漁業・養殖業生産統計年報」、「生産農業所得統計」及び「生産林業所得統計報告書」

※　漁業生産額は海面漁業・養殖業の合計。ただし、福島の生産額は海面漁業のみ。（水産業のシェアはすべて海面漁業・養殖業の全国計に対する割合）
※　「林業産出額」には、合板等木材産業の産出額は含まれない。

900億円であった。こうしてみると、東日本大震災は、農林水産関係の被害が大きいということが特徴の1つであると考えられる。

次に、被害が特に大きかった、岩手、宮城、福島の3県の農林水産業が国内でどのような位置づけにあるかをみるために、3県の水産業、農業、林業の生産額の全国シェアを調べてみると、それぞれ全国で約1割を占めていることがわかる（（資料4）参照）。なお、農業については、生産額は8％となっているものの、米に限れば、平成23年の生産量で、全国の約12％をこの3県で生産している。

このように、この3県は、農林水産業のウェイトが非常に高い地域であり、これら3県を含めた東北地域が「日本の食料基地」といわれるゆえんでもある。このため、日本の食料基地を再生していくという意味からも、被害の甚大であったこれら3県の農林水産業をどのように復旧・復興していくかが、農林水産省として重要な課題となっている。

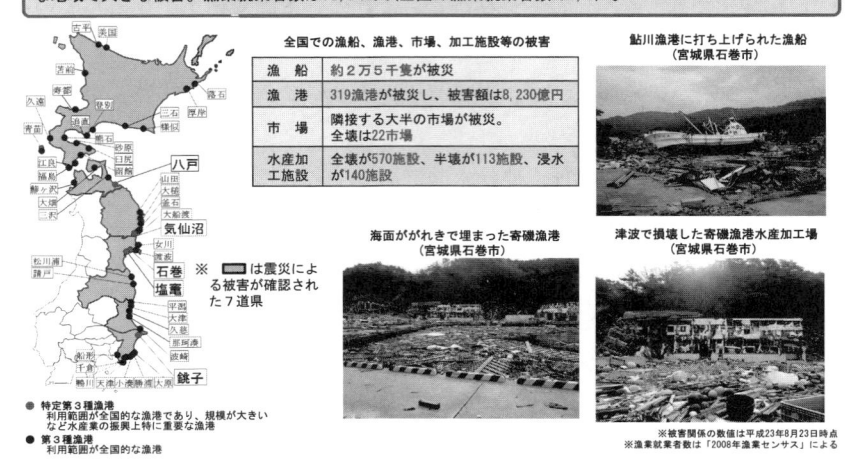

2　水産業への被害

　水産業への被害については、まず、漁船や漁港などが、津波によって甚大な被害を受けた（（資料５）参照）。全国の漁業生産量の５割を占め、全国の漁業就業者の３分の１にあたる７万4000人が漁業に従事している北海道から千葉に至る７道県を中心として、広範な地域で非常に大きな被害が生じ、なかでも、宮城、岩手両県では、壊滅的といっても差し支えないほどの被害を受けた。

　漁船は、全国で２万5000隻が被災し、被害が最も大きかった宮城県では、登録漁船１万3570隻のうち１万2023隻が被災した。なお、被災した漁船の95％は５トン未満の小型の漁船であった。

　漁港は、全国で319漁港が被災し、利用範囲が全国にわたる第３種漁港、なかでも、八戸、気仙沼、石巻といった主要漁港が大きな被害を受けた。漁港に隣接する水産関係の市場も被災し、全国で22市場が全壊した。その他、

（資料５）　水産業への被害①

II 地震・津波による農林水産業への影響

(資料6) 水産業への被害②

養殖施設への被害額は1,312億円(養殖物も含む)。被災地では、特に、わかめ、かきの生産量が多く、被害は甚大。

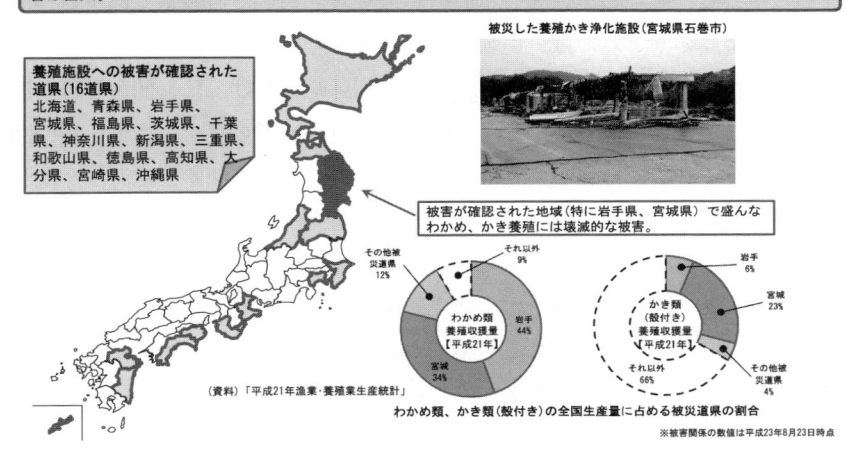

養殖施設への被害が確認された道県(16道県)
北海道、青森県、岩手県、宮城県、福島県、茨城県、千葉県、神奈川県、新潟県、三重県、和歌山県、徳島県、高知県、大分県、宮崎県、沖縄県

被災した養殖かき浄化施設(宮城県石巻市)

被害が確認された地域(特に岩手県、宮城県)で盛んなわかめ、かき養殖には壊滅的な被害。

その他被災道県 12%
それ以外 9%
岩手 44%
宮城 34%

わかめ類養殖収穫量【平成21年】

岩手 6%
宮城 23%
それ以外 66%
その他被災道県 4%

かき類(殻付き)養殖収穫量【平成21年】

(資料)「平成21年漁業・養殖業生産統計」

わかめ類、かき類(殻付き)の全国生産量に占める被災道県の割合

※被害関係の数値は平成23年8月23日時点

　水産加工施設、冷蔵施設等も大きな被害を受けた。
　養殖関係で被害が大きかったのは、震源に近い宮城県、岩手県、北海道であった。養殖関係の被害は、これらの道県にとどまらず、沖縄県に至る西日本でも確認された((資料6)参照)。岩手、宮城ではワカメの養殖が盛んであるが、被災によって生産量が著しく減少し、やむを得ず輸入せざるを得ないということが先日新聞でも報じられていた。また、カキの養殖は、広島県に次いで、宮城県、岩手県も盛んであるが、特に、カキの種苗、最初の種になる小さな貝の生産は、宮城県が全国で8割ほどのシェアを有していたので、今後、全国的に影響が出ることも懸念されている。

3　農業への被害

　農業関係の被害については、まず、農地2万3600ヘクタールが津波によって流失・冠水した。なお、この値は実測によるものではなく、航空写真の解析等により推定した数字である。岩手、宮城、福島3県での冠水・流失が2

211

第1編　第10章　農林水産省の対応①

万2763ヘクタールと、農地の被害はこれら３県に集中している（（資料７）参照）。

　その中でも、農地の流失・冠水面積が最も大きかった宮城県では、石巻周辺、牡鹿半島の南と北では、農地の様相が大きく異なっており、北方では、リアス式海岸で狭い農地が多いが、南方、福島県にかけては、仙台平野の広大・平坦な農地が広がっている。この農地に津波が押し寄せた。テレビの画像等でご覧になった方も多いと思われるが、平野部の奥深くまで海水が流れ込み、非常に広い面積で農地の冠水・浸水害が発生した。

　農地に加え、農業用施設、すなわち、用排水路、ため池、揚水機場、排水機場等も大きな被害を受けた。農地自体が被害を受けていなくても、用水路や排水路が損壊したり、がれきが詰まったりして、水田へ水が引けなくなることによって、米の栽培ができなくなるといった被害も発生している。また、内陸部においても、津波ではなく、地震の強い揺れによって、用排水路、パイプライン、農道、ため池等が壊れたという被害も各地で確認されている。

（資料７）　農業への被害

- 約2.4万haの農地が冠水（水田20千ha、畑3.4千ha）。岩手県、宮城県、福島県で2.3万ha。
- 農業関係の被害額は新潟県中越地震の約8.2倍の8,418億円（農地や農業用施設等の被害額が7,903億円、農作物や家畜等の被害額が515億円）。

津波により冠水し、がれきに埋まった農地（宮城県仙台市）

※　　　は震災による被害が確認された17県

【津波による田畑が流失・冠水被害（6県）】

県名	流失・冠水等被害推定面積	田畑別内訳試算 田	畑
青森県	79 ha	76 ha	3 ha
岩手県	1,838 ha	1,172 ha	666 ha
宮城県	15,002 ha	12,685 ha	2,317 ha
福島県	5,923 ha	5,588 ha	335 ha
茨城県	531 ha	525 ha	6 ha
千葉県	227 ha	105 ha	122 ha
合計	23,600 ha	20,151 ha	3,449 ha

（資料）「津波により流失や冠水等の被害を受けた農地の推定面積」（平成23年3月）

【農業関係被害】

被害内容	被害数	被害額
農地の損壊	17,456箇所	3,992億円
農業用施設等の損壊	21,867箇所	3,911億円
農作物、家畜等の被害	—	118億円
農業・畜産関係施設等	—	397億円
合計	—	8,418億円

新潟県中越地震の被害額（1,026億円）の約8.2倍

破損した農道（岩手県奥州市）

がれきの堆積した幹線排水路（宮城県名取市）

※被害関係の数値は平成23年8月23日時点

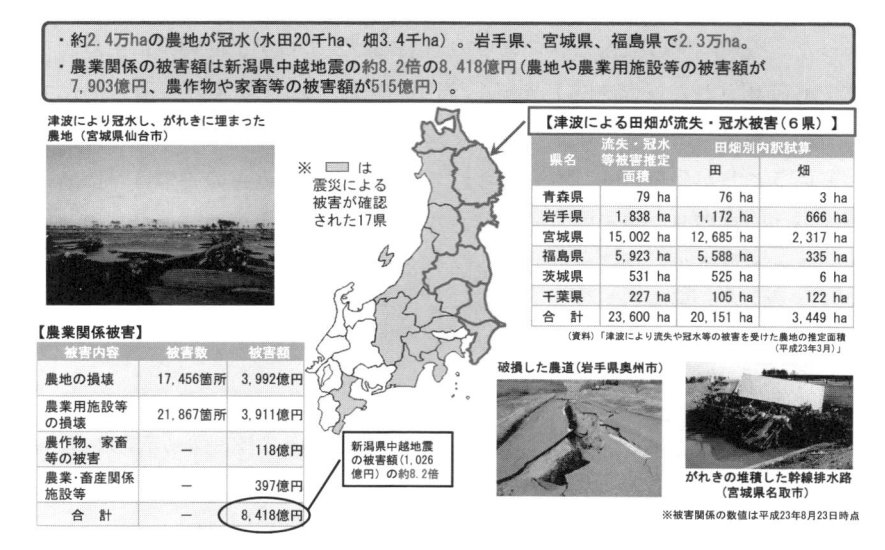

212

農作物や家畜関係の被害は、被害額が510億円と比較的小さかったが、これは、発災の時期が3月、被害地域が東北中心ということもあって、水田や畑で栽培されている作物が少なかったためで、発災が、夏期の米や野菜が栽培されている時期であったならば、農作物等の被害も非常に大きかったのではないかと考えている。

4　林業・木材加工業への被害

　林業・木材加工業への被害については、水産業や農業への被害と比べると、大きなものではなかった。林業・木材加工業関係の被害額は1967億円、全体2兆3000億円のうちの1割弱であった（（資料8）参照）。被害額としては大きくなかったものの、特徴的であったのは、国内の合板生産の約3割が岩手県、宮城県に集中しており、特に工場が石巻や宮古の港湾部に立地していたため、津波によって大きな被害を受けたことである。被災された方のために仮設住宅がつくられたが、その建設にあたっては、合板の安定供給は欠くこ

（資料8）　林業・木材加工業への被害

- 主な被災県は宮城、茨城、岩手、福島、長野県等の15県で、被害額は1,967億円。
- 国内合板生産の約3割を担う岩手県と宮城県では多くの合板工場が被災。

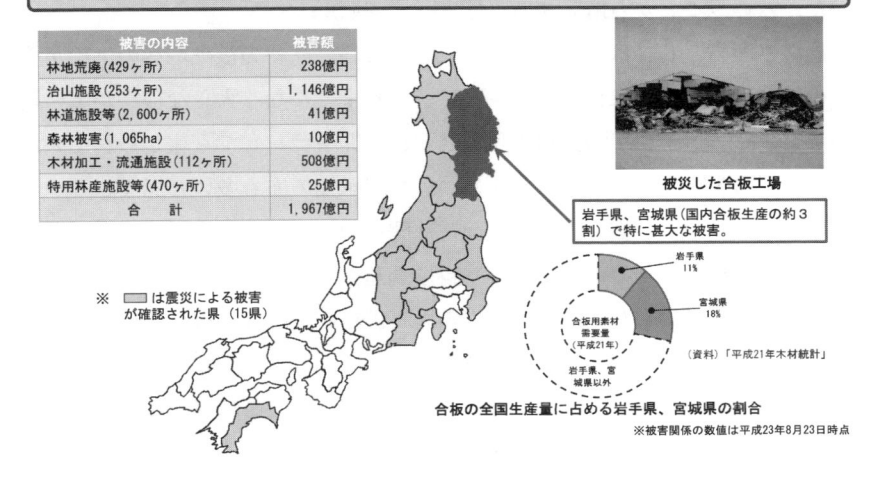

被害の内容	被害額
林地荒廃(429ヶ所)	238億円
治山施設(253ヶ所)	1,146億円
林道施設等(2,600ヶ所)	41億円
森林被害(1,065ha)	10億円
木材加工・流通施設(112ヶ所)	508億円
特用林産施設等(470ヶ所)	25億円
合　計	1,967億円

※　　　は震災による被害が確認された県（15県）

被災した合板工場

岩手県、宮城県（国内合板生産の約3割）で特に甚大な被害。

合板用素材需要量（平成21年）
岩手県　11%
宮城県　18%
岩手県、宮城県以外

（資料）「平成21年木材統計」

合板の全国生産量に占める岩手県、宮城県の割合

※被害関係の数値は平成23年8月23日時点

とができないものであるため、合板工場の早期復旧が、非常に大きな課題となった。

東日本大震災では、内陸部での山崩れや森林被害等の被害は比較的少なかったが、海岸部では、防災目的で植えられている松林などの海岸防災林が、津波により大きな被害を受けた。松の木が1本だけ残った、岩手県陸前高田市の「高田の松原」についてはマスコミでも大きく取り上げられたので、ご存じの方も多いと思うが、これも海岸防災林である。海岸防災林自体は大きな被害を受けたが、後日の調査によって、海岸防災林があったためにさまざまな漂流物が防災林で止められて、後背地の住宅等は被害が小さかったという検証結果も出ている。このような海岸防災林の効果をしっかり検証して、どのように復旧していくか、現在検討を進めている。

Ⅲ　地震・津波被害からの復旧対策

1　応急復旧

最初に応急復旧として、農林水産省が発災直後から、どのようなことを行ったかということから解説する（（資料9）参照）。

農林水産省としては、まず不足している食料、飲料の被災地への供給が第1の使命であった。東日本大震災では、これまでになく大きな被害が広い範囲で発生し、避難所での食料不足などが、新聞やテレビでも報じられていたので、どのような状況であったかについてご承知の方も多いと思う。

農林水産省では、震災直後から、首都圏を中心とした食品メーカーの協力を得て、食料やペットボトル等の飲料を調達して、東北3県、岩手、宮城、福島を中心に供給した。国が食料を調達し供給したのは、被災直後から4月20日までであるが、4月20日まで約40日間で、食料は2600万食分、飲料は500ミリリットルのペットボトル換算で762万本を、自衛隊等の協力も得て被災地に輸送した。

Ⅲ 地震・津波被害からの復旧対策

(資料9) 震災直後の応急の対応

- 不足している食料・飲料、燃料(A重油等)、配合飼料等を被災地に輸送。
- 被災した農林漁業者の円滑な資金調達や冠水した農地の排水作業等を支援。

被災地域への食料供給
○ 4月20日までに約2,600万食の食料と約762万本の飲料を被災地に輸送。ピーク時には1日で約128万食分の食料を供給。
○ 水産庁の漁業取締船等の10隻が民間漁船と協力して海上から物資(食料、燃料日用品、医薬品)を輸送。

福貴浦漁港における水産庁漁業取締船による救援物資の引き渡し(宮城県石巻市)

被災地域の飼料不足への対応
○ 工場の被災により、供給不足となった配合飼料の供給確保を支援するため、
①飼料関係団体に対し、九州や北海道等からの配送(内航船運搬、トラック輸送)の要請、
②備蓄飼料穀物(最大40万トン)の無償・無担保での貸付等を措置。

被災した配合飼料工場とサイロ(岩手県釜石市)

その他の応急対応
【資金調達の円滑化】
○ 被災した農林漁業者等が資金を調達できるよう、円滑な融資等を関係団体に依頼。
○ 農業共済掛金の払込期限等の延長・共済金の早期支払いに向けて共済団体に指導。
【排水設備の貸出】
○ 農地等の湛水を排除するため、災害応急用ポンプを地方農政局土地改良技術事務所から搬送し供用。
【手続きの簡素化】
○ 救援活動等に最優先で取組めるよう、農業者戸別所得補償制度の申請期限等を延長。

災害応急用ポンプによる排水作業(宮城県名取市)

　食料など応急用物資の被災地への供給については、通常は、災害救助法という法律に基づき、県が支援物資の費用を一時負担し、その後、国が補助を行うというしくみで行われる。しかし、東日本大震災は非常に大きな災害であったこと、特に、岩手、宮城、福島では県庁、市町村役場も被災し、地方自治体の行政機能が著しく低下し、被災地からの要請を待っていたのでは、的確に食料等を送り届けられない状況にあったことを考慮して、平成22年度予備費を活用し全額国費負担で行われた。

　被災地への食料等の輸送については、発災後しばらくは、ガソリンが十分に供給されないことが障害となり、主要な輸送手段であるトラックがうまく手配できないこともあって、食料を調達しても現地まで届けられないという状況も発生した。そのような中、防衛省、自衛隊に協力を求め、食料をはじめとする支援物資を航空機で大量に花巻空港や福島空港など、現地の飛行場まで運ぶことで、現地に物資が届かないという状況が解決された。また、このほかに、農林水産省独自の手段として、水産庁が保有している取締船、調

215

査船等を活用して、食料等の輸送を行った。

食料等のほかにも、交通の途絶等により供給ができなくなったものとして家畜の飼料があり、北海道、九州等から、船舶等を利用して東北各地まで輸送した。その他の応急対応として特に農地の冠水被害に対して、農林水産省が所有している災害応急用ポンプの貸し出し等も行った。

2　補正予算による復旧

続いて、平成23年5月に成立した第1次補正予算で措置した対策について述べる。

(1)　水産関係の復旧対策

まず、東日本大震災で最も被害が大きかった水産業被害の復旧対策については、主な復旧対策として、漁業を再開するために必要な、①資金等の確保対策、②漁船や漁具の導入対策、すなわち、非常に大きな被害を受けた漁船や定置網等の漁具の導入対策、③地域産業の復興に向けた被災した水産加工施設の整備対策、④最も被害が大きかった漁港や防波堤等の復旧対策を措置

（資料10）　水産関係復旧対策

水産業被害の現状	主な復旧対策	
津波で流された漁船	**漁業を再開するために必要となる資金等を確保する** 【漁場復旧対策支援事業】（123億円） ・漁場機能・生産力回復のため、漁業者自身による漁場での瓦礫等の回収処理等を支援 【無利子・無担保・無保証人】融資・保証枠690億円（223億円） ・被災漁業者・漁協等を対象に、実質無利子融資や無担保・無保証人融資を実施するほか、代位弁済経費を助成	早期の漁業再開
被災した水産加工施設	**漁業を再開するための漁船・漁具を導入する** 【共同利用漁船等復旧支援対策事業】（274億円） ・被災した漁船・定置漁具の復旧のため、漁業者等が行う漁船・定置漁具の導入を支援	
	水産加工施設を整備し、地域産業を復旧する 【水産業共同利用施設復旧支援事業】（1次補正18億円、2次補正193億円） ・被災した漁協等が所有する水産業共同利用施設の早期復旧に必要な機器等の整備を支援 【農林水産業共同利用施設災害復旧事業】（76億円の内数） ・水産共同利用施設の復旧（経営局計上）	
被災した防波堤	**漁港や防波堤など漁村のインフラを整備する** 【漁港関係等災害復旧事業】（250億円） ・被災した漁港・海岸等の復旧支援及び災害対策関連事業を実施 【養殖施設復旧支援対策事業】（267億円） ・被災した養殖施設の復旧を支援	

した（（資料10）参照）。

漁業再開に向けた資金等の確保対策の中に、漁場復旧対策支援事業（123億円）があるが、この事業は、漁場機能・生産力回復のため、漁業者自身が行う漁場でのがれき回収処理等への支援を行っているものである。漁船に加えて網も流され、当面生活の糧を得るための漁ができない漁業者の方も多いことから、漁業者の方が自ら漁場で、がれき処理等の作業に携わっていただくと、1日あたり1万2000円程度の作業費をお支払いする。あるいは被害を受けずに残った漁船を、作業のために出していただければ、船を借りる費用を支払うといった事業を進めてきている。

なお、これまでの復旧状況は、被災した319漁港のうち、234漁港において応急工事を実施しており、また、被災した漁船のうち、補正予算での事業を活用して約900隻が復旧した。また、養殖施設や水産加工施設等についても復旧が進みつつある。

(2) 農業関係の復旧対策

次に、農業関係については、①農業の再開に必要な資金の確保、②生産物の円滑な流通のための卸売市場の復旧、③農地の除塩、すなわち海水を被って塩が集積してしまった農地の除塩作業を進めて、冠水農地において農業を再開するという目的での事業、④被災をして壊れて使用できなくなった共同利用施設等の修繕・再整備といった観点での事業を進め、早期の営農再開をめざしている（（資料11）参照）。

農地等のこれまでの復旧状況については、主要な排水機場の仮復旧が平成23年8月下旬までに完了したほか、除塩については、約4700ヘクタールが着工済みであり、そのうち約2100ヘクタールでは除塩が完了して営農が再開されている。

農業においても、農業者の方が、それぞれの地域において復興組合を組織し、自ら共同でゴミ、がれきの除去や農地の簡易な補修などの復旧作業をしていただくと、とりあえず、すぐに営農再開できない方にも、日当的な作業経費をお支払いするという被災農家経営再開支援事業を実施している。

(資料11) 農業関係復旧対策

なお、この事業の対象は、あくまでも共同作業ということであって、個々の農業者、個人とはなっていない。これは、今後の農業復興のことを考えれば、個々の農業者が単独で農業を行うのではなく、集落や地域でそれぞれ組合を立ち上げ、組合、集団を核にして、集落単位で効率的な営農（いわゆる集落営農）を進めていただきたいという思いもあってのことである。これまでに36市町村で復興組合設立の検討が行われ、そのうち27市町村で69の復興組合が設立されている。

(3) 林野関係の復旧対策

林業・林野関係における復旧対策についても、基本的には水産業、農業と同様の観点で対策を講じているが、特徴的であるのは、先に述べたように、被災した木材加工施設については、仮設住宅建設等のためにも復旧を急がなければならないといった事情もあって、木材供給等緊急対策を措置したことである。また、バイオマスの利用という観点から、木質系震災廃棄物を単に埋め立て等をするのではなく、バイオマスとしての利用可能性を調査する事

III　地震・津波被害からの復旧対策

(資料12)　林野関係復旧対策

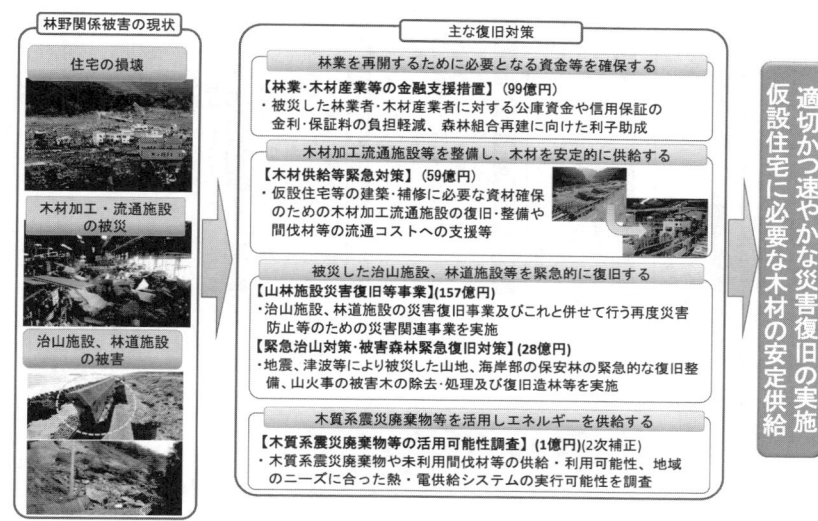

業を2次補正予算で措置している（(資料12)参照）。

(4)　農林水産省の被災現場での復旧支援の取組み

　最後に、トピック的なことになるが、1点、農林水産省の被災現場での復旧に向けた支援の取組みを紹介しておきたい。農林水産省はおそらく国土交通省とともに地方組織を多く有している省庁であると思うが、東北では、仙台に東北農政局があり、さらにその下部組織として各県に地域センターという地方支部局がある。これら地方組織が中心となって、それぞれの被災地で復旧を支援する現地支援チームを編成して、いろいろな支援活動を行っている（(資料13)参照）。

　宮城県の南部、仙台平野の南部に亘理町、山元町という町があるが、この地域でも現地支援チームが、支援活動を行っている。この地域は、100ヘクタールほどの東北地方では有数のいちご産地であったが、まさに収穫盛期であった3月に、津波により、いちごの株がビニールハウスごとそのほとんどすべて流されてしまった。壊滅的な被害で一時的にはうちひしがれていた地

219

第1編 第10章 農林水産省の対応①

(資料13) 東日本大震災に対応した現地支援チームの現在の取組み

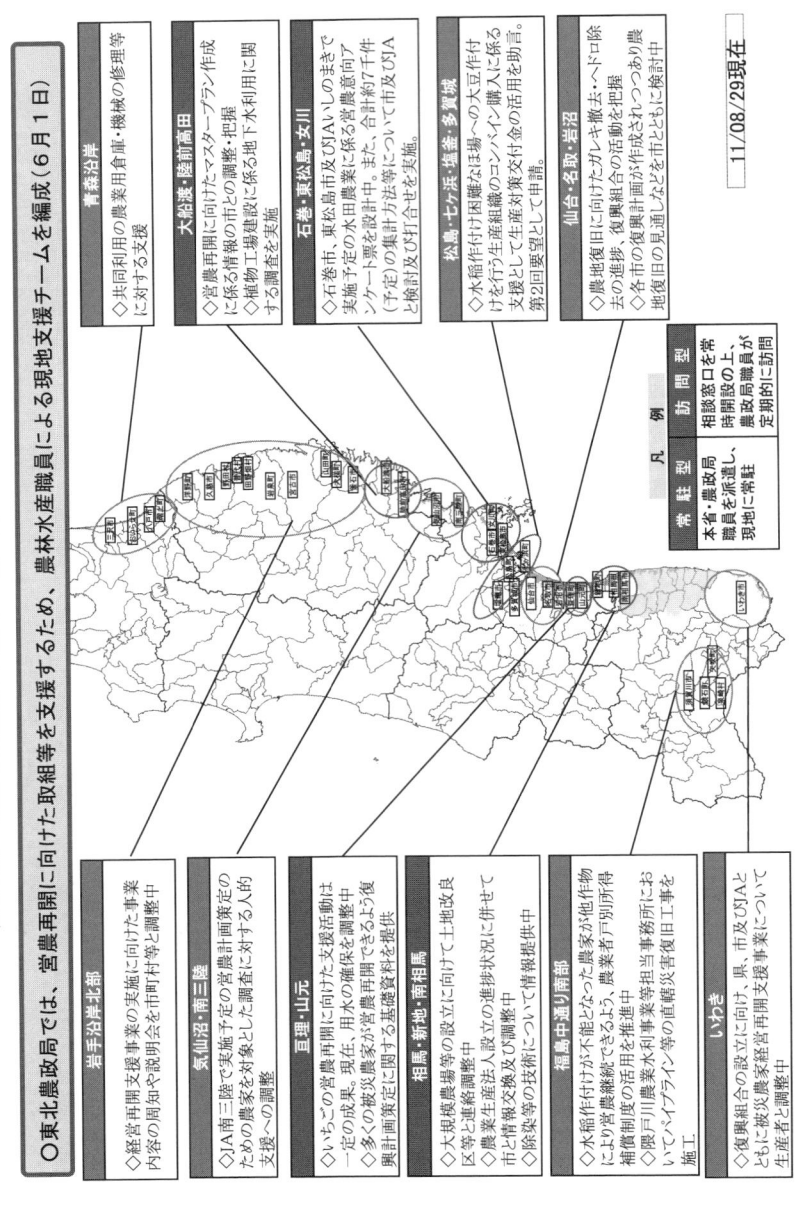

○東北農政局では、営農再開に向けた取組等を支援するため、農林水産省職員による現地支援チームを編成(6月1日)

11/08/29現在

青森沿岸
◇共同利用の農業用倉庫・機械の修理等に対する支援

大船渡・陸前高田
◇営農再開に向けたマスタープラン作成に係る各市との調整・把握
◇植物工場建設に係る地下水利用に関する調査を実施

石巻・東松島・女川
◇石巻市、東松島市及び女川のいまで実施予定の水田農業に係る営農意向アンケート案を設計中。また、合計約7千件(予定)の集計方法等について市及びJAと検討及び打合せを実施

松島・七ヶ浜・塩釜・多賀城
◇水稲作付困難な塩場への大豆作付を行う生産組織のコンバイン購入に係る支援として生産対策交付金の活用を助言。第2回要望として申請

仙台・名取・岩沼
◇農地復旧に向けたガレキ撤去・ヘドロ除去の進捗、復興組合の活動を把握
◇各市の復興計画が作成されつつあり農地復旧の見通しなどを市とともに検討中

凡例
常駐型:本省・農政局職員を派遣し、現地に常駐
訪問型:相談窓口を常時開設の上、農政局職員が定期的に訪問

岩手沿岸北部
◇経営再開支援事業の実施に向けた事業内容の周知や説明会を市町村等と調整中

気仙沼・南三陸
◇JA南三陸で実施予定の営農計画策定のための農家を対象とした調査に対する人的支援への調整

亘理・山元
◇いちごの営農再開に向けた支援活動は一定の成果。現在、用水の確保等を調整中
◇多くの被災農家が営農再開できるよう復興計画策定に関する基礎資料を提供

相馬・新地・南相馬
◇大規模農業法人設立に向けた土地改良区等と連絡調整中
◇農業生産法人設立の進捗状況に併せて市と情報交換及び調整中
◇除染等の技術について情報提供中

福島中通り南部
◇水稲作付が不能となった農家が他作物により営農を継続できるよう、農業者戸別所得補償制度の活用を推進中
◇釜戸川農業水利事業等の直轄災害復旧工事を施工

いわき
◇復興組合の設立に向け、県、市及びJAとともに被災農家経営再開支援事業について生産者と調整中

220

元のいちご農家の方々が、何とか産地を復興、復旧しよう、いちごをクリスマスまでに必ず出荷したいという思いで産地の復興を進めている最中である。9月から10月にかけて、苗が植えられて、順調に育っていると聞いているので、年末のクリスマスの頃までには、亘理産、山元産のいちごが店頭に並ぶものと期待をしている。

Ⅳ 被災した農山漁村の復興に向けた対策

政府の「東日本大震災からの復興の基本方針」が、復興事務局から平成23年7月29日に公表されたが、被災地域が農林水産業の重要性が高い地域であるとの特徴もあって、この基本方針では、いろいろな観点から幅広く、農林水産関係の方針も取り上げられ記述されている（(資料14) 参照）。

（資料14） 復興基本方針における農林水産関係の位置づけ

政府が7月29日に取りまとめた東日本大震災からの復興の基本方針において、東北の食料供給基地としての重要性に鑑み、農林水産関係を幅広く取り上げ。

基本方針における農林水産関係の主な記載内容

【地域経済・産業】

〈農業〉
・集落コミュニティでの話合いを通じて、3つの戦略（①高付加価値化（6次産業化）、②低コスト化、③農業経営の多角化）を地域ごとに組み合わせ、力強い農業構造の実現を支援。
・先端的な農業技術を駆使した大規模な実証研究の実施等による新たな農業の提案。

〈林業〉
・林業の復興に向け、施業集約化や地域材利用を推進。

〈水産業〉
・沿岸漁業は、漁船等の共同化、漁港機能の集約・役割分担を図り、沖合・遠洋漁業は、適切な資源管理や漁船・船団の近代化・合理化、拠点漁港の流通機能の高度化を推進。
・漁業者が技術・ノウハウや資本を有する企業と連携できるよう仲介・マッチングを推進。
・必要な地域では、地元漁業者による法人に民間資本が参入しやすくするような特区手法を創設

〈観光・IT・技術〉
・豊かな「食」などを活用した東北ならではの観光スタイルを構築。

【地域づくり】

・都市計画法、農振法、森林法等の土地利用計画制度に係る手続きを一本化する特例措置の検討。
・土地利用調整を行う際、住宅地・農地等の一体的な整備に向けた事業を検討。

【原子力災害・エネルギー関連】

〈原子力災害対応〉
・食品中の放射性物質に係る安全対策の体制を整備。
・農畜産物の安全確保に向け、肥料・飼料等の適切な管理の徹底、農家に対する技術指導など対策に万全を期す。

〈再生可能エネルギー〉
・再生可能エネルギー等を活用した自立・分散型エネルギーシステム（スマートビレッジ）を被災地域に先駆的に導入。
・木質バイオマス発電等の導入促進や「再生可能エネルギー法案」の早期成立

1　水産復興マスタープラン

　被害が最も甚大であった水産業、水産関係に関しては、政府の復興方針のひと月ほど前、平成23年6月28日に、水産庁が「水産復興マスタープラン」を策定、公表している。このマスタープランでは、水産業の復興にあたっての基本理念として、①地元の意向を踏まえる、②水産資源をフルに活用する、③消費者への安定的な供給を確保する、④漁期等に応じた適切な対応を行う、⑤単なる現状復旧にとどまらないといった方針の下で、復興の基本的な方向として、沿岸漁業についての方向性、沖合、遠洋漁業についての方向性を提示した（(資料15) 参照）。

　また、水産業は、広義では、漁業生産だけではなく、加工業や流通業など裾が幅広い産業であり、生産から流通・消費に至るチェーンの1カ所だけを復旧しても、水産業全体の復興にはつながらない。最近の報道でも、「魚を水揚げしても冷蔵庫がない」、「加工、流通の施設が復旧していないので、魚

（資料15）　水産復興マスタープランの概要

（平成23年6月28日策定）

我が国水産業における被災地域の重要性
- 岩手県、宮城県、福島県では、ほぼ全域で壊滅的な被害。水産関係の被害額は1兆円を超える状況。
- 被災地の水産業の早期復興は、地域経済や生活基盤の復興に直結するだけでなく、国民に対する水産物の安定供給を確保するうえでも極めて重要。

復興に向けての基本的な考え方

【復興に当たっての基本理念】
① 地元の意向を踏まえて復興を推進する
② 被災地域における水産資源をフル活用する
③ 消費者への安全な水産物の安定的な供給を確保する
④ 漁期等に応じた適切な対応を行う
⑤ 単なる現状復旧にとどまらない新たな復興の姿を目指す

【復興の基本的方向】
（1）沿岸漁業・地域
- 漁業者による共同事業化等により、漁船・漁具等の生産基盤の共同化・集約化を推進
- 民間企業の資本等の導入に向けたマッチングの推進や、必要な地域では地元漁業者が主体の法人が漁協に劣後しないで漁業権を取得できる仕組み等の具体化
- 周辺漁港との機能の集約・役割分担等の検討を行い、復旧・復興事業の必要性の高い漁港から着手

（2）沖合遠洋漁業・水産基地
- 漁船・船団の近代化・合理化による漁業の構造改革、漁業生産と一体的な流通加工業の効率化・高度化
- 沖合・遠洋漁業の基盤となる拠点漁港については、緊急的に復旧・復興事業を実施するとともに、さらなる流通機能・防災機能の高度化等を推進

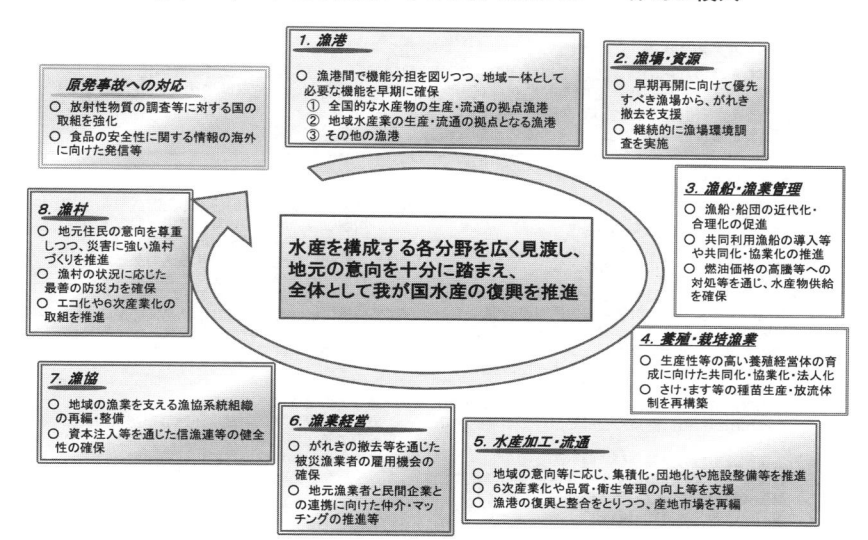

（資料16） 水産を構成する各分野を総合的・一体的に復興

原発事故への対応
○ 放射性物質の調査等に対する国の取組を強化
○ 食品の安全性に関する情報の海外に向けた発信等

1. 漁港
○ 漁港間で機能分担を図りつつ、地域一体として必要な機能を早期に確保
① 全国的な水産物の生産・流通の拠点漁港
② 地域水産業の生産・流通の拠点となる漁港
③ その他の漁港

2. 漁場・資源
○ 早期再開に向けて優先すべき漁場から、がれき撤去を支援
○ 継続的に漁場環境調査を実施

8. 漁村
○ 地元住民の意向を尊重しつつ、災害に強い漁村づくりを推進
○ 漁村の状況に応じた最善の防災力を確保
○ エコ化や6次産業化の取組を推進

水産を構成する各分野を広く見渡し、地元の意向を十分に踏まえ、全体として我が国水産の復興を推進

3. 漁船・漁業管理
○ 漁船・船団の近代化・合理化の促進
○ 共同利用漁船の導入等や共同化・協業化の推進
○ 燃油価格の高騰等への対処等を通じ、水産物供給を確保

4. 養殖・栽培漁業
○ 生産性等の高い養殖経営体の育成に向けた共同化・協業化・法人化
○ さけ・ます等の種苗生産・放流体制を再構築

7. 漁協
○ 地域の漁業を支える漁協系統組織の再編・整備
○ 資本注入等を通じた信漁連等の健全性の確保

6. 漁業経営
○ がれきの撤去等による被災漁業者の雇用機会の確保
○ 地元漁業者と民間企業との連携に向けた仲介・マッチングの推進等

5. 水産加工・流通
○ 地域の意向等に応じ、集積化・団地化や施設整備等を推進
○ 6次産業化や品質・衛生管理の向上等を支援
○ 漁港の復興と整合をとりつつ、産地市場を再編

を獲りすぎてもだめだ」といったことが報じられており、さまざまな課題があらためて顕在化している。農林水産業すべてにいえることではあるが、特に水産業については、それぞれの分野がばらばらに復興を進めるのではなく、関係・関連する分野が一体となって復旧できるよう、支援を進めていきたいと考えている（(資料16）参照）。

2　農業・農村の復興マスタープラン

　次に、「農業・農村の復興マスタープラン」は、平成23年8月26日に策定・公表した。このマスタープランは、政府の復興の基本方針で方向性が示された事項について、具体的に進めていくにはどのようにすればよいかということを示したものである。

　農業の復興を進めるにあたっては、そのベースとなる農地の復旧をどのように、どのようなスケジュールで進めていくかということが重要であるので、まず、農地の復旧・整備について提示し、それを踏まえて、どのような道筋

（資料17） 農業・農村の復興マスタープランの概要

(平成23年8月26日策定)

マスタープランの意義
- 「東日本大震災からの復興の基本方針（平成23年7月29日）」の方向性を進化・具体化
- 農地の復旧スケジュールと復旧までに必要な措置を明確化（おおむね、3年間での復旧を目指す）し、東北を新たな食料供給基地として復興。
- 県及び市町村が農業・農村の復興を進める際に役立ててもらうことを期待。

マスタープランの内容

1. 農地の復旧・整備
 (1) 農地の復旧可能性の図面の提示
 (2) 農地の被災状況に応じて類型化し、農地の復旧・整備のスケジュールと方針を示す。

2. 農地の復旧・整備を見据えた地域農業復興の道すじ
 (1) 農地の復旧までの被災農業者の所得確保等（経営再開に向けた復旧作業への支援を基本に金融支援、マッチング等）
 (2) 将来の農業・農村の担い手の確保（地域農業の担い手を確保する道筋を示す等）
 (3) 地域農業復興のための土地利用調整（地域全体の土地利用調整等に農業担当部局としても積極的に参画）
 (4) 生産関連施設の整備及び営農への支援
 (5) 6次産業化等高付加価値化（人材・体制づくり等）
 (6) 畜産（飼料に係るサプライチェーン対策等）
 (7) 復旧・復興の進捗状況の把握

3. 地域の復興から新しい日本の創造へ
 (1) 災害に強い地域としての再生（自立・分散型エネルギーシステムの構築等）
 (2) 自然調和型産業を核とする活力ある産業の育成（豊かな食材・食文化を活用した新たな観光スタイルの提案等）
 (3) 自然に根ざした豊かな生活基盤の形成（福祉や教育等の観点も踏まえたライフスタイルの提供等）

4. 原子力発電事故への対応
 安全な農畜産物の供給、迅速な損害賠償、風評被害の防止等に取り組むほか、農地土壌等の放射性物質の除染等に主体的に取り組む。

　で農業の復旧、復興を進めていくかということを示している（（資料17）参照）。

　農地については、被災した、特に津波等で冠水、浸水した農地の状況を調べて、どの時点で復旧が可能かということを年度ごとの営農再開可能面積として提示している。原子力発電所の事故等の関係で調査ができないところもあるが、岩手、宮城、福島、3県の合計で、平成23年度、24年度までで約半分、その後2年かけて残りの所の復旧が可能であるということを示した（（資料18）参照）。

　宮城県について、農地の復旧の可能性を地図上に落としたものを（資料19）に示す。もうすでに平成23年において除塩等を行い営農が可能になっている所、ヘドロ等の堆積が薄いので平成24年には復旧できる所、ヘドロの堆積が厚いのでもう少し時間かかる所といったように分けて示している。これらを地元自治体の方に参考にしていただいて、農地の復旧を的確に進めていくこととしている。

IV　被災した農山漁村の復興に向けた対策

（資料18）　年度ごとの営農再開可能面積

(岩手県及び宮城県) 平成24年度までに営農再開が見込まれる農地は、全体の約5割

(単位：ha)

	23年度	24年度	25年度	26年度	その他	計
岩手県	10	310	30	0	380※1	730
宮城県	1,220	5,430	5,410	1,970	310※2	14,340
計	1,230	5,740	5,440	1,970	690	15,070
割合		46%	36%	13%	5%	100%

※1　調査が未了の岩手県陸前高田市の一部地域　※2　農地に海水が浸入している宮城県石巻市及び東松島市の一部地域

(福島県) 平成24年度までに営農再開が見込まれる農地は、全体の約2割

(単位：ha)

	23年度	24年度	25年度	26年度	その他	計
福島県	60	610	2,670※3		2,120※4	5,460

※3　原子力災害の影響のため、現時点で25年度以降の営農再開可能面積は区分不可能　※4　原子力発電事故に係る警戒区域の農地面積

【参考1】3県合計

(単位：ha)

	23年度	24年度	25年度	26年度	その他	計
岩手県	10	310	30	0	380※1	730
宮城県	1,220	5,430	5,410	1,970	310※2	14,340
福島県	60	610	2,670※3		2,120※4	5,460
計	1,290	6,350	5,440	4,640	2,810	20,530
割合		37%	26%	23%	14%	100%

※1　調査が未了の岩手県陸前高田市の一部地域　※2　農地に海水が浸入している宮城県石巻市及び東松島市の一部地域
※3　原子力災害の影響のため、現時点で25年度以降の営農再開可能面積は区分不可能であり、また25年度は0ha、26年度を2,670haとして計算
※4　原子力発電事故に係る警戒区域の農地面積

【参考2】 参考1の面積から、※1、※2、※3、※4の面積（合計約5,480ha）を除いた場合、合計面積は以下のとおりとなる。(単位：ha)

	23年度	24年度	25年度	26年度	計
3県面積	1,290	6,350	5,440	1,970	15,050
割合		51%	36%	13%	100%

本面積は、被災した農地を原形復旧する場合の工程を検討し、営農再開が可能と見込まれる時期を国として県、市町村に示すものであり、今後、県、市町村が農家・集落等と合意形成を図りながら確定するもの。また、大区画化等の区画整理を実施する地区については、別途地域の合意形成を進めながら進めていく必要。

　この「農業・農村の復興マスタープラン」における農業・農村の復興全体のイメージであるが、まず農地の復旧整備を第1としている。そして、農地の復旧整備が進むまで、営農が再開できない場合には、先ほど述べた経営再開支援事業による支援もしながら進めていく。そして、復旧に際して現地にお願いしているのは、この際、単に元の姿に戻すのではなく、今後地域の農業を牽引する担い手は誰にするのか、また、どのような形で農業の復旧を進めていくのかといったことを、地元で徹底的に話し合いをしていただいて、それを高付加価値化、低コスト化、経営の多角化といったものに結びつけて、新たな食料供給基地として東北を再生していっていただきたいということである。復興施策についての工程表も示し、工程表のめざす時期に基づいて、着実に復興を進めていきたいと考えている（(資料20) 参照）。

第1編　第10章　農林水産省の対応①

（資料19）　農地の復旧可能性の図面（宮城県）

凡　例

：湛水範囲

I：用排水施設の機能が確保され、除塩のみで営農が可能となる農地。H23年度当初までに除塩等を行い、すでに営農が可能となった。

II：ヘドロ等が薄く又は部分的に堆積している農地。用排水施設の機能確保、除塩等をH23年度内に概ね完了し、H24年度から営農再開が見込まれる。

III：ヘドロ等が厚く又は広範囲に堆積し、畦畔等も損傷している農地。ヘドロ除去、農地復旧、除塩等をH24年度内までに概ね完了し、H25年度から営農再開が見込まれる。

IV：ヘドロ等が厚く広範囲に堆積し用排水路等の損傷が著しい農地や地盤沈下により一旦水没し耕土の損傷が著しい農地。営農再開に必要な生産基盤の全面的な復旧をH25年度内までに概ね完了し、H26年度から営農再開が見込まれる。

V：堤防の破堤や地盤沈下により海水が浸入し、別途検討が必要な農地。

注1：本図は、被災した農地を原形復旧する場合の工程を検討し、営農再開が可能と見込まれる時期を、国としてまず、県・市町村に示すものであり、今後、県・市町村が農家・集落等と合意形成を図りながら、具体的な復旧計画を策定していく。

注2：大区画化等の区画整理を実施する地区においては、凡例に示す時期内に当該工事を完了するものではない。

（県北東部）

0　3.75　7.5 Km

226

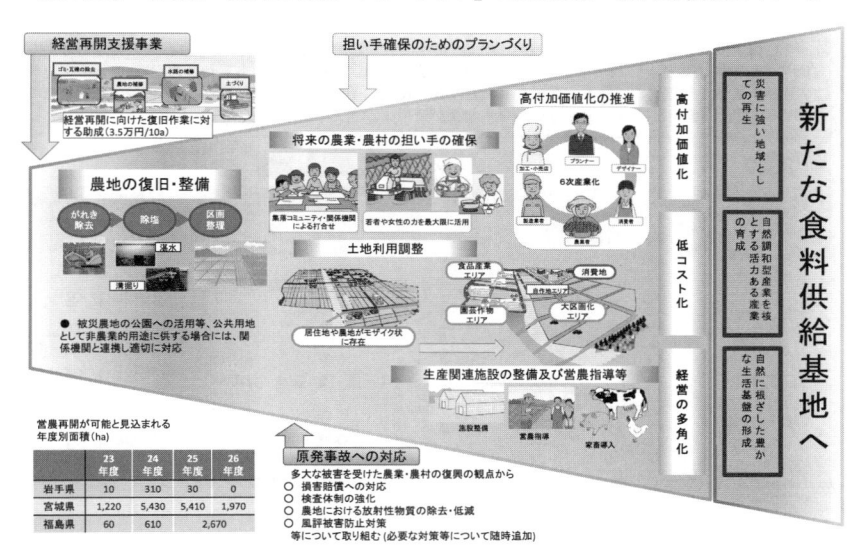

（資料20）「農業・農村の復興マスタープラン」による農業・農村の復興のイメージ

V　原子力発電所問題の農林水産業への影響と対策

　最後に、原子力発電所問題への農林水産省の対応について説明する。

　農林水産省としては、食品の安全を確保し、安全な食品を国民、消費者の方々に的確に届けること、国民の方々の健康を守っていくことを使命として、必要な対策を政府原子力災害対策本部、厚生労働省、関係都府県と連携をとって対策を進めてきた。

　まず、食品衛生法に基づいて厚生労働省が定めた暫定基準、１キロあたり食品類では500ベクレル、飲料、牛乳等では200ベクレルを超えるものが市場に出回らないよう、検査を行って、暫定基準値を超えるものについては、食品の出荷制限を実施した。また、夏以降には、今後営農を進めていくうえで、食品衛生法上問題のない農畜水産物が生産されるよう、肥料や飼料について基準を定めて、基準を超える肥料や飼料が使われないよう指導も行っている

227

（資料21） 食品の出荷制限等について

○ 食品衛生法に基づく暫定規制値を決定・公表（3月17日）し、食品の出荷制限等の設定・解除の考え方（原子力災害対策本部4月4日公表、6月27日、8月4日改訂）に基づき、食品の出荷制限を実施。
○ 食品衛生法上問題のない農畜水産物が生産されるよう、肥料等や飼料の放射性セシウムの暫定許容値を定め（8月1日）、暫定許容値を超える肥料等や飼料が使用・流通されないよう検査・指導。

食品

項目	食品衛生法上の暫定規制値（放射性セシウム[※1]）
飲料水	200Bq/kg
牛乳・乳製品	
野菜類	500Bq/kg
穀類	
肉・卵・魚 その他	

[※1] 放射性ヨウ素についても規制値は設定されているが、現在はほとんど検出されていない。

肥料・飼料等

項目	暫定許容値（放射性セシウム）
肥料[※2]・土壌改良資材・培土	400Bq/kg
飼料（牛・馬・豚・家きん用）	300Bq/kg
飼料（養殖魚用）	100Bq/kg

[※2] 汚泥肥料の原料となる汚泥については200Bq/kg以下であることが必要。

((資料21) 参照)。

　また、農地の土壌については、文部科学省や関係県と協力しながら調査を実施しており、（資料22）ような分布図を公表している。農地には、放射性セシウムの濃度が高いところも存在するため、農地の除染をどのように進めていくかについて、春以降、関係省庁等と連携して実証試験を進めている。新聞等でたびたび取り上げられているように、ひまわりが、セシウムを効率的に吸い上げるとの情報があったことから、このなかで、ひまわり栽培による除染効果についても確認を進めてきた。

　先立って、平成23年9月14日に、実証試験を踏まえた、土壌中の放射性セシウム濃度や地目に応じた農地の除染技術適用の考え方を提示したが、基本的には農地の表土はぎ取りが最も効果的であり、ひまわりに関していえば、ひまわり栽培で除染を行うことは難しい、ひまわり栽培だけで除染を行うには数百年も栽培を続けなければならないとの結果であった。なお、今後、冬期には、菜種栽培による除染についても実証試験を行う予定と聞いている。農畜産物中の放射性物質調査については、関係省庁、県と連携して進めてお

V　原子力発電所問題の農林水産業への影響と対策

（資料22）　農地土壌の放射性物質による汚染状況

○ 農地の除染など今後の営農に向けた取組を進めるため、文部科学省及び関係県と協力し、約580地点のデータに基づき農地土壌の放射性物質濃度分布図を作成（8月30日）

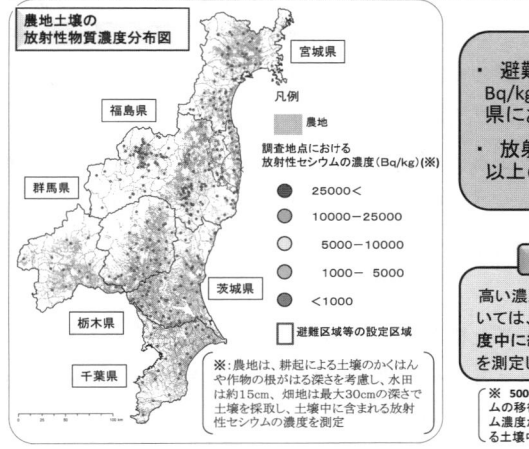

農地土壌の放射性物質濃度分布図

凡例
農地

調査地点における放射性セシウムの濃度（Bq/kg）（※）
- 25000＜
- 10000－25000
- 5000－10000
- 1000－5000
- ＜1000

□ 避難区域等の設定区域

※：農地は、耕起による土壌のかくはんや作物の根がはる深さを考慮し、水田は約15cm、畑は最大30cmの深さで土壌を採取し、土壌中に含まれる放射性セシウムの濃度を測定

本分布図の作成により明らかになった点

・避難区域等の設定区域外で5000 Bq/kg 以上となった調査地点は福島県において9地点（地目はすべて畑）。

・放射性セシウム濃度が5000 Bq/kg 以上の農地は約8300 ha と推計。

今後の取組

高い濃度を示した調査地点の周辺の地域等については、現在の調査地点を拡大して、平成23年度中に約3000地点を目標に放射性セシウム濃度を測定し、本分布図を精緻化していく

※ 5000 Bq/kg：水田の土壌から玄米への放射性セシウムの移行の指標（0.1）を前提として、玄米中の放射性セシウム濃度が食品衛生法上の暫定規制値（500Bq/kg）以下となる土壌中放射性セシウム濃度の上限値

（資料23）　米の放射性物質調査等のしくみ

○ 23年産米については、放射性セシウムの調査を行い、安全なものしか流通させない仕組みを整備。
○ これまでに17都県で調査結果を公表したが、暫定規制値（500Bq/kg）を超えたものはなく、16都県では調査を終了。
［検査した米の99.8%以上が、100Bq/kg以下］

1.　水田の放射性セシウム濃度の高い地域では作付制限を実施

本年収穫される米については、放射性セシウム濃度が食品衛生法の暫定規制値（500Bq/kg）以下となるよう、23年4月に「避難区域」、「計画的避難区域」及び「緊急時避難準備区域」において作付制限を実施（対象水田約9,000ha）

※米は、水田の土壌から玄米への放射性セシウムの移行が10分の1であることから、土壌中のセシウム濃度が5000Bq/kg以下の水田にのみ作付

2.　土壌調査等の結果を踏まえて収穫前調査と収穫後調査の2段階で調査を実施

東北、関東等の土壌中の放射性セシウム濃度が高い（1000Bq/kg以上）市町村において、
① 予備調査（収穫前の段階で、あらかじめ放射性物質濃度の傾向を把握）
② 本調査（収穫後の段階で放射性物質濃度を測定し、出荷制限の要否を判断）　の2段階で実施

3.　放射性セシウム濃度が規制値を超えた地域の米は全て廃棄

本調査の結果、玄米中の放射性セシウム濃度が暫定規制値（500Bq/kg）を超える米が確認された場合は、その地域の米を全て確実に出荷制限のうえ廃棄

り、結果については、厚生労働省のホームページのほか、農林水産省のホームページでも数値を整理したうえで公表している。

　農畜産物の中でも、米については、国民の主食であることから特に慎重を期して、作付制限に加え、収穫前・収穫後の2段階の調査を行っている。まず、作付制限については、土壌のセシウムのおよそ1割が米に移行する可能性があるため、土壌中のセシウム濃度が、米の暫定基準値500ベクレルの10倍、5000ベクレルを超えるところで実施した。そして、収穫期には、収穫前の予備調査、収穫後の本調査の2段階で調査を行い、基準以上のものを流通させない、基準を超えたものは破棄するということで進めてきている（（資料23）参照）。

　その他、セシウムで汚染された稲わらを飼料として食べた牛肉から暫定基準値を超えるセシウムが検出された件に関しては、牛肉の買い上げ処分等の対策を進めてきている。また、被災地の福島県等で生産された農産物の価格が下がるといった風評被害が問題になっているが、海外との関係においても、農林水産省として、国産農産物の輸出を増やしていくということが目標となっている中、輸入国から検査証明書の提出を求められる等の非常に厳しい要求があり、実態としても輸出額が低下するといった厳しい状況にある（（資料24）参照）。

V 原子力発電所問題の農林水産業への影響と対策

(資料24) 原子力発電所事故による諸外国・地域の輸入規制の動き

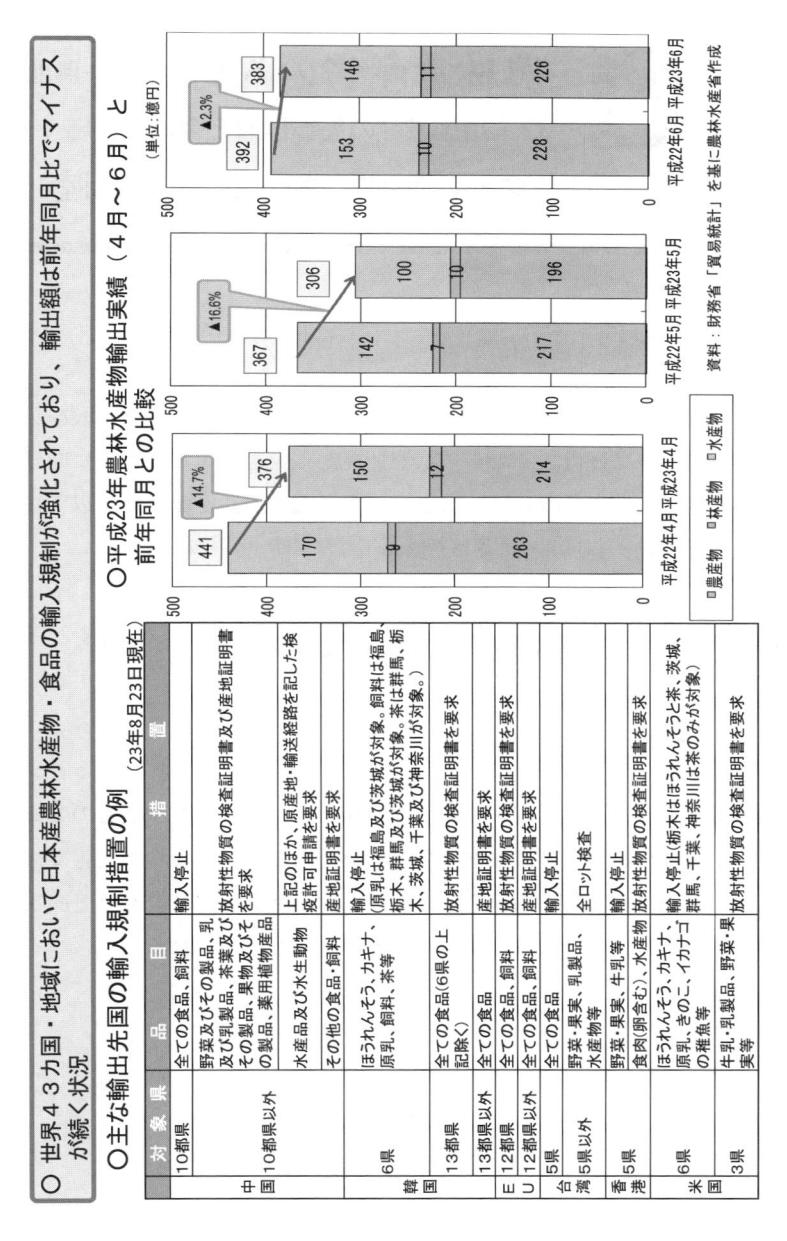

○世界43カ国・地域において日本産農林水産物・食品の輸入規制が強化されており、輸出額は前年同月比でマイナスが続く状況

○主な輸出先国の輸入規制措置の例 (23年8月23日現在)

	対象県	品目	措置
中国	10都県	全ての食品、飼料	輸入停止
	10都県以外	野菜及びその製品、乳及び乳製品、茶葉及びその製品、果物及びその製品、兼用植物産品	放射性物質の検査証明書及び産地証明書を要求
		水産品及び水生動物	上記のほか、原産地・輸送経路を記した検疫許可申請を要求
		その他の食品、飼料	産地証明書を要求
韓国	6県	ほうれんそう、カキナ、原乳、飼料、茶等	輸入停止 (原乳は福島及び茨城が対象。飼料は福島、栃木、群馬及び茨城が対象。茶は群馬、栃木、茨城、千葉及び神奈川が対象。)
	13都県	全ての食品(6県の上記除く)	放射性物質の検査を要求
	13都県以外	全ての食品	産地証明書を要求
EU	12都県	全ての食品、飼料	放射性物質の検査証明書を要求
	12都県以外	全ての食品、飼料	産地証明書を要求
台湾	5県	全ての食品	輸入停止
	5県以外	野菜・果実、乳製品、水産物等	全ロット検査
香港	5県	野菜・果実、牛乳等	輸入停止
		食肉(卵含む)、水産物等	放射性物質の検査証明書を要求
米国	6県	ほうれんそう、カキナ、原乳、きのこ、イカナゴの稚魚等	輸入停止(栃木はほうれんそうと茶、茨城、群馬、千葉、神奈川は茶のみが対象)
	3県	牛乳、乳製品、野菜、果実等	放射性物質の検査証明書を要求

○平成23年農林水産物輸出実績 (4月〜6月)と前年同月との比較

(単位:億円)

平成22年4月 平成23年4月 ▲14.7%
441 → 376
170 / 150
9 / 12
263 / 214

平成22年5月 平成23年5月 ▲16.6%
367 → 306
142 / 100
7 / 10
217 / 196

平成22年6月 平成23年6月 ▲2.3%
392 → 383
153 / 146
10 / 11
228 / 226

■農産物 ■林産物 ■水産物

資料:財務省「貿易統計」を基に農林水産省作成

231

第11章 農林水産省の対応②──農地・農業用施設等の災害復旧と今後の対応

農林水産省農村振興局整備部防災課災害情報分析官　村松睦宏

I　はじめに

　農林水産省の所管する農地・農業用施設等についても、東日本大震災により大きな被害を受けた。これらの状況把握から災害の復旧・復興に向けて、農林水産本省、地方農政局は総力をあげて各種の措置を講じた。以下にそのポイントを解説する（データ等は平成23年11月末時点のもの）。

II　農地・農業用施設等の被災の状況

1　被害の概要

　農業用施設とは、排水ポンプ場や水路などインフラに関するものである。平成23年11月25日現在の被害報告額で8928億円と、農業の地震災害で最大級であった新潟中越地震の8.7倍となっている。今後も被害報告が追加されてくると見込まれ、さらに被害額が増加するものと予想される。

II 農地・農業用施設等の被災の状況

（資料1） 農地・農業用施設等の被災状況

○岩手県、宮城県、福島県、茨城県及び千葉県を中心に広範な地域で全国39,322カ所の農地・農業用施設等に大きな被害
○約2.4万haの農地が冠水（水田20千ha、畑3.4千ha）。岩手県、宮城県、福島県で2.3万ha。
○農地・農業用施設等への被害額は、新潟県中越地震の約8.7倍の8,928億円（農地や農業用施設等の被害額が8,302億円、農作物や家畜等の被害額が626億円）。

被害の内容	被害カ所数	被害額
農地	17,456カ所	4,012億円
農業用施設等	21,457カ所	3,658億円
農村生活関連施設	409カ所	633億円
農作物、家畜等		140億円
農業、畜産関係施設等		487億円
合計		8,928億円

(H23.11.25現在)

2　被害の分布

　被害全体8928億円のうち農地、農業用施設等および農村生活関連施設の合計8303億円の県別分布が（資料1）である。流失・冠水等被害推定面積は、航空写真、衛星写真等からの推計である。宮城県、福島県の被害額が非常に大きくなっている。東日本大震災については、津波被害を受けた地域と津波以外の地域（地震による被害を受けた地域）の被災の状況が大きく異なっている。津波地域については、基本的に津波により浸水した面積の規模が被災の規模に直結している。地震の被害については、震度の大きさのほか、地盤等の影響で、被災地域が集中しているものがある。

　宮城県、福島県は、津波の浸水面積が大きく、これが被害額に大きく影響している。被害額は津波被災地が大きく、おおむね面積あたりで地震の10倍程度の被害額であると推定される。

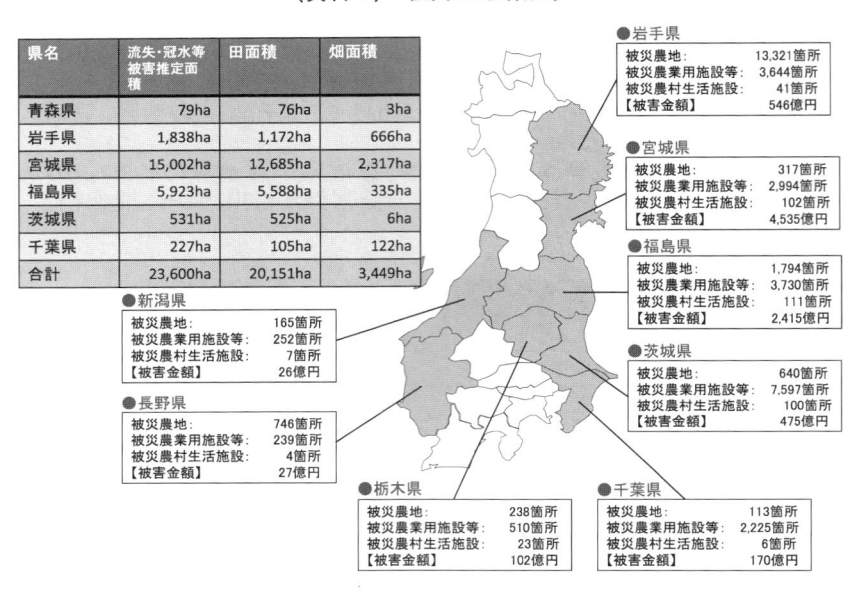

第1編　第11章　農林水産省の対応②

（資料2）　被災の地域分布

県名	流失・冠水等被害推定面積	田面積	畑面積
青森県	79ha	76ha	3ha
岩手県	1,838ha	1,172ha	666ha
宮城県	15,002ha	12,685ha	2,317ha
福島県	5,923ha	5,588ha	335ha
茨城県	531ha	525ha	6ha
千葉県	227ha	105ha	122ha
合計	23,600ha	20,151ha	3,449ha

●岩手県
被災農地：　　　　　　13,321箇所
被災農業用施設等：　　3,644箇所
被災農村生活施設：　　　41箇所
【被害金額】　　　　　　546億円

●宮城県
被災農地：　　　　　　　317箇所
被災農業用施設等：　　2,994箇所
被災農村生活施設：　　　102箇所
【被害金額】　　　　　4,535億円

●福島県
被災農地：　　　　　　1,794箇所
被災農業用施設等：　　3,730箇所
被災農村生活施設：　　　111箇所
【被害金額】　　　　　2,415億円

●茨城県
被災農地：　　　　　　　640箇所
被災農業用施設等：　　7,597箇所
被災農村生活施設：　　　100箇所
【被害金額】　　　　　　475億円

●新潟県
被災農地：　　　　　　　165箇所
被災農業用施設等：　　　252箇所
被災農村生活施設：　　　　7箇所
【被害金額】　　　　　　　26億円

●長野県
被災農地：　　　　　　　746箇所
被災農業用施設等：　　　239箇所
被災農村生活施設：　　　　4箇所
【被害金額】　　　　　　　27億円

●栃木県
被災農地：　　　　　　　238箇所
被災農業用施設等：　　　510箇所
被災農村生活施設：　　　23箇所
【被害金額】　　　　　　102億円

●千葉県
被災農地：　　　　　　　113箇所
被災農業用施設等：　　2,225箇所
被災農村生活施設：　　　　6箇所
【被害金額】　　　　　　170億円

3　被害の特徴

〈被災の状況と特徴〉
○　津波被災地
・津波の波力により農地・農業用施設等が流失、破壊、浸水
・農地・農業用施設等に土砂、がれきが堆積
・農地等に海水の塩分が進入
○地震被災地
・農地の地割れ、崩れ、液状化
・農業用施設の被災

　津波被災地では、波の破壊的な力によって農地や農業用施設の流出、破壊、浸水が発生している。また、浸水した地域には、土砂やがれきが堆積し、復旧の大きな妨げになっている。あわせて、農地等に海水が侵入しているため、土壌に塩分がしみ込んでおり営農に支障が生じるため、除塩も必要になって

いる。

　地震被災地については、揺れによる農地の地割れや地すべり、農業用施設の被災、また、地下水の影響も受けた地盤の液状化が発生している。

　被害額ベースで、津波被災地においては、最大のものは農地、続いて農業用施設、海岸の順となっている。地震被災地では、農業用施設の被害が最も大きく、内容としては、水路やため池、ポンプ場の被災が多くなっている。

4　地盤の変動と農地の冠水

　施設が壊れたり流されたりした以外にも、地盤の沈下等の被害も発生している（国土地理院出典）。地震によって、沿岸地域では大きな地盤沈下が発生した。沈下量は最も大きな陸前高田で84センチ、石巻で78センチであり、沿岸地域においては従来の排水施設では排水が困難となっている（（資料2）参照）。さらに、堤防やポンプ場が被災しており、沿岸地域で低平地が多い石巻市以南の仙台平野から亘理町、山元町、南相馬市付近までが大きく冠水している。さらに、岩手、宮城県境の大船渡市から気仙沼市付近で冠水面積が大きい。

　沿岸の冠水している地域においては、農地の除塩を進める必要があるが、そのためには、まず堤防の補修や排水ポンプ場の復旧が必要となる。海岸について、対応可能な地域はおおむね応急復旧がなされ、暫定的な高さまでの堤防が復旧されており、当面、通常の高潮、満潮等に対する対応はできている。今後、本格復旧に向けての検討や調整がなされる予定である。

　災害復旧においては、地盤沈下も復旧の対象になっており、地盤が沈下してポンプの排水能力が不足した場合には、災害復旧によりポンプの増設や排水能力アップも可能となっている。

第1編　第11章　農林水産省の対応②

（資料3）地盤沈下の状況

○青森県から千葉県の太平洋沿岸にかけて地盤沈下を観測。
○岩手県陸前高田市では最大で84cmを観測。
○地盤の沈下により海水等の排除が困難化

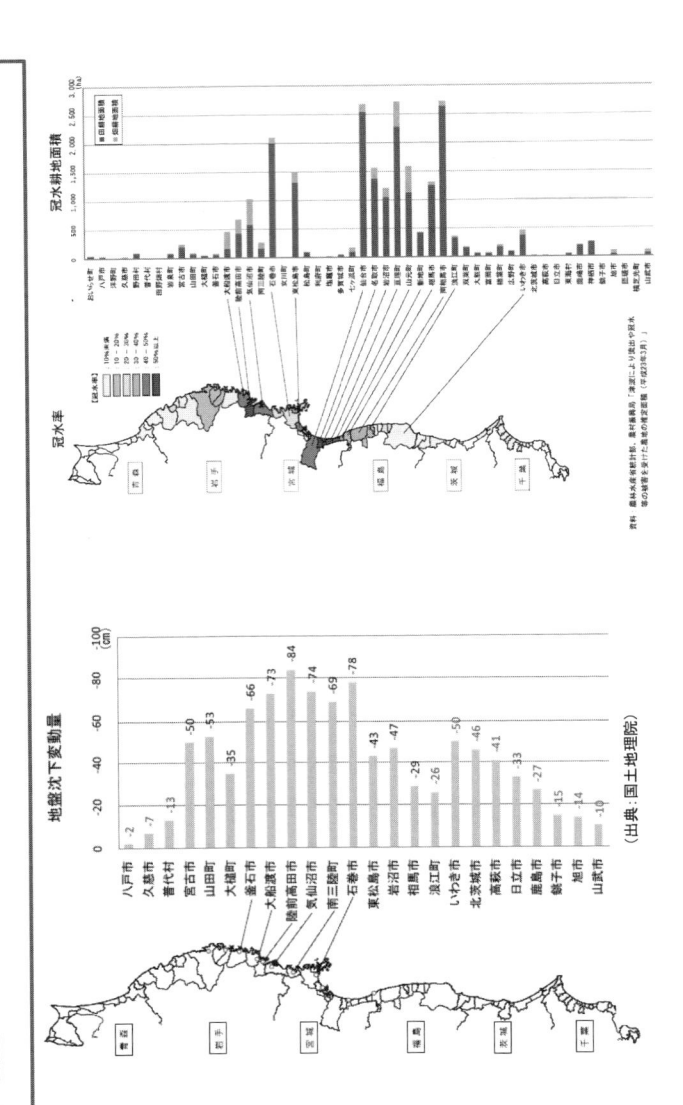

(出典：国土地理院)

236

Ⅲ 震災発生後の対応

1 初期の情報収集体制（水土里(みどり)災害派遣隊）

　農地・農業用施設等に係る被災への対応については、まず、被災直後に初期情報収集等を行っている。特に農地の排水については、農地のみならず周辺の宅地や市街地の排水にも影響していることから、早急な対応が必要であった。また、農地や用水関係は、被災した地元から来期の営農が可能か、との問合せが多く、早期の復旧が望まれていた。通常の災害であれば、地元の団体、地元市町村等が中心となって被災の調査を行うが、東日本大震災においては、県、市町村とも住民の安否、地域内のライフラインの対応等が最優先であったことから、国からも職員を現地に派遣して応急対応や技術指導な

（資料4）　被災後の対応

水土里災害派遣隊
（農地及び土地改良施設等の被災初期における情報収集体制）

【今回の取組】
● 農地及び土地改良施設等の早期復旧のために被災状況等の情報を収集。
● 被災県等へ国の職員等を派遣し、応急対策、復旧工法の助言、指導等を実施。

【明らかになった課題】
● 被災初期においては、被災状況等の情報を迅速かつ的確に収集・分析し、迅速な応急復旧に当たることが最重要。東日本大震災では、回線集中等のため、情報収集システムの機能が低下し、的確な情報収集に支障。

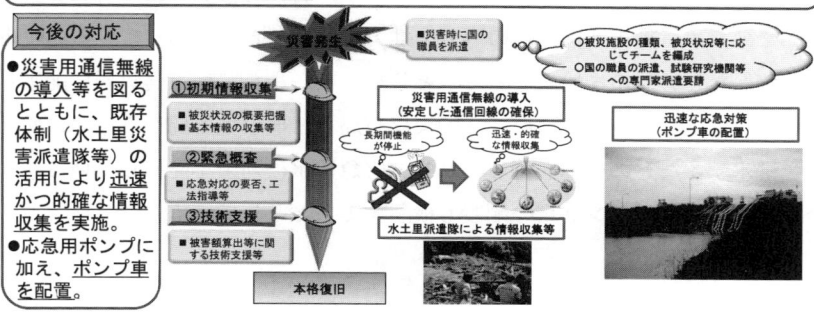

【今後の対応】
● 災害用通信無線の導入等を図るとともに、既存体制（水土里災害派遣隊等）の活用により迅速かつ的確な情報収集を実施。
● 応急用ポンプに加え、ポンプ車を配置。

第1編　第11章　農林水産省の対応②

（資料5）　応急復旧（査定前着工等）

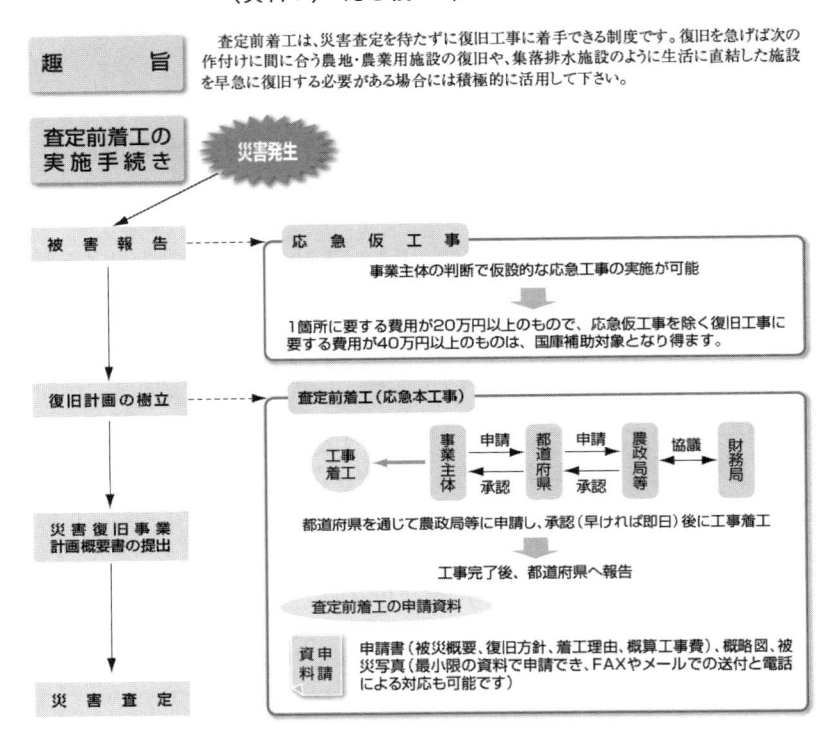

趣旨　査定前着工は、災害査定を待たずに復旧工事に着手できる制度です。復旧を急げば次の作付けに間に合う農地・農業用施設の復旧や、集落排水施設のように生活に直結した施設を早急に復旧する必要がある場合には積極的に活用して下さい。

査定前着工の実施手続き

災害発生
↓
被害報告 ……→ **応急仮工事**
　　　　　　　事業主体の判断で仮設的な応急工事の実施が可能

　　　　　　　1箇所に要する費用が20万円以上のもので、応急仮工事を除く復旧工事に要する費用が40万円以上のものは、国庫補助対象となり得ます。

↓
復旧計画の樹立 ……→ **査定前着工（応急本工事）**

工事着工 ← 事業主体 ⇄申請/承認⇄ 都道府県 ⇄申請/承認⇄ 農政局等 ⇄協議⇄ 財務局

都道府県を通じて農政局等に申請し、承認（早ければ即日）後に工事着工

工事完了後、都道府県へ報告

査定前着工の申請資料
申請資料：申請書（被災概要、復旧方針、着工理由、概算工事費）、概略図、被災写真（最小限の資料で申請でき、FAXやメールでの送付と電話による対応も可能です）

↓
災害復旧事業計画概要書の提出
↓
災害査定

どの活動をしている（水土里災害派遣隊）。

　被災直後は、情報伝達ラインの容量等の状況により、迅速な情報収集に支障が生じており、現場の情報を地方農政局や本省に送付するのに時間を要した。このため、災害通信無線の導入や地方支部局ごとに整備している衛星電話の確保などの対策を検討することとしている。また、地方農政局に配置している災害応急ポンプについて、関東農政局など他の地方局から東北に輸送して排水するなどの対応を行っており、応急排水に効果を発揮しているが、今後、自走できるポンプ車の配置も検討することとしている。

238

2　応急復旧の推進

　災害の調査後、早急な災害復旧が求められるが、一般的には災害査定後の工事着手となる。しかし、上記のとおり、市街地にも影響が及ぶ農地の排水や来期の作付けを見据えた水路等の復旧が急がれていたため、災害査定前に応急復旧が可能となる査定前着工の制度を活用して復旧を進めた（（資料5）参照）。被害報告をした段階で、復旧事業者の判断で仮の応急工事の実施が可能となる制度であり、今回も被災初期に700カ所を超える地区で実施されている。

3　土地改良法特例法

　今回、農地・農業用施設等の復旧について、国、県が市町村等に代わって災害復旧が実施できるよう、土地改良法特例法を制定した（（資料6）参照）。被災直後には、市町村役場も津波で破壊されるなど、農地・農業用施設等の災害復旧に手がまわらない状況も想定されたことから、災害復旧の実施手続等に係る土地改良法の特例を定めることにより、国、県が市町村等に代わり災害復旧が実施できるよう制度の拡充を行った。また、あわせて、地元の負担軽減も図っている。

　これまでの一般的な災害復旧事業は、99％以上の事業主体は市町村となっている。今回は、地方公共団体の行政機能が大きく損傷していることから、国や県が積極的に支援できる制度拡充としている。拡充内容としては、以下の4つがあげられる。

① 農地の災害復旧を国が実施可能としたこと、
② 農地・農業用施設等の改良復旧を国が実施可能としたこと、
③ 農地の区画整理を高補助率で実施可能としたこと、
④ 施設の改良や農地の区画整理について申請手続を簡素化

第1編　第11章　農林水産省の対応②

（資料6）土地改良法特例法

津波による災害に対処するため
農地・農業用施設の復旧制度
を拡充しました

<拡充内容>

○ 土地改良法特例法に基づき、災害復旧と併せて行う区画整理や施設の改良に激甚法と同等の高率の嵩上げが適用されることとなりました。

○ 国が実施主体となって農地の復旧や施設の改良を行うことが可能になりました。

事業主体	対象		国庫負担嵩上げ
都道府県等	農地	災害復旧	有
		災害復旧と併せて行う区画整理	有
	農業用施設	災害復旧	有
		災害復旧と併せて行う改良	有
国	農地	災害復旧	有
		災害復旧と併せて行う区画整理	有
	農業用施設	災害復旧	有
		災害復旧と併せて行う改良	有

※着色部が今回の拡充箇所

津波による災害に対処する
土地改良事業の開始手続きを
簡素化しました

<拡充内容>

○ 土地改良法特例法に基づき、災害復旧事業と併せて行う土地改良施設の変更、区画整理等の事業を、国又は都道府県が申請によらず行うことができるようになりました。これまで申請人が行う必要があった手続を国・都道府県が実施します。

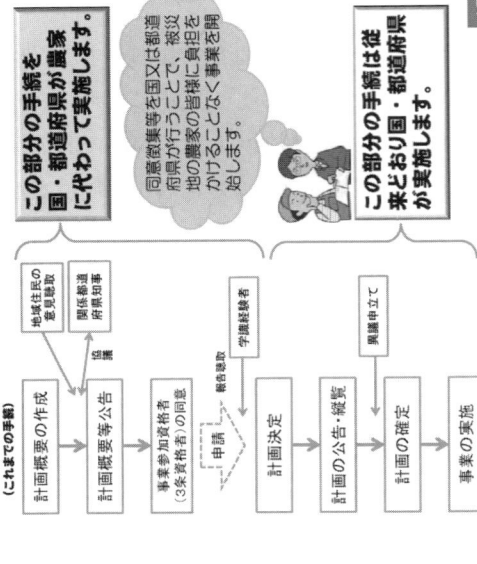

（これまでの手順）

計画概要の作成
　↓
計画概要等公告 ← 地域住民の意見聴取／関係都道府県知事協議
　↓
事業参加資格者（3条資格者）の同意　申請 ⇢ 勧告聴取
　↓
計画決定
　↓
計画の公告・縦覧　←　異議申立て
　↓
計画の確定
　↓
事業の実施

この部分の手続を国・都道府県が農家に代わって実施します。

同意徴集等を国又は都道府県が行うことで、被災地の農家の皆様に負担をかけることなく事業を開始します。

この部分の手続は従来どおり国・都道府県が実施します。

III 震災発生後の対応

（資料7） 査定の簡素化と早期査定

農林水産省では、農地・農業用施設の復旧に向けた支援として、災害査の大幅な簡素化を図りました。

○総合単価使用限度額の大幅な引き上げ
　積み上げ積算に替え、モデル的な単価により積算が出来る限度額を通常の5百万円未満から5千万円未満に拡大

○机上査定適用限度額の大幅な拡大
　実地によらず査定ができる限度額を通常の2百万円未満から3千万円未満に拡大

○設計図書の大幅な簡素化
　平面図を水土里情報システム等のGISや」航空写真で代用、復旧計画図を標準断面で作成するなど事務作業の簡素化

簡素項目	通常	東日本大震災	新潟中越地震	阪神大震災
地域		岩手、宮城、福島、茨城、栃木、千葉	新潟県	兵庫県
総合単価使用限度額	5百万円未満	5千万円未満	2千万円未満	1千万円未満
机上査定額	2百万円未満	3千万円未満	8百万円未満	2百万円未満
設計図書の簡素化		実施	実施	

設計図書の大幅な簡素化 （GISを活用した計画概要書作成のイメージ）

農地・農業用施設の復旧に向けた支援として、水土里情報システム等のGISや航空写真の活用、標準断面方式の導入により設計図書の大幅な簡素化を図ります。

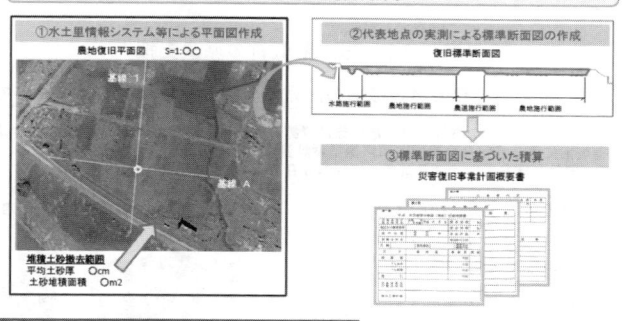

①水土里情報システム等による平面図作成
②代表地点の実測による標準断面図の作成
③標準断面図に基づいた積算

従来の現地測量（平板・縦横断）による詳細な復旧計画図の作成やポール・リボンテープを使った被災状況写真等が不要となり、大幅に事務作業を削減できます。

○現地査定で決定できる金額の引き上げ
（対象となる県：岩手、宮城、福島、茨城、栃木、千葉、長野、新潟）

・農地農業用施設災害復旧事業　2億円まで→30億円まで
・災害関連農村生活環境施設整備事業　12百万円まで→20億円まで
・海岸及び地すべり防止施設災害復旧事業　4億円まで→30億円まで

4　災害査定の簡素化等

　災害発生後、被害報告を受けて災害査定を実施するが、現地の災害復旧を円滑に進め早期に復旧するために、災害査定の簡素化等の対応を行っている（（資料7）参照）。査定設計書を作成する際に金額を簡易に見積もれるよう、県で統一的に作成した単価を通常より大きな金額の工事にまで適用可能とした。また、被害箇所数が膨大であることから、書類による災害査定も対象を拡大している。さらに、現地に入れなくても、GIS（地理情報システム）や航空写真を活用して査定資料を作成することも可能とすることにより、地元の負担軽減を図った。

　なお、一定以上の金額の災害については、通常は現地のみで査定ができない（保留）が、この対象金額を引き上げることにより、査定に係る地元の負担を軽減している。

（資料8）　国・県職員の派遣支援

（農地・農業用施設の災害復旧のための農業土木技術者派遣について）

○ 被災自治体からの支援要請を受け、農林水産省及び都道府県等の農業土木技術者を派遣し、農地・農業用施設の災害復旧に係る査定及び復旧工事に係る設計書作成などの支援を行っているところ。
○ 岩手県、宮城県及び福島県に、3月末までに延べ498人月の技術者を派遣。

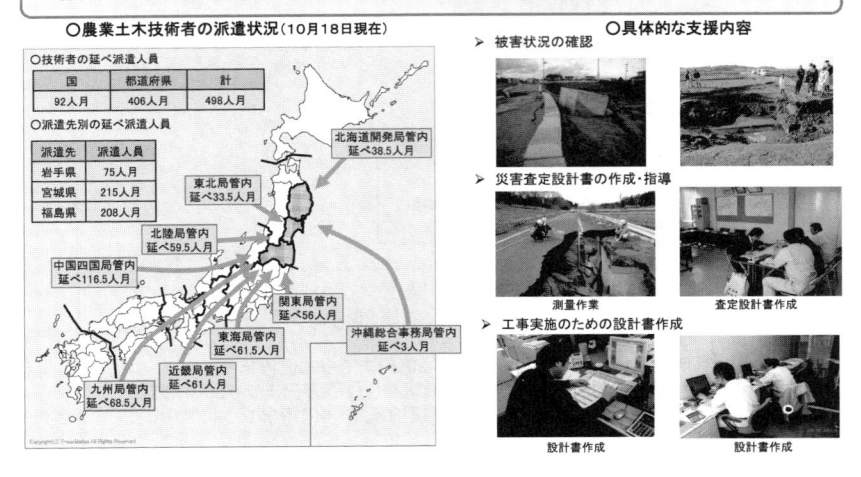

5 国・県職員の派遣

　行政機能の低下した市町村等における災害復旧の円滑な実施のため、国および各県から職員を被災3県に派遣している（（資料8）参照）。平成24年3月末までに、北は北海道から南は九州まで、各県の協力も得て約500人の派遣を行うこととしている。派遣職員は、被害状況の確認、災害査定設計書の作成・指導や工事実施のための設計書作成などの業務を行い、市町村等の災害復旧の円滑な実施を支援している。

6 農業・農村の復興マスタープラン

　被災地は災害からの復旧だけでなく復興にも取り組んでいる。農林水産省としても、復興に向けてのマスタープランを平成23年8月に策定し、同年11月に改訂している（（資料9）参照）。マスタープランには、災害復旧だけでなく、農業経営の再開支援や担い手の確保などを通じて、東北を新たな食糧

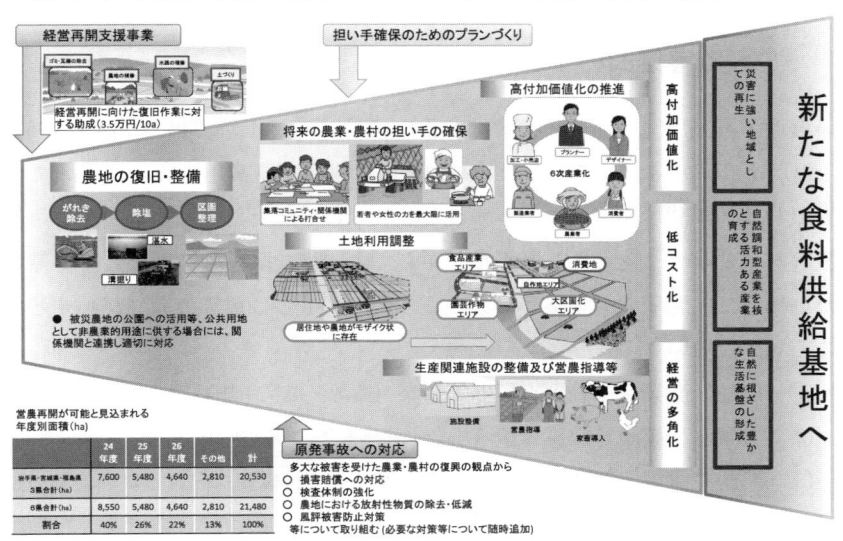

（資料9）　「農業・農村の復興マスタープラン」による農業・農村の復興のイメージ

基地に復興していく道筋を示している。また、営農再開が可能と見込まれる年度別面積と図面を示すことにより、営農再開時期が不明であることによる農家の不安感の解消や計画的な帰農帰村を進めていただくこととしている。また、地元の復興計画の策定の参考にしてもらうために、マスタープラン説明会を地元市町村で実施した。

7　除塩の推進

今回の復旧対策の特徴として除塩事業がある（（資料10）参照）。津波により海水が浸入した農地は、海水が排除されても塩分が土壌に残っている状況となっている。塩分を取り除かなければ作物栽培に影響が出ることから、除塩事業を平成11年以来12年ぶりに実施している。除塩事業は前述の土地改良法特例法にも位置づけており、90％の高国庫補助率で実施することとしている。水をかけることにより除塩する手法が基本となるが、土壌等の状況により当該土を排除するとともに新たに土を投入する手法も可能となっている。水田の場合、土壌の塩分濃度が0.1％以上の農地を除塩の対象としている。畑については、作物も異なることから、0.05％以上の農地を対象としている。

8　災害復旧の予算措置

農地・農業用施設等の災害復旧および復興に向けた予算措置（第3次補正予算）は以下のとおりである。基本的には、農地・農業用施設等については、おおむね3年間での復旧をめざすこととしている。ただし、農地・農業用施設等を改良して、たとえば区画整理をして大規模な区画の農地として整備したい場合は、関係者の調整等があることから、さらに数年の期間が必要となると見込んでいる。

①　農地・農業用施設災害復旧等事業（農地・農業用施設等の復旧を支援）
②　農業水利施設等震災対策（農業水利施設等の震災対策を支援）
③　農業基盤復旧復興整備計画策定事業（復旧、復興に向けた農地集積のための農業者団体等の活動を支援）

III 震災発生後の対応

(資料10) 復旧の推進（復旧・除塩）

除塩事業を創設しました

〈補助率〉
9/10

〈事業内容〉
○ 東日本大震災に伴う津波により、海水が農用地に浸入し塩害が生じている場合に、除塩事業を実施します。
（対象となる主な工種）
 ・かんがい排水施設の新設
 ・揚排水機の運転経費
 ・石灰等の施用及び耕起・砕土
 ・排土、客土

〈事業実施主体〉
○ 国、都道府県、市町村、土地改良区

〈実施要件〉
○ 塩分濃度が0.1％以上の農用地
 （畑作地にあっては0.05％以上）
 ※塩分濃度は事業実施主体が専用機器を用いれば、容易に現場で測定できます。
○ 1箇所の工事費が40万円以上のもの
○ 国が事業実施主体の場合、面積20ha以上

〈除塩対策のイメージ図〉

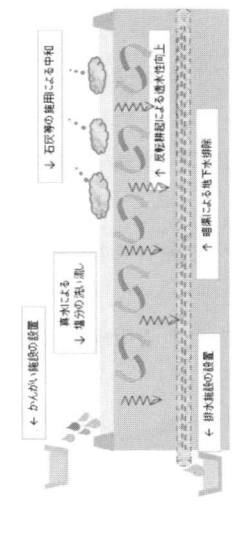

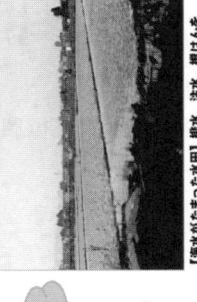

作付けできない。

245

④ 震災対策・戦略作物生産基盤整備事業（軽度の被災施設や老朽化施設の更新、補強を支援）
⑤ 農山漁村活性化プロジェクト支援交付金（生産施設などの整備・補強・機能強化等を支援）
⑥ 被災土地改良区復興支援事業（農業用施設等を管理している組織の機能回復を支援）
⑦ 農地・水保全管理支払い交付金（被災した農地回りの水路の補修等を行う集落を支援）
⑧ 被災者営農継続支援耕作放棄地活用事業（耕作放棄地を活用した営農活動の再開を支援）

IV　課題と対応

災害査定がほぼ終わり、これから本格的な復旧が進んでいく段階になってきているが、これまでの対応を踏まえ今後の対応に係る課題を整理したものが（資料11）である。

（資料11）　課題と対応

課題	東日本大震災の対応	課題と処理方針
①被害調査	・水土里災害派遣隊により初動の調査を実施 ・研究機関の専門家を交えて、数次にわたり調査を実施し、その後の復旧計画を指導	・被災市町村等地元は、初動における対応をライフライン主体とせざるを得ず、国等の支援を更に積極的にする必要
②査定準備 （査定の簡素化）	・現地における査定作業を円滑化し、地元の負担を軽減するため、標準単価による簡易な査定資料の作成や現地査定で決定できる金額の	・被災が特に激甚な地域では、簡易化した査定資料作成も負担となる可能性があり、人的支援が必要な場合が見られる

		引き上げによる査定の促進	・国、県等からの人的支援を今後とも強化
③市町村等への支援		・市町村等に対し、県を通じて災害対応の人的支援の申し入れ ・要望のあった市町村等に国、他県から要員を派遣	・災害経験の少ない市町村では、どのような支援が必要か知識がない場合があるので、災害復旧までの必要な対応についての広報を強化する必要 ・必要な作業の提示と併せて人的支援を申し入れるなどの対応も必要 ・県も災害対応で繁忙であり、国等から直接市町村等に人的支援のニーズを聞き取る手法も検討
④復興マスタープラン		・農地・農業用施設等に係る復旧の道筋が見えないことによる住民の不安解消と復旧の促進のため、農地の復旧可能性図面及び復旧の道筋をマスタープランとしてまとめ、市町村の検討材料としてもらうよう提示	・復旧可能性図面で一定の道筋は示すことが出来たが、地元の調整に時間がかかっている地域もある ・話し合いにも国、県が積極的に参加していく手法の検討が必要
⑤復旧・復興手法		・津波被害に対応するため、土地改良法の特例法を制定し、市町村主体であった災害復旧に、国、県が直接的に支援できるよう体制を整えた	・法律は災害復旧の実施部分を支援しているが、復旧、復興の計画作りにも参加していく手法の検討が必要

総括的には、現地における初期調査および災害査定準備等に係るマンパワーの不足が課題となっており、職員派遣等の対応はとっているものの、今後さらに対応を強化していく必要があると考えられる。
　また、復興等に係る計画策定については、市町村レベルでのノウハウ補強等のため、国や県の一層の支援体制が必要となると見込まれる。
　個別の項目については、以下のとおり。
① 被害調査
　　東日本大震災では、研究機関の専門家を含めて職員の派遣等により初期調査を支援しているが、被害市町村はライフラインの調査等を優先とせざるを得ず、農地・農業用施設等の初期調査には、今後さらに支援を積極的に行う必要がある。
② 査定の簡素化
　　特に災害が激甚な地域では、災害査定の資料作成等を簡素化しても、マンパワーが不足している状況では十分な準備ができないケースも考えられることから、さらに人的支援を強化していく必要がある。あらかじめ派遣できる人を名簿化する等、迅速な派遣を可能とする組織的な準備が必要となる。
③ 市町村等への支援
　　人的支援は、基本的に県を通じて市町村等のニーズを把握し、国や他県から人を派遣する対応をしている。しかし、今回の被災地域の中には従来災害が少なかった地域もあり、いわゆる災害対応のノウハウをもっている職員が十分いない場合も想定されることから、災害復旧実施までの必要な対応についての広報・周知を強化するとともに、人的支援の要望聴取り時に、災害査定までに必要な作業量をあわせて提示していくことを検討したい。また、県は災害対応に多忙であり、直接市町村等からの聴取りを行える体制等の整備も検討する必要がある。
④ 復興マスタープラン
　　復旧の可能性図面等により復興への道筋をマスタープランという形で

市町村等に示しているが、地元の調整に時間がかかって、復興計画の策定に時間がかかるケースが見受けられた。地元の調整の話し合い等に国や県が参画し、過去の経験等を踏まえてサポートしていく体制の検討も必要と考えられる。

⑤ 復旧・復興手法

災害復旧事業の実施だけでなく、復興計画づくりに国や県が支援できる制度の検討が必要と考えられる。

第12章 水産庁の対応

水産庁漁政部企画課課長補佐（企画班担当）　大久保　慎

I　はじめに

　東日本大震災は、その大津波によって多くの人命を奪うとともに、わが国漁業の一大生産拠点である太平洋沿岸をはじめとする全国の漁業地域に甚大な被害をもたらした。特に震源地に近い岩手県、宮城県、福島県では、ほぼ全域で壊滅的な被害が生じるなど、その被害額は1兆2000億円を超えている（（資料1）参照）。

（資料1）　水産への被害（漁船、漁港、養殖、共同利用施設）

- 東日本大震災に伴う津波により、北海道から千葉県の7道県をはじめ、全国で大きな被害が発生。被害は震源地に近い岩手県、宮城県、福島県で特に大きく、その沿岸域はほぼ全域にわたり壊滅的な状況。

水産関係被害
被害額合計：1兆2,637億円（うち7道県：1兆2,544億円）

主な被害	全国 被害数	全国 被害額	うち7道県 被害数	うち7道県 被害額
漁船	28,612隻	1,822億円	28,479隻	1,812億円
漁港施設	319漁港	8,230億円	319漁港	8,230億円
養殖関係 （うち 養殖施設） （うち 養殖物）		1,335億円 (738億円) (597億円)		1,254億円 (719億円) (534億円)
共同利用施設	1,725施設	1,249億円	1,714施設	1,247億円

注：本表に掲げた被害のほか、民間企業が所有する水産加工施設や製氷冷凍冷蔵施設等に約1,600億円の被害がある（水産加工団体等からの聞き取り）。

鮎川漁港に打ち上げられた漁船（宮城県石巻市）　　津波で損壊した寄磯漁港水産加工場（宮城県石巻市）

注1：被害の数値等は平成24年4月18日時点。
注2：被害状況の把握が進めば、数値等は今後も変わる可能性があります。

Ⅰ　はじめに

　また、北海道から千葉県の7道県は、わが国漁業生産量の約5割を占める地域であり、被災地の水産業の早期復興は、地域経済や生活基盤の復興に直結するだけでなく、国民に対する水産物の安定供給を確保するうえでも極めて重要である。
　このため、庁の総力をあげて復旧・復興に取り組んでいるところである。

（資料2）　被害の大きかった7道県の水産への被害

● 全国の海面漁業・養殖業生産量の5割を占める7道県（北海道、青森、岩手、宮城、福島、茨城、千葉）を中心に広範な地域で大きな被害。

7道県における水産関係被害

漁船	・7道県の漁船約2万8千隻余りが被災。〔7道県の保険加入隻数（51,445隻）〕 ・特に岩手、宮城県では壊滅的な状況。
漁港・市場等	・7道県に所在する319漁港が被災し、その被害額は8,230億円。 ・隣接する大半の市場が被災。全壊は22市場。
加工施設	・7道県に所在する2,108施設のうち、全壊が570施設、半壊113施設、浸水140施設。
養殖施設	・7道県の被害額は1,254億円（養殖物も含む）。

注1：被害の数値等は平成24年4月18日時点。
注2：被害状況の把握が進めば、数値等は今後も変わる可能性があります。

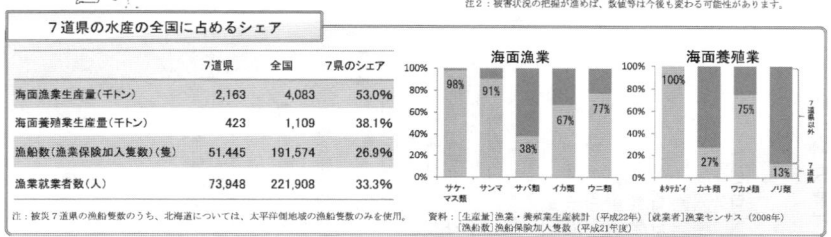

7道県の水産の全国に占めるシェア

	7道県	全国	7県のシェア
海面漁業生産量（千トン）	2,163	4,083	53.0%
海面養殖業生産量（千トン）	423	1,109	38.1%
漁船数（漁業保険加入隻数）（隻）	51,445	191,574	26.9%
漁業就業者数（人）	73,948	221,908	33.3%

注：被災7道県の漁船隻数のうち、北海道については、太平洋側地域の漁船隻数のみを使用。

海面漁業

サケ・マス類	サンマ	サバ類	イカ類	ウニ類
98%	91%	38%	67%	77%

海面養殖業

ホタテガイ	カキ類	ワカメ類	ノリ類
100%	27%	75%	13%

資料：[生産量]漁業・養殖業生産統計（平成22年）　[就業者]漁業センサス（2008年）
　　　[漁船数]漁船保険加入隻数（平成21年度）

251

第1編　第12章　水産庁の対応

(資料3) 東北地方太平洋沖地震に伴う津波により被災を受けた漁港
（東北圏域）

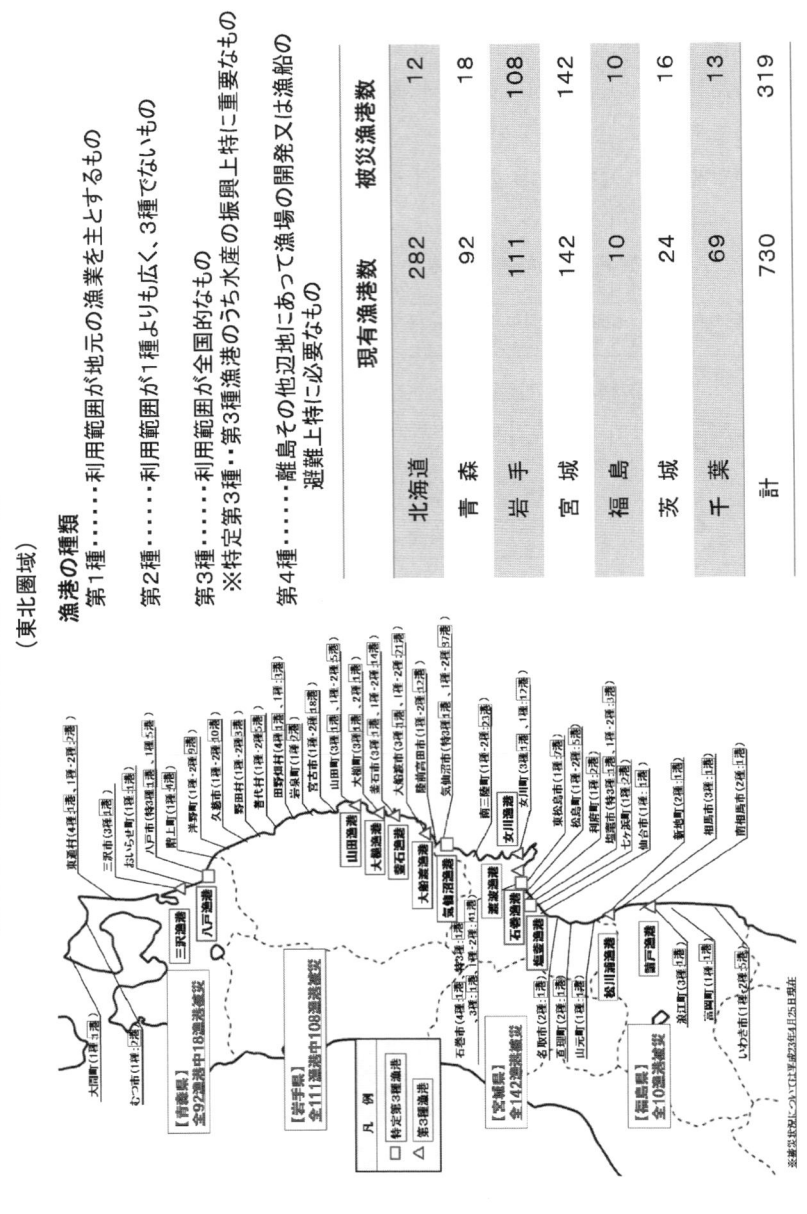

漁港の種類

第1種……利用範囲が地元の漁業を主とするもの

第2種……利用範囲が1種よりも広く、3種でないもの

第3種……利用範囲が全国的なもの
※特定第3種・第3種漁港のうち水産の振興上特に重要なもの

第4種……離島その他辺地にあって漁場の開発又は漁船の避難上特に必要なもの

	現有漁港数	被災漁港数
北海道	282	12
青　森	92	18
岩　手	111	108
宮　城	142	142
福　島	10	10
茨　城	24	16
千　葉	69	13
計	730	319

【青森県】
全92漁港中18漁港被災

【岩手県】
全111漁港中108漁港被災

【宮城県】
全142漁港被災

【福島県】
全10漁港被災

凡例
□　特定第3種漁港
△　第3種漁港

三沢漁港
八戸漁港
久慈漁港
宮古漁港
山田漁港
大槌漁港
釜石漁港
大船渡漁港
気仙沼漁港
女川漁港
石巻漁港
松島漁港
塩釜漁港

※被災状況については実績報告5月25日現在

252

Ⅰ　はじめに

(資料4) 東北地方太平洋沖地震に伴う津波により被災を受けた漁港
（北海道・関東圏域）

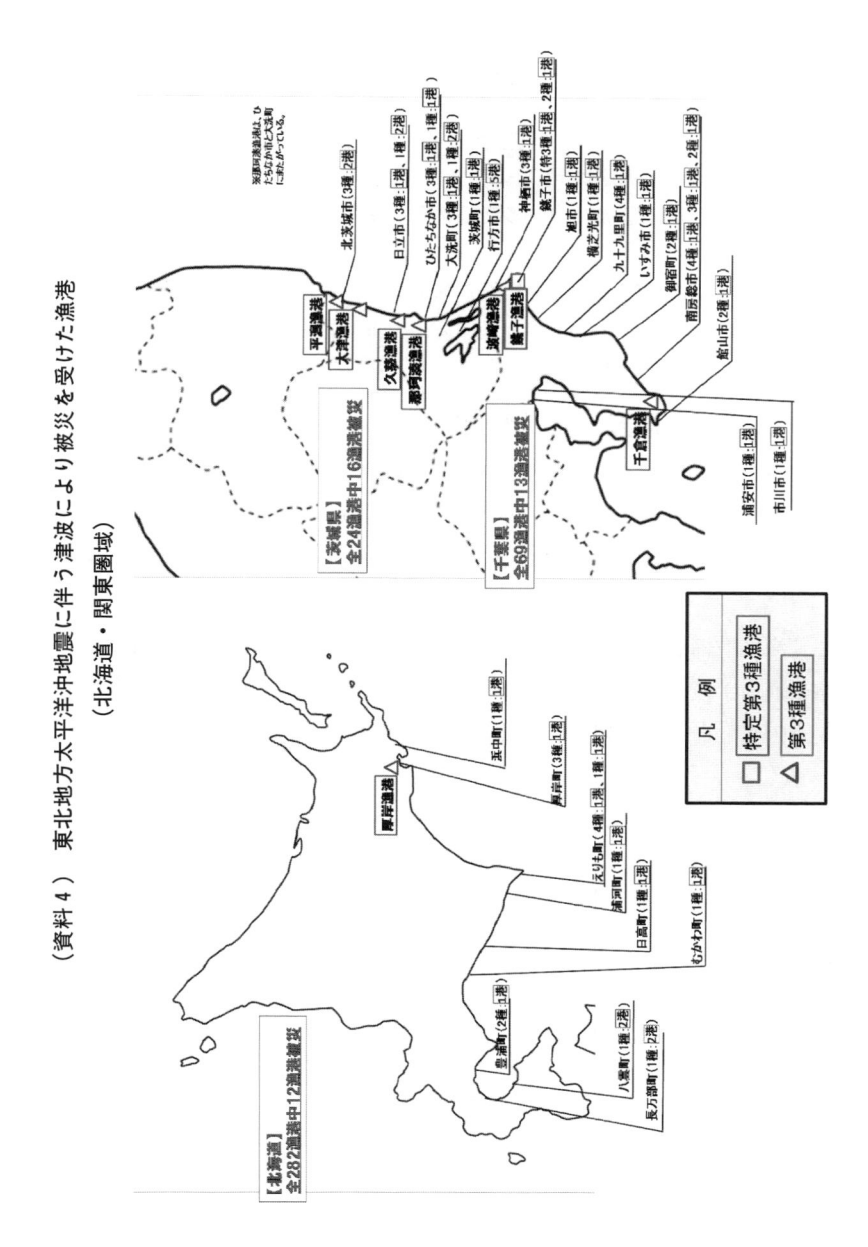

II 第1ステップ＝応急の対応

○被災者の生活確保・被害状況の把握
- 漁業取締船等による被災地への支援物資の供給、漁港や周辺施設の被災状況の調査
- 被災地に職員を派遣し、水産業関係者から、直接復興に向けた具体的なニーズの聞き取り
- 当座の資金調達の円滑化措置　等

　水産庁では、震災発生後直ちに本庁内に地震対策チームを編成して情報収集にあたりつつ、被災県の現地対策室に職員を緊急派遣し、現地の的確な情報把握と調整に努めるとともに、水産庁の漁業取締船や漁業調査船による被災地への救援物資の輸送や主要漁港とその周辺施設の被災状況の把握等を行った。

　特に、漁業取締船や漁業調査船による海側からのアプローチは、震災により陸路や通信手段を閉ざされた沿岸域の孤立集落の発見や陸路から支援物資の搬入が困難となった地域への支援物資の提供等に大いに役立ったところである。

　その後、いく度となく現地に入り、被災地の現状を把握するとともに、被災した水産業者や自治体の方々と意見交換を行うなど水産庁の総力をあげて被災地の支援に取り組んできたところである。

　なお、全国各地の水産関係団体等からも、被災地に対し緊急支援物資の搬送や重油の供給、食糧支援への協力等、さまざまな支援が行われたところである。

II 第1ステップ＝応急の対応

(資料5) 東日本大震災の発生に対応した現地支援体制

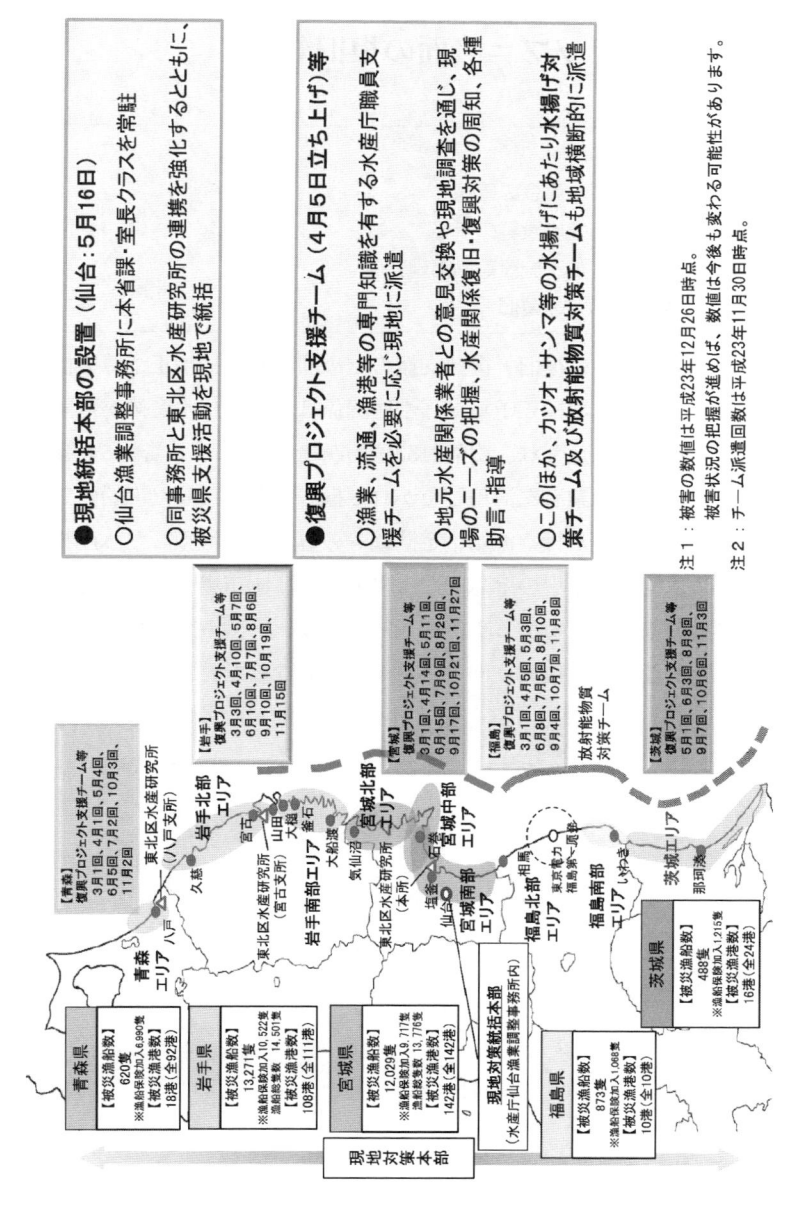

●現地統括本部の設置（仙台：5月16日）
○仙台漁業調整事務所に本省課・室長クラスを常駐
○同事務所と東北区水産研究所の連携を強化するとともに、被災県支援活動を現地で統括

●復興プロジェクト支援チーム（4月5日立ち上げ）等
○漁業、流通、漁港等の専門知識を有する水産庁職員支援チームを必要に応じ現地に派遣
○地元水産関係者との意見交換や現地調査を通じ、現場のニーズの把握、水産関係復旧・復興対策の助言・指導
○このほか、カツオ・サンマ等の水揚げにあたり水揚げ対策チーム及び放射能物質対策チームも地域横断的に派遣

注1：被害の数値は平成23年12月26日時点。被害状況の把握が進めば、数値は今後とも変わる可能性があります。
注2：チーム派遣回数は平成23年11月30日時点。

【青森】
復興プロジェクト支援チーム等
3月1日、4月1日、5月4日、6月5日、7月2日、10月3日、11月2日

【岩手】
復興プロジェクト支援チーム等
3月3回、4月10回、5月7回、6月1回、7月7日、8月6回、9月10回、10月19回、11月15回

【宮城】
復興プロジェクト支援チーム等
3月1回、4月14回、5月11回、6月15回、7月9日、8月29回、9月17回、10月21回、11月27回

【福島】
復興プロジェクト支援チーム等
3月1回、4月5回、5月3回、6月8回、7月5回、8月10回、9月4回、10月7回、11月8回

【茨城】
復興プロジェクト支援チーム等
5月1回、6月3回、8月8日、9月7回、10月6回、11月3回

青森北部エリア
東北区水産研究所（八戸支所）
岩手北部エリア
東北区水産研究所（宮古支所）
岩手南部エリア
宮城北部エリア
東北区水産研究所（本所）
宮城南部エリア
福島北部エリア
福島南部エリア
茨城エリア

青森県
【被災漁船数】620隻
※漁船保険加入5,990隻
【被災漁港数】18港（全92港）

岩手県
【被災漁船数】13,271隻
※漁船保険加入10,522隻
漁船総隻数 14,501隻
【被災漁港数】108港（全111港）

宮城県
【被災漁船数】12,029隻
※漁船保険加入9,717隻
漁船総隻数 13,776隻
【被災漁港数】142港（全142港）

現地対策本部
（水産庁仙台漁業調整事務所内）

福島県
【被災漁船数】873隻
※漁船保険加入1,068隻
【被災漁港数】10港（全10港）

茨城県
【被災漁船数】488隻
※漁船保険加入1,215隻
【被災漁港数】16港（全24港）

255

III　第2ステップ＝当面の復旧対策

> ○一刻も早い生業の再開
> ・漁業再開に必要な資金の確保
> ・漁船、漁具、養殖施設等の手当て
> ・産地市場、水産加工施設等の再建
> ・漁港・漁場・漁村の復旧

　被災者、被災地への復旧・復興支援のため国は直ちに補正予算の検討に入り、平成23年度第1次補正予算で、水産関係は、早期に水産業が再開できる支援措置も数多く用意され、総額2153億円が措置された（(資料6) 参照）。

　具体的には、①漁業者を活用したがれき撤去、②被災した漁船、定置網の復旧のため、漁協等が行う漁船、定置網等の導入、③漁獲した水産物を水揚げするため、漁港、市場の応急的な工事の実施、④市場、加工場等で使用する機器等の整備、等に対する支援措置等であり、一刻も早い生業の再開や水産業の本格的な復旧・復興に向けた足がかりとなったところである。

Ⅲ 第2ステップ＝当面の復旧対策

（資料6） 水産関係1次補正予算の概要【総額2,153億円】

Ⅰ 漁港、漁場、漁村等の復旧　308億円

①水産関係施設等被害状況調査事業　3億円
被災地域における漁港、漁船、養殖施設、定置網等の漁業関係施設等の被害状況等の調査

②漁港関係等災害復旧事業（公共）　250億円
漁港、漁場、海岸等の災害復旧及びこれと併せて行う災害復旧等のための災害関連事業

③災害復旧と連携した水産基盤整備等復旧事業（公共）　55億円
漁港施設・海岸保全施設等設計条件等見直し、漁業集落整備のための事業計画策定、災害復旧と連携した漁港機能回復対策

Ⅱ 漁船保険・漁業共済支払への対応　940億円

①漁船保険・漁業共済の再保険金等の支払　860億円（所要額968億円）
東日本大震災により発生する漁船保険の再保険金及び漁業共済の保険金の支払いに充てるための特別会計への繰入れ

②漁船保険組合及び漁業共済組合保険金支払事業補助　80億円
被災した地域の漁船保険組合及び漁業共済組合の保険金等の支払財源を支援

Ⅲ 海岸・海底清掃等漁場回復活動への支援　123億円

漁場復旧対策支援事業　123億円
低下・喪失した漁場の機能や生産力の再生・回復を図るため漁業者等が行う漁場での瓦礫の回収処理等の取組を支援

Ⅳ 漁船建造、共同定置網再建に対する支援　274億円

共同利用漁船等復旧支援対策事業　274億円
漁協等が行う以下の取組を支援するため、漁業協同組合等に助成
・漁業法に基づく共同利用小型漁船の導入
・共同計画に基づく漁船の導入
・共同定置網の導入

Ⅴ 養殖施設、種苗生産施設の再建に対する支援　267億円

養殖施設復旧支援対策事業　267億円
・養殖施設の被害を受けた養殖施設の復旧
・さけ・ます増殖化施設の緊急復旧

Ⅵ 産地市場、加工施設の再建に対する支援　18億円＋76億円の内数

①水産業協同利用施設復旧支援事業　18億円
被災した水産業協同組合が所有する水産業共同利用施設の早期復旧に必要な次の被災施設等の整備

②農林水産業協同利用施設等復旧支援事業（76億円の内数）
激甚法に基づく被災漁協が所有する水産業共同利用施設の復旧

Ⅶ 無利子資金、無担保・無保証人融資等の金融対策、漁協再建支援　223億円

①漁業関係資金無利子化事業　4億円
【融資枠380億円】
被災漁業者を対象として、漁業近代化資金、日本政策公庫資金の貸付金利を実質無利子化

②漁業関係公庫資金無担保・無保証人事業　2億円
【融資枠60億円】
無担保・無保証人融資が可能となる保証制度の構築に必要な額を日本政策金融公庫に対し出資

③漁業者等緊急保証対策事業　48億円
【保証枠630億円】
災害経営資金や漁協の復旧資金等について、無保証人融資の緊急的な保証人融資を推進するための緊急的な保証的な支援

④保証保険資金等緊急支援事業　145億円
東日本大震災により発生が見込まれる保証保険機関の代位弁済経費等を助成

⑤漁協経営再建緊急支援事業　4億円
【融資枠150億円】
漁協が経営再建のために借り入れる資金の実質無利子化

257

Ⅳ 第3ステップ＝本格的復興対策

○水産を構成する各分野を総合的・一体的に復興
- 「水産復興マスタープラン」（平成23年6月28日水産庁公表）、「東日本大震災からの復興の基本方針」（平成23年7月29日公表）に沿って、水産を構成する各分野を広く見渡し、地元の意向を十分に踏まえ、全体としてわが国水産の復興を推進。
- 「東日本大震災からの復興の基本方針」に基づき、漁港、漁船、養殖施設、水産加工流通施設、漁場等の復旧・復興の工程表を策定。（平成23年8月26日、11月29日）
- 具体的な施策のメニューとして、平成23年度第1次補正予算に加え、第2次、第3次補正予算および平成24年度当初予算（復旧・復興対策分）等でさらに具体化。

　水産庁は、水産分野の復興に向け、国や地方が講ずる個々の具体な施策の指針となるよう、全体的な方向性を示すものとして水産復興マスタープランを公表した（（資料7）参照）。マスタープランにおいては、復興にあたり、①地元の意向を踏まえた復興の推進、②被災地域における水産資源のフル活用、③消費者への安全な水産物の安定供給の確保、④漁期等に応じた適切な対応、⑤単なる復旧を超えた新たな復興の姿をめざすことを基本理念として示している。また、復興の基本的方向として、沿岸漁業・地域については、漁船・漁具等の生産基盤の共同化・省エネルギー化を推進するとともに、漁港機能の集約・役割分担等を検討し、必要性の高い漁港から復旧・復興事業に着手することとしており、沖合遠洋漁業・水産基地については、漁船・船団の近代化・合理化による構造改革、輸出促進も視野に入れた漁業生産と一体的な流通加工業の効率化・高度化、基盤となる拠点漁港の緊急的な復旧・復興事業の実施と、さらなる流通機能の高度化等を推進していくこととしている（（資料8）参照）。このマスタープランや政府の「東日本大震災からの

復興の基本方針」((資料9) 参照) に沿って、水産業を構成する各分野の総合的・一体的な復興を推進しているところである。

また、「東日本大震災からの復興の基本方針」に基づき、公共インフラ整備を中心に、各復興施策の当面の工程表等を策定・公表し、計画的に復興を推進しているところである((資料10) 参照)。

これら、マスタープランや東日本大震災からの復興基本方針に掲げた各種取組みを推進するため、平成23年度の数次にわたる補正予算や平成24年度当初予算（復旧・復興対策分）等により、漁業・養殖業の経営再開、水産加工流通業や漁港・漁村等の復旧・復興に対する支援を行っている((資料11)(資料12)(資料13) 参照)。

主な支援の具体的概要は、以下①から③のとおりである。

① 「がんばる漁業・養殖業復興支援事業」による支援

東北沿岸部の道県では、漁船の多くが被災し、定置網等の漁具や養殖施設も壊滅的な被害を受けたところ、漁業・養殖業の早期再開に向けて、漁業協同組合等が行う漁船の建造や定置網・養殖施設の復旧も支援するとともに、操業の再開等に係る経費をあらかじめ支払い、その後、水揚げ・生産金額で返還してもらう「がんばる漁業・養殖業復興支援事業」の推進を図る。

② 漁業と水産加工流通業の一体的な再生

被災地においては、地域経済の核となってきた漁業とその関連産業である水産加工流通業の一体的再生が必要であることから、製氷施設、冷凍冷蔵施設、魚市場、水産加工場等の施設の復旧整備を支援しているところであり、さらには、水産加工流通業の主要な担い手は民間事業者であり、こうした民間事業者への支援も重要であることから、民間事業者が事業協同組合を設立して共同利用する施設や、市町村の復興方針等に沿って整備される民間の水産加工流通施設についても、一定の要件の下、支援する。

③ 生産・流通の基盤となる漁港・漁場の復旧・復興

第1編　第12章　水産庁の対応

　漁港の復旧・復興については、平成23年末までに、航路・泊地のがれき撤去に一定のめどをつけるとともに、被災地の意見を十分に踏まえながら、漁港間での機能集約と役割分担の取組みを図りつつ、必要な機能を早期に確保する。全国的な水産物の生産・流通拠点となる漁港および地域水産業の生産・流通拠点となる漁港については、早期の操業再開に向けて、一部の甚大な被害のあった漁港を除き、平成25年度末までに漁港施設等の復旧にめどをつける。あわせて、復興施策として、全国的な水産物の生産・流通拠点となる漁港における流通・加工機能の強化等を図る。その他の漁港については、漁船の係留場所の確保など必要性の高い機能から復旧を行い、平成27年度までに漁港施設等の復旧にめどをつける。

　また、被災した漁場の復旧・復興にあたっては、がれきの撤去、漁場

（資料７）　水産復興マスタープランの概要

我が国水産における被災地域の重要性
○　岩手県、宮城県、福島県では、ほぼ全域で壊滅的な被害。水産関係の被害額は１兆円を超える状況。
○　被災地の水産の早期復興は、地域経済や生活基盤の復興に直結するだけでなく、国民に対する水産物の安定供給を確保するうえでも極めて重要。

復興に向けての基本的な考え方

【復興に当たっての基本理念】
①　地元の意向を踏まえて復興を推進する
②　被災地域における水産資源をフル活用する
③　消費者への安全な水産物の安定的な供給を確保する
④　漁期等に応じた適切な対応を行う
⑤　単なる現状復旧にとどまらない新たな復興の姿を目指す

【復興の基本的方向】
（１）沿岸漁業・地域
・　漁業者による共同事業化等により、漁船・漁具等の生産基盤の共同化・集約化を推進
・　民間企業の資本等の導入に向けたマッチングの推進や、必要な地域では地元漁業者が主体の法人が漁協に劣後しないで漁業権を取得できる仕組み等の具体化
・　周辺漁港との機能の集約・役割分担等の検討を行い、復旧・復興事業の必要性の高い漁港から着手

（２）沖合遠洋漁業・水産基地
・　漁船・船団の近代化・合理化による漁業の構造改革、漁業生産と一体的な流通加工業の効率化・高度化
・　沖合・遠洋漁業の基盤となる拠点漁港については、緊急的に復旧・復興事業を実施するとともに、さらなる流通機能・防災機能の高度化等を推進

IV 第3ステップ＝本格的復興対策

（資料8） 水産を構成する各分野を総合的・一体的に復興

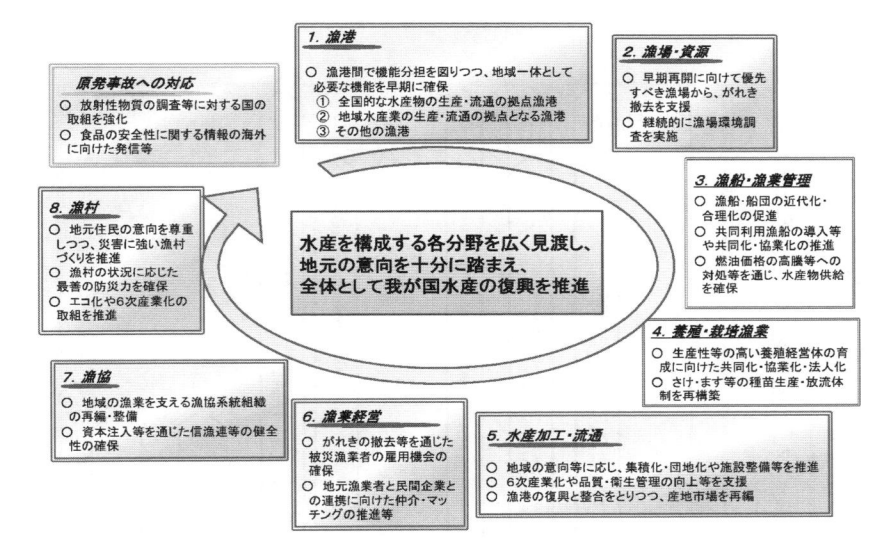

原発事故への対応
- 放射性物質の調査等に対する国の取組を強化
- 食品の安全性に関する情報の海外に向けた発信等

1. 漁港
- 漁港間で機能分担を図りつつ、地域一体として必要な機能を早期に確保
  ① 全国的な水産物の生産・流通の拠点漁港
  ② 地域水産業の生産・流通の拠点となる漁港
  ③ その他の漁港

2. 漁場・資源
- 早期再開に向けて優先すべき漁場から、がれき撤去を支援
- 継続的に漁場環境調査を実施

3. 漁船・漁業管理
- 漁船・船団の近代化・合理化の促進
- 共同利用漁船の導入等や共同化・協業化の推進
- 燃油価格の高騰等への対処等を通じ、水産物供給を確保

4. 養殖・栽培漁業
- 生産性等の高い養殖経営体の育成に向けた共同化・協業化・法人化
- さけ・ます等の種苗生産・放流体制を再構築

5. 水産加工・流通
- 地域の意向等に応じ、集積化・団地化や施設整備等を推進
- 6次産業化や品質・衛生管理の向上等を支援
- 漁港の復興と整合をとりつつ、産地市場を再編

6. 漁業経営
- がれきの撤去等を通じた被災漁業者の雇用機会の確保
- 地元漁業者と民間企業との連携に向けた仲介・マッチングの推進等

7. 漁協
- 地域の漁業を支える漁協系統組織の再編・整備
- 資本注入等を通じた信漁連等の健全性の確保

8. 漁村
- 地元住民の意向を尊重しつつ、災害に強い漁村づくりを推進
- 漁村の状況に応じた最善の防災力を確保
- エコ化や6次産業化の取組を推進

水産を構成する各分野を広く見渡し、地元の意向を十分に踏まえ、全体として我が国水産の復興を推進

（資料9） 東日本大震災からの復興の基本方針（水産関係抜粋）
（平成23年7月29日公表）

○ 被災した地方自治体による復興計画等の作成に資するため、復興構想会議の提言を受け止めて策定された、国による復興のための取組みの基本方針。

水産の再生

(ⅰ) 漁船、漁具、養殖施設の復旧、冷凍冷蔵設等共同利用施設の整備、被災漁業者等によるがれきの撤去の取組みに対する支援などにより、漁業経営再開、地域水産業の復旧のための支援を実施。

(ⅱ) さけ・ます等の種苗生産体制の再構築や藻場・干潟等の整備、科学的知見も活かした漁場環境の把握、適切な資源管理等により漁場・資源の回復を図る。
　また、例えば、養殖業は生産開始から収入を得られるまでに一定期間が必要である等、個々の漁業の特性にきめ細かく対応しながら、安定した漁業経営の実現に向け、漁船・船団の近代化・合理化の促進、経営の共同化や生産活動の協業化を進め、漁業の体質強化を図る。

(ⅲ) 水産加工・流通業は、例えば牡蠣等の生産者と連携した新たな商品開発を行うといった6次産業化の取組みも視野に、漁業生産と一体的な復興を推進する。さらに、造船業などの関連産業の復興を支援。

(ⅳ) 漁港については、拠点漁港の流通機能等の高度化、漁港間での機能集約と役割分担の取組みを図りつつ、地域一体として必要な機能を早期に確保。
　全国的な水産物の生産・流通の拠点となる漁港については、流通・加工機能の強化等を推進。
　地域水産業の生産・流通の拠点となる漁港については、周辺漁港の機能の一部を補完することに留意しつつ、市場施設や増養殖関連施設等の集約・強化等を推進。
　その他の漁港については、漁船の係留場所の確保など必要性の高い機能から事業を実施。

(ⅴ) 地域の理解を基礎としつつ、漁業者が主体的に技術・ノウハウや資本を有する企業と連携できるよう仲介・マッチングを進めるとともに、必要な地域では、地元漁業者が主体の法人が漁協に劣後しないで漁業権を取得できる特区制度を創設する。

261

第1編 第12章 水産庁の対応

(資料10) 復興施策の工程表(水産関係抜粋)(平成23年8月26日、11月29日公表)

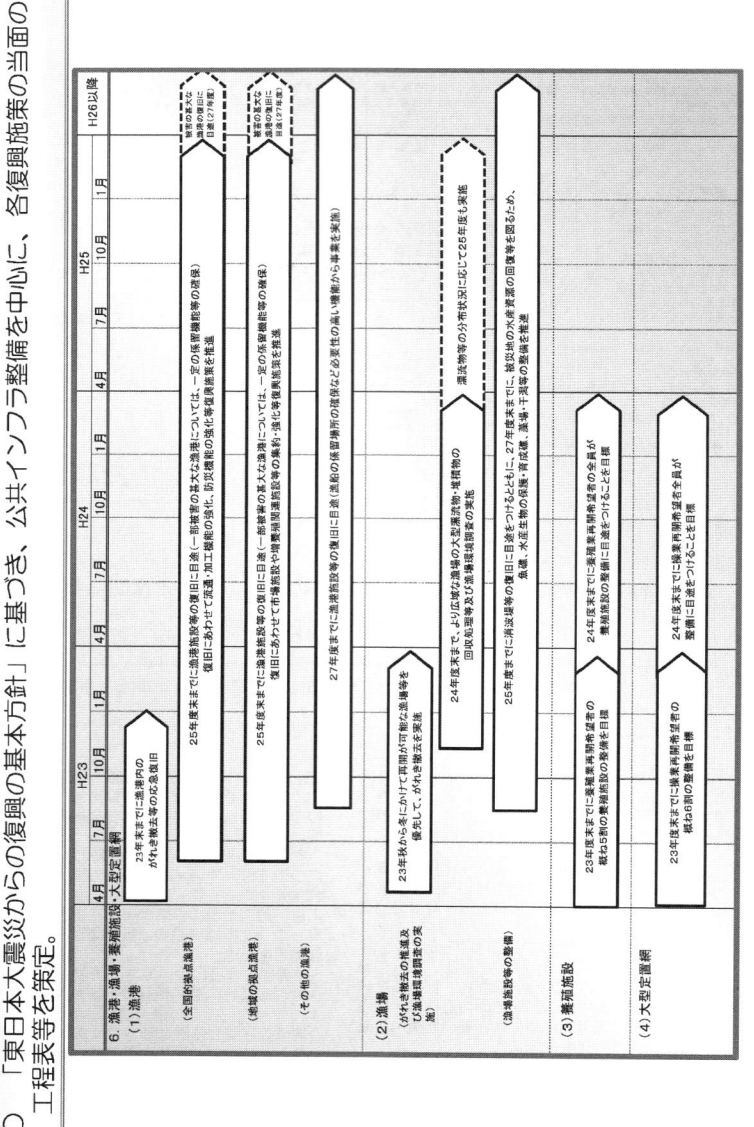

○ 「東日本大震災からの復興の基本方針」に基づき、公共インフラ整備を中心に、各復興施策の当面の工程表等を策定。

6. 漁港・漁場・養殖施設・大型定置網

(1) 漁港

(全国的拠点漁港)
23年度末までに漁港内のがれき撤去等の応急復旧

25年度末までに漁港施設等の復旧を目途（一部被災の甚大な漁港については、一定の係留機能の確保）
復旧にあわせて流通、加工機能の強化、防波堤の強化等復興対策を推進

(地域の拠点漁港)
25年度末までに漁港施設等の復旧を目途（一部被災の甚大な漁港については、一定の係留機能の確保）
復旧にあわせて市場施設や増養殖関連活魚施設等の集約・強化等復興対策を推進

(その他の漁港)
27年度末までに漁港施設等の復旧を目途(漁船の係留場所の確保など必要性の高い場所から事業を実施)

被災の甚大な漁港の復旧の目途(平成27年度)

(2) 漁場

(がれき撤去の推進及び漁場環境調査の実施)
23年秋から冬にかけて再開が可能な漁場等を優先して、がれき撤去を実施
24年度末までに、より広域な漁場のがれき撤去及び漁場環境調査の実施

(漁場施設等の整備)
25年度末までに操業現場の復旧を目途とするとともに、27年度末までに被災地の水産資源の回復等を図るため、漁礁等の所状況に応じて25年度も実施
藻場・干潟等の整備を推進

(3) 養殖施設
23年度末までに漁業再開希望者の概ね5割の養殖施設の整備を目標
24年度末までに漁業再開希望者の全員が養殖施設の整備に目途をつけることを目標

(4) 大型定置網
23年度末までに漁業再開希望者の概ね6割の整備を目標
24年度末までに漁業再開希望者全員が整備に目途をつけることを目標

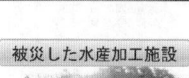

IV 第3ステップ＝本格的復興対策

(資料11) 水産関係復旧・復興対策

総額8,183億円（1次補正2,153億円、2次補正198億円、3次補正4,989億円、24当初概算決定（復興・復興対策分）843億円）

早期の漁業復興

水産被害の現状
- 津波で流された漁船 
- 被災した水産加工施設 
- 被災した防波堤

主な復旧・復興対策

漁業・養殖業の経営再開に対する支援

【漁業・養殖業復興支援事業】（3次：818億円、24当初：106億円）
【漁船等復興対策】（1次：274億円、3次：121億円、24当初：41億円）
【養殖施設災害復旧事業】（1次：55億円、3次：267億円、24当初：11億円）
【水産業共同利用施設復旧整備事業】（3次：731億円の内数、24当初：100億円の内数）
（3次：22億円、24当初：21億円）
【被災海域における種苗放流支援事業】
【漁場復旧対策支援事業】（1次：123億円、3次：168億円、24当初：79億円）
【漁業経営セーフティーネット構築事業】（3次：40億円）
【漁業復興担い手確保支援事業】（3次：14億円、24当初：11億円）
【漁船保険・漁業共済支払いの対応】（1次：940億円）
【無利子・無担保融資・保証枠】23年度融資・保証枠1,019億円（1次：223億円、3次：47億円）
【放射性物質影響調査推進事業等】（2次：5億円、24年度688億円（24当初：107億円）
種苗生産施設：5億円

水産加工流通業の復旧・復興に対する支援（加工流通施設）

【水産業共同利用施設復旧整備事業】（3次：731億円の内数、24当初：100億円の内数）（再掲）
（1次：18億円、2次：193億円、3次：259億円、24当初：33億円）
【水産業共同利用施設復興整備事業】（復興交付金）

漁港・漁村等の復旧・復興に対する支援（漁港施設）

【漁港関係災害復旧事業】（3次：250億円、3次：2,346億円、24当初：77億円）
【水産基盤整備事業】（1次：55億円、3次：202億円、24当初：250億円）
【水産業共同利用施設復旧整備事業】（3次：731億円の内数、24当初：100億円の内数）（再掲）
（復興交付金）
【農山漁村地域整備交付金】（3次：20億円の内数、24当初：6億円の内数）
【漁港施設機能強化事業】
【漁集落防災機能強化事業】（復興交付金）

※24年3月2日の第1回配分において、水産業共同利用施設復興整備事業では116億円、漁港施設機能強化事業では11億円、漁業集落防災機能強化事業では57億円が配分可能額に決定済。（金額は交付可能額で、地方公共団体からの事業計画の提出を受け、順次配分される予定。）

263

（資料12） 水産関係復旧・復興対策予算の概要

総額8,183億円（1次補正2,153億円、2次補正198億円、3次補正4,989億円、24当初概算決定（復興・復興対策分）843億円）

I 漁船・共同定置網の復旧と漁船漁業の経営再開に対する支援

①漁業・養殖業復興支援事業のうちがんばる漁業復興支援事業
3次：818億円の内数、24当初：106億円の内数
地域で策定した復興計画に基づき震災前以上の収益性確保を目指し、安定的な水産物生産体制の構築を行う漁協等に対し、3年以内で必要な経費（操業費用、燃油代等）を支援

②漁船等復旧対策
1次：274億円、3次：121億円、24当初：41億円
漁協等が行う漁船の建造、中古船の導入、定置網等漁具の導入や漁業者グループによる省エネ機器整備の導入を支援

II 養殖施設の再建と養殖業の経営再開・安定化に向けた支援

①漁業・養殖業復興支援事業のうちがんばる養殖復興支援事業
3次：818億円の内数、24当初：106億円の内数
地域で策定した復興計画に基づき5年以内の自立を目指して、生産の共同化による経営の再建に必要な経費（生産費用、資材費等）を支援

②養殖施設災害復旧事業
1次：267億円、3次：107億円、24当初：11億円
激甚法に基づく養殖施設の災害復旧事業を実施

③水産業共同利用施設復旧整備事業のうち養殖施設復旧・復興関係
3次：731億円の内数、24当初：100億円の内数
被災した漁協等が共同利用施設として養殖筏、施設、採苗施設等を整備する取組を支援

④種苗発生状況等調査事業
3次：2億円
震災後の海域環境下における種苗の発生状況や各地域の種苗特性を調査し、被災地に適した種苗の確保を促進

III 種苗放流による水産資源の回復と種苗生産施設の整備に対する支援

①水産業共同利用施設復旧整備事業のうち種苗生産施設関係
3次：731億円の内数、24当初：100億円の内数
被災した放流用種苗生産施設のうち規模の適正化や種苗生産機能の効率化・高度化を図る施設の整備を支援

②被災海域における種苗放流支援事業
3次：22億円、24当初：21億円
他海域の種苗生産施設等からの種苗の導入による放流種苗の確保や放流種苗の生息環境を整える取組を支援

IV 水産加工流通業等の復興・機能強化に対する支援

①水産業共同利用施設復旧整備事業のうち漁協・水産加工協等共同利用施設復旧・復興関係
3次：731億円の内数、24当初：100億円の内数
被災した漁協、水産加工協等の水産業共同利用施設（荷さばき施設、加工処理施設、給油施設等）のうち、規模の適正化や衛生機能の高度化を図る施設の整備を支援

②水産業共同利用施設復旧支援事業
1次：18億円、2次：193億円、3次：259億円、24当初：33億円
被災した漁協、水産加工協等の水産業共同利用施設（製氷施設、市場、加工施設、冷凍冷蔵施設等）の早期復旧に必要な機器等の整備を支援

③加工原料等の安定確保取組支援事業
3次：24億円、24当初：1億円
水揚げが本格的に再開されるまでの当面の間、急激的に遠隔地から加工原料等を確保する際の掛かり増し経費を支援

④農林水産業共同利用施設災害復旧事業（経営局計上）
（1次：76億円の内数、3次：14億円の内数）
激甚法に基づく被災した漁協等が所有する水産業共同利用施設の復旧

V 漁港、漁村等の復旧・復興

①水産関係施設等被災状況調査事業
1次：3億円
被災地域における漁港、漁場、養殖施設、定置網等の漁業関係施設等の被災状況の調査

②漁港関係災害復旧事業（公共）
1次：250億円、3次：2,346億円、24当初：77億円
地震や津波の被害を受けた漁港、海岸等の災害復旧及びこれと併せて行う再度災害防止のための災害関連事業を実施

③水産基盤整備事業（公共）
1次：55億円、3次：202億円、24当初：250億円
拠点漁港の流通・防災機能の強化、水産加工業専用地の嵩上げ・排水対策、漁場生産力回復のための整備等を実施するとともに、地震・津波の危険が高い地域での漁港の防災対策を強化

④水産業共同利用施設復旧整備事業のうち漁港施設復旧・復興関係
3次：731億円の内数、24当初：100億円の内数
被災した漁港の機能回復を図るための施設を整備

⑤農山漁村地域整備交付金（公共）
3次：20億円の内数、24当初：6億円の内数
被災地及び東海・東南海・南海地震に伴う津波が想定される地域に重点化し、早急に海岸保全施設の整備等を実施

VI がれきの撤去による漁場回復活動に対する支援

漁場復旧対策支援事業
1次：123億円、3次：168億円、24当初：79億円
漁業者が行うがれき撤去、底びき網漁船等による広域的ながれき撤去の取組や操業中に回収したがれき処理への支援、漁場の回復状況の調査を実施

VII 燃油・配合飼料の価格高騰対策、担い手確保対策

①漁業経営セーフティーネット構築事業
3次：40億円
震災復興の阻害要因である燃油・配合飼料価格の高騰の影響を緩和するために、国と漁業者・養殖業者が積み立てている基金の臨時積み増しを行い、補填金の安定的な支払いを確保

②漁業復興担い手確保支援事業
3次：14億円、24当初：11億円
漁業関係の雇用の維持・確保のための若年漁業者の技術習得や漁家子弟の就業支援等の実施、漁協を通じた経営再建指導等による被災地の担い手の育成を支援

VIII 漁業者・加工業者等への無利子・無担保・無保証人融資の推進

①水産関係無利子化等事業
1次【融資枠380億円】26億円
3次【融資枠221億円】17億円
24当初【融資枠508億円】14億円
災害復旧・復興に必要な日本政策金融公庫資金（水産加工資金を含む。）、漁業近代化資金及び漁業経営維持安定資金を実質無利子化するとともに、無利子化する公庫資金を無担保・無保証人化

②漁業者等緊急保証対策事業
1次【保証枠630億円】48億円
3次【保証枠275億円】30億円
24当初【保証枠533億円】34億円
漁業者・漁協等の復旧・復興関係資金等について、無担保・無保証人融資を推進するための緊急的な保証を支援

③保証保険事業
1次：145億円、24当初：14億円
東日本大震災により急増が見込まれる保証保険機関の代位弁済経費を助成

④漁協経営再建緊急支援事業
1次【融資枠290億円】4億円
24当初【融資枠100億円】7億円
漁協等が経営再建のために借り入れる資金の実質無利子化

IV　第3ステップ＝本格的復興対策

IX　漁船保険・漁業共済支払への対応

①漁船保険・漁業共済の再保険金等の支払
　　　　　　1次：860億円（所要額968億円）
東日本大震災により発生する漁船保険の再保険金及び漁業共済の保険金の支払いに充てるための特別会計への繰入れ

②漁船保険組合及び漁業共済組合支払保険金等補助事業
　　　　　　1次：80億円
被災した地域の漁船保険組合及び漁業共済組合の保険金等の支払財源を支援

X　原子力被害対策

①水産物の放射性測定調査委託事業
　　　　　　2次：5億円
原発事故周辺海域の水産物の放射性物質調査、放射性物質の高精度分析に必要な機器・分析体制の強化

②放射性物質影響調査推進事業
　　　　　　24当初：3億円
原発事故周辺海域の回遊性魚種等の水産物に含まれる放射性物質の調査

③海洋生態系の放射性物質挙動調査事業
　　　　　　24当初：2億円
我が国周辺海域において、食物連鎖を通じた放射性物質の濃縮の過程等の挙動を明らかとするための科学的な調査等の実施

※　ほかに、東日本大震災復興交付金（使い勝手のよい交付金）による支援が可能

○水産業共同利用施設復興整備事業
被災した市町村の共同利用施設や地域の復興方針等に沿った加工流通施設の整備

○農林水産関係試験研究機関緊急整備事業
被災県の基幹産業たる農林水産業を復興するための農林水産研究施設等の整備

○漁港施設機能強化事業
被災地域における市町村営漁港の漁港施設用地嵩上げ・排水対策等の整備

○漁業集落防災機能強化事業
被災地域における漁業集落の地盤の嵩上げや生活基盤等の整備

○農山漁村活性化プロジェクト支援交付金
被災した生産施設、生活環境施設、地域間交流拠点等の復興等を支援

○農山漁村地域復興基盤総合整備事業
被災地域における集落排水等の集落基盤、農地・農業用施設の生活基盤等の整備

※24年3月2日の第1回配分において、以下のとおり配分額決定済。
・水産業共同利用施設復興整備事業：116億円
・農林水産関係試験研究機関緊急整備事業：8億円
・漁港施設機能強化事業：11億円
・漁業集落防災機能強化事業：57億円
・農山漁村活性化プロジェクト支援交付金：12億円
・農山漁村地域復興基盤総合整備事業：45億円
（金額は交付可能額。今後も、地方公共団体からの事業計画の提出を受け、順次配分される予定。）

（資料13）　漁港施設の災害復旧・復興工事の実施状況

○　被災した漁港については、岸壁・臨港道路・浮桟橋・物揚場の補修等、順次、復旧工事に着手しています。（漁港のがれきについては、応急工事による航路や泊地等のがれき撤去が必要な232漁港全てで完了。）
○　現在、被災漁港319漁港のうち285漁港において復旧工事を実施しており、311漁港で一部でも水産物の陸揚げが可能となっています。

県名	被災漁港数	復旧工事実施漁港	主な復旧工事の対象施設	一部でも水産物の陸揚げが可能
青森	18	18	航路、泊地	18（100%）
岩手	108	97	航路、泊地、浮桟橋、道路等	108（100%）
宮城	142	126	航路、泊地、岸壁、道路、物揚場等	137（96%）
福島	10	7	航路、泊地、道路等	7（70%）
その他	41	37	航路、泊地、防波堤、船揚場等	41（100%）
計	319	285		311（97%）

※応急工事が必要な253漁港の全てにおいて応急工事が完了

265

（資料14） 漁港の応急復旧の事例（気仙沼漁港（宮城県気仙沼市））

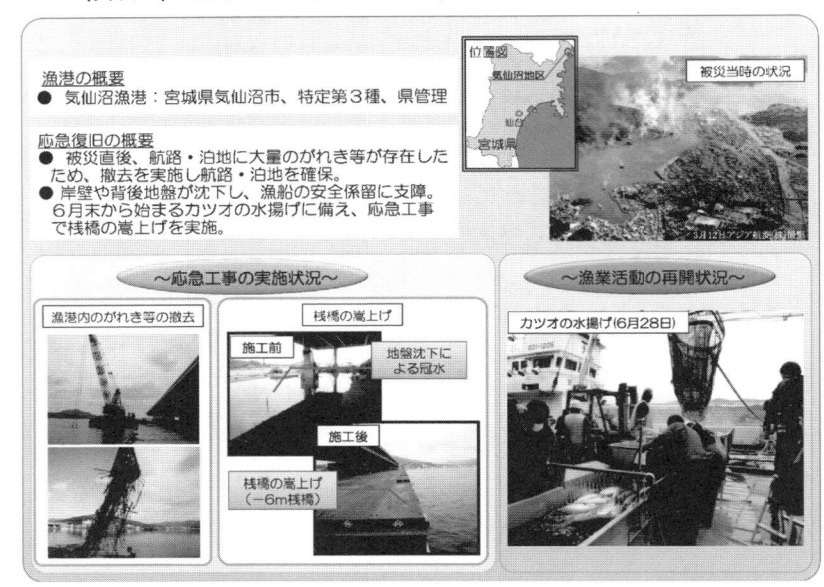

漁港の概要
- 気仙沼漁港：宮城県気仙沼市、特定第3種、県管理

応急復旧の概要
- 被災直後、航路・泊地に大量のがれき等が存在したため、撤去を実施し航路・泊地を確保。
- 岸壁や背後地盤が沈下し、漁船の安全係留に支障。6月末から始まるカツオの水揚げに備え、応急工事で桟橋の嵩上げを実施。

～応急工事の実施状況～
- 漁港内のがれき等の撤去
- 桟橋の嵩上げ（施工前／施工後）
- 桟橋の嵩上げ（－6m桟橋）

～漁業活動の再開状況～
- カツオの水揚げ(6月28日)

（資料15） 漁港の応急復旧の事例（大船渡漁港（岩手県大船渡市））

漁港の概要
- 岩手県大船渡市、第3種、県管理

応急復旧の概要
- 被災直後、航路・泊地に大量のがれき等が存在したため、撤去を実施し航路・泊地を確保。
- 岸壁エプロンが沈下し、水揚げ作業に支障があったため、アスファルト舗装による段差すりつけを実施。

～応急工事の実施状況～
- 漁港内のがれき等の撤去
- 岸壁エプロンの段差すりつけ
  - 施工前：岸壁エプロンが沈下し、段差が発生
  - 施工後：アスファルト舗装で段差を解消

～漁業活動の再開状況～
- 定置網漁の水揚げ(7月1日～)

(資料16) 水産加工団地など漁港の地盤沈下対策の事例
(石巻漁港（宮城県石巻市）)

環境調査の実施および漁場、藻場・干潟等の整備を行うなど豊かな漁場の再生に取り組む。

V 水産業における放射性物質対策

○水産物の安全と消費者の信頼の確保
・放射性物質調査の徹底による安全な水産物の供給と風評の払拭
・操業再開に向けた支援

　東日本大震災の特殊性としては、大津波に加えて原子力発電所事故があったことであり、水産庁としては、安全な水産物を供給していくため、関係都道府県や団体と連携して、水産物に含まれる放射性物質調査を継続しているところである。
　調査結果に基づいて必要に応じ出荷制限や操業の自粛を実施するとともに、

第1編 第12章 水産庁の対応

(資料17) 原子力発電所事故の影響と対応

平成23年5月2日
水産庁

○ 東京電力福島第一原発の事故による放射性物質の放出等により、複数の水産物から暫定規制値を超える放射性物質が検出。これを受けて、政府による出荷・摂取制限や県・漁業団体による操業自粛等が行われているところ。
○ 水産庁は、平成23年5月2日に「水産物の放射性物質検査に関する基本方針」を各都道府県等に通知。今後とも都道府県等と連携して放射性物質の調査を強化し、正確な情報提供に努めていく方針。

水産物の放射性物質調査概要（4月18日時点）

種類別	調査数 （うちH24年4月以降公表分）	放射性セシウム 100Bq/Kg超過検体数 （うちH24年4月以降公表分）
海産魚種	6,627 (673)	1,175 (85)
無脊椎動物 （イカ、タコ等）	1,119 (78)	80 (1)
海藻類	410 (8)	20 (0)
加工品（魚介類）	33 (3)	3 (0)
淡水魚類	1,285 (147)	312 (28)
上記のうち広域回遊性種 （カツオ、ビンナガ等）	733 (39)	0 (0)
哺乳類（クジラ）	34 (0)	0 (0)
総数	9,508 (909)	1590 (114)

水産物の放射性物質検査について

当面の水産物の放射性物質検査について、以下のとおりの基本方針を関係都道府県及び関係業界に示して指導。

1. 沿岸性種の検査
   ・原則週1回の検査を継続。（神奈川県、東京都島嶼部は2週間に1回）
   ・対象魚種（例えば、コウナゴ）中断が地域の実情に応じ漁期毎の主要水産物を選定。
(2)福島県北海域比
   ・操業再開の前に検査を実施し、操業再開を判断。
   ・再開した場合、原則週1回調査を実施。（岩手県以北は概ね2週間に1回）
   ・対象魚種は上記(1)同様。

2. 広域回遊性魚種の検査
   (1)カツオ、イワシ、サバ類（夏に向け北上）
   ・漁場が福島県沖に向けて北上するに際し、調査船等によるサンプリングを実施し、操業実施を判断。
   ・操業を実施する場合、原則週1回の検査を継続。
   (2)サンマ、サケ（夏以降は南下）
   ・夏以降、原則週1回の検査を実施。

3. 試料の採集
   ・試料を採取した場所、日時を記録しておくこと。

4. 広域回遊性魚種海域において暫定規制値を超えた場合の対応
   ・暫定規制値を超えた検体が漁獲された海域周辺の原則各県沖における関係漁業を当面自粛するよう要請。
   ・試験操業等によるサンプリングを原則週1回行い、3回連続暫定規制値を下回った場合に操業を再開。

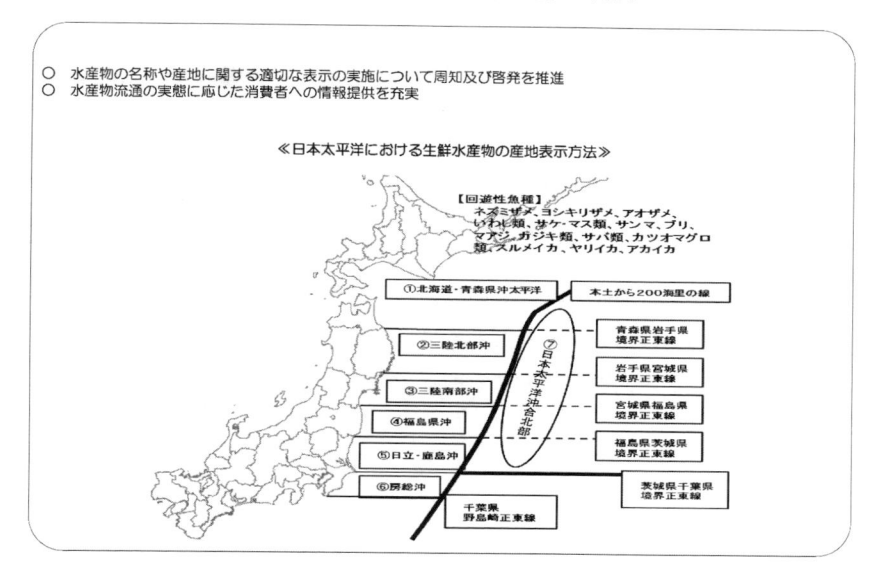

V　水産業における放射性物質対策

（資料18）　消費者への情報提供の充実

○ 水産物の名称や産地に関する適切な表示の実施について周知及び啓発を推進
○ 水産物流通の実態に応じた消費者への情報提供を充実

≪日本太平洋における生鮮水産物の産地表示方法≫

【回遊性魚種】
ネズミザメ、ヨシキリザメ、アオザメ、いわし類、サケ・マス類、サンマ、ブリ、マアジ、カジキ類、サバ類、カツオ・マグロ類、スルメイカ、ヤリイカ、アカイカ

① 北海道・青森県沖太平洋
② 三陸北部沖
③ 三陸南部沖
④ 福島県沖
⑤ 日立・鹿島沖
⑥ 房総沖
⑦ 日本太平洋沖合北部

本土から200海里の線
青森県岩手県境界正東線
岩手県宮城県境界正東線
宮城県福島県境界正東線
福島県茨城県境界正東線
茨城県千葉県境界正東線
千葉県野島崎正東線

　国内外で生じている水産物の安全性に係る不安の解消が水産業復興にあたっての重要な課題であることから、調査結果を速やかに、かつ、わかりやすく公表するとともに、消費者の不安感の払拭と風評被害の防止に関係府省等と連携して取り組んでいるところである。

　具体的には、原子力発電所の事故を踏まえ、平成23年10月に公表した東日本太平洋において漁獲された生鮮水産物については、設定した7つの生産水域区分等による原産地表示の実施の促進や、輸出相手国が科学的根拠に基づき冷静な対応をとるよう働きかけの推進、さらには相手国が求める安全証明書等の円滑な発行などに引き続き取り組んでいるところである（（資料17）（資料18）参照）。

　また、原子力発電所事故の影響により、操業が困難となっている水域においては、操業再開に向け、漁業者による漁場のがれき撤去の取組みを当面継続して支援するとともに、水産物の安全を確保しつつ操業を再開する可能性

269

を検討するため、放射性物質調査を集中的に実施する。なお、操業が再開される際には漁業者や養殖業者の経営の合理化や再建に対して支援を実施するところである。

Ⅵ おわりに

　水産業復旧・復興のためのこれらの取組みは、地元水産業関係者、地方自治体、関係省庁、各種研究機関等の協力の下で進められており、紙面をお借りして敬意と感謝の意を表するとともに、1日も早く復興が進むよう水産庁としても引き続き最大限、尽力する所存である。

第13章　林野庁の対応

林野庁林政部木材利用課　添谷　稔

I　はじめに

東日本大震災は、森林・林業・木材産業にも甚大な被害をもたらした。本稿では、森林・林業・木材産業関連の被害状況と、平成23年度補正予算による林野庁の主な対応状況について紹介する。

II　被害状況等

1　林野関係の被害状況

林野関係被害については15県で2155億円（平成24年3月5日現在）となっており、その内訳は、次頁〈表〉のとおりとなっている。

2　復興・復旧に必要な木材需要

東日本大震災により被災した市街地においては、全半壊31万9000戸、一部損壊を含めると93万戸が被災しており（平成23年11月25日現在）、復旧・復興に必要な木材は667万立法メートルと推定されている。

3　合板工場などの被災状況

東日本大震災における木材加工・流通施設の被害は、115カ所、被害額約467億円に及んだ。特に、岩手県、宮城県には大規模な合板工場が立地して

第1編　第13章　林野庁の対応

<表>　林野関係の都道府県別被害状況

(単位：被害額百万円)

都道府県	林地荒廃 箇所数	林地荒廃 金額	治山施設 箇所数	治山施設 金額	林道施設等 箇所数	林道施設等 金額	森林被害 面積(ha)	森林被害 金額	木材加工・流通施設 箇所数	木材加工・流通施設 金額	特用林産施設等 箇所数	特用林産施設等 金額	合計 箇所数	合計 金額
青森	1	1	12	2,617	0	0	0	0	3	204	0	0	16	2,822
岩手	37	903	84	14,068	483	846	707	555	31	12,919	195	563	830	29,854
宮城	113	18,203	97	64,544	580	717	220	142	42	32,114	54	765	886	116,485
秋田	4	778	0	0	0	0	0	0	0	0	9	12	13	790
山形	3	50	1	68	0	0	0	0	0	0	0	0	4	118
福島	143	5,221	27	41,256	997	1,343	138	263	31	1,212	39	209	1,237	49,504
茨城	50	1,182	17	3,011	202	437	0	0	5	208	22	100	296	4,939
栃木	65	2,357	2	1	100	246	0	0	1	15	86	528	254	3,147
群馬	7	197	1	3	3	9	0	0	0	0	4	1	15	210
千葉	5	133	32	523	1	25	0	0	0	0	6	14	44	695
新潟	20	1,940	1	112	122	458	0	0	0	0	41	301	184	2,816
山梨	2	52	0	0	0	0	0	0	0	0	0	0	2	52
長野	7	3,540	1	10	138	73	0	0	1	22	20	430	167	4,075
静岡	1	17	0	0	6	8	0	0	0	0	0	0	7	25
高知	0	0	0	0	0	0	0	0	1	3	0	0	1	3
合計	458	34,580	275	126,211	2,632	4,164	1,065	960	115	46,697	476	2,623	(1,065) 3,956	215,535

272

おり、この2県のみで全国の合板生産量の約3割を占めていたが、東日本大震災での被害額は約450億円と、壊滅的な被害を受けた。

4　海岸防災林の被害状況

海岸防災林は、潮害の防備、飛砂・風害の防備等の機能が経験的に知られており、先人の苦労により、17世紀頃から本格的に造成されてきた重要な保安林である。東日本大震災における津波被害により、青森県から茨城県の海岸防災林の総延長約230キロメートルのうち、およそ3分の2が被災したと推定されている。

III　平成23年度補正予算における対応状況

平成23年度補正予算による林野庁の主な対応状況は以下のとおりである。

1　平成23年度第1次補正予算による対応

平成23年度林野関係補正予算（第1号）においては、主に以下の対応を行った。

> ○　復旧資材確保のため、被災合板工場等の復旧、原木等の流通支援を措置
> ○　被災した林業者、木材産業者に対する公庫資金や信用保証の金利・保証料等の負担軽減等を措置
> ○　被災した治山施設や林道施設の災害復旧事業、被災した海岸林や山地等の復旧整備等を実施
> ○　海岸防災林の被災状況、津波に対する効果、復旧・再生等の具体的な方策を学識験者による検討会等でとりまとめ（中間報告）

平成23年度第1次補正予算においては、「木材供給等緊急対策」として、早期に稼働可能な木材加工流通施設等の廃棄・復旧・整備や原木流通に対して支援を行った。

木材加工流通施設の復旧については、11カ所を対象に、復旧資材の早期供

給開始に向け着実に施設の復旧等を行い、現在、すべての施設について製品の生産・出荷を再開している。

また、被災した治山施設や保安林等の復旧整備については、「山地施設災害復旧等事業（公共）」、「緊急治山対策・被害森林緊急復旧対策（公共）」等により、総額約186億円の予算措置が行われ、各地で災害復旧事業等を実施した。

津波により被災した海岸防災林の再生については、「東日本大震災に係る海岸防災林の再生に関する検討会」を平成23年5月に設置し、海岸防災林の被害状況および津波に対する効果や今後の海岸防災林の再生方針について、中間報告を同年7月13日にとりまとめた。

2　平成23年度第2次補正予算による対応

平成23年度林野関係補正予算（第2号）においては、主に以下の対応を行った。

○　被災地域において木質系災害廃棄物や未利用間伐材等のエネルギー利用への利用可能性に関する調査を実施。

被災地では、莫大な木質系震災廃棄物が発生した。これらを、積極的に再生利用していくことが望まれたことから、木質バイオマスのエネルギー利用としての活用について、青森、岩手、宮城、福島の被災4県で、「木質系震災廃棄物等の活用可能性調査」を実施した。同調査では、木質系震災廃棄物や未利用間伐材の利用可能性調査を行ったうえで、各地域での事業化候補案件の掘り起こしや、有望な案件については一部、フィージビリティースタディーも実施した。

3　平成23年度第3次補正予算による対応

平成23年度林野関係補正予算（第3号）においては、主に以下の対応を行った。

- ○ 間伐、木材加工施設の整備等を基金方式で総合的に支援
- ○ 被災した木材加工流通施設、特用林産施設、種苗生産施設、林業機械の復旧、木質バイオマス利活用施設の導入等を推進
- ○ 新たに林業に従事しようとする者を対象に、林業事業体による本格採用に向けた研修を実施
- ○ 海岸防災林の復旧・再生や山林施設の災害復旧等を引き続き推進

「復興木材安定供給等対策」として、復興に必要な木材を安定供給するために必要な搬出間伐の実施、路網や木材加工施設の整備等川上から川下に至る総合的な取組みに対する支援を行った。具体的には、平成21年度第1次補正予算で各都道府県に造成した、森林整備加速化・林業再生基金を3年間延長したうえ、総額で約1399億円の基金の積み増しを行い、現在、全国でさまざまな事業が計画されている。

また、「木材加工流通施設等普及対策」として、第1次補正予算に引き続き、被災した木材加工流通施設の復旧等や特用林産施設等の復旧・再建、被災した林業機械の復旧に対する支援を行うとともに、木質バイオマス関連施設については、第2次補正予算で実施した調査の結果を活用し、早期に事業着手が可能な案件については、第3次補正予算で「木質バイオマス関連施設の整備」による事業化を進めるとともに、今後とも同調査の結果等を活用し、東日本大震災復興交付金等による事業化が各地で検討されている。

海岸防災林の再生については、平成23年5月より5回にわたり開催した、検討会において「今後における海岸防災林の再生について」が平成24年2月にとりまとめられた。同報告書では、津波エネルギーの減衰や到達時間の遅延、漂流物の捕捉につき効果をとりまとめるとともに、飛砂・風害の防備等の災害防止機能に加え、津波に対する被害軽減効果も考慮した海岸防災林の復旧・再生を検討したもので、今後の海岸防災林の再生に活かされていくものである。

また、第1次補正予算に引き続き、治山施設や山腹崩壊地等の復旧・整備

に必要な予算措置（約577億円）が行われるとともに、森林の公益的機能を持続的に発揮する「災害に強い森林づくり」に必要な予算措置を「復興支援森林整備緊急対策」として行ったところである。

　さらに、森林における放射性物質に係る対策としては、「森林における除染等実証事業」や「森林における放射性物質拡散防止等技術検証・開発事業」等を行い、放射性物質の拡散防止対策の検証・開発や、森林除染等の技術実証等に取り組んだ。これらの成果を活用し、「森林における放射性物質の除去及び拡散抑制等に関する技術的な指針」として平成24年4月にとりまとめ・公表したところである。林野庁では引き続き、放射性物質の森林内外での挙動や拡散の実態調査を進めるとともに、各種の実証試験等を通じて集積される知見、技術水準の向上等に応じて、同技術指針の改定を行う予定である。

第14章 環境省の対応①

環境省大臣官房審議官(元現地災害対策本部長) 清水康弘

はじめに

筆者は、東日本大震災の発災直後に環境省の現地災害対策本部長に任命され、平成23年3月20日から10月31日まで東北の現場で環境省の災害対策の指導にあたってきた。この経験に基づき、環境省が東日本大震災にあたってどのような対応をしてきたのかを、震災廃棄物の処理を中心に解説してみたい。

I　東日本大震災における環境省の役割

1　震災直後の環境省の5つの役割

東日本大震災への対処に関する環境省の役割は、震災直後と最近とでは、かなり変化している。

震災直後、環境省は、第1に災害廃棄物の処理、第2にし尿の処理、第3に環境汚染への対応、第4に被災ペットの救護、第5に被災自然公園の復旧という役割を担っていた。

(1) 災害廃棄物処理・し尿処理

上記の5つの仕事の中でも、やはり東日本大震災により発生した災害廃棄物・がれき・ヘドロの処理が最大の仕事であった。この点については後段で詳述していく。

し尿の処理も環境省の所管である。たとえば、避難所には仮設トイレが多

く設置されたが、その汲み取りが十分に行われずに便槽があふれているという話が3月には多く聞かれた。このため、全国の地方公共団体や事業者に協力を要請し、バキュームカー、汲み取り車を手配して処理にあたった。

　もちろん家庭ごみの処理は環境省の大きな仕事である。ごみの焼却場が地震や津波で壊れてしまうと、日々生活している家庭からのごみの収集・運搬に支障が生じてしまう。ごみ収集・運搬・処理システムも、ある種ライフラインの1つとして位置づけられるものであり、この復旧も重要な仕事であった。

(2) 環境汚染対応

　環境汚染への対処も環境省の基本的な役割である。震災で工場が破壊され、PCBやアスベストなど、いろいろな化学物質が流出した。環境省は、こうした化学物質による環境汚染への対処について処理指針を出し現場を指導してきた。

　東日本大震災における最大の環境汚染は、セシウムなどの原子力発電所事故を原因とする放射性物質による汚染問題であることは論をまたない。しかし、環境基本法という環境省の対策の基本となる法律では、放射性物質による環境汚染は対象外となっている。これは原子力基本法という法律が先に成立しており、放射性物質による汚染問題は原子力安全委員会などの原子力関係機関のほうで対応することになっていたからである。したがって、放射性物質による環境汚染への対応は環境省の権限外であり、当初、環境省は、放射性物質による環境汚染への対応という役割は担っていなかった。

(3) 被災ペットの救護

　被災ペットの救護も環境省の役割である。動物愛護については、従来は総理府の所管行政であったが、平成13年の省庁再編により環境省が担当することとなった。被災者の救護に手いっぱいなときにペットの世話までは困難という議論もある一方、ペットを飼育する人々からすれば、ペットは大事な家族の一員、心のよりどころであるという主張もある。このため、環境省は、関係機関と協力のうえ被災ペットの救護にあたった。

筆者自身、避難所を何度も訪問したが、たとえば、動物の毛アレルギーや臭いの問題もあり、ペットは被災者の生活空間である室内へは連れて入ってはいけない、外につなぎなさい、という規則をつくっている場所が多かった。このため、ペットの飼い主が、避難所に入らずに自分の自動車の中でペットといっしょにずっと暮らしているという例をいくつもみた。それから、震災後に建設された仮設住宅には、ペット禁止というような議論も当初あった。このため、ペットとその家族に配慮した扱いを要請することも含め、被災ペットの対応を行ってきた。さらに、立入りが禁止されていた福島県の原子力発電所20キロ圏内の警戒区域に残されたペットを回収するような仕事も、獣医師会などの関係機関と協力しつつ行ってきた。

(4) 国立公園の復旧と創造

東日本大震災で被災した東北の太平洋沿岸地域は、リアス式海岸の特徴的な海岸線を中核とする陸中海岸国立公園と重なる。このため、たとえば、宮古にある浄土ヶ浜などの風景地が被災し、観光拠点の施設が大きな被害を受けた。こうした国立公園内の公園施設を復旧し、地域の復興に役立つようにすることも環境省の役割である。また、そうした復興の動きをさらに大きなものにするため、陸中海岸国立公園の区域を北の青森県と南の宮城県まで拡大して、復興のシンボルとする「三陸海岸復興国立公園」構想を環境省は検討している。

2　原子力発電所事故に関連する環境省の新しい役割

(1) 放射性物質による環境汚染への対応

環境省の震災対応については、平成23年8月以降に新しい役割が生まれてきている。環境基本法では放射性物質による汚染は対象外であることを前述したが、国会では、そうした従来の法体系の下での対応は不十分ではないかという議論が生じた。このため、放射性物質による環境汚染や放射性物質により汚染された廃棄物に対処する権限を環境省に与える法律が成立し、平成24年1月1日から完全施行されることとなった。

この法律に基づき、放射性物質により汚染された家屋や土地の除染や、除染で生じた汚染廃棄物などの処理については環境省の役割となった。先例のない仕事であるためモデル事業などにより除染や処理の効果を確認しつつ対応していく必要がある。汚染土壌の仮置きや中間貯蔵についても困難な仕事であるが、仮置きを3年間している間に中間貯蔵施設を設置し、30年間程度はそこで保管しながら対応するという方針を示したところである。

(2) 環境省外局としての原子力規制庁の創設

　もう1つの大きな動きは、原子力規制庁の創設である。原子力安全・保安院が経済産業省の中に設置されていることから、原子力の安全規制と推進が同じ役所の中にあるのは利益背反があるのではないかという議論が従来からあった。東日本大震災に伴う原子力発電所事故を契機に安全規制の見直しの議論が起こり、原子力安全・保安院を経済産業省から切り離し、原子力規制庁を環境省の外局として設置するための法律が国会に提出された。このようなことも含めて、環境省の役割が大きく変わってきている。

II　災害廃棄物の処理に関する制度と体制

　環境省の役割は以上説明したように幅広いものとなってきているが、災害廃棄物対策に焦点をあてて解説していく。

1　災害廃棄物とは何か

(1) 災害廃棄物とは

　災害廃棄物とは何かということであるが、地震や洪水などの災害に伴い発生する廃棄物のことである。家屋や家財が起源となる廃棄物が主体なので、原則としては、一般廃棄物が主体になるが、工場などの産業から発生する廃棄物で明確に区分できる場合は産業廃棄物として処理されるべきものも含まれうる。しかし、津波などにより一般廃棄物と産業廃棄物が渾然一体となっており明確に区別できない場合は、一般廃棄物として処理されることになる。

まず、地震で倒壊した家や家具などにより生ずる廃棄物が基本となる。東日本大震災では、地震、崖崩れや液状化で倒壊した家屋も存在し、それらを起源とする廃棄物が発生するということもあったが、特徴的であったのが津波であり、津波により破壊・流出した家屋や家財が非常に大きな量を占めている。また津波の衝撃による破壊や流出ということだけではなく、津波で海水面が上昇し家屋や家財が海水に浸って使えなくなることにより生じる廃棄物もある。これは、洪水や高潮の場合の床上浸水と同じ状況となる。浸水により使えなくなった畳や家材製品が廃棄されたものが、ごみとなる。それから、地震や津波により家屋が完全に破壊・流出されなくても一部壊れたことにより、全体として解体しなければならなくなる家屋もある。一戸建ての家屋を解体すると100トン規模の大量の廃棄物が発生する。

(2) ヘドロ等の処理

 東日本大震災で特徴的なのは、もともと海底にあった泥・ヘドロ・土砂が津波により陸上にうち上げられたことである。泥・ヘドロ・土砂などは厳密にいえば廃棄物ではないが、こうした土砂の類にがれきや木くず等が混入した状態のものは廃棄物としての処理が必要となる。東日本大震災で問題となる土砂はほとんどが混入状態であるので、こうした性状のものは処理の対象となる。

(3) 工場起源の廃棄物

 工場にストックされていた製品が津波等により商品価値を失い廃棄物となるものがある。東日本大震災においては、冷凍倉庫に大量の水産加工物が存在していたのが、津波被害を受け冷凍機能が失われ腐敗し、悪臭や害虫の源となった。また、被災地には製紙工場も多く存在し、海水に浸った紙ロールを廃棄物として処理しなければならないこととなった。

(4) 海中ごみ、海洋漂流ごみ

 東日本大震災に伴う津波で壊された家屋や家財を起源とする廃棄物は、津波の打ち潮によって陸上で移動した一方、引き潮により海の中へ引き込まれたものも多い。そのため、海の底にいろいろな廃棄物が溜まり、たとえば、

281

港湾内で航路の障害となったり、あるいは漁場の機能を損なうといったことが生じた。こうした機能を回復するためには、海底ごみを引き揚げる必要があったが、引揚げで苦労するだけでなく引き揚げたごみが害虫や悪臭の発生の原因となり、非常に対応に苦慮した。

また、海洋を漂流するごみの問題もある。これが長年かけて少しずつ海岸にうち上げられ、漂着ごみという問題を生じる。これは日本だけでなく、他の国に流れ着くこともある。このような廃棄物を、それぞれの性状に応じて適切に処理していく必要がある。

2　災害廃棄物の発生状況と処理方法

(1)　被災地の状況

筆者は、現地災害対策本部長として赴任した直後から、被災各地を精力的に訪問したが、ここでは平成23年3月に撮影した名取市閖上地区の写真を示す。写真からわかるように、原形をとどめている家もあるが、ほとんどの家屋は流出するなど悲惨な状況である。コンクリートの基礎部分のみが写っているのは、津波により木造住宅自体が浮き上がり、流出した結果である。流出した家屋は、他のところへ積み重なっている。こうしたことが、東北地方の太平洋沿岸各地で同時に発生してい

3月20日、宮城県名取市閖上

3月20日、宮城県名取市閖上
木造家屋は基礎以外は流出

る。

(2) 災害廃棄物の発生量

　災害廃棄物の発生量は、平成23年11月現在で、岩手県、宮城県、福島県を合わせて全体で2273万トンと推計されている。この量は、各自治体で通常処理する一般廃棄物の年間処理量と比較することにより、その規模が理解できる。岩手県では11年分、宮城県では19年分、福島県では3年分の処理量に相当する量となっている。また、市町村レベルでみると最も発生量の大きい石巻市の600万トンに至っては、石巻市で通常処理する一般廃棄物の量の100年分というような桁外れの量である。政府としては、3年間で災害廃棄物の処理を完了させたいという目標をもっているが、このためにはさまざまな対策を講じる必要がある。

(3) 災害廃棄物の処理方法

　ここで（資料1）に従い、災害廃棄物の処理フローを説明したい。

（資料1）　災害廃棄物の処理フロー

災害廃棄物の処理とは？

被災現場
・損壊家屋
・家具家電
・混合物
・流木
・自動車
・危険物
・ヘドロ

収集・運搬 → 仮置場
・混合ゴミ
・可燃物
・不燃物
・土砂
・金属類
・廃家電
・危険物

分別処理・破砕処理

可燃物 → 焼却施設 → 焼却灰 → 埋立処分場
不燃物 → 埋立処分場

（リサイクル制度）
・家電リサイクル
・自動車リサイクル
・建築リサイクル

→ 有価物市場
・金属類等
・木質ボード原料
・セメント原料
・工事原料
（コンがら、土砂）

可燃物 → エネルギー利用 → 熱、電気
再生利用 → 製品、公共事業

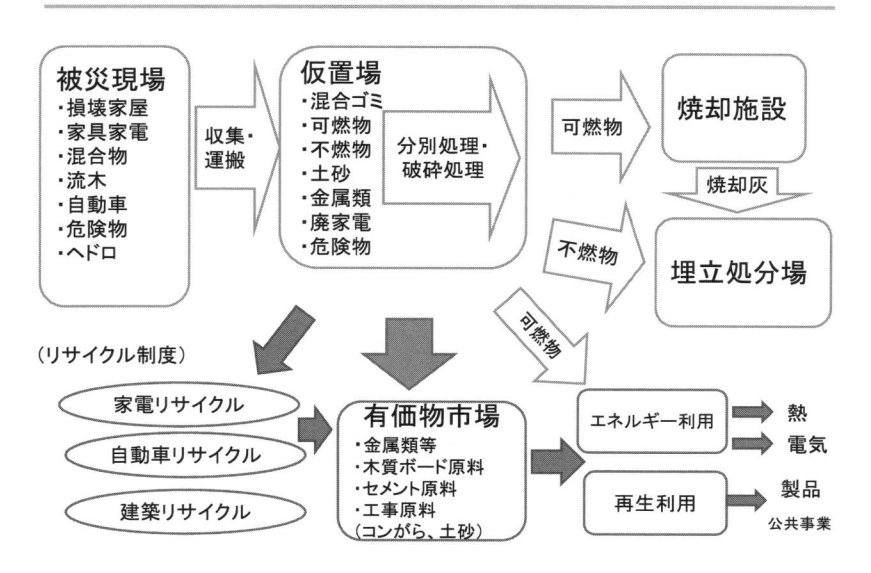

283

第1に、災害廃棄物の発生現場から廃棄物を収集し、仮置場に運搬する作業が必要となる。理想的にいえば、発生現場において、散乱したごみを、木材などの可燃物、コンクリートがらなどの不燃物、金属類などに分別するのが望ましい。しかし、被災の現場では一刻も早く道路を開通したい、分別のような手間をかけていると被災者の救護に間にあわない、というような要請もあり、特に、初期段階では分別が行われず、土砂混じり状態や、可燃物と不燃物が混合した状態で廃棄物が収集・運搬されたケースが多かった。

　第2に、仮置場において破砕・分別等の処理を進めることになる。ここまでの段階で分別されていれば、金属くずは売却、可燃物は焼却、不燃物は埋立て等の処理ができるようになる。しかし、分別されていない場合は、売却も焼却も埋立ても困難なこととなる。このため、仮置場で破砕・分別等の処理が必要となってくる。

　分別は手作業で行う場合もあるが、トロンメルやスクリーン等の分別専用の大型重機や破砕専用の重機があるので、これらを活用することになる。破砕前に粗選別をしたり、破砕後に分別機にかけて粒径や重量比で選別していくことにより、可燃物や不燃物に分離することができる。場合によっては、これらをベルトコンベア上で手選別工程にかける必要がある。つまり、現場などの初期段階で分別処理を行わないと、後工程で非常に多くの手間がかかることになり、処理費用もかさむこととなる。

　第3に、分別されたものは、可能な限りリサイクルにまわすことになる。最もリサイクルが容易なものは金属である。アルミや銅、鉄などは業者が有償で買い取ってくれる。また、汚泥の付着の少ない木材、丸太や角材については、粉砕して木材チップになって木質ボードの原料になったり、あるいはそれをボイラーや発電機で燃料として使うことにより、熱や電気などのエネルギーを取り出すことができる。

　不燃物についても、コンクリートがらは破砕して砕石にすれば、路盤材や地盤沈下した土地のかさ上げ材として活用可能となる。汚泥や土砂もごみから分別すれば、有効な用途があり得る。

第4に、リサイクルに使えないものは、可燃物は焼却処理し、不燃物は最終処分場に埋立て処分をすることになる。焼却といっても、前述のとおり通常のごみ焼却施設で焼却を続けると何十年分もかかるので、仮設焼却炉を追加的に設置することと、他の自治体で焼却余力のある焼却炉を活用することの2つの方法が考えられる。また、焼却で発生した焼却灰は最終処分場に運搬して埋立て処分をすることとなる。

3　東日本大震災に際しての特例措置

(1)　財政的支援措置

　災害廃棄物は原則として一般廃棄物であるので、市町村に処理責任がある。しかし、被災した市町村は、震災で甚大な被害を受けた中で、未曾有の規模で発生した災害廃棄物を処理しなければならず、財政的にも手厚い支援が必要とされた。

（資料2）　東日本大震災に係る災害等廃棄物処理事業

市町村(一部事務組合を含む)がその事務として行う災害により必要となった廃棄物の処理等に係る事業について、要した経費の一部を補助することで生活環境の保全及び公衆衛生の確保を図ることを目的とする。

対象	通常	阪神・淡路大震災	東日本大震災		
	被災市町村	被災市町村	特定被災地方公共団体	特定被災区域	左記以外
国庫補助率	1/2	1/2	対象市町村の標準税収入に対する災害廃棄物処理事業費の割合に応じて補助 ・標準税収入の10／100以下の部分は、その額の50／100 ・標準税収入の10／100を超え20／100以下の部分は、その額の80／100 ・標準税収入の20／100を超える部分は、その額の90／100	1/2	1/2
グリーンニューディール基金	―	―	地方負担額の実情を考慮した地方の一時負担の軽減のため、基金を用い国の実質負担額を平均95%とする。	―	―
地方財政措置	地方負担分の80%について交付税措置	地方負担分の全額について、災害対策債により対処することとし、その元利償還金の95%について交付税措置	地方負担分の全額について、災害対策債により対処することとし、その元利償還金の95%について普通交付税措置、残余の5%については特別交付税措置	同左	地方負担分の95%について特別交付税措置

通常の災害廃棄物処理については必要経費の1/2を補助しているが、今回の震災は阪神淡路大震災よりも規模が大きく被害も広範囲に及び、県が災害救助法に基づき実施する災害救助と並行して一体的に処理を進めていくことが必要な状況にあることを踏まえ、特例として災害救助法の負担率を勘案した嵩上げ及びグリーンニューディール基金を活用することで、市町村等の負担を軽減し生活の早急な回復を図る。

(資料３)　東日本大震災に係る廃棄物処理施設災害復旧事業

通常の廃棄物処理施設災害復旧については必要経費の1/2を補助しているが、今回の震災は阪神淡路大震災よりも規模が大きく被害も広範囲に及ぶため大幅な補助率の嵩上げを行い、市町村等の負担を軽減し生活の早急な回復を図ります。

	通常	阪神・淡路大震災	東日本大震災
対象事業	・一般廃棄物処理施設 ・浄化槽（市町村整備推進事業） ・産業廃棄物処理施設 ・広域廃棄物埋立処分場 ・ＰＣＢ廃棄物処理施設	・一般廃棄物処理施設 ・広域廃棄物埋立処分場	・一般廃棄物処理施設 ・浄化槽（市町村整備推進事業） ・産業廃棄物処理施設
国庫補助率	1/2 （交付要綱）	8/10 （阪神淡路大震災財特法）	特定被災地方公共団体の標準税収入に対する災害復旧事業費の割合に応じ、次により補助 ・20/100以下の部分‥80/100 ・20/100を超える部分‥90/100 （東日本大震災財特法） その他の市町村については次により補助 1/2（交付要綱）
地方財政措置	地方負担分に対して起債措置がなされ、元利償還金について交付税措置 ※元利償還金の47.5%（財政力補正により85.5%まで）	地方負担分に対して起債措置がなされ、元利償還金の95%について交付税措置	地方負担分に対して起債措置がなされ、元利償還金の95%について交付税措置

　このため、環境省としては従来にない補助金の補助率のかさ上げを行った。通常の災害廃棄物処理は２分の１補助であるが、今回は、財政規模に応じて８割、９割を補助することとし、さらに災害廃棄物処理特別措置法の成立により、実質平均95％までは環境省が補助し、残り５％の自治体負担分について総務省が地方財政措置を行うこととなった（（資料２）（資料３）参照）。このため、市町村で必要となる資金については実質100％国が面倒をみることになった。

(2)　予算計上額

　環境省の予算措置は、災害当初の１次補正で3500億円を超える災害廃棄物処理費を計上し、３次補正では3000億円を超える額を、さらに平成24年度当初予算要求でも3700億円を計上した。この結果、合計で１兆円を超える額を予算化してきている（（資料４）参照）。

　前述のとおり、災害廃棄物の発生量は2300万トン程度あり、たとえば１ト

（資料4） 災害廃棄物処理の予算措置状況

災害廃棄物の処理は市町村の業務であるが、予算措置は環境省補助金、グリーンニューディール基金と、総務省の地方財政措置を合わせて国が実質100％負担している

（環境省の予算措置）
一次補正：災害廃棄物の処理：　　　　3,519億円
　　　　　廃棄物処理施設の復旧：　　　 164億円
三次補正：災害廃棄物の処理：　　　　3,178億円
　　　　　グリーンニューディール基金：　 680億円
　　　　　広域処理のための施設整備　 126億円
24年当初：災害廃棄物の処理　　　　　3,755億円
　　　　　　　　　　　　合計　約1兆1400億円
※廃棄物量2300万トン、堆積物量2000万トン？
※トン当たり処理量がどの程度となるかが問題

ンあたり5万円くらいの処理費用がかかると想定すれば、それだけでも1兆1500億円ぐらいはかかってしまう。そのほかに膨大にヘドロなども発生しており、これらの処理含めて、どれだけコストを抑えながら迅速に処理していけるかが課題となっている。

(3) 技術的支援措置

東日本大震災で発生した災害廃棄物を処理するにあたり、専門スタッフの不足や震災対応への経験の不足という状況もあり、技術的なノウハウに乏しい市町村が多く存在した。このため、環境省から市町村に対して災害廃棄物処理に関するさまざまな指針を示してきた。

損壊家屋、PCB処理、アスベスト処理、廃家電、廃自動車、廃船舶、腐敗水産加工品など幅広い事項について処理の方針を示した（（資料5）参照）。

(4) 法令上の特例措置

災害廃棄物の処理も、廃棄物処理法に基づく規制の対象となるので、廃棄物処理法上の基準に従って処理していく必要がある。しかし、緊急時なので

(資料5)　災害廃棄物の処理方針の提示

環境省は発災後、多くの指針を自治体に提示し、適切な処理方法を指導

- 電気自動車・ハイブリッド車の処理、アスベストの処理、PCBの処理、廃家電の処理、被災自動車の処理、被災船舶の処理、仮置場の管理等の個別分野の指針を発出
- 法務省などと検討のうえ、倒壊家屋、被災自動車の処理方針を提示。県による代行措置を認める方針を提示(3月)
- 腐敗水産加工品の海洋投棄を可能とする告示(4月)
- 各種法令特例措置を公布・施行。災害廃棄物補助金の交付要綱と災害廃棄物処理の基本となるマスタープランを提示(5月)
- 焼却灰処理指針(放射性物質関係)を発出(6月)
- 津波堆積物処理指針を発出(7月)

(資料6)　災害廃棄物の法令上の特例措置の導入

災害廃棄物の迅速かつ円滑な処理を進めるため、通常では必要とされる手続きを簡素化・規制緩和する多くの特例措置を導入

○産業廃棄物処理施設において一般廃棄物を処理する際に必要となる都道府県知事への事前届出について、届出期間の特例の創設(3月環境省令)
　※都道府県知事が認める場合には、届出期間を短縮できることとするもの。

○コンクリートくず等を災害廃棄物を安定型最終処分場において埋立処分する場合の手続を簡素化する特例の創設(5月環境省令)
　※都道府県知事への届出により埋立処分を可能とするもの。

○被災市町村による災害廃棄物処理の再委託の特例の創設(7月政令)
　※市町村が震災によって特に必要となった一般廃棄物の処理を委託する場合において、処理の再委託を可能とするもの。

○東日本大震災により生じた災害廃棄物の処理に関する特別措置法(8月)
　※災害廃棄物の処理が喫緊の課題になっていることに鑑み、国が被害を受けた市町村に代わって災害廃棄物を処理するための特例を定め、あわせて、国が講ずべきその他の措置について定めたもの。

（資料７） 災害廃棄物の処理に関する特別措置法の概要

趣旨
災害廃棄物の処理が喫緊の課題になっていることに鑑み、国が被害を受けた市町村に代わって災害廃棄物を処理するための特例を定め、あわせてその他の措置について定める。

主な内容

国の責務 ： 迅速・適切な処理を図る
国は、① 市町村及び都道府県に対し必要な支援を行う。② 災害廃棄物の処理に関する基本的な方針、工程表を定め、これに基づき必要な措置を講ずる。

環境大臣による処理の代行
環境大臣は、震災により甚大な被害を受けた市町村の長から要請があり、① 当該市町村の災害廃棄物の処理の実施体制、② 災害廃棄物の処理に関する専門的な知識・技術の必要性 ③ 災害廃棄物の広域的な処理の重要性を勘案して必要があると認められるときは、当該市町村に代わって災害廃棄物の処理を行う

費用の負担等 ： 市町村負担の軽減
○ 環境大臣が処理を代行する場合、処理に要する費用のうち、市町村が自ら災害廃棄物の処理を行った場合に国が市町村に交付すべき補助金の額を除いた額を市町村の負担とする。

○ 国は、市町村が災害廃棄物の処理に当たって負担する費用（国が処理を代行する場合の市町村負担分も含む。）について① 必要な財政上の措置を講ずる。② 基金の活用による被災市町村負担費用の軽減その他災害廃棄物の処理の促進のために必要な措置を講ずる。

国が講ずべき6つの措置を明文化
国は、災害廃棄物の処理に関して、
① 災害廃棄物に係る仮置場及び最終処分場の早急な確保のための広域的協力の要請等
② 再生利用の推進等
③ 災害廃棄物処理に係る契約の内容に関する統一的指針の策定等
④ アスベストによる健康被害の防止等
⑤ 海に流出した災害廃棄物の処理指針の策定とその早期処理等
⑥ 津波堆積物等の災害廃棄物に係る感染症・悪臭の発生の予防・防止等の必要な措置を講ずる。

検討条項
国は、市町村の負担する費用について、財源の確保に併せて、地方交付税の加算を行うこと等により確実に地方の復興財源の手当をし、当該費用の財源に充てるため起こした地方債を早期に償還できるようにする等その在り方について検討し、必要な措置を講ずる。

通常の手続では時間がかかり処理が遅れてしまう心配もあり、処理を迅速化するため手続の簡素化や特例的な処理を認める必要が出てきた。このため、環境省では、関連する政令改正や省令改正を行った（（資料６）参照）。

法令上の特例措置は、政令や省令にとどまらず法律レベルでも行われた（（資料７）参照）。

災害廃棄物の処理責任は、前述のとおり市町村とされていたものの、実際問題としては対応能力に欠ける市町村も多く存在した。このため、環境省としては、地方自治法の規定に基づいて、市町村から事務委任を受ける形で県が災害廃棄物の処理をすることを認めていたが、なお、県でも手に負えない事態もあり、国が自ら災害廃棄物を処理することが求められる状況があった。

しかし、国が直接に廃棄物処理事業を行うための根拠法律がなかったため、災害廃棄物処理特別措置法が成立した。この法律に基づき、被災市町村から

要請があったときには環境大臣が自ら廃棄物を処理することができることとなった。

(5) 環境省における地方公共団体への支援体制

環境省としては、災害廃棄物の処理をシステマチックに実施するため、災害廃棄物処理のマスタープランを作成して、地方公共団体に示して、国、県、市町村が協力しながら廃棄物対策を進めていく体制を構築することにした((資料8)参照)。

このマスタープランでは、国は、財政的支援、技術的専門家の派遣、広域的な処理を行う。県は、市町村間の総合調整を行いながら実行計画を策定する。市町村は、実行計画に基づいて実際の災害廃棄物を処理するという体系である。前述のとおり、一部、県が市町村の事務委任を受けている。

廃棄物処理のスケジュールとしては、生活環境に支障が生じうる災害廃棄物、すなわち居住地の周辺のごみについては、平成23年8月末までに撤去す

（資料8） 災害廃棄物の処理指針（マスタープラン）（5月16日）

処理推進体制
- **国**は、財政措置、専門家の派遣、広域かつ効率的な処理に向け、県外自治体や民間事業者の処理施設に係る情報提供等の支援を実施。
- **県**は、仮置場設置や災害廃棄物処理に関し、市町村等との総合調整を行い、具体的処理方法を定めた災害廃棄物処理の実行計画を作成。
- **市町村**は、県が作成した災害廃棄物処理の実行計画を踏まえ、災害廃棄物の処理を実施。

処理方法
- 再生利用が可能なものは、極力再生利用する。
- 広域処理は費用効率的となる場合があり、処理の選択肢を多くする観点から、促進を図る。

スケジュール
(1) 仮置場への移動
- 生活環境に支障が生じうる災害廃棄物（例えば、現在住民が生活を営んでいる場所の近傍にある災害廃棄物）：平成23年8月末までを目途に仮置場へ概ね移動
- その他：平成24年3月末までを目途

(2) 中間処理・最終処分
- 腐敗性等がある廃棄物：速やかに処分
- 木くず、コンクリートくずで再生利用を予定しているもの：劣化、腐敗等が生じない期間で再生利用の需要を踏まえつつ適切な期間を設定
- その他：平成26年3月末までを目途

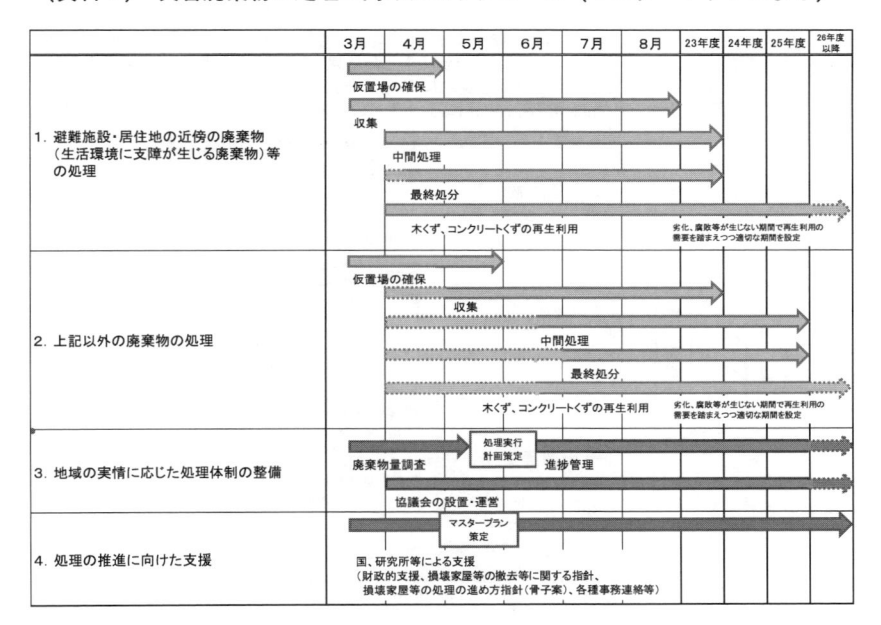

II　災害廃棄物の処理に関する制度と体制

（資料9）　災害廃棄物の処理に向けたスケジュール（マスタープランによる）

	3月	4月	5月	6月	7月	8月	23年度	24年度	25年度	26年度以降
1．避難施設・居住地の近傍の廃棄物（生活環境に支障が生じる廃棄物）等の処理		仮置場の確保 収集 中間処理 最終処分 木くず、コンクリートくずの再生利用						劣化、腐敗等が生じない期間で再生利用の需要を踏まえつつ適切な期間を設定		
2．上記以外の廃棄物の処理			仮置場の確保 収集 中間処理 最終処分 木くず、コンクリートくずの再生利用					劣化、腐敗等が生じない期間で再生利用の需要を踏まえつつ適切な期間を設定		
3．地域の実情に応じた処理体制の整備		廃棄物量調査　処理実行計画策定　進捗管理 協議会の設置・運営								
4．処理の推進に向けた支援		マスタープラン策定 国、研究所等による支援（財政的支援、損壊家屋等の撤去等に関する指針、損壊家屋等の処理の進め方指針（骨子案）、各種事務連絡等）								

る目標を立てた。幸いなことに、これは全市町村で目標を達成できた。その他の散乱している廃棄物についても、ともかく平成24年3月末までに、仮置場に撤去する目標となっている。

　中間処理と最終処分については、水産加工品などの腐敗性のものは迅速に処理し、その他のすべてのごみを3年間ですべて処理していく計画になっている（（資料9）参照）。

4　支援体制の整備

(1)　環境省による支援体制の整備

　環境省としては、以上のように災害廃棄物の事業主体である市町村を対象として特例的な財政的支援と各種指針の発出による技術的支援を進めてきたものの、市町村においては廃棄物処理行政の専門職員の配置を含めて人的な

291

(資料10) 災害廃棄物の処理技術に関する実務的支援について

- 各県・市町村からの問い合わせは、環境省の相談窓口で受け、専門的な知見を有する各機関に連絡。その後、各機関から、問い合わせのあった各県・市町村に技術的助言を行う。
- また、相談内容によっては、各機関から現地に専門家を派遣。
- 国立環境研究所は、専門的・科学的知見に基づき、環境省、各県・市町村、各機関を支援。

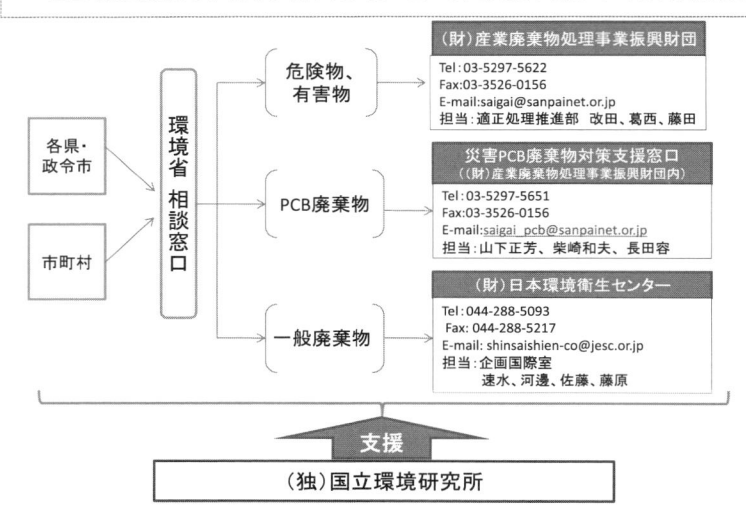

```
各県・政令市 ─┐
              ├→ 環境省相談窓口 ─┬→ 危険物、有害物 → (財)産業廃棄物処理事業振興財団
市町村       ─┘                    │                    Tel:03-5297-5622
                                    │                    Fax:03-3526-0156
                                    │                    E-mail:saigai@sanpainet.or.jp
                                    │                    担当:適正処理推進部 改田、葛西、藤田
                                    │
                                    ├→ PCB廃棄物 → 災害PCB廃棄物対策支援窓口
                                    │              ((財)産業廃棄物処理事業振興財団内)
                                    │              Tel:03-5297-5651
                                    │              Fax:03-3526-0156
                                    │              E-mail:saigai_pcb@sanpainet.or.jp
                                    │              担当:山下正芳、柴崎和夫、長田容
                                    │
                                    └→ 一般廃棄物 → (財)日本環境衛生センター
                                                      Tel:044-288-5093
                                                      Fax:044-288-5217
                                                      E-mail:shinsaishien-co@jesc.or.jp
                                                      担当:企画国際室
                                                            速水、河邊、佐藤、藤原

                              ↑支援
                    (独)国立環境研究所
```

体制が弱いことが認識された。このため、人材面からサポートするため、環境省による支援体制を整備した（(資料10) 参照）。

まず、行政による支援として、平成23年3月20日に環境省として宮城県仙台市の東北地方環境事務所内に独自の現地災害対策本部を設置した（(資料11) 参照）。この現地災害対策本部では、国の関係行政機関の地方支分部局とネットワークをつくり一元的な処理体制を整えた。

次に、専門家による支援体制としては、環境省の相談窓口を介して、廃棄物処理の専門機関や国立環境研究所におけるプロフェッショナルな知見を動員できる体制をとった。

(2) 市町村職員の派遣

市町村の廃棄物処理行政の現状をみると、東北でも廃棄物処理の広域化が進んでおり、複数市町村が連携して一部事務組合をつくり、ごみの収集や焼

却を行っているケースが圧倒的に多い現状にある。このことは、市役所や町役場にごみ処理の専門職員が存在しないことを意味し、直接に市町村を支援するしくみが必要とされた。

こうした直接支援に関して、環境省としては、第1に、自治体間の職員の派遣のあっせんを行うこととした。阪神・淡路大震災の例をみるまでもなく、災害廃棄物の処理を経験している多くの市町村が存在し、こうした市町村で廃棄物行政に携わっている職員をあっせんして被災市町村に送り込むことにした。この措置は非常に高く評価され、実際に市町村の災害廃棄物の処理の推進に役立った。

(3) 県内支援チームの設置

直接支援のための第2の措置としては、廃棄物処理の支援チームを岩手県、宮城県、福島県に設置することであった。具体的には、各県ごとに、環境省の廃棄物行政の経験者4名と、廃棄物コンサルタント等の技術者5、6名の計10名程度でチームをつくり、県庁あるいは県庁近傍のオフィスに常駐させ

(資料11) 環境省現地災害対策本部の体制図

自治体の処理業務を支援するため、環境省は廃棄物処理の専門家からなる支援チームを各県ごとに配置する体制を整備

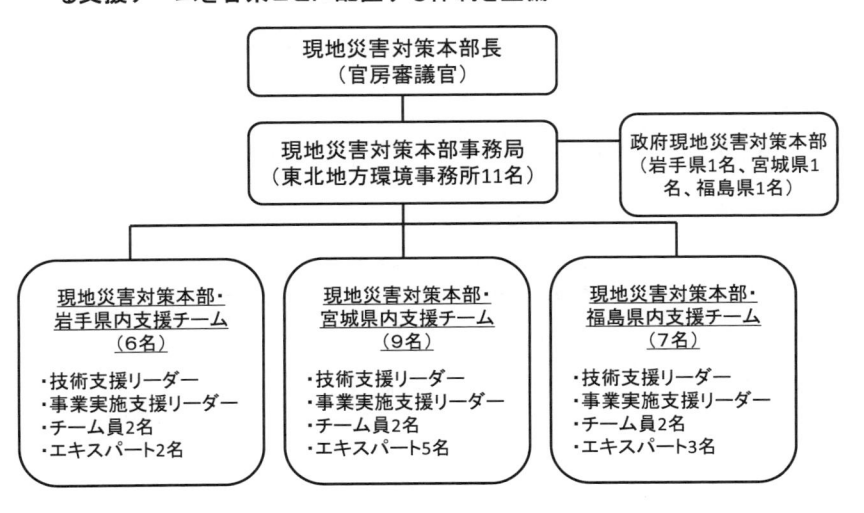

```
            現地災害対策本部長
             （官房審議官）
                  │
        ┌─────────┴─────────┐
  現地災害対策本部事務局         政府現地災害対策本部
  （東北地方環境事務所11名）    （岩手県1名、宮城県1
                                  名、福島県1名）
        │
  ┌─────┼─────┐
現地災害対策本部・  現地災害対策本部・  現地災害対策本部・
岩手県内支援チーム  宮城県内支援チーム  福島県内支援チーム
    （6名）           （9名）           （7名）
・技術支援リーダー  ・技術支援リーダー  ・技術支援リーダー
・事業実施支援リーダー ・事業実施支援リーダー ・事業実施支援リーダー
・チーム員2名       ・チーム員2名       ・チーム員2名
・エキスパート2名   ・エキスパート5名   ・エキスパート3名
```

る。そして、市町村から相談を受けつつ、この支援チームが日常的に市町村の現場に赴き指導にあたる体制を整備した。

(4) 巡回訪問の実施

このような支援チームによる日常的な指導はあったものの、市町村によっては廃棄物処理の進捗状況に大きな差があった。市町村全体の状況を網羅的にフォローアップしつつ必要な指導を行うため、支援チームに加え、国立環境研究所の研究者や関係行政機関の職員も含めて、岩手県、宮城県、福島県の全沿岸市町村に対する巡回指導を行った。この巡回指導を、平成23年5月以降は毎月のように実施した（（資料12）参照）。

巡回訪問の中では、発注や事業者との契約のあり方や各種指針や補助要綱の解釈などに加え、仮置場での災害廃棄物の積み方のような技術的事項まで含め、現場が直面している問題を解決するための個別指導を行った。

こうした指導の成果もあり、居住地周辺の災害廃棄物の撤去を平成23年8

（資料12）　環境省職員・研究者・技術者チームの巡回訪問

災害廃棄物の円滑かつ迅速な処理を推進するため、環境省職員、国立環境研究所の研究者及び技術者で構成するチームによる巡回訪問をこれまで3回実施してきており、大きな成果を生んだ。今後も継続の予定。

○内容
・被災地の現状調査（特に仮置場への搬入状況、仮置場での分別状況の現場指導）
・被災地における処理のスケジュールの確認
・処理に係る問題点の把握
・円滑かつ迅速な処理に関するグッドプラクティスの把握

○成果
・廃棄物処理の個別課題への対応（ヘドロ問題、市町村間調整、腐敗水産加工品問題、悪臭問題など）により、具体的地点ごとの問題解決に貢献した。
・補助金運用の明確化により処理の円滑化が図られた。
・国と自治体間の意思疎通の円滑化が図られた。
・マスタープランの8月目標がすべての市町村で達成された。

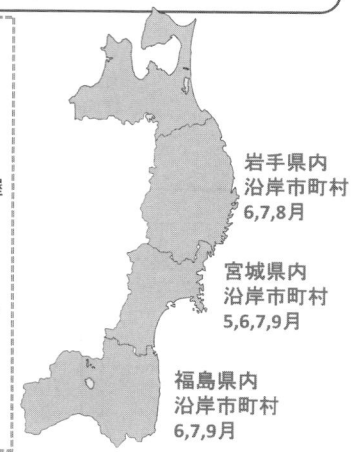

岩手県内沿岸市町村
6,7,8月

宮城県内沿岸市町村
5,6,7,9月

福島県内沿岸市町村
6,7,9月

月末までに完了するという政府の目標を全市町村において達成することができた。

III　災害廃棄物の処理の現場での問題とその解決

以下では、筆者の現地災害対策本部長としての7カ月間の経験から、災害廃棄物に関連して現場ではどのような問題が発生し、それをどのような形で解決してきたかという観点から説明する。

1　所有者・占有者の確定できない財物の処理と盗難問題

発災直後は、津波浸水地域については損壊した家屋や家財が一面に広がり、手のつけようのない状態であった。この段階から、人命救助やそのための道路の啓開のため、道路上に存在していたがれきを緊急避難的に道路脇に寄せて、道路を開通することに努力が払われた。

こうした緊急避難的段階をすぎると、所有権が誰にあるのか不明なものをどういう形で処理できるかが問題となった。自分の土地の上に他人の財産かもしれないもの（損壊家屋由来の廃棄物や損壊した自動車など）が存在しているのを、所有者に断りなしに撤去・処分してよいのかどうかという問題である。もちろん多くの死者や行方不明者が発生しており、所有者の確認も困難な状況の中でのことである。この問題に対しては、環境省、法務省などの関係省庁の検討により、やむを得ない場合は所有者の確認を要しないで廃棄物としての処理を進めることを認める形で、損壊家屋の処理に関する指針が発出された。このような明確な方針が出されたので、現場では本当に助かった。

一方で、がれきの中に混入する価値のあるものを勝手に取得する事例が発生した。金庫等から金品を取得するのは明らかに窃盗であるが、たとえば、がれきの中の鉄や電線を勝手に持っていったりする事例もあった。さらに、災害廃棄物処理のため仮置場に集めた金属類が夜半に盗難にあう事例も生じた。こうした事例に対処するため、警察と協力して警戒を強化するとともに、

仮置場の囲いや施錠を奨励することにした。

2　廃棄物の分別問題

　筆者は、発災直後から多くの市町村を訪問したが、気がついたのは、災害廃棄物の分別が適正に行われていない自治体が多かったことである。分別は、前述したように、現場分別と仮置場分別がある。可能であれば、被災の現場から廃棄物をピックアップする段階で分別を行う現場分別を行うことが望ましい。このため、当初から環境省は市町村に対して分別を徹底するよう指導したのだが、初期段階には分別をしていない市町村も多かった。

　これは、廃棄物の現場からの撤去は、自衛隊と建設業者によりなされたことが大きかった。自衛隊は緊急的な遺体捜索のため重機を使ってがれきの除去を行っていたが、分別しながら遺体捜索をすると遅れが生じるという理由からであった。また、廃棄物の専門業者であればその後の処理が困難となる混合した形でのがれき撤去は避ける行動をしたであろうが、土砂の運搬と同じ感覚でがれきを運搬した建設業者に、分別を徹底することが困難だったということがある。

　その後、時間が経つにつれて市町村に分別収集も徹底されてきたが、初期段階の混合廃棄物については処理に多くの手間とコストがかかることから処理が進んでいないものがいまだに多い状況にある。

3　水産加工品問題

　個別事項ではあるが、次に大きな問題となったのが腐敗水産加工品の問題である。

　被害を受けた地域の中には、大規模な水産加工業が立地する漁港都市も多い。石巻、気仙沼、大船渡、陸前高田、山田などには、大規模な冷凍倉庫が存在し、数万トン規模に及ぶ膨大な量の水産品や加工品が冷凍保管されていた。こうした倉庫が津波で被害を受け、電源が喪失したため、膨大な量の水産加工品が溶け出して腐敗し悪臭を発生するとともに、ハエなどの衛生害虫

の発生源となった。実際、5、6月頃の石巻市などは魚の腐敗臭が港湾地区で強く感じられた。

　こうした腐敗水産品の処理方法としては、①焼却処分する、②土壌中に埋設保管する、③パッケージを分離した後に海洋投棄処分する、という3つの方法が示された。数万トンに及ぶ量を処理するためには海洋投棄処分に優位性があったが、これを実現するためには海洋汚染防止法に基づき水産加工品と投棄海域を指定するための環境省告示が必要とされた。関係者と調整のうえ、宮城県については平成23年4月に、岩手県については同年6月に告示が発出され、海洋投棄が行われ、同年7月までに投棄は完了した。

4　被災自動車・船舶問題

　被災自動車・船舶の処理も大きな問題となった。

　東日本大震災では、津波により多くの自動車が損壊したため、廃自動車の処理も大きな問題となった。自動車はナンバープレートや車体番号から所有者を特定でき、本来なら所有者がディーラー等に連絡し廃車（抹消登録）をして、スクラップの手続をとるのが基本であるが、こうした被災状況の中で、自分の自動車がどこに存在するのか不明であったり、そもそも所有者自体が死亡あるいは行方不明になったりする事態も生じ、通常の手続による対応をすることが困難となった。このため、一定期間の縦覧の後に行政が職権で抹消登録をしたうえで処理することを許容したが、それでも市町村では処理に長期間要することとなった。

　また、船舶はさらに処理が困難であった。船は地震が起きると沖合に避難するが、避難できず陸上に多くの漁船がうち上げられた。また、数千トンクラスの巨大な船舶が岸壁にうち上げられたものも数ケース発生した。通常、船舶は保険がかけられており、保険会社が処理を行うことが多い。しかし、保険がかけられていない船舶などもあり、この場合、船主等と個別に調整しながら解決していくことが必要となる。

5　津波堆積物の処理

　津波で大量のヘドロ、土砂などが陸上にうち上げられたことも、東日本大震災の特徴である。「ヘドロ」というと、粘性が高く有機質を多く含み嫌気性発酵した汚泥状の物質というイメージが強いと思われるので、われわれは客観的に「津波堆積物」とよんでいる。実際、石巻等では暗黒色の汚泥状のものがうち上げられたが、仙台以南の海岸部ではほとんど砂状である。また、もう少し細かい粘土質のさらさらしたものなど、場所によって全く性状が異なっている。

　一時、このヘドロは、外見が黒くて不気味なので、有害物質を含むのではないかということがいわれた。分析調査してみると、ごくごく少数のサンプルで低レベルの汚染が示されたが、ほとんどのサンプルでは汚染はみられていない。

（資料13）　東日本大震災津波堆積物処理指針

○ 東北地方太平洋沖地震に伴う津波により、陸上に土砂・泥状物等（津波堆積物）が大量に堆積。
　　（青森、岩手、宮城、福島、茨木、千葉の被災6県で1,300～2,800万トンと推計）
○ 被災前に有機物や有害な化学物質等を取り扱っていた施設の近傍では、処理に一部注意が必要だが、ほとんどの地域においては、津波堆積物に特段の汚染は見られない。（廃棄物資源循環学会）
○ 目視及び臭気による確認、現地スクリーニング、化学分析等により津波堆積物の組成・性状を把握
○ 津波堆積物の組成・性状に応じて、埋め戻し材、盛土材等の土木資材やセメント原料としての有効利用を優先しつつ、有効利用が難しいものについては、組成や性状に応じて適切な処理を行う。

津波堆積物処理の基本的な考え方

※必要に応じて、飛散や腐敗を防ぐための散水や消石灰散布等の応急対策を実施する。

ガレキ等や有害物質等の混入がない津波堆積物		
木くず、コンクリートくず、油類、有機物や有害な化学物質等の混入した津波堆積物	性状の確認・分別 →	有害物質等を含まない土砂 → （空き地・林地等の場合）その場に残置／埋め戻し材、土木資材としての利用　等／海洋投入
		有害物質等を含む土砂 → セメントの原料化／管理型処分　等
		土砂とガレキ等が混然一体で選別不能なもの → 焼却　等
		選別後のコンクリートくず、木くず、金属くず等 → 有価物として売却・譲渡

堆積現場～仮置場　　　　　　　有効利用・中間処理・処分

そのようなことを前提に、環境省としても津波堆積物の処理方針を示した（（資料13）参照）。津波堆積物の量は2000万トンとも推計されており、これらを全量処理しようとすると大変な費用がかかる。一方、土地利用形態によっては、処理が必要ないものも存在するので、指針ではその場に残置も認める形となっている。もちろん、問題がある津波堆積物はきちんと処理していくこととしている。

6 仮置場の立地と管理

被災域に広がったがれきを撤去するためには、あらかじめ撤去したがれきを仮置きしておく空地（仮置場）を確保しておくことが必要となる。仮置場の確保については、特に、平地の少ない自治体や都市化が進んで公共空地の少ない自治体では困難な状況があり、国としても国有林等の国有地を提供できるようした。

そうした中、たとえば、宮城県の石巻市では石巻商業高校の運動場を仮置場として利用したり、多賀城市でも高速道路脇の空き地を活用したりしたが、学校や居住地に近接する仮置場であったので、周辺住民等から悪臭や景観上の苦情が出た。本来なら、周辺環境や後々の処理まで考えて仮置場を設置すべきところであるが、緊急に対応しなければならないという要請の中で、市町村の廃棄物担当者は苦慮している。

また、発災直後には周辺住民も仮置場の設置を緊急避難的に容認した場所も多かったが、時間が経つにつれ新規の追加的な仮置場の設置に住民が同意しない傾向が強まっている。このため、たとえば、宮城県が新たに設置しようとしている2次仮置場の設置も困難に直面している。いずれにせよ、廃棄物処理のような嫌忌施設については周辺住民の理解と協力が不可欠であり、行政トップも含めた決断の下で、周辺住民への地道な説明が必要とされる。

7 火災の発生と防止

仮置場に廃棄物を高く積み上げると、廃棄物の下部が圧縮され嫌気性発酵

が進み発熱すると同時にメタンガスなどが発生して、自然発火するおそれがあることが知られている。特に、10メートル以上積み上げたり、重機を上に乗せて圧迫した形で積み上げたりする場合に、火災のおそれが大きくなる。

このため、環境省としては、5メートル以上の高さとしないことが望ましい旨の指針を出して指導してきていた。しかし、現実問題としては、他の仮置場の用地確保が困難な中で、10メートル、20メートル近く積み上げてしまったケースもあった。こうした高く積んだ廃棄物について、秋口になって火災が何件か発生している。筆者自身、平成23年10月後半に発火した宮城県内の仮置場を訪問したが、廃棄物の山の表面ではなく積み上げられた深部で不完全燃焼しており、鎮火に非常に苦労している状況であった。いずれにせよ、火災防止も含め仮置場の管理の徹底が重要である。

Ⅳ 各県における災害廃棄物の処理の実際

1 岩手県における災害廃棄物の処理状況

○久慈地域（洋野町、久慈市、野田村、普代村）
　選別：一次仮置場で実施中
　焼却：久慈広域連合ごみ焼却場（6t/日）で実施中（9月〜）
○宮古地域（田野畑村、岩泉町、宮古市、山田町）
　破砕・選別：宮古地区、山田地区に設置予定（10/14受注者決定）
　焼却：宮古清掃センター（27t/日）で実施中（4月〜）
　　　　仮設焼却炉（95t/日）の設置予定（9/16 契約済）
　東京都が広域処理を協力
○釜石地域（大槌町、釜石市）
　破砕・選別：釜石地区に設置済、大槌地区に設置
　焼却：仮設焼却炉（109t/日）の設置予定（契約済）
　　　　岩手沿岸南部クリーンセンター（45t/日）で実施中（5月〜）
○大船渡地域（大船渡市、陸前高田市）

IV 各県における災害廃棄物の処理の実際

破砕・選別：大船渡地区、陸前高田地区に設置済
焼却：太平洋セメント1号、5号焼却炉（キルン）

　岩手における災害廃棄物の処理状況について説明する。
　仮置場の分布から、岩手県では、海岸沿いに被害が集中しているということがわかる（（資料14）参照）。岩手県の中でも、北部は被害が比較的小規模であり、中部や南部のほうに被害が集中している。岩手県では各ブロックに分けて災害廃棄物を処理する計画を策定している。

(1) 各地区別の処理計画の概要

　北部の久慈地区（洋野町、久慈市、野田村、田野畑村、普代村、岩泉町）では、比較的被害が少なかったこともあり、災害廃棄物の処理も進んでいる。
　宮古地区（宮古市、山田町）では、災害廃棄物の量に比べて焼却施設が不足している。このため、宮古市に存在する廃棄物広域処理の一部事務組合の敷地内に、新しく仮設焼却炉を建設途中である。
　釜石地区（釜石市、大槌町）では、製鉄技術を援用した溶融炉を新設して家庭ごみの焼却処分を進めているが、かつて使用し現在休止中の旧炉があるので、それを復活させながら災害廃棄物の処理を行う計画となっている。
　大船渡市では、太平洋セメントの大船渡工場にあるキルン炉を廃棄物処理に転用しながら処理を進める計画となっている。キルン炉とは本来セメントを製造する炉で

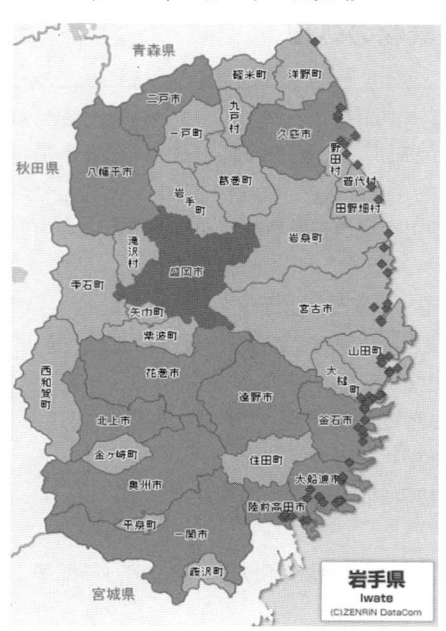

（資料14）　岩手県の仮置場

301

あるが、日量1000トンという大量の災害廃棄物を焼却できるので、岩手県の災害廃棄物の処理の中核を担うことになる。このため、隣接する陸前高田市の廃棄物についても太平洋セメントのキルン炉で処理を行う計画となっている。

　(2)　広域処理の推進

　上記で説明したのは、岩手県内での処理計画の概要であるが、このような県内の施設を最大限活用した処理を行っても県内の廃棄物すべてを目標となる3年間で完全に処理することは困難な状況にある。このため、広域処理が進むかどうかが重要な要素となる。

　広域処理との関係で重要なのは東京都の動きである。東京都は宮古市からまず試行的に安全手順を確認しつつ1000トンを東京に運搬し処理することとなった。この中で安全性が確認できれば、岩手県・宮城県含めて50万トンの処理をすることになっている。

2　宮城県における災害廃棄物の処理

○石巻ブロック（石巻市、東松島市、女川町）
　中間処理：破砕・選別施設、仮設焼却炉（5基：1500t/日）の設置予定
　　　　　（9/16契約済）
　10/1県は施工・運営管理等のため震災廃棄物石巻事務所を石巻合同庁舎内に新設。
○亘理・名取ブロック（名取市、岩沼市、亘理町、山元町）
　中間処理：破砕・選別施設、仮設焼却炉の設置予定（10/3仮契約済）
○東部ブロック（塩竈市、多賀城市、七ヶ浜町）
　中間処理：破砕・選別施設、仮設焼却炉の設置予定（10月末公募実施中）
○気仙沼ブロック（気仙沼市、南三陸町）
　中間処理：破砕・選別施設、仮設焼却炉の設置予定（公募時期未定）
○仙台市
　中間処理：破砕・選別仮設焼却炉を3か所（合計480t/日）設置済（一部予
　　　　　定）

Ⅳ　各県における災害廃棄物の処理の実際

次に宮城県をみていく。岩手に比べると、宮城は内陸部にも仮置場が広がっている（（資料15）参照）。やはり地震の発生源近傍であり、内陸も含めて地震による倒壊の被害などが広がっていることが表れている。廃棄物の発生量も1800万トンで、非常に大きな量が発生している。福島や岩手に比べると3倍、4倍のレベルである。

（資料15）　宮城県の仮置場

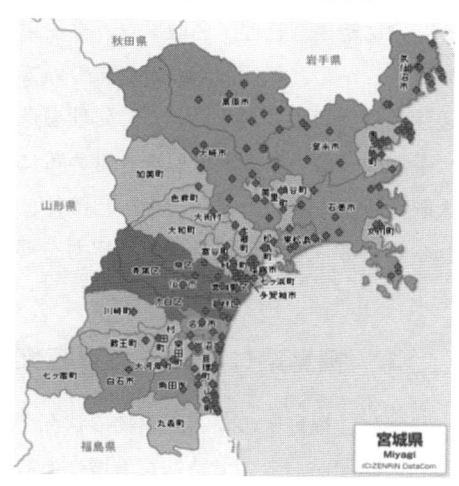

宮城県では、松島町、利府町を除いた沿岸市町村のすべてが県に廃棄物処理を事務委任している。したがって、ほとんどの沿岸地域では県が事業主体となっている。

県では4つのブロックに分けて処理を進めることにしている。

最初に動き出したのが石巻ブロック（石巻市、女川町）である。県では共同事業体に発注作業を完了し、現在、石巻港湾部の雲雀野地区で破砕分別施設や焼却施設を建設中である。ここでは日量300トンという大きな仮設焼却炉を5基設置し、合計日量1500トンを処理する計画としている。

しかし、石巻では600万トンという通常のごみ発生量の100年分に相当する量が発生しているので、日量1500トンで今後2年間燃やし続けても、実は70万トンぐらいしか焼却できない計算となる。県の計画では300万トン程度をリサイクルや燃料などで活用することを想定しているが、それでも残りの250万トン程度は、県外で処理してもらわないと処理が完了しないこととなる。このため、ここでも広域的な処理ということが重要な要素となっている。この石巻ブロックに属する女川町の災害廃棄物の処理を、東京都は岩手県の宮古市と同じスキームにより処理することとしている。こうした広域処理の

303

動きが広まることが期待される。

　石巻に続き、亘理・名取ブロックや東部ブロックも発注作業が進んできている。しかし、気仙沼ブロックについては、2次仮置場の設置予定地域で周辺住民が反対しており、どこで処理を進めるのかという基本的な段階で調整に手間取っている。広域処理を進めるにあたっても、まずは被災地域内で最大限の処理を進めたうえで他の自治体に協力をお願いする必要があると思われるところ、地元住民の理解と協力を得るための一層の努力が必要となってこよう。

3　福島県における災害廃棄物の処理

　最後に、福島県の災害廃棄物の状況を説明する。福島県はやはり原子力発電所の問題があるので特殊な環境にある。

　福島県は、県内に産業廃棄物処理に関連する企業が集積しており、また、最終処分場の残余容量も大きいなど、大きな廃棄物処理のポテンシャルがある。しかし、原子力発電所事故による汚染の問題により、こうした処理能力が発揮できない状況である。

　福島県の行政トップは、地震・津波・原子力発電所・それに風評被害という四重苦の中で自分たちは闘っているのだということを表明していた。廃棄物処理の世界でも、全く同じ構造があり、風評被害の問題も含めて対応していく必要がある。

　福島県の場合、沿岸北部の新地町、相馬市、南相馬市や、沿岸南部のいわき市では、それぞれ津波によるがれきの撤去は進んでいるが、仮置場に積まれた廃棄物を焼却したり埋め立てたりする処理が

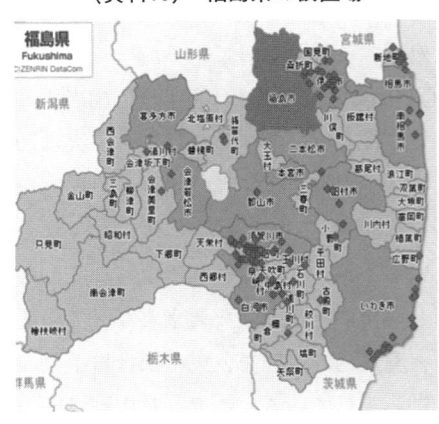

（資料16）　福島県の仮置場

進んでいない状況にある。

　環境省としては、焼却灰で8000ベクレルパーキログラム（以下、「Bq/kg」と表記する）を超えないものについては、安全性を評価すると作業員や周辺住民への放射線の暴露量が安全な水準を確保しながらの処理が可能であるので、通常の廃棄物と同様に焼却処分や最終処分場への埋立て処分が可能である旨のガイドラインを出している。しかし、実際問題としてはそうした焼却や埋立てでも焼却場や最終処分場の周辺住民への説明会を行い理解と納得を得たうえで進める必要があり、現場の市町村の廃棄物担当者は大変な苦労をしている状況が続いている。

Ⅴ　マスコミで注目されたトピック

　災害廃棄物の処理は、マスコミから取り上げられることも多かったが、処理の遅さや不適切さなど批判的な側面から取り上げられたものがほとんどであった。しかし、現場責任者としてこれらの報道に接すると、必ずしも客観的ではないと感じることも多々あったので、廃棄物処理の実情を説明しておきたい。

1　災害廃棄物の処理は遅かったのか

(1)　現場感覚では迅速な撤去

　災害廃棄物処理への批判の第1は、がれきの撤去が遅いということであった。

　まず、平成23年3月時点と同年5月時点を比較した大船渡市と相馬市の写真を次頁に示す。3月では道路の上ががれきですべてふさがれていたのが、5月にはがれきが撤去されているのがわかる。

　現場では、発災後1、2カ月の間懸命に努力し、廃棄物の撤去を行っている。実際、筆者も多くの市町村を毎週のように訪問していたが、訪問するたびにどんどん作業が進んでいるのを現場感覚で実感していた。

第1編　第14章　環境省の対応①

がれき撤去状況の事例

3/12　　　岩手県大船渡市　　　5/5

震災直後　　　福島県相馬市　　　5/1

(2) 搬入率データにまつわる誤解

　現場感覚では作業が進んでいるにもかかわらず、がれき処理が遅いとマスコミ等に言われ続けたのは、環境省のプレゼンテーションがまずかったことが原因と思われる。環境省が発表していたデータの中で、仮置場への「がれき搬入量」を「がれき発生推計量」で割り算して出した「搬入率」というデータがあったが、この搬入率が低いことをもってマスコミはがれきの処理が遅いという報道の根拠にした。しかし、実はこの搬入率という数字の根拠となる前提条件にはいくつもの注意が必要であった。

　第1に、がれき発生量は撤去する前には実際量を把握できなかったので、衛星データ等から推計したがれき発生推計量を用いたが、結果としては、かなり過剰な推計値である場合が多かった。過大な値で実際の搬入量を割ると

306

実際より小さい搬入率の数字しか出てこない。

　第2の、そしてより決定的な問題は、がれき発生推計量とは、現場で散乱しているがれきのみならず、今後家屋を解体した場合に解体ごみとして将来に発生する量まで含んだ推計値であった。このため、石巻市などの発生量の600万トンの中には今後の解体で将来的に発生する450万トン程度を含んでいるにもかかわらず、それを差し引かない形での過大な分母で割り算をすることにより2割程度の低い搬入率をデータとして提示したので、実態に合わない印象を与えてしまった。解体を含まず散乱したがれきだけを対象に撤去率を計算すると、8割9割の高い割合となるにもかかわらず、そうしたデータを提示しなかった。

　こうした状況を反省し、平成23年7月の巡回訪問により各市町村の解体量データを入手し、散乱しているがれきのうちどの程度撤去したかを示す「撤去率」というデータを環境省としても公表しはじめ、搬入率の意味をより詳しく説明することにより誤解は解けてきた。

　そして、平成23年8月末までに居住地周辺の廃棄物を撤去するという政府の目標の達成を全市町村で達成できたことをもって、撤去が遅いとの批判はほとんど解消した。

2　被災地では悪臭・害虫が多かったのか

(1)　悪臭、衛生害虫問題

　マスコミで話題となったのが、廃棄物処理に伴う悪臭と害虫の発生である。テレビ画面では大量のハエが発生した現場が映し出され、災害廃棄物は悪臭とハエの発生源であり、被災地全域が悪臭に苦しんでいるというイメージが定着した。

　しかし、現場でみる限り、多くの廃棄物は廃棄物特有のかび臭はするものの広範囲に及ぶ悪臭やハエの発生の源とはなっていなかった。悪臭やハエと結びつく災害廃棄物は、2種類にほぼ限定されており、第1に、水産加工品が腐敗したもの、第2に、海から引き揚げられた廃棄物（特に、養殖棚の貝

類が腐敗したもの）であった。こうした腐敗性廃棄物の周辺地区では猛烈な悪臭と大量のハエ、ウジが発生した。ただし、被災地全体からみれば一部地域の問題であり、すべての被災地で悪臭や害虫の問題が発生したわけではなかった。

(2) 悪臭、衛生害虫への対応

環境省としては、3月時点で夏場にむけて悪臭、衛生害虫問題が発生することを予測し、においかおり環境協会やペストコントロール協会などの専門機関と協力しながら、悪臭と衛生害虫に対応する体制を整備していた。

実際問題、害虫が発生する期間中には、ペストコントロール協会などの専門業者により消毒や殺菌が繰り返し行われた。もちろん、こうした消毒費用も廃棄物処理費用の一環として環境省補助金の対象となった。

こうした対応について、筆者自身、ある報道番組からインタビューを受けて、そもそもハエが発生したこと自体が行政の対応が遅かったことの証拠ではないかとの批判を受けたが、世の中に生存するすべてのハエを1匹残らず殺虫することは不可能であり、問題が出た段階で処理することが効率的であると考えている。

VI 災害廃棄物の広域的な処理の推進

1 放射性物質による汚染の問題

(1) 放射性物質により汚染された災害廃棄物と放射性廃棄物の違い

最後に、広域処理の問題を取り上げる。この関連で、放射性物質による汚染問題が国民の関心事であるので、その問題から入る。

まず、明確にしておきたいのは、ここで焦点をあてるセシウムなどの放射性物質が付着した災害廃棄物は、原子炉等規制法で規制されている放射性廃棄物とは汚染のレベルや性格が全く異なることである。今回の処理の対象となる災害廃棄物やその焼却灰は、数百から数万 Bq/kg 程度の汚染レベルに

VI　災害廃棄物の広域的な処理の推進

（資料17）　焼却灰の安全な埋立て方法

> 8,000Bq/kg以下の焼却灰（主灰・飛灰）については、追加的な措置なく、安全に管理型最終処分場で埋立可能。

（より安定した状態での埋立処分）
- 焼却灰等と水がなるべく接触しないように、水がたまりやすい場所での埋立ては行わない等の対策
- 放射性セシウムの土壌吸着性を考慮して土壌の層の上に焼却灰を埋立

- 作業員の被ばくレベルは、通常の廃棄物処理施設と同様の作業方法で公衆の許容レベル（1mSv/年）以下。
- 埋立処分終了後については、覆土（50cm）をし、跡地利用を居住等以外の用途に限定すれば、跡地利用者の被ばく線量が年間10μSv（クリアランスレベル）を十分に下回る。

（独）国立環境研究所提供資料より

（資料18）　（参考）8000Bq/kgを超え10万 Bq/kg以下の焼却灰等の処分方法の概要

【一般廃棄物最終処分場（管理型最終処分場）での処理イメージ】

以下の1)～3)のいずれかによる。

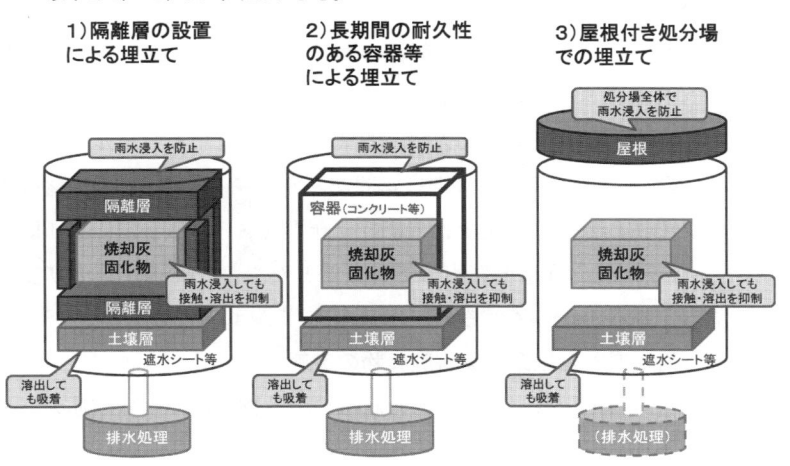

1) 隔離層の設置による埋立て
2) 長期間の耐久性のある容器等による埋立て
3) 屋根付き処分場での埋立て

309

あるものであり、高レベル放射性廃棄物である使用済み核燃料は10兆Bq/kg、低レベル放射性廃棄物でも10億Bq/kg、極低レベル放射性廃棄物で100万Bq/kg程度などであり、汚染レベルや処理方法の違いは明らかであろう。

(2) 環境省のガイドライン

岩手県と宮城県の災害廃棄物については放射性物質の汚染のレベルを分析しているが、検出限界以下から数百Bq/kg程度の汚染が多い。これらを焼却すると、焼却灰に放射性物質が理論的には10倍から33倍程度の倍率で濃縮されることとなる。こうした汚染実態を踏まえて、環境省では災害廃棄物安全評価検討会を設置し、放射性物質による汚染レベルに応じてどのような処理をしたらよいか検討してきた。

この結果、①バグフィルターなどの焼却灰の処理装置がついている廃棄物の焼却施設で放射性廃棄物が付着した災害廃棄物を焼却しても、排ガスは安全なレベルが確保できること、②放射性物質の汚染レベルが8000Bq/kg以下の焼却灰は、通常の焼却灰と同様の方法で最終処分場に埋設処理をすることができること、③8000Bq/kgから10万Bq/kgの焼却灰は、コンクリート固化などの不溶化措置をしたうえで一定の遮蔽をしつつ最終処分場に埋設処理することができること等を内容とするガイドラインが公表された（（資料17）（資料18）参照）。

このガイドラインは人体への放射線の影響を安全なレベルにとどめる観点から設定されている。具体的には、8000Bq/kgの廃棄物処理では作業員で年間1ミリシーベルト以下、周辺住民で年間10マイクロシーベルト以下の暴露となる。計画的避難地区の基準は年間20ミリシーベルト（2000マイクロシーベルト）、あるいは除染事業では追加的に年間1ミリシーベルト（1000マイクロシーベルト）という基準を出していることから、これらはかなり安全サイドに立った基準となっている。

(3) 岩手県と宮城県の災害廃棄物の実態

岩手県と宮城県の災害廃棄物に含まれる放射性物質の濃度は前述のとおり検出限界以下から数百Bq/kg程度が中心であり、またこうした災害廃棄物

(資料19)（参考）家庭ごみの焼却灰の放射性セシウム濃度（平成23年6月調査）

	報告施設数	測定結果 (Bq/kg)	8,000Bq/kgを超える		100,000Bq/kgを超える	
			主灰等[※4]	飛灰[※5]	主灰等[※4]	飛灰[※5]
岩手県	19	不検出〜30,000	なし	2	なし	なし
宮城県	18	不検出〜2,581	なし	なし	なし	なし
秋田県	16	不検出〜196	なし	なし	なし	なし
山形県	14	不検出〜7,800	なし	なし	なし	なし
福島県	22	不検出〜95,300	7	16	なし	なし
茨城県	30	42〜31,000	なし	10	なし	なし
栃木県	18	217〜48,600	なし	3	なし	なし
群馬県	24	20〜8,940	なし	2	なし	なし
埼玉県	48	93〜5,740	なし	なし	なし	なし
千葉県	58	不検出〜70,800	なし	8	なし	なし
東京都	54	不検出〜12,920	なし	1	なし	なし
神奈川県	39	不検出〜3,123	なし	なし	なし	なし
新潟県	35	不検出〜3,000	なし	なし	なし	なし
山梨県	13	不検出〜813	なし	なし	なし	なし
長野県	27	不検出〜1,970	なし	なし	なし	なし
静岡県	34	不検出〜2,300	なし	なし	なし	なし
計	469		7	42	0	0

岩手県の2施設は、内陸部の家庭ゴミ焼却。

> 岩手県、宮城県の沿岸市町村の一般廃棄物焼却施設で発生した焼却灰中の放射能濃度は、いずれも8,000Bq/kgを大きく下回っていることから、これら沿岸市町村の沿岸廃棄物の焼却灰も、同様に8,000Bq/kgを大きく下回る可能性が高い。

を焼却した焼却灰からは8000Bq/kgを超える放射性物質は検出されていない。むしろ、関東のいくつかの県の焼却灰から8000Bq/kgを超えるレベルの放射性物質が検出されているが、これは住宅周辺の草木類などを含む家庭からの一般廃棄物を焼却したものである。こうした焼却灰と比べると、岩手県と宮城県の災害廃棄物のほうが汚染レベルは少ないことになる（(資料19)参照）。

こうしたことを前提に、環境省としては、被災地の自治体と、受入れ側の自治体を結ぶようなシステムをつくって、宮城県と岩手県の災害廃棄物を他県で処理してもらえるように間に立って調整しているところである。

しかし、こうした汚染の実態や安全基準に関する考え方は国民にはよく理解されておらず、岩手県や宮城県の災害廃棄物は放射性物質により汚染された廃棄物であるという誤解が広まっている。このため、受入れを検討している自治体の地域住民の間から、受入れ反対運動が起こる例があった。また、災害廃棄物の受入れを検討する自治体名がマスコミで報道されたとたんに反

(資料20) 災害廃棄物の広域処理の推進に係るガイドライン
（平成23年10月11日一部改定）

1. 広域処理における安全性の考え方

受入側の埋立処分に係る追加的な措置が必要とならないよう、焼却処理により生じる**焼却灰の放射性Cs濃度が8,000Bq/kg以下**となるよう配慮。

2. 災害廃棄物の放射性物質測定結果の評価

- 災害廃棄物を焼却した際に発生する焼却灰の中の放射能濃度を算定し、評価を実施。
- 最も高い測定結果が得られた陸前高田市の調査結果を用いた場合でも、放射性Cs濃度：3,450Bq/kgにとどまった。広域処理を行った場合も、安全な処分のための追加的措置を必要とすることなく、管理型処分場で埋立が可能。
- 岩手県及び宮城県の沿岸市町村については、いずれの市町村の災害廃棄物も、その焼却灰は8,000Bq/kgを下回る可能性が高い。

(資料21) 災害廃棄物の広域処理推進体制図

災害廃棄物の広域処理推進体制図

被災側地方公共団体
- 被災市町村 ⇔ 被災県

受入側地方公共団体
- 受入市町村 ⇔ 受入都道府県

⑤地方公共団体間で調整

調整支援

②受入可能量等の情報提供
③広域処理に関する相談
①受入可能量等の情報提供

環境省現地災害対策本部
（被災側地方公共団体の相談窓口）
【⑦広域処理の進捗状況管理】

環境省地方環境事務所
（受入側地方公共団体の相談窓口）
【④キックオフミーティングの調整】

環境省廃棄物対策課
広域処理推進会議開催、安全性評価、住民説明用資料の提供
有識者派遣【⑥】、関係省庁との連携

対運動が巻き起こり、受入れを断念する自治体が相次ぐ事態も生じた。

2 東京都による災害廃棄物の受入れ

　こうした中で、石原慎太郎東京都知事の決断により、東京都は岩手県と宮城県の災害廃棄物を合計50万トン受け入れることとし、まず、岩手県宮古市と宮城県女川町から1000トンずつを試行的に運搬、処理することとした。

　これは、都と各県と都の環境公社の3者が契約を結び、その契約に基づき仮置場での現場での放射線の測定を含めて安全管理しながら処理を進める計画となっている。安全管理基準はかなり保守的で安全サイドに寄っているが、試行段階ということもあり、こうした厳しい基準により処理を行うことが、都民の安心感のためにも必要なのであろうと理解する。

　こうした被災地以外の自治体による受入れの輪が広がっていかないと、被災地の災害廃棄物を迅速に処理することは不可能である。政府としても、被災地の復興のために3年間で処理を完了する目標を立てているが、この目標達成のためにも広域処理は不可欠である。

　環境省が広域処理を各地方公共団体に要請した初期段階では、検討が深まっている団体も少なかったが、東京都の受入れを契機として、検討を進めている団体の数も増えてきているのは望ましい事態である。また、当初、放射性物質による汚染を懸念して受入れに疑義を呈してきたマスコミの論調も、汚染のレベルが問題ないほど低レベルであることへの理解が広がるに従って、被災地との連帯を深める観点からも廃棄物受入れを促進するものに変わってきている。環境省としても、放射線による影響に関しては安全が十分に確保されていることを広く説明をし、国民の理解を得ながら、広域処理を進めていく必要があると考えている。

結　び

　繰り返しとなるが、本稿のまとめを記載しておく。
　① 東日本大震災では、それぞれの市町村でかつて経験したことがない膨

大な量の災害廃棄物が発生しており、被災地の自治体にとって大変大きな負担になっている。
　このため、環境省としては、1兆円を超えるような予算措置を行うとともに、技術面、人材面での支援を行い、さらに、現地に支援チームをおきながら地元自治体と一体となって処理を促進してきている。
② 　現在、被災現場からのがれきの撤去はほぼ完了しており、仮置場に災害廃棄物が積み上がっている状況にある。今後、廃棄物の処理も、仮置場に積み上がった災害廃棄物を分別・破砕・焼却・リサイクルしていくという第2段階に入りつつあり、さらに処理のための費用がかさむ状況にある。
③ 　そのような中で、被災地自治体の廃棄物の処理能力を勘案すると、政府目標の3年間以内の処理完了のためには、広域的な処理が不可欠である。放射性物質の濃度レベルを踏まえると、宮城県または岩手県の廃棄物を他県で処理しても安全である蓋然性が極めて高いにもかかわらず、受入れ自治体の住民を中心に大きな不安が広がっていることから、広域処理が滞っている。
④ 　東北以外の地域でも正しい理解の下に被災地の災害廃棄物を安全かつ適切な形で処理を進めることができれば、東北の復興支援にもなるし、日本全体の再生にも役立つ。廃棄物処理に関する正しい理解を広げるための努力が必要とされている。

第15章 環境省の対応②
——平成24年度重点施策を中心に

環境省自然環境局自然環境計画課長
環境省現地災害対策本部長　塚本瑞天

はじめに

筆者は、平成23年4月に自然環境計画課長を拝命し、同年11月17日に現地災害対策本部長を命じられた。

東日本大震災が発生した平成23年3月は、地方環境事務所も担当する大臣官房政策評価広報課長であった。

I　環境省重点施策の概要

環境省は、平成24年度の具体的な施策として、災害廃棄物の処理、放射性物質により汚染された土壌の除染、アスベストをはじめとする有害物質対策などへ最優先に取り組むこととしている。

また、予定では平成24年4月より原子力安全・保全院が経済産業省から環境省の外局となることにより原子力安全行政を担うことになることから、それに関連する組織体制の充実等を進めることになる。

被災地の復旧・復興については、政府全体が一丸となって取り組むが、被災地には豊かな自然があり、三陸復興国立公園としてブランド化をめざし地域再生を図る予定である。また、災害に強い環境先進地域（エコタウンという）を構築する。

このほかにも、「低炭素社会の構築」、「循環型社会の実現」、「生物多様性の保全等自然共生型社会の実現」、「安全・安心な生活の実現」という従来か

らの取組みもしっかり進めていくこととしている。

上記については、平成24年度環境省重点施策（平成23年12月）〈http://www.env.go.jp/guide/budget/h24/h24juten-2.pdf〉3頁を参照されたい。

II 東日本大震災からの復旧・復興に係る重点施策

東日本大震災からの復旧・復興等に係る重点施策について解説する。

1 災害廃棄物の迅速な処理等の推進

東日本大震災特別財政援助法や災害廃棄物処理特別措置法に基づき、市町村等が実施した災害廃棄物の処理や一般廃棄物処理施設の復旧事業等に対して財政的な支援を行うとともに、国による処理の代行を行う。また、被災した市町村に環境省職員や専門家を派遣するなど、人的な支援も実施する。
　（注）（　）内は、平成23年度当初予算額
〈復旧・復興〉は、復興庁計上分を含め東日本大震災復興特別会計（仮称）に計上
【主な予算措置】　　　　　　　　　　　　　　　　　　　　　　百万円
・災害等廃棄物処理事業費補助金　　　　　　　　　　　296,042（200）
　　　　　　　　　　　　　　　　　〈うち復旧・復興 295,842〉
・（新）震災がれき処理促進地方公共団体緊急支援基金事業
　（グリーンニューディール基金）〈復旧・復興〉　　　　32,137（　0）
・（新）災害廃棄物処理代行事業〈復旧・復興〉　　　　　16,068（　0）
・（新）廃棄物処理施設災害復旧費補助（公共）〈復旧・復興〉 3,946（　0）
・循環型社会形成推進交付金（公共）（浄化槽分を除く）　46,434（31,235）
　　　　　　　　　　　　　　　　〈うち復旧・復興 17,620〉
　　　　　　　　　　　　※23年度第4次補正予算で118億円計上

第1に、災害廃棄物の処理である。ゴミを片づけないと、復旧・復興がなかなか進まない。それに関係する予算を要求している。

2　放射性物質による環境汚染への対応

1．放射性物質により汚染された土壌等の除染や廃棄物の処理等の推進

　放射性物質汚染対処特別措置法の成立を踏まえ、放射性物質により汚染された土壌等の除染及び廃棄物の処理並びにこれらに係る地方公共団体に対する補助等を行う。また、放射性物質により汚染された土壌及び廃棄物の中間貯蔵施設に係る調査検討を行うとともに、公共用水域（河川・湖沼等）、海洋、地下水について、放射線モニタリングを実施する。さらに、放射性廃棄物等の安全な処理基準等の検討も行う。

【主な予算措置】　　　　　　　　　　　　　　　　　　　　　　　　百万円

- （新）放射性物質により汚染された土壌等の除染の実施〈復旧・復興〉
　　　　　　　　　　　　　　　　　　　　　　　　　　　　372,090(0)
- （新）放射性物質汚染廃棄物処理事業〈復旧・復興〉　　　　77,224(0)
- （新）中間貯蔵施設検討・整備事業〈復旧・復興〉　　　　　 2,000(0)

　　※放射性物質に汚染された土壌等の除染及び汚染廃棄物の処理に関しては、関係省庁の協力のもと行うこととしており、中間貯蔵施設の整備及び高濃度汚染地域の対策費用を除き、1兆数千億円程度の経費を要すると見込まれる。そのうち2,459億円を23年度第3次補正予算に、4,513億円を24年度当初予算に計上し、さらに2,308億円の25年度負担分を国庫債務負担行為によりあらかじめ確保する。

- （新）環境モニタリング調査〈復旧・復興〉　　　　　　　　 1,567(0)

2．放射性物質による環境汚染への対応のための体制整備

　放射性物質により汚染された土壌等や廃棄物の除染・処理を迅速かつ適正に実施するための体制整備を行うとともに、放射性物質や災害と環境に関する研究のための体制強化を図る。

【主な予算措置】　　　　　　　　　　　　　　　　　　　　　　　　百万円

- （新）土壌等の除染並びに災害廃棄物及び放射性廃棄物等の処理に
　　　　伴う体制強化　　　　　　　　　　　　　　　　　　　3,490(0)
- （新）放射性物質・災害と環境に関する研究　　　　　　　　 1,005(0)
　　　　　　　　　　　　　　　　　　　　　〈うち復旧・復興　705〉

第 2 に、放射性廃棄物の除染があげられる。土壌の除染等、あるいは中間貯蔵施設に関する検討調査やモニタリングもしっかり実施する。放射性物質による環境汚染対応のための体制整備と研究体制の強化も図ることとしている。

3 被災地におけるアスベストをはじめとする有害物質対策の推進

> 被災地において、アスベストを始めとする有害物質について環境モニタリング調査を実施するとともに、アスベストによるばく露に関する聞き取り調査を行う。
> 【主な予算措置】　　　　　　　　　　　　　　　　　　　　　　　百万円
> ・（新）環境モニタリング調査〈復旧・復興〉（再掲）　　　　　　1,567(0)

第 3 に、アスベスト等の有害物質に係る環境モニタリングにしっかり取り組むこととしている。

4 三陸復興国立公園（仮称）への再編成を軸とした東北の豊かな自然環境を活かした取組みの推進

> 東北地方沿岸の復興を視野に、すぐれた自然地域を「三陸復興国立公園（仮称）」に再編成し、防災上の配慮や森・里・海の連環を重視しつつ、被災した公園施設の再整備や長距離海岸トレイルの新規整備を検討する。また、地域の農林水産業と連携したエコツーリズムの推進や、地震・津波によって被災した公園利用施設の復旧・再整備を行う。
> 【主な予算措置】　　　　　　　　　　　　　　　　　　　　　　　百万円
> ・（新）三陸復興国立公園再編成等推進事業費〈復旧・復興〉　　　　200(0)
> ・（新）陸中海岸国立公園等復旧事業（公共）〈復旧・復興〉　　　1,109(0)
> 　※ 9月末時点で要求していた国民公園施設復旧等事業については、23年度第 4 次補正予算で 5 億円計上。

第 4 は、三陸復興国立公園というアイデアで地域振興をしっかり図ること

である。森・里・海の連環をしっかり視野に入れ、地域の人たちと相談をしながら国立公園づくりを進める。

5 東日本大震災の教訓等を踏まえた持続可能な社会の実現

1．再生可能エネルギー等の大胆な導入による低炭素型の地域づくり

災害に強い環境先進地域（エコタウン）を構築するため、グリーンニューディール基金を活用し、地域の再生可能エネルギー等を利用した自立・分散型エネルギーシステムの導入を支援する。また、被災地域に関連する自然冷媒冷凍等装置の導入を集中的に推進するとともに、住宅内のエネルギー機器を自動制御するシステムの導入の促進を行うことにより、使用電力の抑制を図る。さらに、再生可能エネルギーの導入のための環境基礎情報の提供等を通じて事業化活動を促進する。

【主な予算措置】　　　　　　　　　　　　　　　　　　　　　　百万円
・（新）再生可能エネルギー等導入推進基金事業
　　（グリーンニューディール基金）　　　　　　　　　　　12,100（　0）
・（新）東日本大震災復興に係る自然冷媒冷凍等装置導入緊急支援
　　〈復旧・復興〉　　　　　　　　　　　　　　　　　　　　300（　0）
・（新）再生可能エネルギー出力安定化のための蓄電池導入促進事業
　　　　　　　　　　　　　　　　　　　　　　　　　　　1,035（　0）
・（新）次世代スマートメーターによる需要側対策促進事業
　　（らくらくCO_2削減・節電事業）　　　　　　　　　　　　53（　0）
・風力発電等導入等に係る環境影響評価促進モデル事業　　　　834（136）
・地域主導による再生可能エネルギー事業のための緊急検討事業　413（ 87）

2．資源性廃棄物の徹底活用と静脈産業の振興による循環型社会の実現

東日本大震災からの復興に際し、廃棄物や循環資源など静脈側の地域資源を最大限に活用するため、資源循環計画の策定を支援するとともに、最先端の循環ビジネス拠点の構築に向けた実証事業を行う。

【主な予算措置】　　　　　　　　　　　　　　　　　　　　　　百万円

・(新)東北復興に向けた地域循環資源徹底利用促進事業〈復旧・復興〉
49(0)

　第5に、再生可能エネルギーの利用、あるいは自然冷媒冷凍等の装置を上手に使うような技術の開発等があげられる。

6　東日本大震災からの復旧・復興に係る予算

　以上をまとめると約8000億円を上回る予算要求となる。以下にまとめたので、参考にしていただきたい。

（資料1）　東日本大震災からの復旧・復興対策に係る予算（案）
（東日本大震災復興特別会計（仮称）計上）

一　災害廃棄物の迅速な処理等の推進
・災害等廃棄物処理事業　　　　　　　　　　　　　　　　　　3,440億円
　（補助（一部代行）、グリーンニューディール基金を通じた地方支援）
・廃棄物処理施設災害復旧費補助（公共）　　　　　　　　　　　39億円
・災害廃棄物広域処理等支援事業　　　　　　　　　　　　　　　2億円
・循環型社会形成推進交付金（公共）　　　　　　　　　　　　176億円
　　　　　　　　　　　（平成23年度第4次補正で120億円計上）

二　放射性物質による環境汚染への対応
　1．放射性物質により汚染された廃棄物の処理や土壌の除染等の推進
・放射性物質により汚染された土壌等の除染の実施　　　　　3,721億円
・放射性物質汚染廃棄物処理事業　　　　　　　　　　　　　　772億円
・中間貯蔵施設検討・整備事業　　　　　　　　　　　　　　　20億円
・放射性物質汚染廃棄物の適正処理等調査検討事業　　　　　　2億円
・環境モニタリング調査（アスベスト、水・底質等）　　　　　16億円
　2．放射性物質による環境汚染への対応のための体制整備
・土壌等の除去並びに災害廃棄物及び放射性廃棄物等の処理に伴う
　体制強化　　　　　　　　　　　　　　　　　　　　　　　35億円
・放射性物質・災害と環境に関する研究　　　　　　　　　　　7億円

三　被災地におけるアスベストを始めとする有害物質対策の推進
・環境モニタリング調査（アスベスト、水・底質等）（再掲）　　16億円

四　三陸復興国立公園（仮称）への再編成を軸とした東北の豊かな自然環境を活かした取組の推進等
・三陸復興国立公園再編成等推進事業費　　2億円
・陸中海岸国立公園等復旧事業（公共）　　11億円
・国民公園施設復旧等事業（公共）　　（平成23年度第4次補正で5億円計上）

五　東日本大震災の教訓等を踏まえた持続可能な社会の実現
・東日本大震災復興に係る自然冷媒冷凍等装置導入　　3億円
　緊急支援
・東北復興に向けた地域循環資源徹底利用促進事業　　0.5億円
・環境研究総合推進費　　10億円
・警戒区域内における被災ペット保護活動事業　　1億円

　　　　　合　　　　計　　　　8,258億円
　　　　　　　　　　　　（復興庁計上分を含む）

（資料2）　環境省の主な復旧・復興関係予算（案）の概要

	廃棄物処理関係	除染関係・モニタリング	再エネ・省エネ	その他
H23 1次補正	○災害等廃棄物処理事業費補助金　3,519億円 ○廃棄物処理施設災害復旧費補助　164億円	○被災地における緊急環境モニタリング調査4億円		
H23 2次補正	○福島県の災害廃棄物の処理にあたっての放射線濃度調査及び環境モニタリング（文科省計上）　1億円	○緊急放射線モニタリング調査（文科省計上）　4億円		
H23 予備費		○除染に関する緊急事業の実施（内閣府計上） ・生活圏における除染事業 ・避難区域等における除染実証等　2,179億円		

H23 3次補正	○放射性物質により汚染された廃棄物の処理や土壌等の除染等 2,459億円	○東北地方の防災拠点等における自立・分散型エネルギーシステムのグリーンニューディール基金の拡充を通じた導入支援 840億円	○三陸復興国立公園（仮称）のビジョンの策定や陸中海岸国立公園既存施設の復旧 7億円
	○災害廃棄物処理事業費の積み増し（補助（一部代行）） 3,177億円	○被災地における有害物質等の環境モニタリング調査 7億円	○使用済小型電気電子機器からのレアメタル等回収・拠点システムの整備 2億円
	○国による処理の代行や地域グリーンニューディール基金の拡充を通じた支援 680億円	○住宅エコポイント 723億円	○原子力安全庁（仮称）の設置に向けた準備 22億円
	○広域処理のための処理施設の整備の促進 126億円		
	○放射性物質汚染廃棄物、汚染土壌の処理のための体制整備 1億円		
H24 当初予算	○放射性物質により汚染された廃棄物の処理や土壌等の除染等 4,513億円	○再生可能エネルギー等導入推進基金事業（グリーンニューディール基金） 121億円	○三陸復興国立公園（仮称）への再編成や陸中海岸国立公園既存施設の復旧 13億円
	○災害廃棄物の迅速な処理 3,442億円	○被災地における有害物質等の環境モニタリング調査 16億円	○警戒区域内における被災ペット保護活動事業 1億円
	○国による災害廃棄物の代行処理、放射性物質汚染廃棄物、汚染土壌の処理のための体制整備 35億円	○東日本大震災復興に係る自然冷媒冷凍等装置導入緊急支援 3億円	○東北復興に向けた地域循環資源徹底利用促進事業 0.5億円

7　平成24年度機構・定員査定結果の概要

（資料３）　平成24年度機構・定員査定結果の概要

特別職の増員
　○副大臣、大臣政務官　各１人
定　員
【増員 254人】
○災害廃棄物の迅速な処理等の推進及び放射性物質による環境汚染への対応
【増員 230人】
　・本　省 27人
　・地方環境事務所 203人

⎧ 福島環境再生事務所　169人
　　　⎨ 東北地方環境事務所　　8人
　　　⎩ 関東地方環境事務所　 26人
○再生可能エネルギーの大量導入など低炭素社会の実現に向けた取組
○三陸復興国立公園（仮称）への再編成を軸とした東北の豊かな自然環境を活かした取組の推進等　など
【増　員　　15人】
　・本　　　　　省　　9人
　・地方環境事務所　　6人
○原子力安全庁（仮称）の設置に伴う体制強化
【定　員　　9人】
　・本　　　　　省　　4人
　・地域原子力安全連絡調整官　　5人
　　　※定員削減（合理化減）▲22人

[機　構]
　・大臣官房審議官（放射性物質汚染対策担当）【新設】
　・大臣官房参事官（放射性物質汚染対策担当）【新設】
　・水・大気環境局総務課除染渉外広報室【新設】

[事項要求]
○原子力安全庁（仮称）設置による原子力安全規制の適確な実施
【定　員　　480人】
【機　構】
　・長官
　・次長
　・緊急事態対策監
　・審議官 3
　・原子力地域安全総括官
　・政令課 6、政令官 6
　・省令室 6、省令官 19

まず、大臣を支える副大臣と大臣政務官をそれぞれ1人ずつ求めている。また、一般の職員のうち災害対策のための230人の増員を要求している。要求事項として、原子力安全庁（仮称）を480人体制で要求している。

Ⅲ　津波被害による岩手県・宮城県の災害廃棄物の受入れ

　東日本大震災により膨大な廃棄物が発生した。岩手県は通常の処理量の11年分、宮城県は19年分、通常に処理しても多大な時間を要することになる。毎年処理している量に加えてこれだけ処理しないと廃棄物が片づかないのである。岩手県では、内陸部の自治体が海岸部の廃棄物処理を引き受けている。そこで、全国に廃棄物の処理について支援をよびかけている。
　（資料4）によれば、岩手県と宮城県の廃棄物はそんなに放射能に汚染されていないことから、処理について全国で受け入れていただいても問題は生じない。ぜひとも支援をお願いしたい。
　また、（資料5）のとおり、放射性物質はバグフィルターでしっかりとらえることから、外部には排出されない。焼却灰についても環境に影響のないような形で埋立て、IAEAが示している方法でしっかり管理することとしている。全国のご協力を得ながら、広域処理を進めていきたいと思っている。

III 津波被害による岩手県・宮城県の災害廃棄物の受入れ

(資料4) 災害廃棄物の安全性

災害廃棄物って安全なの？

広域処理をお願いする災害廃棄物は放射性セシウム濃度が不検出または低く、岩手県と宮城県の沿岸部の安全性が確認されたものに限ります。

東北・関東地方の空間放射線量マップ

岩手県及び宮城県沿岸部の空間放射線量は高くありません。

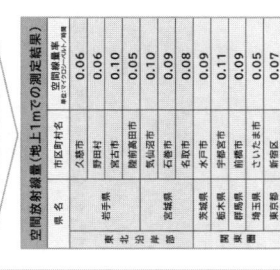

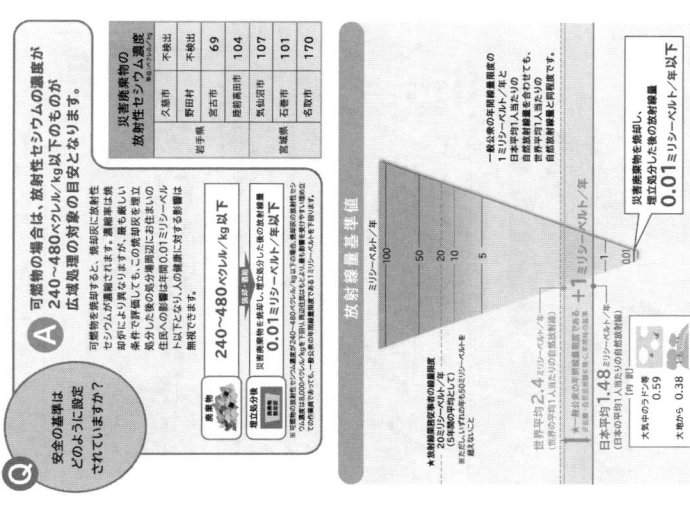

空間放射線量（地上1mでの測定結果）

県名	市区町村名	空間線量率 （マイクロシーベルト/時）
東北沿岸	岩手県	久慈市	0.06
		野田村	0.06
		宮古市	0.10
		陸前高田市	0.05
		気仙沼市	0.10
	宮城県	石巻市	0.09
		名取市	0.08
関東	茨城県	水戸市	0.09
	栃木県	宇都宮市	0.11
	群馬県	前橋市	0.09
	埼玉県	さいたま市	0.05
	東京都	新宿区	0.07

広域処理へのご協力をお願いする岩手県と宮城県の沿岸部の災害廃棄物は、処理の過程で宮城県の健康に影響を及ぼさないという安全性が確認されたものだけが対象となっています。また、災害廃棄物の受け入れについては、被災市町村から受入市町村に、事前に通知することにしています。

Q 安全の基準はどのように設定されていますか？

A 可燃物の場合は、放射性セシウム240〜480ベクレル/kg以下のものが広域処理の対象の目安となります。

可燃物を焼却すると、焼却灰に放射性セシウムが濃縮されますが、最も厳しい条件により焼却灰でも、この焼却灰を埋立処分場に搬入する際の放射性セシウム濃度が0.01ミリシーベルト以下となり、人の健康に影響する恐れは無視できます。

焼却物	240〜480ベクレル/kg以下
埋立処分	災害廃棄物を焼却し、埋立した後の放射線量 0.01ミリシーベルト/年以下

災害廃棄物の放射性セシウム濃度
（単位：ベクレル/kg）

		不検出
岩手県	久慈市	不検出
	野田村	69
	宮古市	104
	陸前高田市	107
	気仙沼市	101
宮城県	石巻市	170
	名取市	

放射線量基準値

ミリシーベルト/年

100
50
20
10
5
+1 ミリシーベルト/年

世界平均2.4ミリシーベルト/年
日本平均1.48ミリシーベルト/年
　大気中のラドン 0.59
　大地から 0.38
　宇宙から 0.29
　食品から 0.22

災害廃棄物を焼却し、埋立した後の放射線量
0.01ミリシーベルト/年以下

★ICRP（国際放射線防護委員会）2007年勧告に基づいた考え方

第1編　第15章　環境省の対応②

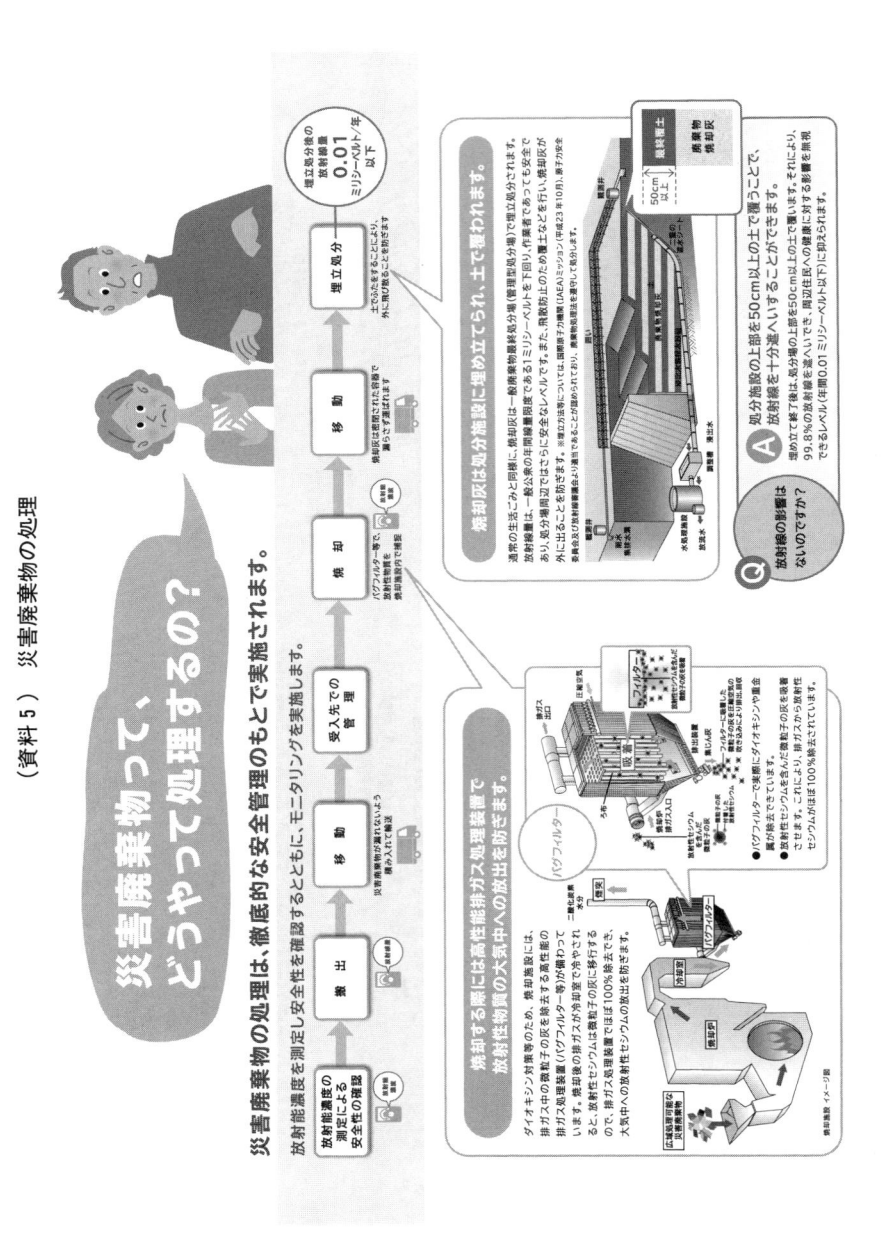

(資料5) 災害廃棄物の処理

Ⅳ　各県の廃棄物処理状況

（資料6）〜（資料8）は、岩手県、宮城県、福島県それぞれについて現在の廃棄物処理状況とりまとめたものである。

まず、岩手県であるが、撤去率は99％となっており、処理を進めている。実行計画と詳細計画を作成し、処理に取り組んでいる。平成26年3月までに、中間処理施設、中間貯蔵施設の廃棄物処理も終わる予定となっている。

次に、宮城県であるが、撤去率は99％となっており、中間処理施設ができ上がり順次処理をしている。実行計画は1次案を公表した。平成26年3月までには全部処理する方針となっている。

そして、福島県は、除去率は61％となっているが、原子力発電所周辺は調査ができず、大変困難な状況となっている。

（資料6）　災害廃棄物処理の進捗状況（岩手県）

＜災害廃棄物撤去の進捗状況＞
- 12/20現在、県下の13市町村において、合計111箇所の仮置場を設置済。設置面積は約234ha。
- 12/20現在、沿岸市町村の仮置場への搬入済量は、合計約399万tであり、災害廃棄物推計量約476万tの約84％。解体を除いた災害廃棄物の撤去率は約99％。
- すべての市町村で現在住民の生活している場所の近くの災害廃棄物を仮置場へ概ね搬入。家屋等の解体を含めたその他の災害廃棄物の撤去を実施中。

（県内の仮置場設置状況）
（撤去前と撤去後（宮古市））

＜中間処理以降の進捗状況＞
- 山田町では、6月半ばから、ボード会社へ木くずチップを燃料及びボード原料として売却。
- 野田村から委託を受けた県はコンクリートがらをリサイクルするため、7月から9月にかけて3,000m3を業者へ引き渡し。
- 山田町、釜石市、大船渡市では、7月より金属くずを売却。
- 陸前高田市及び大船渡市では、太平洋セメント大船渡工場において、11月4日からのセメント生産の再開に伴い、災害廃棄物の原料としての活用を開始。
- 県、東京都及び東京都環境整備公社の3者で協定を9月30日に締結。11月2日より先行事業として宮古市の災害廃棄物1千tを東京都に搬出。12月21日から本格的に宮古市の災害廃棄物を東京都に搬出。
- 北上市が7月下旬から、盛岡市が11月下旬から、一関地区広域行政組合が12月上旬から沿岸市町村の災害廃棄物の処理を受け入れ。

〇災害廃棄物処理の実行計画等について
- 6/27に実行計画、9/8に詳細計画を公表。
- いずれの地域も広域処理（焼却、埋立）と再生利用の推進が課題。
- 地域ごとの処理の状況
  - ■久慈地域（洋野町、久慈市、野田村、普代村）
    - 破砕・選別：一次仮置場で実施中
    - 焼却：久慈広域連合ごみ焼却場（6t/日）で実施中（9月〜）
  - ■宮古地域（田野畑村、岩泉町、宮古市、山田町）
    - 破砕・選別：宮古地区、山田地区に設置予定（12/6契約）※1
    - 焼却：宮古清掃センター（27t/日）で実施中（4月〜）
    - 仮設焼却炉（95t/日）の設置予定（9/16契約済）※2
  - ■釜石地域（大槌町、釜石市）
    - 破砕・選別：釜石地区に設置済※3、大槌地区に設置予定（12/6契約）※4
    - 焼却：仮設焼却炉（109t/日）の設置予定※5（契約済）
    - 岩手沿岸南部クリーンセンター（45t/日）で実施中（5月〜）
  - ■大船渡地域（大船渡市、陸前高田市）
    - 破砕・選別：大船渡地区、陸前高田地区に設置済※6
    - 焼却：太平洋セメント1号、5号焼却炉（キルン）
- スケジュール：災害廃棄物の撤去：平成24年3月末まで
  処理：平成26年3月末まで

※1．宮古地区：鹿島建設㈱JV、山田地区：㈱奥村組JV
※2．㈱タクマ
※3．本格実施に先立ち、一部地域において10月末から3.8万tの処理を実施。12/1に本格事業への入札を公告し、12/16にリサイクル処理事業について落札業者が決定（㈱山長建設、㈱小澤組）。
※4．(株)竹中土木JV
※5．釜石市旧清掃工場を利用（新日鉄エンジニアリング㈱）
※6．大船渡地区：明和土木・リマテックJV、陸前高田地区：リマテック・佐武建設・金野建設JV

327

第1編　第15章　環境省の対応②

（資料7）　災害廃棄物処理の進捗状況（宮城県）

＜災害廃棄物撤去の進捗状況＞
- 12/20現在、県下の33市町村において合計234箇所の仮置場を設置済。設置面積は約696ha。
- 12/20現在、沿岸市町村の仮置場への搬入済量は、合計で約1,013万t。災害廃棄物推計量1,569万tの約65％。解体を除いた災害廃棄物の撤去率は約99％。
- すべての沿岸市町村で現在住民の生活している場所の近くの災害廃棄物を8月末までに仮置場へ概ね搬入するという目標を達成。家屋の解体を含めたその他の災害廃棄物の撤去を実施。
- 農地の災害廃棄物撤去については、仙台市では7/1より実施。また、名取市、山元町等では、県に委託し、12月末までに撤去完了予定。

（県内の仮置場設置状況）
（石巻市内の災害廃棄物の撤去状況）

＜中間処理以降の進捗状況＞
- 石巻市の一次仮置場に搬入された災害廃棄物のうち木くずについて、7/15から市内リサイクル業者（セイホク）において受入実施（400t/日）。9/14から廃木材受入れのため、日本製紙㈱石巻工場において受入開始（3万t/3カ月。バイオマスプラント燃料）。
- 気仙沼市では、山形県村山市の民間の木質バイオマス発電所の発電機の燃料用途として木くずを搬出。
- 仙台市ではコンクリートがらを破砕して再資源化を行う計画、石巻市では石巻市工業港の造成に利用する計画あり。
- 宮城県、東京都及び（財）東京都環境整備公社の3者で、11月24日に協定を締結、女川町の木くずなど可燃性ごみを、今後、2013年3月まで約10万トン処理する予定。12/7から試験焼却用災害廃棄物の搬出。

○災害廃棄物処理の実行計画等について
- 8/4に災害廃棄物処理実行計画（第一次案）を公表。
- いずれのブロックも：家屋の解体、広域処理（焼却、埋立）、再生利用の推進が課題。
- 県へ委託を行っている市町について、4ブロックに分けて処理を実施。

■石巻ブロック（石巻市、東松島市、女川町）
　中間処理：破砕・選別施設、仮設焼却炉（5基：1500t/日）の設置予定※1（9/16契約）
　10/1 県は施工・運営管理等のため震災廃棄物石巻事務所を石巻合同庁舎内に新設。
■亘理・名取ブロック（名取市、岩沼市、亘理町、山元町）
　中間処理：破砕・選別施設、仮設焼却炉の設置※2（10/19契約）
■東部ブロック（塩竈市、多賀城市、七ヶ浜町）
　中間処理：破砕・選別施設、仮設焼却炉の設置予定（10/25より技術提案募集開始（11/9〆切）11/23の技術提案審査会にて受託業者を特定※3。12月5日に仮契約を締結
■気仙沼ブロック（気仙沼市、南三陸町）
　中間処理：破砕・選別施設、仮設焼却炉の設置予定（公募時期未定）
■仙台市
　中間処理：破砕・選別仮設焼却炉を3か所（合計480t/日）設置済（一部予定）※4
- スケジュール：災害廃棄物の撤去：平成24年3月末まで
※1．鹿島建設㈱JV。　　　〃　　処理：平成26年3月末まで
※2．名取処理区：西松建設(株)JV（仮設焼却炉2炉190t/日）、岩沼処理区(株)間組JV（仮設焼却炉3炉195t/日）、亘理処理区(株)大林組JV（仮設焼却炉5炉525t/日）、山元処理区(株)フジタJV（仮設焼却炉2炉200t/日）。
※3．JFE㈱JV。　※4．10/1から2か所の焼却施設より焼却処理を開始。

　最後に、（資料9）に最近の動きをまとめている。約3200億円の財政支援措置を図った。廃棄物の処理方針も公表している。廃棄物処理に関する巡回指導を4回実施した。

IV 各県の廃棄物処理状況

(資料8) 災害廃棄物処理の進捗状況 (福島県)

＜災害廃棄物撤去の進捗状況＞

- 12/20現在、県下の30市町村において、合計118箇所の仮置場を設置済。12/20現在で確認できている設置面積は約125ha。

- 12/20現在、沿岸市町村の仮置場への搬入済量は、合計で約108万tであり、災害廃棄物推計量約203万tの約53%。解体を除いた災害廃棄物の撤去率は約61%。

- 警戒区域を除くすべての市町村で現在住民の生活している近くの災害廃棄物を8月末までに仮置場へ概ね搬入するという目標を達成。家屋等の解体を含めたその他の災害廃棄物の撤去を実施中。

(県内の仮置場設置図)
(相馬市内の災害廃棄物の撤去状況)

＜中間処理以降の進捗状況＞

- いわき市では、現在、1次仮置場内で分別作業及び家電製品の搬出を実施中。
- 相馬市では、中間処理業務についてプロポーザル方式により事業者を選定するなどし、現在、中間処理ヤード(作業スペース)の整備を実施中。
- 南相馬市では、現在、1次仮置場内で分別作業及び家電製品の搬出を実施中。

○福島県の放射性物質に汚染されたおそれのある災害廃棄物の取扱いについて

- 福島県内の災害廃棄物の当面の取扱いについてとりまとめ、公表(5/2)。
- 第1回災害廃棄物安全評価検討会を実施(5/15)。中通り地方の10町村の処分の再開について公表(5/27)。
- 第3回災害廃棄物安全評価検討会を実施、中通り、浜通り(避難区域等を除く)の処理方針(可燃物の焼却についての処理方針、焼却に伴って発生する主灰及び飛灰についての取扱い等について)を決定(6/19)。
- 福島市内で関係市町村等に対し、これらについて説明会を開催(6/23)。
- 第6回災害廃棄物安全評価検討会を実施(8/27)。検討会を踏まえ、8,000Bq/kgを超え10万Bq/kg以下の焼却灰等の処分方法に関する方針について通知(8/31)。
- 放射性物質汚染対処特措法の公布・一部施行8/30)。
- 「警戒区域及び計画的避難区域内にある災害廃棄物の移動又は処分について」を福島県に発出(11/28)。
- 第10回災害廃棄物安全評価検討会を実施(12/2)。
- 放射性物質汚染対処特措法施行令及び施行規則並びに汚染廃棄物対策地域の指定の要件等を定める省令の公布(12/14)。

(資料9) 最近の動き

☐ **財政支援措置**

- 54の被災自治体から概算交付に係る書類の提出あり。現在、速やかな概算交付のための事務手続を進めており、これらの自治体については、概算払い額を3,222億円と確定し、うち53自治体に対し概算払い事務手続きが完了している。(12月14日現在)。

☐ **撤去・処理の方法に関する指針等**

- 12月5日に、溶融炉から生じる溶融飛灰の処理と溶融スラグの再生利用の考え方について整理した「東日本大震災により生じた災害廃棄物から生成する溶融スラグの再生利用について」を関係都道府県あてに発出。また、同日、放射性物質を含む可燃性廃棄物(廃稲わら等)の焼却に係る当面の方針についての考え方をまとめた「放射性物質を含む可燃性廃棄物(廃稲わら等)の焼却について」を各都道府県宛に発出。

☐ **その他**

- 環境省職員・研究者・技術者チームの第4回目の巡回訪問を11月第2週～11月30日で実施した。第3回目のフォローアップを行うとともに、仮置き場の火災防止等の課題に重点を置いて各市町村へヒアリングを行った。

- 11月24日に、青森県八戸市が、災害廃棄物の受入について、放射性セシウム濃度が100ベクレル以下のものについて、セメントの原材料としての利用として、受入を行うこととした。また、12月8日、秋田県も岩手県北部4市町村(洋野町、久慈市、野田村、普代村)の災害廃棄物を県内で受け入れる方向である旨を表明した。

第16章 国土交通省の対応

国土交通省大臣官房審議官　大藤　朗

I　震災復興関連の法案

　東日本大震災からの復興にかかわる法案が、平成23年（以下、「平成23年」については省略する）10月28日に閣議決定された。1つは、後ほど説明する東日本大震災復興特別区域法案であり、被災地のみに適応される法律である。もう1つは、筆者がとりまとめを担当していた津波防災地域づくりに関する法律案であり、これは今後津波に関する防災に全国でどう対応していくかということをまとめたものである。これら2つの法律を合わせて活用し、今後、国土交通省として復興対策にあたっていきたいと考えている。

II　東日本大震災の特徴と過去の大震災を踏まえた対応

　東日本大震災は、阪神・淡路大震災と比べても、被災地区の範囲が広く、被害の規模も大きかった（（資料1）参照）。
　関東大震災の際には、死者のほとんどが、火災によって亡くなった（（資料2）参照）。これを踏まえて、その後、政府では建物の不燃化を進めてきており、かなり対応が進んでいるところである。
　次に、阪神・淡路大震災の際には、関東大震災と違い、死因については圧死が非常に多かった（（資料3）参照）。そのため、建築物を耐震改修する必要があるということで、建築物の耐震改修の促進に関する法律を制定し、耐震性能を上げてきた。同時に、阪神・淡路大震災の際には、災害時における

Ⅱ 東日本大震災の特徴と過去の大震災を踏まえた対応

（資料１）　阪神・淡路大震災と東日本大震災の比較

	阪神・淡路大震災 （平成18年5月19日消防庁発表確定報）	東日本大震災
発生年月日	平成7年1月17日（火） 5時46分	平成23年3月11日（金） 14時46分頃
震源・規模	淡路島・M7.3	三陸沖・M9.0
最大震度	震度7 （神戸市、芦屋市、西宮市、宝塚市、北淡町、一宮町、津名町の一部）	震度7 （宮城県北部）
被災地区	10市10町 域内人口：344万人 域内GDP：21兆円	39市68町21村 域内人口：571万人 域内GDP：18.5兆円
死者・行方不明者数	死　者　　　　6,434名 行方不明者　　　　3名	死　者　　　　15,828名 行方不明者　　3,754名 （10月24日、警察庁）
建築物被害（住家）	全　壊　　　10万4,906棟 半　壊　　　14万4,274棟 一部破損　　39万0,506棟 全焼・半焼　　　7,132棟	全　壊　　　11万8,806棟 半　壊　　　18万4,330棟 一部破損　　60万6,854棟 全焼・半焼　　　　280棟 （10月24日、警察庁）
避難者数	31万6,678人 （ピーク時、H7年1月23日）	7万1,578人（10月6日、復興対策本部） 46万8,653人（3月14日（ピーク）時点、警察庁）
毀損ストック額	約9兆6,000億円 （国土庁推計、平成7年2月）	約16兆9,000億円 （内閣府推計、6月24日）

（資料２）　過去の大災害を踏まえた対応～関東大震災～

関東大震災では、約９割が火災により死亡

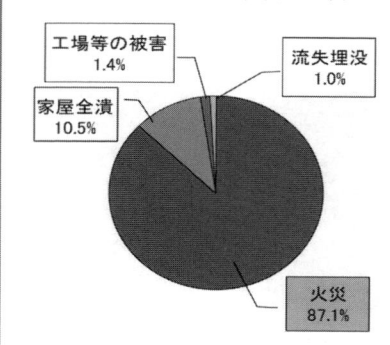

- 工場等の被害　1.4%
- 流失埋没　1.0%
- 家屋全潰　10.5%
- 火災　87.1%

死者・行方不明者　105,385名
（出典）日本地震工学会「『日本地震工学会論文集vol.4 Sept, 2004』関東地震（1923年9月1日）による被害要因別死者数の推定、諸井孝文、武村雅之」

建築物の不燃化等を推進

（東京23区の不燃化率※の推移）
大正12年　：　１％程度
平成３年　：　５３％
平成８年　：　５９％
平成18年　：　６１％

※全建物に対する耐火・準耐火造建築物の占める割合
平成3年～18年の値は東京都「東京の土地利用」
大正12年の値は関西学院大学室崎益輝教授調

写真：時事通信

331

第1編　第16章　国土交通省の対応

（資料3）　過去の大災害を踏まえた対応〜阪神・淡路大震災〜

阪神・淡路大震災では約8割が建物の倒壊により死亡

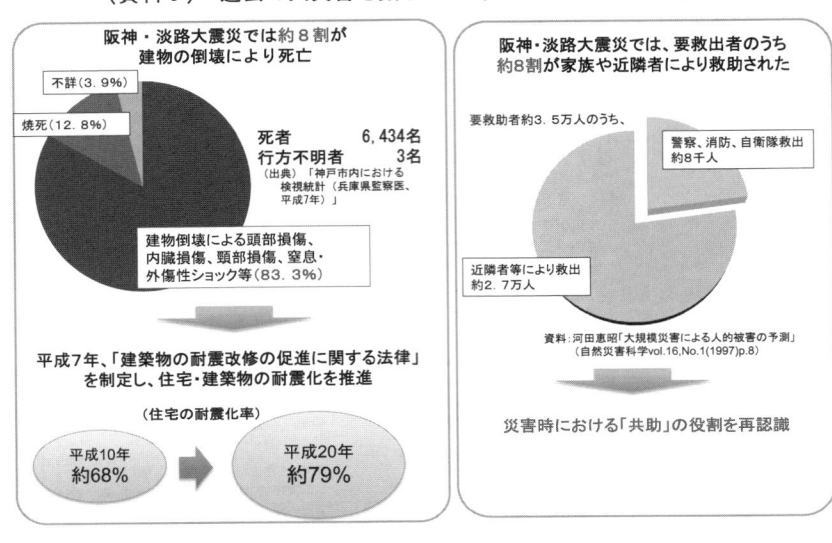

- 不詳（3.9%）
- 焼死（12.8%）
- 建物倒壊による頭部損傷、内臓損傷、頸部損傷、窒息・外傷性ショック等（83.3%）

死者　6,434名
行方不明者　3名
（出典）「神戸市内における検視統計（兵庫県監察医、平成7年）」

平成7年、「建築物の耐震改修の促進に関する法律」を制定し、住宅・建築物の耐震化を推進

（住宅の耐震化率）
平成10年 約68% → 平成20年 約79%

阪神・淡路大震災では、要救出者のうち約8割が家族や近隣者により救助された

要救助者約3.5万人のうち、
- 警察、消防、自衛隊救出　約8千人
- 近隣者等により救出　約2.7万人

資料：河田惠昭「大規模災害による人的被害の予測」（自然災害科学vol.16,No.1(1997)p.8）

災害時における「共助」の役割を再認識

（資料4）　東日本大震災における死者数と死因

東日本大震災では、約9割が津波により死亡
（岩手県、宮城県、福島県）

- 圧死・損壊死・その他 4.4%
- 焼死 1.1%
- 不詳 2.0%
- 溺死 92.4%

（平成23年4月11日現在）

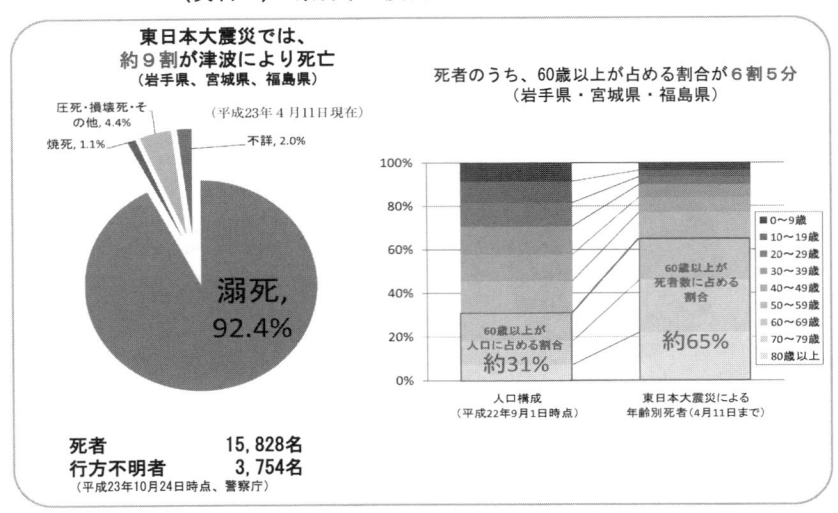

死者　15,828名
行方不明者　3,754名
（平成23年10月24日時点、警察庁）

死者のうち、60歳以上が占める割合が6割5分
（岩手県・宮城県・福島県）

- 60歳以上が人口に占める割合　約31%
- 60歳以上が死者数に占める割合　約65%

凡例：0〜9歳／10〜19歳／20〜29歳／30〜39歳／40〜49歳／50〜59歳／60〜69歳／70〜79歳／80歳以上

人口構成（平成22年9月1日時点）
東日本大震災による年齢別死者（4月11日まで）

332

助け合いの重要性についても再認識された。

　一方、東日本大震災においては、火災や建物が崩れて亡くなった方に比べて、津波で亡くなった方の割合が圧倒的に多かった（(資料4) 参照)。また、亡くなった方の中には、高齢者の占める割合が非常に多かったということも特徴である。これを踏まえて、今後の災害対策として、全国的な津波への対策をしていくことが非常に重要ではないかと考えられる。

Ⅲ　国土交通省の応急対応

1　TEC-FORCEの派遣

　(資料5) は、震災の発生直後、国土交通省が応急措置としてどのようなことを行ったかということを説明したものである。災害対策用のヘリコプターをすぐに飛ばして被害調査を行い、福島の原子力発電所の様子を最初に撮影したのは国土交通省のヘリコプターだった。それから、通信回線の確保、災害対策用車両による災害対応支援、排水支援、災害対策要員の派遣、公共土木施設の被害調査の支援などを行ったのであるが、これは、緊急災害対策派遣隊（TEC-FORCE）といい、阪神・淡路大震災や中越地震のときに、全国から人をまわして、総合的に災害対応を行った経験を活かし、今回も派遣が行われた。

2　道路の復旧

　(資料6) はどのように道路が復旧・啓開したかについて示した図である。3月11日に発災し、まず発災後1日で、東北道・国道4号については全面的に通行できるようにした。第2ステップとして、東北道・国道4号から太平洋岸に、横軸の道路の確保を実施し、これによって、4日でほぼ太平洋側の市街地に入れる状況になった（くしの歯作戦とよんでいる）。第3ステップとしては、海側に走っている国道45号線について啓開作業を行い、橋が落ちて

第1編　第16章　国土交通省の対応

(資料5)　東日本大震災へのTEC-FORCEの派遣

延べ17,662人・日活動
13都道県、97市町村へ支援
(6月19日現在)

○3月11日より、災害対応支援を実施中

○災害対策用ヘリコプターによる広域上空被害調査
発災直後より、のべ267機・日により被害状況を迅速に把握し、被害情報の共有化を実施（のべ109人・日）

○国土交通省の保有する災害対策用車両による災害対応支援を実施（のべ6,885人・日）

○津波浸水区域の排水支援を実施

○公共土木施設の被害状況調査支援（のべ5,219人・日）

○災害対策要員の派遣（のべ4,751人・日）

○通信衛星車等を設営し、途絶した通信回線を確保（11自治体）

○被災調査箇所については随時報告を実施

334

III 国土交通省の応急対応

(資料6) くしの歯作戦〜三陸沿岸地区の道路啓開・復旧〜

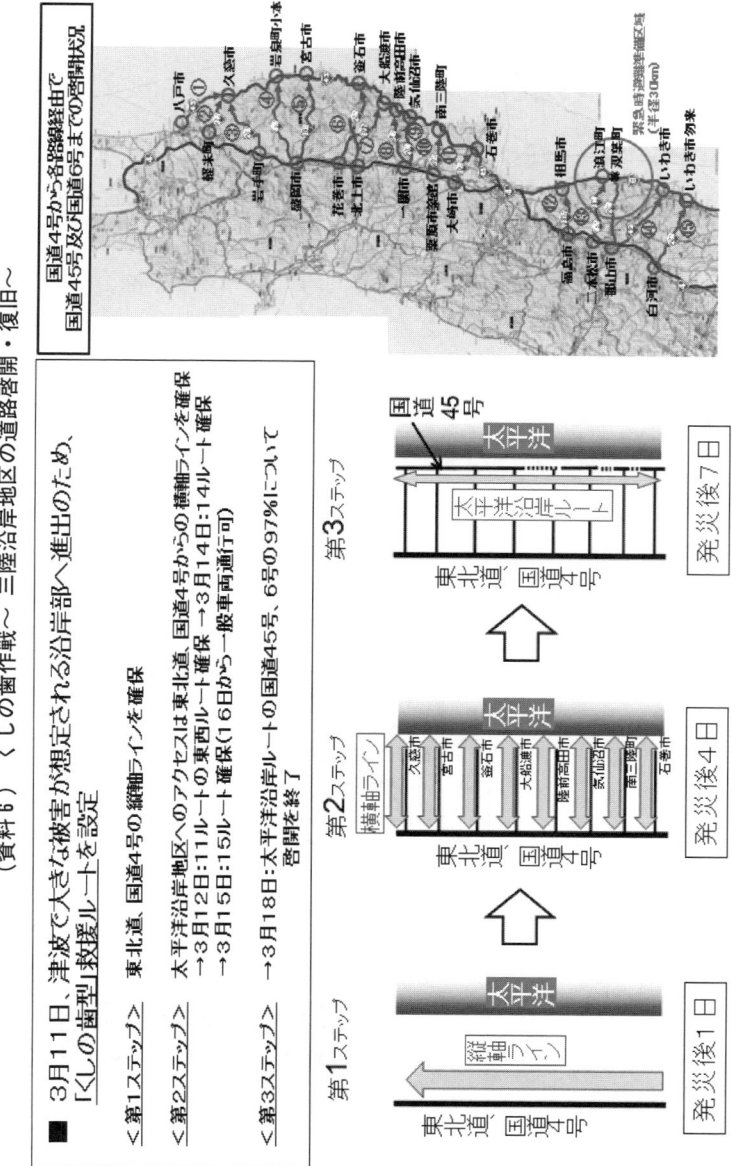

■ 3月11日、津波で大きな被害が想定される沿岸部へ進出のため、「くしの歯型」救援ルートを設定

＜第1ステップ＞ 東北道、国道4号の縦軸ラインを確保

＜第2ステップ＞ 太平洋沿岸地区へのアクセスは東北道、国道4号からの横軸ラインを確保
→3月12日：11ルートの東西ルート確保→3月14日：14ルート確保
→3月15日：15ルート確保(16日から一般車両通行可)

＜第3ステップ＞ →3月18日：太平洋沿岸ルートの国道45号、6号の97％について啓開を終了

国道4号から各路線経由で国道45号及び国道6号までの啓開状況

第1ステップ 発災後1日
第2ステップ 発災後4日
第3ステップ 発災後7日

335

第1編　第16章　国土交通省の対応

いた9箇所を除いては、7日間で一応、縦軸も確保した。こういった形で、応急復旧は非常に素早くできたのではないかと考えている。

3　鉄道、港湾の復旧

　鉄道関係については、復旧に時間がかかったのであるが、応急対応として、日本海側を迂回して盛岡、郡山などにタンクローリー等で石油を運んだ（（資料7）参照）。

　港についても、タンカーで油を運ぶため、まずは日本海側港湾のルートで輸送しつつ、太平洋側の港湾をできるだけ早く啓開するよう作業を進め、3月の後半までには、太平洋側ルートについても大体確立することができた（（資料8）参照）。

（資料7）　東日本大震災に伴う迂回石油列車の運転

東北線が不通になったことに伴い、JR貨物では、日本海側を迂回する臨時貨物列車を運転し、被災地に向けて石油を輸送した。

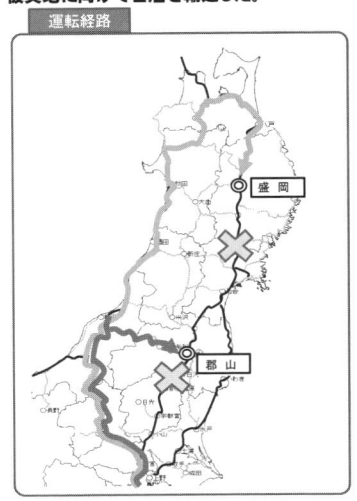

日本海ルート経由での石油列車の輸送実績
・盛岡行の輸送実績累計
　　37,691kl
・郡山行の輸送実績累計
　　19,892kl
・合　計　57,583kl
⇒（20kl積みタンクローリー換算で約2,900台分）

郡山行き臨時石油列車

※東北線は4月21日に全線で運転を再開し、現時点では震災前と同等の輸送量が確保されている。

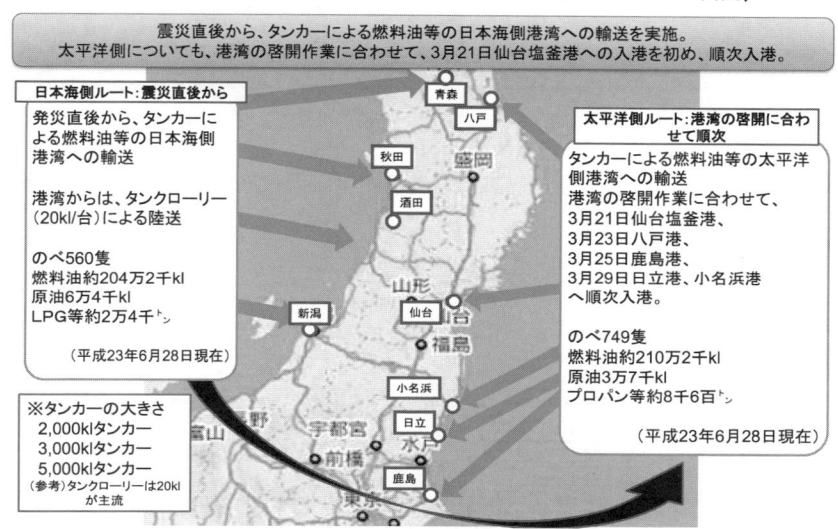

（資料 8 ） 燃料輸送（日本海側ルート→太平洋側ルートへの展開）

震災直後から、タンカーによる燃料油等の日本海側港湾への輸送を実施。
太平洋側についても、港湾の啓開作業に合わせて、3月21日仙台塩釜港への入港を初め、順次入港。

日本海側ルート：震災直後から
発災直後から、タンカーによる燃料油等の日本海側港湾への輸送

港湾からは、タンクローリー（20kl/台）による陸送

のべ560隻
燃料油約204万2千kl
原油6万4千kl
LPG等約2万4千トン

（平成23年6月28日現在）

※タンカーの大きさ
2,000klタンカー
3,000klタンカー
5,000klタンカー
（参考）タンクローリーは20klが主流

太平洋側ルート：港湾の啓開に合わせて順次
タンカーによる燃料油等の太平洋側港湾への輸送
港湾の啓開作業に合わせて、
3月21日仙台塩釜港、
3月23日八戸港、
3月25日鹿島港、
3月29日日立港、小名浜港
へ順次入港。

のべ749隻
燃料油約210万2千kl
原油3万7千kl
プロパン等約8千6百トン

（平成23年6月28日現在）

4　交通関係の復旧状況

（資料 9 ）が交通関係の復旧状況であり、おおよそ 4 月22日の週には、ほとんど交通関係は復旧できており、これまでの震災の経験が活かされたのではないかと考えている。

IV　復興に向けて

まず、復興にあたって、どのように制度を整えていったかということを述べる。

1　被災市街地の建築制限

阪神・淡路大震災の際は、被災地が比較的狭い範囲であったため、大阪など、周辺の市街地はほとんどそのまま活動しており、また、被災した地方公

337

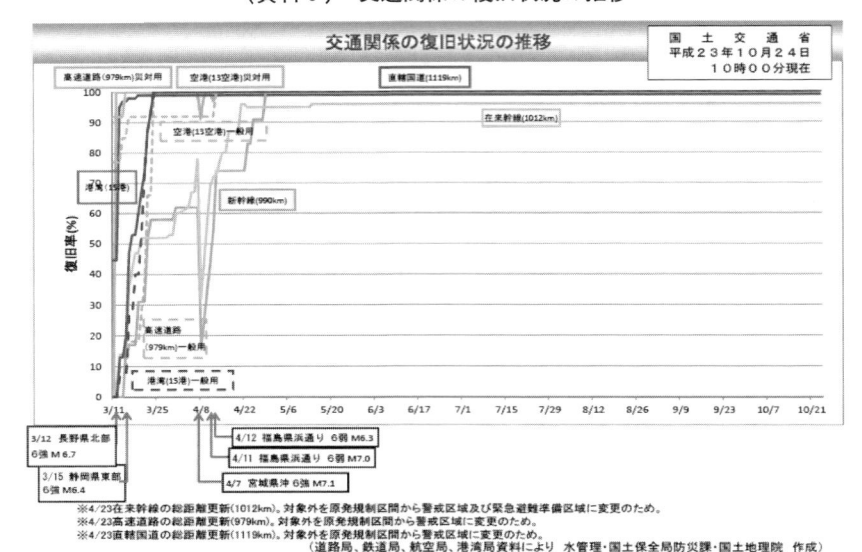

第1編　第16章　国土交通省の対応

（資料9）　交通関係の復旧状況の推移

共団体は、兵庫県や神戸市など、大きな地方公共団体であったため、素早い対応が可能であった。さらに、神戸では、被災した際には市街地を直さなければならないという計画がもともとあった。そこで、被災市街地復興特例措置法は、ほぼ2カ月で成立し、建築制限期間中の2カ月以内におおよそ次のステップに進めるという状況であった。

　しかし、東日本大震災の場合は、被災した市街地が全面的に被害を受けており、地方公共団体自体も非常に被害が大きく、とうてい阪神・淡路大震災のような速度感では対応できないだろうということが見込まれた。そこで、東日本大震災においては、2カ月ではとうてい対応困難であるとして建築制限期間を延長し、災害の発生から最長8カ月間、建築制限が可能なように「東日本大震災により甚大な被害を受けた市街地における建築制限の特例に関する法律」の制定を行ったのである（（資料10）参照）。

　また、この法律とあわせて、権限代行という、市町村が行う事業を県や国

338

IV　復興に向けて

（資料10）　東日本大震災により甚大な被害を受けた市街地における建築制限の特例に関する法律（平成23年法律第34号）

[資料10の図表：東日本大震災により甚大な被害を受けた市街地の健全な復興を図るため、特定行政庁は、区域を指定し、災害発生の日から6ヶ月（延長の場合、最長で8ヶ月）まで建築の制限・禁止を行えるよう特例措置を設ける。]

が代わりに引き受けられるよう、「東日本大震災による被害を受けた公共土木施設の災害復旧事業等に係る工事の国等による代行に関する法律」を制定した。

2　被災市街地復興手法検討調査

　国土交通省としてどのように市街地の復興を図っていくかということについて、支援の方策を考え、その1つとして、第1次補正予算において津波被災市街地復興支援検討調査の予算として約71億円を設けた（（資料11）参照）。被災市町村を地区ごとに分け、この地区ごとに、国土交通省内で、都市局を中心に3名ずつで担当チームを編成し、地域ごとに担当を割り振り、責任体制を明確化し、各担当が地方自治体の問合せや調整などにワンストップで対応することとした。できるだけ現地に出向いて調査を実施するという体制をとり、復興の手助けを行っている。このチームにあわせて国土交通省以外の

339

第1編　第16章　国土交通省の対応

(資料11)　津波被災市街地復興手法検討調査の実施体制について

● 左記地区ごとに、地区担当チームを編成し、責任体制を明確化。
・官・室長級　　　　　　　　　1名
・企画専門官、補佐級　　　　　2名
　　　　　　　合計　　　　　　3名

地元の自治体からの問合せや調整に、ワンストップで対応するとともに、できる限り現地に出向き、調査を実施。(6月15日現在の状況)
・被災現況等の調査・分析については、62市町村で調査開始済み。
・被災状況、都市特性等に応じた復興パターンの検討については、被害が甚大であった3県(岩手・宮城・福島)において、原発事故に伴う警戒区域内市町村を除き、調査開始済み。

東北地方整備局の復興支援体制とも十分に連携。

関係省庁と連携しつつ、地元企業、漁協・農業団体等の地元意見を十分把握しながら、
①被災現況等の調査・分析
②市街地復興パターンの検討
を調査。

● 津波被災市町村数：62市町村

津波被災市町村
　六ヶ所村、三沢市、おいらせ町、八戸市、階上町
　洋野町、久慈町、野田村、普代村、田野畑村、岩泉町
　宮古市、山田町
　大槌町
　大船渡市
　陸前高田市
　気仙沼市
　南三陸町
　石巻市
　東松島市、女川町
　松島町、利府町、塩竈市、七ヶ浜町、多賀城市
　仙台市
　名取市
　岩沼市、亘理町、山元町
　新地町、相馬市、南相馬市
　浪江町、双葉町、大熊町、富岡町、楢葉町
　広野町、いわき市
　北茨城市、高萩市、日立市、東海村、ひたちなか市、水戸市、大洗町、鉾田市、鹿嶋市、神栖市
　銚子市、旭市、西逆市、横芝光町、山武市、九十九里町、大網白里町、白子町、長生村、一宮町

□ ①被災状況把握の調査単位
□ ②市街地復興パターンの検討調査を実施する市町村　(6月15日現在)

省庁の方にも協力いただいて、担当を決めてもらい、できるだけワンストップで物ごとが処理、相談できるように体制を組んだところである。そのほかに都市再生機構からも50、60人のメンバーを出して現地に赴き、市街地づくりの相談や支援にあたっている。

なお、このような支援は、復興の段階に入って行っているものであるが、国土交通省は当然、復旧作業の際にも非常に多くの人員が応援に向かい、水門の操作などの援助も多数行ったところである。

3　防波堤の効果

東日本大震災においては、防波堤が役に立たなかったのではないかという指摘がある。確かに想定した以上の津波が防波堤を越えてしまい、相当な被害が出たということは事実である。しかし、やはり防波堤があったがために波の進入やその高さなどが相当抑えられたということはいえる（（資料12）参照）。とはいえ、防波堤を越えてしまうような津波が生じることはあり得ることで、防波堤がどの程度までそれを防ぎうるかということについては、わ

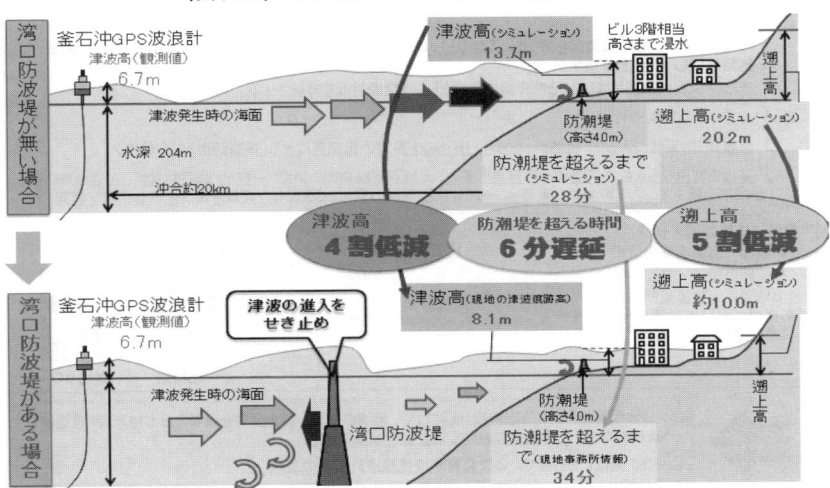

（資料12）　釜石港における湾口防波堤の効果

れわれの知見ではなかなか判断が困難である。

4 津波防災まちづくりの考え方

東日本大震災を踏まえ、津波防災・減災については、「何としてでも人命を守る」という考え方により、ハード・ソフトの総動員によって津波からの防御を行っていかなくてはならないということが教訓である（(資料13) 参照）。

まちづくりについても、被災地を復興させることは当然だが、今後、東海、東南海や南海などといった地震、また、関東、首都圏直下型の地震なども、当然、われわれが生きている間に起こる可能性があることから、これらの地震に備えて対応していくことを踏まえ、これまで検討を行ってきた。

防潮堤などのハード整備は当然必要であるが、それに加え、ハザードマップの整備や防災意識の向上、コミュニティづくりなど、ソフトの施策も含めた全体のことが成り立つよう、総合的な制度、システムを構築していきたいと考えている。

(資料13) 津波防災まちづくりの考え方

今後の津波防災・減災についての考え方

基本姿勢
○ 今回のような大規模な災害を想定し、「なんとしても人命を守る」という考え方により、ハード、ソフト施策を総動員して「減災」を目指す。
○ また、「災害に上限はない」ことを今回の教訓とし、日常の対策を持続させる。

新しい発想による防災・減災対策
○ 防波堤・防潮堤による「一線防御」からハード・ソフト施策の総動員による「多重防御」への転換。
○ 平地を利用したまちづくりを求める意見も多い。土地利用規制について、一律的な規制でなく、立地場所の安全度等を踏まえ、地域の多様な実態・ニーズや施設整備の進ちょく状況等を反映させた柔軟な制度を構築。

(参考：施策のイメージ)
・防波堤・防潮堤等の復旧・整備
・市街地の整備・集団移転
・土地利用・建築規制
［海岸部において避難ビルの整備、居室の高層化　等］
・ハザードマップの作成
・避難路・避難場所の確保

避難路　　避難タワー

○ 二線堤等の「津波防護施設(仮称)」や、地域の実情、安全度等を踏まえた土地利用・建築構造規制など、臨時国会に向けて新たな法律案の検討
○ 現在見直しを行っている社会資本整備重点計画への反映

342

5　過去の災害とそれを契機とする法制度

これまで、過去に受けてきたさまざまな災害についてみると、災害からの復旧は当然として、そのたびに、将来のことを考え、全国で災害に対応する制度づくりを行ってきた（（資料14）参照）。前述のように、関東大震災や阪神・淡路大震災で得た教訓については、対応してきている。そして、東日本大震災では津波に対してどのようなことができるかということを、制度的に詰めていきたいと考えている。

（資料14）（参考）過去の災害とそれを契機とする法制度（主なもの）

主な災害	法制度
昭和28年13号台風（昭和28年）	海岸法（昭和31年）
伊勢湾台風（昭和34年）	災害対策基本法（昭和36年） 激甚災害法（昭和37年）
新潟地震（昭和39年）	地震保険法（昭和41年）
呉豪雨災害（昭和42年）	急傾斜地災害防止法（昭和44年）
桜島噴火（昭和48年）	活動火山対策特別措置法（昭和48年）
秋田、宮崎豪雨災害（昭和47年）	防災集団移転促進法（昭和47年）
宮城県沖地震（昭和53年）	建築基準法改正（昭和56年）
阪神・淡路大震災（平成7年）	被災市街地復興特別措置法（平成7年） 建築物耐震改修促進法（平成7年） 密集市街地整備促進法（平成9年） 被災者生活再建支援法（平成10年）
広島豪雨災害（平成11年）	土砂災害防止法（平成12年）
東海豪雨災害（平成12年）	水防法改正（平成13年）
福岡豪雨災害（平成11年、15年） 東海豪雨災害（平成12年）	特定都市河川浸水被害対策法（平成15年）
新潟県中越地震（平成16年）	宅地造成等規制法改正（平成18年）

V　災害に強い国土構造への転換

1　今後の地震の発生確率

（資料15）は中央防災会議で作成されたものである。日本の周りは、（資料15）のように、非常に多くの場所で地震や津波が起こる可能性がある。

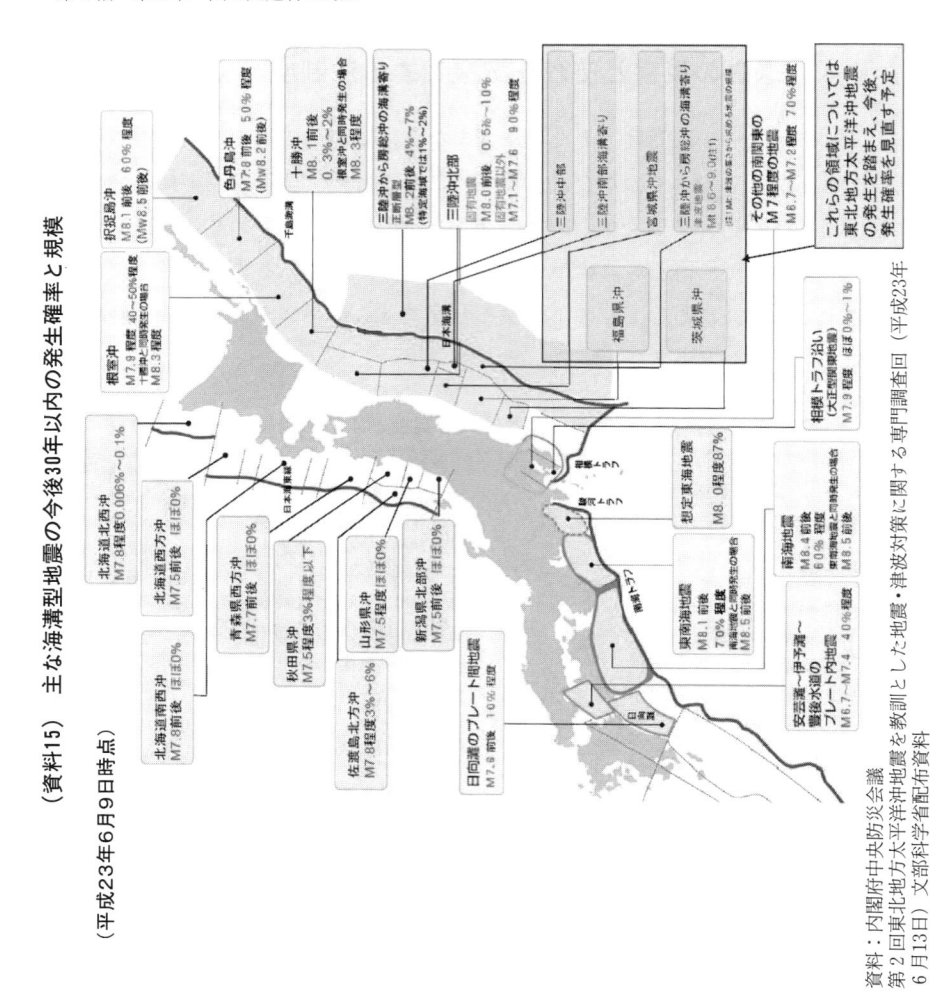

第 1 編　第16章　国土交通省の対応

(資料15)　主な海溝型地震の今後30年以内の発生確率と規模

(平成23年6月9日時点)

資料：内閣府中央防災会議
第2回東北地方太平洋沖地震を教訓とした地震・津波対策に関する専門調査会（平成23年6月13日）文部科学省配布資料

2　津波影響範囲と道路整備の状況

　地震の際に想定される津波の影響を考えると、想定される津波影響範囲には、まだ、道路などの整備が遅れているところがあり（(資料16) 参照）、特に四国の南側、紀伊半島の南側などの地域については、南海や東南海地震が起こると津波がくる可能性が高いが、道路整備が進んでいない。

344

Ⅴ 災害に強い国土構造への転換

（資料16） 東海・東南海・南海地震の津波影響範囲

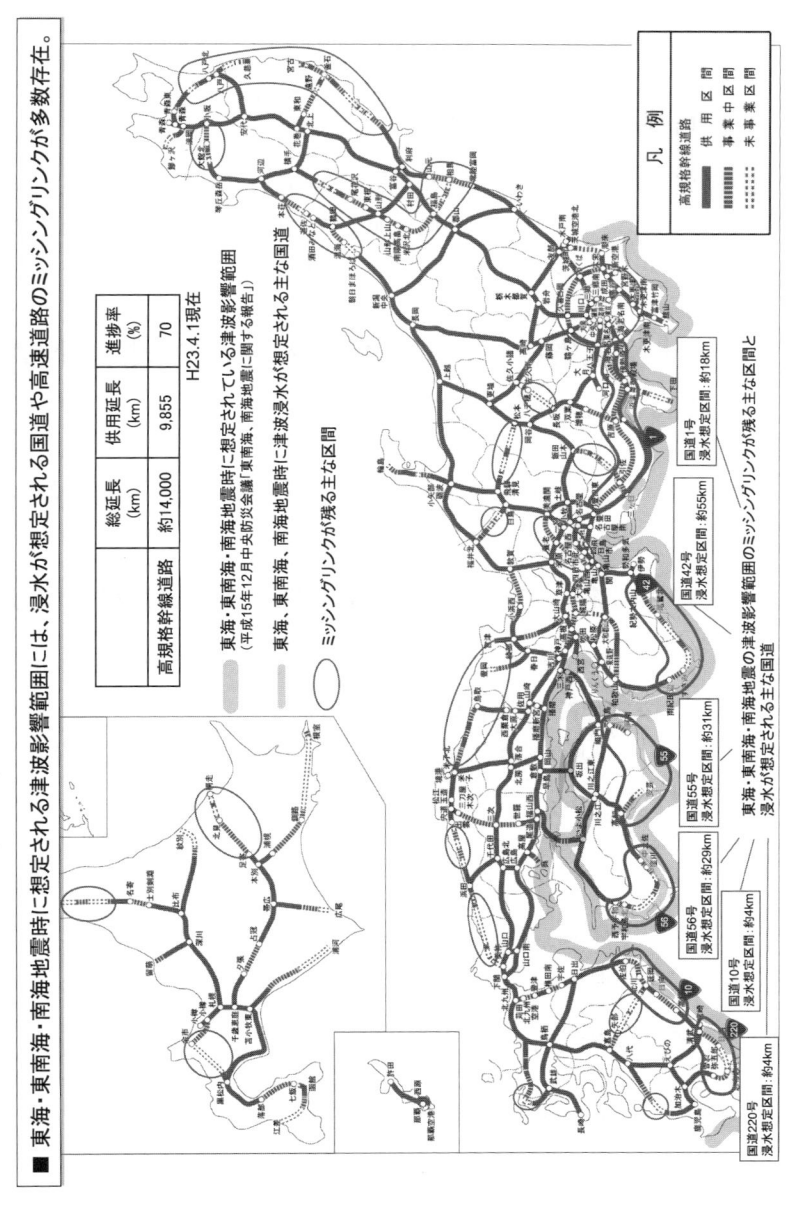

■ 東海・東南海・南海地震時に想定される津波影響範囲には、浸水が想定される国道や高速道路のミッシングリンクが多数存在。

やはり、災害への備えとして、二重に道路を整備し、ダブルネットワークを確保することが必要ではないかという意識もある（(資料17) 参照）。

3　首都直下地震への備え

首都直下型地震についても、近々に起こる可能性があると唱えられているところであり、これまでの地震対策に加えて、津波に対応した対策が必要であると考えられるところである（(資料18) 参照）。

Ⅵ　国土交通省における東日本大震災の復旧・復興に向けた対応

国土交通省としては、応急復旧を行いつつ、復興についても考えていかなくてはならないとして、6月に省としての考え方をまとめた。

1　応急対応、応急復旧から本格的な復旧・復興に向けて

まず、(資料19) からわかるとおり、被災の状況は、場所によって相当異なっている。壊滅的にすべて打撃を受けたところと、山側は残ったというところと、主として農地等に被害を受けたところ、それから仙台の内陸部で、宅地が崩れて、盛り土をしたところが崩れたというような、さまざまなパターンの災害が起きたわけである。

これを踏まえ、被災者の生活再建・安定、それから新たな発想による復興・まちづくり、都市・交通基盤の整備、災害に強い国土の再構築という視点から、今後の復旧・復興に取り組んでいこうと考えた。

2　被災者の生活再建と安定

まず、被災者の生活再建・安定について、仮設住宅建設は整備が終わったところであるが、最終的にはやはり安全で安心で、住み続けられる住まいを確保する必要がある。したがって、災害公営住宅の供給を図っていくなど、

Ⅵ　国土交通省における東日本大震災の復旧・復興に向けた対応

(資料17)　災害に強い高速道路のダブルネットワークのイメージ

■ 地域に繋がる道路網を極力ダブルで確保することは大事。

凡例
高規格幹線道路
供用中区間
事業中区間
未事業区間

高速道路のダブルネットワーク
三大都市圏の環状道路ネットワーク

347

第1編　第16章　国土交通省の対応

（資料18）　首都直下地震への備えの必要性

東京湾北部地震（M7.3）の震度分布

被害想定（冬夕方18時：風速15m/s）

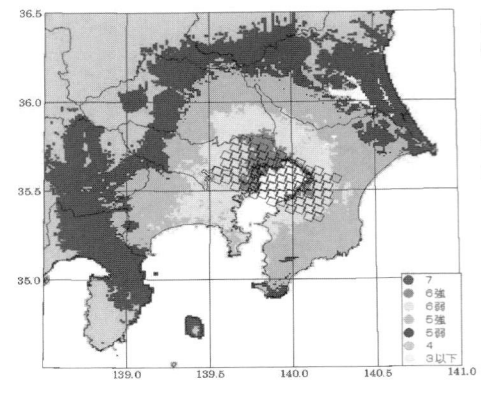

避難者　　　　：最大約700万人
帰宅困難者　　：約650万人（1都3県）
　（昼12時）　　　約390万人（東京都）
　　　　　　　　　約350万人（23区）
がれき発生量　：9600万トン
仮設住宅需要量：162万世帯・戸

内閣府　中央防災会議　「首都直下地震被害想定」（平成17年）

（参考）東日本大震災における被害
避難者（注1）　　　　：最大約46万人
がれき発生量（注2）　：約2200万トン
仮設住宅需要量（注3）：約5万戸

注1：警察庁調べ
注2：沿岸市町村の災害廃棄物処理の進捗状況（7月5日、環境省）
注3：岩手県、宮城県、福島県（国土交通省、7月8日）

さまざまな手法を検討して、まちづくりを行っていくということや、災害防止対策を実施していくことが必要である。それにあたっては、高齢者やコミュニティに配慮し、公共交通の確保も図らなければならない（（資料20）参照）。

3　復興まちづくり

繰り返しになるが、震災を踏まえ、津波に対するさまざまな多重的防御をしていかなければならないということを考えて、新たなハード・ソフトの施策を総合した、安全・安心なまちづくりをしていこうと考えた。その際に、たとえば今回、東日本大震災復興特区法では、市街地と農地の一体的な土地利用調整について検討した。阪神・淡路大震災の場合は、完全に市街地の中だけであったが、東日本大震災では農地が多い地域で災害が起こっているため、農林水産省の土地利用規制と国土交通省の土地利用規制がうまく整合的に実施できるように、法制度を組むようにしたところである（（資料21）参照）。

348

Ⅵ　国土交通省における東日本大震災の復旧・復興に向けた対応

(資料19)　国土交通省における東日本大震災の復旧・復興に向けた対応

応急対応、応急復旧から本格的な復旧・復興に向けて

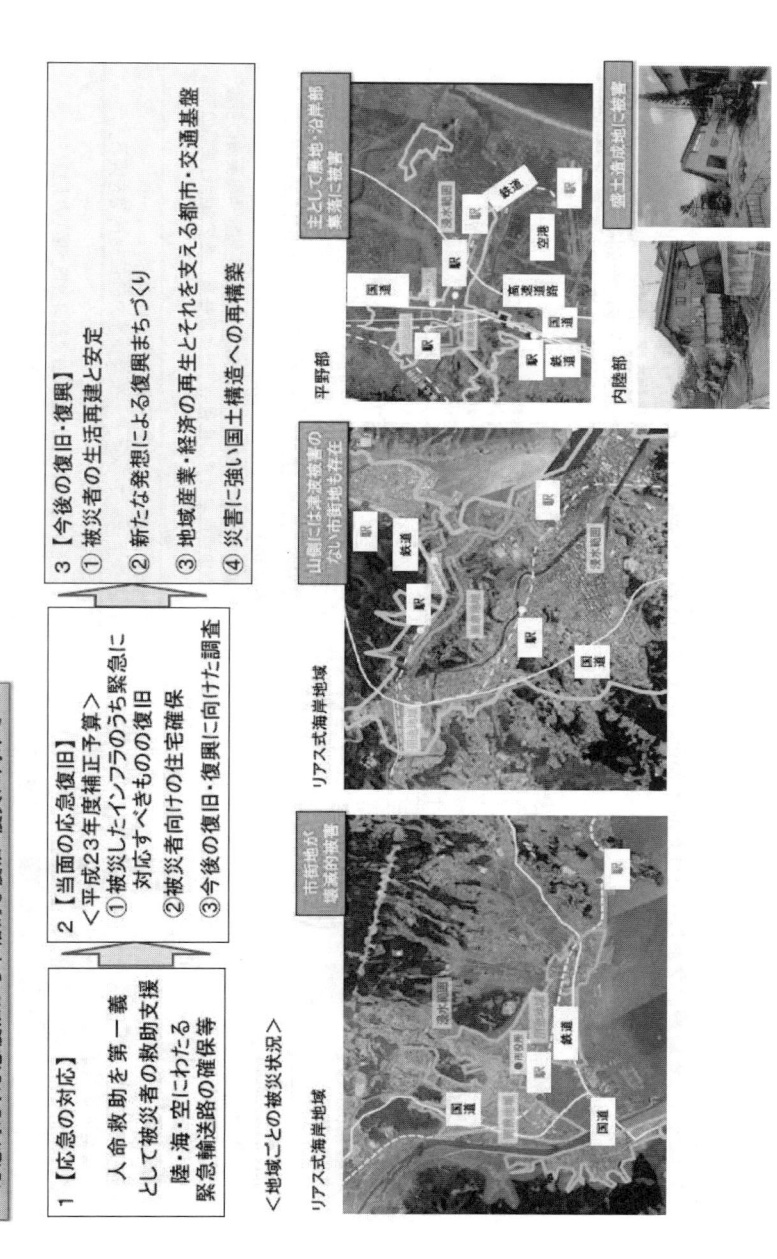

1　【応急の対応】
人命救助を第一義として被災者の救助支援
陸・海・空にわたる緊急輸送路の確保等

2　【当面の応急復旧】
＜平成23年度補正予算＞
①被災したインフラのうち緊急に対応すべきものの復旧
②被災者向けの住宅確保
③今後の復旧・復興に向けた調査

3　【今後の復旧・復興】
①被災者の生活再建と安定
②新たな発想による復興まちづくり
③地域産業・経済の再生とそれを支える都市・交通基盤
④災害に強い国土構造への再構築

＜地域ごとの被災状況＞

リアス式海岸地域　市街地が壊滅的な被害

リアス式海岸地域　山側には津波被害のない市街地も存在

平野部　主として農地・沿岸部集落に被害

内陸部　盛土造成地に被害

349

第1編　第16章　国土交通省の対応

(資料20)　被災者の生活再建と安定〜急ぐ生活再建と、時間がかかるまちづくりとの調和〜

【考え方】
○ 津波による壊滅的な被害を受けた沿岸部を中心に、被災者の居住確保に全力
・当面の応急仮設住宅建設に加え、恒久的な住宅も含めた居住の確保。
・その際、高齢者やコミュニティへの配慮が必要。
○ 地域の生活を支える交通の確保維持

【施策の方向性】

(1) 安全で安心して住み続けられる住まいの確保
安全・安心な住まいの確保を図るため、宅地造成、低廉な家賃の住宅の供給、公共施設整備等を総合的に支援。また、被災した造成宅地について、災害防止対策などを推進。
【施策例】
・居住の安定を図る災害公営住宅の供給
・災害公営住宅整備事業、防災集団移転促進事業、住宅地区改良事業等による住まい、まちづくりの推進
・大規模盛土造成地滑動崩落防止事業など災害防止対策の推進　等

(2) 高齢者やコミュニティへの配慮、自立再建への支援
高齢者の多い地域であることを踏まえ、高齢者に配慮した住まいの確保やまちづくりを進めるとともに、コミュニティが維持されるよう配慮。また、住宅の自立再建の支援等を推進。
【施策例】
・高齢者や地域コミュニティに配慮した生活支援施設や集会所の併設
・災害復興住宅融資の金利引下げ既存債務の負担軽減等の支援　等

(3) 地域における公共交通の確保維持等
被災地の状況に対応した被災鉄道網の復旧・復興の支援、日常生活を支えるため、公共交通の確保維持等を図る。
【施策例】
・バス、離島航路等被災地の公共交通のための支援　等

350

VI 国土交通省における東日本大震災の復旧・復興に向けた対応

(資料21) 新たな発想による復興まちづくり～ハード・ソフトの施策を総合した安全・安心なまちづくり～

【考え方】
○被災状況や地理的条件は地域によって大きく異なる →地域の状況に応じて、平地の活用や高台移転を適切に組み合わせ、地域ごとの特性を踏まえたハード・ソフトの総合的な対策を推進。
○従来のハード対策では、大規模津波からは守りきれない →津波対策の目標、地域ごとの特性を踏まえたハード・ソフトの総合的な対策を推進。
○住民、自治体が取り組む復興の支援に向けて、政策を総動員

【施策の方向性】

(1) ハード・ソフトの施策を総合した「津波防災まちづくり」

地域ごとの特性を踏まえ、ハード・ソフトの施策を組み合わせた「多重防災型まちづくり」を推進するための制度を創設。

【施策例】
・海岸堤防等の復旧・整備、市街地の整備・集団移転、避難対策の確保、必要な区域における建築制限等の実施等、津波防災対策の推進
・社会資本整備重点計画の見直しによるハード・ソフト連携施策の推進 等

(2) 縦割りを排した市街地と農地の一体的な土地利用調整と事業実施

地域主導による復興事業の円滑な実施を図るため、土地利用調整を迅速に行う仕組み（ワンストップ化）等を検討。

【施策例】
・既存の土地利用計画（都市計画、農業振興地域整備計画等）の効力の停止や許認可手続きのワンストップ化の検討
・所有者の所在が不明な土地の取扱いについての検討（例：自治体が一時的に土地を管理するような仕組み）
・住宅地と農地を一体的に再編する土地区画整理事業の検討 等

市街地と農地の一体的復興～手続きのワンストップ化～

(3) 復興まちづくりへの支援

自治体の復興まちづくりを人材面、技術面、情報面で支援するとともに、官民連携（PPP）等の取組を推進。

【施策例】
・被災地の復興の調査・分析やマンパワーの提供等による自治体による復興プランの策定支援
・地元企業、地縁組織、NPO等の多様な主体による事業、（仮設住宅コミュニティのマネジメント、まちづくり等）の支援
・官民連携（PPP）による被災地の復興や、新たな広域的地域まちづくり（被災地のまちづくり、産業振興等）に係る支援
・復旧・復興に資する技術に関する情報提供 等

3

4　地域の産業・経済の再生

　東北地方を復興させるためには、産業経済を支える交通基盤を早期に復旧させなくてはならない。そして、地域の復興を支援するためには、都市・交通基盤を整備する必要があり、たとえば復興道路などともよんでいる三陸縦貫道などについても、整備していかなくてはならない。

　また、国内外の旅行需要を回復するという視点からも施策が必要である。筆者は、10月に松島を訪れたところであるが、松島は、島があったためにそれほど被災はしていないのであるが、観光客が減少しているという事態が起きている。復興のためにはこういった面からの支援もしていかなくてはならない（（資料22）参照）。

　最終的には被災地だけではなく、国土全体を再構築して、災害に対応できるような国土づくりをしていかなくてならないと考えている（（資料23）参照）。

Ⅶ　東日本大震災からの復興の基本方針

　7月29日に、東日本大震災復興対策本部で、東日本大震災からの復興の基本方針が閣議決定された。

　（資料24）は、基本方針の中で国土交通省の関連施策を抜粋したものである。

1　災害に強い地域づくり

　まず、災害に強い地域づくりをするために、国土交通省として重要なのは、インフラ整備を効率的に進めていくことである。

　それから、「減災」の考え方に基づくソフト・ハードの施策の総動員のために、津波防災まちづくりを推進していかなくてはならない。（資料24）のとおり、堤防の整備、想定浸水区域の設定、中高層の避難建築物の整備など

Ⅶ　東日本大震災からの復興の基本方針

(資料22)　地域の産業・経済の再生とそれを支える都市・交通基盤～東北地方における産業再生が、日本経済再生・国際競争力確保に直結～

考え方

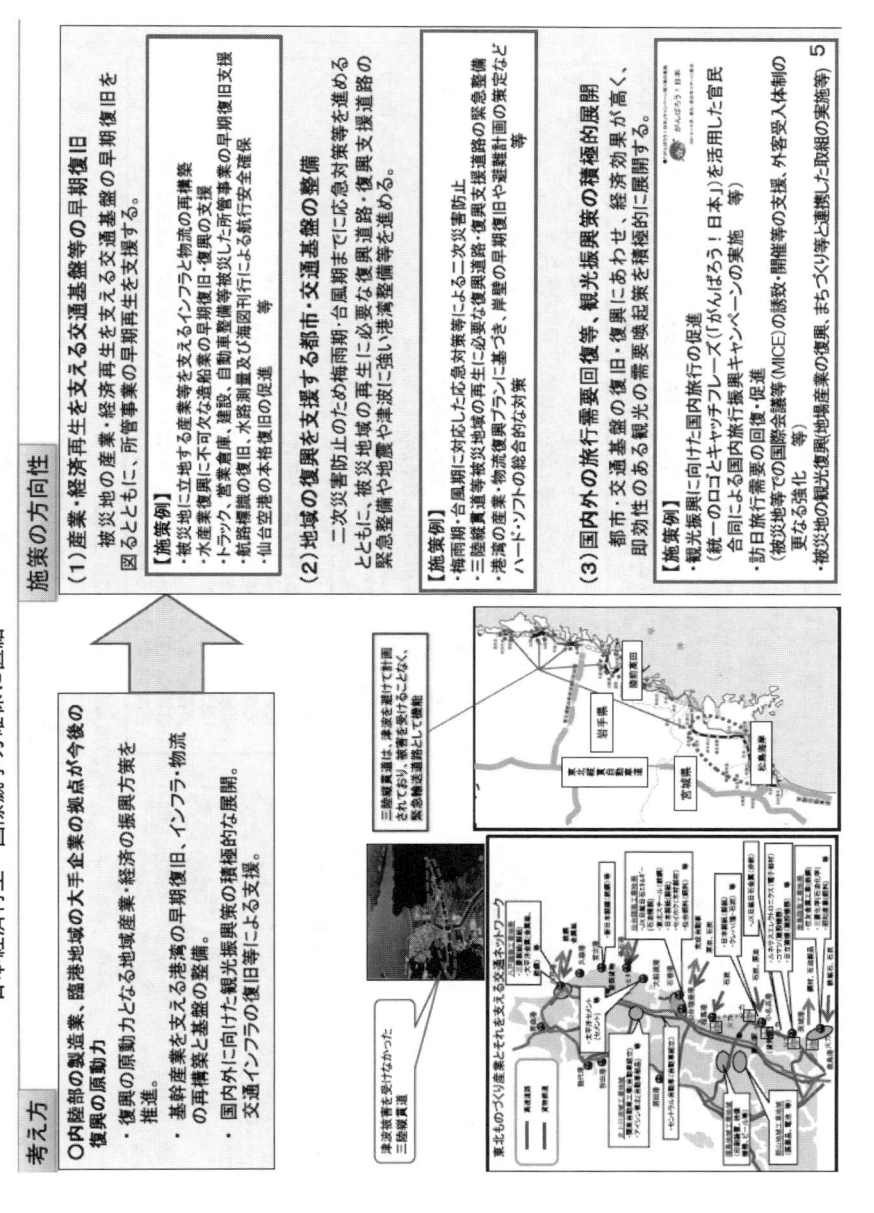

- ○内陸部の製造業、臨港地域の大手企業の拠点が今後の復興の原動力
- 復興の原動力となる地域産業・経済の振興方策を推進。
- 基幹産業を支える港湾の早期復旧、インフラ・物流の再構築と基盤の整備。
- 国内外に向けた観光振興策の積極的な展開。
- 交通インフラの復旧等による支援。

施策の方向性

(1) 産業・経済再生を支える交通基盤等の早期復旧

被災地の産業・経済再生を支える交通基盤の早期復旧を図るとともに、所管事業の早期再生を支援する。

【施策例】
- 被災地に立地する産業等を支えるインフラや物流の再構築
- 水産業復興に不可欠な造船業の早期復旧・復興の支援
- トラック、バス事業者、営業車両、自動車整備施設など所管事業の早期復旧支援
- 航路標識の復旧、水路測量及び海図刊行による航行安全確保
- 仙台空港の本格復旧の促進　等

(2) 地域の復興を支援する都市・交通基盤の整備

二次災害防止のための梅雨期・台風期までに応急対策等を進めるとともに、被災地域の再生に必要な復興道路・復興支援道路の緊急整備や港湾復興ブランに基づき、岸壁の早期復旧や津波に強い港湾整備を進める。

【施策例】
- 梅雨期・台風期に対応した応急対策等による二次災害防止
- 三陸沿岸等被災地域の再生に必要な復興道路・復興支援道路の緊急整備
- 港湾の産業・物流復興ブランに基づき、岸壁の早期復旧や津波計画策定などハード・ソフトの総合的な対策　等

(3) 国内外の旅行需要回復等、観光振興策の積極的展開

都市・交通基盤の復旧・復興にあわせ、経済波及効果が高く、即効性のある観光の需要喚起策を積極的に展開する。

【施策例】
- 観光振興に向けた国内旅行の促進
  （統一のロゴとキャッチフレーズ「がんばろう！日本」を活用した官民合同による国内旅行振興キャンペーンの実施　等）
- 訪日旅行需要の回復・促進
  （被災地等の国際会議等(MICE)の誘致・開催等への支援、外客受入体制の更なる強化）
- 被災地の観光復興(地場産業の復興、まちづくり等と連携した取組の実施等)

5

第1編　第16章　国土交通省の対応

（資料23）　災害に強い国土構造への再構築

考え方

○災害に強い国土構造への再構築
被災地の復旧・復興のみならず、今後発生すると想定されている首都直下地震、東海・東南海・南海地震等を念頭において、ハード・ソフトを組み合わせ災害への対応力を高めた国土基盤の整備を行うとともに、災害に強いしなやかな国土構造への再構築を図る。

○広域的観点からの国土政策の検討
東日本大震災により広域かつ甚大な被害が発生したことを踏まえ、災害に強い国土構造への再構築を図る観点からの広域的な国土政策の検討、見直しを行う。

【東北圏広域地方計画の見直しと推進】

施策の方向性

(1) 災害に強い国土構造への再構築

①各地域・施設を強くする：災害への対応力を高めた国土基盤の整備
被災地の復旧・復興を図るとともに、今後発生すると想定されている首都直下地震、東海・東南海・南海地震等における大被害の発生を防止するため、ハード・ソフト両面から、効果的で効率的な、災害への対応力の高い強靱な国土基盤の構築を図る。

【施策例】
・災害の防止・軽減のためのインフラ整備
・公共施設・より強いライフライン・交通インフラの整備
・官庁施設の防災機能強化
・液状化対策の推進に向けた検討
・大規模災害に対応した情報提供体制の整備
・大規模災害時の広域的な即応・支援体制の強化

・インフラ整備と連携した巨大津波予測技術の向上
・災害に強い国土づくりに資する技術の開発・導入の推進
・災害対応力を高めるための基盤情報の整備　等

②システムで備える：災害にしなやかな国土の形成
東日本大震災のような未曾有の大災害が生じた場合にも、国土全体・地域全体で支えうる体制を構築することなどを通じて、安全・安心を確保する災害に強いしなやかなシステムをもつ国土への再構築を図る。

【施策例】
・国土全体での機能分担・配置等の検討
・災害に強い広域交通基盤等の効率的で効果的な整備等による代替性・多重性の確保
・大規模災害時・物流体系の構築等による被災地域のサプライチェーン・公共交通の維持
・災害時にも安定的なエネルギー供給が可能な国土の形成の検討
・津波防災まちづくりを踏まえた大災害への備えの検討
・被災地の復旧・復興や災害に強い地域づくりを進めるための地元企業の再生
・多様な主体による災害に対する支援

・災害に強い国土体、地域全体で支えうる国土体、地域全体で支えうる、地縁組織、NPO等の多様な主体による災害に対する支援　等

(2) 広域的観点からの国土政策の検討
東日本大震災により、広域かつ甚大な被害が発生したことを踏まえ、災害に強い国土構造への方針の策定 ー 国土審議会での検討
再構築を図る観点からの広域的な国土政策の検討、見直しを行う。

【施策例】
・全国的観点からの災害に強い国土構造への方針の策定 ー 国土審議会での検討
・災害に強い地域づくりビジョンの策定 ー 東北圏広域地方計画の見直しと推進

354

を行っていく必要があり、それらに対応できるように、津波防災地域づくり法案を閣議決定し、国会に提出しているところである（12月7日成立）。

防災集団移転促進事業については、現行の制度では、住宅しか対象とならないため、他の用途の立地も可能となるよう、検討することとしている。

また、（資料19）にもあったように、宅地が崩れるという事態も発生していることから、宅地防災を推進していく。

土地利用については、被災地には、市街地と農地が重複しているような地域が多いため、そのような地域で、土地利用の再編ができるようなしくみをつくらなくてはならないという方針が立てられていたところである。

被災者の居住の安定の確保という観点では、恒久的な住まいをできるだけ早く確保できるよう支援し、二重ローン問題解消のため、個人債務者の引き継ぎ、整理に関するガイドラインなどで運用支援等を進めるとともに、低利の災害復興住宅融資などを、住宅金融支援機構等で手当てした。また、災害公営住宅の供給や、高齢者の入りたい住宅の整備も必要である。

市町村の計画策定に対する人的支援については、前述のとおりである。

2　地域経済活動の再生

地域経済活動の再生のためには、物流ソースの復旧や災害に強い交通物流網の構築、観光、水産業、中小企業の復興などを図る必要がある（（資料24）参照）。

3　大震災の教訓を踏まえた国づくり

上記に加えて、（資料24）に示されているようなさまざまな地震対策の強化等を行っていく。

Ⅷ　鉄道、港湾、道路等インフラの復旧・復興策

鉄道については、沿岸部の鉄道には、相当の被害が出ているところである

第1編　第16章　国土交通省の対応

（資料24）　東日本大震災復興基本方針における国土交通省関連施策の概要

1．災害に強い地域づくり

①高齢化や人口減少等に対応した新しい地域づくり
- 選択と集中の考え方で必要なインフラの整備に重点化を図るなど、地域づくり、インフラ整備を効率的に推進する。
  （社会資本整備重点計画の見直し）
  ⇒ 本年度中を目途に、社会資本整備審議会・交通政策審議会計画部会においてとりまとめ
- 高齢者や子ども、女性、障害者などに配慮したコンパクトで公共交通を活用したまちづくりを進める。

②「減災」の考え方に基づくソフト・ハードの施策の総動員
＜「津波防災まちづくり」の推進＞　＜39～43頁＞
以下のハード・ソフトの施策を組み合わせた「多重防御」による「津波防災まちづくり」を推進する。
（イ）海岸・河川堤防等の復旧・整備、防災・排水施設の機能強化
（ロ）想定浸水区域等の設定、ハザードマップの作成等の警戒避難体制の確立
（ハ）中高層の避難建築物の整備、避難場所の確保、避難ビル・避難路・防災拠点施設の整備・機能向上
（ニ）二線堤の機能を有する道路、鉄道等の活用
（ホ）被災時における支援活動に不可欠な幹線交通網へのアクセス確保
（ヘ）被災都市の中枢機能の復興のための市街地の整備・集団移転
（ト）土地利用規制・建築規制等の柔軟な適用　等
また、大津波に際して、粘り強い防潮堤・防潮堤等とするための技術的整理を行う。
⇒ 新たな法制度の創設

＜「防災集団移転促進事業」の総合的検討＞　＜46頁＞
地域の実情に即して多様な用途の立地が可能となるよう、土地の買い上げ等も可能な「防災集団移転促進事業」を総合的に再検討する。

＜宅地防災等の推進＞
- 大規模造成地が崩れた地区や液状化被害が生じた地区について、所有者個人の支援策の拡充措置を周知・適用。　＜47頁＞
- 液状化について、負担の軽減にも資するよう、その発生メカニズムを研究し、より安全にかつ低コストで行える液状化対策の技術開発を進め、公共インフラにおける再発防止を図るとともに、道路・下水道等の公共施設と隣接宅地等との一体的な再発防止策を検討する。　＜48頁＞

③土地利用の再編等を速やかに実現できる仕組み等　＜44、45頁＞
- 土地利用の調整を迅速に行うため、各種手続を一つの計画の下でワンストップで処理する特例措置を検討する。
- 権利者の所在が不明な土地について、地方公共団体による一時的な管理を可能にする措置を講じる。
⇒ 「復興特区制度」に係る特別法の中で対応
- 住宅地から農地への転換を含め、住宅地・農地等の一体的な整備のための事業を検討する。
- 民間の復興活動の円滑化・促進を図れるよう、土地利用調整のためのガイドラインの周知等を推進する。
- 境界等が不明な土地の明確化を推進する。
- 投機的な土地取得等を防止するため、土地取引の監視のために必要な措置を講じる。

④被災者の居住の安定確保
＜恒久的な住まいの確保＞
- 職業の継続・確保、高齢者等の生活機能の確保に配慮しつつ、恒久的な住まいを着実に確保できるよう支援する。

＜住宅の自立再建の支援等＞
- 既存住宅ローンを有する被災者については、ローンの返済条件の見直し、「個人債務者の私的整理に関するガイドライン」の運用支援等を進め、住宅を新規に取得する被災者については、低利の災害復興住宅融資を供給する。

＜災害公営住宅の供給等＞
- 自力での住宅再建・取得が困難な被災者については、低廉な家賃の災害公営住宅等の供給を促進する。
- 一定の条件の下で災害公営住宅の入居者への売却とともに、敷地については売却と借地の選択肢を用意する。

＜高齢者に配慮した住宅等の整備＞
- コミュニティ機能、高齢者等へのサービス機能等と一体となった住宅等の整備を進める。

＜地域の実情に応じた住宅等の整備＞
- 津波の危険性がない地域においては、木造の災害公営住宅等の整備を促進し、認証材等の活用や効率的な調達を進めるとともに、平地にあっては、津波からの避難機能を果たせるようにする。
- 不良住宅の密集地区については、復興計画等に基づき、再建住宅等のための土地整備等を実施する。

⑤市町村の計画策定に対する人的支援等　＜14頁＞
津波被災市街地復興手法検討調査、津波浸水シミュレーションの手引きやまちづくり等に関する専門職の派遣により復興計画の策定を支援する。

⑥民間の力による復興
- 民間の資金・ノウハウを活用したファンドや官民連携（PPP）、PFIによる復興の促進等の積極的活用等を図る。
- まちづくりプランナー等の専門家を効果的に活用するとともに、NPO、ボランティア等による復興のための活動を促進する。

Ⅷ　鉄道、港湾、道路等インフラの復旧・復興策

2．地域経済活動の再生

①交通・物流、情報発信

＜物流インフラの早期復旧＞

被災地の復興支援のため、まず、道路、港湾、臨海鉄道等の物流インフラの早期復旧を図る。

＜災害に強い交通・物流網の構築＞

以下により、災害に強い交通・物流網を構築する。
- （イ）被災状況や地形等の地域の特性に応じ、既存施設を有効に活用しつつ、まちづくりや産業の復興と一体となった鉄道の復旧等　　＜35頁＞
- （ロ）基幹産業の復興や背後のまちづくり等を踏まえた港毎の復興プランに基づく港湾の産業・物流機能、減災機能の強化＜36頁＞
- （ハ）三陸縦貫道等の緊急整備や太平洋沿岸と東北道を繋ぐ横断軸の強化　＜37頁＞
- （ニ）交通・物流施設への防災機能の付加
- （ホ）類似災害に備えての倉庫、トラック、外航・内航海運等の事業者など民間のノウハウや施設の活用などソフト面を重視した災害ロジスティクスの構築
- （ヘ）日本海側との連携も含め東北全体のネットワークも考慮したリダンダンシーの確保　等

②観光

＜国内外の旅行需要の回復・喚起＞

風評被害防止のための情報発信や観光キャンペーンの強化、外国人観光客の受入環境の整備などを効果的・集中的に行い、国内外の旅行需要を回復、喚起する。

＜地域の豊かな観光資源の活用＞

人材育成や幅広い関係者による地域プラットフォームの形成等により、自然の景観、豊かな文化・「食」、国立公園や世界遺産などの地域の豊かな観光資源を活用した東北ならではの観光スタイルを構築する。

③コミュニティを支える生業支援

地域に密着した建設関係技能者（大工・左官等）など、地域コミュニティを支える多様な生業を復元し、維持可能となるよう支援する。

④水産業

＜造船業の早期復旧・復興の支援＞

造船業などの関連産業の復興を支援する。

⑤中小企業

中小企業について、資金繰り支援、事業用施設の復旧・整備を支援する。

3．大震災の教訓を踏まえた国づくり

＜「津波防災まちづくり制度」の具体化＞

ハード・ソフトの施策を組み合わせた「多重防御」による「津波防災まちづくり制度」を早急に具体化する。
　　➡　*新たな法制度の創設*

＜地震対策等の強化＞

- 地震・津波等の観測・監視・予測体制の強化、津波警報の改善をはじめとした防災情報の強化等を実施する。
- 最大規模の外力に対するリスク評価、防災拠点（災害に強い施設）・情報伝達体制・警戒避難体制の整備、社会基盤の防災対策の強化とルートの多重化、必要な技術開発、災害に強い供給網の構築等を行う。　　＜21,22頁＞
- 住宅・建築物、下水道の耐震化を推進する。
- 災害時に道路網を有効活用し円滑な輸送に資するための情報化等のソフト施策を推進する。
- 災害応急対策の能力を強化し、地方公共団体との連携を強化する。
- 迅速な災害復旧に向けた事前準備を含む地域防災計画の充実を働きかける。
- 国の庁舎等について、耐震化をはじめとする防災機能の強化を図る。
- 防災・復旧の観点からの地理空間情報の利活用や災害時の被害状況の把握等について衛星システムの活用を含めて検討する。
- 今回の大震災に関し、詳細な調査研究を行う。

＜災害に強い国土構造への再構築＞

- ハード・ソフトの対策を組み合わせ、災害への対応力を高めた国土基盤を整備する。
- 広域的な国土政策の検討、見直しを行う。

第1編　第16章　国土交通省の対応

(資料25)　沿岸部の鉄道の復旧・復興について

1. 市街地復興と一体で現行ルートの変更も合わせた復興

沿岸部のJR東日本の路線（仙石線、常磐線等）
※被害の甚大な市街地については移転等の可能性あり。

・鉄道事業者の自助努力を基本としつつ、まちづくりと連携した鉄道用地の確保等
・駅を中心としたコンパクトなまちづくりへの復興

<JR仙石線>

2. 既存施設を活かして現行ルートで復旧

三セク鉄道（三陸鉄道等）
※三陸鉄道の6割強を占めるトンネル区間に被害がほとんどない。

<三陸鉄道北リアス線>

・6割強がトンネル区間であるため、大幅なルート変更は困難
・復旧にあたっては、防災力及び減災力を強化
・経営基盤が脆弱な鉄道事業者に対する財政上の支援

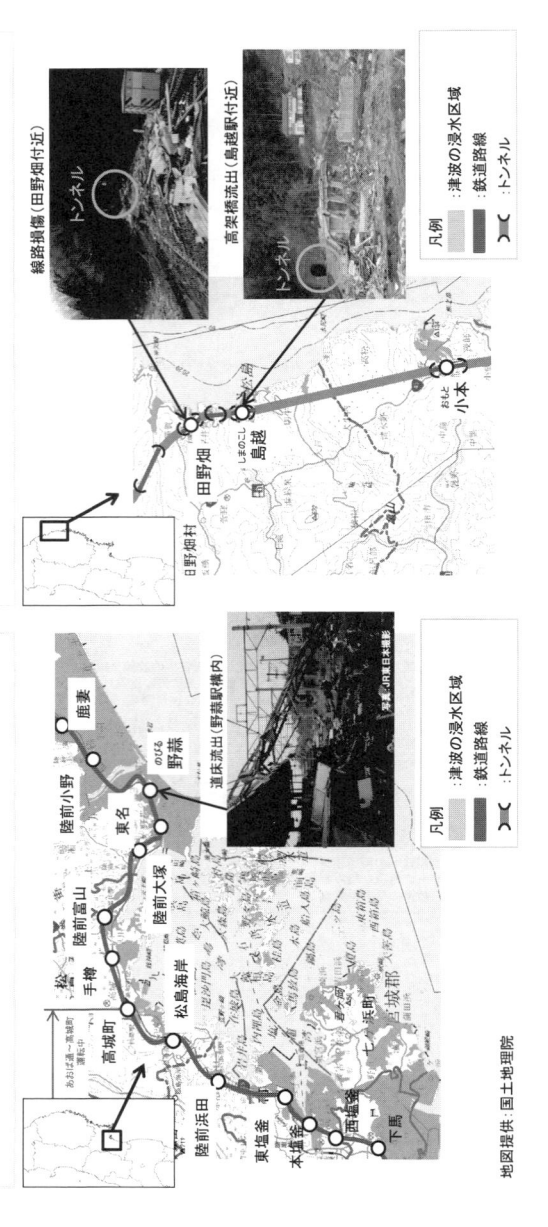

地図提供：国土地理院

358

が、その復旧・復興については、2種類ある（（資料25）参照）。1つは、トンネルなどがある区間については、その制約によって別のルートを敷くことはなかなか難しいため、既存施設を活かして、現行ルートを復旧していくという場所。それからもう1つは、高台移転の検討なども含め、市街地の復興と連携した形でどこへ鉄道を敷いていくかということを検討していかなくてはならない場所である。

港湾については、港湾ごとに「産業・物流復興プラン」というものを作成し、各復旧の具体的なスケジュールづくりをしているところである（（資料26）参照）。

（資料26） 港湾の「産業・物流復興プラン」の推進

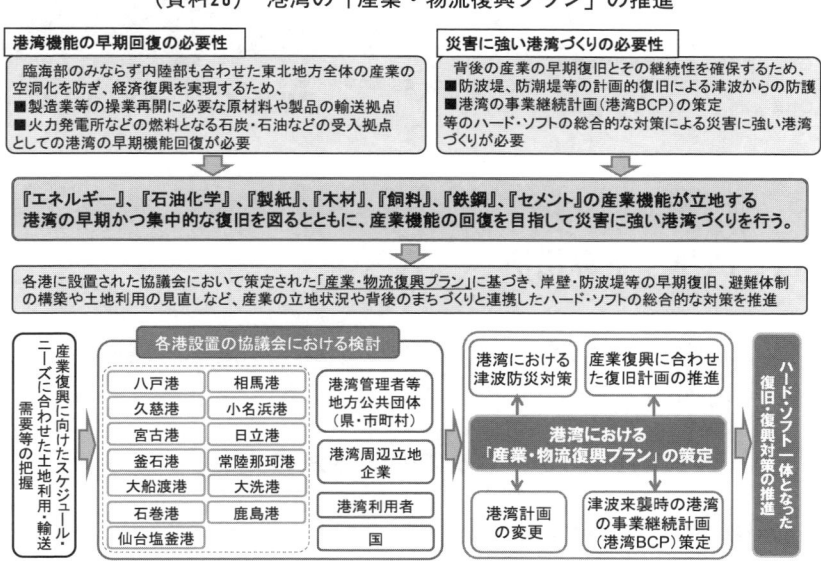

港湾機能の早期回復の必要性	災害に強い港湾づくりの必要性
臨海部のみならず内陸部も合わせた東北地方全体の産業の空洞化を防ぎ、経済復興を実現するため、 ■製造業等の操業再開に必要な原材料や製品の輸送拠点 ■火力発電所などの燃料となる石炭・石油などの受入拠点 としての港湾の早期機能回復が必要	背後の産業の早期復旧とその継続性を確保するため、 ■防波堤、防潮堤等の計画的復旧による津波からの防護 ■港湾の事業継続計画（港湾BCP）の策定 等のハード・ソフトの総合的な対策による災害に強い港湾づくりが必要

『エネルギー』、『石油化学』、『製紙』、『木材』、『飼料』、『鉄鋼』、『セメント』の産業機能が立地する港湾の早期かつ集中的な復旧を図るとともに、産業機能の回復を目指して災害に強い港湾づくりを行う。

各港に設置された協議会において策定された「産業・物流復興プラン」に基づき、岸壁・防波堤等の早期復旧、避難体制の構築や土地利用の見直しなど、産業の立地状況や背後のまちづくりと連携したハード・ソフトの総合的な対策を推進

各港設置の協議会における検討：
- 八戸港、相馬港、久慈港、小名浜港、宮古港、日立港、釜石港、常陸那珂港、大船渡港、大洗港、石巻港、鹿島港、仙台塩釜港
- 港湾管理者等地方公共団体（県・市町村）
- 港湾周辺立地企業
- 港湾利用者
- 国

→ 港湾における「産業・物流復興プラン」の策定
- 港湾における津波防災対策
- 産業復興に合わせた復旧計画の推進
- 港湾計画の変更
- 津波来襲時の港湾の事業継続計画（港湾BCP）策定

→ ハード・ソフト一体となった復旧・復興対策の推進

（左側）産業復興に向けたスケジュール・ニーズに合わせた土地利用・輸送需要等の把握

道路については、三陸縦貫道などの、太平洋沿岸の縦軸となる道路をできるだけ早期に整備し、同時に、太平洋岸と東北道とをつなぐ横断軸を強化していくことが必要ではないかと考えている（（資料27）参照）。

359

（資料27）　被災地域の再生に必要な道路整備等の推進

■ 被災地域の速やかな復興、再生の鍵となる路線を復興道路・復興支援道路とし、整備スケジュールを明確にして重点的に緊急整備
■ 津波により壊滅的な被害を受けた地域等において、再度被害防止等に向けた取り組みを推進

復興道路・復興支援道路の緊急整備等

【復興道路】
① 復興の背骨となる太平洋沿岸軸（三陸縦貫道等）の形成
・これからのまちづくり、産業振興を支える基礎的な交通基盤を構築
・津波に強い道路により、被災時の孤立を防ぐ
　※ 道路に持たせる機能の複合化も検討（避難場所等）
・仙台周辺の道路ネットワークを強化

【復興支援道路】
② 太平洋沿岸地域と東北道を繋ぐ横断軸強化
・内陸から沿岸部への広域支援ルートを確保

③ ダブルネット、対アジア交流圏を形成する日本海軸を強化

津波の再度被害防止等に向けた取り組み
○高速道路のICから市街地等を接続する道路等の整備
○支援活動に不可欠な幹線道路の有効活用を図る追加IC、緊急連絡路の整備
○高台の道路等への緊急避難階段の整備
○避難場所としての「道の駅」の防災拠点化など、道路沿いの一定空間の整備
○無電柱化　　○道路情報の収集・提供　　　等

IX　法律、予算措置

次に、10月28日に閣議決定して国会に提出された法律と予算案のうち、国土交通省関連のものについて説明したい。

1　津波防災地域づくりに関する法律案

1つは、既述のとおり、津波防災地域づくりに関する法律案を、国土交通省から提出している（（資料28）参照）。

この法律のしくみは、まず、都道府県知事が津波浸水想定というものを設定する。これは、最大津波がきたときに、どこまで津波がくるかという想定を作成し、それを公表するというものである。海のある県はほとんど津波の可能性があるし、特に地震のおそれがある地域は、できるだけ早期に津波浸

IX 法律、予算措置

(資料28) 津波防災地域づくりに関する法律案

●津波防災地域づくりに関する法律案

津波による災害の防止等の効果が高く、将来にわたって安心して暮らすことのできる安全な地域の整備等を総合的に推進することにより、津波による災害から国民の生命、身体及び財産の保護を図るため、市町村による推進計画の作成、推進計画の区域における所要の措置、津波災害警戒区域における警戒避難体制の整備並びに津波災害特別警戒区域における一定の開発行為及び建築物の建築等の制限に関する措置等について定める。

施策の背景
東日本大震災により甚大な被害を受けた地域の復興にあたっては、将来を見据えた津波災害に強い地域づくりを推進する必要がある。また、将来起こりうる津波災害の防止・軽減のため、全国で活用可能な一般的な制度を創設する必要がある。

このため、ハード・ソフトの施策を組み合わせた「多重防御」による「津波防災地域づくり」を推進する

概要

基本指針（国土交通大臣）

津波浸水想定の設定
都道府県知事は、基本指針に基づき、津波浸水想定（津波により浸水するおそれがある土地の区域及び浸水した場合に想定される水深）を設定し、公表する。

推進計画の作成
市町村は、基本指針に基づき、かつ、津波浸水想定を踏まえ、津波防災地域づくりを総合的に推進するための計画（推進計画）を作成することができる。

特例措置（推進計画区域内における特例）
| 津波防災住宅等建設区の創設 | 津波避難建築物の容積率規制の緩和 | 都道府県による集団移転促進事業計画の作成 | 一団地の津波防災拠点市街地形成施設に関する都市計画 |

津波防護施設の管理等
都道府県知事又は市町村長は、盛土構造物、閘門等の津波防護施設の新設、改良その他の管理を行う。

津波災害警戒区域及び津波災害特別警戒区域の指定
・都道府県知事は、警戒避難体制を特に整備すべき土地の区域を、津波災害警戒区域として指定することができる。
・都道府県知事は、警戒区域のうち、津波災害から住民の生命及び身体を保護するために一定の開発行為及び建築を制限すべき土地の区域を、津波災害特別警戒区域として指定することができる。

水想定を設定しなくてはならないと考えている。被災地については、東日本大震災において、最大規模の津波がきたため、現在すでに検討が進んでおり、今後、静岡、三重、和歌山、高知など、津波の起こる可能性が高いところについて、津波浸水想定を早急に設けていただきたいと考えている。

それに対応する形で、市町村で、そのような津波に対応してどのような地域づくりをしていくかという推進計画を作成することになる。ソフト・ハード合わせた形で、どのように津波に対応していくか、市町村で計画を立てる。

2 津波法における特例措置

市町村が作成する推進計画の中での特例措置として考えているものを、いくつか紹介したい。

まず、津波防災住宅等建設区制度というものである（(資料29) 参照）。これは、区画整理の特例である。区画整理については照応の原則があり、基本

361

第1編　第16章　国土交通省の対応

（資料29）　津波防災住宅等建設区制度の創設

趣旨	今般の震災の被災地域では、津波により、住宅や当該住宅の居住者の共同の福祉又は利便のために必要な市役所、学校、病院、商店等が壊滅的な被害を受けている。津波による災害の発生のおそれの著しい地域では、宅地の盛土・嵩上げ等、津波災害の防止措置を講じた、又は講じられる土地へ住宅及び公益的施設を集約し、津波被害に対する安全性の向上を図ることが喫緊の課題である。
内容	推進計画区域内で施行される土地区画整理事業の施行地区内の津波災害の防止措置を講じられた又は講じられる土地に、住宅及び公益的施設の宅地を集約するための区域を定め、住宅及び公益的施設の宅地の所有者が、当該区域内への換地の申出をすることができる申出換地の特例を設ける。

施行地区イメージ図

的には事業終了後に、元の土地と大体同じところへ戻るということが原則となっているが、今回、区画整理により盛り土によって土地を高くし、比較的安全なところと、そうでないところができた場合、安全なところを津波防災住宅等建設区に指定し、希望がある際にはそちらに換地するということができるという特例を設けたところである。

また、津波の避難ビルの整備推進のための特例措置として、推進計画域内において、避難ビルとして建築されるものについては、たとえば防災用備蓄倉庫や自家用発電施設などを設置した分については、容積率の不算入をしてこれを緩和することによって、避難ビルの整備を推進することを考えている（（資料30）参照）。

3　津波災害警戒区域の指定

ソフト施策としては、津波災害警戒区域と津波災害特別警戒区域の指定を考えている（（資料31）参照）。

都道府県知事が先ほど述べた津波想定にあわせて、警戒区域を指定し、そ

IX　法律、予算措置

（資料30）　津波避難ビルの容積率規制の緩和

特例の目的
津波避難ビルの整備を推進するため、建築基準法の特例として、容積率規制を緩和するもの

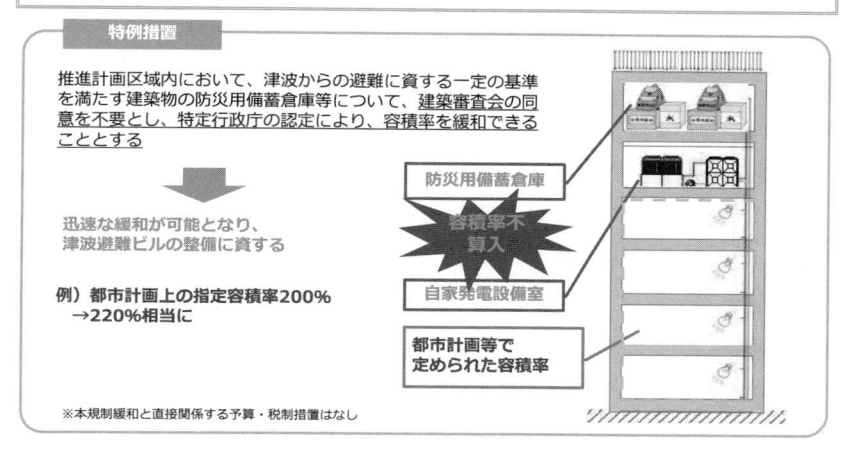

特例措置
推進計画区域内において、津波からの避難に資する一定の基準を満たす建築物の防災用備蓄倉庫等について、建築審査会の同意を不要とし、特定行政庁の認定により、容積率を緩和できることとする

迅速な緩和が可能となり、津波避難ビルの整備に資する

例）都市計画上の指定容積率200%
　　→220%相当に

防災用備蓄倉庫
容積率不算入
自家発電設備室
都市計画等で定められた容積率

※本規制緩和と直接関係する予算・税制措置はなし

（資料31）　津波災害警戒区域および津波災害特別警戒区域、津波防護施設等

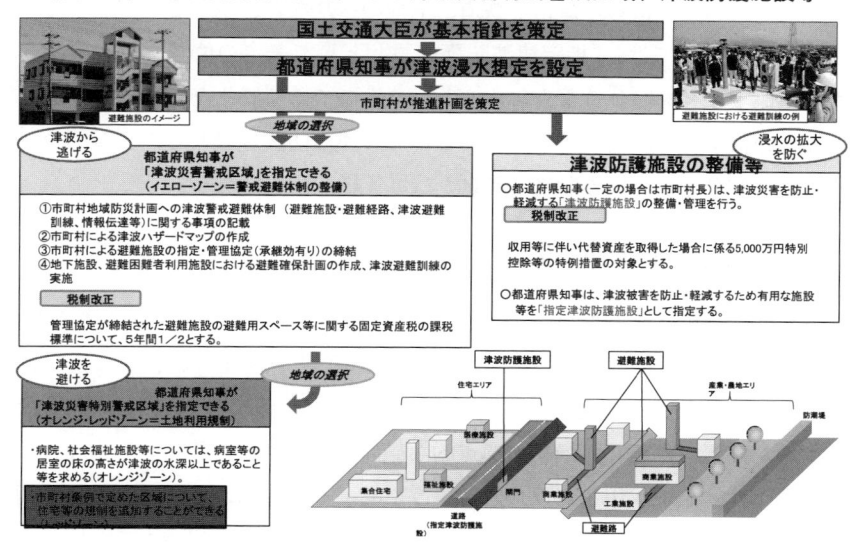

国土交通大臣が基本指針を策定
都道府県知事が津波浸水想定を設定
市町村が推進計画を策定

避難施設のイメージ
避難施設における避難訓練の例

津波から逃げる

都道府県知事が「津波災害警戒区域」を指定できる（イエローゾーン＝警戒避難体制の整備）

①市町村地域防災計画への津波警戒避難体制（避難施設・避難経路、津波避難訓練、情報伝達等）に関する事項の記載
②市町村による津波ハザードマップの作成
③市町村による避難施設の指定・管理協定（承継効有り）の締結
④地下施設、避難困難者利用施設における避難確保計画の作成、津波避難訓練の実施

税制改正
管理協定が締結された避難施設の避難用スペース等に関する固定資産税の課税標準について、5年間1/2とする。

浸水の拡大を防ぐ

津波防護施設の整備等

○都道府県知事（一定の場合は市町村長）は、津波災害を防止・軽減する「津波防護施設」の整備・管理を行う。

税制改正
収用等に伴い代替資産を取得した場合に係る5,000万円特別控除等の特例措置の対象とする。

○都道府県知事は、津波被害を防止・軽減するため有用な施設等を「指定津波防護施設」として指定する。

津波を避ける

都道府県知事が「津波災害特別警戒区域」を指定できる（オレンジ・レッドゾーン＝土地利用規制）

・病院、社会福祉施設等については、病室等の居室の床の高さが津波の水深以上であること等を求める（オレンジゾーン）。
・市町村条例で定めた区域について、住宅等の建築を制限することができる（レッドゾーン）。

津波防護施設
避難施設
住宅エリア
産業・農地エリア
防潮堤
医療施設
集合住宅
福祉施設
商業施設
開閉門
教育施設
工業施設
道路（指定津波防護施設）
避難路

363

の中では、市町村の地域防災計画については津波の警戒避難体制を記載し、津波のハザードマップを作成したり、避難ビルの指定をしたり、その管理の仕方について管理協定を締結することにする。その協定については、所有権が移った場合にでもその効力を担保するよう、承継効がある。それから地下施設や避難困難者利用施設における避難確保計画を作成する。そのようなソフトの施策を行えるような区域を津波災害警戒区域として指定するのである。

　また、さらに危険な場所については、津波災害特別警戒区域として指定できるようにした。指定については、地域の判断によるものであるが、津波に関して非常に危険な場所については、病院・社会福祉施設等については、避難が困難な方が多くいることもあり、居室の位置を高位置にする、構造上の基準を設けるなどの規制を行い、またさらに必要であれば、住宅にも建築規制がかけられるという制度を設けたところである。

　さらに、津波防護施設の整備ということを位置づけてある。東日本大震災での津波の際、仙台東部道路で津波がある程度止まったということがあった。そのような内陸部にある道路や鉄道、宅地のへりなど、水がそこで止まるようなものについては、「指定津波防護施設」として一定の位置づけをして、管理や保全などを図れるようにするというものである。また、そのような道路などの盛土に切れ目がある部分について、津波防護施設として、閘門(こうもん)をつけることができるという制度を設けた。

4　拠点市街地の整備

　加えて、都市計画制度として、拠点市街地の整備があげられる（(資料32)参照）。市街地を移転する際には、さまざまな手法が考えられ、先に述べた区画整理の建設区で、換地によって移るということもあり得る。この制度は、市街地が移転する際に、最初に拠点的な施設を移すために都市計画施設として位置づけ、土地収用をかけられるようにし、それにあわせて税制上の特例を設けた。まずコアの市街地を形成して、市街地の移転を促進するという考え方で設けたものである。

X 東日本大震災復興特別区域法案

(資料32) 拠点市街地の整備に関する制度

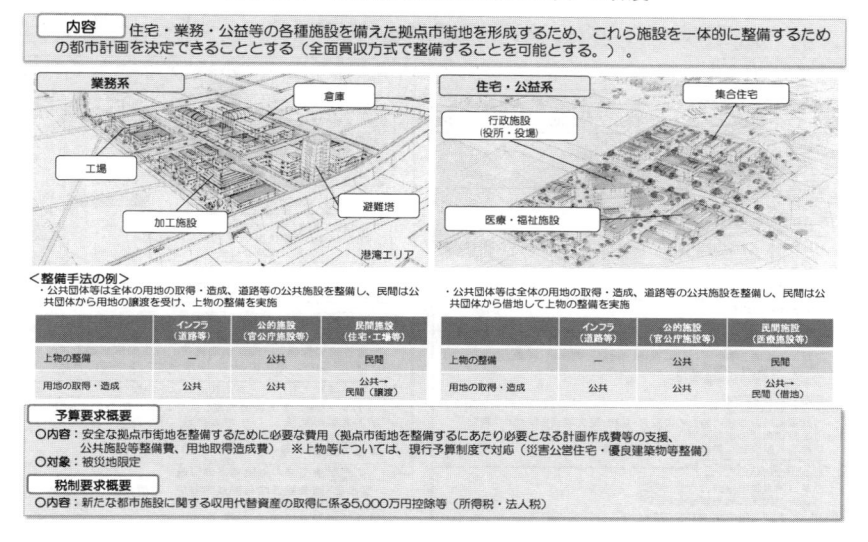

内容 住宅・業務・公益等の各種施設を備えた拠点市街地を形成するため、これら施設を一体的に整備するための都市計画を決定できることとする（全面買収方式で整備することを可能とする。）。

X 東日本大震災復興特別区域法案

1 東日本大震災復興特別区域法案とは

　以上が、津波防災地域づくり法案であるが、そのほかに、東日本大震災復興対策本部で作成した、東日本大震災復興特別区域法案（以下、「復興特区法案」という）というものがある。これも、10月28日に閣議決定された。

　津波防災地域づくり法案が全国制度であるのに対し、こちらは被災地で使う制度であり、いくつかの特例措置がある（(資料33)参照）。1つは、規制手続の特例ということで、いわゆる特区制度である。特区を指定することによって、たとえば公営住宅の入居基準が緩和できる、農産水産物の加工販売施設等の開発許可の特例が効く、漁業権の免許特例が効くなど、規制緩和措置が講じられるのである。

365

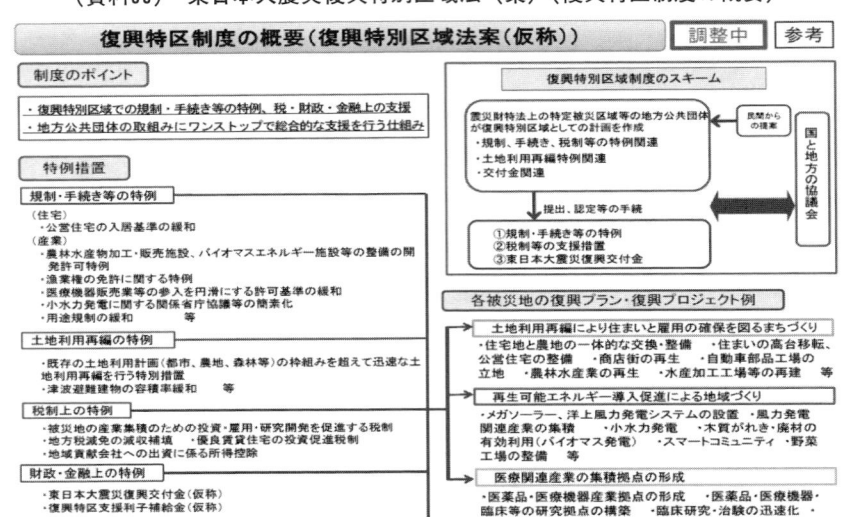

(資料33) 東日本大震災復興特別区域法（案）（復興特区制度の概要）

　２つめは、既述したところであるが、農地と市街地との関係の手続を一元化して、土地利用再編に資するということを考えている。
　そのほかに、税制上の特例があり、財政・金融上の特例として、東日本大震災復興交付金の規定もこの法律に入っており、地方公共団体の判断で復興に対するお金が使えるということと、復興特区利子補給金制度とあわせて、市町村・県の財政負担を軽減し、ほとんど国で負担するという制度を設けている。
　この復興特別区域制度では、さまざまなことを決めていくのに国と地方の協議会を設けている。
　復興特区法案については、国土交通省提出の法案というわけではないことから、説明できることは限られているが、国土交通省としては、土地利用再編の特例は、非常に効果的ではないかと考え、この法案の中に盛り込んでいるところである（（資料34）参照）。

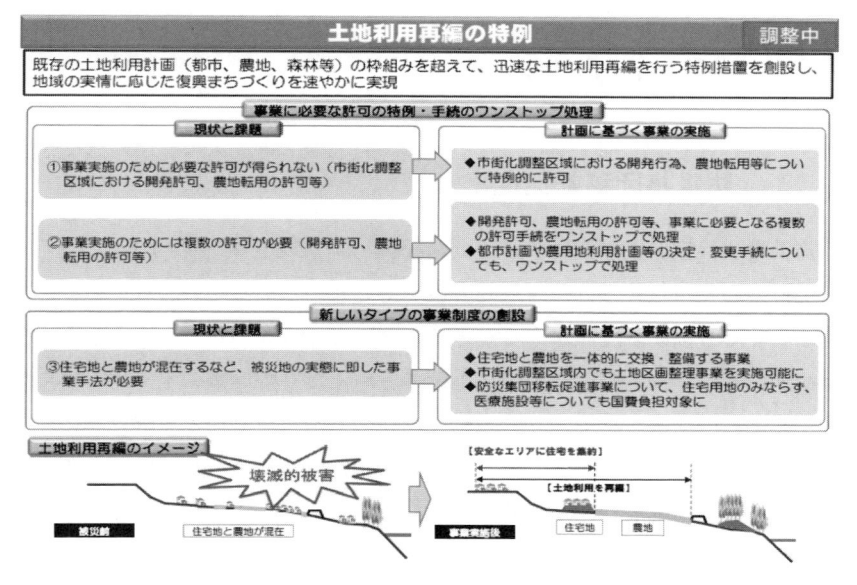

（資料34） 東日本大震災復興特別区域法（案）（土地利用再編の特例）

2 土地利用再編の特例

　農地と市街地が混ざり合うようなところでは、土地利用の制度も、都市計画法の規制と、農地法の規制があり、事業を実施するためには、同時にそのような許可が出るようにしたほうが、素早い復興ができると考えられる。

　そこで、市街化調整区域における開発許可、あるいは農地の転用許可について、特例的に、一元的に許可できるようにする。現状では、事業実施のためには複数の許可が必要であるが、ワンストップで処理できるようにする。住宅地と農地が混在していると、なかなか被災地の実態に即して素早く対応できる制度が現在はないため、住宅地と農地を一体的に交換・整備することができるようにし、市街化調整区域内でも土地区画整理事業を実施可能にする。

　また、防災集団移転促進事業についても、現行の制度では、住宅用地しか対象にならなかったところ、医療施設等の他施設にでも、一定数の補助が出

XI 各種の予算措置

1 防災集団移転促進事業

防災集団移転促進事業については、(資料35)でさらに説明する。

現行の制度に対しては、財政的支援が薄いということがいわれており、割合は高くても補助限度額があるからできないのではないかというような指摘が初期にあり、補助限度額を引き上げて、戸あたり限度額の不適用という形に変えたものである。そして、多様な用途の立地を可能にする移転への対応として、移転者等に分譲する場合も、分譲価格を超える分を補助対象化する、公益的施設の用地取得・造成費も補助の対象とするなどの改正をしている。住宅団地の規模要件の緩和も行った。

(資料35) 防災集団移転促進事業の制度改正

背景
- 本事業は災害が発生した地域等において、住民の居住に適当でないと認められる区域内の住居の集団移転を支援するもの。
- 東日本大震災の津波により、被災地域が広域に及び、都市によっては都市機能が喪失するような甚大な被害が生じているところ。
- 被災市町村では、被災地域から安全な地域への集団移転を含む復興計画が策定されつつある。

都市機能が喪失するような甚大な被害

→ 各市町村の復興計画の円滑な実現を図るとともに地域の実情に合わせた事業実施を図る観点から制度改正

改正内容

被災自治体に対する財政的支援の充実
① 補助限度額の引き上げ(※)、戸当たり限度額(現行:一般の市町村で1,655万円)の不適用(交付率3/4)

多様な用途の立地を可能とする移転への対応
② 住宅団地の用地取得・造成費について、移転者等に分譲する場合も分譲価格(市場価格)を超える部分を補助対象化
③ 住宅団地に関連する公益的施設(病院等)の用地取得・造成費の補助対象化(有償譲渡等の場合は②と同じ取扱い)

円滑な事業実施への支援
④ 住宅団地の規模要件の緩和(10戸以上→5戸以上)
⑤ 市町村による移転元の区域内の土地取得要件の緩和(農地・宅地すべての買取り→住宅用途以外の買取りは義務としない)

※住宅団地の用地取得造成費:地域の実情に応じた造成費見合いの加算。更に、これを超えた場合でも、個別認定で補助可能に。
　移転者の住宅の建設費等については自己負担。借入金の利子相当額補助については406万円→708万円に引き上げ 等

2　盛土造成地が滑動・崩落した地区に対応する事業制度

　これは法律というより事業制度であるが、これまで、仙台などで盛り土したところが滑って、家が落ちたりする被害が生じた。このようなところについては交付率を高めるとともに、これまで3000平米以上、家屋が10戸以上など厳しかった要件を緩和する、崩落で被害のおそれがある公共施設の対応を広げるなど、適用範囲を広げたところである（(資料36) 参照）。

（資料36）　盛土造成地が滑動・崩落した地区に対応するための事業制度の創設

背景

東日本大震災では、多数の宅地に甚大な被害が生じており、特に盛土造成地に甚大な被害が集中し、地盤が滑動又は崩落することにより周辺公共施設（道路・下水道等）を含む盛土全体が被災する事例が顕著。

- 災害予防の観点から制度設計されている既存の「大規模盛土造成地滑動崩落防止事業」を参考にしつつ、すでに被害を受けている宅地の実情に即応できる新制度を創設
- 再度災害防止を図る観点から滑動崩落防止の緊急対策工事を実施

甚大な宅地被害～比較的小規模なものも多数

既存の大規模盛土造成地滑動崩落防止事業

①交付率
　1／4

②事業の対象となる盛土造成地の要件
　盛土面積が3,000m²以上であり、かつ盛土上に存在する家屋が10戸以上

③崩落で被害のおそれのある公共施設等の対象
　道路（高速自動車国道、一般国道、都道府県道）、河川、鉄道、避難地又は避難路

造成宅地滑動崩落緊急対策事業（創設）

①交付率
　1／2（特別な場合は2／3※）
　※　放置すれば災害への対応に広域にわたり重大な支障をきたすおそれがあるような施設等の保護。

②事業の対象となる盛土造成地の要件
　盛土をする前の地盤面が20度以上かつ盛土高さが5m以上であり、かつ家屋が5戸以上のもの　も対象

③崩落で被害のおそれのある公共施設等の対象
　一定の要件を満たす市町村道、家屋10戸以上　も対象

3　市街地の液状化対策

　市街地の液状化対策の創設ということについて述べたい（(資料37) 参照）。
　東日本大震災において、千葉県の浦安などが最も有名になったが、液状化で宅地が非常に傷んだ部分がある。ただ、宅地部分については個人の資産であるため、これまで、直接的に宅地を直す制度はなかった。災害の救助金の

（資料37） 市街地液状化対策事業の創設

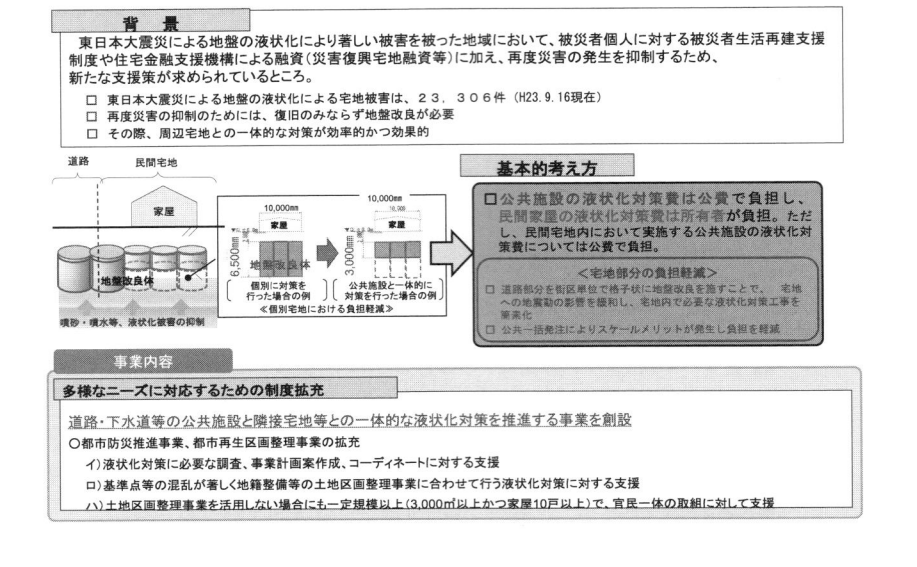

背景
東日本大震災による地盤の液状化により著しい被害を被った地域において、被災者個人に対する被災者生活再建支援制度や住宅金融支援機構による融資（災害復興宅地融資等）に加え、再度災害の発生を抑制するため、新たな支援策が求められているところ。
- 東日本大震災による地盤の液状化による宅地被害は、２３，３０６件（H23.9.16現在）
- 再度災害の抑制のためには、復旧のみならず地盤改良が必要
- その際、周辺宅地との一体的な対策が効率的かつ効果的

基本的考え方
公共施設の液状化対策費は公費で負担し、民間家屋の液状化対策費は所有者が負担。ただし、民間宅地内において実施する公共施設の液状化対策費については公費で負担。

＜宅地部分の負担軽減＞
- 道路部分を街区単位に格子状に地盤改良を施すことで、宅地への地震動の影響を緩和し、宅地内で必要な液状化対策工事を簡素化
- 公共一括発注によりスケールメリットが発生し負担を軽減

事業内容
多様なニーズに対応するための制度拡充
道路・下水道等の公共施設と隣接宅地等との一体的な液状化対策を推進する事業を創設
○都市防災推進事業、都市再生区画整理事業の拡充
　イ）液状化対策に必要な調査、事業計画案作成、コーディネートに対する支援
　ロ）基準点等の混乱が著しい地籍整備等の土地区画整理事業に合わせて行う液状化対策に対する支援
　ハ）土地区画整理事業を活用しない場合にも一定規模以上（3,000㎡以上かつ家屋10戸以上）で、官民一体の取組に対して支援

ように、個別にいくらか支払われる制度はあったが、液状化対策については、対応が困難であった。

　今回は液状化の問題にできるだけ支援ができるように、公共施設の液状化の対策は、公費で負担し、民間家屋の液状化対策は基本的には所有者が負担するという原則は変えずに、できるだけ液状化対策がしやすいような制度を設けた。たとえば道路部分については、街区単位に、格子状に地盤改良を施して、宅地内で必要な液状化対策が行いやすいように簡素化するなど、公共一括発注によってスケールメリットが発生して負担を軽減できるようにした。都市防災推進事業や都市再生区画事業を拡大することによって、調査やコーディネートに対する支援、あるいは土地区画整理事業でない場合についても、官民一体で取り組めるように制度改正をしたところである。

4　津波復興拠点市街地整備事業

　制度については前述のとおりであるが、財政的な支援措置として、津波復

興拠点市街地計画策定、公共施設等の整備、用地取得などについては財政支援を行うこととした（（資料38）参照）。

（資料38） 津波復興拠点市街地整備事業の創設

【背景】
・今回の大震災では、公益的施設（学校・医療施設・官公庁施設等）、業務施設、住宅等、都市機能全般に甚大な被害。地域全体にわたって復興させるには多くの期間が必要。
・高齢化や人口減少等の経済社会の構造変化を見据え、拠点を中心にコンパクトな市街地の形成を図る必要。

○都市生活・経済活動に不可欠な都市の諸機能を先行的に回復・集積することで防災の拠点となる市街地を緊急に整備し、被災住民の安心感を醸成。
○換地方式の土地区画整理事業とは別に、用地買収方式による事業制度を創設し、復興全体をスピードアップ。

【住宅・公益系】行政施設（役所・校舎）、集合住宅、医療・福祉施設
【業務系】工場、加工施設、倉庫、避難塔、港湾エリア

【事業内容】
復興の拠点となる市街地（一団地の津波防災拠点市街地形成施設※）を用地買収方式で緊急に整備する事業に対して支援を行う津波地域復興拠点市街地整備事業（仮称）を創設し、以下の支援を行う。

【被災自治体に対する財政的支援】
①津波復興拠点市街地計画策定支援
　・計画作成費、コーディネート費
②公共施設等整備
　・地区公共施設整備、津波防災拠点施設整備等
③用地取得造成

※一団地の津波防災拠点市街地形成施設を都市計画法に基づく都市施設として位置づけ、収用の対象とする制度の創設（法律制度）

5　土地区画整理事業支援措置の拡充

土地区画整理事業については、制度面は前述のとおりであるが、土地再生区画整理事業を拡大し、緊急防災空地整備事業の拡充により、公共施設整備のために用地先行取得を充実させ、被災市街地復興土地区画整理事業等の拡充により、防災上必要な土地のかさ上げにも支援ができるように措置をしたところである（（資料39）参照）。

6　東北地方の高速道路の無料開放

最後に、高速道路の無料化について述べる（（資料40）参照）。最初は復旧を支援するために、被災証明書を所持している方と、物流関係の車を無料に

371

第1編　第16章　国土交通省の対応

（資料39）　土地区画整理事業支援の拡充

目　的

　東日本大震災により、広範かつ甚大な被災を受けた市街地の復興に際して、防災上必要な土地の嵩上げ等を支援することにより、早期復興の実現と津波に強いまちづくりを強力に推進。

改正内容

都市再生区画整理事業の拡充

① 緊急防災空地整備事業の拡充（公共施設整備のための用地の先行取得の充実）
② 被災市街地復興土地区画整理事業等の拡充（防災上必要な土地の嵩上げ等）

（資料40）　東北地方の高速道路の無料開放

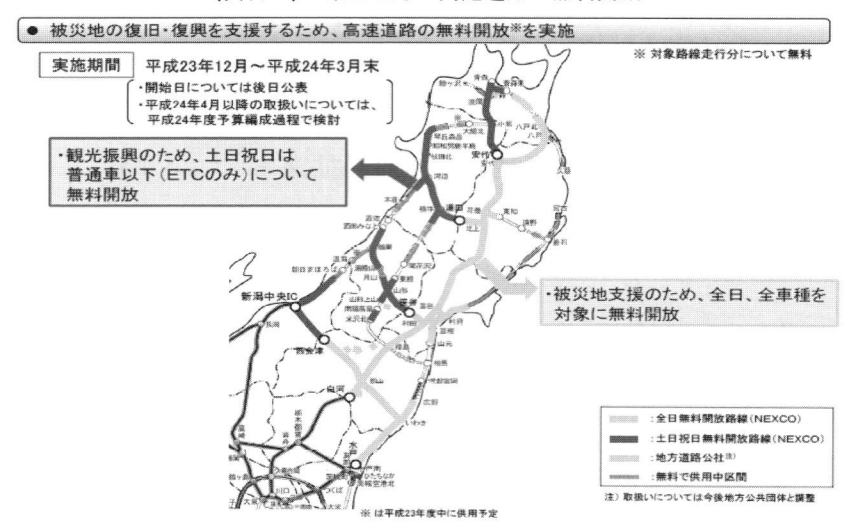

● 被災地の復旧・復興を支援するため、高速道路の無料開放※を実施

※ 対象路線走行分について無料

実施期間　平成23年12月〜平成24年3月末
・開始日については後日公表
・平成24年4月以降の取扱いについては、平成24年度予算編成過程で検討

・観光振興のため、土日祝日は普通車以下（ETCのみ）について無料開放

・被災地支援のため、全日、全車種を対象に無料開放

：全日無料開放路線（NEXCO）
：土日祝日無料開放路線（NEXCO）
：地方道路公社（注）
：無料で供用中区間

注）取扱いについては今後地方公共団体と調整

※ は平成23年度中に供用予定

372

するという形で高速道路の無料化を行っていたが、不正行為などが多発した。そこで、再検討のうえ、当面、12月から平成24年3月末までは、東北地方については、全面無料化や土日祝日無料開放などという形で、被災者支援、被災地支援のために全日・全車種を対象に無料開放することとし、そのための予算も、補正予算により設けられた。

XII 最後に

　国土交通省からの震災への対応は以上である。11月現在、法案と補正予算が国会に提出されており、われわれとしては、できるだけ早期に予算や法律の成立が図られるよう努力し、東北の被災地の復興、津波対策の実施につなげていけるよう努力していきたいと考えている。

第17章 財務省の対応

財務省大臣官房文書課調査室長 髙橋俊一

I　はじめに

　財務省の所掌する行政分野として、国有財産、国税、関税・税関、政策金融、予算、税制、国債、塩・たばこ事業、財政融資、地震保険といった分野があるが、それぞれの分野で、東日本大震災における被災地域や被災者の方々のニーズを踏まえて、省の総力をあげて各種の措置を講じた。

　以下、財務省が東日本大震災を受けてとった対応のポイントについて、解説する（原則として平成23年12月15日現在）。

II　国有財産関係

○　未利用国有地や利用可能な合同宿舎等の情報提供（平成23年3月12日～）
○　国の宿舎等の活用による被災者の方々の2次避難について、本部と理財局の連携の下、直ちに利用可能な国の宿舎、公営住宅等の数を官邸ホームページに公表（平成23年3月27日～）し、各財務局・財務事務所から各都道府県に情報提供

　未利用国有地や利用可能な合同宿舎等の情報提供については、震災翌日の平成23年3月12日（以下、年については、格別の表記がない限り平成23年である）から行った。また、国の宿舎等を、被災者の方々の2次避難先として活用するために、東日本大震災復興対策本部と理財局との連携の下で、直ちに

利用可能な国の宿舎や公営住宅等の数を、3月27日から官邸のホームページで公表し、各財務局・各財務事務所から各都道府県に情報提供を行った。

この結果、12月12日現在の実績として、全国において、国の宿舎等について情報提供した3万8255戸のうち9707戸を、公営住宅等について情報提供した2万4254戸のうち7951戸を、それぞれ被災者の方々に提供した。

また、国有地や庁舎等についても、地方公共団体に対し順次無償提供を行ったが、その結果、12月9日現在の実績として、災害廃棄物一時置場、被災者用臨時駐車場、仮設中小企業事務所用地、仮設住宅用地、被災車両置場といった用途のため、29件、456万平方メートル超の国有地を無償で提供したほか、庁舎や研修施設等についても、避難者宿泊用などの用途のため、地方公共団体に無償で提供を行ったところである。

III 国税の申告期限の延長等

○ 国税に関する申告・納付等の期限の延長（青森、岩手、宮城、福島、茨城）（3月12日発表、同15日告示）

○ 交通手段や通信手段の遮断またはライフラインの遮断など（計画停電を含む）による申告・納付等の期限の延長の具体例を公表（3月14日）

○ 青森県および茨城県における延長期限の期日（7月29日）を指定（6月3日告示）

○ 岩手県、宮城県および福島県の一部の地域における延長期限の期日（9月30日）を指定（8月5日告示）

○ 岩手県および宮城県の一部の地域における延長期限の期日（12月15日）を指定（10月17日告示）

震災翌日の3月12日の時点においては、被災状況がまだ明らかになっていなかったが、東日本大震災が所得税・贈与税の申告・納付の期限である3月15日が差し迫っている中で発生したことに鑑み、当面の対応として、多大な被害を受けているとの報道があった青森県、岩手県、宮城県、福島県、茨城

県の５県の納税者について、国税に関する申告・納付等の期限の延長を行うことを発表するとともに、これらの地域の指定に関して３月15日に官報で告示した。これにより、対象地域であるこれら５つの県に納税地を有する納税者については、３月11日以後に到来する申告・納付等の期限が、すべての税目について、自動的に延長されることとなった。

さらに３月14日には、これら５つの県以外の地域に納税地を有する納税者についても、

① 今回発生した地震により納税者が家屋等に損害を受ける等の直接的な被災を受けたことにより申告等を行うことが困難
② 行方不明者の捜索活動、傷病者の救助活動などの緊急性を有する活動への対応が必要なことから申告等を行うことが困難
③ 交通手段・通信手段の遮断や停電（計画停電を含む）などのライフラインの遮断により納税者または関与税理士が申告等を行うことが困難

等の事情が発生し、申告・納付等ができない方については、申告・納付等の期限延長が認められる旨を追加発表した。

国税に関する申告・納税等の期限の延長を行った５県については、被災後の状況などを踏まえて段階的に延長期限の期日を指定しているところであり、青森県および茨城県については７月29日（６月３日告示）、岩手県、宮城県および福島県の３県の一部の地域については９月30日（８月５日告示）、岩手県および宮城県の一部の地域については12月15日（10月17日告示）を延長期限の期日とする旨の告示をそれぞれ行ったところである。この結果、延長期限がまだ指定されていない地域は宮城県の一部地域（石巻市、東松島市、女川町）と福島県の一部地域（田村市、南相馬市、川俣町、広野町、楢葉町、富岡町、川内村、大熊町、双葉町、浪江町、葛尾村、飯舘村）となっている。

なお、延長期限として定められた期日以降においても、東日本大震災による災害等により申告・納付等ができない場合には、個別に所轄税務署長に申請して、期限の延長措置を受けることができる。

Ⅳ　関税の申請等の期限の延長等

○　関税に関する申請等の期限の延長
　　証明書交付手数料等の軽減　　等
　（青森、岩手、宮城、福島、茨城、その他）
　（3月12日発表、同15日告示）

　関税についても、3月12日の時点で、国税と同様、東日本大震災が広範囲にわたり大規模に発生していることに鑑み、当面の対応として、多大な被害を受けているとの報道があった青森県、岩手県、宮城県、福島県、茨城県の被災者の方々に対して、関税に関する法律に基づく申請等の期限の延長を行うことを発表するとともに、これらの地域の指定に関して3月15日に官報で告示した。これにより、対象地域であるこれら5つの県に住所または居所を有していた被災者の方々について、3月11日以後に到来する申請等の期限が、自動的に延長されることとなった。さらに、国税と同様、これら5つの県以外の地域に住所または居所を有する方についても、交通途絶等により申請等が困難な場合には期限の延長が認められる旨を発表した。また、この際にあわせて、
　①　被災地向救援物資に係る指定地外検査手数料の還付または免除
　②　被災貨物に係る指定地外検査手数料の還付または免除
　③　東日本大震災で紛失した輸入許可書等に係る証明書交付手数料の還付
　　または免除
等の措置も講じたところである。
　申請等の期限をいつまで延長するかについては、国税と同様、被災後の状況などを踏まえて検討を行い、順次、延長期限の指定を行ってきている。また、延長期限として定められた期日までに申告等の手続が困難な場合には、個別に期限の延長が認められる点も国税と同様になっている。

V　政策金融機関等での対応

1　震災直後から平成23年度第1次補正予算成立までの対応

○　日本政策金融公庫、日本政策投資銀行、商工組合中央金庫、沖縄振興開発金融公庫の特別相談窓口等を設置（3月11日〜）
○　激甚災害指定にあわせ、災害融資に係る優遇金利を設定（3月12日〜）
○　危機対応業務の対象に東日本大震災による災害を追加（3月12日〜）
○　東日本大震災に伴う災害に係る危機対応融資の貸付限度額撤廃（3月23日）
○　計画停電等により業績悪化した中小企業者への公庫のセーフティネット貸付の拡充（4月1日）
○　計画停電等により業績悪化した企業を危機対応業務の融資対象に追加（4月1日）

　政策金融機関等における対応としては、まず地震発生直後の対応として、日本政策金融公庫、日本政策投資銀行、商工組合中央金庫において、震災当日の3月11日から特別相談窓口等を開設した。また、沖縄振興開発金融公庫についても、翌12日から特別相談窓口を開設している。これらの特別相談窓口では、被災企業の方々の新規融資の相談等に対応するとともに、返済猶予についても対応を行ってきたところである。

　震災翌日の3月12日には、東日本大震災に関して激甚災害指定が行われたことにあわせ、日本政策金融公庫が被災中小企業に対して行う災害復旧貸付等の融資の際の金利について、特に被害の著しい中小企業に対しては、基準金利を0.9％下回る金利を基本とする優遇金利を設定することを決定した。

　また、同じく3月12日付けで、指定金融機関である日本政策投資銀行および商工組合中央金庫が日本政策金融公庫から信用の供与を受けて行う危機対応業務の対象に東日本大震災に関する事案を追加するとともに、3月23日付

けで、被害を受けた中堅・大企業に対する危機対応融資の貸付限度額20億円を撤廃し、大口の資金需要に対して、柔軟に資金供給できるようにした。

その後、4月1日付けで、東日本大震災に端を発した計画停電の影響などにより業績が悪化した中小企業に対する日本政策金融公庫のセーフティネット貸付について、最大で0.5％の金利引下げという拡充を行うとともに、計画停電の影響などにより業績が悪化した企業を危機対応融資の対象に追加している。

2　平成23年度第1次補正予算成立後の対応

○　災害復旧貸付とセーフティネット貸付を一本化するとともに、金利等の条件を大幅に拡充した「東日本大震災復興特別貸付」（最大で基準金利－1.4％など）を創設（平成23年度第1次補正予算で措置）

○　中堅・大企業向けの危機対応業務として、被災地域において事業活動を行う被災企業等を対象に最大で0.5％の金利引下げを行うとともに、新たに損害担保の枠を設定（平成23年度第1次補正予算で措置）

○　震災の被害を受け、いったん廃業した中小企業者等であって、新たに事業を開始する者を対象に、通常の融資とは別枠での貸付期間の延長や金利引下げ等を実施（平成23年度第2次補正予算で措置、8月22日より実施）

○　平成23年度第1次補正予算で措置された「東日本大震災復興特別貸付」の延長、被災地域における雇用拡大および創業等に係る融資の拡充措置等を実施（平成23年度第3次補正予算で措置、12月12日より実施）

○　危機対応業務に資本性劣後ローンの制度を導入するとともに、中堅・大企業向けの危機対応業務として、被災地以外で事業活動を行う被災企業も金利引下げ措置の対象となるよう要件緩和を実施（平成23年度第3次補正予算で措置、12月12日より実施）

さらに平成23年度第1次補正予算において、従来の災害復旧貸付とセーフティネット貸付を一本化するとともに、金利等の条件を大幅に拡充した「東日本大震災復興特別貸付」を創設した。具体的には、被害の程度等に応じて、最大で基準金利から1.4％の引下げを行うものである。また、特に被害の著

しい直接被害者については、独立行政法人中小企業基盤整備機構から地方公共団体等を通じた利子補給により、無利子化する制度を創設した。

　平成23年度第1次補正予算においては、そのほかにも、中堅・大企業向けの危機対応業務として、被災地域において事業活動を行う被災企業やサプライチェーンの要となる被災企業等を対象に、最大で0.5％の金利引下げを行うとともに、信用リスクの高い事業者への長期資金供給の円滑化を図るため、新たに損害担保の枠を設定した。

　さらに、平成23年度第2次補正予算において、震災の被害を受け、いったん廃業した中小企業者等であって、新たに事業を開始する方に対する融資である再挑戦支援資金について、通常の融資とは別枠で貸付期間の延長や金利引下げ等を実施している。

　加えて、平成23年度第3次補正予算において、第1次補正で措置された「東日本大震災復興特別貸付」の延長、被災地域における雇用拡大および創業等に係る融資の拡充措置等を実施している。

　そのほかにも、震災の影響により資本が毀損している企業に対するため、危機対応業務に資本性劣後ローンの制度を導入している。また、中堅・大企業向けの危機対応業務として、被災地以外で事業活動を行う被災企業も金利引下げ措置の対象となるよう要件緩和を実施している。

VI　予算に係る対応

1　予備費（東日本大震災復旧・復興予備費を含む）

○　計5487億円（22年度678億円、23年度4809億円）

　12月15日現在、平成22年度予備費678億円、平成23年度予備費4809億円、計5487億円の予備費の使用を決定している。

Ⅵ　予算に係る対応

(1)　平成22年度予備費

　平成22年度予備費としては、3月14日に、食料品、飲料水、防寒用品、医薬品などの必要な物資の緊急支援に要する経費として、302億円の予備費使用を閣議決定し、3月18日には、被災地域において自衛隊の部隊が実施する救援活動等に必要な経費として、54億円の予備費使用を、3月22日には、被災地域において海上保安庁が実施する海難救助等に必要な経費として、5億円の予備費使用を、それぞれ閣議決定した。

　3月28日には、特に被害が甚大だった岩手県、宮城県、福島県における災害救助法に基づく救助費用が多額に上ることが見込まれたこと、さらには、これら3県からの避難者については、被災地以外の都道府県においても災害救助法に基づく救助が実施されていたところ、その費用については、これら3県にその全額が求償されることを踏まえて、これら3県の資金需要に万全を期すとともに、被災県以外の都道府県における被災者の積極的な受入れを促進する観点から、301億円の予備費使用を財務大臣決定した。

　さらに、3月30日には、被災地域におけるエネルギーの供給の確保のため、福島の原子力発電所周辺の燃料供給のためのタンクローリー購入や、被災地域において臨時に燃料を供給するための簡易ドラム缶型給油所装置に係る経費として、17億円の予備費使用を閣議決定している。

(2)　平成23年度予備費

　平成23年度予備費としては、4月19日には、避難所生活を早期に解消し、被災者の方々の住居の安定を図ることが緊急に対応すべき課題となっていることを踏まえ、各県において着工予定・着工済となっている応急仮設住宅の建設等に要する費用にあてるため、503億円の予備費使用を財務大臣決定した。

　さらに、平成23年度第2次補正予算で8000億円を計上した東日本大震災復旧・復興予備費についても、6件、予備費使用を決定している。

　8月19日には、いわゆる二重債務問題への対応としてとりまとめられた「個人債務者の私的整理に関するガイドライン」において設置することとさ

れた第三者機関「一般社団法人個人版私的整理ガイドライン運営委員会」を、被災された債務者が利用する際の弁護士費用等を補助するため、11億円の予備費使用を閣議決定した。

9月9日には、原子力発電所の事故により放出された放射性物質の除染事業等に必要な経費として、2179億円の予備費使用を閣議決定した。

9月27日には、原子力発電所の事故により汚染された牛肉・稲わらに係る肉用牛肥育農家支援対策等に必要な経費として、863億円の予備費使用を閣議決定した。

10月7日には、原子力発電所の事故に係る特定原子力損害をてん補するための仮払金の支払いに必要な経費として、1億円の予備費使用を閣議決定した。

10月14日には、東日本大震災で甚大な被害を受けた地域において、中小企業等グループが、県の認定を受けた復興事業計画に基づき、その計画に不可欠な施設等の復旧整備事業を行うために必要な経費として、1249億円の予備費使用を閣議決定した。

12月13日には、東日本大震災復興対策本部の運営に必要な経費として、2億円の予備費使用を閣議決定した。

2　補正予算

○　平成23年度第1次補正予算（4兆153億円）（5月2日成立）
○　平成23年度第2次補正予算（1兆9988億円）（7月25日成立）
○　平成23年度第3次補正予算（12兆1025億円）（11月21日成立）

(1)　補正予算の成立と財源

補正予算による対応として、平成23年度第1次補正予算が5月2日に、平成23年度第2次補正予算が7月25日にそれぞれ成立し、また、平成23年度第3次補正予算が11月21日に成立した。

5月2日に成立した総額4兆153億円の平成23年度第1次補正予算は、東日本大震災からの早期復旧に向け、年度内に必要と見込まれる経費を計上し

たものである。その財源については、国債市場の信認確保の観点から追加の国債を発行せず、歳出の見直し等により確保した。

7月25日に成立した総額1兆9988億円の平成23年度第2次補正予算は、東日本大震災の直近の復旧状況等を踏まえ、当面の復旧対策に万全を期すための経費を計上したものである。その財源については、追加の国債を発行せず、平成22年度決算剰余金により賄うこととした。

また、平成23年度第3次補正予算は、総額12兆1025億円の本格的な復興予算として、「復興の基本方針」に基づき、真に復興に資する施策を重点的に措置したものである。「日本経済の再生なくして被災地域の真の復興はない」との認識の下、最近の過度な円高の影響による産業の空洞化等への対応にも配慮している。財源については、あらかじめ償還の道筋を定めた復興債の発行等により確保することとしている。

(2) 平成23年度第1次補正予算における歳出の追加事項の内訳

((資料1) 参照)

1点目は、災害救助等関係経費4829億円である。具体的には、応急仮設住宅の供与等（予備費とあわせ、10万戸超の仮設住宅の建設・賃貸等）、遺族への弔慰金・被災者への障害見舞金の支給、住居・家財に被害を受けた方への災害援護資金の貸付等のための経費が計上されている。

2点目は、災害廃棄物処理事業費3519億円である。津波等により発生したがれき等の災害廃棄物を処理するための経費である。

3点目は、災害対応公共事業関係費1兆2019億円である。災害復旧等公共事業のほか、災害公営住宅の整備等のための経費が計上されている。

4点目は、施設費災害復旧費等4160億円である。具体的には、学校施設、社会福祉施設、農業・林業用施設、警察・消防防災施設、中小企業組合等共同施設などの復旧のための経費が計上されている。

5点目は、災害関連融資関係経費6407億円である。中小企業等の事業再建および経営安定のための融資等の経費が計上されている。

6点目は、地方交付税交付金1200億円である。地方が自由に使える資金と

(資料１) 平成23年度補正予算フレーム

(単位：億円)

歳　　出		歳　　入	
1．東日本大震災関係経費	40,153	1．税外収入	3,051
(1)　災害救助等関係経費	4,829	(1)　独立行政法人日本高速道路保有・債務返済機構納付金	2,500
①　災害救助費	3,626	(2)　公共事業費負担金収入	551
②　災害援護貸付金	350	2．公債金	―
③　生活福祉資金貸付事業費	257		
④　災害弔慰金等	485		
⑤　被災者緊急支援経費	112		
(2)　災害廃棄物処理事業費	3,519		
(3)　災害対応公共事業関係費	12,019		
①　災害復旧等事業費	10,438		
②　一般公共事業関係費	1,581		
(4)　施設費災害復旧費等	4,160		
(5)　災害関連融資関係経費	6,407		
(6)　地方交付税交付金	1,200		
(7)　その他の東日本大震災関係経費	8,018		
2．既定経費の減額	▲37,102		
(1)　子ども手当の減額	▲2,083		
(2)　高速道路の原則無料化社会実験の一時凍結に伴う道路交通円滑化推進費の減額	▲1,000		
(3)　基礎年金国庫負担の年金特別会計へ繰入の減額等	▲24,897		
(4)　周辺地域整備資金の活用に伴うエネルギー対策特別会計へ繰入の減額	▲500		
(5)　政府開発援助等の減額	▲501		
(6)　議員歳費の減額	▲22		

(7)	経済危機対応・地域活性化予備費の減額	▲8,100			
	合　計	3,051	合　計		3,051

(参考)　財政投融資計画
　　　　株式会社日本政策金融公庫等に対し、43,220億円を追加する。
(注1)　計数は、それぞれ四捨五入によっているので、端数において合計とは一致しないものがある。
(注2)　公債金の内訳－建設国債の増、赤字国債の減
(注3)　上記のほか、「独立行政法人雇用・能力開発機構法を廃止する法律案」が、施行期日とされていた平成23年4月1日までに成立しなかったことに伴い、同法において「独立行政法人高齢・障害・求職者雇用支援機構」に名称を改めるとされていた「独立行政法人高齢・障害者雇用支援機構」について、その運営費4億円を計上する一方で、「独立行政法人高齢・障害・求職者雇用支援機構」の運営費を▲4億円減額している。この減額を合わせると、▲37,107億円となる。

して、災害対応の特別交付税を増額している。

　7点目は、その他の東日本大震災関係経費8018億円である。自衛隊・消防・警察・海上保安庁活動経費等、医療保険制度等の保険料減免等に対する特別措置、漁船保険・漁業共済の支払支援、被災者生活再建支援金、雇用対策、被災児童生徒等就学支援のための経費が計上されているほか、企業等の電力需給対策、燃料安定供給対策に必要な経費が計上されている。

(3)　平成23年度第2次補正予算における歳出の追加事項の内訳
　　　　((資料2) 参照)

　1点目は、原子力損害賠償法等関係経費2754億円である。このうち2474億円は原子力損害賠償法関係経費を計上している。具体的には、政府補償契約に基づき政府が東京電力に支払う補償金、福島県に創設する原子力被災者・子ども健康基金、放射能モニタリングの強化などのための経費が計上されている。このほかの280億円は、原子力損害賠償支援機構法関係経費であり、原子力損害賠償支援機構への出資金、東京電力が損害賠償を行うための交付国債償還財源に係る利子負担、東京電力に関する経営・財務調査委員会に必要な経費が計上されている。

　2点目は、被災者支援関係経費3774億円である。このうち774億円は、被災中小企業者の震災からの着実な復興のため、二重債務問題に適切に対応す

るための支援に必要な経費を計上したものである。具体的には、旧債務に関する支援として、中小企業の再生に向けた経営相談から再生計画策定までの取組みを支援する中小企業再生支援協議会事業の強化、中小企業の旧債務に係る利子負担の軽減等を行うために必要な経費を計上している。また、新債務に関する支援として、被災した中小企業が新たに事業を再開するための貸工場や貸店舗等の事業基盤の整備の支援、被災した漁業協同組合等が所有す

（資料2）　平成23年度補正予算（第2号）フレーム

（単位：億円）

歳　　　出			歳　　　入	
1. 原子力損害賠償法等関係経費	2,754	前年度剰余金受入		19,988
(1) 原子力損害賠償法関係経費	2,474	(1) 財政法第6条剰余金		14,533
(2) 原子力損害賠償支援機構法（仮称）関係経費	280	(2) 地方交付税交付金財源		5,455
2. 被災者支援関係経費	3,774			
(1) 二重債務問題対策関係経費	774			
(2) 被災者生活再建支援金補助金	3,000			
3. 東日本大震災復興対策本部運営経費	5			
4. 東日本大震災復旧・復興予備費	8,000			
5. 地方交付税交付金	5,455			
合　　　計	19,988	合　　　計		19,988

（注1）　このほか、予算総則において、原子力損害賠償支援機構法（仮称）に基づき、原子力損害賠償支援機構（仮称）に資金拠出するための交付国債の発行限度額2兆円を設定するとともに、政府保証枠2兆円を設定。
（注2）　前年度剰余金の処理のため、要特例法。
（注3）　計数は、それぞれ四捨五入によっているので、端数において合計とは一致しないものがある。

る水産業共同利用施設の早期復旧に必要な機器等の整備の支援等を行うために必要な経費を計上している。このほかの3000億円は、被災者生活再建支援金補助金のための経費であり、東日本大震災に限った特例措置として、すでに支給した支援金を含め現行50％の補助率を80％に引き上げることとしている。この3000億円という額は、20万世帯に対する支援金支給に必要な規模となっている。

　3点目は、東日本大震災復旧・復興予備費8000億円である。東日本大震災に係る復旧および復興に関係する経費であって、予見しがたい予算の不足に緊急にあてるためのものである。

　4点目は、地方交付税交付金5455億円である。東日本大震災に係る被災自治体等の特別な財政需要に対応するものであり、その中で東日本大震災復旧・復興予備費使用に係る地方負担、被災者生活再建支援制度の地方負担に係る積増し分等にも適切に対応している。

　以上のほか、東日本大震災復興対策本部に必要な経費5億円も計上している。これは、東日本大震災復興基本方針の企画立案や各府省の施策の総合調整を行うため、東日本大震災復興基本法に基づき設置された東日本大震災復興対策本部がその業務を行うにあたり、被災地の実情やニーズを十分にくみ上げることができるよう、被災地の実情把握のための経費など所要の事務運営経費を計上したものである。

(4) 平成23年度第3次補正予算における歳出の追加事項の内訳
　　　((資料3) 参照)

　平成23年度第3次補正予算については、東日本大震災関係経費としては、11兆7335億円が計上されている。その内訳は、災害救助等関係経費（941億円）、災害廃棄物処理事業費（3860億円）、公共事業等の追加（1兆4734億円）、災害関連融資関係経費（6716億円）、地方交付税交付金（1兆6635億円）、東日本大震災復興交付金（1兆5612億円）、原子力災害復興関係経費（3558億円）、全国防災対策費（5752億円）、その他の東日本大震災関係経費（2兆4631億円）および年金臨時財源の補てん（2兆4897億円）である。

第1編　第17章　財務省の対応

(資料3) 平成23年度補正予算(第3号)フレーム

(単位 億円)

財政需要		財源	
1 東日本大震災関係経費	117,335億円		
(1) 災害救助等関係経費	941億円	1-1 復興債	115,500億円
(2) 災害廃棄物処理事業費	3,860億円		
(3) 公共事業等の追加	14,734億円		
① 災害復旧等事業費	8,706億円	1-2 税外収入	187億円
② 一般公共事業関係費	1,990億円		
③ 施設費等	4,038億円	1-3 復興財源となる歳出削減	1,648億円
(4) 災害関連融資関係経費	6,716億円		
(5) 地方交付税交付金	16,635億円		
(6) 東日本大震災復興交付金	15,612億円		
(7) 原子力災害復興関係経費	3,558億円		
(8) 全国防災対策費	5,752億円		
(9) その他の東日本大震災関係経費	24,631億円		
立地補助金	5,000億円		
雇用関係(重点分野雇用創造事業の積み増し等)	3,780億円		
節電エコ補助金等	2,324億円		
住宅エコポイント 等	1,446億円		
(10) 年金臨時財源の補てん	24,897億円		
2 その他の経費	3,210億円		
(1) 災害対策費	3,203億円	2-1 税外収入	867億円
(2) その他	7億円	2-2 東日本大震災復旧・復興予備費の減額	2,343億円
3 B型肝炎関係経費	480億円	3 税外収入等	480億円
合計	121,025億円	合計	121,025億円

(参考) 財政投融資計画
株式会社日本政策金融公庫等に対し、13,421億円を追加する。

(注1) 8月9日の3党幹事長確認書を踏まえ、復興基本方針における「年金臨時財源」2.5兆円を復興債で補てんするための償還財源について、復旧・復興事業の財源に加算した上で検討することとされたところ。年金臨時財源の補てん以外の「東日本大震災関係経費」は、9兆2,438億円となる。

(注2) 為替市場のいかなる動向にも十分な余裕をもって機動的な対応を行いうるようにするため、特別会計予算総則において、外国為替資金特別会計の外国為替資金証券発行等限度額を23年度当初予算における150兆円から165兆円へと引き上げる。

(注3) このほか、特別会計予算総則において、原子力損害賠償支援機構法に基づき、原子力損害賠償のための交付国債の発行限度額を2兆円から5兆円へと引き上げる。

(注4) 計数は、それぞれ四捨五入によっているので、端数において合計とは一致しないものがある。

Ⅶ　税制に係る対応

- ○　中央共同募金会が募集するNPO法人や民間ボランティア団体等向けの寄附金について、寄附金控除等の対象となる「指定寄附金」に指定（3月15日告示）
- ○　「東日本大震災の被災者等に係る国税関係法律の臨時特例に関する法律」の成立（4月27日）

震災直後の対応として、東日本大震災に関して中央共同募金会が募集するNPO法人や民間ボランティア団体等向けの寄附金について、寄附金控除等の対象となる「指定寄附金」に指定をする旨の告示を3月15日に行った。

さらに、東日本大震災による被害が未曾有のものであることに鑑み、現行税制をそのまま適用することが被災納税者の実態等に照らして適当でないと考えられるもの等について、緊急の対応として講ずる措置を、4月27日に成立した「東日本大震災の被災者等に係る国税関係法律の臨時特例に関する法律」において手当てした。具体的な措置としては、たとえば、以下があげられる（（資料4）参照）。

① 所得税関係
　ⓐ　住宅や家財等に係る損失の雑損控除について、平成22年分所得での適用を可能とするとともに、雑損失の繰越控除の可能期間を5年間とする（所得税法上は3年間）
　ⓑ　被災事業用資産の損失について、平成22年分所得の計算上、必要経費への算入を可能とする
② 法人税関係
　ⓐ　平成23年3月11日から平成24年3月10日までの間に終了する事業年度において、法人の欠損金額のうちに震災損失金額がある場合には、その震災損失金額の全額について2年間までさかのぼって繰戻し還付

を可能とする
- ⓑ 平成23年3月11日から平成28年3月31日までの間に、被災した資産（建物、構築物、機械装置、船舶等）の代替として取得する資産等について、特別償却を可能とする
③ 資産税関係
- ⓐ 東日本大震災前に取得した財産に係る相続税・贈与税で大震災後に申告期限が到来するものについて、指定地域（東日本大震災により相当な被害を受けた地域として財務大臣の指定する地域）内の土地等の価額を東日本大震災後を基準とした評価額とすることを可能とするとともに、その申告期限を延長する
- ⓑ 平成23年4月28日から平成33年3月31日までの間に、東日本大震災により滅失・損壊した建物に代えて新築または取得する建物の所有権の保存登記等に対する登録免許税を免税とする
④ 消費課税関係
- ⓐ 東日本大震災により消費税の課税事業者選択届出書等の提出が遅れた場合等においても、国税庁長官が定める日までに提出した場合には、本来の提出時期までに提出された場合と同様の効果を生ずるものとする
- ⓑ 被災により滅失または損壊した自動車について、平成25年3月31日までの間、車検残存期間に相当する納付済み自動車重量税を還付する

などを定めた。

なお、「東日本大震災の被災者等に係る国税関係法律の臨時特例に関する法律」に定められた特例措置については、国税庁において、被災された方々に対して適時・適切な周知・広報と相談を行ってきている。

Ⅶ　税制に係る対応

(資料4)　東日本大震災への税制上の対応(第一弾)(国税)

> ◎は阪神・淡路大震災時にはなかったもの
> ○は阪神・淡路大震災時の対応を拡充したもの

　今般の東日本大震災による被害が未曾有のものであることに鑑み、現行税制をそのまま適用することが被災納税者の実態等に照らして適当でないと考えられるもの等について、緊急の対応として、以下の措置を講ずる。
　なお、以下の緊急対応に加え、全体の復興支援策の中で税制で対応すべき施策については、後日とりまとめる。

【所得税】
○1．雑損控除の特例
　　①　住宅や家財等に係る損失の雑損控除について、22年分所得での適用を可能とする。
　　②　繰越し可能期間を5年とする(現行3年)。
　2．災害減免法による所得税の減免措置の前年分適用の特例
　　住宅や家財の損失に係る災害減免法の適用について、22年分所得での適用を可能とする。
○3．被災事業用資産の損失の特例
　　①　22年分所得の計算上、被災事業用資産の損失の必要経費への算入を可能とする。青色申告者については、被災事業用資産以外の損失を含めて、22年分所得で純損失が生じた場合には、更に21年分所得への繰戻し還付を可能とする。
　　②　被災事業用資産の損失による純損失について、繰越し可能期間を5年とする(現行3年)。保有資産に占める被災事業用資産の割合が1割以上である場合には、被災事業用資産以外の損失を含めて、現行3年の繰越しが可能な純損失について、繰越期間を5年とする。
　4．住宅ローン減税の適用の特例
　　住宅ローン控除の適用住宅が、大震災により滅失等しても、24年分以降の残存期間の継続適用を可能とする。
　5．財形住宅・年金貯蓄の非課税
　　平成23年3月11日から平成24年3月10日までに行われた財形住宅・年金

貯蓄の大震災による目的外の払戻しについて、利子等に対する遡及課税を行わないこととする。
◎6．大震災関連寄附に係る寄附金控除の拡充
　　平成23年、24年、25年分の所得税において、大震災関連寄附について、寄附金控除の控除可能限度枠を総所得の80％（現行：40％）に拡大する。
　　また、認定NPO法人等が、大震災に関して被災者の救援活動等のため募集する寄附について、指定寄附金として指定した上で、税額控除制度を導入する（税額控除率40％、所得税額の25％を限度）。

【法人税】
○1．震災損失の繰戻しによる法人税額の還付
　　平成23年3月11日から平成24年3月10日までの間に終了する事業年度において、法人の欠損金額のうちに震災損失金額がある場合には、その震災損失金額の全額について2年間まで遡って繰戻し還付を可能とする。
　　また、平成23年3月11日から同年9月10日までの間に中間期間が終了する場合、仮決算の中間申告により同様の繰戻し還付を可能とする。
　　（注）　大震災に係る国税通則法による申告期限の延長により、法人税の中間申告期限と確定申告期限が同一の日となる場合には、中間申告書の提出を不要とする。
　2．利子・配当等に係る源泉所得税額の還付
　　平成23年3月11日から同年9月10日までの間に中間期間が終了する場合、仮決算の中間申告により、震災損失金額の範囲内で、法人税額から控除しきれない利子・配当等に係る源泉所得税額の還付を可能とする。
○3．被災代替資産等の特別償却
　　平成23年3月11日から平成28年3月31日までの間に、①被災した資産（建物、構築物、機械装置、船舶、航空機、車両）の代替として取得する資産、②被災区域内において取得する資産（建物、構築物、機械装置）について、特別償却を可能とする。
　　（注1）　被災区域：大震災により滅失した建物等の敷地の用に供されていた土地等の区域（下記4．において同じ）
　　（注2）　償却率は、平成26年3月31日以前に取得した場合、建物・構築物について15％（中小企業者等は18％）、機械装置・船舶・航空

機・車両について30％（中小企業者等は36％）とし、平成26年4月1日以後に取得した場合はこれらの2／3の率とする。
4．特定の資産の買換えの場合の課税の特例
　　①平成23年3月11日から平成28年3月31日までの間に被災区域内の土地等を譲渡し、国内にある土地、建物その他の減価償却資産を取得する場合、②平成23年3月11日から平成28年3月31日までの間に被災区域外の土地等を譲渡し、被災区域内の土地、建物その他の減価償却資産を取得する場合に、圧縮記帳による課税の繰延べ（課税繰延割合100％）を可能とする。
5．買換え特例に係る買換資産の取得期間等の延長
　　租税特別措置法に規定する特定の資産の買換えの特例等について、大震災のため、買換資産等を予定期間内に取得することが困難であるときは、一定の要件の下に、当該予定期間をさらに2年の範囲内で延長できることとする。
【資産税】
1．指定地域内の土地等の評価に係る基準時の特例、申告期限の延長
　　大震災前に取得した財産に係る相続税・贈与税で大震災後に申告期限が到来するものについて、指定地域内の土地等及び一定の非上場株式等の価額を大震災後を基準とした評価額とすることを可能とすると共に、その申告期限を延長する。
　　（注）　上記の事例において、建物等が大震災により被害を受けた場合には、災害減免法により、被害額を控除して相続税等を計算することができる。
◎2．住宅取得等資金の贈与税の特例措置に係る居住要件の免除等
　　住宅取得等資金の贈与税の特例の適用を受けようとしていた住宅が、大震災により滅失して居住できなくなった場合には、その住宅への居住要件を免除する。
　　贈与された住宅取得等資金について贈与税の特例を受けようとしていた者が、大震災により居住要件を満たせない場合、居住期限を1年延長する等の措置を講ずる。
○3．被災した建物の建替え等に係る登録免許税の免税
　　①　法律の施行の日の翌日から平成33年3月31日までの間に、大震災によ

り滅失・損壊した建物に代えて新築又は取得する建物及びその敷地の用に供する土地に係る所有権の保存登記等に対する登録免許税を免税とする。
　② 　法律の施行の日の翌日から平成33年3月31日までの間に、被災したマンションの建替えのために、デベロッパーに一時的に移転していた建替えマンション敷地に係る所有権等を買い戻す場合の移転登記に対する登録免許税を免税とする。

◎4．被災した船舶・航空機の再建造等に係る登録免許税の免税
　法律の施行の日の翌日から平成33年3月31日までの間に、大震災により滅失・損壊した船舶・航空機に代えて建造又は取得する船舶・航空機に係る所有権の保存登記等に対する登録免許税を免税とする。

【消費課税】
1．消費税の課税事業者選択届出書等の提出に係る特例
　大震災により消費税の課税事業者選択届出書等の提出が遅れた場合等においても、国税庁長官が定める日までに提出した場合には、本来の提出時期までに提出された場合と同様の効果を生ずるものとする。

2．消費税の中間申告書の提出に係る特例
　大震災に係る国税通則法による申告期限の延長により、消費税の中間申告期限と確定申告期限が同一の日となる場合には、中間申告書の提出を不要とする。

3．特別貸付けに係る消費貸借に関する契約書の印紙税の非課税
　地方公共団体や政府系金融機関等が、大震災の被害者を対象とした「特別貸付制度」を設けて行う金銭の貸付けに係る消費貸借契約書のうち、平成23年3月11日から平成33年3月31日までの間に作成されるものに係る印紙税を非課税とする。

◎4．建設工事の請負に関する契約書等の印紙税の非課税
　大震災により滅失・損壊した建物の代替建物を新築又は取得する場合、大震災により滅失・損壊した建物の代替建物の敷地の用に供する土地を取得する場合又は大震災により損壊した建物を修繕する場合等において、平成23年3月11日から平成33年3月31日までの間に被災者が作成する建設工事の請負契約書・不動産の売買契約書に係る印紙税を非課税とする。

◎５．被災自動車に係る自動車重量税の特例還付
　　被災により滅失又は損壊した自動車について、平成25年３月31日までの間、車検残存期間に相当する納付済み自動車重量税を還付する。
◎６．被災者の買換え車両に係る自動車重量税の免税措置
　　被災者が自動車を買換える場合、被災自動車の使用者が平成23年３月11日から平成26年４月30日までの間に取得し車検証の交付を受けた自動車について、新規車検等の際の自動車重量税を免除する。
〈その他〉
・　寄附金の指定（寄附金控除等の対象化）
　　今回の地震に関して中央共同募金会が募集するNPO法人や民間ボランティア団体等向けの寄附金を告示により指定（３月15日に告示済み）。
　　公共法人・公益法人等が設置する公益の用に供される建物等で、大震災により滅失・損壊したものの原状回復のため、一定の要件の下にその公益法人等が募集する寄附金を告示により指定（復旧の動きを見ながら対応）。
◎・　揮発油税等の「トリガー条項」の一時凍結（適用停止）
　　揮発油税、地方揮発油税に係る「トリガー条項」は、大震災の復旧及び復興の状況等を勘案し別に法律で定める日までの間、その適用を停止する。

Ⅷ　国債に係る対応

○　被災者の中途換金について、罹災証明書の提出を免除（３月15日発表、公布）
○　戦没者等の遺族等に対して発行された交付（記名）国債について、被災した保有者を対象に、買上償還（償還の前倒し）を実施（５月16日～）

　まず、震災直後の対応として、３月15日に、被災者の方が個人向け国債の中途換金を請求する場合の手続の特例について発表を行った。個人向け国債については、中途換金ができない期間（変動10年・固定３年は発行から１年間、固定５年は発行から２年間）であっても、災害救助法による救助の行われる災害が発生し、その災害に罹災した場合には、罹災証明書等を提出すれば中途

換金ができることとなっている。しかし、東日本大震災では、一部の市町村役場が直接被害を受けるなど、中途換金の際に必要な罹災証明書等の提出が困難な場合も想定されたことから、中途換金を希望する被災者の方が円滑に中途換金を受けられるよう、本人の氏名および対象地域に居住していることが確認できる場合には、臨時特例措置として、罹災証明書等の提出がなくても中途換金を受け付けることとした。

また、戦没者等の遺族等に対して発行された交付国債（記名国債）について、被災した保有者を対象に、買上償還（償還の前倒し）を実施することとし、5月16日から受付を開始した。

IX 塩・たばこ事業に係る対応

○ 備蓄塩の供給
- 塩事業センターに対して、備蓄塩の放出を命令（3月17日）
- 塩事業センターが備蓄塩を放出（3月17日約900トン、同28日約6300トン、4月27日約3000トン）
- 塩事業センターが備蓄塩を救援物資として無償で供給（約26トン）

○ たばこ小売販売業の許可等の弾力的な取扱い
- 被災地域における営業所の仮移転許可・避難施設における出張販売許可を弾力的に運用（4月25日〜）

---

1 塩事業

塩事業に関しては、塩事業法に基づいて、財団法人塩事業センターが、緊急時に備えた食用塩の備蓄を行っており、緊急時には財務大臣の命令を受けて、備蓄塩の供給を行うこととされている。東日本大震災により、福島県いわき市小名浜に所在する製塩企業の工場における塩の製造・供給が停止し、食品加工用の大口需要者向けに塩事業センターの備蓄塩の供給の要望があったことを受けて、3月16日に、塩事業センターより、備蓄塩を供給したい旨

の要請があった。これを踏まえ、3月17日に、塩事業センターに対して、備蓄塩の供給を行うよう、塩事業法に基づく財務大臣の命令を行った。この命令に基づき、塩事業センターが、3月17日に約900トン、3月28日に約6300トン、4月27日に約3000トン、それぞれ備蓄塩を放出した。これらの対応により、食用塩の円滑かつ安定的な供給を図ってきたところである。また、これらの供給のほか、各県の災害対策本部等からの要請に基づき、備蓄塩を救援物資として無償で供給を行った実績もある。

2　たばこ事業

たばこ事業に関しては、たばこ小売販売業の許可等の弾力的な取扱いを行っている。具体的には、被災地域における営業所の仮移転許可や避難施設における出張販売許可の弾力的な運用、たばこ小売販売業者からの各種申請等についての弾力的な取扱い、といった対応を4月25日から行っている。

X　地方公共団体向けの財政融資に係る対応

○　被災地方公共団体に対する財政融資資金の貸付手続を特例的に緩和（4月8日省令改正）
○　被災地方公共団体に係る財政融資資金の債権の条件（貸付利率）変更（5月16日通達）
○　被災地方公共団体に対する災害復旧事業債等の償還期限を特例的に延長（5月18日通達）

まず、被災地方公共団体に対する財政融資資金の貸付手続を円滑に行うことができるよう、4月8日に財務省令を改正し、貸付手続の特例的な緩和を行っている。

具体的には、以下①、②の特例を定めた。

①　借入要件の特例として、被災団体については、震災発生日から平成23

397

年度末までに延滞が発生した場合においても、貸付を受けることができることとする
② 被災団体については、借入申込書の添付書類の後日提出を認める

また、5月16日には、被災地方公共団体に係る財政融資資金の債権の条件の変更（延滞利子相当額を次回以降の利払額から減額するための貸付利率の引下げ）を行うとともに、5月18日には、被災地方公共団体に係る災害復旧事業債等の償還期限を特例的に延長したところである。

XI 地震保険に係る対応

○ 日本地震再保険株式会社から再保険金の概算払請求（2000億円）を受け（4月15日）、地震再保険特別会計から同額を支払った（4月18日）。また、2回目の再保険金の概算払請求（約2268億円）を受け（5月20日）、特別会計より同額を支払った（5月23日）。3回目の再保険金の概算払要求（約61億円）を受け（8月22日）、特別会計より同額を支払った（8月25日）。さらに、9月以降、日本地震再保険株式会社から再保険金の精算払請求を受け、特別会計より約780億円を支払った。
○ 地震保険制度における国の保険責任額を約4.3兆円から約4.8兆円、民間の保険責任額を約1.2兆円から約0.7兆円に改訂（5月2日公布）

大規模地震に伴う保険金支払いの合計が1150億円を超えた場合には、国（地震再保険特別会計）が再保険金を支払うこととなるが、再保険金支払いについては、概算払制度も措置されており、民間損保会社より請求があれば、迅速な対応が可能となっている。

概算払制度においては、保険金支払いの合計額について見込みを立て、再保険金支払いが生じるようであれば、日本地震再保険株式会社が概算で再保険金を請求し、地震再保険特別会計において概算払いをすることが可能となっている。東日本大震災に伴い、日本地震再保険株式会社から再保険金の概算払請求を4月15日に受け、地震再保険特別会計から日本地震再保険株式会

社に対して2000億円の概算払いを4月18日に行い、2回目の概算払い（約2268億円）を5月20日に請求を受けて5月23日に行い、3回目の概算払い（約61億円）を8月22日に請求を受けて8月25日に行ったところである。

さらに、9月以降、日本地震再保険株式会社から再保険金の精算払請求を受け、地震再保険特別会計から日本地震再保険株式会社に対して約780億円の精算払いを行ったところである。

また、東日本大震災に伴う大規模な保険金支払いにより、民間準備金の水準が相当程度低下することから、今後の保険金支払いに滞りが生じることを回避するとともに、地震保険制度に対する保険契約者の安心感を確保するため、官民保険責任額を改訂することとした。具体的には、5月2日に、平成23年度第1次補正予算および地震保険に関する法律施行令・施行規則の改正により、地震保険制度における1回の地震等あたりの国の保険責任額を約4.3兆円から約4.8兆円に、民間の保険責任額を約1.2兆円から約0.7兆円に改訂した。

XII　税関の援策

○　被災地域の物流・貿易の円滑化・活性化により、復興を推進し、社会経済の再生および生活の再建を図るため、被災地域の貿易活性化や被災地域に所在する輸出入者等の事務負担の軽減等を行うこととする「東日本大震災からの復興に係る税関の支援策」を発表（5月30日発表）

被災地域の物流・貿易の円滑化・活性化により、被災地域の復興を推進し、社会経済の再生および生活の再建を図るため、「東日本大震災からの復興に係る税関の支援策」をとりまとめ、5月30日に発表した。この支援策のポイントは、被災地域の貿易活性化を図ること、被災地域に所在する輸出入者等の事務負担の軽減を図ること、被災地域における税関手続の弾力的対応を継続すること、の3点である。

399

具体的な支援策としては、以下があげられる。
① 被災地域の貿易活性化のため、岸壁等における他所蔵置（保税地域以外の場所に外国貨物を置くこと）の許可の弾力的な運用や総合保税地域の許可基準の弾力的な運用等を行うこと
② 被災地域に所在する輸出入者等の事務負担の軽減のため、通関関係書類の電子的提出を認めることや、税関検査に係る輸出入者等の負担軽減を図ること
③ 被災地域における損傷等があった貨物や亡失した貨物に係る手続の簡素化や、保税地域以外の場所に貨物を置くことの申請の簡素化

これらの支援策は、被災地域の復旧・復興の状況を見極めながら、当面3年間をめどに実施することとしている。

XIII 最後に

その他の支援策として、財務省本省および地方支分部局による災害支援活動として、本省、財務局、税関および国税局の職員等を、被災地の県庁や市役所に多数派遣し、現地での活動に従事させるといった形での協力を行ってきたことを申し添える。

また、今後、以下のような対応をとっていきたいと考えている。

大規模災害が発生した場合には、災害に関してさまざまな税務上の取扱い等があることから、震災発生後速やかに、災害に関する税務上の取扱い等について、パンフレットやホームページ等を通じた周知・広報を実施するとともに、被災地域を所轄する税務署を中心として多数の申告・納税相談等が見込まれることから、被災地域への職員の応援派遣、電話相談センターの体制整備、地方公共団体・関係民間団体と連携・協調した説明会や出張相談等を実施する必要がある。また、大規模災害が発生し、被災した納税者の方々が全国の避難所等に避難している場合には、税に関する相談、還付金の支払いに関する問合せおよび納税証明書の交付等について、避難所等の最寄りの税

務署で対応できる体制を整備する必要がある。

　東日本大震災からの復旧・復興のため、5月2日に平成23年度第1次補正予算、7月25日に第2次補正予算、11月21日には第3次補正予算が成立し、全体で総額15兆円程度の復旧・復興事業を切れ目なく予算措置し、そのうち居住地近傍の災害廃棄物処理や公共土木施設の応急対策等、緊急性の高い事業はすでに執行済みである。今後は、各省庁および被災地方公共団体の協力の下、東日本大震災復興交付金をはじめとする復旧・復興予算を引き続き円滑に執行していく必要がある。

　備蓄塩については、保管場所を可能な限り分散し、地震に伴う津波の被災リスクに備えるとともに、今般の震災による備蓄塩の実態を踏まえ、用途別の備蓄塩の適正量の検証を行う必要がある。

　たばこ小売販売業者の早期の営業再開および消費者の利便に資することを目的とした政策を立案、実行する場合には、非喫煙者の受動喫煙防止の観点を踏まえた検討を行う必要がある。

第18章 金融庁の対応

金融庁監督局総務課課長　長谷川　靖

はじめに

金融庁では、東日本大震災からの復旧・復興を金融面から支えるため、検査・監督といった金融行政上のツールの活用や制度整備を通じて、被災地の実情を踏まえたさまざまな措置を講じてきた。また、金融業界等においても、金融庁からの要請も踏まえ、さまざまな取組みが行われた。

以下、これらの対応のポイントについて、解説する（原則として平成23年11月21日現在）。

I　金融上の措置の要請

○　震災の発生（3月11日）直後から、被災者に対し金融上の措置を適切に講ずるよう、金融機関に繰り返し要請
【主な要請内容】
・預金通帳や印鑑を紛失した場合における預金の払戻しへの柔軟な対応
・震災のため支払いができない手形・小切手の不渡処分についての配慮
・貸出金の返済猶予や貸出の迅速化
・生命保険金・損害保険金の簡易・迅速な支払い　　　　　　　　　　　　等

金融庁では、平成23年（以下、平成23年につき省略する）3月11日の震災発生後直ちに、金融担当大臣を本部長とする災害対策本部を立ち上げ、同日中に、金融機関に対し、被災地の実情に応じた適切かつ柔軟な金融上の措置を講ずるよう、関係団体経由で要請を行った。これまでの災害発生時には、同

様の要請を財務局長と日本銀行の支店長との連名で行っているが、東日本大震災は、被害が甚大で被災地域も広範にわたる、極めて大規模なものであったことから、金融担当大臣および日本銀行総裁の連名で要請を行うこととした。

主な要請内容は、以下のとおりである。
① 預金通帳や印鑑を紛失した場合における預金の払戻しへの柔軟な対応
② 震災のため支払いができない手形・小切手の不渡処分についての配慮
③ 貸出金の返済猶予や貸出の迅速化
④ 生命保険金・損害保険金の簡易・迅速な支払い

その後も、3月20日、23日と2回、金融機関に対し、繰り返し要請を行った（いずれも監督局長名）。

3月20日の要請では、被災された債務者の方が貸出条件の変更を金融機関に申し出た場合には、「中小企業金融円滑化法」の趣旨を踏まえ、積極的に対応するよう要請した。また、震災後、支店が全損し営業できない状況に陥った金融機関もある中、利用者にも多大な不便がかかり得ることに鑑み、そのような金融機関においては、他の営業店または他の金融機関と連携しながら、被災者の状況に応じてきめ細かく弾力的・迅速に対応するよう要請した。

3月23日の要請では、年度末の資金需要期を迎えることから、被災された債務者の方から返済猶予等の貸出条件の変更等やつなぎ資金の供与等の申込みがあった場合には、「中小企業金融円滑化法」の趣旨を踏まえ、できる限りこれに応じるよう要請した。

各金融機関においては、自らも被災して苦しい中、金融庁からの要請を踏まえ、適切に対応していただいた。

II 被災地域の金融機関の状況

(資料1) 東北6県および茨城県に本店のある72金融機関の営業店(約2700)のうち、閉鎖されている店舗数の推移

震災直後	3月22日(火)	3月28日(月)	4月4日(月)	4月11日(月)
約310	約270	約170	約150	約140
4月18日(月)	4月25日(月)	5月2日(月)	5月9日(月)	5月16日(月)
131	114	97	94	87
5月23日(月)	5月30日(月)	6月27日(月)	7月25日(月)	8月29日(月)
81	73	71	60	58
9月26日(月)	10月31日(月)	11月21日(月)		
54	53	51		

　被災地の金融機関は、自らも相当程度の被災をしており、東北6県および茨城県に本店のある72の金融機関の営業店約2700のうち、震災直後は1割以上の約310に及ぶ営業店が閉鎖を余儀なくされた。その後、徐々に閉鎖店舗数は減少してきたが、足元でみても約2％弱の営業店が、全壊したまたは原子力発電所の警戒区域にあるといった理由から、引き続き閉鎖をしている((資料1)参照)。被災地の金融機関の中には、震災直後3～4日連絡をとることができず、本店・支店を含めて状況が全く把握できない先もあった。ただし、そのような金融機関においても、土日も含めて、一部の金融機関のシステムが一時ダウンしている中にあっても手作業で預金の払戻しに応じるなど、利用者の便宜を考えた適切かつ柔軟な対応をしていたことが、後に確認された。

III　金融業界等の主な取組み

○各業界共通
　・金融庁・財務局からの要請内容の周知徹底
○預金取扱金融機関等
　・休日の窓口営業
　・通帳等を紛失した預金者に対する払戻し（氏名、住所、電話番号、生年月日等により確認）
　・預金者本人以外（親・子ども・配偶者等）への払出しに係る柔軟な対応
　・預金口座照会制度の構築
　・預金の代理払い（預金者の避難先金融機関が預金の払戻しに対応）
　・災害のため不渡になった手形・小切手に係る不渡処分の猶予等
　・休業手形交換所の手形交換の集約（岩手・宮城・福島の主要手形交換所が手形交換参加地域を拡大）
　・義援金口座あての振込手数料の無料扱い（自行あてが無料扱いの場合、他行あても無料扱い）
○保険会社等
　・保険料の払込みの猶予
　・保険金の迅速な支払い（必要書類の一部省略、損害調査における航空写真・衛星写真の活用による一括認定等）
　・契約保険会社の照会制度の構築
　・保険金の確実な支払いのための法務省・総務省・警察庁との連携
　　　－保険会社による戸籍謄本等の円滑な請求の促進
　　　－行方不明者に係る死亡届の円滑な処理
　・保険金の請求手続のテレビCM、新聞、ラジオ等による案内
○信用情報機関
　・信用情報に関する柔軟な取扱い（被災地域の顧客に対し返済猶予を行った場合の延滞情報登録基準からの除外等）
○日本公認会計士協会
　・震災に関する監査上の留意事項の公表

> ○金融商品取引所
> ・被災した上場企業等への支援（上場制度における柔軟な対応、復興資金の調達に寄与する商品の上場の促進）

各業界では、Ⅰで述べた金融庁の要請も踏まえ、さまざまな取組みが行われた。主な取組みを紹介する。

1　預金取扱金融機関等の対応

まず、預金取扱金融機関等の行った対応は、以下のとおりである。

① 震災の発生した3月11日（金）の直後に土日を迎えたが、各金融機関においては、休日についてもできる限り窓口を開き、被災された方々のさまざまなニーズに対応した。

② 通帳等を紛失した預金者に対しても、簡単な本人確認を行ったうえで払戻しに応じた。

③ 預金者本人が亡くなった、あるいは行方不明になった場合に、その親や子供、配偶者などからの払戻しの請求に、柔軟に対応した。具体的には、亡くなった場合には、通常、相続手続が必要となり、相当時間がかかるわけであるが、今後の生活のために一刻も早く現金が必要な方がいることに鑑み、たとえば1人あたり20万円以下など、少額については柔軟に払戻しに応じるなどの対応を行った。

④ 同じく、預金者本人が亡くなった、あるいは行方不明になった場合に、親族が、預金者がどこの銀行に預金していたかわからない場合もあることに鑑み、全国銀行協会（以下、「全銀協」という）において、「預金口座照会制度」を構築し、全銀協の窓口に聞けば、預金者の口座がどこにあるかを調べられるようにした。

⑤ 預金者の方が避難した場合に、避難先に地元の金融機関の支店がないときには、避難先の金融機関と地元の金融機関が連携し、避難先の金融機関が地元の金融機関の代わりに預金払戻しに応じる形で対応した。

⑥　手形交換所においては、災害のため不渡りになった手形について、不渡処分の猶予等を行った。すなわち、手形の振出人が震災の影響により、期日に支払いができず不渡りとなった場合でも、不渡報告の掲載や銀行取引停止処分といったペナルティは課されないこととなった。

⑦　また、手形交換所のうち、特に岩手・宮城・福島の沿岸部（たとえば石巻、宮古、気仙沼など）にある手形交換所は、津波等の被害により休業を余儀なくされたが、そのような手形交換所の業務を、各県の県庁所在地にあるような手形交換所に集約することにより、手形業務に支障がないようにした。

⑧　義援金口座あての振込みについては、自行あてだけではなく、他行あても含めて無料で取扱いすることにした。

2　保険会社等の対応

保険会社等の行った対応については、以下のとおりである。

①　保険料の支払いができない方には支払いの猶予を行ったり、保険金については迅速な支払いに努めた。保険金の迅速な支払いのための具体的な取組みとしては、必要書類の一部省略や、損害保険の損害調査における航空写真・衛星写真を使った一括認定などがある。

②　預金取扱金融機関における「預金口座照会制度」と同様、生命保険協会・日本損害保険協会において、契約保険会社の照会制度を構築した。特に、保険者がどのような保険に入っていたかについては、銀行預金以上に、親や子供、配偶者などが知らない場合が多いので、業界全体をカバーした照会制度により、どの保険に保険者が入っていたかを確認できるようになった。

③　保険金の確実な支払いのため、金融庁・保険業界は、他の関係省庁とも連携した。たとえば、契約者や受取人の方がともに亡くなられて、相続人は誰かがわからない場合、戸籍謄本を取り寄せる必要が生じるが、その戸籍謄本の取り寄せを保険会社が行うことについて、問題とならな

いように法務省および総務省と調整した。また、行方不明の方については、通常の民法の規定では、「危難失踪」に該当し、危難が去ってから１年が経過しないと死亡ということにならず、その間生命保険金の受取りができないことになるが、法務省や警察庁などと協議をした結果、死亡届を円滑・迅速に処理する方策をとった。具体的には、死亡届には、通常、死亡であることを証する書面として死亡診断書などが添付されるが、行方不明の方については死亡診断書が取得できないので、届出人の簡単な申述書を死亡届に添付すれば、届出が受理される段取りにした。これにより、行方不明になった方についても、迅速に死亡届が受理され、保険金が支払われることになった。

④　その他、保険金の請求手続につき、テレビ CM や新聞・雑誌などによる案内も行われた。

3　その他の対応

このほか、信用情報機関においては、返済猶予が行われた被災地の債務者の方は本来であれば延滞人になり得るが、このような場合を延滞情報登録基準から除外し、信用情報に登録されない扱いにした。

日本公認会計士協会は、震災に関する監査上の留意事項をとりまとめ、公表した。

東京証券取引所などの金融商品取引所は、被災した上場企業について、直ちに上場廃止にはせず、柔軟な対応をするなどの支援策を公表した。

Ⅳ　東日本大震災に係る保険金・共済金の支払状況

東日本大震災に係る保険金・共済金の支払状況としては、生命保険が、11月17日時点で1420億円。家計向けの地震保険が、11月９日時点で１兆1770億円。それから、地震保険以外の損害保険が、９月末時点で1700億円。主な共済組合が、10月末時点で9000億円。支払実績は、直近で合計すると約2.3兆

(資料2) 東日本大震災に係る保険金・共済金の支払状況

(単位:億円、いずれも概数)

保険・共済	支払見込額	支払実績	備　考
○生命保険	2,000	1,420	11月17日時点
○損害保険(家計向け地震保険)	12,000	11,770	11月9日時点
○損害保険 (地震保険以外)	6,000	1,700	9月末時点
実質負担額(※1)	2,000		
○主な共済組合(※2)	9,000	9,000	10月末時点
合　計	29,000	23,000	

(※1) 再保険会社から回収できる額を除いた額
(※2) JA共済、JF共済、全労災、都道府県民共済、コープ共済連

円となっている。現時点では、最終的な支払額は全体で約2.9兆円になると予測されているが、そのうちのかなりの部分が支払済みであり、簡易・迅速な保険金・共済金の支払いが進んでいることがうかがわれる((資料2)参照)。

Ⅴ　災害の発生に乗じた不適切な取引の監視

　金融市場・証券市場のシステム等は正常に作動しており、また3月14日(月)以降も円滑な経済活動を確保する観点から、通常どおり、取引が行われることとなった。
　金融庁では、震災の発生した3月11日(金)の後の土日の間に、市場関係者に与える影響や、投資家の方々の保護などのさまざまな要素を考慮しつつ検討した。
　そして、災害の発生に乗じた空売りなどの不適切な取引を防止するため、証券取引等監視委員会や証券取引所等の関係者と連携して、市場を厳格に監

視していくこととし、対外的にも、この方針を「金融担当大臣談話」という形で周知した。具体的には、売付けの際に株の手当てのない空売り規制（Naked Short Sellingの禁止）等の厳正な執行を含め、相場操縦等の不正行為に係る監視を徹底し、違反行為に厳正に対処していく旨を内外に示した。

VI 規制・検査・監督上の特例措置

○ 被災地の実情を踏まえ、金融庁では、通常時のルールを緩和ないしは弾力的に運用する特例を措置
【主な特例措置等】
・有価証券報告書等の提出期限の延長
　―震災の影響により、金融商品取引法に基づく開示書類（有価証券報告書等）が期限内に提出できない可能性が生じていることを踏まえ、提出期限を9月末に延長
・金融検査マニュアル・監督指針の特例措置および運用の明確化
　―震災の影響により、債務者の実態把握が困難な場合等を踏まえた自己査定に係る特例を措置
　―今般の震災による赤字・延滞を「一過性」のものと判断できる場合には、債務者区分の引下げを行わなくてもよいことを明確化
・金融機関等の報告の提出期限の弾力化
　―被災金融機関等が期限どおりに必要な報告書類を監督当局に提出できない場合、弾力的に対応
・「犯罪収益移転防止法」の施行規則の一部改正
　―本人確認対象取引から義援金振込を除外するなど本人確認手続を緩和

このように、金融庁は、震災の発生直後から、金融上の措置の要請や市場の厳格な監視等の対応を行ってきた。続いて、被災地の実情を踏まえ、通常時のルールを緩和ないしは弾力的に運用するような、規制・検査・監督上の特例措置を講じた。

まず、震災が3月期末の直前に発生したことから、3月期末決算への対応

をどうするかが喫緊の課題であった。そこで、3月期末決算の上場企業については、通常であれば、有価証券報告書等を3カ月以内の6月末に提出しなければならないが、震災の影響により有価証券報告書等を期限内に提出することができないケースも生じ得ることに鑑み、提出期限を延長し9月末までに提出すればよいこととした。

　また、震災の影響で債務者等の実態把握が非常に困難となり、金融機関の決算作業等にも混乱が生じかねないことに鑑み、金融検査マニュアルや監督指針の特例措置および運用の明確化を行った。たとえば、個人の債務者や企業の代表者の方が行方不明、あるいは避難をされていて、連絡がとれず、事業の実態が把握できない。あるいは事業所等が流されて、担保の不動産の状況が確認できない。そのような事態に直面し、決算作業等にあたって必要となる債務者の実態把握が困難な場合等を踏まえた、金融機関の自己査定に係る特例を措置した。

　それとともに、震災の影響で赤字・延滞になる企業もあるが、それが「一過性」のものと判断できる場合には、債務者区分の引下げを行わなくてもよいことを明確化した。一過性の赤字・延滞の取扱いについては、すでに検査マニュアルなどで示されていたが、東日本大震災においてあらためて念押しを行ったものである。

　このほか、金融機関の各種報告については、金融機関自身が被災している場合があることに鑑み、適宜弾力的に対応することとした。また、「犯罪収益移転防止法」の施行規則を改正し、震災に関連するものについては金融機関における本人確認手続を緩和する措置も講じた。

Ⅶ　「中小企業金融円滑化法」の改正

　中小企業者等に対する金融の円滑化を図るための臨時措置に関する法律（以下、「中小企業金融円滑化法」という）については、本来、3月末で期限が到来し、廃止される予定であったが、中小企業者等の業況・資金繰りが、改

善しつつあるものの依然厳しいという状況の下、震災等による先行きの不透明感から、今後とも一定の貸付条件の変更等への需要があると予想された。他方で、貸付条件の変更等に際しては、金融規律も考慮し、実効性ある経営再建計画を策定・実行することが重要である。

「中小企業金融円滑化法」に基づく貸付条件の変更等の状況としては、「実行」と「謝絶」の合計を分母にして「実行」を分子にした実行率でみると、中小企業者向け貸付で97.3％、住宅ローンでも91.4％（いずれも３月末時点）ということで、相当高い実行率となっている。このこと自体、非常に結構なことではあるものの、「モラルハザードが起きているのではないか」、「実効性ある経営再建計画が必ずしも策定されないまま、とりあえず条件変更の申込みがあったので対応するというだけで、単なる問題の先送りになっているのではないか」、「金融機関がコンサルティング機能を発揮して企業の経営改善をサポートしていく努力が欠けているのではないか」といった懸念も生じていた。

これらの状況を踏まえ、金融庁の対応としては、まずは「中小企業金融円滑化法」の期限を１年間延長することとした。

他方で、貸付条件の変更等を行った後の金融機関によるコンサルティング機能の発揮をより促進していく必要があることに鑑み、金融機関が経営相談、指導、経営再建計画の策定を支援したり、あるいは本格的な事業再生のほうに積極的に取り組むよう、金融機関が果たすべき役割を具体化する方向での監督指針の改正も、あわせて行った。また、検査についても、「中小企業金融円滑化法」の実施状況に絞った検査は従来から行っていたが、今後も通常の検査において、金融円滑化の実施状況（特にコンサルティング機能の発揮状況）を含めて検査をしていくということを公表した。

あわせて、金融機関の「中小企業金融円滑化法」に基づく金融円滑化の実施状況の開示や当局への報告に係る負担を減じてほしいという要望があったことを踏まえ、事務負担を軽減してより一層本業に専念できるようにするため、金融機関の開示・報告資料を大幅に簡素化した。

Ⅷ 「金融機能強化法」の改正

　被災地の金融機関の中には、店舗が全壊するような大きな被害を受けているところもあり、特に信用金庫や信用組合の中には、営業基盤のほぼ全体が被災してしまったところもある。こうした状況の下、今後、広域にわたる被災地域において、面的に金融機関の金融機能を維持・強化するとともに、預金者に安心感を与える枠組みを設けることが、地域経済の復興を図るうえで不可欠である。このため、国の資本参加を通じて、金融機関の金融仲介機能を強化する枠組みである金融機能の強化のための特別措置に関する法律（以下、「金融機能強化法」という）に震災の特例を設けた（7月27日施行。（資料3）参照）。

　主な改正事項は、大きく分けて2つある。

（資料3）　東日本大震災に対処するための金融機能強化法等の改正の概要

東日本大震災に対処するための金融機能強化法等の改正の概要　（平成23年7月27日施行）

東日本大震災に対処して金融機関等の経営基盤の充実を図るための金融機能の強化のための特別措置に関する法律及び金融機関等の組織再編成の促進に関する特別措置法の一部を改正する法律

1. 基本的考え方
○ 東日本大震災により金融機能に様々な影響が懸念される中、予め、広域にわたる被災地域において面的に金融機能を維持・強化するとともに、預金者に安心感を与える枠組みを設けることが、地域経済の復興を図るうえで不可欠。このため、国の資本参加を通じて、金融機関の金融仲介機能を強化する枠組みである金融機能強化法に震災の特例を設ける。

2. 主な改正事項
(1) 一般的特例（全金融機関）
　① 経営強化計画の策定において、
　　－ 経営責任は求めない
　　－ 収益性・効率性に関する目標設定を求めない　　等の弾力化
　② 資本参加コストを平時に求められる水準よりも引き下げる。併せて、幅広い選択肢が可能となるよう、資本参加の手段を多様化する。
(2) 協同組織金融機関向け特例（信用金庫、信用組合等）
　① 自ら被災又は被災者への貸付を相当程度有し、今後の財務が必ずしも見通し難い面がある協同組織金融機関に対し、国と中央機関が、共同して資本参加。
　② 対象機関は、中央機関と経営指導契約を締結。仮に、将来、参加資本の償還の見通しが立たない場合には、事業再構築とともに参加資本の整理を行う。その財源には、預金保険の資金等を活用する。
(3) 申請期限を延長する（現行平成24年3月末→平成29年3月末）。
　（注）根抵当権の譲渡等に係る特例措置等を定める組織再編成特別措置法の申請期限も同じ期間延長する。

1つは、すべての業態の金融機関に適用される一般的な特例である。震災の影響を受け、国の資本参加による金融機能の強化を図る必要がある金融機関が、経営強化計画を策定するにあたっては、東日本大震災については経営者に全く責任がないことに鑑み、経営者の経営責任を求めない、収益性や効率性に関する目標設定を求めない、といった弾力化を行った。また、資本参加を受ける際のコストを、平時に求められる水準よりも大幅に引き下げた。たとえば、9月に資本参加を決定した仙台銀行と筑波銀行についてみると、資本参加の際の優先株式の配当率は、平成22年度の預金保険機構の政府保証による資金調達コスト（当初、0.25％）と同等となっている。つまり、金融機関からすれば、自らマーケットで調達する場合のコストよりも相当低い、いわば国の保証付きでの調達コストと同等のコストで、資本参加を受けられることになる。また、返済財源の確保の期限も、20年以内や25年以内など、相当緩やかになっている。このように、金融機関にとって非常に良い条件で、資本参加を受けられることにしたので、その分、より積極的に金融仲介機能を発揮することを期待している。

もう1つは、協同組織金融機関（信用金庫、信用組合等）向けの特例である。信用金庫や信用組合の中には、沿岸部を営業基盤にしており、津波等で営業基盤のほぼ全体が被災したところもある。そのような信用金庫や信用組合については、今後の財務状況を見通すことが非常に難しいということに鑑み、さらに要件を緩和する特例を設けた。国と中央機関が共同して資本参加を行い、対象金融機関は、中央機関と経営指導契約を締結し、仮に将来の参加資本償還の見通しが立たない場合には、事業再構築とともに参加資本の整理を行うこととした。参加資本の財源には、預金保険機構の資金を活用することとした。

このほか、国の資本参加の申請期限を、平成29年3月末まで5年間延長した。

すでに、資本参加が行われた仙台銀行と筑波銀行のほか、複数の地域金融機関が、この「金融機能強化法」の震災特例の活用に向けて検討することを

公表している。今後とも、被災地の金融機能を強化する観点から、ぜひ地域金融機関に「金融機能強化法」の震災特例を積極的に活用していただき、資本基盤を強化して、地域経済の復興に寄与していただきたい。

なお、平成24年2月20日時点で、七十七銀行、仙台銀行、筑波銀行、宮古信用金庫、気仙沼信用金庫、石巻信用金庫、あぶくま信用金庫、相双信用組合、いわき信用組合の3銀行、4信金、2信組の計9の被災地金融機関（合計1840億円）が金融機能強化法に基づく資本参加の決定を受けている。

IX 「二重債務問題」への対応

1 「二重債務問題」とは

「二重債務問題」とは、今後被災者が復興に向けて再スタートを切るにあたり、新規に資金調達を行う必要があるが、既往債務が残っているため、二重の債務負担となり、事業や生活の再建が困難になる等の問題を、一般にいう。被災された債務者の方が住居や事業所等の資産を津波で流されたが、その資産を調達するための債務は残っている一方、流された資産を再度調達するために、もう一度新規の借入れをしなければならなくなり、旧債務と新債務の二重の債務に苦しむ、といったケースが典型的である。この問題については、政府全体で対応策が検討され、6月17日に「二重債務問題への対応方針」としてとりまとめられた。

2 対応策

対応策は、中小企業および農林水産業等向け、個人住宅ローン向け、金融機関向けの3つに分かれている。また中小企業および農林水産業等向けと個人住宅ローン向けについては、旧債務に関する対応と、新債務に関する対応とに分かれている（(資料4)参照）。

まず、新債務に関する対応としては、政府系金融機関による低利融資が主

（資料4）「二重債務問題」への対応

Ⅰ．中小企業及び農林水産業等向け対応

【旧債務】

① 再生に向けた相談窓口の設置と公的な旧債務整理プロセスの拡充・強化
・「中小企業再生支援協議会」を核とした相談窓口体制の拡充
　⇒ 被災中小企業者の再生を強力に後押し
・「中小企業再生ファンド」の新設
　⇒ 出資や債権買取り等を含めた支援を実施

② 個人向けの私的整理ガイドラインの策定等
・金融機関が、法的整理によらず、私的に行った債務免除についても無税償却等が可能となる方策を検討
・中小の法人企業向けの更なる方策についても検討

③ 再生可能性を判断する間の利子負担の軽減等
・津波被災地など①のプロセスにおいて再生可能性の判断をするまでに一定の時間を要する場合、その間、中小企業の旧債務が雪だるま式に増大し、再生を阻害することを避ける方策を検討

※ その他、金融検査マニュアルの運用明確化、農林水産業向け融資制度の周知等

【新債務】

① 公庫等による融資制度の拡充
・「東日本大震災復興特別貸付」の創設
・「特別利子補給制度」において最大で無利子化まで可能とする制度の創設
・小規模事業者が無担保・無保証で利用できる「マル経融資」及び「衛経融資」の拡張
・農林水産業向け災害復旧資金の融資について、一定期間実質無利子化等を措置
・医療・社会福祉施設向け災害復旧資金の融資について、一定期間無利子化等を措置

② 信用保証制度の拡充
・「東日本大震災復興緊急保証」の創設

③ リース信用保証制度を始めとした設備導入支援策の検討

④ 原発事故被災者への「特別支援制度」の創設

⑤ 二重債務をできる限り負わずに再出発可能な事業環境の整備
・共同利用施設等の復旧について国が支援
・中小企業基盤整備機構が仮設工場等を整備し、中小企業等に原則無料貸出し

※ 今後、水産業を始めとした地域関連産業向けを含め、支援の拡充を検討

Ⅱ．個人住宅ローン向け対応

【旧債務】
① 住宅金融支援機構における既存ローンの返済猶予等
② 個人向けの私的整理ガイドラインの策定
③ 住宅再建を目指す方の負担軽減

【新債務】
① 住宅金融支援機構による金利引下げ・返済期間の延長
② 災害公営住宅の供給

Ⅲ．金融機関向け対応

① 金融機関への資本参加・要件の緩和
・「金融機能強化法」及び「信用事業再編強化法」の改正

② 金融機関の無税償却等の弾力化
・個人向け私的整理ガイドラインの策定

である。ほかには、そもそも新債務を負わなくても再出発が可能となるような事業環境の整備にも取り組んでおり、たとえば、共同利用施設等の復旧について国が補助金を出して支援する、中小企業基盤整備機構が仮設工場等を整備し、中小企業等に原則無料で貸出すなどの対応を中小企業庁を中心に行っている。

旧債務に関しては、中小企業および農林水産業等向けの対応として、中小企業庁が、①再生に向けた相談窓口と公的な旧債務整理プロセスの拡充・強化、②再生可能性を判断する間の利子負担の軽減等を行っている。

① 　被災地においては、各県にある中小企業再生支援協議会をワンストップの相談窓口とするべく、その人員等を強化した。その中で、既往債権の買取りを希望される場合については、各県に新設する中小企業再生ファンド（産業復興機構）が、買取り等の支援を行うこととした。このように、事業性の旧債務については、相談窓口と買取機構により対応することとした。

② 　事業者の再生を支援するためには、その事業者に再生の可能性がなければならないが、すぐには再生可能性の判断ができない場合もある。たとえば、原子力発電所の警戒区域などでは、地域の復興がいつになるかわからず、それがわかるまで自分自身の事業の再生可能性もわからない、という方も多く、このような場合には、再生可能性を判断するまでにある程度の時間が必要となる。その間、金融機関から返済猶予を受けるとしても、利子負担は累増していく。この累増する利子負担を軽減するため、国が利子補給を行う制度を設けた。

　以上はいずれも中小企業庁の施策であるが、金融庁の施策としては、中小企業および農林水産業等向けおよび個人住宅ローン向けに共通する対応として、個人向けの私的整理ガイドラインの策定等がある。このほか、（Ⅷで説明した）「金融機能強化法」を活用した金融機関への資本参加要件の緩和や、個人向けの私的整理ガイドラインに基づく債権放棄に関する無税償却の弾力化（いずれも金融機関向け対応）等がある。

3　個人向けの私的整理ガイドライン

（資料5）「個人債務者の私的整理に関するガイドライン」の概要

○　「個人債務者の私的整理に関するガイドライン」の概要

1．ガイドラインの位置付け

　個人債務者の私的整理に関する民間関係者間の自主的ルール。これにより、債務者が、法的倒産手続による不利益（注）を回避しつつ、債権者との間の私的な合意（私的整理）により、債務免除等を受けることができる。
　　（注）法的な制限として、官報掲載、破産手続中の転居・旅行・資格制限、破産管財人による郵便物管理等。この他、信用情報への登録。

2．ガイドラインの内容

(1)　対象となる債務者
　既往債務（旧債務）を弁済することができない又は近い将来に弁済できないことが確実と見込まれる個人の債務者（住宅ローン債務者等の非事業者及び個人事業者）。

(2)　対象となる債権者
　主として金融機関等（銀行、信用金庫、信用組合、農林系金融機関、政府系金融機関、保証会社、貸金業者、リース会社、クレジット会社等）。
　―相当と認められるときは、その他の債権者を含める。

(3)　債務免除額
　民事再生手続又は破産手続と同等。
　―破産手続等より免除額が多くなれば、債権者は、私的整理を避けて破産申立てを行う恐れ。債権者が敢えて自己に不利なガイドラインを利用するとなると、株主代表訴訟リスクが高まる等の恐れ。
　―債務者への配慮として、生活再建支援金、義援金等を差押禁止とする立法措置がなされ（8月30日施行）、破産手続における「自由財産」が拡大したことから、ガイドラインにおいても同様に対応。

(4)　連帯保証人等に対する配慮
　連帯保証人への履行請求や金融機関における税務上の取扱いについても配慮。

(5)　手続の流れ
　①　債務者が、債権者（対象債権者）に対して、債務整理を申出※。必要書類（財産の状況等）を提出。

※申出の時点から、対象債権者は債権回収等を停止（6か月又は弁済計
　　　画の成立・不成立のいずれか早い時点まで）。
　② 債務者が弁済計画案※を作成。
　　　※弁済計画案の主な記載事項は、(イ)債務者の財産状況、(ロ)債務弁済計画
　　　（原則5年以内、事情により延長可。）、(ハ)資産の換価・処分方針。事
　　　業継続を図る個人事業者については、これに加え、震災の状況を踏ま
　　　えた事業計画等の提出を求める（経営者に対する経営責任は求めな
　　　い）。
　③ 第三者機関に登録する専門家（弁護士等）が、弁済計画案がガイドラ
　　　インに適合していることなどについて報告書を作成（＝第三者機関によ
　　　るチェック）。
　④ 債務者が弁済計画案及び報告書を対象債権者に提出・説明。
　⑤ 対象債権者が弁済計画案に対する同意・不同意を表明。
　⑥ 対象債権者全員の同意により、弁済計画成立※。
　　　※協議しても、全員の同意が得られない場合は、弁済計画不成立。
（注）①、②、④については、第三者機関に登録する弁護士等の支援を受け
　　　ることも可能。

　以下、個人向けの私的整理ガイドラインについて、具体的に説明する。
　　(1) **対象となり得る債務者数と債権額**
　まず、ガイドラインの適用対象となり得る債務者数と債権額をみると、被災3県に所在する金融機関からのヒアリング結果（7月末現在）によれば、①約定返済を一時停止している債務者数および債権額は、それぞれ1万1382先、2676億円（うち住宅ローンは5323先、738億円）。②正式に条件変更契約を締結した債務者数および債権額は、それぞれ8267先、3822億円（うち住宅ローンは1960先、277億円）。当初は①が多く、徐々に条件変更契約が締結されていくと②が多くなる筋合いであるが、このうち主に①が、ガイドラインの適用対象として想定され得る。
　　(2) **ガイドライン適用の効果**
　私的整理のガイドラインとしては、法人企業向けのガイドラインは従来か

らあるが、東日本大震災を契機に、個人向けのガイドラインとして、「個人債務者の私的整理に関するガイドライン」が策定された（7月15日策定、8月22日運用開始）。このガイドラインは、法人向けのガイドラインと同様、民間関係者間の自主的ルールである。このガイドラインにより、官報に掲載される、破産手続中は転居・旅行・資格が制限される、破産管財人による郵便物の管理が行われる、信用情報に登録されるといった、法的倒産手続によるさまざまな不利益を回避しつつ、債権者との間の私的な合意によって債務免除を受けることができる。

(3) 対象となる債務者・債権者

ガイドラインの対象となる債務者は、既往債務を弁済できない、または近い将来に弁済できないことが確実と見込まれる個人の債務者、すなわち、基本的には破産ないし民事再生の開始要件に該当するような債務者である。もしこの制度がなければ、早晩、破産等の法的手続に移行せざるを得ない債務者について、その一歩手前で、債権者との合意により私的に債務免除を行うことができる。このような制度は、世界でも例がないものであり、日本でも初めての試みである。

一方、対象となる債権者は、基本的には金融機関であるが、個人事業者向けの債権をもつ事業者も含めることは可能である。

(4) 債務免除額

債務免除額は、当然、法的手続と同等である。法的手続については、議員立法により、被災者生活再建支援金や義援金等を差押禁止とする、すなわち自由財産を拡大する立法措置がなされたが、基本的にこのガイドラインにおける自由財産の考え方は、法的手続とパラレルであり、法的手続における自由財産が拡大すると、ガイドラインにおいても同様に扱われることになる。

上記のほか、平成24年1月25日、ガイドライン運営委員会は、仙台地方裁判所の破産事件に係る裁判例も踏まえ、ガイドラインにおける自由財産たる現預金の範囲を、法定の99万円を含めて合計500万円を目安として拡張することを決定した。

(5) 連帯保証人への対応

連帯保証人に対しては、一律に履行を請求するのではなく、連帯保証人の実情を踏まえて対応することとされている。

(6) 手続の流れ

手続の流れとしては、まずは債務者が債務整理の申出を行い、その後、原則3カ月以内に弁済計画案を作成する。弁済計画案は第三者機関によるチェックを経て債権者に提出され、その内容に債権者が全員同意した場合には、弁済計画が成立し、債務の一部免除が行われる。第三者機関としては、一般社団法人「個人版私的整理ガイドライン運営委員会」が、基本的に全国銀行協会（全銀協）の出資により設立されている。東京の本部のほか、青森、岩手、宮城、福島、茨城の5県の県庁所在地に支部がおかれており、そこには弁護士を含めた各種専門家が登録されている。そして、案件がくるごとに、登録専門家が、弁済計画案の作成支援や弁済計画案のチェックをはじめ、申出の時点での事前の支援なども行う。登録専門家を利用する場合の費用は、金融庁の予算で国庫補助をすることになっている。

(7) ガイドラインの運用

ガイドラインの運用は、8月22日から開始されたが、当初、利用が低調だったこともあり、10月26日に、運営委員会により運用の見直しが行われた。見直しの内容を具体的に説明すると、仮設住宅に入居されている方については、住居費は特段かからないため、現時点では支払不能またはそのおそれというガイドラインの要件に該当しないとされたケースがかなりあった。しかし、そのような方もいずれ仮設住宅からは出なければならず、その際には、借家にせよ住宅を新築するにせよ、何らかの住居費がかかってくる。そのような新しい支出を加味すると、既往債務について支払不能またはそのおそれという要件に該当し得るケースも考えられる。このようなケースについては、将来の仮設住宅を出た時点ではなく、現時点でガイドラインの適用が認められるよう、運用の見直しが行われた。

(8) 相談件数

11月18日時点で運営委員会が発表しているところによると、個別の相談件数は、累計で1003件。そのうち、正式な申出をされている件数が47件、登録専門家の紹介を受け申出に向けて準備中の件数が179件。合計226件について、ガイドラインに基づく債務免除手続が進行中である。

(9) ガイドラインの周知徹底

金融機関から聞くところによると、被災地の債務者の方々は、被災地の復興方針・復興計画が固まらないと、自身の生活の方針も決まらず、したがって、自らの債務免除についても考えられないという方や、あるいは、金融機関が返済猶予をしているので当座は困っていない、という方もいらっしゃるようである。いずれにしても、ガイドラインの存在についてご存じない方も沿岸部を中心にまだかなり多いと考えられることから、政府としては、運営委員会とも連携しながら、周知徹底に努めているところである。たとえば金融機関の営業店、農協・漁協、市町村、商工会などの窓口にチラシやポスターを貼る、市町村の役場と連携して個別の相談会を開催する、仮設住宅にチラシを配布する、政府広報を使って地元のテレビやラジオの中でガイドラインを広報するなど、いろいろな方法を使いながら、周知徹底に努めている。

4 事業者の再生支援

最後に、金融庁が直接に所管する施策ではないが、債権買取り等による事業者の再生支援について説明する。産業復興相談センター・産業復興機構による支援と、東日本大震災事業者再生支援機構による支援の2つがある。

前者については、各県に設けられた産業復興相談センターが、ワンストップの相談窓口となり、再生支援を行う。そのうえで、再生可能性のある事業者について債権買取りが必要な場合には、産業復興機構が買取りを行う。産業復興機構は、中小企業基盤整備機構が8、地域金融機関等が2という出資割合で組成され、債権買取り後に一定期間元利弁済を凍結して、その後業況を確認し、場合によっては一部債権放棄を行い、残債は金融機関に売却する

というスキームである。

　これに対し、自民党、公明党等により提案されたのが「株式会社東日本大震災事業者再生支援機構法案」であり、同法案は11月21日に参議院の本会議で可決・成立したところである。東日本大震災事業者再生支援機構は、国が預金保険機構に出資をし、預金保険機構が同額を東日本大震災事業者再生支援機構に出資することにより、設立される。債権買取りの資金は、市場から調達することとしている（政府保証付）。

　2つの機構の棲み分けについては、各党間で議論された結果、衆議院と参議院それぞれの復興特別委員会で法案が可決された際に、以下の内容の附帯決議が付された。
① 　産業復興機構は、各県の実情に応じて支援対象を決めており、その整理を尊重すること
② 　東日本大震災事業者再生支援機構の債権の買取り業務の対象は、各県の産業復興機構による支援対象とすることが困難なものとするとともに、小規模事業者、農林水産事業者、医療福祉事業者などを重点的に対象とし、各県の産業復興機構と相互補完しつつ支援の拡充を図ること

　いずれにせよ、2つの機構が適切に連携を図りつつ、借り手である事業者の支援を図っていくことになるであろう。

Ⅹ　今後の課題

　最後に、今後の課題について申し上げる。
　まず、東日本大震災の経験を踏まえ、当局、日本銀行、金融機関、取引所、清算機関等においては、今回のケースはもちろん、東京直下型地震等も含め、主要なリスクを十分想定したうえで、BCP（事業継続計画）の抜本的な見直しを行う必要があるのではないかと考えている。具体的には、関係者間の連絡手段・連絡体制の整備、対応要員の確保、適切なバックアップシステムの構築などが考えられる。たとえば、東京にあるシステムのバックアップを埼

玉においている場合、広域災害によりメインとバックアップが同時に被災する危険性に鑑みると、バックアップシステムを関西等の遠隔地に構築するほうが、より効果的といえる。

東日本大震災に関する今後の対応としては、今回構築した新たな制度、具体的には、「個人債務者の私的整理に関するガイドライン」や、金融機能強化法の震災特例、債権買取りの2つの機構等について、活用促進を図るとともに、もし不具合があれば積極的に見直していく必要がある。

また、被災地におけるエクイティ性資金の供給を、促進する必要がある。被災地における金融の状況をみると、デットについては金融機関がかなり努力して供給している一方、エクイティについては足りないという声が聞かれる。金融庁では、既存の債務をデット・デット・スワップ（DDS）すること等により、債務者のバランスシートの再構築・財務基盤の強化を図り、新規の資金供給を促進することが課題であると認識しているところである。

なお、この観点から11月22日、金融検査マニュアルを改訂し、資本性借入金を資本とみなすことができる条件について、①償還条件は5年超、②事務コスト相当の金利設定でも可、③一定の要件を満たす場合には担保の解除も要しない等、明確化を行った。

第19章 内閣府の対応

内閣府政策統括官（防災担当）付総括参事官　小　滝　　　晃
同付参事官兼防災対策推進検討室次長　丸　谷　浩　明

はじめに

　以下は、平成23年11月24日（木）18：00～20：00および平成23年12月15日（木）18：00～20：00に霞が関の弁護士会館において、内閣府政策統括官（防災担当）付総括参事官小滝晃氏および内閣府政策統括官（防災担当）付参事官兼防災対策推進検討室次長丸谷浩明氏にそれぞれご講演いただいた記録を基に、震災セミナー実行委員会内閣府分科会座長弁護士尾見博武がその責任においてとりまとめたものである。なお、記述内容はすべて講演時のものである。

I　東日本大震災の特徴

1　地震の規模

　東日本大震災を引き起こした地震は平成23年3月11日14時46分に牡鹿半島の東南東130キロメートル付近の深さ24キロメートルの海域を震源として発生したが、地震の規模を示すマグニチュードは9.0と極めて大きいだけでなく、余震が、マグニチュード7以上のものが6回、マグニチュード6以上のものが96回、マグニチュード5以上のものが579回起きるなど未曾有の大地震であった。

2 大規模地震発生のメカニズム

(資料1) 大規模地震の概要

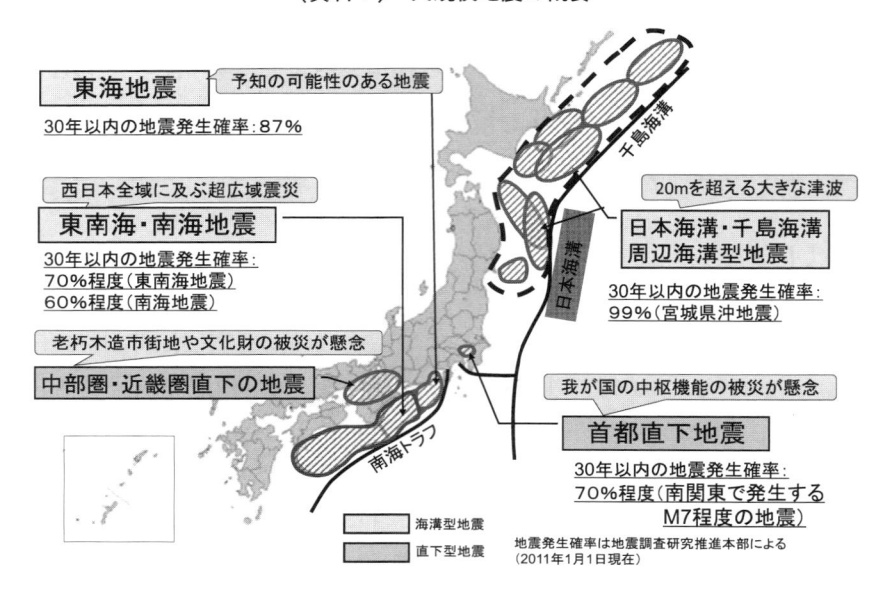

東海地震 予知の可能性のある地震
30年以内の地震発生確率：87％

西日本全域に及ぶ超広域震災
東南海・南海地震
30年以内の地震発生確率：
70％程度(東南海地震)
60％程度(南海地震)

老朽木造市街地や文化財の被災が懸念
中部圏・近畿圏直下の地震

20mを超える大きな津波
日本海溝・千島海溝周辺海溝型地震
30年以内の地震発生確率：
99％(宮城県沖地震)

我が国の中枢機能の被災が懸念
首都直下地震
30年以内の地震発生確率：
70％程度(南関東で発生する
M7程度の地震)

海溝型地震
直下型地震

地震発生確率は地震調査研究推進本部による
(2011年1月1日現在)

地震には大別するといわゆる海溝型地震と直下型地震の2種別がある。

(1) 海溝型地震

地球の表面は卵の殻のように外側が硬くなっており、「プレート」とよばれているが、地球物理学的にみると地球の内部からマントルの対流で湧き起ったものが地表付近で硬くなり、それが外へと広がっていくとあるところでまた内部に沈み込んでいくという構造になっていると考えられている。

プレートの沈み込むところが海溝であり、この海溝の部分では2枚のプレートがこすれ合って下に入っていくことになるが、一定期間、摩擦等で引っかかって止まっているプレートにかかる力が限度を超えたときに、それがはずれて反動で元に戻るときに発生するのが海溝型地震である。

日本周辺では（資料1）の黒い線で示している千島海溝、日本海溝、南海

トラフなどいくつかの海溝とトラフ（海溝に比して深さが若干浅い部分）があり、このようなところが震源域になり、それによって起きる地震が日本海溝・千島海溝周辺海溝型地震、東海地震、東南海・南海地震とよばれている。

　(2)　直下型地震

　海溝の動きによって日本列島のいろいろな箇所に歪みが生まれ、それが時々裂けたりすることによって生ずるのが断層である。直下型地震はその断層の動きで起きる地震である。

　（資料1）に首都直下地震や中部圏・近畿圏の直下型地震の発生も懸念されている箇所があげられている。

3　大津波の発生

　(1)　浸水の範囲と痕跡

　青森県から千葉県に至る沿岸がほとんど被害を受けているが、なかでも宮城県が最も被害が大きく、岩手県および福島県にも相当な被害が発生している。

　(2)　津波の大きさ

　平成23年3月11日14時49分に発表された最初の大津波警報では、たとえば岩手県などでは3メートル以上となっているが、いろいろな観測データが後から入ってくるのに伴い、気象庁は、10メートル以上と上方修正している。

　しかし、実際には、波高で14メートルや16メートル等の津波が来襲し、狭いところではさらに高さが増し30メートルくらいの高さまで上がったところがある。

4　沿岸部の壊滅的被害による市町村機能の喪失

　岩手県大槌町では役場が一瞬にして破壊され町長以下大勢の職員が死亡する事態となったが、同様の壊滅的被害を受けた市町村も多く、住民を守るための市町村の行政機能が失われた場合に、県や国が市町村機能をどう代行していくのかという課題が突きつけられた。

5 人的被害等の規模と特徴

(1) 人的被害の規模

人的被害は、平成23年11月18日時点で、死者1万5839名、行方不明者3641名と極めて甚大である。

(2) 人的被害等の特徴

これまでは、地震による人的被害は建物の倒壊によるものと考えられてきたが、東日本大震災における人的被害は建物の倒壊によるものは少なく、ほとんどが津波によって発生している。

建物被害についても、地震による倒壊がないわけではないが、大半が津波によるものであることが大きな特徴になっている。

阪神・淡路大震災以来進められてきた耐震対策の効果は着実に生まれているが、東日本大震災において、津波に対する備えの重要性が痛感された。

6 液状化被害の発生

東日本大震災では、大きな被害が発生した東北地方から遠く離れた千葉県浦安市や埼玉県の河川敷近くの地盤の緩いところで大規模な液状化の被害が数か所発生している。

7 地震・津波による被害額

(1) 被害額の大きさ

公共事業の災害復旧事業に該当する分と民間の施設の被害額を合算したストックベースの被害額は、16兆9000億円と阪神・淡路大震災の被害額約9兆円を大きく上回った。

(2) 被害の内容

東日本大震災の被害は主として都市部が被災した阪神・淡路大震災に比べると、都市部と農村地帯にまたがる非常に広範な地域が被災したため、農林水産の被害が少なからず発生していることが特徴になっている。

8　阪神・淡路大震災との比較

東日本大震災と阪神・淡路大震災とを比較してみると、(資料2)のよう

(資料2)　被害状況の阪神・淡路大震災との比較

	阪神・淡路大震災	東日本大震災
発生日時	平成7年1月17日5:46	平成23年3月11日14:46
マグニチュード	7.3	9.0
地震型	直下型	海溝型
被災地	都市部中心	農林水産地域中心
震度6弱以上県数	1県(兵庫)	8県(宮城、福島、茨城、栃木、岩手、群馬、埼玉、千葉)
津波	数十cmの津波の報告あり、被害なし	各地で大津波を観測(最大波 相馬9.3m以上、宮古8.5m以上、大船渡8.0m以上)
被害の特徴	建築物の倒壊、長田区を中心に大規模火災が発生。	大津波により、沿岸部で甚大な被害が発生、多数の地区が壊滅。
死者行方不明者	死者6,434名行方不明者3名(平成18年5月19日)	死者15,839名行方不明者3,641名(平成23年11月18日現在)
住家被害(全壊)	104,906	120,248(平成23年11月18日現在)
災害救助法の適用	25市町(2府県)	241市区町村(10都県)(※)長野県北部を震源とする地震で適用された4市町村(2県)を含む
震度分布図(震度4以上を表示)		

に多くの点で異なっていることがわかる。

(1) 発生日時

午前5時46分という早朝に発生した阪神・淡路大震災と異なり、東日本大震災は日中の午後2時46分に起きている。

このことも災害応急対策としての初動参集が非常に速かった原因と考えられる。

(2) 地震の規模と種別

阪神・淡路大震災は直下型地震であり、地震の規模はマグニチュード7.3であったのに対して、今回の地震は海溝型地震であり、マグニチュードは9.0であり約370倍と桁違いの大きさであった。

(3) 被災地域の範囲と国の役割

阪神・淡路大震災のときは主たる被災地域は兵庫県1県だけであったが、東日本大震災は、震度6以上は8県に及び、これに加えて、新潟県・長野県の一部も被災するなど非常に広域の災害であったのが特徴である。

阪神・淡路大震災において兵庫県は被災したとはいえ、壊滅的な被災ではなく、県庁機能がしっかり動いており、地元市町村との調整も兵庫県庁が国と連絡をとりながら行っていくことができたのに対して、東日本大震災の場合には広域的な被災であるため、国の役割が、阪神・淡路大震災のときと異なって、国が県庁横断的な調整をやらざるを得ないという宿命を負っていたということができる。

災害救助法の適用市町村数や震度マップをみても、東日本大震災が阪神・淡路大震災の比ではないことが明瞭である。

(4) 被害内容の比較

繰り返しになるが、阪神・淡路大震災の被害は建物の倒壊が中心であり、これに加えて、神戸市長田区などで大規模火災が発生し、多くの家屋が焼失した。

死者・行方不明者についても、建物の下敷きになるという形の被害であった。これに対して、東日本大震災では、津波が町を一網打尽にしたという形

で、死者・行方不明者のほとんどは津波によるものであったし、阪神・淡路大震災を上回る住家被害も津波によるものであった。

II　東日本大震災における応急・復旧活動

1　政府の震災・復興対応体制──緊急災害対策本部の設置

　発災後約30分で地震・津波についての対策本部である緊急災害対策本部を立ち上げ、その下に、宮城県庁内に現地対策本部、福島県と岩手県の県庁内に政府現地連絡対策室を設け、3カ所の現地体制を整備した。

　そのほか被災者の視点に立って、被災者の生活支援に関する対策の全体像をとりまとめ、課題を明確にして連絡調整するため、「被災者生活支援特別対策本部」(平成23年5月9日に「被災者生活支援チーム」に改称) を設置した。

　なお、原子力災害については、平成11年茨城県の東海村で発生した臨界事故を踏まえて制定された原子力災害特別措置法に基づき、内閣総理大臣を本部長とし、経済産業大臣を副本部長とする原子力災害対策本部が設けられ、基本的にはすべてのオペレーションを経済産業省の原子力安全・保安院が事務局となって行っている。

　また、復興対策本部が夏に内閣に設置され、復興について一元的に取り組む体制が整備されている。

2　初動および本部体制の確立

　初動対応の時系列のクロノロジー（時系列表）は（資料3）のとおりである。

(1)　3月11日

(ア)　14時46分──地震発生と非常参集

　防災職員全員が常時携帯している防災携帯電話に緊急地震速報が入るとと

第1編　第19章　内閣府の対応

（資料3）　初動および本部体制の確立

3月11日　14時50分　官邸対策室設置，緊急参集チーム招集
　　　　　　　　　　総理指示（①被災状況の確認、②住民の安全確保、早期の避難対策、③ライフライン
　　　　　　　　　　の確保、交通網の復旧、④住民への的確な情報提供に全力を尽くすこと）
　　　　　15時14分　緊急災害対策本部設置（法制定後初）
　　　　　15時37分　第1回緊急災害対策本部会議
　　　　　　　　　　（災害応急対策に関する基本方針）
　　　　　18時42分　政府調査団派遣（宮城県）
　　　　　19時23分　第3回緊急災害対策本部会議
　　　　　　　　　　（帰宅困難者対策に関する指示）

3月12日　6時　　　　緊急災害現地対策本部設置（宮城県）

3月17日までに　　　 緊急災害対策本部会議を計12回開催、
　　　　　　　　　　以下の緊急措置を実施
　　・（3/11～順次）災害救助法の適用
　　・（3/11～順次）被災者生活再建支援法適用
　　・（3/12）激甚災害の指定
　　・（3/13）特定非常災害として指定
　　・（3/14）被災地域に対する物資支援に係る予備費の
　　　　　　 使用決定
3月17日　　　被災者の生活支援に係る体制の一層の強化を図るため、
　　　　　　「被災者生活支援特別対策本部」を設置　　　　　　　等

もに、内閣府防災の執務室の壁に設置してある表示装置に緊急地震速報が図示され、アラームが鳴って、マグニチュード9クラスの大地震の発生と約1分後の東京での強い揺れが予測されたため、職員は総理大臣官邸での非常参集に備えて、着替えなどの準備に入り、約15分で非常参集要員はほとんど集合した。

　阪神・淡路大震災のときは、このようなシステムは整備されておらず、早朝の発災だったこともあってコアメンバーの集合まで約2時間を要し、初動対応に遅れが生じていた。

　なお、発災の時には、初動要員は官邸や各省庁に30分以内に徒歩で駆けつけられる位置に住むことが義務づけられている。

432

(イ) 14時50分──官邸対策室を設置

以下の総理大臣指示を発出
① 被災状況の確認
② 住民の安全確保、早期の避難対策
③ ライフラインの確保、交通網の復旧
④ 住民への的確な情報提供に全力を尽くすこと

(ウ) 15時14分──災害対策基本法に基づく緊急災害対策本部の設置

阪神・淡路大震災においては、災害対策基本法に基づく緊急災害対策本部は設置していなかったが、東日本大震災に対しては災害対策基本法が制定されて初めて「災害対策基本法に基づく」緊急災害対策本部を設置した。

平成7年改正前の災害対策基本法によれば、「災害緊急事態の布告」を発出するときに、緊急災害対策本部を設置することとされていたため、あらかじめ、物資や物価の統制やモラトリアムなどの措置を講ずることを内容とする「災害緊急事態の布告」の適否を判断する必要があったが、その必要がないと判断された阪神・淡路大震災の際は、法律に基づく緊急災害対策本部の設置はせず、閣議決定のみを根拠とする兵庫県南部地震緊急対策本部の設置にとどめた経緯がある。

阪神・淡路大震災の経験を踏まえ、平成7年に災害対策基本法の改正が行われ、現行法においては、「災害緊急事態の布告」と「緊急災害対策本部」の設置は切り離されているため、そうした面から本部設置が制約されることはなかった。

なお、東日本大震災においても、「災害緊急事態の布告」はその必要性がないとしてその適用を行っていない。

また、閣議決定を迅速に行うことができたことについては、平成22年12月の初動参集訓練を踏まえて、閣議決定の事務処理関係文書を標準化したうえで電子媒体で用意しておき、実際の適用の際には必要なカスタマイズを行って対応するしくみを整備していたことが有効であったと考えている。

(エ) 15時37分──第1回緊急災害対策本部会議開催

災害応急対策に関する基本方針を決定するとともに、18時42分に東祥三内閣府副大臣を団長とする政府調査団を防衛省の屋上からヘリコプターで宮城県に派遣した。

(オ) 19時23分──第3回緊急災害対策本部会議開催

帰宅困難者が多数発生したため、以下の帰宅困難者に対する指示を発出した。

① 安全のため、帰宅や移動を自粛すること
② 主要な駅周辺に避難所を確保するべきことを東京都に要請すること

(2) 3月12日

① 6時に宮城県に緊急災害現地対策本部を設置
② 未明に緊急災害対策本部から住民の救出に関する指示を発出

被災の甚大さが判明したことから、夜明けとともに沿岸部の、1人でも多くの住民を救出するため特に屋上部などを中心に救命ヘリコプターを飛ばすことなどのオペレーションを指示した。

(3) 3月17日まで

3月17日までに12回の緊急災害対策本部を開催し、以下の事項を決定した。

① 3月11日から順次災害救助法の適用市町村を決定、追加した。

災害応急対策の基本となる救援物資の支給や避難所の設置、応急仮設住宅の建設などの措置を講ずるために必要な措置である。

② 3月12日：激甚災害の指定

災害復旧事業の補助率の嵩上げをするための激甚災害に対処するための特別の財政援助等に関する法律（激甚災害法）に基づく激甚災害の指定（閣議決定）にあたって特例措置を講じた。具体的には、通常必要になる被害額の調査および被害額の積上げの手続を省略し、一定の説明材料が備わった段階で閣議決定を行った。

③ 3月11日から順次：被災者生活再建支援法の適用市町村を決定、追加した。

阪神・淡路大震災の経験を踏まえ制定された被災者生活再建支援法に基づく支援金（最大300万円）の給付に必要な措置である。

④　3月13日：特定非常災害として指定

運転免許証などの更新手続が災害に巻き込まれて困難になった場合に、免許の失効による不利益が生じないようにするなど公法上の法律関係の適用期限について、延長を可能とするための政令による災害の指定を行った。

これも阪神・淡路大震災の経験を踏まえ制度化されたものである。

⑤　3月14日：被災地域に対する物資支援に係る予備費の使用決定──国直轄による救援物資の調達と現地への搬送

ⓐ　物資支援については、阪神・淡路大震災の後、大規模災害については、県が調達を行い、国は後方支援するという災害対策マニュアルが定められていたが、今回の災害では、流通業に加えて仙台港の壊滅的被害の発生に伴い東北最大の物流基地が全く機能不全に陥っていた。一方で、被災地は非常に寒く、発災直後から毛布や水、食料などが不足していることが予測されたため、マニュアルによることなく、国自らが物資を調達し、被災地に搬送することとした。

ⓑ　末端の物流は市町村と民間が行ったが、県の物資拠点から避難所までの物資の流れは必ずしも円滑でなかったと思われる。

ⓒ　4月の下旬には県による調達が十分に行えるようになったため、4月20日付けで、本来の物資調達の姿である県の調達に移行し、国は、後方支援にまわることになった。

ⓓ　政府の調達・支援物資は、食料約2620万食、飲料水約793万本、燃料約1603万リットルなどとなっている。

ⓔ　予備費の使用決定は、金額は302億円と膨大で、しかも地方負担分がゼロという10分の10国費という前代未聞の措置であった。

ⓕ　発災後72時間は、特に大災害の場合は、「プル」（被災地からの要請に基づき対応する要請型）の支援が困難な場合が多く、要請を待たず、

支援する側の判断で支援物資、搬送方法などを決める「プッシュ」が必要と考えられる。東日本大震災の場合は、プッシュの考え方を部分的に入れ、一方で、被災地の状況を聞きながら支援を行う半分プルのようなオペレーションを行った。

⑥　3月17日：被災者生活支援特別対策本部の設置

仮設住宅や避難所などを被災者の視点に立って状況を把握し、これを整理して連絡調整するための組織として、「被災者生活支援特別対策本部」を設置した。

後に「被災者生活支援チーム」と名称を変更した。

3　部隊派遣・各国・地域からの支援

海外からの支援としてはアメリカ軍が最大時2万4500人を派遣した「トモダチ作戦」をはじめ、緊急援助隊29カ国、救援物資は63カ国、寄付金は93カ国などの支援をいただいた。

自衛隊の約10万人派遣は、自衛隊史始まって以来の規模の出動となったほか、警察庁、消防庁、海上保安庁などが大規模な部隊派遣を行った。

4　避難者数の推移と避難所運営の課題

避難者数は大変膨大で、発災後1週間で約38万人、7カ月後でも約2万1000人以上になっている。

ちなみに阪神・淡路大震災のときは、避難所の被災者は約30万人であったが、7カ月後にはゼロになっている。

避難所については、壊滅的な被害を受けているため、近隣避難が容易ではなく、少し離れたところに避難所を設置せざるを得ないケースも珍しくない状況であった。

また、昨今の避難の常識であり、避難所運営が円滑に行えるといわれている「コミュニティー単位での移動」も、福島県のような原子力事故災害からの広域避難を余儀なくされた被災地では必ずしも容易ではなかった。

さらに、クオリティーオブライフへの要求のレベルが上昇しており、さまざまな物品や生活環境への要求への対応の中でいくつかの課題が生じている。
　特に、避難所でのドメスティックバイオレンス事例がみられることなどから女性への配慮の必要性が指摘されている。

5　応急仮設住宅

　平成23年12月時点で必要戸数の5万2504戸がほぼ完成している。
　地域全体に及ぶ壊滅的な被害状況、海岸沿いの一部地域での地盤沈下の発生、平地が少ないという三陸地域の特性などから、さまざまな困難がある中で、何とか高台に適地をみつけるなどして、建設を進めてきたところである。
　住居はさまざまな町の機能と結びついており、通勤や通学、買い物などの利便性も要求されるため、課題も多いが、少しでも改善された生活環境を確保するため、被災者には応急仮設住宅への入居をすすめているところである。

6　がれきの撤去

　平成23年11月8日現在で散乱がれきは91％撤去されているが、寄せ集められ、野積みされているがれき全体の撤去率は62％になっている。
　発災後は、道路啓開や航路啓開をして交通を確保することが最優先であったため、こうした作業に伴いがれきが撤去された。
　次に公共用地、私有地のがれきの撤去へと進んでいる状況である。

7　主なインフラ等の復旧状況

　ライフライン、交通基盤などのインフラの復旧状況については、以下のとおりである。
　①　ライフラインはほとんど復旧しているが、ガソリンスタンドや銀行、郵便局、郵便配達業務などはまだ残っている。
　②　交通基盤では、港湾がもっとも時間がかかっており、河川堤防なども復旧は完全にはできていない。

Ⅲ　今後の主な防災対策の視点と方向性

　東日本大震災の教訓を踏まえて、今後発生が懸念されている首都直下地震や東海・東南海・南海地震の被害を最小限度に食い止め、応急対策や復旧・復興対策を迅速に進めていくための道筋を制度面も含めて適切に用意しておくことが政府に課せられた最大の課題であると認識している。
　このため、以下の事項について検討を進めている（（資料４）参照）。

（資料４）　今後の主な防災対策の視点・方向性等について

検討項目	今後の視点・方向性	備考
地震・津波対策の全般的見直し	○東日本大震災の教訓を踏まえ、今後の地震・津波対策を見直す。 ・科学的知見をベースに、あらゆる可能性を考慮した最大クラスの巨大な地震・津波を検討していくべき。 ・最大クラスの津波高に対しては、住民の避難を軸に、土地利用、避難施設などを組み合わせて、ソフト・ハードの取り得る手段を尽くした総合的な津波対策を実施。 ・頻度の高い一定程度の津波高に対しては、人命保護、住民財産の保護、地域の経済活動の安定化などの観点から、従前と同様、海岸保全施設等を整備。 （6月26日専門調査会中間とりまとめ）	○「東北地方太平洋沖地震を教訓とした地震・津波対策に関する専門調査会」において検討中。9月にも最終とりまとめ予定。 ○取りまとめ結果を踏まえ、今年中に防災基本計画の見直しを実施予定。
自然災害発生時の応急対策の検証	○東日本大震災の一連の応急対応の検証 ・国の初動対応の検証 ・自治体の対応や地域住民の避難行動の検証	○国の災害応急対策に関する検討会において実務的に検討中。
東海・東南海・南海地震（三連動地震）への備え	○想定震源域・波源域の検討 ○被害想定の検討 ○対策大綱の策定	○南海トラフ巨大地震モデル検討会を立ち上げて検討予定。
首都直下地震等への備え	○首都中枢機能の確保のあり方 ○帰宅困難者対策の充実 ○関東大震災クラスの想定の見直し	○首都直下地震対策見直しに関する検討会を立ち上げて検討予定。
災害対策法制の見直し	○広域大規模災害への対応のあり方 ○地方公共団体の行政機能喪失への対応のあり方 ○包括的な被災者支援のあり方　　　　など	○災害対策法制のあり方に関する検討会を立ち上げて実務的に検討予定。
自然災害発生時の危機管理体制の見直し	○緊急災害対策本部の設置・運営のあり方 ○政府部内の対応組織の役割分担のあり方　　など	

1　地震・津波対策の全般的見直し

　これまでの津波・地震対策は、津波堤防をつくる対策が中心であったが、東日本大震災においては、広範な地域で堤防をはるかに越えた大きな津波に襲われ、甚大な被害が発生した。

III 今後の主な防災対策の視点と方向性

(資料5) 東北地方太平洋沖地震を教訓とした地震・津波対策に関する専門調査会

東日本大震災を踏まえて今後の地震・津波対策についての検討を重ね、平成23年9月28日に報告をとりまとめた。
(平成23年5月28日から4ヶ月間、全12回審議)

専門調査会報告の要点

今回の地震・津波被害の特徴と今後の想定津波の考え方

今回の地震・津波被害の特徴と検証
○巨大な地震・津波による甚大な人的・物的被害が発生　○想定できなかったM9.0の巨大な地震
○実際と大きくかけ離れていた従前の想定/海岸保全施設等に過度に依存した防災対策/実現象を下回った津波警報など
⇒反省と教訓をもとに防災対策全体を再構築

防災対策で対象とする地震・津波の考え方
○あらゆる可能性を考慮した最大クラスの巨大な地震・津波を検討
○古文書等の分析、津波堆積物調査、海岸地形等の調査などの科学的知見に基づき想定地震・津波を設定
○地震学、地質学、考古学、歴史学等の統合的研究を充実

津波対策を構築するにあたってのこれからの想定津波の考え方
今後、二つのレベルの津波を想定
○発生頻度は極めて低いものの、甚大な被害をもたらす最大クラスの津波
・住民等の生命を守ることを最優先とし、住民の避難を軸に、とりうる手段を尽くした総合的な津波対策を確立
○発生頻度は高く、津波高は低いものの大きな被害をもたらす津波
・人命保護に加え、住民財産の保護、地域の経済活動の安定化、効率的な生産拠点の確保の観点から、海岸保全施設等を整備

東日本大震災の反省と教訓を踏まえ、今後の津波対策はいかにあるべきかを検討していた「東北地方太平洋沖地震を教訓とした地震津波対策に関する専門調査会」は、平成23年9月28日、地震津波防災について、次のような新たな考え方を示している（(資料5) 参照）。

① 防災対策で対象とする地震・津波については、あらゆる可能性を考慮した「最大クラス」の巨大な地震・津波を検討すること

　この場合、考古学・地質学・歴史学の成果を総動員して検討する必要があること

② 今後は、2つのレベルの津波を想定すること

　この点が、最大のポイントであり、具体的には次の2つのレベルの津波を想定すべきとしている。

　ⓐ 発生頻度は低いが、ひとたび発生すると甚大な被害を発生させる津波

439

東日本大震災は、平安時代の貞観地震以来といわれ、1000年に一度の津波といわれている。このクラスの津波は津波堤防をつくっても防げないことを念頭において、住民の避難を対策の軸にするほかはなく、人命が救えれば、財産的なものや経済基盤は犠牲にせざるを得ないという考え方である。この場合、住民に対する津波警報等の伝達が最も重要な課題となり、地震津波の海底地震計や検潮所での潮位観測網と津波情報との適切な連動や、東日本大震災では、停電などによる地上の基地局がダウンしたため十分に活用できなかった携帯電話などの改善の取組みが必要になる。

ⓑ 発生頻度が高く津波高は低いものの大きな被害をもたらす津波

　この地震・津波は明治三陸地震・津波など100年に一度の津波であり、これに対しては、津波堤防を整備して、市街地や経済・社会基盤をしっかり防護していこうとする考え方である。

③ 具体的な対策については、「減災」の考え方に基づき、ハード対策とソフト対策を組み合わせて実施することを基本として、次のような提案がなされている。

ⓐ 円滑な避難行動のための体制整備とルールづくり

　津波避難ビルの指定と避難路の整備などである。

ⓑ 地震・津波に強いまちづくり

　多重防護のために行う二線堤（堤防の陸地側につくる第2の堤防）の整備や行政関連施設を浸水リスクの少ない場所に建設すること、さらには、地域防災計画と都市計画との有機的な連携の必要性がこれに該当する。特にまちづくりの根本は防災であるとの観点に立って、防災経路を都市計画体系の上位概念とすることを検討すべきである。

ⓒ 津波に対する防災意識の向上

　ハザードマップの充実や徒歩避難訓練原則の徹底、防災教育の実施などが必要とされている。

　この点については、アメリカで行われている地域ぐるみ、住民ぐる

みで避難訓練をする「シェイクアウト」を参考にすべきではないか。
　　また、子供の時に覚えたことは絶対に忘れず、必ず実践されるということが経験上明らかになっているので、「とにかく逃げる」という実践的なことをしっかり生徒に教える防災教育が重要であることは論をまたない。

2　自然災害発生時の応急対策の検証（後記Ⅳを参照）

「東日本大震災における災害応急対策に関する検討会」において検討しているが、制度面において中心となる課題は、広域大規模災害の場合に現行の災害対策基本法が想定している市町村中心主義または都道府県を含めた地方自治体中心主義でよいのか、国の果たすべき役割は何かということになると思われる。

3　東海・東南海・南海地震（3連動地震）への備え

東日本大震災においては、これまでに日本海溝・千島沖地震で想定されていた規模をはるかに上回ったことから、8月に設置した「南海トラフの巨大地震モデル検討会」において、3連動地震の震源域とされる南海トラフについても新たな考え方に基づき想定されるべき最大地震をどのように決定すべきかについて検討を進めている。
　想定地震の規模および震源域の範囲が見直されるとすれば、震度や津波高が大きく変更されることになり、必要な防災対策だけでなく、被害想定についても大幅な見直しが必至となる。

4　首都直下地震等への備え

首都直下地震についても同様に、被害想定の見直しが必要になるほか、首都中枢機能の確保、帰宅困難者対策の充実の観点から必要な見直しを行う必要がある。
　首都中枢機能が被害を受けた場合は、国の機能が停止するような事態も懸

第1編　第19章　内閣府の対応

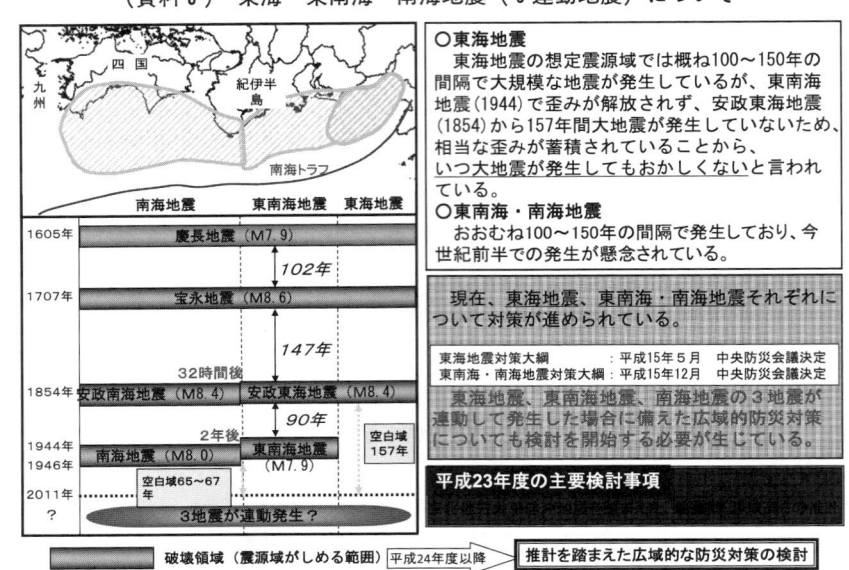

（資料6）　東海・東南海・南海地震（3連動地震）について

〇東海地震
　東海地震の想定震源域では概ね100～150年の間隔で大規模な地震が発生しているが、東南海地震（1944）で歪みが解放されず、安政東海地震（1854）から157年間大地震が発生していないため、相当な歪みが蓄積されていることから、いつ大地震が発生してもおかしくないと言われている。

〇東南海・南海地震
　おおむね100～150年の間隔で発生しており、今世紀前半での発生が懸念されている。

現在、東海地震、東南海・南海地震それぞれについて対策が進められている。

| 東海地震対策大綱 | 平成15年5月 | 中央防災会議決定 |
| 東南海・南海地震対策大綱 | 平成15年12月 | 中央防災会議決定 |

東海地震、東南海地震、南海地震の3地震が連動して発生した場合に備えた広域的防災対策についても検討を開始する必要が生じている。

平成23年度の主要検討事項

年	地震
1605年	慶長地震（M7.9）
1707年	宝永地震（M8.6） 102年
1854年	安政南海地震（M8.4）　安政東海地震（M8.4）　32時間後　147年
1944年 1946年	南海地震（M8.0）　東南海地震（M7.9）　2年後　90年　空白域157年
2011年 ?	空白域65～67年　3地震が連動発生？

破壊領域（震源域がしめる範囲）　平成24年度以降　推計を踏まえた広域的な防災対策の検討

（資料7）　南海トラフの巨大地震モデル検討会

1．検討会の趣旨・論点
（1）設置の趣旨
　過去に南海トラフのプレート境界で発生した地震に係る科学的知見に基づく各種調査について防災の観点から幅広く整理・分析し、想定すべき最大クラスの対象地震の設定方針を検討することを目的として、理学・工学等の研究者から構成される検討会を政策統括官（防災）の下に設置

（2）論点
　〇南海トラフで検討すべき「最大クラスの巨大な地震・津波」とはどのようなものか
　〇想定震源域・波源域をどのように考えるべきか
　〇東海・東南海・南海地震の同時発生、時間差発生についてどのように考えるべきか

2．スケジュール
　〇平成23年8月28日（日）に第1回会合を開催
　〇平成23年12月頃を目途に中間とりまとめ
　〇平成24年春に予定されている文部科学省地震調査研究推進本部による南海トラフの地震の長期評価の検討を反映
　〇平成24年6～7月頃を目途に、東海・東南海・南海地震の新たな想定地震の設定方針、東海・東南海・南海地震の地震動・津波高さ等の推計結果をとりまとめ

442

念され、国家の存続にもかかわりかねないため、国家の業務継続計画（BCP）の策定と実施を適切に行っていくことが必要である。

5　災害対策法制の見直し（後記Ⅴを参照）

災害対策基本法が制定されて60年、今日的な視点で根本的な検証を行い、必要な見直しを検討すべきではないか。

6　自然災害発生時の危機管理体制の見直し

このテーマは、災害に対応する行政組織のあり方や緊急災害対策本部や、現地対策本部のあり方をどう考えていくかという問題である。

発災後72時間は、人命の確保や外部からの本格的な救援・救助支援の投入という観点から大きな意味をもっているが、それまでの間は、被災地を中心とするオペレーションが極めて重要になるため、発災直後に被災地に入り、自律的に活動できる機動力を有するコア組織の存在が不可欠である。

こうした観点に立って、アメリカのFEMAのような国直轄の危機管理・防災組織をわが国においても整備していくべきかなどの課題がある。

7　防災対策推進検討会議の設置

政府においては、東日本大震災への対応の検証や反省を行い、必要な教訓を得るため、上記のほかさまざまな検討会が設置されている。

各検討会の成果を総括し、政府全体として、整合性のある効果的な防災対策の立案を図るため、中央防災会議（事務局：内閣府）に平成23年10月、防災対策推進検討会議が設置され、平成24年夏頃をめどに最終報告がまとめられる（（資料8）参照）。

第1編　第19章　内閣府の対応

(資料8)　防災対策推進検討会議（平成23年10月11日中央防災会議決定）

中央防災会議に新たな専門調査会として、「防災対策推進検討会議」を設置し、調査審議を行う。

1　趣旨・目的
未曾有の甚大な被害をもたらした東日本大震災における政府の対応を検証し、同大震災の教訓の総括を行うとともに、首都直下地震や東海・東南海・南海地震（いわゆる「三連動地震」）等の大規模災害や頻発する豪雨災害に備え、防災対策の充実・強化を図る。

2　想定される検討テーマ
〇　東日本大震災への政府各機関の対応に係る検証及び得られた教訓の総括
〇　災害対策法制のあり方の見直し
〇　自然災害対応に関する体制のあり方
〇　想定される大規模災害への対応のあり方　　など

3　会議の構成
関係閣僚及び学識経験者で構成

今後のスケジュール（案）
平成23年10月11日　中央防災会議開催　⇒　防災対策推進検討会議の設置
　　　　　　10月28日　第1回検討会議開催
平成24年　春頃　　検討会議中間報告
　　　　　　夏頃　　検討会議最終報告

Ⅳ　災害応急対策の検証と課題の整理

　内閣府（防災）が作成した「東日本大震災における災害応急対策等について」〈http://www.bousai.go.jp/chubou/suishinkaigi/2/1-1.pdf〉を踏まえて、主要な課題を述べることとする。

1　情報伝達・伝達の課題と対応の方向

(1)　「プッシュ型」支援体制の検討

　応急対策は地方自治体からの情報が前提となるが、自治体の庁舎や職員が被災したことにより自治体の機能が低下し、政府は情報がない中で応急対策を実施せざるを得ない状態であった。
　実際に被災地で何が必要なのかということ自体の情報は、自衛隊、警察・

消防など通信機材をもっている部隊が現地に入らない限り入手できなかった。

今後、広域災害については、通信インフラは機能しないという前提に立って、発災後一定期間は、被災地で必要になる物資をあらかじめ想定しておいて支援物資を迅速に送りこむ「プッシュ型」とよばれる支援体制をとり、通信機材が被災地に持ち込まれた段階で地元の要望を聞いて支援する「要請型」に移行していくことを基本的な考え方とすべきではないか。

(2) 電話や無線の不通等、通信インフラの途絶

携帯電話・携帯メールは、電源の喪失と連動すると非常に弱く、受信基地のアンテナの電池の消耗で、発災後2日目以降不通がより多くなる状況が発生した。

携帯電話の受信基地のアンテナの電池の長寿命化や自家発電装置つきの広域的なアンテナの整備などの電源対策の必要性が認識された。

(3) 行政機能の喪失

岩手県の山田町庁舎、大槌町庁舎、宮城県南三陸町防災庁舎など自治体の庁舎が津波により壊滅的被害を受けたため、市町村の情報収集機能・伝達機能が失われる事例が相次ぎ、国や県との連絡はおろか発災後数日は市町村内の状況も把握できない状況であった。

(4) 映像の活用ができない

各省庁からのヘリテレ映像やマスメディア等の映像などの情報が活用できなかった。

2　救出・救助活動の課題

救出・救助活動の課題は、以下のとおりである。
① 救出・救助活動の各実働機関の連携が一部で不十分であった。また、情報がない中での救出・救助活動であり、各実働機関等の調整は事実上現場レベルに任されていた。
② 各実働機関においては、それぞれ異なる通信系統になっているため、連携が困難な面がある。

3 災害医療の課題と対応の方向

災害医療の課題と対応の方向は、以下のとおりである。
① DMAT（災害派遣医療チーム）は災害急性期（おおむね48時間以内）に活動できる機動性をもったトレーニングを受けた医療チームであり、元来、阪神・淡路大震災のように建物の倒壊により下敷きになった人を救出し、応急処置を施して救命を図ることが主に想定された任務である。東日本大震災においても、迅速な活動により多くの成果があったが、今回の災害は基本的には津波災害であり、けが人は相対的に少数であった。
② 東日本大震災では、被災地での医師や医薬品等の不足により、慢性疾患などの入院患者や避難所で治療を受けている患者に対する医療サービスに支障を生じたため、患者を域外に搬送することが必要になった。今後は、発災後1〜2週間以降をカバーできる中長期医療への対応戦略が必要である。

4 緊急輸送体制の課題と対応の方向

緊急輸送体制の課題と対応の方向は、以下のとおりである。
① 物資輸送のための緊急車両等への通行証の発行に膨大な事務作業が生じたこともあり、緊急交通路の確保等の緊急輸送体制に混乱を生じた。
② 通行証は、災害時の交通規制がなされている場合には、優先して通行できるだけでなく、優先して高速道路での給油を受けられる運用も行われたため、通行車両には必要不可欠なものである。

　災害応急対応を行う建設会社やライフラインの復旧を行う電力会社の車両等については、通行証の事前の発給がなされていたが、他の業種やガソリン不足に対処するためのタンクローリーやボランティアの車両などに対する通行証の発給には時間を要し、混乱を招くこととなった。
③ 東日本大震災では、発災後4日目あたりからガソリンの不足が顕著になり、被災地の地方自治体の自動車による移動や緊急輸送体制の中核を

担ったトラック輸送だけでなく、応急復旧活動を担う建設関係の機材の活用にも支障を生じた。
④　東日本大震災ではトラック輸送が大部分を占めたが、災害の形態に応じて鉄道、船舶、航空機等の大量輸送機関を適切に活用することも必要である。

5　物資輸送・調達の課題と対応の方向

物資輸送・調達の課題と対応の方向は、以下のとおりである。
①　一部でプッシュ型の支援を行ったものの、基本的には、地方自治体からの需要対応型であったため、被災者に必要な物資が適切なタイミングで供給できなかった。
　　また、県の集積地点までは物資を届けることができたが、市町村・避難所への配送が滞留した。
　　さらに、ガソリンスタンドの被災状況や交通に関する情報不足等により、全国からの燃料の供給体制が構築できたのは、発災して1週間後の3月17日までかかってしまった。
②　物流については、あらかじめ、運送業者等の専門企業を幅広く指定公共機関に指定することにより、支援物資輸送の責任を有する公的機関と民間企業の適切な連携が可能になるような環境整備を進めていくことが重要である。
③　今後の広域災害についても燃料不足の問題が発生することが懸念されるため、その克服に向けた本格的な取組みを行う必要がある。
　　また、個別企業の事業継続の観点からは、広域災害では被災地において燃料不足が急速に深刻化することを踏まえて、燃料の確保について発災後速やかに最優先の課題として対策を講じることが必要である。

6　避難所運営・管理の課題

避難所運営・管理の課題は、以下のとおりである。

① 小中学校などの指定避難所だけでなく、地区の集会所等も避難所となったため、避難所全体の状況把握に時間を要した。
　また、避難所外の自宅にいる被災者や県外の避難者の把握が十分できていなかったため、各種の生活支援や行政サービスが十分ではなかった。
② 阪神・淡路大震災においても新潟県中越地震においても、被災者の一部は長期の避難所生活を余儀なくされたが、東日本大震災においては、津波被害のため自宅に戻れない被災者が膨大な数になった。元来、災害救助法では、避難所は短期的なものであって、被災者は早期に仮設住宅に移転するものと想定されており、特に集会所などの指定避難所以外の避難所においては、避難所生活が長期化した場合の取組みが十分ではなかった。このため、たとえば被災者に提供する食事についても、「温かいものが少ない」、「1日2食の供給が3カ月も続く」、「提供されるのは乾パンとカレーライスとパンのみ」といった長期間の食事としては問題の多い事例が報告されている。

7　広域連携体制の整備の課題

　職員派遣における被災地のニーズ（期間、能力など）とのマッチングが困難であったこと、現地対策本部では、本来想定していた県間の調整ができなかったことなど被災自治体への支援調整が十分ではなかった。

8　広報の課題

広報の課題は、以下のとおりである。
① 国等が実施している災害応急活動等の広報、帰宅困難者の混乱を防止する目的の広報や海外への広報など政府の対応に関する広報が不足していた
② 特に帰宅困難者の問題の広報については、今後発生が懸念されている首都直下地震の問題を考えた場合特に重要であり、以下の点を踏まえた

Ⅳ　災害応急対策の検証と課題の整理

広報を十分に行っていく必要がある。
- ⓐ 震度 6 強や 6 弱の地震が発生した場合には、基本的に帰宅してはならないこと
- ⓑ 帰宅者の大量の帰宅によって、主要幹線道路は完全にブロックされてしまい、救援物資や自衛隊、広域消防、広域警察などの部隊、救助・応急活動のための建設機材やオペレーターなど救急救助活動に必須の人や物が被災地域に入れなくなること
- ⓒ 東日本大震災で明らかになったように物資が搬入されなければ、コンビニやスーパーに対する供給は途絶え、即座に、生活物資や水が不足し、生活が困難になるだけでなく、生存の危機すら招きかねないこと。

9　海外からの支援の課題

海外からの支援の課題は、以下のとおりである。
① 被災地が必要なものを大量かつ迅速に支援していただくことは大変にありがたいことである。ただ、被災地のニーズが日々変化する中で、海外からの支援物品は多種多様で輸送にも時間を要することからマッチングを行うことが困難なケースがみられた。
② 国内輸送手段や燃料等を確保していない海外の支援部隊もあったため、救援活動の受け入れにあたって、配備等の調整に貴重な人員が割かれた。なお、72時間経過後の救助隊の支援受け入れについては慎重な検討が必要ではないか。
③ 海外からの支援物資に限らず、支援物資一般については以下のような課題があり、今回の経験を踏まえて、必要な広報と関係者への周知を図っていくことが必要である。
- ⓐ 避難所で配布する支援物資については、配分の公平を確保する観点から必要な数量を確保していただくこと
- ⓑ 支援物資については、発送する地域で仕分し数をそろえていただく

449

こと
　　特に企業の支援については、県でなく少なくとも市町村の配送拠点にまで輸送する手段も自ら確保していただくことをお願いしたいこと

10　男女共同参画や災害時要援護者への配慮

男女共同参画、障がい者、高齢者等への配慮が不足した。

また、避難所における育児や女性専用スペースの確保など女性のニーズや視点を取り入れるためには、運営に女性が参画することが必要であった。

V　災害対策法制の見直し

（資料9）の災害対策法制の見直しに関する論点に沿って以下主要な論点を紹介するが、本資料は、あくまで中間的な論点整理を行っているにすぎず、結論を得るまでには今後十分に検討する必要がある。

1　巨大災害に対する災害法制の見直し

今後発生が懸念されている東海・東南海・南海地震は、最近の研究によれば、日向灘沖を加えて4連動地震となるおそれがあり、その場合には、マグニチュードは9となって、極めて広範な地域が被災範囲となり、経済活動の中心である地域が含まれるため、被害が甚大になると見込まれている。

このため、現行の災害法制について以下のような事項を検討すべきである。

(1)　市町村機能の代行制度の拡充

災害法制の基本的枠組みは、より住民に身近な市町村が主体となって、住民に対する避難命令や避難所の設営、がれきの撤去・処理などを実施することとされている。

現状では、住民に対する避難命令など応急対応の初動段階の業務については、都道府県の代行制度が存在するものの、その後の業務については代行制

度がなく、がれき処理については都道府県が市町村から受託して事実上代行している現状にある。

東日本大震災のように、巨大災害が発生した場合は、行政機能を喪失する市町村が続出するおそれがあり、都道府県の行政機能も少なからぬダメージを受ける場合があることも懸念される。

こうした事態に対処するため、都道府県による応急措置等についての市町村機能を代行する制度を拡充するとともに、国による応援の制度についても検討すべきではないかというのが基本的な問題意識である。

この場合、災害対策法制における国の役割は、地方公共団体を補完する後方支援業務が中心であるため、既存の組織体制で、このような役割を十分に発揮できるのか、直轄的な実働組織を新たに設けるべきか否かについての検討も必要になる。

(2) 市町村支援のための職員の派遣や応援制度

現状においては、災害対策基本法に基づく職員派遣や応援によらず、支援を受ける被災市町村に身分を移すことなく、2週間程度の出張扱いとしているようである。

災害対策基本法に基づく職員派遣は、対象業務は広いものの職員個人の能力に着目してのものである。応援については、応急段階の業務に対象が限られ、復旧段階でのニーズに応えられない。さらに、職員派遣や応援では費用を被災地の自治体が負担するので、支援する側が費用を負担する出張扱いのほうが有効との考え方もできる。

しかし、労災事故が発生した場合など、出張扱いとなっている現状では対処が難しい問題もあると思われる。

2週間という期間については、派遣される職員の心身の健康管理や、派遣職員の家族への配慮などからやむを得ない面があるが、一方で、被災地域や業務に慣れた頃には交代してしまう結果となってしまうことや被災市町村の復興まちづくりや復旧工事の発注など専門性の高い業務については、短期間すぎると思われる。

したがって、派遣制度の拡充等何らかの措置を講ずる必要があるのではないか。

(3) 緊急事態布告時の緊急措置の拡充

東日本大震災においては物資の不足はあったものの物価の上昇はなく、緊急事態の布告は行われなかった。

国民保護法制を参考に拡充を検討すべきではないかとの議論がある一方で、内容いかんでは国民の権利の制約につながるため慎重にすべきとの意見もある。

(4) 復興関係の規定等の整備

これまでは、復興については恒久的な法律はなく、個別に特別立法がされてきたところであるが、迅速な復興への取組みを可能にするため、復興方針、復興計画、復興本部等の復興組織等について基本的事項をあらかじめ災害対策基本法に明記すべきではないか。

2　災害対策法制の基本構造

(1)　防災（予防、応急、復旧、復興）と「減災」

被災しても人命が失われないことを重視し、被害を最小化する「減災」という理念を取り入れようという議論もある。

また、災害対策基本法には、応急措置についての規定はあっても、復旧の規定は少なく、「予防」の定義はかなり狭いものとなっており、見直しが必要ではないか。

(2)　多様な主体による防災活動

ボランティアの規定の充実や、企業の事業継続計画、地区の防災計画等に関し明文の規定をおくべきではないかという議論もある。

法律事項になるかとの問題もあるが、法的根拠をもつことで活動の促進が図られる側面があることも否定できない。

3　被災者支援措置

(1)　エバキュエーション（純粋な避難）とシェルタリング（避難生活）の峻別

一時的な避難ではなく、避難の長期化を念頭において避難生活について明文化を図る必要があるのではないか。

(2)　広域避難への対応

広域災害、原子力発電所事故との複合災害に伴い、都道府県の枠を超えた広域避難・長期避難への的確な対応を図るため、国と都道府県の連携による広域的な配置計画の策定など広域避難の円滑化に向けたしくみを整備する必要がある。

(3)　被災者支援の総合化

被災者に対しては、災害救助法による物資の支援、住宅の応急修理、避難所、仮設住宅の提供などの現物給付に加えて、被災者住宅再建支援法による支援金の支給などの現金給付があるが、仮設住宅についても被災者自らが借り上げることを認め、家賃相当額を支給するなどの現物給付原則の緩和も進んでいる。

さらに一歩を進め、これらの応急対策に要する費用の範囲内で、被災者が個々の事情に応じてさまざまな選択が可能となるよう被災者に一括して現金給付をすることを検討すべきではないかとの議論もある。

被災者支援費用は、被災者の選択に任せた場合に確実に被災者支援の実が上がるのかなどについて、十分な検討が必要となろう。

（資料9） 東日本大震災における災害応急対策に関する検討会
　　　　——中間とりまとめ——（平成23年11月28日）

> 本検討会では、東日本大震災において実施された災害応急対策のうち、以下の点を中心に検証を行ったところである。
> ○期間：発災後、概ね2か月～3か月程度とした
> ○範囲：政府の緊急災害対策本部（特に、事案対処班、及びそれを引き継いだ被災者生活支援チーム）で対応した災害応急対策

Ⅰ．総括的整理

項目・区分	課　題
迅速・的確な情報収集・伝達	○地震や津波により情報通信インフラが途絶しただけでなく、自治体の庁舎や職員が被災したことにより自治体能力そのものが低下し、正確な情報を早期に収集することができなかった。全ての情報源から発せられる情報が貴重であるため、マスメディア等の民間からの情報の有効活用も含め、積極的に情報を取りに行く体制を整備することが重要である。 ○発災直後の情報空白期においては、被災地域全体が混乱し情報が容易に集まらないことを大前提と考え、その時間をいかに短くするか検討することが重要である。 ○災害時の情報においては、どの情報源からの情報を優先するのか、どの情報を優先的に処理するのかを検討することが必要である。 ○商用電源の長期間停電等により、各種情報の伝達が困難だったため、情報通信施設等の耐震化や特定の情報通信インフラに依存しない複数の手段による情報伝達体制の構築や非常電源装置の整備等が必要である。
緊急輸送体制の構築	○今回の震災ではトラック輸送が大部分を占めたが、大量輸送機関は必要であり、それぞれの機能の限界を考慮しつつ、鉄道、船舶、航空機等をうまく活用することも必要である。 ○燃料不足が各災害対応に影響を及ぼしたため、広域災害を前提とした燃料貯蔵拠点などの対応能力の強化やサプライチェーンの強化が必要である。

Ⅴ　災害対策法制の見直し

被害形態に応じた災害対応の実践指揮・調整	○今回の震災を踏まえた防災対策の見直しにあたっては、災害の種類・規模等に関して最新の知識を基に見直すとともに、これまでの被害に着目したシミュレーションだけでなく、対策の実効性を確保することを目的としたシミュレーションも必要である。 ○災害対応について、どのような人的・物的準備があったのか、その準備がうまく機能したのか、想定していた条件が異なることによる影響はどうだったのかなどを検証しておくことが重要である。 ○災害の規模に応じていつまでに何をどのくらいの優先順位や目標で実施するか異なるため、優先度の高いレベルの項目から対応し、この規模の災害ならこのレベルまで対応するという基準を設ける必要がある。 ○防災対策はその実効性・有効性を検証する必要があるが、「通常からの実施しておくべきこと」、「制度として構成すべきこと」、「今後強化すべきこと」などを体系的に整理する必要がある。 ○国全体としては多重な対応システムが存在するが、この多重な対応システムを災害時にいかに連携させるかが、今後の防災対策を効果的に実施できるかの課題である。
広域連携体制の構築	○市町村による対応だけでは不十分な場合に備え、以下のような体制等を構築しておくことが必要である。 ・地域ブロック全体が広域的に被災することを前提とした、より広域的な共助システムの構築 ・発災後、意思決定機能が失われても自動的に共助システムが動くような事前の体制構築 ・行政職員間の広域応援をより円滑にするための災害対応業務の標準化 ・自治体のみならず、企業・ボランティアなどの活動も考慮した広域応援体制の構築 ・広域災害を想定した部隊運用等の防災訓練（実動／図上）の実施　等
国民等への的確な広報	○災害対応における広報は重要である。災害時の「正常化バイアス」を打ち消す適切な避難を促す広報のあり方や避難者・帰宅困難者の混乱を防止する広報のあり方、国等が実施している活動の広報のあり方、海外への広報のあり方などについ

て検討し、充実を図る必要がある。

II．テーマ別整理

項目・区分	課題
救出・救助	発災当初の救命・救助活動は、情報がない中での活動であったため、各実動機関間の連携が一部で困難だった。 　救命・救助活動の各実動機関間等の調整は事実上、現場レベルに任されていた。各実動機関間等の役割分担の設定や配置調整を中央レベルで行うのは困難だった。
災害医療	【広域医療搬送】 　被災地内の救命医療が必要な方だけでなく、慢性疾患などの入院患者や避難所で治療を受けている患者などを域外に搬出することも広域医療搬送の新たな観点として必要。 【DMAT活動】 　建物の倒壊による傷病者が少なく、津波による犠牲者が非常に多く発生したため、被災の規模に比して急性期医療や広域医療搬送へのニーズは少なく、DMAT活動もおおむね2～3日を想定していたため、他の医療チームへの引き継ぎも含め、1～2週間以降をカバーできる中長期医療への対応戦略が必要であった。 【被災地内医療】 　医療機関が被災し被災地における医療提供体制に支障をきたした。 　通信機能が途絶したことや現地の医療提供機関の被災状況の把握に時間を要したことと合わせ、現地に派遣された医療チームとの情報共有が困難だった。また、医療チームの派遣を調整する体制が不十分だった。
緊急交通路の確保等	【交通規制】 　東北道（埼玉県内）はガラガラなのに規制している、緊急交通路の指定のせいでガソリン不足になった等の誤情報に基づく風評、誤解が生じたため、より積極的な広報を行うことが必要であった。 【緊急通行車両確認標章】 　物資や燃料の搬送のための緊急車両や民間トラック事業者等

V　災害対策法制の見直し

	への通行証の発行に膨大な事務作業が生じた。
物資調達・輸送	【物資調達】 　物資の調達は基本的に県が対応することとなっているが、発災当初には地方自治体の機能が著しく低下し、自助努力では対応しがたい状況となったことから、国が予備費を使用してでも物資調達を直接行わなければならない状況となった。しかし、あくまでも地方公共団体からの需要追従型であったため、被災者に必要な物資が適切なタイミングで供給されなかった。 　平常時のロジスティクスとは別のオペレーションであったため、本部と物資供出業者、輸送業者の間の連絡調整に時間を要した。 　物資の調達・輸送は可能なところは民間物流に託するとともに、時間の経過に応じた取り組み状況についての、市町村、県、国レベルでのトータルデザインが必要であった。 　緊急物資を輸送する事業者の燃料を確保するなど、物資供給の優先順位を念頭においたロジスティクス戦略の構築が必要であった。 　調達遅れ・長期にわたる生活必需品の入手困難を避けるためには、緊急時に商品の需給バランスや市中在庫量・所在等が把握できる環境の整備が必要であった。 【物資集積拠点】 　広域災害の場合の物流について、県拠点、市町拠点をどこに設置するのか、避難所への配送手段をどうするのかなど、事前に具体的な計画がなかったため、遅れが生じ避難所への配送が滞ったケースがあった。 　一部の物資集積拠点では、民間ロジスティクスのノウハウを使うことで、集積拠点での入庫、在庫、仕分け、出庫の一連の流れを機能させることができたが、それまでは行政職員が対処しており、在庫・搬送管理が不十分であったため、集積拠点に物資が山積し、避難所に向けて末端輸送が滞りがちだった。 【輸送】 　発災当初は、燃料不足や車両の不足により、物資輸送に支障をきたした。 　物資輸送手法として、大量輸送の可能な船舶や機動性の高いヘリなどの活用を試みたが、港湾から集積拠点までのトラック輸送の確保が必要なことやヘリは天候などの影響を受けること

457

	で困難だった。 【その他】 　個人による物資の善意の提供等について、被災地外で仕分けることや受け入れの可否も含めたルールが予めなかったため、現地の受入れ面で一部混乱が生じた。 自治体と政府の間での物資調達に関する訓練などの取組みがこれまでなされていなかったこともあり、国と自治体との連携が当初十分ではなかった。
燃料確保	津波や地震動により、6か所の製油所で操業を停止し、東日本における供給能力が極端に低下したほか、油槽所等の出荷拠点が多数被災した。また、被災地のSSなどの被災状況や交通に関する情報が不足したこともあり、全国からの燃料の供給体制を構築したのは、3月17日となった。 　石油会社は、自由競争にさらされているため、災害対応に関する設備が十分でなかった。 　初期段階では、石油施設の被災状況や輸送手段（タンクローリー等）など、業界内だけでなく官民を含め、情報の収集と共有が不十分だった。 　燃料不足により、物資が調達できても搬送手段が確保できないなど、様々な対策に影響を与えることとなった。 　避難所となりうる施設で燃料の貯蔵が行われていれば、発災後すぐに被災地において燃料不足が生じなかった可能性もあるが、安全規制には留意が必要。 　停電や通信の停波が甚大であった。機能回復に時間がかかったのは予備電源に円滑に燃料が供給できなかったことも一因である。一方で、非常電源の燃料の残量チェックなど、需要家の日ごろからのメンテナンス体制の整備も併せて必要であった。
避難所運営・管理	【避難所運営・管理】 　一時的に難を逃れる場所としての機能と長期にわたっての居住空間を提供する場所としての機能の峻別がなされていなかった。 　小中学校などの指定避難所だけでなく、地区の集会などに使われている施設についても避難所となったため、避難所としての機能を備えていない環境での避難生活を余儀なくされた。 　避難所全体の状況把握に時間を要したため、サービスの提供

が不十分だったことは否めない。特に、在宅避難者などの避難所外の被災者の把握が十分できていない時期があったため、それに伴い、物資の供給が十分ではなかった時期が生じた。

被災者への生活支援は、物資の提供や避難されている方へのメンタル面での支援、介護を要する方への配慮など、その内容が多岐・多様にわたるとともに長期に及んだため、必ずしも十分に支援が及ばなかった。

被災者の避難所生活におけるニーズの変化（食事内容、プライバシーの確保、季節に応じた衣類、など）への対応が十分にできなかった。

避難所運営において、ボランティア依存する一方で、避難者にとって行政の顔が見えないということがあり、不安要素を与えたことがあった。また、責任者が不明確で対応に混乱が見られたケースもあった。

避難者に雇用を生むことができた一方で、自衛隊やボランティアに依存せざるを得ない避難所も生じた。

県外に避難された方等の情報が不足したため、行政サービスの提供が不十分であった。

【応急仮設住宅等の提供】

民間賃貸住居への入居も応急仮設住宅とみなすことは、より早い時期に対応できればよかった。

仮設住宅用の用地確保が難航した。

仮設住宅が豪雨等で浸水するなどの被害が生じた。

【男女共同参画等の観点からの配慮】

発災後、女性や子育て家庭への配慮が十分にはなされなかった。

育児や女性専用のスペース確保や女性更衣室の設置など女性のニーズや視点を取り入れるためには、避難所の設計・運営に女性が参加することが必要であった。

避難所の設計・運営の中心を担う自治会長は、96％近くが男性であり、女性などへの配慮が必要であるとの認識を浸透させることが重要。

| ボランティア活動 | ボランティアの受入れ体制の整備に時間がかかった。ボランティア活動は被災地に行かないとできないとの思い込みがあるが、物資を送る段階での仕分け・セット化等のニーズがあることが判明した。 |

海外支援受入れ	【人的支援】 　我が国の要請にもかかわらず、国内輸送手段や燃料等を確保していないなど「自己完結」体制を有していない海外の救助チームもあり、救援活動の受入れに当たって、配備等の調整に貴重な人員を充てなくてはならない状況となった。また、受入れ手続きやその後の対応などの明確化が必要であった。 　医療チームについては、被災当初現地が混乱していたことから被災地からのニーズを直ちに把握することが困難であり、受入れが限定的にならざるを得なかった。 　海外の救助チーム、医療チームの活動については、傷害、物損に関わる事態が生じた場合に、これを補償するための法的根拠等が明確になっていない。 【物的支援】 　被災地におけるニーズが日々変化する中で、海外からの輸送には時間を要すること、海外からのオファーのあった支援物資は多種多様で少量のケースが多いことなどから、マッチングを行うのが困難なケースがあった。
被災自治体への支援	【被災地外の地方公共団体からの支援】 　支援する現地組織のあり方や配置する人員数は災害の規模によってくる。被災地への支援と被災地自らの対応能力とを足して100にするという考え方が適当であるが、被災地の対応能力の把握が十分できてないために適切な支援が行われないケースがあった。 　職員派遣等の支援については、被災地の地方公共団体のニーズ（期間、能力など）のマッチングが困難だった。 　地方公共団体から派遣される職員が短期間で交代するため、業務の継続性の確保に支障が生じた。 【現地対策本部による支援】 　現地組織を各県に設置したが、本来想定していた現地対策本部で県間の調整をするまで至らず、現地組織における人員配置や対応に温度差が生じた。 　今回、現地対策本部は国、都道府県、市町村の関係で県が担うべき役割を相当部分担っていたが、現地対策本部や緊急災害対策本部及び地方公共団体との間の連携・役割分担の整理が必要であった。 　現地組織に政務が駐在することで、政府と被災地との緊密な

		連携はできたが、危機管理や災害対応のプロフェッショナルは十分には配置できていなかった。
	リスクコミュニケーション	【政府が実施する防災対策についての国民の理解】 　救命救助のみならず、道路啓開、緊急交通路の設定、物資輸送、民間・海外等からの支援受入れの在り方など、政府の緊急時のオペレーションを国民に示し、共通認識とする不断の努力が足りなかったのではないか。 　大規模災害発生時における救援・救助について、公平性や平等性の観点から、どのように対応するかについてマスコミ等を通じて事前に公表しておくことが必要だったのではないか。 　医療に関する資源をどのように投入するかについて国民に示すことが必要ではないか。初動期はDMAT、救急医に任せればよいという認識では、甚大な災害に対応できない。 　いつまでに何をどのくらいの優先順位でするのかという目標設定が重要。「○日間は○○の対応は困難」などの国民への提示の仕方を含めて目標設定の在り方を議論すべき。
	その他	【治安の維持】 　岩手県、宮城県及び福島県の被災三県の全刑法犯認知件数は減少した一方で、無人家屋・店舗に対する侵入窃盗や、全国で義援金名目の詐欺、悪質商法等震災に便乗した悪質な犯罪が散見された。 　被災者等の不安をあおり立てる流言飛語が流布した。 【帰宅困難者対策】 　首都圏においては、鉄道等の交通機関が不通になったことや帰宅困難時の行動原則が浸透していなかったこと、十分な情報提供がなされなかったこと等により、多くの帰宅困難者が生じた。 　帰宅困難者のとる行動や対策をライフラインの寸断、発災の時間帯、食糧・水の有無などの各種条件を整理した上での事前の検討や、子供や女性、高齢者などを対象とした事前の検討が十分になされていない。 【災害応急対策における特例措置】 　今回実施した特例措置については、課題が表面化してから検討・調整した案件もあったため、検討・準備に時間を要するなど、必ずしも迅速な対応が取れなかった措置もあった。

(資料10)　災害対策法制のあり方に関する研究会――中間論点整理(案)――(平成23年12月6日)

　本研究会において、災害対策法制の見直しに向けた検討を行い、中間論点整理を行った。

　本資料は、委員等から提出された意見・提案のうち、主として法制上の論点と考えられるものをまとめたものである。

　この中間論点整理（案）については、実態的な必要性と法制的な妥当性に関し、更に検討を深めることが必要である。

【検討の背景】

　東日本大震災における災害応急対策等を通じて得た教訓を踏まえ、いつ起こるかもしれない今後の災害に備えた法制度を速やかに整備する必要がある。

【検討の視点】

○「巨大災害」における災害応急対策等に関し、国・都道府県・市町村の果たすべき役割に改善すべき点はないか。

○行政・地域・市民・企業等の防災力を高めるための平常時の取組みを推進する仕組みは十分か。

○被災者の目線で、一貫した支援の仕組みが確立しているか。

○災害対策基本法制定後約50年を経過し、今日的状況に合わなくなっているところがあるのではないか。

第1　「巨大災害」に関して求められる災害対策に係る枠組みの構築		
No.	論　点	対応の考え方
①	「巨大災害」の位置付けと国・都道府県・市町村の役割のあり方	
1	「巨大災害」の位置付けと国・都道府県・市町村の役割分担等の見直し	○現行の災害対策基本法においては、災害の規模等に応じて、通常災害、非常災害（第24条）、緊急災害（第28条の2）、災害緊急事態（第105条）が位置付けられている。その上で更に、東日本大震災のような「巨大災害」の位置付けを検討すべきではないか。ただし、その前提として、「巨大災害」の概念を明確化すべき。 ○「巨大災害」に関する法体系の構築については、「巨大災害」への対策に関する特別措置法のような特別法を

V　災害対策法制の見直し

		整備する方法もあり得るのではないかとの意見があった。
		○現行の災害対策基本法においては、法令等の規定に基づき、国・都道府県・市町村が役割分担をして災害対策を担うこととなっているところ。このような中で、自然災害に係る災害応急対策については、実態として市町村が大きな役割を担う仕組みとなっている。一方で、「巨大災害」においては、市町村に多くの役割を担わせることは難しいと考えられ、市町村に過度に役割を期待するような運用実態とならざるを得ない仕組みの変更を検討すべきではないか。
		○したがって、災害の規模等に応じて、各主体の役割分担が変化していくような仕組みにしてはどうか。その場合、国や都道府県の役割を明示的に位置付ける必要があるのではないか。（例えば、災害の規模等としては、一市町村内外の災害、阪神・淡路大震災のような概ね一都道府県での災害、東日本大震災のような複数県にまたがり面的な広域破壊を伴う災害などの何段階かのレベルが考えられるところ。）なお、防災計画上での対応で足りるのではないかとの意見があった。
		○特に、「巨大災害」時には、国が、地方公共団体との役割分担のもとで、より中心的な役割を担って、災害応急対策等に係る関係機関の広範な総合調整を主導的に行うとともに、復旧・復興における社会基盤の再配置計画づくりやその整備を行うような仕組みが必要ではないか。
2	「巨大災害」に係る災害応急対策等の防災計画上の位置付けの明確化	○国の防災基本計画において、通常の災害の場合のほかに、「巨大災害」を含め災害の規模等に対応した災害応急対策に係る行動計画や地方公共団体への支援措置を位置付けておく必要があるのではないか。
		○地方公共団体の地域防災計画において、通常の災害の場合のほかに、「巨大災害」時には、区域の大部分が被災した場合や区域の中枢指揮機能が動けなくなった場合など、当該地方公共団体による防災活動が困難な場合において実施すべき災害応急対策に係る措置を位置付けておく必要があるのではないか。

② 「巨大災害」における国の役割

| 3 | 緊急災害対策本部・非常災害対策本部の役割の見直し | ○非常災害等の際に国の臨時組織として設置される非常災害対策本部・緊急災害対策本部について、所掌事務（26条・28条の4）は、「総合調整に関すること」など、本部長権限（28条・28条の6）は、「必要な指示をすることができる」ことなどが規定されているのみであり、具体的な役割や権限が位置付けられていない。かかる規定のみで、「巨大災害」において、迅速かつ的確な災害応急対策が可能なのかという懸念はあり得るところ。
○したがって、「巨大災害」時の緊急災害対策本部長の権限については、総合調整、必要な指示等現行法上の規定に加え、「巨大災害」に伴い必要となる場合には、例えば、支援物資を被災地からの要請を待たずに調達して被災地に届ける仕組みの実施、広域的な避難（Sheltering）の配置計画づくりなどの追加が考えられるのではないか。
　また、国の役割を拡大することについては、各省庁の役割の拡大の場合もある。例えば、現行法でも、
・警察の場合には、緊急事態の布告が発せられた場合、警察庁長官は都道府県警察本部の警察本部長等に命令・指揮する（通常時は、指揮監督）、
・消防の場合には、大規模な災害の時には、消防庁長官から都道府県知事や市町村長に緊急消防援助隊の出動の指示をすることができる、
・災害救助法については、同法適用時には、指定行政機関の長等は事業者に対する物資の保管命令・収用をできるほか、厚生労働大臣は都道府県知事への応援指示ができる、
などがあるところ。
　一方、現行の各主体の役割分担よりも国の役割を拡大することについては、その実効性に係る課題も指摘され、その必要性を示す事実を摘示した上で、慎重に検討すべきとの意見があった。
○非常災害対策本部・緊急災害対策本部と中央防災会議の役割分担が、緊急措置の計画の関連などにおいて必ずしも明確ではない部分があるのではないか。 |

V 災害対策法制の見直し

4	緊急災害対策本部・非常災害対策本部と現地対策本部の役割分担等の見直し	○災害対策基本法においては、緊急災害対策本部・非常災害対策本部にその事務の一部を行う組織として、現地対策本部を置くことができることとし（25条6項・28条の3第8項）、本部長の権限（必要な指示等）の一部を現地対策本部長に委任することができることとしているが（28条3項・28条の6第4項）、その委任する権限が明確ではないところ。 ○現地対策本部の初動の円滑化を確保する観点から、あらかじめ権限を委任しておいた方がいいものについては権限を委任し現地対策本部長の権限を明示しておき、一方で、災害の状況により柔軟に対処できるような規定も明示しておくべきではないか。 ○また、被災地の地方公共団体との間で災害応急対策等の業務に係る連携を確保するためには、現地対策本部と被災地の地方公共団体の災害対策本部の参加する協議会の設置などによる連携体制の構築が重要ではないか。
5	災害緊急事態の布告に係る制度の見直し	○災害対策基本法第105条の災害緊急事態の布告については、物価統制等経済面の措置及び海外からの支援受け入れ措置に限られているとともに、国会閉会中等に限り政令で規定できるという限定的な仕組みとなっているところ。 ○「巨大災害」時においては、内容が限定されている「災害緊急事態の布告」について、その内容を広げる必要性について検討を行うべきとの意見があった。一方で、国の役割の拡大の要件となる災害緊急事態の布告の発令は、内容如何では国民の権利の制約等が伴うことから、安易に行うべきではなく、更に検討を深めるべきとの意見があった。
③	「巨大災害」における地方公共団体の行政機能喪失等への支援や対応	
6	市町村の行政機能喪失への対応	○東日本大震災において、市町村長や多くの職員の被災、市町村庁舎の被災等により著しく行政機能が低下した事例があったところであるが、災害対策基本法では、こうしたことに対応する制度として、応急措置等に係る代行措置、応援・職員派遣、事務委託の特例（第69条）の制度等があるところ。また、地方自治法におい

465

		ても、地方公共団体相互の職員派遣の制度があるところ。
		○市町村の行政機能の喪失については、災害応急対策のみならず一般の行政サービスを含む問題であり、災害対策として制度化を検討すべきとの意見もあった一方で、地方自治制度の枠組みの中で対応すべきとの意見もあった。なお、その前提として、地方自治法で対処可能なのかを議論する必要があるとの意見もあった。
7	地方公共団体への応援の規定の充実、応援・職員派遣に関する仕組みの整備	○災害対策基本法においては、被災地方公共団体の行政機能を補完する仕組みの一つとして、職員派遣と応援の制度がある。国については、災害応急対策と復旧に係る職員派遣（第29条〜第33条）があるが、応急措置に係る応援の規定はない。地方公共団体間では、応急措置に係る応援に関する規定（第67条・第68条・第74条）があり、これは、応援は、応急措置について同種の事務を行っている地方公共団体間について成り立つものであるためと考えられる。なお、地方公共団体間の職員派遣については、地方自治法に規定されているところ。
		○災害対策基本法における応援に関する規定の対象業務は応急措置に限定されているが、応急措置より後の復旧等における各種行政サービスに関する現場における応援が効果的であることから、そのことを災害対策基本法で規定してはどうか。また、「巨大災害」時には、応急措置のみならず復旧等でも国からの応援の仕組みを設けることが有用ではないか。なお、その場合、現行の応援に関する規定に復旧等についての文言を追加するのではなく、復旧等についての規定をおいた上で、応援対象業務についての規定をおくことになるとの意見があった。
		○職員派遣や応援は、被災した地方公共団体からの要請が基本となっているが、「巨大災害」時には、要請できるような状況にない場合があることから、要請がなくても可能となることを含め地方公共団体間の水平的な関係における支援等について、地方公共団体相互の協定の仕組みの整備など国による全国の状況把握のも

		とでの関与の仕組みを、あらかじめ設ける必要があるのではないか。
8	代行措置の考え方	○市町村の応急措置等事務について、市町村がその全部又は大部分の事務を行うことができなくなったときは、都道府県による代行の規定があるが（第60条第5項・第73条）、東日本大震災においては、市町村が応急措置に追われ、県への働きかけが困難であったこと、ノウハウが蓄積されていないこと、事務の権限が県に移り円滑な住民対応が可能なのかという懸念があったこと等の理由から活用されなかったところ。これは、他の地方公共団体等からの応援や職員派遣が有用であったとも考えられるところ。 ○都道府県による代行措置の対象が応急措置等事務のみに限定されているが、復旧等も含めて応急措置等以外にも代行措置の範囲を拡大すべきではないか。 ○都道府県の応急措置等事務についての国による代行の規定はないところであり、代行の規定をおくべきとの意見もあり、検討する必要があるのではないか。一方で、国の権限代行について更に追加すべき内容は何なのか、また、権限代行はどのような要件の下に認められるべきなのか、更なる検討が必要であるとの意見があった。
④ 「巨大災害」における復興時の国の復興組織の規定及び復興のための特別措置の恒久化			
9	復興時の国の復興組織の設置等	○災害対策基本法には復興段階の取組内容が規定されていないが、特に、「巨大災害」の場合には復興段階まで迅速な対応を行うための取組が求められることから、国の復興のための組織体制、復興の計画体系等を位置付けておくべきではないか。 ○その場合、例えば、国の復興本部の設置、復興の基本方針の策定などの規定が考えられるのではないか。
10	特別の措置の恒久制度化	○阪神・淡路大震災や東日本大震災では、平常時の法制度が想定していない範囲の措置が講じられ、財政支援措置のみならず広範に臨時措置が講じられたが、今後の「巨大災害」に備え、これまで採られた多様な措置

		を迅速に発動できるよう、恒久制度化することが必要や態様に応じた柔軟な対応が困難になるのではないか、あるいは、一般的な記述では意味がないのではないかとの意見があった。 ○その際、一定規模以上の「巨大災害」（国主導で対応すべき災害）における特定の復旧事業について、費用における国の負担が自ずと大きくなる制度とすべきではないか。

第2　災害対策法制の基本構造のあり方		
No.	論　点	対応の考え方
⑤	防災（予防、応急、復旧、復興）の理念と「減災」の理念の明確化	
11	災害対策基本法における防災（予防、応急、復旧、復興）の理念の明確化	○災害対策基本法においては、国、都道府県、市町村、指定（地方）公共機関、住民等の防災の主体の責務規定はあるものの、基本法でありながら、防災の基本理念についての規定が位置付けられていない。なお、第8条（施策における防災上の配慮等）は、国及び地方公共団体への努力義務の形式で災害予防等に関する事項を列挙しているに過ぎない。したがって、国等の防災行政の方向性などを適切に示すことができていないものと考えられる。 ○今後、防災行政を、より総合的かつ計画的に整備・推進するためには、災害対策関連法体系の母法として、災害対策基本法において防災の基本理念を明確に規定すべきではないか。 ○特に、災害対策基本法第四章の災害予防については、防災に関する組織、訓練、物資等の備蓄及び施設・設備の整備・点検や応急対策への備えなど極めて狭い範囲で捉えられており、今後の災害対策を検討する上で問題が大きいものと考えられる。 　すなわち、災害予防は、災害のリスク要因を総合的に勘案した上で、様々な施策の中からコスト等を踏まえて最も合理的な施策の組み合わせを選択していくべきものである。

V　災害対策法制の見直し

		【例えば、中央防災会議の東北地方太平洋沖地震を教訓とした地震・津波対策に関する専門調査会報告（平成23年9月28日公表）においては、今後の津波災害対策について、あらゆる可能性を考慮した最大クラスの地震・津波想定を実施し、2つのレベルの想定とそれぞれの対策（①最大クラスの津波に対する住民避難を軸とした、ハード対策・ソフト対策の組み合わせによる総合的な対策、②比較的頻度の高い津波に対する海岸保全施設等の整備）の必要性を提言しているところ。】 こうした観点から、災害予防の理念の整理が必要ではないか。
12	災害対策基本法における「減災」の考え方	○災害対策基本法において、「防災」は「災害を未然に防止し、災害が発生した場合における被害の拡大を防ぎ、及び災害の復旧を図ること」となっている。仮に、1000年に1回生じる可能性などごく稀に生じる巨大災害までハード整備によって防ぎ切るべきとの発想があるとすれば、それは現実的ではないと考えられ、住民が安全を過信する弊害ともなっていることがわかったところ。 ○したがって、災害の発生を完全に防ぐことは不可能であることから、災害時の被害を最小化する「減災」の考え方を防災の基本方針とし、たとえ被災したとしても人命が失われないことを最重視し、また経済的被害ができるだけ少なくなるよう、様々な対策を組み合わせて災害に備えなければならないところであり、このことを災害対策基本法において明確にすべきではないか。
⑥	多様な主体による防災活動の促進	
13	住民等が自主的に防災活動を推進できるような仕組みの整備	○「自助」・「共助」・「公助」の考え方がある中で、当初「公助」が機能できず、「自助・共助」で対応するしかない場合への備えとして、住民等が自主的に防災活動を推進できるような仕組みが必要ではないか。 ○災害対策基本法には、防災計画制度（国の防災基本計画、地方公共団体の地域防災計画、指定行政機関・指

469

		定公共機関の防災業務計画）が位置付けられているが、これらは防災対策を実施する主体の策定する計画であり、自らを守るために住民が参加し策定する計画の規定はないところ。 ○自治会等の地区の住民が「自助・共助」により地域で、又は地方公共団体と共同して防災活動を行うとともに、また、自らの命を守る住民参加型の行動計画として「地区防災計画（仮称）」を策定・運用する制度を位置付けることが必要ではないか。地方防災会議においても自主性を高めるための委員構成とすべきではないか。 ○なお、「地区防災計画（仮称）」の位置付けは、義務的なものではなく、自主防災組織等が自発的な意思によって策定ができるようなものとし、併せて前向きな取組を促す支援制度を構築すべきではないかと考えられる。
14	地方防災会議の組織の見直し	○地方防災会議（都道府県防災会議）の委員については、災害対策基本法第15条第5項において限定的に列挙されており、学識経験のある者が就任できないこととなっているところ。なお、中央防災会議の委員については、同法第12条第5項において、学識経験のある者が就任できる。 ○また、地方防災会議においては、行政側からの視点だけでなく、地域の自主性を高めるため、地域性等を反映させる住民の視点や、女性の視点に立った幅広い防災行政の推進が重要となっており、また、災害時要援護者（高齢者、障がい者、乳幼児、妊産婦、外国人等）の視点も重要となっているところ。したがって、地方防災会議委員として、学識経験のある者、住民代表等が意思決定に参画できるよう、委員の構成等の規定を見直すべきではないか。その際、地域防災計画の充実の観点からの必要性に留意しておくことが必要である。
15	ボランティアによる防災活動の環境整備	○災害対策基本法第8条第2項第13号においては、国及び地方公共団体の努力義務として、ボランティアによる防災活動の環境の整備に関する事項が位置付けられ

V　災害対策法制の見直し

		ているところ。
		○東日本大震災を含め近年の災害時等における被災地や被災者に対するボランティアの活躍にかんがみ、ボランティアによる防災活動を法制上積極的に位置付けるべきとの意見があった。一方で、どのような視点で規定すべきかを議論する必要があるという意見や、ボランティアの自発性を尊重すべきであり、法制上の位置付けはボランティア本来の活力を阻害するおそれがあるとの意見もあった。
16	企業等の事業継続の取組を含め防災活動の促進	○災害対策基本法第7条第2項においては、法人を含む住民は、自ら災害に備えるための手段を講ずるとともに、自発的な防災活動に参加する等防災に寄与するように努めなければならないとしており、一般市民と同レベルの責務があるに過ぎない。
		○災害時には、地域社会への企業・事業所の協力は重要であり、企業・事業所の事業継続の取組を促進するとともに、行政が行う支援物資調達や運搬への協力、従業員や一般の帰宅困難者の保護のための備蓄や自社の敷地・建物の開放、支援物資の提供など、企業の防災上の責務を位置付けることが必要ではないか。
		○一方で、どのような視点で規定すべきか（例えば、自助に関する規定の追加と関連付けるなど。）を議論する必要があるとの意見があった。
⑦	災害復旧計画制度及び災害復興計画制度の法定化	
17	「災害復旧計画制度」の法定化	○災害対策基本法においては、第六章に災害復旧の規定が4か条あり、公共施設等の復旧を対象としているところ。
		○被災地の迅速かつ的確な復旧を進めていくためには、国、都道府県、市町村のそれぞれにおいて、各圏域の復旧のための計画を相互に調整しつつ策定する「災害復旧計画制度」を設けることが必要ではないか。その際、災害復旧計画は、一刻も早く機能を回復する必要があるものに限定し、被災地の再建のための条件整備を主眼としてインフラの復旧が中心的内容となるものと考えられる。

| 18 | 「災害復興計画制度」の法定化 | ○災害対策基本法においては、復興段階の具体的な規定はなく、平常時の各種地域振興に係る法制度が適用されるのが原則となっているところ。なお、阪神・淡路大震災については、阪神・淡路大震災復興の基本方針及び組織に関する法律が、東日本大震災については、東日本大震災復興基本法が制定されたところ。
○被災地の計画的な復興を進めていくためには、災害復旧計画に続いて、国、都道府県、市町村のそれぞれにおいて、復興のための計画を策定する「災害復興計画制度」を設けることが必要ではないか。その場合、被災住民の意向をできる限り反映するため、「災害復興計画制度」においては市町村の計画が中心的な位置付けとなるものと考えられる。
○その際、都道府県、国の計画は、復興の絵姿を示したり、市町村計画間の調整を図ったりする位置付けとすべきとの意見があった。 |

第3 被災者支援に係る枠組みの再構築

No.	論点	対応の考え方
⑧ 広域避難等のあり方		
19	市町村長による避難勧告・避難指示の実効力の確保	○災害対策基本法第60条においては、市町村長は避難のための立退きを勧告し、及び急を要すると認めるときは、避難のための立退きを指示することができることとしており、また、市町村長は、立退き先を指示することができることとしている。この避難勧告・避難指示の意義や相違について、住民に十分理解が浸透していないとの指摘があるところ。 ○避難のための措置の規制強化として避難指示を「避難命令」とすべきという意見がある。一方で、避難勧告・避難指示について、住民にわかりやすく情報提供することが重要であるとともに、住民の側には避難勧告・避難指示を待つ受動的姿勢も見受けられるがそもそも避難は自分の命は自分で守るという行動が重要で

		あることを徹底すべきとの意見もあるところ。こうしたことから、幅広い観点から検討すべきではないか。 ○また、避難の「立退き先」については、自宅の上階、居合わせた建物の上階等も含め立地条件等に応じて多様なケースがあることも考慮して整理すべきではないか。 ○なお、避難勧告等に至る前の早期の住民にとって有益な情報である「避難準備情報」の制度化を検討すべきではないか。
20	「巨大災害」時における広域的な避難生活（Sheltering）の仕組みの整備	○災害対策基本法においては、避難生活の場所について、第50条第1項第3号に「被災者の救難、救助その他保護に関する事項」の中で「その他保護」と規定されているとともに、第60条に「立退き先」と規定されている。また、災害救助法には、救助の一つとして「収容施設（応急仮設住宅を含む。）」が規定されている。したがって、個別の位置付けはあるが、仕組みとしては、避難生活（Sheltering）について整理されていないところ。 ○「巨大災害」においては、避難生活の場所は、市町村の区域を超えて、より広域の場合には、都道府県の区域を超えて、広範囲に設定しなければならない可能性があり、例えば、地方公共団体相互の協定の締結の仕組みの整備、都道府県・国による広域的な配置計画の策定等の仕組みを明記する必要があるのではないか。 ○市町村がその全部又は大部分の事務を行うことができなくなったときは都道府県による事務の代行の規定があるが、市町村の区域を超える広域避難（Sheltering）の場合にも、都道府県による代行の措置が必要ではないかと考えられる。
21	広域避難における費用負担等の整理	○災害救助法において、被災者が被災都道府県から離れて他都道府県に避難した場合の受入れ都道府県が負担した費用の扱いについては、まず、受入れ都道府県が被災都道府県に求償を行い、被災都道府県において国に費用を請求後、国から被災都道府県に支払われた後、受入れ都道府県に支払われることとなっている。手続

		きが煩雑であるし、時間がかかるので、受入れ都道府県が直接国に請求できるように制度の見直しを行うべきではないか。
22	防災拠点施設及び指定避難所の制度上の位置付け	○防災拠点施設及び指定避難所については、災害応急対応や被災者支援（救急・救命、救助・救難、避難生活、物資支援、各種相談、生活再建支援等）の拠点として有効に活用するため、制度上の位置付けを検討すべきではないか。
⑨	被災者支援の救難・救助から生活再建・自立までの一貫した体系化	
23	被災者支援の救難・救助から生活再建・自立までの一貫した体系化	○被災者支援については救難・救助から生活再建支援までの各段階においてそれぞれの法律の目的に基づいた支援内容が個別に存在するのみであり、一貫した支援体系になっていないと考えられる。救難・救助から生活再建・自立までの一貫した取組が必要であるとともに、支援の内容も現代の状況に合わせ必要な見直しを行うべきではないか。被災者にとっては、生活再建・自立に向けて将来の見通しを立てられるよう、支援の期間、内容が明らかになっていることが重要である（予算措置だけでなく一定程度、法定化がなされるべきである）。 　一方で、被災者支援がいたずらに長くなり、自立を妨げないようにすることも重要である。 ○災害対策基本法においては、被災者に対する応急、復旧、復興の各段階における支援内容が、応急段階の一部を除き（第50条）、規定されていない。また、第8条第3項において、国及び地方公共団体は、被災者の援護を図り、災害からの復興に努めなければならない旨規定しているに過ぎない。したがって、被災者への救難・救助から生活再建・自立までの支援を実施することを目的として、災害対策基本法等で各段階における支援内容を体系的に提示することが必要ではないか。なお、災害救助法においては、飲料水から応急仮設住宅までの応急救助の範囲で規定されており、被災者生活再建支援法においては、住宅の復旧を念頭に置いた規定となっている。

○また、長期にわたって避難生活を余儀なくされる場合など災害による影響が長期にわたる場合の視点も考慮する必要があるのではないか。
○被災者への支援内容については、現行の災害救助法においては、収容施設（応急仮設住宅を含む。）、食料・水、医療・助産、救出、住宅応急修理、学用品、埋葬等が規定されている。
○今回の震災を踏まえ、被災者支援法制の体系全体の中で、寒暖対策、心のケアを含む健康対策、介護サービス、孤独防止対策、在宅避難者への配慮、教育、雇用対策、産業振興、住宅支援、適切な情報提供・相談体制の整備など幅広い生活再建・事業再建支援を位置付けることも考えられる。
○災害救助法における救助については、災害直後の応急救助に限定すべきであって、それ以外の対策の充実強化は、災害復旧段階の被災者対策として明確に位置づけるべきとの考え方もある。
○コミュニティは被災者の生活にとって非常に重要な要素であり、被災前のコミュニティや避難所生活で培われた新しい絆の維持も復旧・復興制度に組み込まれるべきである。

| 24 | 災害救助法や被災者生活再建支援法等関係法律の目的の明確化とその内容の整理 | ○被災者支援について、救難・救護から生活再建・自立支援までの行政の果たすべき役割を明確にした上で、災害救助法や被災者生活再建支援法等関係法律の目的にそった内容を峻別し、必要により、連携を図るなど法体系を整理すべきではないか。
　その際には、自立支援については災害関係法律で措置を講ずるのがよいのか、一般法で講ずるのがよいのか更なる検討が必要である。
○被災後の住宅について、今回の震災においては民間賃貸住宅もこれまでになく大きく活用されたが、自立支援までの多様なメニューを用意し、被災者が自分の自立に適した選択をできるようにすることが、被災者の自立につながるのではないか。
○被災者生活再建支援法による支援金は、収入や資産に関係なく一律に支給するのではなく、生活困窮度を考 |

		慮して収入等によって、支援額に段階を設けるべきではないかとの意見が出された。一方で、国の支援のみならず各種団体から支援を受けられる者、受けられない者等の違いもあり、何が公平かの判断は困難であり、また、被災自治体が迅速に対応する必要性から、収入や資産を勘案することは困難ではないかという意見も出された。
⑩	被災者支援に係る個別論点	
25	「災害時要援護者名簿」、「被災者台帳」の整備及び個人情報保護との関係整理	○広域避難した被災者の情報把握、被災地方公共団体からの情報提供、受入れ地方公共団体における支援の在り方について整理しておくべき。 ○災害時要援護者の避難支援のための「災害時要援護者名簿」の作成、被災者の迅速な安否確認及び迅速な支援等の観点から公平公正支援と行政の事務軽減を目的とする「被災者台帳」の法制上の整備等を求めるべきではないか。その際、「できる」規定とするのか、努力義務規定とするのか、義務規定とするのか、財政支援策や各自治体の状況を踏まえ検討が必要。 ○災害時要援護者名簿・被災者台帳の整備に対し個人情報保護の観点から懸念を示す地方公共団体が少なからず存在する。このため、災害時要援護者名簿・被災者台帳の整備と、個人情報保護法、住民基本台帳法、個人情報の保護に関する条例等の個人情報保護に係る規定との整合性を明確化する必要がある。
26	罹災証明や被災証明書の法定化	○被災者生活再建支援金の支給等に必要な罹災証明については適正・迅速な事務処理の観点から法定化すべきであると意見がある。一方で、法定化すると事務が硬直化して滞るという意見もある。地方公共団体の意見等を聴きながら引き続き検討が必要。 ○その他、被災証明書についても、何らかの被災基準を示した上で、明確な制度化を含めた様々な観点からの検討を行うべきではないか。
27	地域コミュニティ単位の支援	○復旧・復興時の支援においては、個人単位を対象とした支援だけでなく、地域コミュニティの復旧・復興を目的として地域コミュニティ単位を対象とした支援も

V 災害対策法制の見直し

		行うべき。 ○このため、自治会等の地区の住民が中心になって策定する「地区防災計画（仮称）」制度による地域コミュニティ主体の復興の取組に対し、「復興基金制度」を法定化するなどして、きめ細かな支援メニューを整備することが考えられないか。 　参考までに、予算措置においては、個人を対象とした支援策よりも事業主団体等を対象とした措置が多いと考えられる。
28	災害時要援護者対策に関連する建築制限	○災害時要援護者対策に関連して、危険地域への社会福祉施設等の建築の制限の方向も検討する必要があるのではないか。その一方で、この部分は土地利用規制であり、他の土地利用規制法とのバランスを踏まえ、慎重な検討が必要ではないかとの意見があった。

その他（社会情勢の変化等を踏まえた新たな検討事項）			
No.	論点	対応の考え方
29	災害対策における情報通信技術（ICT）の活用	○災害対策基本法において、災害に関する情報の収集及び伝達（第51条等）などの規定はあるが、情報通信技術の活用については方針が示されていないところ。 ○情報通信技術の導入は災害対応を前進させるものであると考えられ、状況認識の共有システムの構築、提供された情報の優先処理の考え方、地理空間情報（電子地図によるGIS等）の活用など幅広い観点から、制度上の位置付けの必要性の検討が求められているのではないか。
30	災害対応の標準化	○災害対策基本法等の法制は、災害対応の権限等については規定しているが、標準的な災害対応については示していないところ。 ○特に「巨大災害」における状況把握や応援体制構築を効果的に行うためには、災害対応の標準化を行うことが必要であり、国連のクラスター・アプローチや米国FEMAのエマージェンシー・サポート・ファンクション（ESF）を参考にしつつ、そのためのガイドラインの策定の根拠を制度上位置付けたり、防災計画に位

		置付けたりする必要性の検討が求められているのではないか。
31	中央防災会議と地方防災会議の関係の再構築	○災害対策基本法第13条において、中央防災会議から地方公共団体の長等に対して、資料の提出、意見の開陳その他必要な協力を求めることができることとなっているが、地方から中央への意見提出等の仕組みはない。 ○住民の視点に立った幅広い防災行政の推進のためには、中央防災会議に対し、地方防災会議から意見を申し述べるようなボトムアップの仕組みを設けてはどうか。
32	消防団員等の防災対策要員の安全確保	○東日本大震災において、多くの消防団員等の防災対策要員が犠牲になったことを踏まえ、国及び地方公共団体は、消防団員、水防団員等の安全の確保への配慮に努めるよう、制度上の位置付けを検討すべきではないか。なお、一方で、内部の行動基準を示せば足りるとの意見があった。
33	帰宅困難者対策	○東日本大震災の際には、首都圏で数多くの帰宅困難者が発生したところであり、東京都で災害救助法の指定を受けたところ。 ○特に首都圏等に係る「巨大災害」については、帰宅困難者に対する地方公共団体や企業による支援、必要な物資の備蓄のあり方等について、あらかじめ国・地方公共団体において計画を策定しておくなどの方策を制度上位置付けるよう検討する必要があるのではないか。
34	即時強制規定の適用に向けた損失補償等の充実	○災害対策基本法第65条第1項の市町村長の従事命令については、第82条第1項の損失補償も、同条第2項の実費弁償もないところ。 ○このことが、自主防災組織等の活動を積極的に促すことを難しくしているほか、従事する医療機関等に対する損失補償等に係る不公平につながっており、これらの即時強制規定の適用を抑制的にしているものと考えられる。したがって、応急措置の円滑化のためには、損失補償等の対象の拡充を図ることが必要ではないか。一方、他の法律（消防法、水防法等）による従事命令との関係から慎重な検討が必要との意見もある。

35	海外支援受け入れに関する補償措置	○海外の救助チームや医療チームの活動については、被災者側の傷害、物損を生ぜしめる場合も含め、これを補償するための法的根拠等がないところであり、制度上の位置付けを含めて必要性を検討すべきではないか。
36	政令指定都市の位置付けの見直し	○現行の災害対策基本法においては、政令指定都市に係る規定はなく、一般の市町村と同じ責務や権限の位置付けとなっているところ。 ○政令指定都市と都道府県を同列に扱うことについては、政令指定都市の業務上の能力等を考慮すると、政令指定都市による積極的な応援が期待できるなどの効果があり、それが適当ではないかとの意見があった。一方で、他の法律との整合性にも問題が生ずるおそれがあり、災害対策に支障が出るのではないかとの意見もあった。

第20章 中小企業庁の対応

中小企業庁参事官 鍛治克彦

I 東日本大震災による中小企業の被災状況

　東日本大震災における中小企業の被災状況だが、さまざまな要素の災害が複合的に発生している。すなわち、地震による被災、津波による被災、東京電力福島第1原子力発電所の事故に伴う被災、それから東京電力管内を中心とした電力供給制約といったことが複合的に重なった大規模災害であった。

　被災地域の中小企業数でみると、津波地域の中小企業の数が7万5000社、原子力事故で被災、避難された中小企業の数が7500社、それから地震が起きた地域全体では74万社と「75」の倍数でオーバーラップしている。また、東京電力管内の企業はさらにその倍の174万社であった。これら企業の被害実態を数字で何兆円と断定することは困難だが、われわれが地元の商工会議所等と共同で聴取り等をした結果、津波損害により沿岸地域の方々は、約5割の企業が全壊の損害を受けた。内陸部では、津波ではなく、強度の地震被災を受けたが、その結果、全壊に至った事業所が2.5％であった。こちらも甚大な被害ではあるが、やはり津波地域の圧倒的な被害が際立つ形となっている。

　津波損害を受けた地域は、漁業・水産加工業が地場産業であり、しかも就業者の年齢が高い。具体的には、被災4県（青森・岩手・宮城・福島）の漁業の平均従業者の年齢が55.6歳であり、当該地域の全産業平均年齢44歳より10歳高齢化している。これが復興を困難にしている1つの背景でないかと推察される。また、財政力指数（財政需要に占める自主財政収入の割合）をみると

Ⅰ 東日本大震災による中小企業の被災状況

（資料１） 東日本大震災による中小企業の被災状況

○東日本大震災により、地震、津波、原子力発電所事故、電力供給制約等が発生したことにより、中小企業に甚大な影響が生じた。

津波の影響を受けた地域には約8万社、地震の影響を受けた地域には約74万社、原子力発電所事故の避難区域等には約8千社、東京電力管内都県には約145万社が存在。

①津波被災地域
- 企業数（2009年）：75,098社
- 製造品出荷額等（2008年）：4.4兆円
- 商品販売額（2007年）：7.4兆円

②地震被災地域
- 企業数（2009年）：742,462社
- 製造品出荷額等（2008年）：35.6兆円
- 商品販売額（2007年）：206.5兆円

③原子力発電所事故の避難区域等
- 企業数（2009年）：7,503社
- 製造品出荷額等（2008年）：0.3兆円
- 商品販売額（2007年）：0.3兆円

④東京電力管内都県
- 企業数（2009年）：1,454,598社
- 製造品出荷額等（2008年）：111.6兆円
- 商品販売額（2007年）：262.9兆円

※中小企業白書（2011年版）から引用。

東北4県の被災中小企業の状況としては、**沿岸部で全壊5割、内陸部では全壊が2.5%**。

津波・地震による影響
○資金面での困難に直面
○事業用施設に壊滅的被害

＜事業者の声＞
○地震によって、工場の被害復旧のため資金繰りに心痛。（福島県・食品製造業者）
○早期に設備復旧しなければ、水産加工業者、漁業者、小売店に壊滅的な打撃。地域雇用も喪失。（石巻市・水産加工業者）

原発事故による影響
○周辺地域からの企業の転出の懸念

＜事業者の声＞
○原発20kmから30kmまでの企業の生産拠点が他の地域に移転してしまい、雇用や地域経済に影響が生じることを懸念。（県内商工会議所）

○風評被害の問題

0.3～0.5にすぎない。阪神・淡路大震災の際の兵庫県・神戸市の当該指数がそれぞれ0.64、0.83であったので、相対的に財政が豊かでない地域の高齢化した産業が被災していることになる。これが事態を一層深刻にしている。

また、被災地域は東京圏のような大都市がない。周辺地域から中心市街地に１割以上が通勤している経済圏を「都市雇用圏」というが、被災地域の場合、宮古市、釜石市、気仙沼市などはすべて８万人以下の小規模都市雇用圏である。復興の際にも、規模の小ささに由来する課題というものがある。

第1編　第20章　中小企業庁の対応

（資料2）（参考1）津波による直接の被害を受けた沿岸の漁業地域の状況

1. 今回の津波により被害を受けた地域では、漁業及び漁業から派生する食品加工業等が主要産業となっている。
2. 今回の津波により被害を受けた地域は、元々高齢化が大きく進行しており、漁業の担い手の多くが失われ、港湾や卸売市場、漁船等が失われるような事態に直面している。
3. また、沿岸の被災地（八戸市、釜石市、石巻市などの38市町村）に立地している企業は約9万社、全国の2%程度であり、そのほとんどが小規模な企業となっている。

漁業従業者数の割合

青森県、岩手県、宮城県、福島県での漁業従業者数は全国の漁業従業者数の約10%を占める。

資料：総務省「平成21年経済センサス」

漁業従業者の平均年齢（2007年）

	青森	岩手	宮城	福島	全国平均
漁　　業	59.3	57.1	56.5	58.9	55.6
全産業平均	45.8	46.4	43.7	45.6	44.5

資料：総務省「平成19年就業構造基本調査」

県の財政力指数（2009年度）

青森県： 0.33
岩手県： 0.31
宮城県： 0.54
福島県： 0.46

（参考）
兵庫県： 0.70　神戸 0.83（1993年度）
　　　　 0.68　　　 0.83（1994年度）
　　　　 0.64　　　 0.83（1995年度）
　　　　 0.61　　　 0.78（1996年度）
　　　　　：　　　　　：
　　　　 0.63　　　 0.73（2009年度）

資料：総務省ホームページ
※財政力指数とは、過去3年間の基準財政収入額・基準財政需要額の平均値。

被災した沿岸の市町の財政力指数

(%)	高齢化率	財政力指数 2009年度
宮古市	27	0.36
大船渡市	27	0.43
陸前高田市	31	0.28
釜石市	31	0.51
大槌町	29	0.32
山田町	28	0.28
石巻市	24	0.51
気仙沼市	26	0.43
東松島市	21	0.45
亘理町	21	0.59
山元町	28	0.41
南三陸町	28	0.31
南相馬市（旧原町市）	23	0.65

全国平均20.1%

資料：総務省「平成17年国勢調査」及び総務省ホームページ
※高齢化率とは、総人口に占める65歳以上人口の割合。数字は2005年時点。

※沿岸の被災地とは、災害救助法適用地の青森県、岩手県、宮城県、福島県の沿岸に所在する市町村とした。

482

（資料3）（参考2）小規模都市圏としての地域特性

1. 沿岸の被災地域は、生活面、経済面双方から見て、小規模の都市圏であるものが多く、これらの地域は、大きな都市圏に組み込まれていない。
2. 10%通勤圏を表す都市雇用圏（※1）で見ると、宮古、釜石、気仙沼、南相馬等6～8万人規模の小規模な都市雇用圏が点在している。

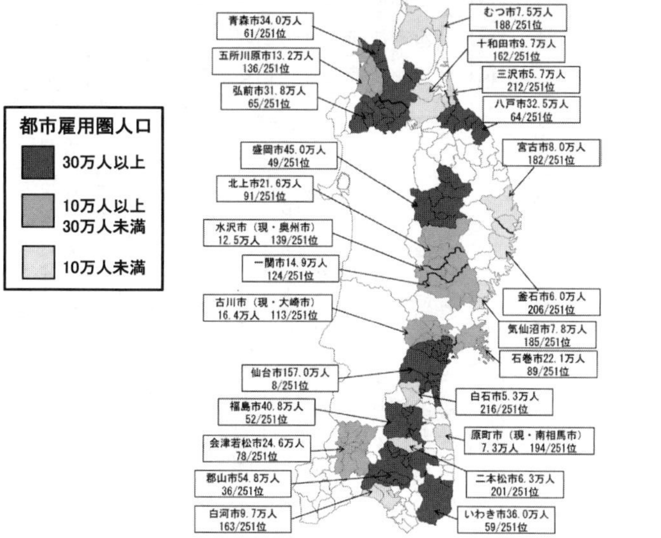

※1 都市雇用圏とは、おおむね①人口集中地区の人口が1万人以上、②周辺市町村から中心市町村への通勤率（通勤者数／就業者数）が10%以上の圏域であり、単一の市町村を超えて形成される通勤圏を表す。このような都市雇用圏は我が国全体で251ある。

※2 1995年の神戸都市圏の人口は、221.9万人。（第5位）

（資料）都市雇用圏ホームページより作成。
http://www.csis.u-tokyo.ac.jp/UEA/index.htm

青森県・岩手県・宮城県・福島県における都市雇用圏（2005年）

都市雇用圏人口
- 30万人以上
- 10万人以上30万人未満
- 10万人未満

II 被災中小企業支援策――総論

　以上のような被災中小企業のスケッチを踏まえつつ、具体的な対策について述べていきたい（以下、事実関係は平成23年12月19日段階のもの）。

　一般的な中小企業政策は、資金繰り対策が非常に重要な柱であり、その他、新事業開拓、あるいは、超円高で苦しまれている中小企業の方の海外展開のための助成制度などを創設して運用している。東日本大震災の被災対策については、そういった一般施策を被災地仕様につくり直して適用するという作業が多かったが、他方で「グループ補助金」のように全く新たなしくみの創設もいろいろあった。

　具体を5つに分類すると、第1に、「資金繰り支援」が1つの大きなテーマであり、第2に、「二重ローン対策」、第3に、原子力発電所の事故被災と

（資料4）　被災中小企業支援策について

資金繰り支援	施設復旧支援（ハード支援）
平成23年度補正予算（1～3次）で、累計21.6兆円規模の資金繰り支援策を実施 ○ **東日本大震災復興特別貸付** （実績）件数：129,794件、金額：2兆7,725億円 注 セーフティネット・災害復旧貸付を合わせた合計で約3.5兆円 ○ **東日本大震災復興緊急保証** （実績）件数：63,570件、金額：1兆5,281億円 注 セーフティネット・災害関係保証を合わせた合計で約4.8兆円	○ **仮設工場・仮設店舗整備事業** 中小企業基盤整備機構が、市町村を通じて、仮設店舗、仮設工場等を整備 （第1次補正10億円、第2次補正215億円、第3次補正49億円） ＜実施状況＞ ・要望484件のうち、現時点で約284件について調整中 ・225件が着工、146件が竣工（12月9日現在） ○ **中小企業等グループ補助金** 中小企業等グループの施設・設備の復旧・整備を支援 平成23年度補正予算等　1,503.8億円 ・一次補正予算：　154.8億円 ・二次補正予算：　　100億円 ・予備費：　　　　1,249億円
二重ローン対策	
各県ごとに、債権の買取等を行う新たな「機構」を設立	**その他（ソフト支援）**
原発被災中小企業に対する支援	○ 商店街災害復旧・アーケード撤去等 ○ 経営相談支援 ○ 風評被害への対応
○**原子力災害「特定地域中小企業特別資金」** 原発事故被災区域内から移転を余儀なくされる中小企業等に対して、福島県内の移転先で事業を継続・再開するための資金を融資（事業規模421億円） ・無利子・無担保・長期（20年以内）の融資 ・件数：362件、融資金額：78億円（12月14日時点）	

484

II 被災中小企業支援策——総論

（資料5） 被災中小企業支援策について（第1次・第2次補正予算）

政府全体 774億円

一次補正予算
（予算額（資金繰り含め）5314億円）

○資金繰り支援（中堅・大企業向けを含む）
（事業規模10兆円程度、予算額5100億円）
- 東日本大震災復興緊急保証
- 東日本大震災復興特別貸付
- 小規模事業者経営改善資金融資（マル経融資）の拡充 等

○設備復旧
- 中小企業組合等共同施設等災害復旧事業（155億円）
- 中小企業基盤整備機構による仮設工場・仮設店舗整備事業（10億円）
- 商店街災害復旧・アーケード撤去等事業（4億円）

○ソフト支援
- 災害復興アドバイス等支援事業（7億円）
- 中小企業支援ネットワーク強化事業（3億円）

二次補正予算
（中小企業庁関連予算額560億円）

○二重ローン問題対策（中小企業庁関連予算額540億円）
- 中小企業再生支援協議会の体制強化・機構設立支援（31億円）
  被災地域における中小企業再生支援協議会の専門家の増員等体制整備を図るとともに、債権買い取り等を行う機構の設立に係る事務経費の補助を行う。
- 再生企業に対する利子補給（184億円）
  再生支援協議会による支援措置を受け再生計画を策定した被災中小企業者等に対して、当該事業者の金融機関からの借入に係る利子補給を行う。
- 再チャレンジ向けの日本政策金融公庫融資（10億円）
  震災等の被害を受け、一旦廃業した中小企業者等であって、新たに事業を開始する者に対して、日本政策金融公庫が低利・長期の貸付条件を適用する。
- 中小企業基盤整備機構による仮設工場・仮設店舗整備事業（215億円）
- 中小企業組合等共同施設等災害復旧事業（100億円）

○風評被害対策（中小企業庁関連予算額20億円）
- 中小企業の海外展開支援事業（20億円）

（資料6） 被災中小企業支援策について（第3次補正予算）

【予算額】6,950億円（うち資金繰り支援6,199億円、資金繰り以外の中小企業支援751億円）
※上記の他、企業立地補助金（5,000億円の内数）。また、予備費で中小企業等グループ補助金1,249億円を手当て済み。

資金繰り支援
＜事業規模11.6兆円、予算額6,199億円＞
- ○「東日本大震災復興緊急保証」の万全な実施
  - 保証限度額：セーフティネット保証等と合わせ最大5.6億円
  - 保証割合：100％保証
  ※なお、セーフティネット保証について、原則全業種を対象とする措置の期限を平成23年9月末から平成24年3月末まで延長
- ○「東日本大震災復興特別貸付」の万全な実施
  - 貸付期間：最長20年、措置期間：最長5年
  - 金利引下げ：当初3年間は最大▲1.4％（直接被害で全壊・流出等の場合は実質無利子化）、その後最大▲0.5％
- ○被災中小企業への劣後ローンの導入、リース料支援
- ○資本が毀損された中堅企業等への資本性資金の供給
- ○その他、中堅・大企業向け金融支援 等

施設復旧の支援等
- ○中小企業等グループの施設復旧・整備への支援
  （グループ補助金）　＜1,249億円（※）＞
  ※予備費により前倒し実施済み（10月14日開議決定）
- ○仮設工場・仮設店舗等の整備　＜49億円＞
- ○被災中小企業等の早期復興に向けた資金支援等
  ＜417億円＞
- ○企業等の国内立地の促進（企業立地補助金）
  ＜5000億円（福島対策1,700億円含む）の内数＞

海外展開・技術力強化・人材確保の支援等
- ○中小企業の海外展開支援　＜40億円＞
  - 展示会出展・バイヤー招へい等（10億円）
  - 海外進出企業への資本増強（25億円）等
- ○被災地復興、円高対策のための中小企業のものづくり技術力強化　＜79億円＞
  - ものづくり技術の維持・強化（50億円）
  - 技術流出防止等のための「グローバル技術連携」（29億円）
- ○中小企業人材の確保・育成・定着の支援　＜25億円＞
- ○経営資源融合を行う中小企業の資本力強化　＜20億円＞
- ○国内外販路開拓等支援　＜25億円＞
  - 農商工連携、異分野連携等の支援（15億円）
  - 国内外販路開拓等の支援（10億円）

相談体制強化・専門家派遣等
- ○中小企業再生支援協議会の体制強化　＜45億円＞
  - 二重ローン対策の総合的窓口の相談体制を強化
- ○復旧・復興のための中小企業経営支援　＜37億円＞
  （専門家派遣、IT経営強化、下請取引適正化等）

商店街の活性化
- ○地域商業活性化のために必要な施設整備の支援　＜9億円＞
- ○商店街の賑わい創出・販売促進のための取組支援　＜5億円＞

485

いう非常に深刻な状況がある中で、「福島向けの特別な対策」を用意した。第4に、東日本大震災の被災復興事業の象徴的なメニューが、「ハード支援」であり、これはそのグループ型補助金と仮設店舗事業所の整備の2つに分けられる。第5には、販路開拓支援のような「ソフト支援」を実施している。

　これらの対策の財源としては、平成23年度当初予算の一部活用はあるものの、大部分は1次・2次・3次の補正予算が編成・充当された。中小企業庁としては、地元の要望を踏まえて、大胆な予算要求を行い、1次補正予算は5300億円、2次補正予算は、二重ローン対策に限定されたため規模が小さいが560億円、それから3次補正予算は約7000億円を確保した。以下、個々の制度について、説明していきたい。

III　資金繰り対策

　まず、資金繰りだが、特に1次補正と3次補正を活用して、それぞれ数千億円の真水、すなわち国費を投入した。これを財源として活用することで、事業規模ベース（融資規模と保証の規模）で、21.6兆円を確保した。大まかにいうと、投入した真水が1兆円強なので、その20倍くらいのレバレッジ（梃子）が効いている。制度のしくみとしては、大別して、政策金融の低利貸付制度が1つの柱であり、もう1つの柱が保証になる。この貸付と保証の関係はときどき混乱されるが、貸付は政策金融機関、すなわち日本政策金融公庫などが行ういわゆる制度融資のことをいい、保証は、むしろ資金の出し手は民間金融機関だが、彼らの貸倒れリスクを信用保証協会の保証制度でカバーするというしくみをいう。また、貸付制度の小規模企業向け特別措置として、「マル経融資」がある（余談だが、「マル経」というのはマルクス経済学ではなくて、経営改善のことであり、本制度は、中小企業の経営改善計画を商工会が認定したうえで、資金を融資するが、過去、認定の際にマルに「経」というハンコを押したので通称「マル経」融資とよんでいる）。

　貸付制度の詳細説明は省くが、ポイントは、ターゲットの中小企業を3つ

(資料7) 資金繰り支援・東日本大震災復興特別貸付・保証等

東日本大震災に対応し、長期・低利の融資制度等による新規資金への対応。
平成23年度補正予算(第1次～第3次)において、累計で21．6兆円規模の
資金繰り支援策を実施。

① 『東日本大震災復興特別貸付』の創設
 → 日本公庫等による、貸付期間を最長20年、据置期間を最長5年に長期化し、さらなる金利引き下げ(一部無利子化)を実施する等、大幅に拡充を行った新たな融資制度。

② 『東日本大震災復興緊急保証』の創設
 → 過去に例を見ないほど保証限度額を拡充した、新しい保証制度。
 (保証限度額は、セーフティネット保証や災害関係保証と合わせて、無担保で1億6千万円、最大5億6千万円)

③ 小規模事業者が無担保・無保証で利用できる『マル経融資』の拡充
 → 融資額の拡充(1,500万円に別枠1,000万円を追加)、金利引き下げ措置(▲0.3%→▲1.2%)を実施。

に類型化したということである。具体的には、第1の類型が「直接損害」、つまり津波で工場が倒壊したような中小企業に対して最大20年間にわたって融資実行、当初3年間は基準金利マイナス1.4%の低利融資を受けるしくみである。基準金利が1.65%の場合、事実上ほとんど無利子に近づいてくるということで、かなり大胆な低利融資制度である。第2の類型が、直接損害を受けた企業と取引があった中小企業者のロス、これを間接損害とよんでいるが、こういう方々についても同様の制度をつくった。第3の類型が、直接自分の工場が被災しているわけではないけれど、たとえば震災直後に深刻であった風評被害、あるいは遠慮被害、こういったものに起因する売上減少などを、その他損害として、低利貸付制度を創設した。これを1次補正、3次補正合わせて、平成23年度通期で10兆円ぐらいの資金需要に対応できるように制度設計した。現在、残高ベースで中小企業の金融は2百数十兆円ぐらいあるので、フローベースで10兆円出すというのは、かなり思いきった制度設計だと考えている。

487

（資料8）　東日本大震災復興特別貸付の概要

利用対象者	貸付限度額・貸付期間・据置期間	貸付金利
①今般の地震・津波等により直接被害を受けた中小企業者／原発事故に係る警戒区域等(注1)内（警戒区域等として公示されたことがある区域を含む）の中小企業者	a) 貸付限度額 【日本公庫（中小事業）】　　3億円(別枠) 【日本公庫（国民事業）】　6,000万円(上乗せ) b) 貸付期間　最大20年(設備)、15年(運転) c) 据置期間　最大5年	ア) 金利引下げ措置 ・基準金利(注2)から▲0.5%。 ・ただし貸出後3年間・1億円（国民事業は3,000万円）までは、基準金利から▲1.4%。
②上記①の事業者等と一定以上の取引のある中小企業者	d) 貸付限度額 【日本公庫（中小事業）】　　3億円(別枠) 【日本公庫（国民事業）】　6,000万円(上乗せ) e) 貸付期間　最大15年(設備、運転) f) 据置期間　最大3年	イ) 金利引下げ措置 ・基準金利(注2)から最大▲0.5%(注3)。 ・ただし貸出後3年間・3,000万円までは、基準金利から最大▲1.4%(注4)。
③その他の理由により、業況が悪化している中小企業者（風評被害等による影響を含む。） ※上記①②の該当者は、本措置も利用可能。	g) 貸付限度額 【日本公庫（中小事業）】7.2億円(別枠) 【日本公庫（国民事業）】4.8千万円(別枠) h) 貸付期間　最大15年(設備)、8年(運転) i) 据置期間　最大3年	ウ) 金利引下げ措置 期間限定なく、基準金利(注2)から最大▲0.5%(注3)。

注1：警戒区域、計画的避難区域、緊急時避難準備区域。
注2：平成23年12月8日現在、貸付期間5年の場合で、中小事業は1.65%、国民事業は、2.15%。
　　（貸付期間が長くなれば金利も上がります。なお、基準金利は毎月1回改定。）
注3：売上等減少で▲0.3%、雇用の維持・拡大で▲0.2%。　　注4：▲0.9%は自動的に適用。さらに、注3の引下げが可能。
注5：上記①・②の貸付限度額は、双方合算して上記の限度額となります。
注6：上記①・②について保証人不要（国民事業は第三者保証人不要）時の上乗せ利率を免除。
注7：商工中金の危機対応業務（中小企業向け）は、中小事業と同様の内容で実施。

※下線部分が3次補正拡充項目。

　もう1つが保証のシステムだが、3階建ての構造となっている。1階部分として、一般保証という、どんな方でも使える制度があったが、今回はそれに別枠ということで、カバー率100%、すなわち金融機関は一切自分がローンの焦げ付きが発生せずに、安心してお金を貸せるという、リーマンショックのときにつくった制度があるが、これを抜本的に拡充する形で災害関係の100%保証制度を構築し、さらに、3階部分を増築して、2階部分の2億8000万円に加えて、2億8000万円足すということで、最大5億6000万円相当を100%保証でカバーされることにした。これも、当座の資金需要対策としては、非常に効率的な制度だと考えている。こちらも、トータルで10兆円くらいのカバレッジということで、融資と保証を合わせて総額20兆円を超えるカバレッジをしている。
　これらの金融措置の活用状況については、平成23年5月以降の半年強のデータによると44万件の貸付保証実績、金額ベースで8兆円である。設定され

III 資金繰り対策

(資料9)　東日本大震災復興緊急保証の概要①

- 直接被害を受けた中小企業者に加えて、全国的な震災被害対策として、3階建ての信用保証枠を用意。
- 一般保証とは別枠で、セーフティネット保証、災害関係保証とあわせて、無担保1億6千万円、最大5億6千万円まで利用が可能。

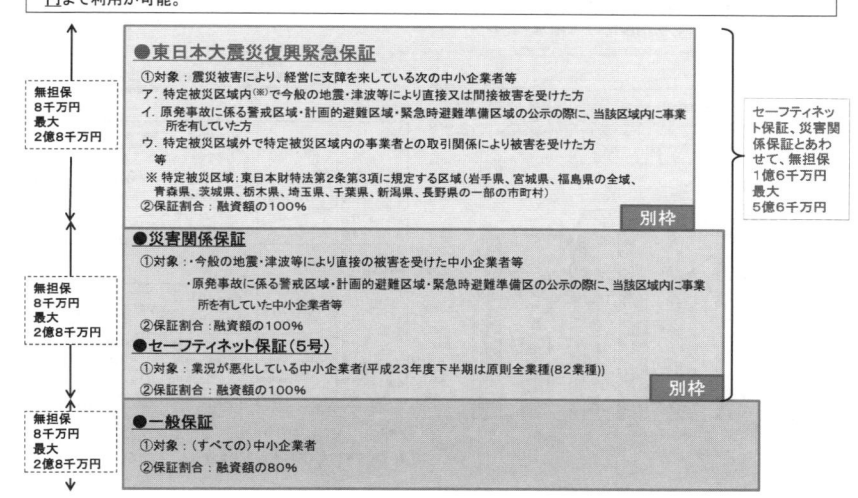

● 東日本大震災復興緊急保証
① 対象：震災被害により、経営に支障を来している次の中小企業者等
　ア．特定被災区域内(※)で今般の地震・津波等により直接又は間接被害を受けた方
　イ．原発事故に係る警戒区域・計画的避難区域・緊急時避難準備区域の公示の際に、当該区域内に事業所を有していた方
　ウ．特定被災区域外で特定被災区域内の事業者との取引関係により被害を受けた方
　等
　※特定被災区域：東日本財特法第2条第3項に規定する区域(岩手県、宮城県、福島県の全域、青森県、茨城県、栃木県、埼玉県、千葉県、新潟県、長野県の一部の市町村)
② 保証割合：融資額の100%

● 災害関係保証
① 対象：今般の地震・津波等により直接の被害を受けた中小企業者等
　・原発事故に係る警戒区域・計画的避難区域・緊急時避難準備区域の公示の際に、当該区域内に事業所を有していた中小企業者等
② 保証割合：融資額の100%

● セーフティネット保証(5号)
① 対象：業況が悪化している中小企業者(平成23年度下半期は原則全業種(82業種))
② 保証割合：融資額の100%

● 一般保証
① 対象：(すべての)中小企業者
② 保証割合：融資額の80%

左側枠表示：
- 無担保8千万円　最大2億8千万円(東日本大震災復興緊急保証)
- 無担保8千万円　最大2億8千万円(災害関係保証)
- 無担保8千万円　最大2億8千万円(一般保証)

右側枠表示：
- セーフティネット保証、災害関係保証とあわせて、無担保1億6千万円、最大5億6千万円(別枠)
- 別枠(セーフティネット保証)

(資料10)　東日本大震災復興緊急保証の概要②

	利用対象者	要件	内容
特定被災区域※1	① 地震・津波等により直接被害を受けた中小企業者。(原発事故に係る警戒区域等※2の公示の際に、当該区域内に事業所を有していた中小企業者を含む。)	<罹災証明書>(写しも可)警戒区域等の事業者は商業登記簿／納税証明書等	1.【対象資金】事業再建資金その他の経営の安定に係る資金 2.【保証限度額】 ○普通：2億円 ○無担保：8千万円 ○無担保無保証人：1250万円 最大2億8千万円 ※災害関係保証、セーフティネット保証と合わせて、無担保で1億6千万円、最大5億6千万円。(一般保証と別枠。) ア)保証割合は融資額の100% イ)保険てん補率は90% 3.【保証料率】 0.8%以下 4.【保証人】代表者保証のみ(第三者保証人については、原則不要)
	② 震災の影響により業況が悪化している中小企業者。	<市区町村長の認定>震災後の最近3か月の売上高等が前年同期比10%▲	
特定被災区域以外	③ 特定被災区域内の事業者との取引関係により、業況が悪化している中小企業者。	<市区町村長の認定>震災後の最近3か月の売上高等が前年同期比10%▲＋理由書	
	④ 震災災害により風評被害による契約の解除等の影響で急激に売上が減少している中小企業者。	<市区町村長の認定>震災後の最近3か月の売上高等が前年同期比15%▲＋理由書	

※1　特定被災区域(政令指定)：災害救助法が適用された市町村等(岩手県・宮城県・福島県の全域、青森県・茨城県・栃木県・埼玉県・千葉県・新潟県・長野県の一部の市町村)。
※2　警戒区域等：警戒区域、計画的避難区域、緊急時避難準備区域。

（資料11） 東日本大震災後の中小企業資金繰り支援策実施状況

- 震災関連の公的融資・保証の実績は、合計で約44.6万件、約8.3兆円の実績。
  （3/14～12/2の実績）
- 融資、保証とも、年末にかけて増加傾向。

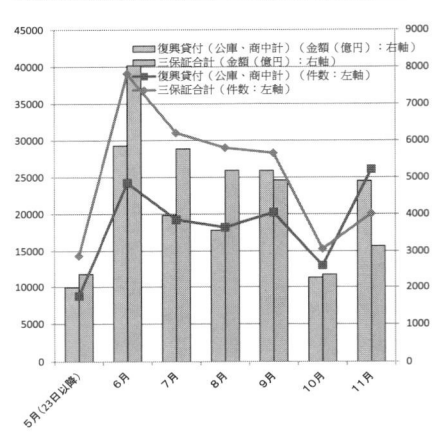

東日本大震災後の資金繰り支援策の実施状況
（平成23年3月14日～12月2日の実績）

★融資実績

		貸付合計 （公庫・商中）	東日本大震災 復興特別貸付 （5月23日～）	災害復旧貸付 （3/14～ 5/22）	セーフティネット 貸付 （3/14～5/22）
累計	件数	176,519件	129,794件	7,369件	39,356件
	金額	3兆4,756億円	2兆7,725億円	884億円	6,147億円
先週の実績	件数		10,171件		
	金額		2,173億円		

★保証実績

		保証合計 （保証協会）	東日本大震災 復興緊急保証 （5月23日～）	災害関係保証	セーフティネット 保証5号
累計	件数	269,122件	63,570件	2,976件	202,576件
	金額	4兆8,382億円	1兆5,281億円	411億円	3兆2,689億円
先週の実績	件数	6,045件	1,395件	5件	4,645件
	金額	976億円	260億円	0億円	716億円

※先週とは、11月26日～12月2日。

※いずれも速報値であり、事後に修正される可能性あり。

（資料12） 小規模事業者経営改善資金融資（マル経融資）の拡充

【1．制度概要】
小規模事業者経営改善資金融資（通称：マル経融資）制度は、商工会・商工会議所等の経営指導員が経営指導を行うことによって日本政策金融公庫が無担保・無保証人・低利で融資を行う制度。

【2．措置の内容】
今般の災害により被害を受けた小規模事業者の資金繰りを支援するため、災害対応特枠として、以下の措置を実施（※）。
①貸付限度額：通常枠1,500万円に加えて、別枠として1,000万円を措置。
②貸付金利：通常▲0.3％引下げに加えて、別枠1,000万円の範囲内で、当初3年間さらに▲0.9％引下げ（基準金利から計▲1.2％）
③貸付期間：設備資金10年以内（据置期間2年以内）
　　　　　運転資金7年以内（据置期間1年以内）
※震災により直接又は間接に被害を受け、かつ、商工会・商工会議所等が策定する「小規模事業者再建支援方針」に沿って事業を行うことが見込まれる方が対象。

【3．貸付対象者】
①小規模事業者：常時使用する従業員が20人以下（商業・サービス業の場合は5人以下）の法人・個人事業主
②商工会・商工会議所等の経営指導を受けている
などの要件を満たしている方

【4．災害マル経融資実績（3月14日～12月9日）】
376件　14.9億円

た20兆円のセーフティネットの中で、まだ十分余裕があるが、今後、復興需要が盛り上がってくると、資金需要も活発化するので、年末、年明けに向けて、そのような伸びを期待している。他方、マル経資金については、376件15億円とあまり実績が上がっていない。その理由として、制度融資が非常に充実したことから、そちらに融資依頼が流れている可能性がある。また、マル経制度利用の要件となっている経営指導が若干面倒で使いにくいという要素があるのかもしれない。いずれにせよ、小規模事業者の要望を踏まえ、制度の改善に取り組んでいきたい。

Ⅳ 二重ローン対策

いわゆる二重ローン・債務問題については、政府与党において平成23年6月に対応方針を決定し、産業復興機構と産業復興センターという組織を被災各県に迅速に設置して対応してきている。他方で、自民党、公明党など野党

（資料13） 二重ローン対策

二重債務問題		経緯及び今後の予定
○被災者が復興に向けて再スタートを切るにあたり、既往債務が負担になって新規資金調達が困難となることが問題となる（いわゆる二重債務問題）。 ○政府は6月17日に「二重債務問題への対応方針」を決定、民主党は「二重債務問題への対応について」を公表。債権の買取等を行う新たな「産業復興機構」及び「産業復興相談センター」を被災県ごとに設立する方針。 ○一方、前の臨時国会にて「東日本大震災事業者再生支援機構法」が11月21日に成立。本支援機構の設立に向け、内閣府に支援機構準備室が設置され、現在準備が進められている。	青森県	○産業復興相談センターは12月12日に事務所設置、12月19日に開所式を実施。同日より青森事務所、八戸事務所において相談受付開始予定。
	岩手県	○産業復興相談センターは9月30日に事務所開設、10月3日に開所式を実施。10月7日から沿岸部の12事務所を含め、相談受付を開始。沿岸部での説明会も順次実施中。 ○産業復興機構は11月11日に設置、業務開始。 ○11月17日に債権買取の第1号となる案件を決定済み。
	宮城県	○産業復興相談センターは11月11日に事務所開設、11月14日に開所式を実施。11月16日から沿岸部等の13事務所を含め、相談受付開始。 ○産業復興機構も早期設置を目指し県と金融機関と調整中。
	福島県	○産業復興相談センターについては、11月21日に事務所開設、11月29日に開所式を実施。11月30日から相談受付を開始。県内の全ての商工会（89ヶ所）、商工会議所（10ヶ所）等に事務所を設置。 ○産業復興機構も早期設置を目指し県と金融機関と調整中。
	茨城県	○11月1日に産業復興相談センターの設置、11月7日から、相談受付を開始。事務所は設置せず、センターからの定期的な巡回相談会にて対応。 ○産業復興機構は11月30日に設置、業務開始。
	千葉県	○3回の説明会等を実施。

（資料14） 産業復興相談センターおよび「機構」による一貫した支援

1. 中小企業の二重債務問題に対応するため、中小企業再生支援協議会の体制を抜本的に拡充し、ワンストップ相談窓口として「産業復興相談センター」を新設。
   個人事業者、小規模企業を含む中小企業に加え、農事組合法人、医療法人等も対象。

   ＜人員体制の強化＞
   ・各県の再生支援協議会について、現在、5名程度の通常再生支援業務に加え、ワンストップ相談から債権買取要請まで一貫した支援を行うために所要の増員を実施。
   ・地域金融機関からの人材を中心に、税理士、会計士、中小企業診断士等の人材を確保。

2. 旧債務の負担によって新規融資を受けることが困難となっている事業者については、旧債務の買取と凍結によって地域金融機関からの新規融資を可能にし、事業の迅速な再建を促進するため、「産業復興機構」を設立。

   ＜機構の運営＞
   「機構」は、「産業復興相談センター」の買取要請を受けて迅速に債権買取を実施。業務運営に当たるGP（無限責任組合員）は、投資事業に加え、地域の経済実態を熟知した知見の高い者を選定。

3. 「産業復興相談センター」と「機構」は連携し、相談から債権買取まで一貫した再生支援。

   ＜迅速かつ統一的な対応＞
   ・「産業復興相談センター」が、相談を受けた事業者の再生可能性があると判断した場合は、「機構」とともに事業者からヒアリングを行うなど、債権買取や買取価格について、迅速に統一的な判断を行う。
   ・買取後、一定期間経過後、事業の状況を踏まえて、「機構」は一部債権放棄などを行い、残債は地域金融機関等の第三者に売却を行う。

（資料15） 産業復興相談センターと機構による再生支援

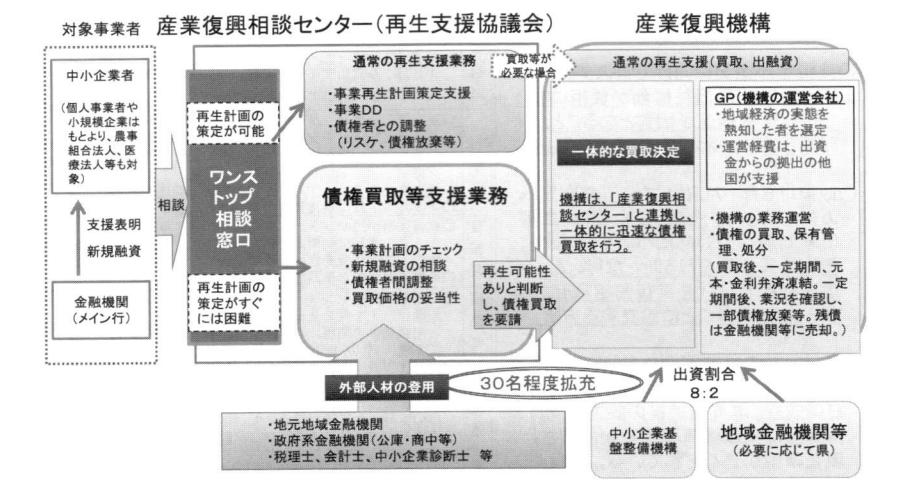

から「東日本大震災事業者再生支援機構法案」が提出され、これをベースに与野党の合意ができ、同年11月に関連法が成立した。各県ごとの復興相談センター、復興機構については、岩手県と茨城県については産業復興機構も立ち上がり、他県も相談業務は着々と開始されている。多い地域では累計数百件の相談がきており、まずは順調に動き始めている。

産業復興相談センターはワンストップの相談窓口機能であり、復興機構は、有限責任投資事業組合の制度を活用して、ジェネラルパートナー（無限責任社員）に、資金運用・債権買取り等の業務を任せ、他方資金は独立行政法人中小企業基盤整備機構が原則8対2の割合で拠出するということでスタートしている。

中小機構は一般勘定というところに資金があり、もともと仕分けの流れの中で、2000億円ほど保有する当該資金を国庫に返納する方針を平成22年の暮れに閣議決定していたが、東日本大震災の発災という非常事態にめぐり合わせ、臨時の中小企業対策には、その2000億円を活用できるという整理になっ

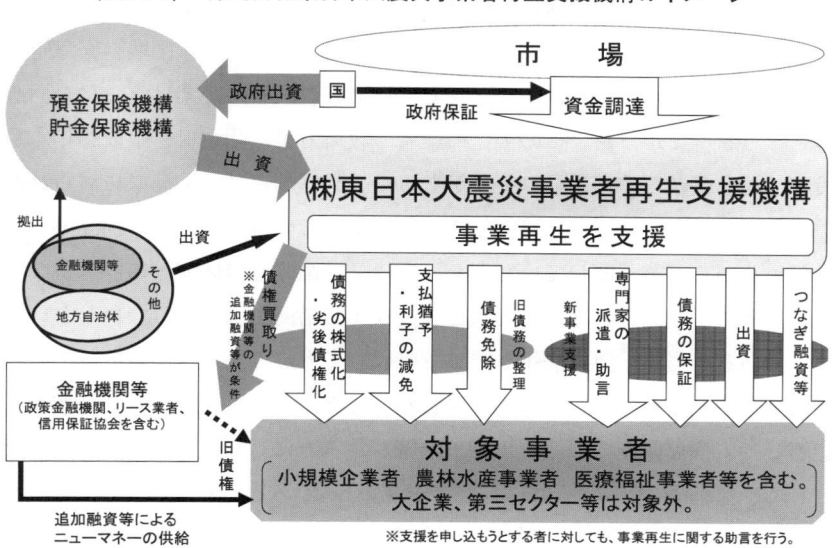

（資料16） 株式会社東日本大震災事業者再生支援機構のイメージ

493

ていたので、この中から1500億円ほど、復興機構の財源として拠出することにした。具体的な制度のしくみとしては、相談センターのほうに相談が行って、そこでの話し合いの結果を踏まえて、産業復興機構のほうで買取りとか、債権放棄などの金融的・法的業務を実施することになる。このため、当然、弁護士、税理士などさまざまな専門家が、現地で活躍していただくことになる。

なお、与野党合意を踏まえて成立した法律に基づく新組織は、政府与党がつくったしくみと連携して活動することになる。特に、対象事業者については、小規模企業・農林水産事業・医療関係機関をしっかりみていく設計になっている。もちろん、小規模企業者などは政府与党で用意した枠組みでも手当てしていくつもりであり、両者がうまく連携しながら取り組むことを期待している。

V 福島対策

続けて、福島で特別に講じた措置について、その1つを紹介したい。東京電力福島第1原子力発電所の周辺は、警戒区域、計画的避難区域、緊急時避難準備区域の3つの色分けがなされて、特に警戒区域の企業は直ちに全面避難せざるを得なかった。この被災事業者の救済方策に関して、平成23年4月段階で福島県から非常に強い要請があった。具体的には、福島県におられた中小企業の方々が皆県外に移転してしまうが、この方々を何とか福島県内にとどめながら事業再開していただき、今後、計画的避難区域等の解除がなされたときに、速やかに地元に戻れるような支援措置を講じられないかということである。当然、県内雇用もそこで吸収してもらうという観点で、その要請に応える形でつくった政策的な融資制度である。ポイントは、3地域から避難して、福島県内で事業を再開・継続される方に対して、3000万円を上限として、無利子で20年間融資するというしくみである。融資審査もできるだけ簡単にして必要資金を即決で出す制度をつくり、これまで約400件の申込

VI 仮設事業場の整備

（資料17） 原子力災害に伴う「特定地域中小企業特別資金」

○ 福島県及び経済産業省は、4月22日の基本合意を踏まえ、中小企業基盤整備機構の高度化融資スキームを活用し、原子力発電所事故で甚大な被害を被った中小企業等を支援するため、事業を継続・再開するために必要な事業資金（運転資金・設備資金）を長期、無利子、無担保で融資する制度を創設した。

「特定地域中小企業特別資金」の概要　（事業規模：421億円）

1. 県内移転先での事業継続・再開向け融資	2. 解除区域等での事業継続・再開向け融資
【対象者】　次のいずれかに該当する者 　①警戒区域、計画的避難区域又は特定避難勧奨地点の区域に事業所を有していた中小企業等であって、県内の移転先において事業を継続・再開する者 　②旧緊急時避難準備区域又は旧屋内待避区域に事業所を有していた中小企業等であって、県内の移転先において事業を継続・再開する者（但し、平成24年1月末までに貸付申込を行ったものに限る。）	【対象者】 　旧緊急時避難準備区域又は旧屋内待避区域に事業所を有していた中小企業等であって、区域解除後、当該区域において事業を継続・再開する者（警戒区域又は計画的避難区域において、許可を得て事業を継続・再開する者、又は特定避難勧奨地点で事業所があり事業を継続・再開する者を含む。）
【融資限度額】　3,000万円以内	【融資限度額】　限度額は以下のとおり （但し、月商の3ヶ月程度を目安とする。） 　ⅰ）小規模事業者　500万円以内 　ⅱ）ⅰ）以外の事業者　1,000万円以内
【融資期間】　20年以内（うち据置5年以内）	【融資期間】　10年以内（うち据置2年以内）
【取扱期間】　6月1日より平成24年3月末まで随時	【取扱期間】　11月25日より平成24年3月末まで随時
【申込先】　県内の商工会議所・商工会 　　　　　（公財）福島県産業振興センター	【申込先】　県内の商工会議所・商工会 　　　　　（公財）福島県産業振興センター
【実績】　申込件数：407件　申込金額：91億円 　　　　　融資件数：362件　融資金額：78億円 　　　　　（平成23年12月14日時点）	【実績】　申込件数：24件　申込金額：1.4億円 　　　　　（平成23年12月14日時点）

みがあり、80億円弱の融資実績がある。これは400億円の財源を手当てして実施した。それから平成23年11月以降、緊急時避難準備区域が解除されたことに伴い、当該区域に戻って事業を再開したいという事業者が出てこられた。そういう方々は、当初のしくみでは融資対象外になっていたため、制度を改善し、避難準備区域内で事業再開する方も対象にすることとなった。

VI　仮設事業場の整備

　東日本大震災における被災中小企業支援策の重要プロジェクトの1つがこの仮設事業場の整備事業である。端的にいうと、独立行政法人中小企業基盤整備機構がプレハブの建物をつくって、自治体に賃貸し、被災企業の方に入居してもらい、営業を再開していただくという制度である。1年程度で、当該建物は市町村に譲渡して、5年程度は自由に使っていただく。いわば、仮

（資料18） 仮設工場・店舗施設整備

1．背景
○東日本大震災後、中小企業庁職員、経産局職員及び中小企業基盤整備機構（以下、「中小機構」という。）の職員と各種専門家で構成される専門家チーム等が被災地に足を運び、地元中小企業の要望を聴取した。
○これら要望を踏まえ、「東日本大震災に対処するための特別の財政援助及び助成に関する法律」に基づく仮設施設整備事業を新たに措置し、23年4月から実施することとした。

2．事業概要
○震災により被害を受けた中小事業者の方々が事業を早期に再開するための支援として、中小機構が仮設店舗、仮設工場等を設置し、市町村を通じ、事業者に無償で貸し出す事業を実施。一定期間経過後、仮設店舗等は自治体に無償で譲渡することとしている。
○予算措置について
　平成23年度1次補正予算額　　10億円
　平成23年度2次補正予算額　　215億円
　平成23年度3次補正予算額　　49億円（合計274億円）

※23年度補正予算の外、平成24年度東日本大震災復旧・復興に関する経費により、所要額を要求。

3．事業の進捗状況
○12月9日現在、6県49市町村から、484箇所の整備要望あり。284箇所で中小機構と市町村が施設整備に関する基本契約を締結済み。225箇所を着工し、146箇所が竣工。

都道府県	要望箇所数	基本契約締結箇所数	着工箇所数	竣工箇所数
青森県	18	16	15	6
岩手県	304	153	117	74
宮城県	118	80	62	40
福島県	42	33	31	25
茨城県	1	1	1	1
長野県	1	1	1	0
合計	484	284	225	146

設住宅の工場・店舗版である。1次補正予算で10億円用意したが、瞬く間に資金不足状態が判明し、2次補正予算で215億円積み増し、さらに3次補正予算で50億円弱積み増した。24年度予算は本格復興が中心となるが、本事業についても追加的に要求して調整中である。恒久的に行う事業ではないと思っており、適切な方法でフェードアウトさせるべきだと考えている。他方で、地元からは500近い要望が出てきており、1件あたり当然10社、20社という数の企業が入居することから、トータル数千件の需要があると思われ、慎重な判断が必要なプロジェクトである。反省点としては、夏頃には、進捗の遅れが目立ち、地元からご叱責を受けた。申し訳ない事態だったが、いざ事業に着手すると、候補用地が嵩上げをしないと使えない場所であったり、公有地が足りなくなって民有地を使わざるを得なくなったがその権利関係の処理をするのに手間取ってしまったり、あるいは建築確認をとる際に、軟弱地盤だと補強が必要であるなどさまざまな個別の問題が発生した。それでも、よ

VI 仮設事業場の整備

(資料19) 仮設店舗、仮設工場等の整備（代表的事例①）

浜風商店街【福島県いわき市久ノ浜地区】

9月3日における仮設店舗オープン時の地元紙での報道

```
名  称 ：浜風商店街（愛称）
所在地 ：福島県いわき市久ノ浜町久ノ浜字糠塚15
種  別 ：仮設店舗、仮設事務所
延床面積：約270㎡
入居者 ：津波被害が激しい市北部の久ノ浜地区の被
        災商業者等が入居。食料品、電気製品等の
        小売業、理容業、飲食業等が入居。
区画数 ：12区画
事業開始：6月9日
完  成 ：8月10日
供用開始：9月3日（商店街オープン）
```

「23年9月4日福島民友新聞掲載」

(資料20) 仮設店舗、仮設工場等の整備（代表的事例②）

復興天神15商店街【岩手県釜石市天神町地】

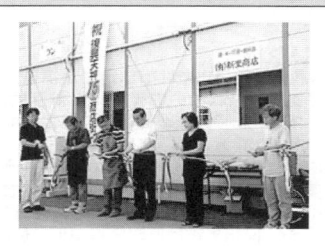

```
名  称 ：復興天神15商店街（愛称）
所在地 ：岩手県釜石市天神町5番17号
種  別 ：仮設店舗、仮設事務所
延床面積：約680㎡
入居者 ：津波により被災した市の中心市街地で
        ある東部地区の食料品や日用品の小売
        業、美容業、飲食業などが入居
区画数 ：15区画
事業開始：7月7日
完  成 ：8月25日
供用開始：9月16日（商店街オープン）
```

＜状況＞

岩手県釜石市東部地区の商店街は、東日本大震災により壊滅的被害を受けた。また、多くの住宅が被災し、仮設住宅も各地で整備され、多数の市民が入居されている。

釜石市は、天神町地区商店街等の再開に向け、中小機構に仮設住宅約130戸に隣接する仮設施設整備を要望した。

釜石市が、廃校となった第一中学校の校庭の仮設住宅約130戸隣接地に敷地を準備し、平成23年9月15日に建物工事が完成し、9月16日に商店等が「復興天神15商店街」として事業再開オープンした。

本仮設施設は、中小機構から釜石市に一括無償貸与され、市から16店舗等に無償貸与されている。

497

第1編　第20章　中小企業庁の対応

（資料21）　仮設店舗、仮設工場等の整備（代表的事例③）

復興屋台村気仙沼横丁【宮城県気仙沼市南町四丁目地区】

<状況>
　東日本大震災の津波により、市中心部の気仙沼港周辺地区で全建物が流失し、地盤も大きく沈下するなど深刻な被害を受けた。漁港機能の回復とともに飲食店、物販店の早期再開が強く望まれた。

　気仙沼市は市内各地で産業機能を回復するため、商業者、飲食業者、サービス業者、水産加工業者など多数の事業者が事業を再開するための仮設施設を多数計画。

　このうち、南町四丁目では、飲食店等事業者が「復興屋台村気仙沼横丁」を構成して、事業再開を計画した。

　平成23年10月25日に建物工事が完成し、中小機構から気仙沼市に一括無償貸与され、11月12日に居酒屋、マグロ料理、ラーメン、韓国料理などの飲食店や鮮魚店、八百屋などの物販店の計19店舗がオープンし、26日に合計22店舗がフルオープンした。

```
名    称：復興屋台村気仙沼横丁
所 在 地：宮城県気仙沼市南町四丁目248－1
種    別：仮設事務所、仮設店舗
延床面積：約476㎡
入 居 者：商業者、飲食業者、サービス業者、
         水産加工業者
区 画 数：23区画
事業開始：9月6日
完    成：10月25日
供用開始：11月12日（開業オープン）
```

（資料22）　仮設店舗、仮設工場等の整備（代表的事例④）

南相馬市信田沢地区仮設工場【福島県南相馬市原町区信田沢地区】

<状況>
　福島県南相馬市では南部地域が福島第一原子力発電所事故の影響により、計画的避難区域、緊急時避難準備区域に指定された。

　被災地域の再建という重要な役割を担う建設関連分野の多数の企業も移転を余儀なくされ、早期の事業再開により地域の復興を図るべく、南相馬市は原町区信田沢に位置する工業団地に仮設工場・事務所を計画し、中小機構に仮設施設整備の要望があった。

　3棟・24区画で構成される仮設施設は、平成23年8月29日西棟、30日事務所棟、9月21日に東棟の建物工事が順次完成。

　中小機構から南相馬市に一括無償貸与され、市から無償貸与され、多数の事業者が入居して事業を再開している。

```
名    称：南相馬市信田沢地区仮設工場
所 在 地：福島県南相馬市原町信田沢字信田沢328番3
種    別：仮設事務所、仮設工場
延床面積：西棟 約369㎡、東棟 約499㎡、
         事務所棟 約1,473㎡
入 居 者：津波及び原発被害を受けた小高、原町地区
         の建築工事業、管工事業、電気工事業、精密
         機械製品製造業等が入居。
区 画 数：24区画
事業開始：6月17日
完    成：西棟 8月29日、東棟 9月21日、
         事務所棟 8月30日
```

498

うやく半分弱、200件超が着工し、完成案件が140件、おそらく平成23年内には200件程度が完成できるのではないか。

　成功事例としては、いわき市につくった復興の仮設商店街である。10区画を活用して、床屋も小売業者もあるという構成である。釜石の仮設商店街は、仮設住宅の隣接地の中学校の校庭に商店街をつくったので、商住近在的な案件である。気仙沼の案件は時間がかかってしまったが、復興屋台村と名づけられて、飲み屋街も含まれる。漁師さんが夜お酒も飲みたい、ご飯も食べたいということで、居酒屋、マグロ料理、ラーメン屋、韓国料理店などを含む、非常に景気のいい商店街をつくった。他方で、仮設工場も実施しており、南相馬では、原子力発電所被災地域で元の工場に立ち入れないなど切実な悩みを抱えておられる企業の方々に対して、24区画整備を行い、現在順次入居が進んでいる。

Ⅶ　グループ補助金事業

　もう１つの重要プロジェクトが、グループ補助金制度である。ややアカデミックな説明になるが、地域の中小企業というのは、お互いがお互いを支え合うというクラスター的な構造を有している。被災地域が個々に小規模な都市雇用圏を形成しているということを前述したが、その結果として１個１個の市や町が小さな経済共同体になっている。典型的には、気仙沼などでは、漁業という第１次産業が存在し、魚をさばいたり缶詰をつくったりという水産加工業が第２次産業として集積しており、さらに魚を卸したり首都圏に運ぶ物流業者など、第３次産業の集積がある。さらには、漁船を建造・修繕する中小造船所・製造業などがこの地域に多く存在している。すなわち、「魚・漁業」というキーワードで、地元の事業者が密接に関連した産業集積を形成している。石巻市を例にとって東京大学の協力を得て、帝国データバンクのデータを活用してお互いの関係性をプロットしたところ、（資料24）（資料25）ができあがった。このように、産業連関が密である以上、これを

(資料23) 中小企業等グループ補助

東日本大震災 → マグニチュード9.0という世界の歴史の上でも最大級の地震　巨大な津波により東北地方の沿岸部を中心に、甚大な被害

特に、甚大な被害を受けた被災地域では、寸断されたサプライチェーンの復旧や、施設の損壊により働く場をなくしてしまった被災事業者への支援が急務

従来の支援制度にとらわれない抜本的な支援が必要

中小企業等グループ施設等復旧整備補助事業の創設
各県が地域の経済や雇用に重要な役割を果たすと判断した中小企業のグループを重点的に支援することによって、被災地域の本格的な復興を牽引していくことを目指す。

一体のものとして補助しないと地域全体の産業復興にはつながらないということで、「グループ補助金制度」を考案し、予算を要求した。

　内容としては、企業が1つのグループとして、施設や設備の復旧をしていただくことが要件であり、単独企業では本補助金は利用できない。大企業の場合、企業城下町として部品を納入している中小企業と一体的に支援することが可能である。ただし、大企業の場合は補助率を下げる。一般的な補助率は、国費2分の1、県費4分の1だが、県費4分の1は、特別交付税交付金で、総務省の協力を得て国が補てんできるしくみとなったため、事実上、国費4分の3でまわすというかなり思いきった補助制度である。

　予算規模としては、1次補正予算で150億円確保したが、全く足りないことが判明し、2次補正で100億円、そして、2次補正の予備費を活用して、11月段階で、さらに1桁多い1250億円を充当することにした。これで、トータルで1500億円の拠出となり、ようやく被災地の不満が解消できたという実感である。特に、1次補正の執行段階では、宮城県が要求額の10分の1も手

VII　グループ補助金事業

（資料24）　共同施設等の災害復旧補助の考え方の例

1. 地域企業の取引数に着目してクラスター分析を行うことで、地域における**重要な産業を特定**することが可能。
2. また、クラスター内の企業について、
①**地域の取引の中核を担う企業**
②**クラスター間の取引の橋渡しを行う企業**
を特定できる。
3. また、それら企業が属するクラスター内の企業の従業員数・売上高を見ることで、取引の影響の広がりが算定される。

＜石巻都市雇用圏クラスター分析結果＞
※石巻都市雇用圏35クラスターのうち規模の大きい上位3クラスター

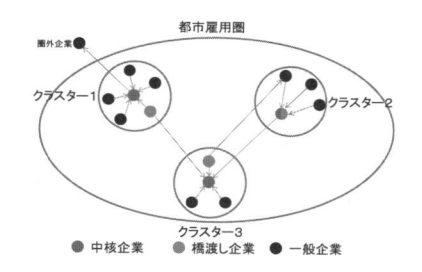

クラスターの業種特性	全企業数	うち圏内企業数	圏内企業に占める割合	圏内企業の従業員数（人）	圏内企業の従業員数に占める割合	圏内企業の売上高（百万円）	圏内企業の売上高に占める割合
水産加工	526	162	21.7%	3,641	21.6%	312,946	41.3%
建設業	379	179	23.9%	3,773	22.4%	83,993	11.1%
漁業関係	187	60	8.0%	1,318	7.8%	58,536	7.7%
小計	1,092	401	53.6%	8,732	51.9%	455,475	60.2%
圏内合計	2,285	748	100.0%	16,826	100.0%	756,985	100.0%

(注1) 石巻都市雇用圏とは、石巻市、東松島市及び女川町をいう。
(注2) 石巻都市雇用圏企業が供給元となる取引を集計。
(注3) 本分析では、取引の大きさ(取引額)を反映できない、大企業の事業所の影響を反映できない等の制約がある。

（資料25）　石巻都市雇用圏における企業の取引構造

○震災で被害を受けた地域の経済も、中核的な役割を担う企業及び企業群により支えられている。
○石巻都市雇用圏を例に、企業の取引に着目して、取引関係が密な企業同士をグループ化すると、水産加工業、建設業、漁業を営む企業群が存在し、各企業群には、地域の取引の中核的な役割を担う企業が存在することが見て取れる。

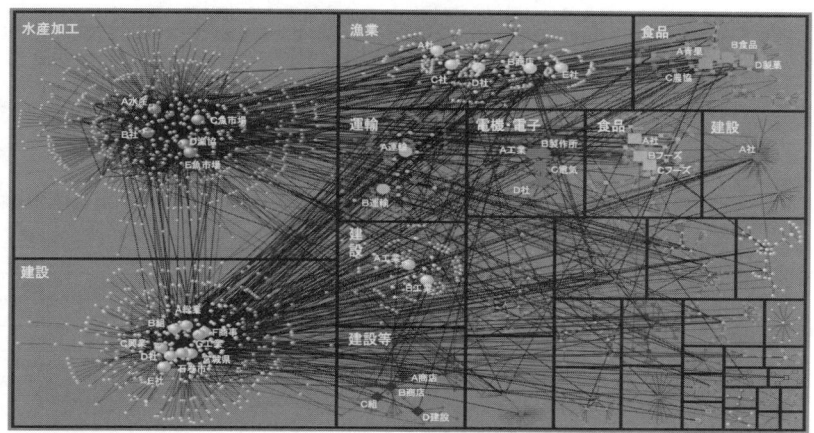

資料：(株)帝国データバンク「SPECIA」を用いて、東京大学政策ビジョン研究センター坂田教授、森助教の協力により作成
(注)　1. 石巻都市雇用圏とは、石巻市、東松島市、女川町をいう。
　　　2. 石巻都市雇用圏の企業が供給元となる取引を集計した。
　　　3. 太線の四角の範囲がそれぞれ各企業群を表す。線は取引を表す。
　　　4. 各企業群内の大きな点は、主な中核企業・橋渡し企業を表す。小さな点はその他の企業を表す。
　　　5. 本分析では、取引の大きさ(取引額)を反映できない、石巻都市雇用圏外に本社が存在する事業所が含まれていないなどの制約がある。

第1編　第20章　中小企業庁の対応

（資料26）　中小企業組合等共同施設等災害復旧事業

平成23年度補正予算等　1,503.8億円
（一次補正：154.8億円、二次補正：100.0億円、東日本大震災復旧・復興予備費：1,249億円）

事業の内容

Ⅰ．事業の概要・目的

被災地の中小企業等が一体となって進める復興事業計画（県の認定によるもの）等に基づき、その計画に必要な施設等の復旧・整備に対して、国と都道府県が連携し補助を実施。

Ⅱ．条件（対象者、対象行為、補助率等）
1、対象者
　中小企業グループ、事業協同組合等、商店街
2、対象施設
　倉庫、生産施設、加工施設、販売施設、検査施設、共同作業場、原材料置場等の施設、その他設備

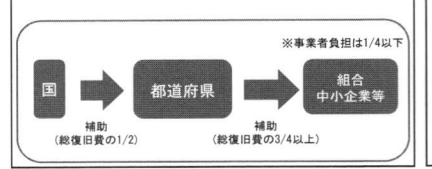

※事業者負担は1/4以下

国 → 都道府県 → 組合・中小企業等
　補助　　　　　補助
（総復旧費の1/2）　（総復旧費の3/4以上）

事業イメージ

（例1）製造業のサプライチェーン
・地域の中心的企業を中心とした関連部品製造業の下請中小企業群
（例2）商店街施設
・被災した商店街施設等

復興事業計画等による整備

（例3）事業協同組合等の共同施設、貯蔵設備の修復等の復旧。

（資料27）　中小企業等グループ補助金について

➢ 復興のリード役となり得る「地域経済の中核」を形成する中小企業等グループが復興事業計画を作成し、県の認定を受けた場合に、施設・設備の復旧・整備を支援。
※補助率‥‥中小企業対象 3/4（国1/2、県1/4）、大企業対象 1/2（国1/3、県1/6）
※グループの要件‥‥ ①経済取引の広がりから、地域の基幹である産業・クラスター、②雇用・経済の規模の大きさから重要な企業群、③我が国経済のサプライチェーン上、重要な企業群、④地域コミュニティに不可欠な商店街

（一次補正関係）
○ 一次補正予算を活用し、青森県・岩手県・宮城県の三県で一次公募を実施
採択：28グループ、
補助金額 国費119億円、県費60億円、総額179億円

	補助件数	補助総額	うち国費
青森県	6グループ	37億円	24億円
岩手県	8グループ	77億円	51億円
宮城県	14グループ	65億円	43億円
合計	28グループ	179億円	119億円

（二次補正関係）
○二次補正予算を活用し、岩手県・宮城県・福島県・茨城県の四県で二次公募を実施。
採択：38グループ、
補助金額 国費156億円、県費78億円、総額234億円

	補助件数	補助総額	うち国費
岩手県	3グループ	49億円	33億円
宮城県	16グループ	58億円	38億円
福島県	15グループ	103億円	69億円
茨城県	4グループ	24億円	16億円
合計	38グループ	234億円	156億円

（予備費関係）
- 10月14日（金）に予備費約1,250億円の使用を閣議決定。
- 当閣議決定を受け、10月19日～11月8日の間に青森県、岩手県、宮城県、福島県、茨城県、千葉県において、公募を実施し、現在、案件の審査中。
- 福島県においては、平成24年1月10日（火）～31日（火）の間、三次公募を行うこととしている。

502

当てされないということで失望したという話もあった。やはり、1次補正予算の要求段階では、需要量を必ずしも的確に把握できなかったというのが実感である。2次補正、3次補正を経て、ようやく対応できた。予算配分についても、1次では手当てできなかった福島や茨城が2次補正以降の対象になるなど、全体的にバランスをとった配分になりつつある。

Ⅷ　その他の支援措置

他の制度として、全国に商店街は1万3000存在するが、被災地域にも数百を超える商店街が存在する。その被災商店街の方々が最初に行ったのががれき処理、あるいは道路の清掃である。そのための経費を当初予算の流用その他で合計100を超える商店街で、がれき除去やアーケード復旧等の手当てをしていただいた。

（資料28）　商店街災害復旧・アーケード撤去等事業

平成23年度補正予算額　4.0億円
※1次補正

事業の内容

事業の概要・目的

○被災地の復旧を一日も早く軌道に乗せるためには、地域のコミュニティの機能を回復させることが重要。このため、コミュニティの重要な担い手である商店街の復旧を図る取組を支援。

○被害を受けた商店街について、被災したアーケード等の撤去や破損規模が大きい施設の修繕等に相当程度期間を要する事業にかかる経費に対して定額補助を実施。

※5月9日～5月31日まで公募を実施し、計50件を採択。
※施設の補修やがれき等の障害物除去に対する補助は、22年度予算で96件、23年度当初予算で64件を採択。

条件（対象者、対象行為、補助率等）

国 →（補助（定額））→ 全国商店街振興組合連合会 →（補助（定額））→ 商店街振興組合等（任意の商店街含む）

事業イメージ

全国商店街振興組合連合会
↓
被災商店街復旧事業費
↓
商店街振興組合等（任意の商店街含む）

○被災したアーケード等の撤去
○被災した街路灯等の建て替え
○破損規模の大きい施設等の修繕
（アーケード、街路灯、カラー舗装、駐車場、コミュニティ施設　等）

503

第1編　第20章　中小企業庁の対応

（資料29）　経営相談支援（支援専門家派遣）

平成23年度補正予算額（合計）　26.4億円
（1次補正：9.9億円、3次補正：16.5億円）

事業の内容

事業の概要・目的

①災害復興アドバイス等支援事業
【中小機構交付金6.9億円（一次補正）、10.5億円（三次補正）】

○中小企業基盤整備機構が被災地に支援拠点を設置し、中小企業からの相談に対応。

○さらに、被災中小企業の要望、課題等に応じた専門家を現地に派遣し、経営相談に加え、まちづくりや施設整備等、中小機構の他の支援施策と一体化した支援、ものづくり中小企業における破損設備等の診断・補修に係るアドバイス等、総合的な復旧・復興につながる支援を実施。

②中小企業支援ネットワーク強化事業
【3.0億円（一次補正）、6.0億円（三次補正）】

○現行の中小企業支援ネットワーク強化事業のスキームを活用し、特に災害による被害を受け本来の支援機能が大きく低下している支援機関を重点的にサポート。

○災害対応の相談員が被災地域の支援機関（仮事務所等を含む）を巡回し、被災中小企業の相談（資金繰り、事業再開、事業継続、雇用維持等）を幅広く受け付け、必要に応じ被災中小企業に専門家を派遣。

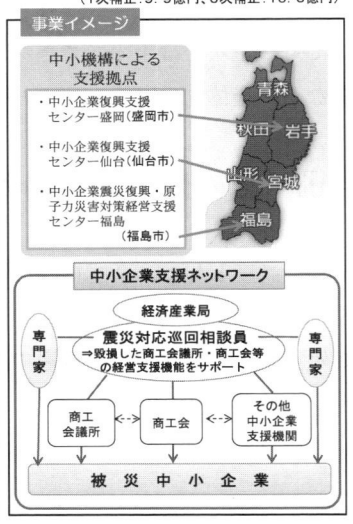

事業イメージ

中小機構による支援拠点
・中小企業復興支援センター盛岡（盛岡市）
・中小企業復興支援センター仙台（仙台市）
・中小企業震災復興・原子力災害対策経営支援センター福島（福島市）

中小企業支援ネットワーク

経済産業局

震災対応巡回相談員
⇒毀損した商工会議所・商工会等の経営支援機能をサポート

専門家　商工会議所 ⇔ 商工会 ⇔ その他中小企業支援機関　専門家

被　災　中　小　企　業

　そのほか、ソフト支援事業として専門家をきめ細かく被災地の中小企業に派遣して、法律相談、金融相談、雇用関係の相談、税務・行政相談などをローラー作戦で展開するための経費（講師謝金、旅費）を20億円強確保した。

　あるいは、原子力災害に関する風評被害が発生し、特に海外市場で日本製品が忌避されるような事態が発生したが、これに対して、日本の製品は安全であることを証明し、あるいは、ジェトロの協力で海外展示会で被災地の商品をどんどん売り込む、さらには海外の有力バイヤーを招聘するなど多角的な販路開拓支援も実施している。特に初期段階の風評対策は、放射能の製品検査体制の充実、証明書の発行、さらに政府間協議の場を活用して各国政府の誤った規制を是正していくものであったが、これは経済産業省のみならず外務省、農林水産省など関係省庁が一丸となって講じられた。

504

VIII　その他の支援措置

（資料30）　風評被害への対応（中小企業海外展開等支援事業）

平成23年度補正予算額　19.8億円
※2次補正

事業の内容

事業の概要・目的

○東日本大震災の影響により、海外から日本製品に対して風評被害が生じており、海外ビジネスを展開する上で、大きな障害となっている。このため、6月23日に決定された「中小企業海外展開支援大綱」に基づき、風評被害を払拭し、被災地域を中心とした中小企業の海外展開を強力に推進。

○具体的には、中小企業基盤整備機構と日本貿易振興機構とが連携して、国内外展示会の出展支援、海外バイヤーの招へい、ミッション派遣など、中小企業の海外展開を支援。

条件（対象者、対象行為、補助率等）

国 → （補助）（定額）→ （事業実施主体）（独）日本貿易振興機構／（独）中小企業基盤整備機構

事業イメージ

1．国内外展示会出展支援
　風評被害の払拭を目指し、
　①海外バイヤーが多く訪れる国内展示会への被災地域中小企業の出展を支援。
　②国内で、被災地域の製品を対象にした海外販路開拓のための商談会を開催。
　③海外の主要展示会において、被災地域中小企業の出展を支援。
　④海外における日本製品の販路開拓につながるPR支援を強化。

2．主要な海外バイヤーの招へい
　海外の主要なバイヤーを招へいし、被災県製品を中心とした国内における海外販路開拓商談会を開催することにより、日本製品の風評被害の払拭を目指す。

3．販路開拓商談ミッション派遣
　風評被害を払拭するため、海外に積極的に販路開拓ミッションを派遣し、商談会をアレンジして、商品をPR。

（資料31）　風評被害への対応

1．輸出時等における対応

福島原子力発電所の事故を受け、各国から日本製の鉱工業製品に対する懸念が広がっていることから、外交ルートで働きかけるとともに、事業者に検査機関を紹介。

(1)各国への働きかけ
①各国・地域の関係当局が過剰に反応し、科学的・合理的根拠に基づかない不当な措置がなされないよう、個別に働きかけを実施。
②各国・地域の産業界に対し、我が国の一連の対応・措置について在外公館やJETRO等が協力して説明会を実施。9月1日までに12カ国・地域15都市で開催。

(2)国内での取組み
鉱工業品に対する風評被害に対して、以下の取組みを実施。
①日本から製品を輸出する際、製品の放射線検査を希望する輸出事業者に対して、指定検査機関で検査を受ける場合に、検査費用を補助（一次補正予算　約7億円：補助率は中小企業 9/10・大企業 1/2）。
②JETROにて、諸外国の動向を現地で調査し、HPで情報提供するとともに、トラブルが発生した際の対応などについて緊急相談窓口や全国36ヶ所の貿易情報センターで個別に企業の相談に対応。
③輸出企業に対し、放射線検査機関の紹介や、各地の商工会議所による証明書発行の取組みの周知を実施。
④日本貿易保険（NEXI）が、貨物の輸入制限・禁止等による損失が貿易保険によってカバーされる事例を周知するとともに、震災復興支援ダイヤルを設置。
⑤特に福島県においては、県からの要請に応じ、福島県ハイテクプラザに対する（独）産業技術総合研究所からの放射線測定機器の貸出しや専門家派遣等の支援のほか、福島市内における測定等の臨時技術相談窓口開設のための専門家派遣等を実施。

2．国内での取引適正化に係る対応

(1)　親事業者等（約22,000社）に対し、風評にとらわれず、科学的・客観的根拠に基づき適切に取引を行うよう、4月22日に経済産業大臣名で要請文書を発出。

505

IX 復旧・復興貢献企業の表彰

　以上のような予算事業とは別に、復旧・復興に貢献されている中小企業を顕彰させていただいた。その中から3つだけ事例を紹介したい。第1に、千葉の協和工業株式会社は、取引先の福島県の企業が被災した際に、千葉に所在する自社食堂や空き倉庫を提供して4月以降に当該企業の操業再開を支援し、また、家族も含めた従業員の居住先を確保した。企業のフィランソロフィー的な活動だが、こういう貢献の仕方があったのだなと、政策サイドのわれわれも感動した次第である。

　第2に、福島県の株式会社アリーナは、自社の復旧事例である。東北製造拠点というのは極めて重要なサプライチェーンを構成していて、震災直後は東北にあるオンリーワンの中小企業が操業できなくなった結果、電子製品や

（資料32）　被災地の復旧・復興に貢献された中小企業の皆様方の取組み

■中小企業庁において、東日本大震災被災地域の復旧・復興に向け貢献された中小企業の皆様方の取組を取りまとめ、これを「被災地の復旧・復興に貢献された中小企業の皆様方の取組」として、中小企業庁ホームページ（http://www.chusho.meti.go.jp）に公表。（平成23年8月2日に公表）

■最終的に105事例を掲載、115の企業・団体に表彰状を交付。

	被災企業（事業再開ほか）	非被災企業（被災企業支援、復旧活動支援ほか）	非被災企業（被災者支援、被災者雇用ほか）	計
事例数	40	35	30	105
企業/団体数	42	38	35	115

中小企業庁
中小企業を応援します

被災地の復旧・復興に
貢献された中小企業の皆様方の
取組

平成23年8月
経済産業省
中小企業庁

IX 復旧・復興貢献企業の表彰

（資料33）　被災地の復旧・復興に貢献された中小企業の皆様方の取組み・事例(1)

協和工業株式会社（千葉県船橋市）

《事業概要》電気機器製造業（モーター、マグネットスイッチ、プラスチック製品、各種プラント・エレベータ等電機品のメンテナンス）（従業員95名、資本金1,800万円）

《震災直後の状況》

　液状化により自社事務所および工場建物、工場外溝一部破損。

《被災地の復旧・復興に向けた取組》

　福島第一原発より20km圏内の警戒区域内で立ち入り禁止区域である福島県南相馬市小高区泉沢から避難してきた企業に対して支援。
　避難してきた企業は、(株)日立産機システムの協力工場としてモーター部品を製造している(有)ワインデング福島。同社の製造する部品が供給されなくなれば顧客に迷惑がかかるという思いが、取引先でもある同じ協力工場同士の団結を深めた。
　支援の内容は(株)日立産機システムの協力も得て①協和工業(株)東金事業所の食堂・倉庫を約1カ月かけて改装した工場の供与、②機械設備設置支援を行い4月下旬に事業を再開することができた。また、③避難企業とともに避難してきた従業員10人とその家族11人の居住場所、生活用品の確保④人材の募集等の支援やアドバイスを現在も行っている。
　　(有)ワインデング福島の従業員は「皆バラバラに避難し、これから先どうなるのかと心配でした。再び、皆と一緒に同じ仕事ができるようになり感謝しています。」「仕事をしていれば辛いことは忘れる。」「家族そろって移住でき嬉しい。」などの感謝の言葉があった。

（資料34）　被災地の復旧・復興に貢献された中小企業の皆様方の取組み・事例(2)

株式会社アリーナ（福島県相馬市）

《事業概要》チップ電子部品を基板に取り付ける技術で世界先端の実績を誇る電子機器部品組立製造を行う中小企業（従業員200名、資本金1,000万円）

《震災直後の状況》

　天井落下、地盤の崩れなど建物の破損や加工設備ラインに被害を受けたほか、電気や水道などのライフラインも被害を受けた。

《被災地の復旧・復興に向けた取組》

　福島県相馬市の株式会社アリーナ（従業員200名、資本金1,000万円）は、電子機器部品組立製造を行う企業で、チップ電子部品を基板に取り付ける技術で世界最先端の実績を誇っている。
　同社は、震災により、建物の破損や加工設備ラインに被害を受けたほか、ライフラインにも被害を受けたが、グローバルで動く現在のビジネスにおいてロストビジネスとしないため、また、被災した従業員の生活確保のため、早急に再稼働目標日を決め、早期復旧を目指した。
　復旧に時間を要する精密加工ラインの復旧には、福島第一原子力発電所の事故に係る放射能の影響によってマシンメーカーの協力がなかなか得られない中、同社とマシンメーカー、取引先とで話し合いを持って何とか合意していただき、復旧作業に当たった。
　また、同社は、困難を極める生活インフラ復旧期間にあって、市役所に日参し、協力を仰いだ上で、地域の企業同士で情報を共有しあい、復旧期間を乗り越えた。

507

第1編　第20章　中小企業庁の対応

（資料35）　被災地の復旧・復興に貢献された中小企業の皆様方の取組み・事例(3)

株式会社ヤナギヤ（山口県宇部市）

《事業概要》水産練り製品機械など食品加工機械の製造を行う中小企業
　　　　　　（従業員１５０名、資本金１０，０００万円）

《被災地の復旧・復興に向けた取組》

　同社は練り製品製造機械等の製造を手がける企業。東日本大震災や津波被害などで被災した水産加工品メーカーの使用が不可能となった機械のメンテナンスを行うことで被災地の水産加工業の復興を支援している。
　被災した水産加工メーカーの殆どの水産加工機械は、津波による泥を含んだ海水に飲み込まれた事で底には泥がたまり、ほとんどすべての部品からサビが出ている状況であった。食品製造に使用される機械なので、それらすべての泥やサビ、汚れを落とす必要があり、また部品を分解して再度組み直さなければならず、モーターは入手しにくいことから、分解してコイルから巻き替えるなどの手間がかかる。

被災した水産加工機械　　　　　　　分解・整備を要するモーター

　同社は、被災した水産加工メーカーの機械の買い換えを進めるのではなく、手間がかかっても被災した水産加工メーカーが修理によって廉価で加工再開できるよう、被災者向けの修理対策チームを社内に編成し、復興支援体制を強化して被災企業の機械修理を続けている。
　修理等で係る費用は、内容によって異なるが新品買換の２５％～５０％程度の低価格で事業が再開できるのが被災した企業には救いとなっている。また、協力関係にある現地や東京、大阪の機械メーカーとの連携を強化し、仙台営業所で数人の技術者の現地採用をする等、雇用面においても被災地支援を行っている。

　自動車がつくれなくなるという事態が発生した。われわれは、産業構造というのは一番頂点にトヨタなどがいて、１次下請け、２次下請け、３次下請けと徐々に裾野が広くなるピラミッド型になっているとの認識をもっていたが、実は東北の被災の結果、ピラミッドではなくて、ダイヤモンドの指輪のような構造になっているということがわかった。つまり、サプライチェーンの末端部分にいるオンリーワンの企業が被災すると、ピラミッドの頂点まで動かない。そういうオンリーワン企業の１つがアリーナであり、従業員200人規模だが、世界最先端の電子部品ボンディング（取り付け）を事業としており、重要なビジネスだということで、業界からのサポートに加え、自社も奮闘努力されて、５月くらいに、操業開始にこぎつけたということで、経済産業大臣が表彰した。
　第３は、山口県宇部市の株式会社ヤナギヤで、ここは水産関係の機械製造を事業としている。東日本大震災で三陸の漁業、水産加工産業が壊滅状態だ

ということで、毀損した機械製品をどんどん修理復旧し、結果割安かつ早急に事業再開にこぎつけた企業が多くあったということで、これも大臣表彰の対象になった。

第2編
被災自治体の対応

第1章 「想定外」をなくし最大「減災」をめざす

21世紀防災・危機管理研究所所長・弁護士 北 里 敏 明

I 東日本大震災において「想定外」といわれ

1 万里の長城といわれた田老地区の防潮堤は想定外の津波で破壊されたのか

「手を取りともにいくたびか
　津浪の中に起き上がり
　いま楽園を築きたる
　世紀の偉業仰ぎ見よ
　われらは愛すわが田老町」

これは岩手県田老町の町歌の一節である。

この岩手県田老町の防潮堤は、万里の長城ともいわれ世界一の防潮堤として町民はもちろん岩手県も国土交通省も自慢の施設であった。

この田老地区の防潮堤は、昭和8年3月3日の昭和三陸津波を契機に建設が進められ、昭和32年までに1350メートルが完成した。ただし、その高さは明治三陸津波のときの波高15メートルよりも低い10メートルであった。したがって、津波が防潮堤を越えることを前提として、湾口に対して直角に防潮堤を設け、沢に沿って海水を受け流すように緩衝地がつくられていた。

その後、昭和35年のチリ地震津波をきっかけに第2、第3の防潮堤が湾口に対し並行につくられた。これにより、田老地区の二重の防潮堤はX字型に完成し、総延長2433メートルの大防潮堤となり、田老の万里の長城とよば

れる防潮堤が完成した。また、田老町では、庁舎屋上と漁港に潮位監視システムと津波観測システムを整備しており、庁舎内のモニターによって監視することができたという。

　しかし、この防潮堤は、その高さの点で過去の津波であっても防ぐことはできず、津波を完璧に防ぐものではなかった。あくまでも避難の時間を稼ぐものとして位置づけられ、そのような啓発も住民に対してされていた。もちろん、この防潮堤があることから、絶対に大丈夫だと思う住民が一部いたかもしれないが、平成16年に作成された津波シミュレーションでは、明治三陸地震級の津波が防潮堤を乗り越えてくる映像をつくり、住民説明会等でも公表されていたという。さらにこれを活用し、自治会などを対象にした防災町歩きやワークショップを行い、住民を中心としたハザードマップづくりを行っていた。

　したがって、東日本大震災の津波は、この世界一ともいいうる田老地区の防潮堤にとって「想定外」ではなかったということになる。そして、田老町の高さ10メートル延長2433メートルの万里の長城も、実は、町歌にある楽園をもたらしてくれる世紀の偉業ではなかったということがはっきりした。自然は、想定内であっても、人類の知恵と技術力をさらに超えて裏切り、想定外の災害や事故をもたらす。私たちは、そうした「想定外」あるいは「想定を超える」災害についても、想像力をたくましくして対処していかなければならない。和歌山の「稲むらの火」の伝承でも逃げることを基本としている。東北地方には、「津波てんでんこ」（＝津波がきたらそれぞれが逃げる）という言い伝えもある。また、夜に津波がきたときを考え、住む場所を高台に移していくという集団防災移転や、海辺に職場を住宅は山の手につくるという地域開発のようなものも必要になってくるかもしれない。いずれにせよ、想定外の事態が起きてもその地域に住む人々のできるだけ多くの人が何とか生き延びることのできる方法をあらゆる点について考えていくことしかないといえる。

2 東京電力の福島第1原子力発電所の被害は想定外であったか

　多重防護で守られ、放射能を撒き散らすような事故は「絶対に起きない」と住民および国民に言い続けた東京電力の原子力発電所を東日本大震災に伴う津波が破壊した。避難区域も当初の3キロが、10キロ、20キロと拡大された。福島県内には平成24年4月現在で9万7599人（3万9873戸）、県外には4月5日現在で6万2736人が今なお避難を余儀なくされている。

　原子力施設周辺には、平成11年に起きた東海村のJCO事故を教訓に「緊急事態応急対策拠点施設（オフサイトセンター）」が設置され緊急事態における対応を強化してきた。これは原子力災害が発生したときに、電力会社・国・都道府県・市町村の関係者が集合し、ERSS（緊急時対策支援システム）やSPEEDIの結果を利用しながら関係各方面と連絡・調整を行い、住民の避難などを円滑に推進する拠点であるはずであった。ところが、これが、東日本大震災によって情報通信機能を喪失し、地域での調整機能を全く果たすことができなかった。

　津波対策についても、今回の津波より以前に原子力発電所のシールドが完全でないために、津波が原子力発電所を襲った時に津波の水が発電所内の各所に進入し、電源の系統や維持設備を破壊して、非常用電源がきかなくなりコントロール不能となる可能性があるという点を指摘した者もいた。しかし、東京電力および政府とりわけ経済産業省はそれを無視してきた。そして、現実に非常用電源がきかないために原子力発電所そのものがコントロールできなくなり、今回のようなメルトダウンの状態が発生してしまったということである。まさに「備えなければ憂いなし」といわなければならないような状態で、リスクをリスクとして「想定」せずに原子力発電所の管理運営がなされていたといえる。

　とにかく、地震災害という自然災害に加えて原子力施設の破壊という人間が原因となる人為災害が同時に起きたため、東日本大震災は日本で初めて、

2つの大きな非常事態の発生に同時に対処しなければならない事態を引き起こした。

　福島第1原子力発電所の災害が、「想定外」であるということであれば、そもそも原子力発電所の設置の許可をしておきながら、そこから起きる事故については、政府も東京電力も責任はとれないということである。時の菅直人総理大臣が直接東京電力本社や現場に出向き直接の指揮をとろうとしたが、これは、本来の姿ではない。総理大臣は総指揮官であり、官邸にいてすべての情報を把握し指揮をとるべきである。現場は、現場でどのような事態であっても対処できるようなしくみがつくられているべきなのである。原子力発電施設の破壊と放射能の周辺への放出を招いた東日本大震災における原子力施設事故は、「想定外」の津波が原因であったなどという言い訳をして済ませることのできる問題ではない。今後このような事態を二度と起こさないため、国や電力会社、原子力発電の研究者の責任は大きい。

3　非常災害対策本部を設置すべき町役場および町長の喪失は「想定外」であったか

　岩手県陸前高田市などでは、避難所のうち市立体育館など大規模な場所を含む数カ所が津波で破壊され、支援や救助の拠点となるべき市役所、市消防本部も津波にさらわれた所もあった。このため、どのような住民がいるのかを管理する住民基本台帳のデータは得られず、誰が行方不明か死亡したのか、誰が市民なのか、全く把握できず、それらを調査し対策をとる市職員の3分の1近くが行方不明になった町村もあった。

　阪神・淡路大震災においては、神戸市役所は、不十分ながらも庁舎の機能と人員の確保ができていた。しかし、東日本大震災においては災害対策の中心となるべき役場そのもの、あるいは町村長そのものがいなくなるという事態が発生した。これは、現在の災害対策基本法や地方自治法の全く「想定外」の事態である。というのも、現在の法体制は、すべての地方公共団体は、必ずそこにある、そこに責任者がいて機能するということを前提につくられ

ていることによる。防災庁舎から津波がくるから避難するようにという放送を最後まで語り続けた女性職員の声は、耳に焼きついて離れないが、こうした職員もまさか自分のいる防災庁舎が津波で破壊され、命を落とすことになるとは考えていなかったはずである。したがって、庁舎や首長や役場自体の機能の喪失があったときに、どのような行政システムで補完するのかについても、今後具体的かつ明確なガイドラインなり制度改正が必要であると思われる。

II　今後の国・地方の防災体制

東日本大震災において「想定外」という言葉が注目されたが、実は、日本のみならず世界の防災危機管理体制は、いわば「想定外」の災害や事故が起きるたびに、充実強化されてきている。伊勢湾台風により災害対策基本法がつくられ、阪神・淡路大震災により首相官邸に危機管理センターが設置され、緊急参集チームが設けられ、危機管理監がおかれた。北朝鮮のミサイル発射を契機に、武力攻撃事態等対処法や国民保護法がつくられた。消防では、自治体消防として本来指揮を受けるはずのない緊急消防援助隊が消防庁長官の指揮を受ける体制が整えられ、自衛隊と地方団体の連携は強固なものとなってきた。

しかし、いずれにせよ、自然災害における第1対応者（ファースト・リスポンダー）は、市町村長であるということになっている。これに対し、武力攻撃事態等では、政府が第1対応者となるが、原子力災害は、本来政府、それも内閣府ではなく原子力安全保安院が対処することとなっている。ところが、現実には、原子力利用の推進をする機能とこれを規制する機能が同じ経済産業省に帰属していることが、今回のような「想定外」の放射能被害をもたらしたという反省に立ち、これまでのような「安全神話」は崩壊したとの反省の下に、環境省に原子力規制庁を設置する方向で検討が進められている。

一方、地方団体の組織そのものが消滅することにより、第1対応者の存在

がなくなるという問題については、議論があまりなされていないようである。

　実際には役場など防災の拠点となる施設が津波で消失し、場所によっては、町村長も死亡してしまうというような事態に対しては、まず所在する都道府県庁が支援をする、次に周辺の都道府県の市町村や全国の他の都道府県が応援に行くという体制がとられた。また、自衛隊による支援は、行政機関が壊滅したような地方団体においては大きな力となった。しかし、地元に地域を統合する組織がなくては、援助物資の分配や避難者の収容に支障を来すし、ボランティアの受入れについても窓口がなく混乱する。その意味では、緊急事態において市町村役場が消失したとき、あるいは首長や副市長が不在となったときに、どのように役場の指揮命令系統をつくっておくかなどということも東日本大震災を契機に検討されなければならない課題であると考える。

　このほかにも、電話回線がつながらないときの衛星無線の活用、官邸と各省庁の連携、各省庁と被災地方団体との連携のあり方、原子力災害と自然災害の同時発生時における官邸オペレーションと地方公共団体との関係整備、地域における防災資材の配分ルートおよび配分組織の整備など国と地方公共団体との防災危機管理対策の強化のための課題はたくさんあるが、「想定外」をなくし、予想される災害すべてを「想定内」としたうえで、限られた資源と財源をフルに活用して、被害を最小限に「減災」するには制度的に予算的にあるいは運営上どうしたらよいのか、これまで以上に皆で知恵を出し合っていかなければならない。

　本編では、岩手県、宮城県、福島県、千葉県の災害対策の第1線の責任者の方が、各都道府県の経験と課題について解説されている。本編各章の現場からの生の指摘事項が、必ずや今後の防災危機管理対策の改善および発展に役立つものになることを願っている。

第2章 岩手県の対応

岩手県総務部総合防災室・特命参事　越野修三

I　はじめに

　岩手県は、過去に何度も津波被害を受けていて、明治29年の明治三陸津波では、死者・行方不明者が約1万8000人、昭和8年の昭和三陸津波では、死者・行方不明者が約2000人、昭和35年のチリ津波では死者・行方不明者が62人と多くの人が津波の犠牲になってきた。したがって、津波に対する岩手県民の意識は非常に高いものがあって、学校での防災教育や自主防災組織による避難訓練などのソフト対策、あるいは、宮古市の田老地区に象徴されるように、「万里の長城」といわれるような高さ10メートルの防潮堤やギネスブックにも掲載されるような釜石湾の深さ63メートルの湾口防波堤などを構築して津波対策を講じてきた。しかし、東日本大震災では、田老地区の10メートルの防潮堤も釜石湾のギネスレコードの湾口防波堤も津波を防ぐことができず、約6000人の死者・行方不明者と2万4000棟以上の家屋が流失し、甚大な被害を受けたのである。

　この未曾有の災害において、県の防災危機管理監として災害対策本部支援室で対応にあたってきたが、発災当初は、通信の断絶、道路の不通、インフラの停止、燃料不足等で被害情報の把握、人命救助活動、被災者への支援物資の輸送など困難を極めた。一方で、自衛隊への災害派遣要請やヘリコプターの運用など平素からの準備や訓練の実施により、混乱した状況の中でも比較的スムーズにできた面もあった。これらの対応を通じて、まだ詳細に検証しなければならない事項もあるが、さまざまな課題や教訓事項が浮かび上が

ってきたので、皆様の参考になればと思い、その一端を紹介したい。

II 地震・津波の概要

1 地震の概要

　地震の規模がマグニチュード9.0と日本では今世紀最大の地震であった。最大震度が宮城県栗原市で震度7、岩手県でも7市町村で震度6弱を観測しているが、地震による被害はほとんどなく、死者もなかった。

　今回の地震の特徴は、強い揺れが長く続いたことである。以前から長い揺れが続いたときは「津波が襲ってくる」といわれている。発災時、筆者は青森県八戸市のホテルにいたが、長い揺れに、すぐ津波がくることを予感した。

2 津波の概要

　気象庁が大津波警報を発表したのは、発災から3分後の14時49分で、この時の岩手県の津波の高さは「3メートル」というものだった。その後、「6

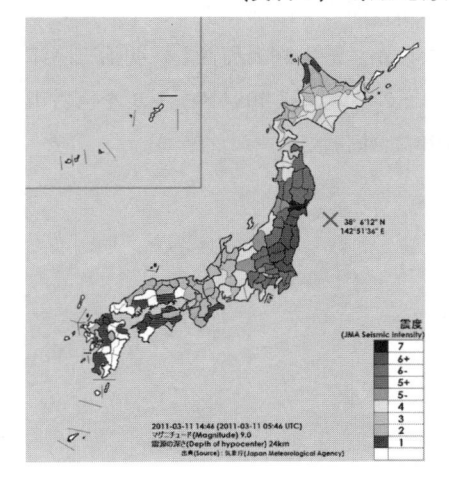

（資料1）　東北地方太平洋沖地震の概要

項目	東北地方太平洋沖地震
発生日時	平成23年3月11日（金）14時46分頃
震央地名	三陸沖（牡鹿半島沖）
震源の深さ	24km
規模	M9.0（暫定値）
最大震度（岩手県）	震度6弱：大船渡市、釜石市、滝沢村、矢巾町、花巻市、一関市、奥州市

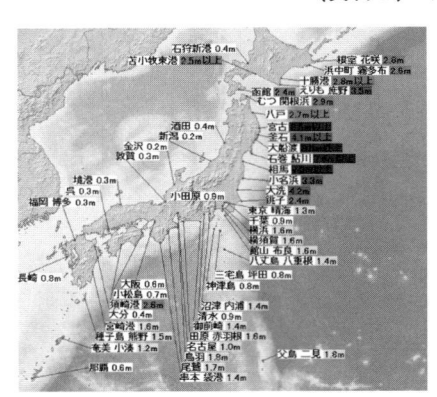

(資料2) 津波の概要

観測点	速報値	痕跡からの推定値
宮古	15:26 8.5m以上	7.3m
釜石	15:21 4.1m以上	9.3m
大船渡	15:18 8.0m以上	11.8m

最大遡上高さ：**40.4m**
（宮古市重茂姉吉地区）

メートル」、「10メートル以上」と訂正があったが、最初の「3メートル」という発表が、避難行動に影響を及ぼしたことは否定できない。なぜなら「3メートル」という津波の高さは、1年前のチリ津波の時と同じ「3メートル」だったからである。この時は、実際の津波は0.5メートル〜1メートルくらいだったので、「今度もまた3メートル、たいしたことはない」と思っても不思議ではない。

　実際の津波の高さは、陸前高田市では市役所の4階部分まで浸水しているので、15メートル以上はあったのではないか。最大遡上高さも、明治三陸津波の大船渡市綾里で観測された38.2メートルを超える40.4メートルを宮古市重茂姉吉地区で観測されている（「全国津波合同調査チーム」調べ）。

III　被害の概要

被害の概要は、（資料3）のとおりである。

III 被害の概要

（資料3） 東日本大震災における人的被害・建物被害状況

平成24年1月26日現在

	死者(人)	行方不明者(人)	うち、死亡届の受理件数(件)	負傷者(人)	家屋倒壊数(棟)
陸前高田市	1,554	296	245	不明	3,341
大船渡市	339	87	72	不明	3,629
釜石市	887	164	154	不明	3,641
大槌町	802	505	466	不明	3,717
山田町	604	159	151	不明	3,167
宮古市	420	114	92	33	4,675
岩泉町	7	0	0	0	200
田野畑村	14	15	14	8	270
普代村	0	1	1	1	0
野田村	38	0	0	17	479
久慈市	2	2	2	10	277
洋野町	0	0	0	0	26
沿岸小計	4,667	1,343	1,197	69	23,422
内陸小計	0	11	5	119	1,317
総計	4,667	1,354	1,202	188	24,739

※1　死者数は県警調査（平成24年1月26日17：00現在・当該市町村で収容した死者数）、行方不明者、行方不明者に関する死亡届の受理件数及び負傷者数は市町村報告による。
　　注）　行方不明者は、家族等の住民から各市町村へ寄せられた安否不明の人数を計上したもの。
※2　被害の概況については、沿岸部の情報を中心に提供している。
※3　上記には平成23年4月7日の余震の被害も含めている。
※4　家屋倒壊数は住家のみの全壊＋半壊数である。（4月12日報告以降）
※5　平成23年6月30日から、行方不明者に関する死亡届の受理件数を計上している。

521

Ⅳ　初動対応の課題とその教訓

1　災害対策本部活動

(1) 発災時の状況

　平成23年（以下、「平成23年」は省略する）3月11日14時46分、その時筆者は、青森県八戸市にいた。国主催の国民保護セミナーに参加していたのである。その会議中、天井のシャンデリアが今にも落ちてきそうな激しい揺れが、かなり長く続いた。会議は即刻中止になり、参加者のほとんどが防災関係者ということもあって、あっという間にセミナー参加者が会場からいなくなった。筆者らは、ひとまず八戸駅に行ったが、当然ながら新幹線はストップ、市内は停電で、信号も止まっていた。このままでは帰宅難民になってしまう。筆者といっしょにセミナーに参加している県職員は、不安げに筆者をみつめている。そこで脳裏に浮かんだのが、自衛隊の駐屯地だった。自衛隊の駐屯地に行けば何とかなると思ったのだ。駅前からタクシーを拾って、岩手県庁から参加した7名の職員と自衛隊の関係者とともに八戸駐屯地に向った。タクシーのカーナビゲーションシステムのテレビには、衝撃的な映像が映っていた。それは、釜石市の防潮堤を津波が乗り越えて、船が市街地へ流されているものだった。その映像を見た瞬間、「これは大変なことになった。相当な被害が出ている」と直感した。「何としてでも今日中に県庁に帰らなければ」と思いながらも、渋滞でなかなか進まないタクシーの中で、気ばかりが焦ってい

街を呑み込む津波（陸前高田市）

た。それと同時に「とうとうこの時がきたか」と、これからの対応を考えながら、武者震いをしていた。

八戸駐屯地に着くと、すでに駐屯地では災害派遣の準備中で、駐屯地司令以下が状況把握の最中だった。ヘリコプターで県庁まで送ってもらえないかと期待していたが、ヘリコプターは、全機が被災地偵察のため飛行中とのことで断念。何としてでも県庁に帰らなければ、と思っていたので、何とか車を出してもらえないか頼んでみた。たまたま八戸駐屯地司令は、筆者のかつての同僚だったこともあり、快くパジェロを2両用意してくれた。ありがたかった。

「災害派遣」の横断幕を付けた自衛隊車両が、筆者らを乗せて八戸駐屯地を出発したのが17時過ぎだった。駐屯地から最も近い高速道路の入口は「八戸北IC」だったが、通常であれば10分もあれば到着するところを渋滞で30分もかかってやっとたどり着いた。案の上、高速道路は通行止めだったが、料金所の係員の人に事情を話すと、高速道路の係員が「まだ、道路点検が終わっていないので、気をつけて行ってくださいよ」と言って通してくれた。やはり、非常時における災害派遣の自衛隊車両は信頼感が抜群だった。こうして、道路パトロールの車両くらいしか通っていない真っ暗な高速道路を、岩手県庁まで送り届けてくれたのだ。この時ほど自衛隊OBでよかったと思ったことはなかった。感謝、感謝である。

(2) 災害対策本部の情報収集

県庁では、発災と同時に災害対策本部を立ち上げ、その6分後の14時52分には自衛隊への災害派遣を要請していた。自衛隊への災害派遣要請は、平成20年の岩手宮城内陸地震の教訓から、震度6弱以上の地震のときは、空振りでもよいので直ちに自衛隊への災害派遣を要請することにしていたのである。筆者が県庁に着いたのは19時30分頃だった。すでに2回の災害対策本部会議を開催していたが、被災地に対する具体的な対応は何も決まっていなかった。県内全域が停電で、通信が断絶、道路も至るところで不通、インフラもストップしていたから、被災地の情報がほとんど入ってきていなかった。ヘリコ

プターからの映像やテレビの映像で、被害の大きさはわかってはいるのだが、具体的に、どこが、どれだけの被害を受けて、状況がどうなっているのか、ほとんどわからなかった。

　今回の震災では、固定電話や携帯電話はもちろんのこと、衛星電話も不通だった。理由は、停電の場合は非常用電源に接続しなければならないのだが、それができていなかった。あるいは接続しても燃料不足ですぐに使えなくなっていた。陸前高田市や大槌町のように庁舎そのものが流失した市町村もある。通信の確保は、情報収集のための、いわば生命線のようなものだから、いかなる手段を用いても確保しなければならない。3日目に株式会社エヌ・ティ・ティ・ドコモから提供してもらった衛星携帯電話をヘリコプターで沿岸市町村に配付した。また、車が何とか沿岸市町村の災害対策本部まで行けるようになったので、県庁職員を派遣して、伝令による情報収集を行ったのである。

(3) 状況不明下の状況判断

　被災地の状況がわからなくても、被災地への救助活動は行わなければならない。状況は、刻一刻と変化して、時間が経てば経つほど悪化していく。時間との闘いである。このような状況では、ほとんどの県庁職員は状況判断ができない。なぜなら、平常の業務では、予算的裏付けと法的根拠がないと判断しないからだ。状況がわからない中で判断し、何かを指示するには、責任が伴う。覚悟がないとなかなかできない。このような前例のない突発事案が起きた場合は、状況判断ができないのだ。

　情報が入らず、被災地の状況が不明の場合は、現地の状況をイメージしながら判断するしかない。状況が判明するのを待っていたら手遅れになってしまう。おそらく、津波によって逃げ遅れ、建物の屋上などで助けを求めている人、道路が冠水して孤立して救助を求めている集落、病院が被害を受け、緊急に患者を搬送しなければならないような事態などが起きているはずなのだ。そのような予測の下に、救助に差し向けられる応援部隊がどれだけいるのか把握し、たとえそれが十分でなくても、最優先に行わなければならない

のが人命救助だから、どこに、いつ、どれだけの部隊を投入するか決めなければならない。

19時30分、自衛隊の連絡幹部がすでに災害対策本部支援室に到着していた。自衛隊の状況を確認すると、その行動は迅速だった。岩手駐屯地の部

災害対策本部支援室での連絡調整会議（3月11日21時40分頃）

隊は、担当地区にそれぞれの部隊が前進中とのこと。第9師団の主力部隊6600名も今夜中には出発して、明朝8時頃には、被災地に入って活動できるとのことだった。さらに、第9師団川崎副師団長を長とする師団司令部の一部が21時頃には到着して、直接副師団長と自衛隊の運用について調整できた。ヘリコプターも各県の防災ヘリコプターが8機と自衛隊のヘリコプター15機が明朝8時頃から飛行できるとのことだったし、岩手DMATも20個チームが運用可能とのことだった。いずれにしても、明朝からは、最小限の救助救出活動ができる体制が整いつつあるということを確認できた。

明朝からの活動方針を各部局および関係機関に伝えるとともに、状況認識の統一を図るため、21時40分に最初の連絡調整会議を開催することにした。県土整備部からの報告によると、国道45号線やその他の国道、県道は至るところで寸断され、地上からは沿岸市町村に救助に入ることさえ困難に思われた。そこで、道路が開通するまでの間、ヘリコプターを「いかに効率的に運用するか」が初動対応の決め手になるだろうと判断し、明朝から運用可能な23機のヘリコプターの運用に関する基本方針を決めたのである。

各県の防災ヘリコプターは、沿岸の病院から内陸の病院への患者搬送とDMATの輸送にあたり、自衛隊のヘリコプターは、孤立地域の救助や物資輸送を担当するほか、大型ヘリコプターを消火活動にあてることにした。細

部の運用は、航空運用班に任せることにして、とりあえず、状況が判明しているところ、現場で救助が必要と思われる状況があったら、臨機応変に対応し、すぐに救助するように指示をした。前頁の写真は、その時の連絡調整会議の様子である。

(4) 縦割り行政の弊害と職員の意識

　災害対策本部活動は、実質的には本部支援室が行っていた。本部支援室とは、災害対策本部長の意思決定を補佐するためのスタッフ組織で、災害対策本部の機能を円滑に行うため、いわば参謀本部のような存在といってもよい。構成メンバーは、総合防災室の職員が中核となって、総務部職員の大半がそのメンバーになっている。その組織図は、(資料4)のとおりであるが、この組織は平成20年の岩手宮城内陸地震の後に見直したものだ。東日本大震災のような大規模な災害でなかったならば、この組織でも十分対応できたものと思う。しかし、今回の震災は、この組織では、県庁全体と防災機関を統

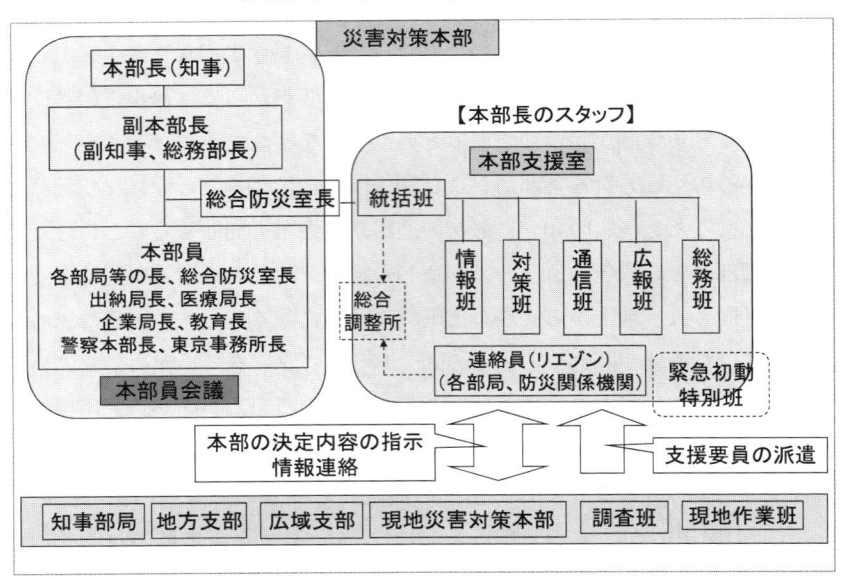

（資料4） 県災害対策本部の組織図

制・調整するには、不十分だったのである。

　発災当初は、情報が不足していたこともあって、本部支援室の指示で人命救助等に対応していたが、次第に情報が入り出して、被災者への支援活動が始まるようになると、各部局それぞれが自分の所掌に従って対応するようになった。縦割り行政の弊害が表れ始めたのである。被災者への物資支援ひとつをとってみても、米は農林水産部、日用品などは環境生活部と、調達する部局が違うのだ。部局横断的に対応しなければ、調達、配分、輸送など各部バラバラに行われ、極めて効率の悪い支援が行われるおそれが出てきた。さらには、「これはうちの所掌ではない」というように、所掌が明確になっていないような業務などをどこの部署も引き受けようとしないのである。地域防災計画やマニュアルに書いてあるような事態ではないのだ。

　このような未曾有の災害のときは、強力なリーダーシップの下、トップダウンで物ごとを進めないと、対応が遅れてしまう。そして、部局横断的にスピード感をもって災害対応するためには、被災者支援、物資支援、がれき処理、遺体処理などの対応業務を、主管部局を決め、そこを中心としたチーム編成にして、そのチームが部局横断的に統制・調整できる枠組みをつくる必要があった。そして、各部局をコントロールするためには、副知事を長とした統制力のある新たな本部支援室体制で対応する必要があったのである。

　東日本大震災では、(資料5)のような組織にしたが、この組織がベストということではなく、たとえば、統括班に会計チームや記録チームをつくっておけばよかったし、広報班をもっと強化する必要があるなど、まだまだ改善すべき点が多いと思っている。大規模災害の場合は、従来の縦割り行政の組織では対応が困難で、部局横断的に、支援業務の内容に即した組織に編成しなければ、対応が難しいということを痛感した。そして、時間の経過とともに対応の焦点が変わってくるので、それに応じた組織に変える柔軟性が必要である。

　県の本部支援室の組織は、3月25日に強化して対応したが、もう1つ職員の意識改革が必要だった。多くの職員は寝食を忘れて災害対応にあたってい

（資料5）　本部支援室の強化

（3月25日に改組）

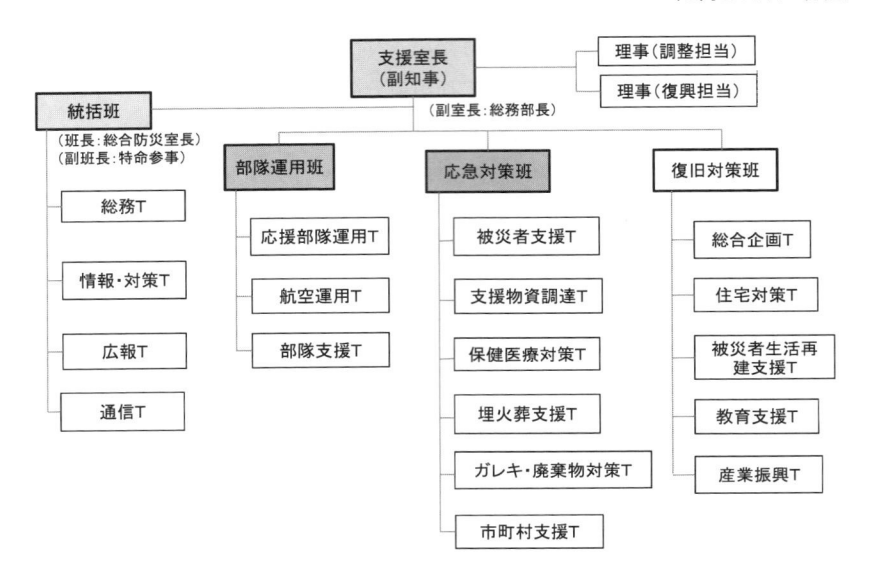

```
                        支援室長              理事（調整担当）
                       （副知事）
                                             理事（復興担当）
                    （副室長：総務部長）
    ┌──────────┬──────────┬──────────┐
  統括班        部隊運用班      応急対策班       復旧対策班
（班長：総合防災室長）
（副班長：特命参事）
    │              │              │              │
  総務T        応援部隊運用T    被災者支援T      総合企画T
  情報・対策T    航空運用T      支援物資調達T    住宅対策T
  広報T        部隊支援T      保健医療対策T    被災者生活再
                                              建支援T
  通信T                      埋火葬支援T      教育支援T
                            ガレキ・廃棄物対策T  産業振興T
                            市町村支援T
```

たが、「これは、市町村がやる仕事なのに、何で県がやらなければならないのか」とか、「これは市町村がやることです」という意識の職員が少なからずいたからである。市町村の庁舎が津波で流出して、ほとんど行政機能がマヒしているにもかかわらず、である。つまり、県の役割と市町村の役割に固執するあまり、未曾有の災害によって、市町村の行政機能がマヒし、状況が通常と大きく変化しているのに、その状況を理解できていないのだ。県庁が所在している盛岡市と被災地は、100キロメートルくらい離れているので、被災地の状況はまるで別世界のように感じていたのだろうか。被災地の状況をイメージアップしろといっても無理なのかもしれないが、それにしても、多くの県民の生命が失われているような事態に、「規則ではこのようになっているので、できません」とか「それは救助法が適用できませんから、ダメです」というような通常の業務の感覚でしか考えられない職員がいることが、何とも不思議で、腹立たしくてならなかった。長年、恒常的な業務に慣れた

このような職員には、被災地、被災者のために何ができるかという必要性からの発想ではなく、法律や規則に縛られた可能性からの発想から抜け出せなくなっているのかもしれない。職員1人ひとりの意識が、被災者を救うため、国をも動かすくらいの情熱と意欲をもたないと、このような未曾有の災害は乗り越えられないと思った。

2　人命救助活動

　本格的な人命救助活動は、3月12日朝から始まったが、ほとんど情報がない状態で開始された。それでも第一優先に行わなければならないのは人命救助である。自衛隊などの地上部隊の救助活動も早朝から始まったが、被災地は津波のおそるべきエネルギーによって破壊された家屋などが、おびただしいがれきとなって街中を覆い尽くしていたし、まだ水の引かない場所は冠水していて、なかなか目的地まで前進することもできないような状況だった。人命救助活動を行うためには、まず道路のがれきを撤去する必要があった。しかし、人命救助は、道路の啓開作業を待ってからでは、手遅れになってしまうので、がれきの上を踏み越えながら救助活動を行ったのである。

　道路が寸断されていたので、いたるところが孤立していた。孤立地域は、ピーク時で194カ所もあり、地上からの救助活動が困難だったこともあって、人命救助はヘリコプターをいかに効率的に運用するかにかかっていた。しかし、2日目の朝から運用できるヘリコプターは23機で、ヘリコプターの数に比して、救助ニーズはあまりに膨大で、広大だった。しかも地上からヘリコプターに連絡する

がれきの中を捜索する自衛隊員（3月12日）

炎上する山田町市街地（3月13日）

手段がなかったので、建物の屋上などで救助を求めている人などの救助は、ヘリコプターから確認できた人だけホイスト（吊り上げ）によって救助するほかなかったのである。

救助活動は、生命にかかわる傷病者や重病者を最優先にした。沿岸の病院では、停電や津波の浸水で、医療機能が低下し、透析患者や酸素吸入が必要な患者などは生命の危険にさらされていたので、早急に内陸の病院に搬送しなければならなかったし、沿岸の病院に医師や看護師の増援も必要だった。これらの搬送はすべて、ヘリコプターによって行われたのである。津波によって孤立した集落などへの食料や水の支援などは、後回しにならざるを得なかった。また、大槌町や山田町の山林火災のため、避難所に火が近づいていて、1000人もの避難者の逃げ場がないという悲痛な報告もあったので、自衛隊の大型ヘリコプター（チヌーク）を直ちに向かわせ、消火にあたらせたのである。

阪神・淡路大震災のときは、倒壊した家のがれきの下にはまだ生存者がいたが、津波の場合、浸水地域ではがれきの下に生存者はいなかった。津波によって、溺死し、家や車といっしょに流されているからだ。生存者の救助は、津波からかろうじて逃れることができた人が、流されなかった建物にとり残されている場合だけだったのである。

3　避難行動

(1)　なぜ避難が遅れたのか

多くの人が津波の犠牲になった。犠牲になった人の多くは、避難の遅れによるものと思われるが、避難所に避難して犠牲になった人や要援護者を助け

ようとして津波に巻き込まれて犠牲になった消防団員や民生委員の方もいる。比較的津波に対する意識が高かった三陸地方で、なぜ避難が遅れたのだろうか。その要因は、いろいろ要素があり、一概にこれだと決めつけるわけにいかないが、これまでのアンケート調査などから推測すると、住んでいる場所、警報等の伝達状況、年齢、避難所の位置、住民の津波に対する意識などが影響していると思われる。

　平成22年2月28日にチリ津波が発生したが、岩手県では、津波高「3メートル」の大津波警報が発令され、沿岸市町村は避難指示を出して住民に避難をよびかけた。しかし、この時の避難所への避難率が9.5％と低かったことと、第1波到達前に帰宅した人がいたという課題が浮かび上がったこともあって、避難の実態を把握するため、沿岸市町村の避難指示発令対象世帯にアンケート調査を行った。その結果は、避難した人が60.8％、避難しなかった人が35.6％だった。避難しなかった人が、なぜ避難しなかったかその理由を調べてみると、避難しなかった人の約60％が「避難しなくてもよいと思った」と答えている。なぜ避難しなくてもよいと思ったかを尋ねてみると、「自宅が高台にあるから」47.2％、「防潮堤があるから」24.7％、「これまで被害を受けたことがない」12.0％と、津波に関する正しい知識の不足と思われる根拠のない自己判断によるものがほとんどであった。この結果からもわかるように、今回の震災は、地震による大きな揺れがあったが、気象庁から最初の津波警報が発表されたのが14時49分の時点で津波高が「3メートル」というものだった。この「3メートル」という津波高を聞いて、チリ津波のときと同様に「たいしたことがない」「自分は大丈夫だ」と思った人がいてもおかしくない。つまり、「3メートル」という情報が、避難行動を促進させるのではなく、かえって安心情報になって避難行動を抑制させたのではないかと思われる。気象庁では、15時14分に「6メートル」、15時30分に「10メートル以上」と訂正したが、その時は停電などによって、住民には伝わらなかった。

　今回の津波の特徴は、一次避難場所（避難所）に指定していた避難場所や

第2編　第2章　岩手県の対応

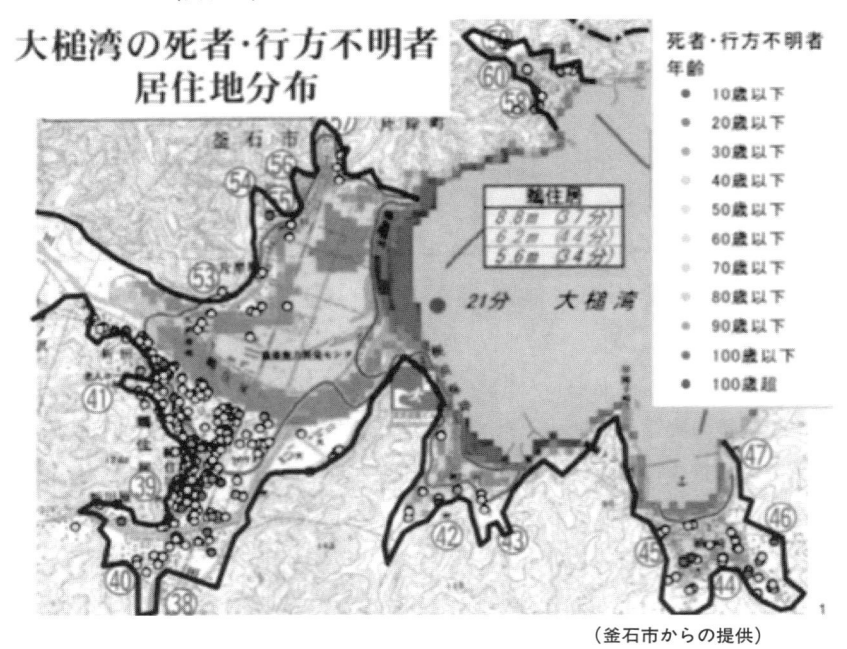

（資料6）　大槌湾の死者・行方不明者の居住分布

（釜石市からの提供）

　避難所が被災して、多くの人が犠牲になった。各市町村の避難場所は、ハザードマップの浸水地域外に選定しているが、そのハザードマップは、平成16年に県が津波シミュレーションを実施して、その結果を参考に市町村が作成したものである。県の津波シミュレーションは、明治、昭和の三陸津波と想定宮城沖地震を前提に作成したもので、今回のようなマグニチュード9.0の津波は、想定していなかった。したがって、ハザードマップが「ここまでは津波がこない」という安心マップになっていたのではないかとも考えられる。想定された浸水地域外にある避難場所や避難所に避難した人たちは、「まさかここまで津波がくるなんて」と思いながら被災し、多くの人が犠牲になったものと思われる。
　（資料6）は、群馬大学の片田敏孝教授が釜石市で調査した「大槌湾の死

者・行方不明者の居住分布」であるが、これをみると、ハザードマップの浸水地域外に居住している人の死者・行方不明者が多いことがわかる。さらに、60歳以上の高齢者の犠牲者も多い。おそらく、「ここまでは津波はこないだろう」「防潮堤があるから大丈夫」「過去に被害を受けていない」と思っていたに違いない。そして、気がついた時には津波が目の前に迫っていて、逃げ遅れてしまったのだ。

今回の津波による犠牲者の55.7％は65歳以上の高齢者である（警察庁調べ）。また、40歳～60歳の働き盛りの年齢の犠牲者も多かった（40代～60代が38.6％）。高齢者の犠牲者が多かったのは、体力的な面や障害等の影響が大きかったものと推測されるが、その高齢者を救助しようとして犠牲になった消防団員や民生委員の人、あるいは家族が数多くいる。三陸地方には、「津波てんでんこ」という伝承があるが、これは、「津波がきたら肉親にかまわず、各自てんでんばらばらに1人で高台に逃げろ」という意味だ。津波は、到達速度が速いので、肉親であっても、それにかまっていると逃げ遅れて共倒れになってしまうため、一族を存続させるためにも、自分1人だけでもとにかく高台に逃げよということだ。たとえ、自分自身が助かり、他人を助けられなかったとしてもそれを非難したりしないという不文律にもなっている。

東日本大震災では、要援護者を救助するために犠牲になった人や高齢者が集団で避難しようと点呼をとっている最中に津波に巻き込まれたというケースもあった（陸前高田市）。「津波てんでんこ」の伝承とは、逆の行動をとって犠牲になっているケースが多くなっている。近地津波の場合、津波の到達時間が短いので、「津波てんでんこ」でないと助かる命も助からない。要援護者への避難支援が仇になったケースが何と多かったことか。

犠牲者を出さないための抜本的な施策は、要援護者が津波浸水のおそれがない場所に住むしかない。そうでなければ、「津波てんでんこ」の伝承を守って、要援護者にかまわずに逃げるしかないのだ。しかし、目の前で助けを求めている人がいるとしたら、それにかまわず逃げるというのは、心情的にはかなり困難なことだと思う。

(2) 津波教育の成果

　岩手県では、数多くの学校施設等も津波の被害を受けたが、幼稚園児や保育園児も含め、学校管理下施設内で津波の犠牲になった児童、生徒は1人もいなかった。これは、学校や幼稚園等での津波教育や訓練が功を奏した結果だと思っている。

　釜石東中学校は、ハザードマップでは浸水地域外になっていたが、副校長の「逃げろ」という指示で、生徒たちが自主的に行動し、隣接する鵜住居小学校の児童とともに高台に避難して全員が助かった。また、釜石小学校の生徒は、ほとんどが下校し、各家庭や家の近くで遊んでいたが、大きな揺れの地震の後、津波がくることを予感し、すぐに高台に避難して、1人の犠牲者も出していない。いわゆる「釜石の奇跡」といわれている事例があるが、これらは奇跡ではなく、「想定にとらわれるな」「最善を尽くせ」「率先して避難せよ」という普段からの教育や訓練の積み重ねの結果である。訓練を不断に重ねることによって、いざというときにも柔軟に対応し、冷静な行動ができるということを証明したものと思っている。

　大船渡市綾里小学校のように、明治・昭和の三陸津波の惨状を生徒による演劇を通じ、父兄とともに津波の恐ろしさや悲惨さを共有することによって、迅速な避難行動に結びついたという事例もある。

　これらの事例は、子供が津波防災教育や訓練で教わったことを、素直に何のためらいもなく実践した結果で、大人のように、根拠のない思い込みや限られた過去の経験が、かえって避難の妨げになっているのとは大きな違いである。大人も子供と同じように、根拠のない思い込みや偏見を捨て、親子いっしょの訓練や、家族で災害時にどのように行動するかということを、子供といっしょに話し合い、訓練しておくことが重要である。

　「津波てんでんこ」は、家族の信頼関係なしには成り立たない。つまり、子供も親も、お互いに「きっと避難しているはずだ」という確信がなければ、1人で高台に避難することはできない。そのためには、普段から、どのような場所にいても、どのような状況であっても、家族で避難場所や避難経路な

どを確認し合い、地震があったらそれぞれが避難するという行動を習性化しておく必要があるのだ。それには訓練の積み重ねしかないのである。

　岩手県では、長年、津波教育や津波に対する避難訓練等を実施してきたが、住民の１人ひとりに津波の恐ろしさや避難行動の重要性を認識させるためには、このたびの避難行動の実態について、より詳細に検証し、避難のための情報伝達、防災教育のあり方、ハザードマップや避難所の位置など、避難行動を促進するための対策を見直す必要があると思っている。

4　避難者・避難所支援

(1)　避難所への支援

　発災から３日間は、避難所への食糧・物資支援は極めて困難な状況だった。理由は、津波によって市役所等が流失し、行政機能がマヒしていた市町村もあって、受け入れ態勢もできていなかったし、通信が途絶し、連絡がとれなかったから、避難所がどこなのか、人数が何人で、ニーズがどれくらいあるのか全く把握できなかった。わかっていたとしても道路が冠水やがれきなどによって行く手を阻まれ、孤立した地域には支援物資を届けようにも届けられない状況だったのである。また、支援物資を調達したくても、高速道路や鉄道がストップしていて必要な支援物資も集めることができなかった。さらに、各市町村の物資集積所に集められた支援物資を各避難所に輸送するにも、市町村の車両はほとんどが津波で流失し、残った車両も燃料不足で動けなかったのだ。当初の間の輸送は、自衛隊の車両に頼らざるを得なかったので、輸送力も圧倒的に不足していた。ヘリコプターで孤立した地域に支援物資を届けるにしても、あまりにも孤立地域が多く（ピーク時には194カ所）、また、ヘリポートがないため十分な物資を降ろすこともできなかった。被害を免れた人が、車で支援物資を受け取りに行きたくても、ガソリン不足で受け取りにも行けない状態だったのである。後に集計してわかったのだが、ピーク時には、５万4429人もの避難者がいた。空腹と寒さに震えながら「今や遅し」と支援物資を待ち望んでいる多くの被災者がいるのに、支援物資を届けよう

にも届けられないという現状を、もどかしさと悔しさを感じながら、忸怩たる思いで受け入れざるを得なかったのである。

　市町村の庁舎や職員も被災し、行政機能がマヒしている状況では、避難所の把握や避難者への支援は、被災現場で活動している自衛隊に頼らざるを得なかった。避難所数は、3月19日の399カ所がピークで、6月までは、避難所数が300カ所以上あったが、驚くべきことに自衛隊は、その組織力と情報収集能力を駆使して、各避難所の位置や人数、支援の状態まで細かく把握していた。県や市町村も自衛隊が把握した避難所一覧表を参考に、避難所への支援を行ったのである。

　避難所への支援は、給食、給水、物資支援、入浴支援などであるが、これらの支援は、ほとんどを自衛隊にお願いした。給食支援は、自衛隊が炊き出しをして、避難所の人たちやボランティアがおにぎりや弁当にして避難者に配っていた。また、物資輸送も、市町村の物資集積所から各避難所へは、ほとんど自衛隊が輸送していた。ヤマト運輸などの民間業者も輸送していたが、避難者のニーズなどは、自衛隊が御用聞きのように各避難所をまわって把握していたのである。

　避難者ニーズは、時間の経過とともに変化していく。発災当初から1週間くらいは、給食、給水、毛布、薬などの命をつなぐために必要な支援がほとんどで、ある程度落ち着いてくると、日用品、下着、嗜好品、入浴などのニーズが増えてくるが、女性のニーズがなかなかつかめない時期があった。被災者のニーズの聴取りは、自衛隊や男性職員が行っていたので、女性が必要な下着や生理用品などは、なかなか言い出しにくい面があったと思われる。そこで、避難所の女性のニーズを女性自衛官による聴取り調査や、保健師の資格をもつ女性自衛官のチーム「お話し伺い隊」が避難所を巡回して、女性被災者のニーズ把握のみならず、心のケアまでしていただいた。さらには、入浴支援でも、女性のために化粧水、鏡、ドライヤーなどを入浴施設に準備して、女性自衛官でないと気づかないきめ細かな支援をしていただき、本当に感謝している。

3月19日頃から自衛隊の入浴支援が始まったが、「やっと生きた心地がする」と避難者には大好評だった。3月中は、燃料不足のため、全国的に品不足が続き、特に、野菜、肉、納豆、牛乳などの生鮮食品はほとんど手に入らなかった。被災地以外でも、スーパーなどでは生鮮食品が品薄で、日常の生活にも影響が出るほどだった。主食中心から副食重視の食材供給ができるようになって、避難者が野菜や肉類が食べられるようになったのは、4月上旬になってからである。

　4月上旬頃になると、新たな問題が出てきた。自宅は被害を受けていないけれど、水道、電気、ガスなどのインフラが断絶して、自炊することもできない。物を買いたくても店舗のほとんどが被災し、物も買えない状態の被災者、いわゆる在宅避難者の存在である。彼らも避難者であることには変わりはないのだが、彼らの食事やニーズを把握して、どのように配送するかが課題だった。避難所の中には、在宅避難者も快く受け入れ、在宅避難者の分まで面倒みている避難所もあったが、そのような避難所ばかりではなく、在宅避難者が避難所に食事をとりに行くと、避難所にいる避難者に「自宅が被害を受けていないのに、何で食事をもらいにくるのだ」と、やっかみや冷たい視線を受け、なかなか避難所に物資等を受け取りに行けない在宅避難者がいることがわかった。そこで、在宅避難者の代表者に在宅避難者分の物資を配って、そこに他の在宅避難者がとりにくるという方法にした。また、高齢者や障害のある人など、受け取りに行きたくても動けないような人などには、保健師や民生委員、消防団などにお願いして届けるようにしていたのである。

　インターネット環境が回復してからは、株式会社エヌ・ティ・ティ・ドコモと日本アイ・ビー・エム株式会社の協力で、陸前高田市、大船渡市、大槌町、山田町の各避難所にタブレット型スマートフォンを配備して、避難所のニーズを避難者自ら入力し、それを市町および県が把握できるというシステムを導入した。このシステムを利用することによって、かなりの部分が省力化できるので、避難所のニーズを把握する手段としては有効なツールだと思うが、このシステムは、今回初めて導入したので、使い勝手の改善やシステ

ム自体の改善の余地があると思われる。
(2) 避難所の運営
　避難所は、市町村が計画で定めた避難所以外に数多くの避難所が存在した。その運営状態もまちまちで、各市町村の避難所の避難所運営をみてみると、大きく分けて次の3つのタイプに分類できる。
① コミュニティーが確立できていて、リーダーの下で役割分担などが決められ、自主的な運営ができているタイプ。このタイプは、小さな集落や、震災以前から、もともとコミュニティー活動が活発に行われている地域に多くみられ、早い段階から避難所運営がしっかりできていて、避難者の不平不満もほとんどない。
② いろいろな地域からの避難者で構成されていて、リーダーが不在で、コミュニティーや自治が確立されていない。大規模な避難所に多いタイプ。いわゆる都市型の避難所で、自衛隊やボランティアへの依存度が高く、不平、不満も多い。行政のテコ入れで、避難所運営のための自治組織を構築する必要があった。
③ コミュニティー単位での避難所ではないが、市町村職員等がリーダーとなって避難所を運営しているタイプ。このタイプは、リーダーへの依存度が高く、リーダーの負担が大きい。長期的には、同じ職員がリーダーとして避難所運営にかかわることが難しいので、ある段階から避難者で運営できるシステムを構築する必要があった。

　この3つのタイプは、避難所のニーズ把握や支援物資の配分、ボランティア活動、防犯などにも影響が出てくる。①タイプは、地域の絆が強固で、自治組織がしっかりしているので、あまり手がかからないのだが、②や③のタイプになると、支援物資に過不足やボランティアとのトラブルなどが生じやすくなる。特に、岩手県の人は人見知りをする人が多いので、短期間のボランティアには警戒心を抱くようだ。また、本音をなかなか言わないため、支援ニーズも実際とは違うように報告されて、支援物資が十分に行き渡っていないような状況が生ずることもあった。

当然①のタイプが望ましいのだが、このタイプは、仮設住宅に入るときもいっしょに入居することを希望する場合が多く、希望者全員が同じ場所に入居できる場合は問題がないのだが、建設場所の地積等の関係で、入居希望者分の戸数が確保できない場合は、入居のための調整が難しくなる。また、②や③の場合は、仮設住宅に入居してからの自治組織を新たにつくる必要が出てくるため、行政の負担が大きくなる。

　避難訓練を実施するにあたって、避難所への避難行動を行っている自治体は多いのだが、それはそれで大事な訓練であるけれど、避難所の運営訓練を実施している自治体はそれほど多くないように思う。避難訓練は、まず自分の命を守る「避難行動」ができたら、次の段階として、避難所で避難している人たちが協力しながら生活する「避難所運営」ができなければならない。避難者が避難所での役割を分担しながら、自ら運営していくということが非常に重要であり、そのための訓練を平素から実施しておくことが必要である。

5　緊急支援物資の集積・輸送

(1) 物流拠点

　東日本大震災において、県内に広域にわたって物資支援できる物流拠点を平常時から整備しておく必要性を強く感じた。膨大な支援物資をヘリコプターやトラックで搬入し、それを市町村ごとに仕分けし、配送するためには、屋根のある広大な作業ヤードが必要である。この震災では、当初の間は、矢巾町流通センターの全農岩手県本部営農支援センターや「純情米いわて」（JAの倉庫）に物資を集積していたが、すぐに施設がいっぱいになった。そこで、3月15日からは、滝沢村にある県産業文化センター「アピオ」に物流拠点を移した。岩手県内には、「アピオ」と同じような規模でヘリポート機能をもち、広大な屋根つきの作業ヤードを確保できるような施設はなかったので、県の支援物資は「アピオ」を物流拠点にして集積した。物流拠点を数カ所に分散した場合、物資の管理や配送などに多くのマンパワーが必要となり、極めて非効率になる。しかし、「アピオ」にも難点があった。高速道路

アピオからの支援物資の搬出

には近かったのだが、「アピオ」にアクセスできる道路は1本しかなく、物資輸送の車両の出入りで、アピオ周辺の道路が非常に混雑した。少なくとも2本以上のアクセス道路が必要である。支援物資が空路で運ばれてくることを考えると、「アピオ」のような施設が花巻空港の近くにあれば、よかったのかもしれない。

　岩手県では、地域防災計画に大規模災害時における物流拠点を指定していなかった。発災当初は、地域防災計画にある輸送拠点に物資を集積したが、すぐに満杯になり、アピオに物流拠点を移すことになった。広大な面積の岩手県の場合、どこに災害があっても対応できるように、県内における備蓄を含め、膨大な量の物資を集積できる物流拠点を県内に数カ所設定し、広域に効率よく支援物資を配送できるシステムを構築しておくことが不可欠である。戦略的観点からのロジスティックが機能するための広域防災拠点を、早急に整備する必要があるだろう。

(2) 物資の調達、配分、輸送

　発災当初は、支援物資が大幅に不足した。また、支援物資が十分あったとしても届けられない状況だった。その理由としては、通信が途絶し、被災者のニーズどころか避難所がどこにあるのかさえわからない状況であったこと、各地の港湾が被災し、道路網が寸断されたこと、市や町の職員が犠牲になるなどして被災地側の受け入れ態勢が整わなかったこと、輸送車両の燃料が不足したこと、被害が広範囲に及び、避難者が指定避難所以外の施設に分散したこと、などがあげられる。特に燃料が不足し、被災地では自動車で移動したり、暖をとったりすることも困難な状態が長く続いた。このような状態の

中でも、自衛隊車両やヘリコプターで被災地のニーズの有無にかかわらず、食料、水、毛布、薬などは「プッシュ方式」で輸送した。しかし、自衛隊の輸送力だけでは、とうてい間に合わず、また、「アピオ」に集積された支援物資を配分、輸送するためには、多くのマンパワーと物資の管理等が必要だった。3月16日頃から、ニーズ把握や調達、「アピオ」での現地指揮は県が行うとして、「アピオ」での荷分けや管理、配分等はトラック協会にやってもらい、「アピオ」から各市町村の物資集積所までの輸送もトラック協会が担うことになった。また、市町村の物資集積所から各避難所までの輸送は、自衛隊が実施することになったのである。支援物資をトラック協会が県の物流拠点である「アピオ」から各市町村の物資集積所までの輸送を担当することになって、自衛隊の輸送力を避難所への輸送に振り向けることができるようになった。このようなシステムを構築することにより、避難所への物資支援が格段に向上した。

(3) 物流に関する課題

東日本大震災では、物流に関して次のような課題があった。

(ア) 必要な時に必要な物資が届かなかったこと

発災当初は、通信、交通網の遮断や燃料不足などもあって、食料、水、毛布などが不足したが、これらの物資が必要な時に、国などから必要量が届かなかった。水、毛布、衣料など、すでに避難者にある程度行き渡った頃に、大量に送りつけられたこともあって、県の物流拠点「アピオ」や市町村の物資集積所には、大量の水、毛布、衣料の在庫を抱えることになり、これを保管、管理する施設をどうするかという問題が生じた。また、これらの受け取り手のない支援物資をどのように処分するかということにも頭を悩ますことになった。

(イ) 国からの支援物資の流れが縦割り、不定期で対応に苦慮したこと

国の調整窓口が一元化していないため、国との支援物資の要請等の調整に苦労した。県庁内には国の現地連絡対策室が設置されていたが、ここで調整しても、細部までわからないことが多く、結局、省庁ごとに物資が送られて

きて、しかも日時もはっきりせず、突然、空路等で送られてくるということが多々あった。そのたびに、急きょ、花巻空港での受け入れ態勢をとらなければならなかったのである。国としての物流に関する窓口を一元化し、ロジスティックシステムをしっかりと確立することを切に望むものである。

　(ウ)　深刻な燃料不足により、救援活動に支障を来たしたこと

　東日本大震災での燃料不足は、さまざまな救援活動に深刻な影響を及ぼした。たとえば、人命救助に関しては、病院の非常用電源が燃料不足によって、医療機器の使用ができなくなるなど、救急医療に支障が出たし、物資輸送では、緊急車両が燃料不足のため運行できず、支援物資を運べないという状況が生じた。また、避難所においては、被災者の暖房にもこと欠くありさまだった。燃料不足解消のため、国に対してあらゆる手を尽くして要望したが、なかなか解消されなかった。燃料不足がやっと解消し始めたのは、4月に入ってからだった。これなどは、国があらかじめ地域ブロックごとに備蓄しておくとか、供給システムを確立しておかなければ、東海・東南海地震が起きた場合などは、同じような状況に陥ることになりかねない。国の責任において早急に整備すべきである。

6　行方不明者（遺体）捜索・処理

(1)　行方不明者（遺体）の捜索

　人命救助活動は72時間が目安といわれているが、1人でも多くの生存者を救助するためには、72時間で人命救助活動を終えるわけにはいかない。ご遺族の心情も考えると、できるだけ生存者の捜索を続ける必要があった。しかし、発災から1週間にもなると、生存者のいる可能性はほとんどなくなる。いつまでも生存者の捜索に関係機関の努力を傾注するわけにはいかなかったのである。道路の啓開や避難者への支援などやることが山ほどあった。そこで、発災から1週間経った3月18日に、自衛隊など関係機関が総動員で生存者の一斉捜索を行い、生存者がいなかったという結果を踏まえ、19日からはがれきの中にいると思われる行方不明者の捜索、事実上の遺体捜索活動が始

まったのである。がれきを撤去しながらの捜索は、困難を極めた。何しろ、途方もないくらいのがれきの山と冠水した市街地が広がっていて、重機が入れない場所は、自衛隊員や消防団員などが手作業でがれきを取り除かなければならなかったのだ。それに当初の頃は、重機も足りなかったのである。

(2) 遺体の処理

　遺体の捜索は、主に自衛隊ががれきを除去しながら捜索し、遺体がみつかったときは、警察が検視し、警察や消防で遺体安置所まで運ぶといった手順で進められていたところもあった。最初の頃は、あまりに発見される遺体が多く、遺体を包む毛布やビニールシート、遺体安置所に運ぶ車両も足りなかったし、遺体安置所の場所すら確保できないような状況だった。また、遺体安置所から火葬場に運ぶ車両も足りなくて、遺体安置所から火葬場に遺体を運ぶにあたって、自衛隊のトラックで運んでもらえないかという要請があったくらいである。いくら災害時でも、荷物を運ぶトラックで遺体を運ぶというのは、遺体の尊厳とご遺族の心情を思うと、筆者にはできなかった。阪神・淡路大震災のときに、遺体をトラックで運ばれた遺族が「遺体をモノのように扱われた」という言葉がずっと耳から離れなかったからである。結局、岩手県の場合、遺体の搬送や輸送については、自衛隊のトラックを使用しないで霊柩車やライトバン等で運ぶことになったのである。

　釜石市などは、遺体安置所に安置された遺体が100体を超えるような状態になったが、市町村での火葬は、1日に最大でも8～10体が限度だったことから、火葬も間に合わない。遺体も傷んでいたし、ドライアイスも十分用意できなかったこともあって、一時期釜石市などでは、土葬にすることも考えていた。結

発見された遺体を運ぶ消防隊員と自衛隊員

果的には、岩手県では土葬にするようなことはなかったが、このような未曾有の災害では、当該市町村の火葬能力をはるかに超える多くの死者が出るし、遺体を安置する場所、身元確認、棺の用意、火葬場の手配、遺体を運ぶ車両の手配など、多くの課題が集中する。棺の用意や火葬場の手配などは、当該市町村だけでは無理なので、県が発災当初から先行的に広域的な支援ができるように県内、県外に働きかけて準備しておく必要があるだろう。また、遺体安置所での多くの遺体の処理作業は、過酷な作業である。身元がすぐにわかるような遺体ばかりではなく、直視できないような傷んだ遺体も少なくない。それにかかわっていた警察官や自治体の職員の精神的、肉体的負担は相当なものである。

7　がれきの撤去・処理

　被災した市町村の様相はというと、津波よって破壊された家屋などが、おびただしい量のがれきとなって街中を覆い尽くし、道路はもちろんのこと、破壊されずに残っていたビルの中にも、流失した車両や船の残骸などさまざまながれきとともに、ところかまわず侵入していた。そして、陸地ばかりではなく、大量のがれきが海にも流失し、浮遊物となって船舶の航行や港への接岸を阻害していた。

　発災当初は、真っ先に自衛隊が救援活動に向かったが、行く手をがれきの山と津波による冠水に阻まれて、なかなか目的地へも前進できない状態だった。人命救助活動を行うためにも、まず道路のがれきを撤去する必要があった。最初の頃は、重機がなかったので、自衛隊員が手作業でがれきを撤去しなければならなかった。また、海に流失したがれきや漁港海域の海底のがれき撤去は、がれきの調査・作業に使用する特殊な船舶が少なく、天候によっては作業できない日も多かったから、がれき撤去作業は、思うようにはかどらなかった。

　がれきの撤去作業が遅々として進まなかった地域もあった。それは、がれきを撤去するときに、住民（遺族等）が立ち会いを求めてくるからである。

IV　初動対応の課題とその教訓

ほとんどの住家は、津波に押し流されて、元の場所にはなかったのだが、まだ自分の家族の行方がわからない人や少しでも思い出のものを探そうとする人たちが、がれきが津波によって寄せ集められたような場所でのがれきの撤去作業の時に、

がれき撤去に立会いする住民

「ひょっとしたら何かがみつかるかもしれない」と、立ち会いにきていたのである。何かを発見すると一時作業を止めて、それを確認していた。被災者の心情がわかるだけに、住民の立ち会いを拒むわけにもいかず、撤去作業が遅々として進まなかったのである。

　道路のがれき撤去がほぼ完了したのが、4月中旬頃であるが、発災から半年過ぎた時点でもがれきの仮置場が不足していることが問題になっていた。この震災で、沿岸市町村から排出するがれきの量は、推計で約435万トンであり、岩手県の年間廃棄物の11年分の量になる。また、仮置場として必要な面積は、約308万平方メートルである。これに対して、がれきの仮置場として確保している面積が、約228万平方メートルだから約80万平方メートルが不足していた。そして、仮置場の確保の問題だけではなく、車、コンクリート、鉄材、木材などに分別・中間処理がなかなか進まないのと、撤去して仮置場に積み上げたがれきが、悪臭を放ったり、風が吹くと粉塵になって飛散したり、ハエなどの発生の温床になったりと、衛生・環境上の問題に加え、積み上げたがれきの内部でメタンガスが発生して発火するという問題も出てきているのである。

　がれき処理に関しては、量があまりに膨大で、被災市町村の中間処理施設や最終処分場の処理能力を超えているため、県内だけでなく県外での広域的

な処理が必要なのだが、原子力発電所の事故等の影響で、十分な中間処理施設や最終処分場の確保ができない状況である。がれきの処理が進まないと、復興にも大きな影響が出るので、国による災害廃棄物の広域処理のスキームを早急に構築すべきである。

8　初動対応でスムーズにできた事項

　東日本大震災では、甚大な被害を受け、通信の途絶や道路寸断等により救助活動が制約された状況の中でも、比較的スムーズに対応できた事項もあった。何よりも、被災地での自衛隊の活動が迅速にできたことと、自衛隊との連携がうまくいったことがスムーズにいった最大の要因だったのではないだろうか。大規模災害が発生した場合、国内最大の組織力とマンパワーをもつ自衛隊の支援は不可欠である。このため、自衛隊との連携をいかに円滑に実施するかが、初動対応を左右するといっても過言ではない。自衛隊の活動が迅速にでき、連携がうまくいったのは、県からの派遣要請が早かっただけではなく、震災前から阪神・淡路大震災や岩手宮城内陸地震の教訓を踏まえ、県と自衛隊との間で密接に調整し、次のような準備をしていたからであった。

(1)　非常時における自衛隊の活動拠点を事前に決め、展開訓練を実施していた

　どこの自治体でも、計画上では自衛隊の活動拠点を決めていると思うが、自衛隊と県と市町村の間で、自衛隊の活動拠点を現地において実際に確認し、共通の認識をもつことが重要である。また、現地に展開する自衛隊の部隊が、その活動拠点までの展開訓練を実施しておくことも大事なことだ。平成20年に宮城県沖地震を想定した自衛隊の大規模演習を行った際に、駐屯地から実際に部隊が移動し、各市町村の活動拠点に展開したし、震災前には自衛隊と県と沿岸市町村の間で、自衛隊の活動拠点をしっかりと現地で確認しておいたので、東日本大震災では、自衛隊と自治体の連絡がとれず、とても調整できるような状況でなかったにもかかわらず、あらかじめ決めていた活動拠点へ自動的に自衛隊が進入し、救助活動を開始できたのである。

（2） 自衛隊の司令部を県庁内に設置した

　東日本大震災では、陸上自衛隊第9師団司令部が県庁内に設置された。その意義は、非常に大きなものがある。なぜなら、自衛隊の指揮官である師団長とその幕僚が県庁の中にいるということは、行政側のニーズをダイレクトに指揮官に伝えることができるし、レスポンスの速さや情報の共有化など、そのメリットははかりしれないものがあった。自衛隊としても、行政側の状況を肌で感じ取ることができたと思うし、支援を要請する側とそれを受ける側の調整が非常に容易かつ円滑に実施できた。

　ちょっとしたエピソードを紹介すると、発災当初、沿岸市町村と連絡できず、情報が入手できなかった時に、被災地の状況を自衛隊の無線を活用して入手できた。これも、自衛隊の司令部が県庁の中に設置されていなければできなかったことである。また、本来、市町村が担うべき被災者への支援においても、沿岸市町村が被害を受け、職員が不足していたので、被災者に直接接していたのは、ほかならぬ自衛隊員だったから、被災者のニーズを自衛隊が把握していたし、被災者に対するきめ細かい生活支援も自衛隊のほうから提案があって、実行していただいたものもある。

　自衛隊の司令部を県庁内に設置したというのは、過去に自衛隊が何度となく災害派遣を行っているが、今回が初めてのケースで、「岩手モデル」といってよいのではないだろうか。この「岩手モデル」は、平成20年の岩手宮城内陸地震の時に、自衛隊の司令部が県庁内になかったため、調整に齟齬を生じた苦い経験から生まれたものであった。

県庁12階に設置された陸上自衛隊第9師団の司令部

(3) 各機関の連携を重視した訓練を実施していた

　東日本大震災のような大規模災害のときは、いろいろな機関と連携しながらの活動になるが、平素から連携する機関相互の能力や特性を把握し、訓練しておかなければ、いざというときに調整に時間を要して、なかなか活動がスムーズにできない。したがって、県と市の共同主催で行う毎年の総合防災訓練では、自衛隊をはじめ関係機関が連携しながらの活動について重点的に取り組んできた。たとえば、災害対策本部での調整を円滑に実施するためのしくみづくり（総合調整所）や、災害現場での調整を行うしくみづくり（現地調整所）、あるいは、災害派遣医療チーム（DMAT）との連携、広域医療搬送などは、東日本大震災では、事前に訓練で実施したことがそのまま活かされることになったのである。

9　大規模災害における災害対策本部の教訓（まとめ）

　3月11日の発災から8月11日の岩手県災害対策本部廃止までの5カ月間は、計画やマニュアルでは対応できないような出来事が次々と生起した。正解はないが、いつ、どこで起こるかわからない災害に備えるためにも、岩手県災害対策本部で筆者らが経験したことを教訓として、少しでも災害対策に役立ててもらえればありがたい。これまで述べてきた事項以外にも、災害医療、他県等からの広域応援の受入れ、市町村への職員派遣など課題は山積している。1つひとつの災害対応業務をどのように処理するかということも大事であるが、今回のような未曾有の災害に遭遇したとき、災害対策本部に勤務するものとしての心得を教訓事項としてまとめてみた。

　①　大規模災害は、必ず起きると思って準備せよ

　　　災害は、起きないことに越したことはないが、心がまえが大事。いつ起きてもよいように、心の準備だけはしっかりと。覚悟と心がまえがあるのとないのとでは、災害が起きたときの対応が全く違う。予期のとおりに動けるか、頭が真っ白になるかの違いがある。

　②　情報は、入らないと思って、空振り覚悟で対処せよ。見逃しは許され

ない

　大規模な災害になればなるほど情報が入らない。情報が入ってくるのを待っていては、手遅れになってしまう。普段から、その災害が起きたらどのような状況になるのかイメージしておくことが大事である。そして、目標を定めて、優先順位を決めておくこと。最善を求めるより、早く決断し、空振り覚悟で行動すること。状況が不明のときは、最善の方法などはない。誰かが何かを決めないと組織は動かない。見逃しは許されないのである。

③　常に被災者の目線で考えよ

　被災者は何を必要としているか、そのために何ができるか。必要性からの発想をしなくては、被災者は救えない。「法律や規則で、それはできません」ではなく、法律や規則は、被災者を救うためにあると心得よ。法律や規則を守るために仕事をしているのではない。「被災者を救うためだったら、法律や規則を変えてやる」というくらいの気概をもて。

④　十分な調整と実行の確認を忘れずに

　災害対策本部には、多くの防災関係機関が集まる。関係機関との情報の共有化と連携を図るためには、調整が欠かせない。調整会議を軽易に行い、実行の確認を忘れずに行うこと。

⑤　不測事態には、目的を達成するために行動せよ

　計画やマニュアルに書いていない不測事態が次々と起こる。何をしたらよいか判断に迷ったら「被災者のために、何ができるか。何をしたらよいか」が基準になる。その目的のために行動せよ。

⑥　柔軟に組織を変えて対応できるようにせよ

　災害対応は時間の経過とともに活動の焦点が変わってくる。それに対応できるように災害対策本部の組織を固定化することなく、最も効率的に動けるように組織を柔軟に変えて対応すること。

⑦　有事はトップダウンで対応を決定し、実行せよ

　有事は、ボトムアップで意思決定していては対応が間に合わない。ス

549

ピード感をもって対応するには、トップダウンで意思決定しなければならない。トップは、決定事項について責任と覚悟をもつことが必要である。
⑧ 予算と法律的な呪縛から解放させよ
　自治体の職員は、予算的裏付けと法的根拠に縛りを受けて、積極的に動けない。現場で活動する職員を、その呪縛から解放するようにすることが必要である。
⑨ 普段やっていないことは、災害時には絶対できない。実戦的な訓練が不可欠
　災害に限らず、スポーツでも勉強でも、普段何もしないで試合に勝つことや試験に合格することはあり得ない。もしそれができるとしたら、偶然以外の何ものでもない。災害でも、訓練なしには対応は困難である。ノウハウがないとか、忙しいとか、できない理由をあれこれ考えるより、まずできる訓練からやってみることが重要である。そして、やるからには実戦的にやらないと意味がない。
⑩ 災害対策本部の活動記録は必ず残しておけ
　発災当初、災害対策本部では対応に忙殺され、災害対策本部の活動などの記録や写真撮影などは忘れがちである。忙しい部署ほど後でどんなことをしていたのか思い出そうとしても思い出せないものである。前もって専従の記録係を指名し、必ず記録を残すようにせよ。

V　おわりに

　東日本大震災では、国の内外から多くのご支援をいただきました。本当に感謝しています。岩手県は今、皆様のご支援のおかげで、着実に復興に向けて歩み始めています。街のほとんどを失った市町村もあり、復興するまで何年かかるかわかりませんが、希望を失わず、明日を信じて、被災者とともに頑張っていきたいと思っています。
　これからも引き続き皆様のご声援、ご支援をお願い申し上げます。

第3章　宮城県の対応

宮城県総務部副参事　東海林　清広

I　被災の状況

1　東北地方太平洋沖地震の概況

発生日時	平成23年3月11日（金）14時46分頃
震央地名	三陸沖 北緯38.1度、東経142.8度 牡鹿半島の東約130km
規　模	マグニチュード9.0
最大震度	震度7（栗原市）

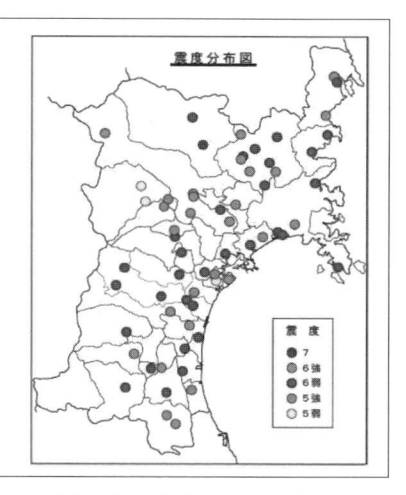

　平成23年（以下、年数の表記のないものは、平成23年を意味する）3月11日14時46分頃、三陸沖を震源とする、わが国の地震観測史上最大となるマグニチュード9.0の大地震が発生した。栗原市築館で震度7を観測したほか、宮城県内全域で震度5弱以上の激しい揺れに見舞われた。

2　人的被害

> 死者　9444人／行方不明者　2058人（10月20日現在）
> （人的被害は全国の被害者総数の約58％に相当）

　人的被害は、10月20日現在、死者、行方不明者合わせて約1万1500人であるが、地震による死亡者は、数名にすぎず、ほとんどは津波の被害によるものであった。

　一方、自衛隊や海上保安庁、警察、消防により1万人を超える方が救助された。

3　住家被害

> 全壊　7万6078棟／半壊　9万2212棟（10月20日現在）
> （住家被害は全国の被害総数の約56％に相当）

　住家の被害は、10月20日現在、全壊約7万6000棟、半壊約9万2000棟であり、その他、一部損壊や床上・床下浸水の被害を含めると、県全体で約36万棟（36万1706棟）の住家が被害を受けた。

4　避難状況

> 避難所数　19施設（4市町村）／避難者数　277人（10月20日現在）
> （なお、ピーク時（3月14日）は、避難所数　1183施設／避難者数　32万885人）

　避難所および避難者数について、ピーク時の3月14日には、県内全戸停電の関係もあって、約32万人を数えた。その後、県では、3月28日から応急仮設住宅約2万2000戸の建設に着手しほぼ100％完成したことにより、10月20日現在では、19施設277人に減少し、避難所の閉鎖が進んでいる。

5　県内の津波の高さ・浸水面積

```
津波高　8.6m 以上（石巻市鮎川）
浸水面積　327km²→東京23区のおおむね2分の1
※青森、岩手、宮城、福島、茨城、千葉の6県合計の浸水面積：561km²
```

　東北地方太平洋沖地震に伴い、岩手県境から福島県境の沿岸部全域に大津波が到来し、気象庁の発表では石巻市鮎川では8.6メートル以上、仙台港で7.2メートルの高さの津波が到来したと推定されているが、宮城県の独自調査では、気仙沼市、南三陸町志津川で21.6メートルの高さの痕跡が確認されている。津波の大きさについては、現在、大学などの研究機関において、検証が行われており、今後検証が進む中で事実が明らかになっていくと思われる。

　津波被害の範囲について、最大で内陸約5キロメートルまで津波が到達し、県土の約4.5％にあたる327平方キロメートルが浸水した。一方で県沿岸北部は、一般にリアス式の地形であることもあり、平地が少ないため浸水地域は限定されたものの、限られた平地に市街地が密集していたことから、町の中心部に被害が生じている。

6　地盤沈下の状況

　地震の影響により海抜0メートル以下の面積が震災前の3.4倍となるなど、

（資料1）　地盤沈下の状況

	地震後	増加した割合
海抜0m以下の面積	56km²	3.4倍
大潮の満潮位以下の面積	129km²	1.9倍
過去最高潮位以下の面積	216km²	1.4倍

県内の広い範囲で地盤沈下が発生した。この影響により、大潮などの海面が高い時期では、沿岸部で住宅が浸水するなどの被害が発生しており、対策が急がれている。

7 被災の状況

宮城県の牡鹿半島から北側の三陸地域は、リアス式海岸が広がっており、漁港施設も多く、全国でも有数の水産圏となっている。東日本大震災では、県内にある142の漁港すべてが被災し、県内にある漁船の約90％にあたる1万2000隻が流失したり、陸に打ち上げられるなど被害を受けた。

牡鹿半島より南の仙台湾側では、低地の海岸線に農地も広がっているが、津波により県内の耕地面積の1割弱にあたる約1万4000ヘクタールが被害を受けている。そのため、沿岸部の排水ポンプの復旧とあわせて、農地に堆積しているがれきや土砂などの撤去を進めその後に農地に含まれる塩分の除去対策を行っている。

また、女川町中心部では、津波に伴うがれきで埋め尽くされ、町役場も被害を受け使用できない状態となり、仙台空港周辺では、津波により海岸堤防が破壊され、空港周辺一帯が津波の浸水被害を受け航空機の離発着が不可能な状況になった。

さらに、石巻市街地では、地盤沈下が生じ、津波被害のほか、石巻港から海に流れ込む定川の堤防が決壊し、浸水被害が発生した。岩沼市にある県南浄化センターでは、大津波が来襲して水没し、汚水の浄化機能が壊滅したなど、県内各地で深刻な被害が生じた。

8 被害額

○産業被害額　　1兆9628億円
■農林水産関係　1兆2274億円
　①農業関係（農地・農業施設・農作物等）5143億円

②畜産関係（畜舎・家畜・畜産品等）　　50億円
③林業関係（林道・林地・治山施設等）　139億円
④水産業関係（水産施設・漁港・漁船等）6946億円
■工業関係　5900億円
（平成21年工業統計調査を基とした推計値）
■商業関係　1450億円
（平成19年商業統計、平成18年事業所・企業統計等を基とした推計値）
○建築物（住宅関係）被害額　3兆9036億円
○公共土木施設・交通基盤施設被害額　1兆78億円

高速道路	NEXCO東日本所管分	120	東北自動車道、仙台東部道路、仙台北部道路、常磐自動車道
	宮城県道路公社所管分	4	仙台南部道路、仙台松島道路
国直轄分		1,069	
道路（橋梁含む）		1,610	
河川（ダム含む）		1,156	
海岸		982	
港湾		807	
下水道		3,635	
その他		695	空港、砂防、公園等

○その他（ライフライン・保健医療福祉・文教・公共施設等）5039億円

被害額の合計　7兆3781億円　　　　　　　　　　（10月20日現在）

　東日本大震災に伴う被害額について、農林水産関係、公共土木施設などを中心に現在のところ総額7兆3781億円となっている。被害額については、被害の全貌の把握に向けて現在も調査を継続している。

第 2 編　第 3 章　宮城県の対応

II　発災直後の初動態勢

〈3月11日（金）〉
- 14：46　地震発生 M8.8（気象庁）〈3/13に M9.0へ修正〉
　　　　　県災害対策本部設置（県庁5階）
　　　　　○県内で震度6弱以上の地震を観測した場合、自動的に災害対策本部を設置【地域防災計画・災害対策本部要綱】
- 14：49　大津波警報発表（宮城、岩手、福島・気象庁）
- 14：50　宮城県　津波最大　6m 予想（気象庁）
- 15：02　自衛隊派遣要請
- 15：14　宮城県　津波最大　10m 予想（Jアラート・気象庁）
- 15：15　宮城県　津波第1波到達確認（石巻市鮎川）
- 15：20　石巻市鮎川　津波3.3m 観測（気象庁）
- 15：30　第1回　県災害対策本部会議
- 15：36　緊急消防援助隊派遣要請
- 16：00　知事臨時記者会見
　　　　　○生活の安全確保と災害復旧に全力をあげて対応するので、落ち着いて行動するよう県民に呼びかけ
- 17：00　第2回　県災害対策本部会議
- 18：00　県災害対策本部を移設（県庁2階講堂）
　　　　　○大規模災害が発生した場合、対応の迅速化を図るためおよび防災関係機関受入れ等のためあらかじめ移設場所を指定
- 18：42　政府・政府調査団を宮城県に向け派遣
- 19：30　第3回　県災害対策本部会議
- 21：05　政府・政府調査団が宮城県庁到着
- 22：30　第4回　県災害対策本部会議

〈3月12日（土）〉
- 05：00　第5回　県災害対策本部会議
- 06：00　政府：宮城県に緊急災害現地対策本部設置

10:30	第6回	県災害対策本部会議
15:00	第7回	県災害対策本部会議
19:00	第8回	県災害対策本部会議

　東日本大震災の発生に関し、宮城県では「地域防災計画」に基づき、速やかに初動態勢を構築した。宮城県内で震度6弱以上の地震を観測した場合、自動的に災害対策本部を設置することとしており、3月11日14時46分の地震発生と同時に県災害対策本部を設置し、震度の情報や大津波警報の発表を受け、発災から16分後の15時2分に自衛隊の派遣要請を行った。その後、15時30分に第1回災害対策本部会議を開催し、被害情報の収集などにあたるよう本部長（知事）から指示があり、16時には県民向けの臨時記者会見を行って、落ち着いて行動するよう知事からよびかけを行った。

　同日18時には、地震の規模が非常に大きく、大津波が宮城県沿岸部に来襲していたことから、発災の当初から大規模で広域的な応急対応が必要であると考えられたため、大規模災害時に備え、あらかじめ指定していた大きなスペースの部屋へ災害対策本部を移設し、全庁をあげて対応にあたった。

　発災した3月11日は、災害対策本部会議を計4回開催し、被害や救援・救助の要請などの情報の把握に努めた。

III　発災初期の課題

　上記のとおり初動期における態勢の構築はスムーズに行うことができたが、東日本大震災は非常に広域的で大規模な災害であったことから、地域防災計画などであらかじめ想定した状況を超えるさまざまな課題が発生した。

1　情報不足

　被災前は、地域防災計画に基づき、防災行政無線による電話とファクシミリを整備し、複数の回線（衛星回線と地上回線）によって県と市町村間の情報伝達を行っていた。しかし、地震と津波の影響により、庁舎が被害を受け、

第2編　第3章　宮城県の対応

（資料2）　被災地の情報不足

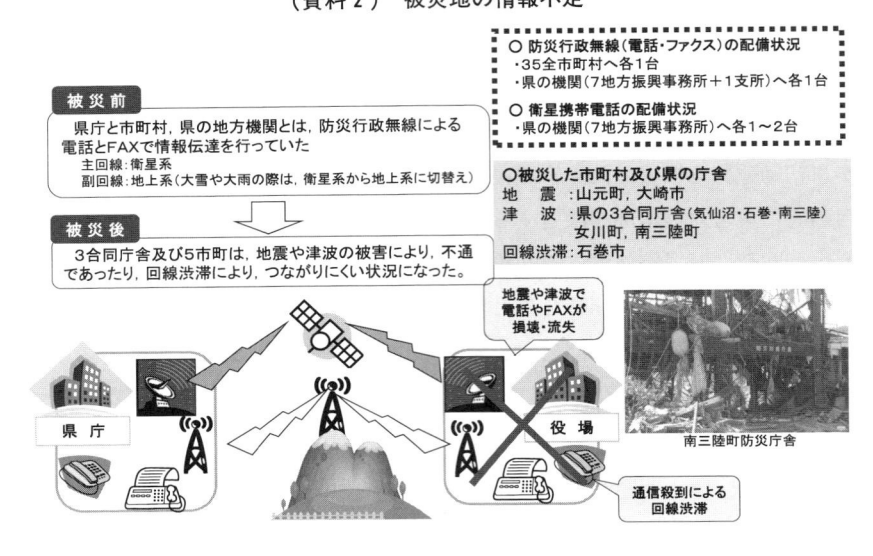

○防災行政無線（電話・ファクス）の配備状況
・35全市町村へ各1台
・県の機関（7地方振興事務所＋1支所）へ各1台
○衛星携帯電話の配備状況
・県の機関（7地方振興事務所）へ各1～2台

被災前
県庁と市町村，県の地方機関とは，防災行政無線による電話とFAXで情報伝達を行っていた
主回線：衛星系
副回線：地上系（大雪や大雨の際は，衛星系から地上系に切替え）

○被災した市町村及び県の庁舎
地　震：山元町，大崎市
津　波：県の3合同庁舎（気仙沼・石巻・南三陸）
　　　　女川町，南三陸町
回線渋滞：石巻市

被災後
3合同庁舎及び5市町は，地震や津波の被害により，不通であったり，回線渋滞により，つながりにくい状況になった。

地震や津波で電話やFAXが損壊・流失

県庁　　　役場

南三陸町防災庁舎

通信殺到による回線渋滞

震災直後は，個人や役場所有の携帯電話で，つながりにくい中，連絡をとりあった

通信強化のために
・・・3月13日～15日にかけて，防災行政無線（電話・ファックス）と衛星携帯電話を空路及び陸路で輸送し，通信を確保した。

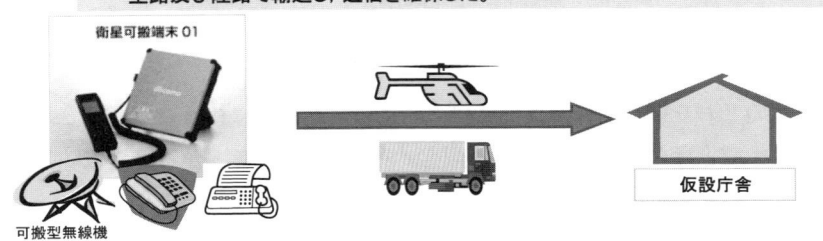

衛星可搬端末01

可搬型無線機　　　　　　　　　　　　　仮設庁舎

○災害に強い通信手段の整備が必要
○衛星携帯電話を県の機関以外（避難所など）への複数配備が必要
○通信機器に必要な電源（発電機と燃料）の確保も必要

558

通信機器が損壊・流失し、また、通信の殺到に伴う回線の渋滞（輻輳（ふくそう））により、県の3つの合同庁舎および5つの市と町が、不通またはつながりにくい状況となった。そのため、震災直後は、職員個人や役場所有の携帯電話を用いて非常に回線がつながりにくい中で連絡をとり合い、職員の安否や被害状況の情報収集を行った。そこで、通信強化のために3月13日から15日にかけて防災行政無線（可搬型無線機等）と衛星携帯電話を、仮設の庁舎へ空路および陸路で輸送し通信手段を確保した。

この経験を教訓として、今後は、救援・救助に必要となる情報を的確に収集するため、災害に強い通信手段の整備、災害衛星携帯電話の県の機関以外、避難所など複数個所への配備、また、その電源（発電機・燃料）の確保も必要であると考えている。

2　道路の確保

宮城県では、東日本大震災が発生する前までは、地域防災計画に基づき、被災地の応急対策活動を円滑に実施するため「緊急輸送道路ネットワーク」計画を策定するとともに、緊急輸送道路の整備を行ってきた。しかし、東日本大震災では津波の影響などにより、県内の道路がいたるところで寸断され、救援・救助や緊急物資の配送に支障を来す状況となった。そこで、この道路を迅速に、効率よく復旧することが、被災地支援の大きな鍵となった。

(1) くしの歯作戦

特に被害が甚大であった沿岸地区の緊急輸送道路（国道45号）の機能を早急に回復する必要性があったことから、東北地方整備局では「くしの歯形」に救援ルートを確保した。

具体的には、まず、第1ステップとして、南北の重要な道路である東北道、国道4号の縦軸ラインを確保し、次に、第2ステップとして、この縦軸のラインから沿岸部（東方向）への横軸のラインを確保、そして、第3ステップとして確保した横軸ラインからさらに南北方向へラインを確保することで、発災から1週間後には国道45号の97％が通行可能となった。

（資料3） くしの歯作戦

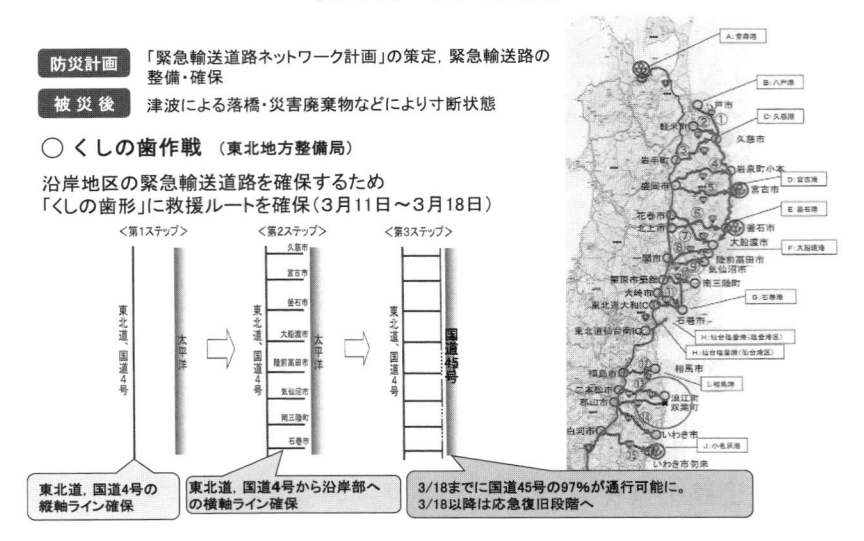

防災計画　「緊急輸送道路ネットワーク計画」の策定，緊急輸送路の整備・確保
被災後　津波による落橋・災害廃棄物などにより寸断状態

○ **くしの歯作戦**　（東北地方整備局）
沿岸地区の緊急輸送道路を確保するため
「くしの歯形」に救援ルートを確保（3月11日～3月18日）

＜第1ステップ＞　東北道，国道4号の縦軸ライン確保

＜第2ステップ＞　東北道，国道4号から沿岸部への横軸ライン確保

＜第3ステップ＞　3/18までに国道45号の97％が通行可能に。
3/18以降は応急復旧段階へ

(2) 道路の啓開・復旧

また、津波に伴う漂流物やがれきが道路通行の障害となったことから、自衛隊の協力を得ながら全力をあげて道路の啓開・復旧にあたった。

県管理道路45路線（165.4キロメートル）の災害廃棄物は7月ですべての撤去が完了し、一定のルートを確保して被災地の復旧活動が円滑に行われることとなった。

東日本大震災の教訓としては、大規模災害が発生し道路が寸断された場合、いかに早く仮復旧をさせてルートを確保するかが、被災地の復旧活動の鍵となることがあげられる。

3　深刻な燃油不足

(1) 概　況

宮城県では、東日本大震災発生前の地域防災計画では、燃料等の生活必需品の調達は、広域応援協定を締結している民間団体などから調達することと

III　発災初期の課題

（資料4）　燃料不足

防災計画　応援協定を締結している民間団体等から燃料等の生活必需品を調達し供給

被災後
> 製油所や油槽所，タンクローリー車などが被災
> 東日本全体の燃油供給能力が激減
> 関東以北の主要な製油所・油槽所18ヶ所のうち，
> 仙台製油所，千葉製油所，塩釜油槽所等の7ヶ所が被災

↓

・緊急物資及び生活物資輸送のためのトラックのガソリン不足
・復旧工事に係る重機の燃料不足
・一般車両へのガソリン供給不足
・病院・福祉施設等の燃料不足
・避難所の暖房用燃料不足

> 被災地の復旧活動が停滞

（資料5）　宮城県内のサービスステーション（SS）の発災後の稼働状況（電話調査）

（単位：店舗）

対象数	回答別	3/16	3/17	3/18	3/19	3/20	3/21	3/22
702店舗	応答あり	45	68	99	116	調査未実施		126
	営業中（稼働率）	20 (2.8%)	33 (4.7%)	37 (5.3%)	59 (8.4%)			77 (11.0%)
	うち緊急車両のみ対応	16	26	31	45			43

していた。しかし、震災により、製油所や油槽所などが多く被災し、東日本全体の燃料供給能力が激減してしまった。このため、緊急援助物資輸送のための燃料や復旧工事に係る重機の燃料が不足するなど、被災地の復旧活動が

（資料６） 燃料不足解消のための取組み

国や石油元売り各社等へ燃油支援について働きかけ
⇩
国・自衛隊，石油元売り各社等から燃油（軽油・灯油）の提供
⇩
自衛隊，県トラック協会の協力により，ドラム缶で県内被災地へ配送
（災害対策本部や医療機関，福祉施設等へ）

被災地への配送状況　　　　　（単位：KL）

配送日	軽油	灯油
3月18日	20.0	20.0
3月19日	16.4	15.6
3月20日	25.0	37.0
3月21日		3.6
3月22日		32.0
合計　キロリットル	61.4	108.2
合計　ドラム缶数	307	541

> 軽油と灯油を合わせて，5日間でドラム缶(200L)約850本，（灯油缶(20L)で約8,500個相当）を病院や避難所へ配送。

停滞する状況が起こり、また、県民の生活にも大きな支障が生じた。

　ガソリンや灯油を買い求めるため車の渋滞が発生し、この混乱の防止のため警察も出動する状況となった。発災から10日後までの県内のガソリンスタンド稼働率は（資料５）のとおりとなっており、燃料不足は、極めて深刻な状況であった。

　(2)　燃油不足解消のための取組み
　　(ｱ)　被災地への初期対応
　燃油不足解消の取組みとして、国や石油元売り各社等に対し支援の働きかけを行ったところ、一定量の提供を受けることができ、自衛隊や県トラック協会（防災協定締結団体）の協力を得て、ドラム缶約850本（灯油缶約8500個相当）を県内の市町村の災害対策本部や医療機関、福祉施設などに配送した。
　　(ｲ)　燃料供給ルートの確保
　広域的な燃料供給ルートを確保するため、燃油の共同調達・輸送、タンクローリーの確保を行った。幸いなことに、宮城県の塩釜油槽所が大きなダメ

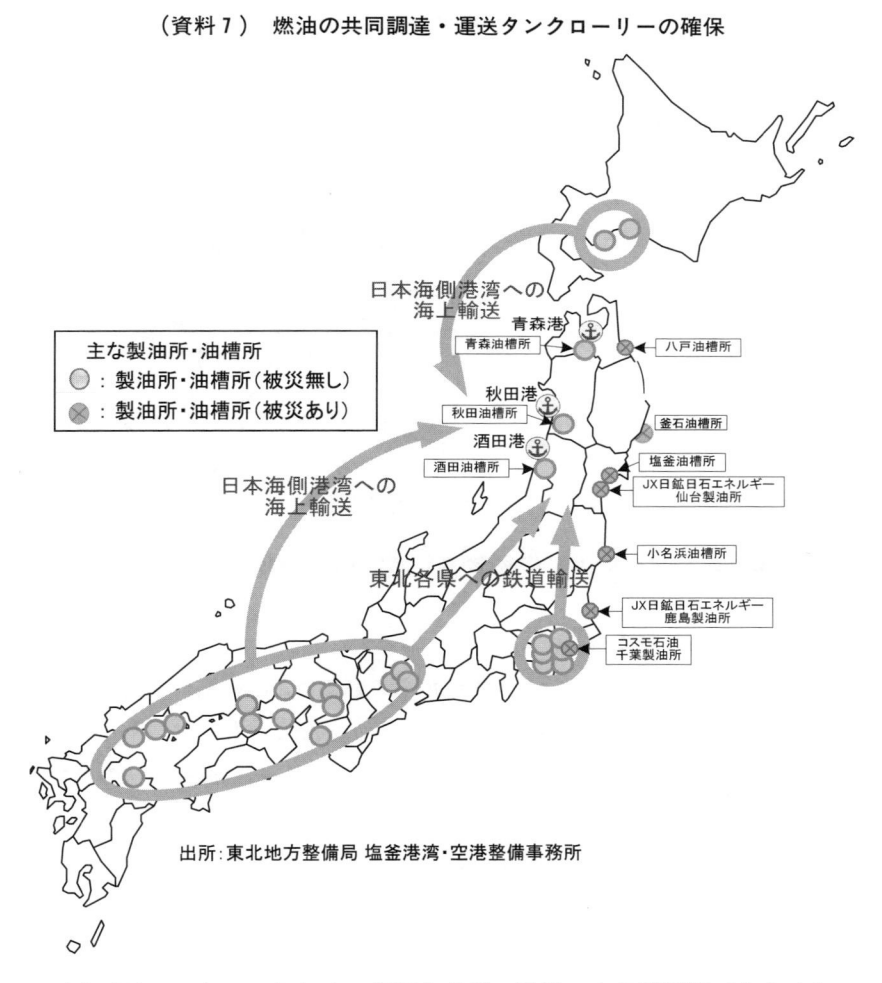

（資料7）　燃油の共同調達・運送タンクローリーの確保

出所：東北地方整備局 塩釜港湾・空港整備事務所

ージを受けていなかったため、復旧を急ぎ、津波により利用ができなくなっていた仙台塩釜港の航路確保のため、がれきの撤去作業を鋭意進めた。

(3) 「安心宣言」（3月22日臨時記者会見）

燃料不足、食料不足で県民が不安の中にいたため、大型タンカーの見通しが立ったことから石油類の供給状況について知事から説明し、近々燃料が行き渡るので、安心してほしいとよびかけた。

563

（資料8） 燃料不足解消の経過

3月21日 震災後初のタンカー入港
3/21～26タンカー8隻入港(燃油約16,000KL)

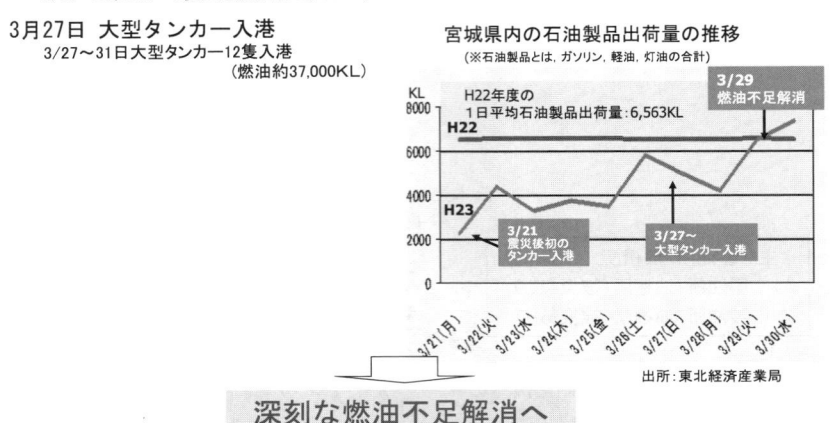

3月27日 大型タンカー入港
3/27～31日大型タンカー12隻入港
　　　　　　　　(燃油約37,000KL)

宮城県内の石油製品出荷量の推移
（※石油製品とは、ガソリン、軽油、灯油の合計）

グラフ：H22年度の1日平均石油製品出荷量：6,563KL、3/29燃油不足解消

出所：東北経済産業局

→ 深刻な燃油不足解消へ

○大規模災害時に備えた国の燃料供給体制，広域的応援体制の構築が必要

(4) 教訓として

　東日本大震災のような広域かつ大規模な災害では、国の燃料供給や、広域的な燃料確保の体制の構築が必要であることが認識された。
　また、港湾の啓開作業を鋭意進めた結果、3月21日には震災後初のタンカーが、3月27日には大型タンカーが入港し、3月29日（震災発生から18日後）にようやく深刻な燃料不足が解消された。

4　食料・飲料水の確保

(1) 避難者のための食料確保

　宮城県は、東日本大震災以前から地域防災計画に基づき、食料（米穀、野菜、果実、乳製品等）・飲料水についてあらかじめ調達体制を整備し、供給確保に努めることとしていた。
　しかし、東日本大震災では、宮城県ではピーク時で約32万人の避難者があり、これらの避難者に必要となるパン・おにぎりなどの食数の確保の問題が

III 発災初期の課題

（資料9）　食料・飲料水の確保

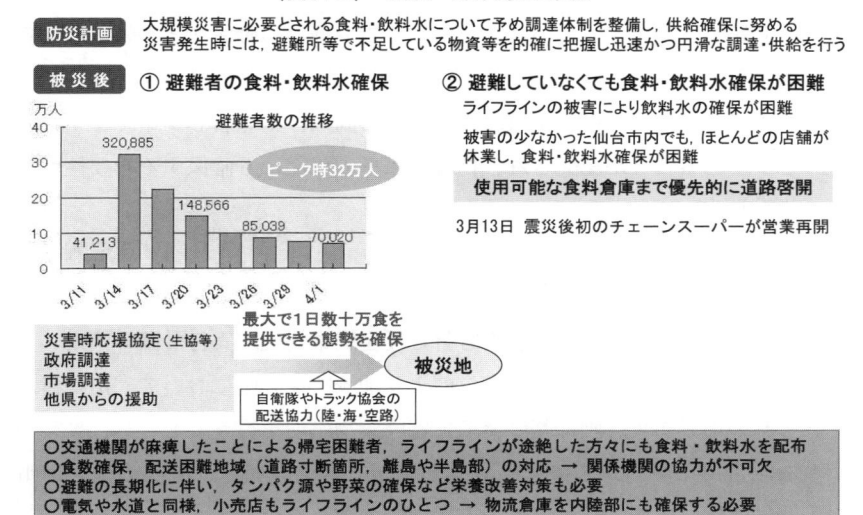

|防災計画| 大規模災害に必要とされる食料・飲料水について予め調達体制を整備し，供給確保に努める
災害発生時には，避難所等で不足している物資等を的確に把握し迅速かつ円滑な調達・供給を行う

|被災後|

① 避難者の食料・飲料水確保

避難者数の推移
- 3/11: 41,213
- 3/14: 320,885（ピーク時32万人）
- 3/17: 148,566
- 3/20: 85,039
- 3/23〜4/1: 70,020

災害時応援協定（生協等）
政府調達
市場調達
他県からの援助
　→ 最大で1日数十万食を提供できる態勢を確保 → 被災地
自衛隊やトラック協会の配送協力（陸・海・空路）

② 避難していなくても食料・飲料水確保が困難
ライフラインの被害により飲料水の確保が困難
被害の少なかった仙台市内でも，ほとんどの店舗が休業し，食料・飲料水確保が困難

使用可能な食料倉庫まで優先的に道路啓開

3月13日　震災後初のチェーンスーパーが営業再開

○交通機関が麻痺したことによる帰宅困難者，ライフラインが途絶した方々にも食料・飲料水を配布
○食数確保，配送困難地域（道路寸断箇所，離島や半島部）の対応 → 関係機関の協力が不可欠
○避難の長期化に伴い，タンパク源や野菜の確保など栄養改善対策も必要
○電気や水道と同様，小売店もライフラインのひとつ → 物流倉庫を内陸部にも確保する必要

発生したほか、道路の寸断や離島や半島部などの配送困難地域が多数発生した。

そこで宮城県では、応援協定を締結していた「みやぎ生協」、政府からの調達、他県からなどの援助、自衛隊や県トラック協会（応援協定締結団体）の協力により、陸・海・空路により被災地に1日数十万食（最大時で1日80万食）を提供できる体制を確保した。

(2) **避難していなくても食料・飲料水確保が困難**

また、震災の被害が比較的少なかった仙台市内においても、ライフライン被害や輸送機能の損失によりほとんどの店舗が休業し、食料・飲料水の確保が困難な状況となった。このため、使用可能な倉庫まで優先的に道路の啓開を行い、その結果、発災2日後には営業を再開する店舗も出てきた。

(3) **教訓として**

上記(1)(2)より、下記教訓を得た。

① 食数確保や配送困難地域への対応においては、防災協定の締結団体や

565

自衛隊など防災関係機関との連携・協力体制が不可欠
② 避難が長期化するにつれ、たんぱく質や野菜の確保など、栄養の改善対策も必要となった
③ 東日本大震災では、電気、ガスなどと同様、小売店もライフラインの1つであることが認識され、物流倉庫を内陸部にも確保する必要性が認識された

5 災害廃棄物の処理

(1) 災害廃棄物処理の基本方針と災害廃棄物処理実行計画の策定

宮城県では、東日本大震災の発災前より地域防災計画において、市町村がそれぞれの地域防災計画に基づいて災害廃棄物処理を行うこととし、災害が広域な場合で市町村からの応援要請があった場合、県は、県内の他の市町村・関係団体に広域的支援要請・支援活動の調整を行うこととしていた。しかし、東日本大震災では、県内ではおおむね1800万トンの災害廃棄物の発生

（資料10） 廃棄物の処理

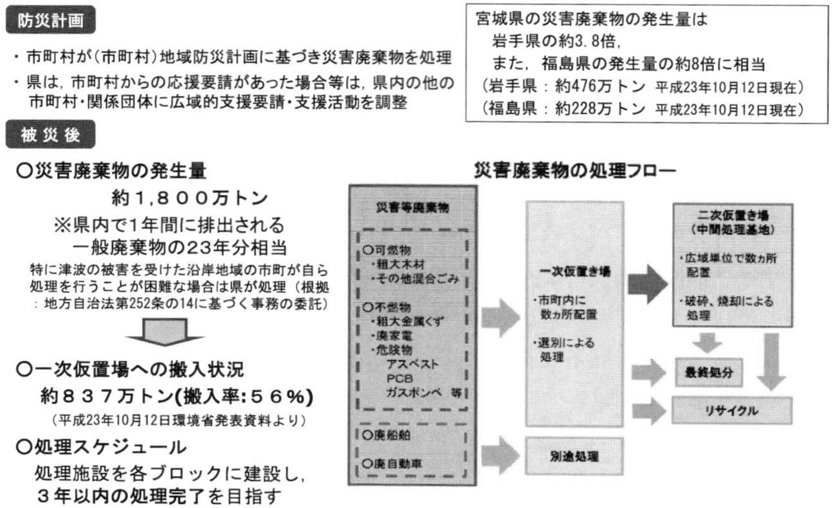

【防災計画】
・市町村が（市町村）地域防災計画に基づき災害廃棄物を処理
・県は、市町村からの応援要請があった場合等は、県内の他の市町村・関係団体に広域的支援要請・支援活動を調整

宮城県の災害廃棄物の発生量は
　岩手県の約3.8倍、
　また、福島県の発生量の約8倍に相当
　（岩手県：約476万トン　平成23年10月12日現在）
　（福島県：約228万トン　平成23年10月12日現在）

【被災後】
○災害廃棄物の発生量
　　約1,800万トン
　※県内で1年間に排出される
　　一般廃棄物の23年分相当
　特に津波の被害を受けた沿岸地域の市町が自ら処理を行うことが困難な場合は県が処理（根拠：地方自治法第252条の14に基づく事務の委託）

○一次仮置場への搬入状況
　　約837万トン(搬入率：56％)
　（平成23年10月12日環境省発表資料より）

○処理スケジュール
　処理施設を各ブロックに建設し、
　3年以内の処理完了を目指す

災害廃棄物の処理フロー

災害等廃棄物
○可燃物
　・粗大木材
　・その他混合ごみ
○不燃物
　・粗大金属くず
　・廃家電
　・危険物
　　アスベスト
　　PCB
　　ガスボンベ　等
○廃船舶
○廃自動車

一次仮置き場
・市町村内に数か所配置
・選別による処理

二次仮置き場
（中間処理基地）
・広域単位で数か所配置
・破砕、焼却による処理

最終処分
リサイクル
別途処理

566

量が見込まれている。これは、県内で1年間に排出される一般廃棄物の23年分に相当する膨大な量である。このため、宮城県では3月28日に「災害廃棄物処理の基本方針」、7月には「災害廃棄物処理実行計画」を策定し、市町村から事務の委託を受けた場合、県で処理を行うことなどを決定した。

　これらの災害廃棄物については、1年以内に現場から1次仮置場に搬入し、2次仮置場においておおむね3年以内（平成25年度末）をめどに処理することとしている。

　(2)　災害廃棄物の処理ブロック

「災害廃棄物処理の基本方針」および「災害廃棄物処理実行計画」に基づき、被害の特に著しい沿岸地域の15市町のうち、13市町については発生量が

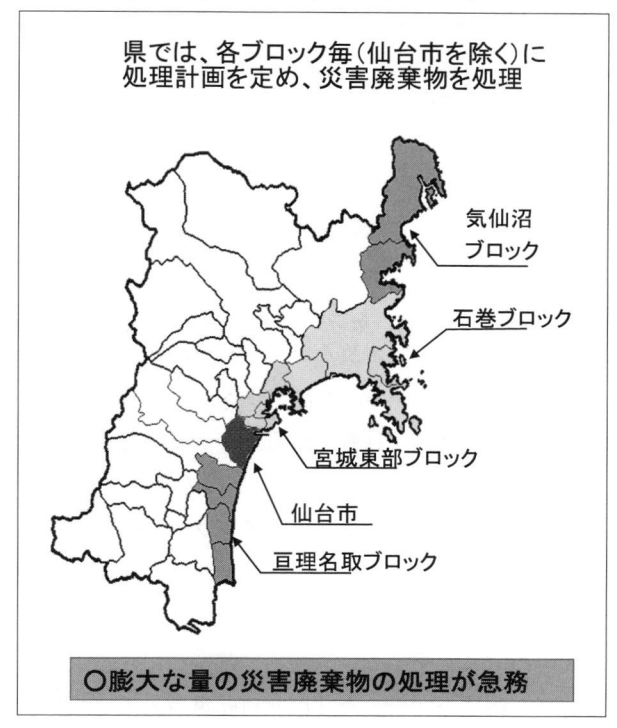

（資料11）　災害廃棄物の処理ブロック

県では、各ブロック毎（仙台市を除く）に処理計画を定め、災害廃棄物を処理

- 気仙沼ブロック
- 石巻ブロック
- 宮城東部ブロック
- 仙台市
- 亘理名取ブロック

○膨大な量の災害廃棄物の処理が急務

膨大となっていることから、県が処理を行うこととなった。この処理を効率的に進めるため、既存の市町や一部事務組合の枠を超えた地域ブロック単位で処理にあたることとした。区分は、これまで県民生活とより深くかかわっている広域市町村圏を基に、対象となる13市町の廃棄物の発生量と特性、収集運搬距離および経路、用地確保および経済性から、気仙沼、石巻、宮城東部、仙台市、亘理・名取の5ブロックとした（（資料11）参照）。地域ブロックごとに大規模な仮置場（2次仮置場）を1カ所あるいは数カ所設置する予定としている。

(3) 教訓として

上記(1)(2)より、広域災害における膨大な量の災害廃棄物処理方針をあらかじめ定めておく必要があることを教訓とした。

6 ボランティア活動

> **防災計画**：社会福祉協議会が中心となって、災害ボランティアセンターを設置し、全国から駆けつける災害ボランティアの活動を支援・調整し、専門的なボランティアニーズに対しては、行政が災害ボランティアセンターとの連携を図りつつ対応する。
> **被災後**：被災地へのボランティア受入れにあたっては、兵庫県をはじめ多くの自治体から支援をいただいた。

東日本大震災は、被害が広域に及んだことから、ボランティアの支援活動が非常に重要となった。その一方、全国各地から駆けつけた多くのボランティアの方を、どのように受け入れるかが有効な活動を行っていただく鍵となっていた。

(1) 東北自動車道・ボランティア・インフォメーションセンターの開設

被災地のボランティアニーズの増加と石油等の供給安定に伴い、ゴールデンウィーク期間中のバス、マイカー等高速道路を利用したボランティアの急増に備え、料金所の跡地を利用した「東北自動車道・ボランティア・インフ

ォメーションセンター」を、兵庫県、兵庫県社会福祉協議会、ひょうごボランタリープラザの協力により開設した。

このセンターでは、東北各市町の災害ボランティアセンターから随時情報を集め、ボランティアに行く際に必要な最新の情報を提供するなど「ボランティアのためのボランティア」がうまく機能した。

(2) ボランティア受入れ体制

宮城県内で最も大きな被害を受けた石巻市では、受入れ体制を早急に整え、被災者への細やかな支援を行うことができた。具体的には、NPO、NGOなどの団体ボランティアをまとめる災害復興支援協議会と、個人ボランティアをまとめる災害ボランティアセンターとが災害対策本部や自衛隊と連携し、被災者のニーズに合った支援を重複なく、効率よく支援できるよう調整を行っていただいた結果、きめ細やかな支援をすることができた。

(3) 教訓として

東日本大震災においては、関西広域連合の兵庫県、また、NPOなどのボランティア団体とも連携し受入れ体制や、被災者ニーズの把握、ニーズとの

(資料12) 東北自動車道・ボランティア・インフォメーションセンターの開設

防災計画 社会福祉協議会が中心となって、災害ボランティアセンターを設置し、全国から駆けつける災害ボランティアの活動を支援・調整し、専門的なボランティアニーズに対しては、行政が災害ボランティアセンターとの連携を図りつつ対応する。

被災後 被災地へのボランティア受け入れにあたっては、兵庫県をはじめ多くの自治体から支援をいただいた。

① 東北自動車道・ボランティア・インフォメーションセンターの開設
(H23.4.20～H23.5.15)
設置主体：兵庫県・兵庫県社会福祉協議会・ひょうごボランタリープラザ

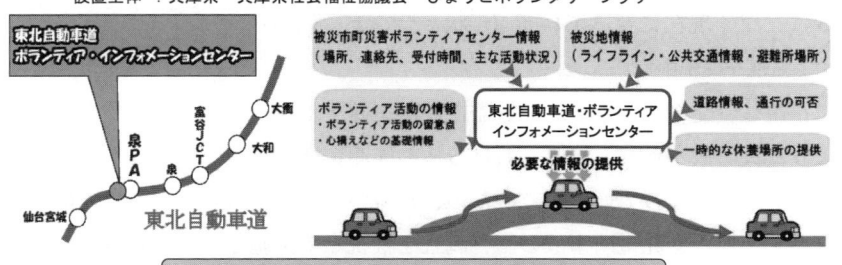

ボランティアのためのボランティアが円滑に機能

(資料13) ボランティア受入れ体制（石巻市の場合）

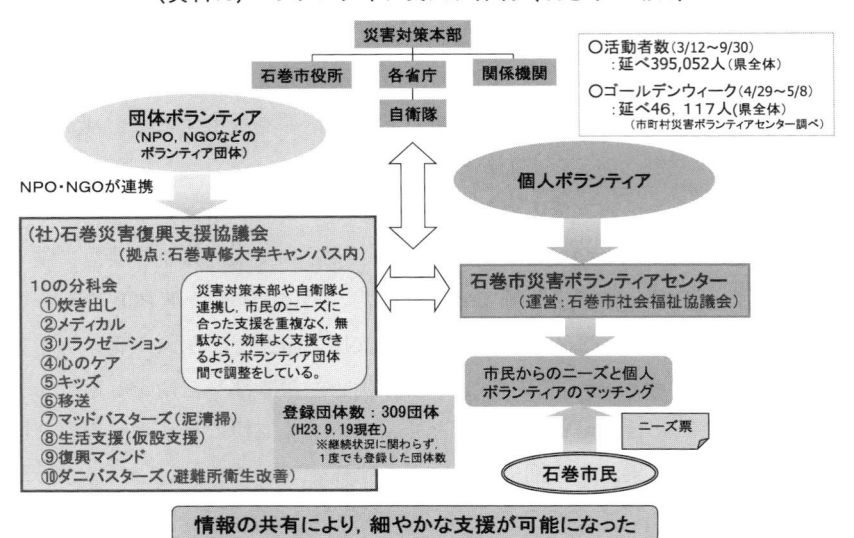

マッチングを行った。このような体制の構築について、あらかじめ計画を定めておく必要があると認識した。

7 福島第1原子力発電所事故への対応

　宮城県には女川町に東北電力の設置する女川原子力発電所が所在している。東日本大震災で女川原子力発電所では、津波が母屋の近くまで押し寄せたが、電源が確保され速やかに冷温停止状態となり、放射性物質を環境中に放出することなく現在に至っている（現状としては、3局のモニタリングステーションで監視を継続中）。

　しかし、発電所からの放射線監視機器を備えた原子力センターが大津波により流失・破壊され、当県における放射能測定機能が減失したほか、数名の職員も犠牲になっている。このため、宮城県では東北大学などの協力により福島第1原子力発電所事故の影響調査を継続して実施し、ホームページなどで情報の提供を行っている。

(資料14) 福島第1原子力発電所への対応

○東北大学等の協力を得て放射線・放射能を測定し，情報提供
　「放射能情報サイトみやぎ」（http://www.r-info-miyagi.jp/r-info/）
　　○空間放射線量率（市町村，学校，幼稚園，保育所等）
　　○水道水，海水，工業用水等の水質調査
　　○農林水産物の測定　等

　流通している宮城県産の農林水産物は，全て暫定規制値以下で安全！

　宮城県産米の安全宣言！
　　（9月29日）
　宮城県産牛も全頭検査！

○「東京電力福島第一原子力発電所事故対策みやぎ県民会議」を設立（9月12日）
　　構　成：県内産業界や消費者団体，有識者，自治体等
　　内　容：総合的対策の検討，情報提供・情報共有等

　◆宮城県には東北電力女川原子力発電所（1・2・3号機）が立地
　東日本大震災：速やかに冷温停止状態　→　放射性物質の放出はなし

○広域的な放射能汚染に対する監視・測定，除染，汚染物質の処分，損害賠償等への対応が急務

　現在、流通している宮城県産の農林水産物はすべて国が示した暫定基準の値を下回っており、安全であることが確認されている。

Ⅳ　復興計画の策定

　東日本大震災によって甚大な被害から、どのように復興を果たしていくかという方向性について、宮城県では、4月11日に「宮城県震災復興基本方針（素案）」を策定した。さらに、わが国を代表する学識経験者からなる「宮城県震災復興会議」を設置し、提言をいただくとともに、県民の意見を聞きながら、今後10年間の復興の道筋を示す「宮城県震災復興計画」を策定することとした。

　8月には「宮城県震災復興計画（案）」が策定され、9月の定例県議会に上程、10月に議決され公表されている。

　宮城県を襲った未曾有の大災害から県民と力を合わせて復興を成し遂げて

(資料15) 復興計画の策定

■ 策定の趣旨
　平成23年3月11日に本県を襲った東北地方太平洋沖地震及びその後に続いた大津波により，甚大な被害を被った本県の復興に向け，今後10年間の復興の道筋を示すもの。

　　　　　　復興を成し遂げるには，
　　　　従来とは違った新たな制度設計や思い切った
　　　　手法を取り入れることが不可欠であるため，
　　　　　　　『提案型』として策定

■ 策定のスケジュール
　4月　宮城県震災復興基本方針（素案）策定（11日）
　5月　第1回宮城県震災復興会議（2日）(8月までに4回開催)
　7月　パブリックコメント実施（13日～8月2日）
　　　　県民説明会（16日～18日）
　8月　宮城県震災復興計画（案）策定（26日）
　10月　9月定例県議会上程・可決，公表

いくためには、従来とは違った新たな制度設計や思いきった手法を取り入れていくことが不可欠であると考えている。このため、宮城県の復興計画は「提案型」の復興計画として策定されている（(資料15) 参照）。

V　復興の基本理念

1　基本理念

「宮城県震災復興計画」では5つの基本理念を掲げている。
　① 災害に強く安心して暮らせるまちづくりをめざすこと
　② 県民1人ひとりが復興の主体となり、総力を結集して復興に取り組むこと
　③ 被災地の「復旧」にとどまらず、産業のあり方や施設整備などを抜本的に「再構築」し、最適な基盤づくりを図ること

Ⅴ 復興の基本理念

④ 現代社会の課題を解決する先進的な地域づくりを行うこと
⑤ 震災から10年後には、新たな制度設計や思いきった手法を取り入れた復興を成し遂げることにより、壊滅的な被害からの復興モデルを構築すること

2 災害に強いまちづくり宮城モデルの構築

基本理念の1つとして、災害に強いまちづくりに向けて「災害に強いまちづくりモデルの構築」を掲げている。

取組みとしては、
① 高台移転、職住分離
② 多重防御による大津波対策
③ 安全な避難場所と避難経路の確保
④ まちづくり支援、まちづくりプロセスの確立
⑤ 「命の道」となる道路の整備促進
の5つを掲げている。

3 高台移転・職住分離・多重防御のイメージ

(1) 高台移転・職住分離

大津波による再度の災害の防止や地盤沈下に伴う冠水被害を解消するため、基本的には高台移転・職住分離や防御施設を併用することとし、水辺空間の活用については、避難路や避難ビルを確保したうえで漁港地域を中心に産業・観光・公園ゾーンを整備していく。

(2) 多重防御

高台の確保が困難な地域においては、土地利用の転換や海岸堤防に加え、高盛土構造の道路・鉄道により大津波から多重的に防御するまちづくりを行う。

(3) 沿岸被災市町の復興のイメージ

宮城県沿岸部に位置する市町は地震による被害に加え、大規模な津波によ

（資料16）　高台移転・職住分離・多重防御のイメージ

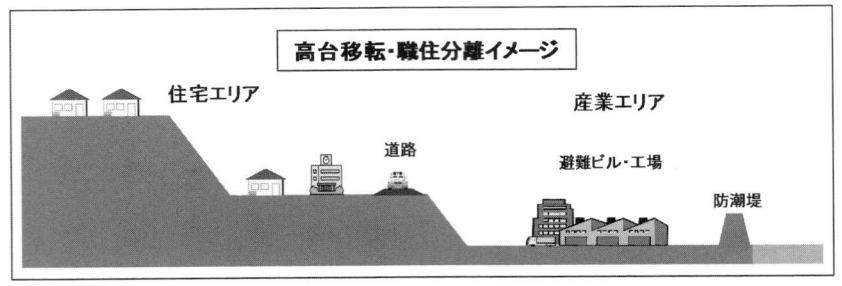

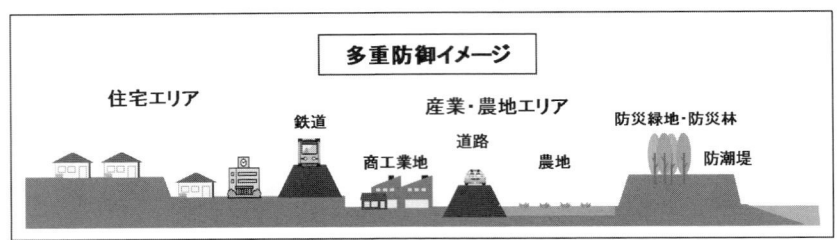

り壊滅的な被害を受けた。このため、高台移転、職住分離、多重防御による大津波対策など、沿岸防災の観点から被災教訓を活かした災害に強いまちづくりを推進したいと考えている。

具体的には、宮城県沿岸部を3地域に区分し、それぞれの地域的特性を踏まえた復興のイメージを考えている。

Ⅵ　おわりに

災害発生と同時に、災害対策本部を自動的に設置する自治体がほとんどであると思われるが、いかに迅速に情報を収集・整理・発信し、災害対策本部を実質的に機能させるかが初動対応の重要な鍵であると考えられる。

東日本大震災における被災県である宮城県の経験を多少なりとも理解いただき「災害への備え」を確かめ、また、見直しをされる1つの契機としていただくことを期待している。また、この震災から1日も早く立ち直り、安

VI　おわりに

（資料17）　沿岸被災市町の復興のイメージ

釜石・八戸

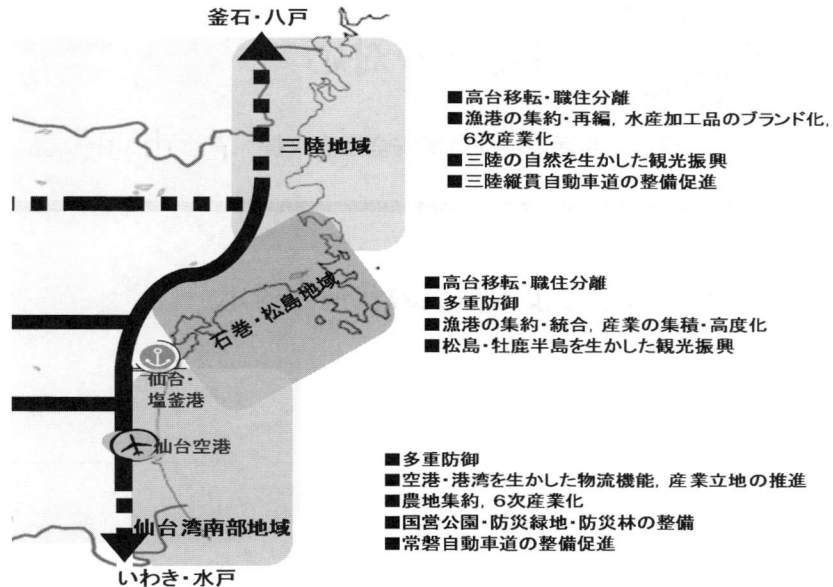

三陸地域
■高台移転・職住分離
■漁港の集約・再編，水産加工品のブランド化，6次産業化
■三陸の自然を生かした観光振興
■三陸縦貫自動車道の整備促進

石巻・松島地域
仙台・塩釜港
■高台移転・職住分離
■多重防御
■漁港の集約・統合，産業の集積・高度化
■松島・牡鹿半島を生かした観光振興

仙台空港
仙台湾南部地域
■多重防御
■空港・港湾を生かした物流機能，産業立地の推進
■農地集約，6次産業化
■国営公園・防災緑地・防災林の整備
■常磐自動車道の整備促進

いわき・水戸

全・安心で活力ある県土をつくり、次の世代にしっかりと引き継いでいくことが、この震災によって亡くなられた方に対するわれわれの使命であると考えている。

　復興への道のりは長く、険しいものになると思われるが、多くの方と手を携えて全力で取り組んでいきたい。

575

第4章 福島県の対応

福島県生活環境部県民安全担当次長　古 市 正 二

I　地震・津波による被災の状況と対応

1　津波・地震の概況

○地震・津波の概況
　・地震の規模
　　① 発生日時　　　平成23年3月11日14時46分頃
　　② 震央地名　　　三陸沖（北緯38.1度、東経142.9度）
　　③ 震源の深さ　　24km
　　④ 規模　　　　　マグニチュード9.0
　　⑤ 本県における最大震度
　　　　震度6強　（白河市ほか10市町村）
　・津波の高さと浸水面積
　　① 津波の高さ　　相馬市　8.9m
　　② 浸水面積　　　約112Km²
○人的被害（平成23年10月1日現在）
　　　死者　1,845人　行方不明者　120人
○住家被害（平成23年10月1日現在）
　　　全壊　17,912棟　　半壊　50,796棟
○被害額
　・地震・津波による被害額（平成23年4月27日現在）
　　① 県の農林水産関係施設の被害額

　　　　約2,753億円
　② 県の土木関係公共施設等の被害額（平成23年4月27日現在）
　　　　約3,162億円
　　　※南相馬市の一部および双葉郡8町村の概算被害額は含まれていない。
　③ 商工業関連被害額（平成23年4月25日現在）
　　　　約3,597億円
　　　※製造業と商業（卸、小売）の被害額については推計。
　　　　地震・津波による被害総額　　9,512億円
・原発事故による被害の状況
　　原発事故の影響は、あらゆる産業、あらゆる分野に及んでおり、被害の全体像については、見通しすら立たない状況。人権侵害、放射能汚染によるストレスなど精神的な負担も大きい。

　東日本大震災における福島県の被害の状況は、津波の大きさや津波の到達時間等も若干余裕があったことから、死者、行方不明者とも、岩手、宮城を含めた被災3県の中では比較的少ないほうであるが、それでも人的被害は約2000名、住家被害は約7万棟であった。

　津波の浸水区域については、（資料）のとおりである。福島県の特徴として、水田が浸水区域の56％を占めていることから、この津波に伴って、基幹産業である農林業に深刻な被害が生じ、経済的に大きな損害を受けた。

　損害額は、平成23年（以下、年数の表示がないものは、平成23年を意味する）4月27日現在で、農林水産関係、公共施設等および商工業関連被害額を合わせ約9512億円とされているが、この金額は、今後、原子力発電所による事故による損害も加わり、さらに増えるものと思われる。

第2編　第4章　福島県の対応

（資料）　福島県の推定浸水域

出典　総務省統計局　統計調査部地理情報室
　　　推定浸水域は㈱パスコ提供（航空写真・衛生画像等を基に解析し作成）

2　被災の対応

(1)　初動対応

県庁舎の被災による混乱　〜情報伝達の混乱〜
　　3/11　14:56　福島県災害対策本部設置（自治会館3階）
　　3/15　　　　原子力災害現地対策本部機能を福島県庁に移転

　通常、災害発生後、初動対応として、速やかに県庁舎内に災害対策本部が設置されるところであるが、福島県庁は非常に古い建物であり、地震により大きな被害が生じた。そのため、災害対策本部は、県庁舎の隣の自治会館に設置した。

　県庁舎とは異なり、国や市町村、県内各消防本部などと連絡をとり合うための防災行政無線は、県庁舎には47回線あったが、県自治会館には2回線しかなかったため、発災当初は限られた環境で対応することとなり、関係機関との情報のやりとりがスムーズにいかなかった。現在、各市町村長からは、発災直後の連絡が十分でなかったことによる県の対応について問題点が指摘されている。

　原子力災害現地対策本部として、現地で警察や自衛隊など関係機関が一堂に会し、原子力事故の対応や住民の避難方法を決めるなど具体的な対策にあたることになっているオフサイトセンターとよばれる施設が、浜通りの大熊町に設けられていた。しかし、地震に伴って情報通信機能が壊滅的状況になってしまったことから、3月15日に福島県庁に移転した。

　福島県庁には、災害対策本部、原子力災害現地対策本部のほか、内閣府による復興対策本部の現地対策本部が設けられることとなった。

(2) 避難所の運営

	最大（ピーク時）避難者数		8月31日 (大部分の 避難所閉鎖)		9月30日	
	避難所	避難者	避難所	避難者	避難所	避難者
1次避難所	(3/16)403	73,608	10	346	5	99
2次避難所	(6/2)541	17,902	304	4,451	173	1,984
合　計			314	4,797	178	2,083

（単位：人）

7/22　「県内における被災者支援に関する当面のロードマップ」を発表。
　　　基本方針として、避難所は原則8月末で閉鎖し、10月末までにはすべての避難所を閉鎖する。
・避難者への支援　避難所支援のための職員派遣

避難所には、1次避難所として体育館など従来の公共施設のほか、2次避難所として、旅館など新たに避難所として指定したものがある。

最大時、1次避難所においては、発災後の3月16日、7万人を超える避難者が生じており、2次避難所では、6月2日、2万人弱の避難者が確認された。当初福島県としては、1次避難所を10月末に閉鎖する予定であったが、仮設住宅等の建築が遅延したこともあり、11月の段階でも100名弱の避難者が、1次避難所に残っていた。

(3) 住宅の確保と生活安定化支援

○ 住宅の確保
　① 応急仮設住宅の建設（9月30日現在）

目　標	16,000戸	建設要請	16,132戸
完　成	14,651戸	入居戸数	10,986戸

　② 公営住宅の空室提供（9月30日現在）
　　　（県営住宅、市町村営住宅）

I　地震・津波による被災の状況と対応

| 提供済戸数 | 652戸 | 入居戸数 | 387戸 |

③　民間賃貸住宅の借り上げ（9月30日現在）

目　標	18,000戸		
請戸数	2,521戸	情報提供済戸数	5,507戸
入居戸数	一般 1,929戸　特例20,262戸※	小　計	22,191戸

※特例とは、自ら県内の民間賃貸住宅に入居した避難住民の賃貸契約を県との契約に切り替え、県借り上げ住宅とする特例制度

○　仮設住宅における生活安定化支援
①　日本赤十字社、NPO法人による家電製品や生活必需品の提供支援
②　「がんばろう福島！"絆"づくり応援事業」
・仮設住宅等の入居者に生活再建に必要な業務に従事していただき雇用創出と地域コミュニティづくりを進める。
・雇用管理業務を人材派遣会社に、被災者支援業務をNPO法人に委託し実施する。
・雇用創出人数　　2,000人
・業務内容の例　　入所（入居）者の安否確認
　　　　　　　　　コミュニティ業務の補助（清掃等の環境整備）
　　　　　　　　　高齢者への生活支援（通院介助、買物代行等）
③　高齢者等のサポート拠点の整備等
・生活全般の総合相談、介護予防、デイサービス、地域交流の場を提供する施設を県内10数カ所に整備する。
・介護支援専門員など相談支援専門職チームによる定期的な仮設住宅の巡回

　仮設住宅等における生活安定化支援として、日本赤十字社から、冷蔵庫やテレビなど家電6点セットが支援された。これは海外からの支援金を資金源として提供されたものである。またNPO法人からも食器棚など、生活必需品が提供された。
　次に、「がんばろう福島！"絆"づくり応援事業」として、仮設住宅等の入居者に、入居者の安否確認や清掃等の環境整備、高齢者への生活支援など

581

の業務への従事を案内し、約2000名の雇用を創出するとともに地域コミュニティーの維持を図った。

また、高齢者等のサポート拠点支援の整備として、県内の200戸以上の大規模な仮設住宅のある地域16カ所に高齢者等のサポートセンターを設け、介護等の支援を行っている。

II 原子力発電所事故による災害の状況と対応

1 原子力発電所の事故の状況と住民避難

(1) オフサイトセンターの情報通信機能の喪失

前述のとおりオフサイトセンター（緊急事態応急対策拠点施設）における情報通信機能が、地震により失われたことから、センター内の、衛星携帯電話1機を用いて情報連絡を実施することとなった。本来であれば、オフサイトセンターに国、県および市町村担当者が会し、合同で情報を集約し、対策を講じるという役割を担うところであるが、情報通信機能喪失という事態が生じたことに伴って、意思決定は、すべて東京の政府が行った。情報もテレビ情報のほうが早く、市町村関係者からは、問題点を指摘され、今後の改善が求められている。

(2) 住民避難指示の経過

原子力発電所の事故に伴う災害の特徴として、政府の避難指示が拡大していくことがあげられる。東日本大震災においても、当初は、発電所から3キロ、その後、10キロ、20キロと避難区域が拡大していった。

念のための措置によるものではあったものの、水素爆発などが生じたこともあり、住民の恐怖心は、相当なものであり、その結果、完全な統制がとれないままそれぞれが避難する事態が生じ、現在、避難先は、山形県が最も多く、次に新潟県、そして東京都と続き、すべての都道府県が避難者を受け入れている。

10月末日の県外への避難者は約 5 万7000人であり、避難区域外の自主避難についても、少なくとも 1 万人に上っているとみられる。特に小さな子供のいる家庭においては母子で避難するケースがみられる。

今後は、自主避難者へのサポートが必要とされるが、当初は思うように情報が伝わらず、避難者の把握自体も困難であった。現在は、コールセンターなどを設け、自主避難者の把握に努めている。

(3) 避難区域等の状況

原子力発電所事故に伴って警戒区域、計画的避難区域、および 9 月末に解除となった緊急時避難準備区域と 3 つの区域が設けられた。また、たとえば南相馬市、伊達市など、いわゆる年間被ばく推定量が20ミリシーベルト以上になるおそれがある地点については、特定避難勧奨地点（いわゆるホットスポット）として、住居単位で、避難が促されている。

2 緊急被ばくスクリーニングと環境放射線モニタリングの実施

○ 緊急被ばくスクリーニング
○ 環境放射線モニタリング
　・空間線量率の測定
　・測定体制整備
　　→可搬式モニタリングポストやオンライン線量計の整備
　　→県全域の放射線量がリアルタイムで測定できる体制を整備、マップに表示してインターネットで公開

(1) 緊急被ばくスクリーニングの実施

原子力発電所の事故に伴う避難にあたって、いわゆる10万 cpm の被ばくがあった場合には、除染の必要があることから、緊急被ばくスクリーニングを実施した。

当初県内13カ所に拠点を設け、3 月13日からスクリーニングを実施したところであるが、処理しきれないほどの対応が必要となったことから、緊急被

ばくスクリーニングの実施方法については、効率化が課題となっている。

(2) 環境放射線モニタリングの実施

空間線量率を測定する環境放射線モニタリングを実施した。

福島県の7つの地方振興局および、原子力発電所付近の警戒区域内23のモニタリングポストのうちの津波や地震などにより損害を受けなかった8のモニタリングポストを通じて環境放射線の状況を把握することとした。

モニタリングは3段階で行われ、まず、福島県内3100地点の定点観測を整備したうえで、比較的高線量の地区については、京都大学の支援の下、自動車走行サーベイモニタリングを行う。自動車走行サーベイによって、道路沿線の比較的高線量の地区については、詳細調査として、宅地を詳細に調査することになる。

この3つの段階を経たモニタリングによってホットスポットがみつかれば、地元市町村、国との検討を重ね、高線量地域に対して、健康に悪影響を与えないように対応することになる。

3 現在の福島第1原子力発電所の状況

10月末日の段階で核分裂に伴うキセノンというガスの一種が検出され、再臨界が危惧されたところであるが、詳細は調査中であるものの基本的には臨界まで至らない、自発的な核分裂であるとの報告がなされたところである。

東日本大震災発災当時は、発電所の1から3号機までは稼動しており、4、5、6号機については定期点検中であった。現在、5、6号機は冷温停止状態である。これは、5、6号機の建屋の地盤が3メートルほど1から4号機に比べて高かったことにより、6号機の非常用電源の活用が可能であり、冷温停止状態を維持している。

1から4号機について、原子炉の温度は100度を下回っており、10月末日現在では約70度となっている。しかし、圧力容器の中の測定器が壊れたことにより、容器の周囲のデータから容器内の温度を推計している状況である。そのため正確な温度については把握しかねており、研究者の分析のあり方も

それぞれ異なることから、対応に苦慮している。

現在、状況は、ステップ2の段階で、原子力発電所からの放射線の放出はほとんど抑えられていることから、今後は、本格的な復旧にとりかかることとなる。

4　農林水産物等の出荷制限、摂取制限とその対応

- 農産物の出荷制限について
  →3/19以降、出荷時期に合わせモニタリング検査を実施
- 米の作付け制限について
  →10/12　作付けが認められた48市町村全域で新米の出荷が可能に
- 肉牛の出荷停止について
  →県の定めた出荷、検査方針に基づく全頭を対象にした放射性物質検査の実施

福島県は、農業県であることから、農林水産物については、逐次モニタリングを実施し、特に米などについては、さまざまな食品衛生法上の規制値をクリアしたものしか出荷しないよう努力している。発災後の3月19日以降は、逐次、出荷時期に合わせて、農林水産物約1万点の検査を実施した。

郡山市の農業総合センターにおいても各農作物の食品検査を行っている。

一方で、肉牛については、汚染された稲わらで育てた牛からは規制値以上の放射線が検出される問題があったことから、今後、牛については全頭検査を実施する。

米については予備調査、本格調査と2段階に分けており、予備調査の段階では、食品の暫定規制値、キロあたり500ベクレルを超えるものを排除し、規制値の半分250ベクレルを超えたものについては、再度、本格調査を行い検査することとしている。

飲料水についての放射線の暫定規制値は、キロあたり200ベクレル以上とされているところ、一時期飯舘村の飲料水がこの規制値を超えたことがあったが、現在は、ほとんど規制値をオーバーするケースはみられない。

今後も各検査を継続し、福島県の農業が1日も早く復興できるように取り組んでいく予定である。

5　風評被害対策

・農林水産物の風評被害対策
　→「がんばろう　ふくしま」運動
・工業製品および加工食品の風評被害対策
　→企業からの依頼に応じて残留放射線量の測定
・観光における風評被害対策
　→観光地での環境放射線モニタリング調査の実施

「がんばろう、ふくしま」運動として、4月から農産物の販売促進に取り組んでいる。また、「ふくしま、新発売」プロジェクトとして、福島における収穫ツアーなどを計画し、生産者と首都圏などの消費者をつなぐイベントも展開している。

工業製品についても風評被害があり、たとえばヨーロッパへの輸出にあたり、1時間あたり0.2マイクロシーベルトを超えると規制を受けることから、検査を徹底し証明書を発行することで、輸出の障害とならないよう対応している。

観光においては、年間5万人以上が訪れる観光地はすべてモニタリング調査を実施することとし、季節にあわせて調査を行っている。10月末現在、警戒区域等を除き、観光地において、危険な地点は検出されていない。しかし、会津地方など修学旅行が非常に盛んな地域においては、約95％のキャンセルがあり、スキー客からも、キャンセルが非常に多く発生している。会津地方においては原子力発電所事故の影響はほとんどないことから、観光地としての復活を希望している。

6　市町村行政機能回復支援とサテライト校制度

・市町村行政機能回復支援
　→県災害対策本部に市町村総合支援チームを設置
　→13市町村の災害対策本部に県職員を派遣・駐在させ、窓口を一本化
　→避難先でも必要な行政サービスを安心して受けられるための通称「原発避難者特例法」が成立
・サテライト校制度
　→県内の他地域に避難した高校生が元の高校に在籍したまま避難先で学習

　市町村行政機能回復支援として、警戒区域等を中心とした県内13市町村の災害対策本部に県の職員を派遣・駐在させ、窓口を一本化することで、速やかに対応できるよう配慮した。

　また、8月5日に、東日本大震災における原子力発電所の事故による災害に対処するための避難住民に係る事務処理の特例及び住所移転者に係る措置に関する法律（原発避難者特例法）が制定され、これに基づき、9月16日にこの特例による対象市町村が指定された。対象市町村においては、避難者が住民票を移さずに、避難先で、たとえば子供の予防注射や介護支援などのさまざまな行政サービスを受けることが可能となる。

　さらに、サテライト校制度を設け、特に双葉地方、相馬地方の高校約10校については、避難先においてもこれまでと同様の高校の授業が受けられるように対応している。

7　県民の安全・安心のための施策

○ふくしまの子どもを守る緊急プロジェクト
　・学校等における放射線量低減対策
　　→校庭、園庭における表土改善への支援
　　→校舎等洗浄機器購入に対する支援
　　→学校等への線量計配布

> - 線量低減化活動支援事業
> - 県民健康管理調査（全県民対象）の実施
>   - →（基本調査）3/11以降の行動記録による被ばく線量の推計　継続した管理。
>   - →（詳細調査）「甲状腺検査」、「健康診査」、「妊婦に関する調査」、「心の健康度・生活習慣に関する調査」
> - 内部被ばく検査の実施
>   - →6月下旬以降、関係機関の協力を得てWBCによる内部被ばく検査を実施
>   - →県が新たな機器を導入して対象地域を順次拡大
>   - ※実施可能な都道府県には県外避難者に対する検査の協力要請
> - ふくしまっ子夏の体験活動応援事業の取組み

(1) 学校等における放射線量低減対策

まず、学校等の放射線量低減対策として、福島県内のほとんどの学校の校庭を約3センチ削り、安全の確保を図っている。

(2) 線量低減化活動支援事業

また、雨どいや側溝など、高線量が見込まれる場所については、子供たちの健康に影響がないように、放射線量低減のための補助制度等を設けた。この制度は、町内会など、行政区単位で清掃活動等が実施されていたところ、放射能の問題から、活動が見送られている地域が多かったことから、低線量の地域、および放射線量が比較的低い地域については、1町内会あたり50万円を限度として補助金を出す形で具体的に活用されている。

(3) 県民健康管理調査（全県民対象）と内部被ばく検査の実施

福島県民全200万人を対象に、発災した3月11日から半年をめどとして、その行動について把握することとし、データベースで管理するとともに、特に18歳以下の方には、ホールボディーカウンター（WBC）による内部被ばくの検査を実施したり、超音波による甲状腺の検査を実施し、これを30年間継続したいと考えている。

(4) ふくしまっ子夏の体験活動応援事業の取組み

子供たちに会津地方などの放射線量の低い地域で、のびのびと林間学校などの体験ができる活動を支援する制度を設けた。

III 諸課題・復興に向けて

1 当面の諸課題

・ホット・スポットへの対応（特定避難勧奨地点）
　→特定避難勧奨地点の指定
・除染活動の推進
　→線量低減化に向けたモデル事業の実施
　→7／15 「生活空間における放射線量低減化対策に係る手引き」作成
　→8／26 国が「除染に関する緊急実施方針」を策定
　→8／26 汚染廃棄物の処理と除染の枠組みを示した「特別措置法」の制定
・災害廃棄物等の処理
　→がれき処理、下水道汚泥処理、除染表土処理
・緊急時避難準備区域解除後の住民帰還に向けた対応
　→9／30 緊急時避難準備区域の解除
　→周辺環境（特に子供達の生活空間）の除染、学校・医療機関・福祉施設等
　　の公的サービスの再開、インフラの復旧整備

今後の最大の課題は、除染活動であり、県下の放射線量を$0.23\mu sv/h$以下にするべく、各市町村が除染計画を立て、対応していくこととしている。

2 復興に向けて

・復興ビジョン・復興計画の策定
・特別法制定の要請
・住民帰還への取組み

福島県は、東日本大震災後半年で人口が約3万2000人減少している。6000人は自然減であるが、2万6000人は県外に転出した方であり、その多くは若い方である。また、海外との取引において支障があるという理由により本社移転に伴う企業の転出も目立ち、これをとどめることは困難な状況である。これは、東日本大震災により経済における基礎的条件がすべて地盤沈下したともいうべき状況である。

　このような状況に対して、福島県においては、8月に復興ビジョンを策定するとともに、復興計画を策定中である。また、国、県、市町村が一堂に会しての復興のための協議会を設置した。

　さらに、現在、地域再生のための、たとえば雇用から教育、生活全般にわたって支援がなされるような特別法の制定について、国と協議しており、これから具体的な内容についてたたき台が出される段階である。

　損害賠償についても、原子力損害賠償法とは別の枠組みによる、特別の損害賠償に係る特別法の制定を要望している。これは、現在、文部科学省所管の原子力災害損害賠償紛争審査会において、さまざまな指針の策定に取り組んでいるところであるが、その動向を踏まえながら、特別法制定の可能性について、検討している。

　そのほか、県外に転出された方については、福島県に帰還されるよう、除染などの活動に全力で取り組んでいる。

第5章 千葉県の対応

前千葉県防災危機管理監防災危機管理課主幹　関口　龍海

はじめに

東日本大震災に際して、震源から比較的離れた首都圏に位置しながら、津波、液状化、石油コンビナート爆発・炎上事故など多様で甚大な被害が発生した千葉県（以下、「本県」という）における、被害状況およびその対応における課題並びに今後の対策の方向性について、以下、解説する。なお、本文中意見にわたる部分については、すべて筆者の私見である。

I　被害状況

本県の被害の特徴は、東日本大震災に一定の関係性をもつさまざまな事象が、複合的かつ広域的に発生した点にある。

東北地方に甚大な被害をもたらした津波は、本県でも最大7.6メートルもの津波高の痕跡が確認されており、死者・行方不明者を多数発生させるなど、甚大な人的・物的被害を与えたほか、東京湾内湾の埋立地や、利根川沿いの低地など広範囲に発生した液状化によっては、5万棟を超える建物被害等が発生した。

また、東京湾岸の石油コンビナート地域においては、本震および余震により、液化石油ガスタンクの爆発・炎上事故が発生し、負傷者が発生したほか、同月21日の鎮火まで10日間を要することとなった。

さらに、東葛飾地域を中心として、東京電力福島第1原子力発電所事故による放射線量値の上昇がみられ、現在まで住民生活に大きな影響を与え、除

染作業や汚染土壌の処分等に多大な労力を費やしている。

　これらに加えて、具体的な被害を定義することは困難であるが、いわゆる帰宅困難者問題については、本県でも確認される範囲において約11万7000人もの帰宅困難者・滞留者が発生し、その行動および支援にあっては、当事者をはじめ、鉄道事業者・行政機関等においても、情報の錯綜、途絶等の混乱が生じた。

　このように、長く平らな沿岸地域や広大な埋立地を有するといった地勢的要件や、東京湾湾岸地帯を中心とする石油化学工業等の集積した産業構造、都心への通勤・通学者等を多く抱えた首都圏の構成団体である等の社会的要件をもつ本県は、東日本大震災をめぐる代表的事象が同時進行的に発生しており、他県にはない特徴的な状況が発生したものと考えている（津波および液状化等の被害範囲については、下記〈表〉のほか、千葉県防災危機管理部危機管理課「東日本大震災による県内の被害状況（平成24年6月1日15時現在）」〈http://www.pref.chiba.lg.jp/bousai/h23touhoku/20110601-203.html〉参照）。

〈表〉　東日本大震災による千葉県内の被害状況

人的被害	死　者	20人
	行方不明者	2人
	負傷者	251人
建物被害	全　壊	798棟
	半　壊	9,989棟
	一部破損	51,477棟
	床上浸水	157棟
	床下浸水	725棟
	建物火災	15件

千葉県防災危機管理監防災危機管理課調べ
（平成24年6月1日15時現在）

II 震災対応等の分析

　本県では、東北地方にみられたような、被災地域における行政機能の壊滅、社会経済活動の長期的停滞等の、極めて深刻な事態には至らなかったものの、津波、液状化等の個々の被害はもちろんのこと、これらを複合的かつ広域的被害ととらえた場合、多くの課題を提起するものであった。

1 震災対応等についての主な論点

　本県では、東日本大震災発生時の行動について、県庁内はもとより、市町村やライフライン事業者、さらに被災者を対象とした調査を行った。詳細は大部であるため本県ホームページ〈http://www.pref.chiba.lg.jp/bousai/bousaikaigi.html〉よりご一読いただきたいが、この調査結果については、大きく以下のような論点に整理されると考えている。

① 津波など個別の事象についての課題
　ⓐ 歴史的にも津波被害の多い沿岸部にもかかわらず、地震発生後に、津波が襲来する認識が低かった。
　ⓑ 津波からいったん避難した後、津波避難が解除される前に帰宅した住民がいた（これにより死者も発生した）。
　ⓒ 都心部等からの集団帰宅行動に対して、個人および鉄道事業者・行政機関など関係者間の共通理解に基づく行動抑制が十分に行えなかった。
② 東日本大震災を、複合的または広域的事象ととらえた場合の課題
　ⓐ 震災に対応する体制と、石油コンビナート事故に対応する体制に兼務があり、今回、同時進行的に発生する業務への対応が困難な面があった。
　ⓑ 原子力発電所事故への諸対応など、事前の想定のない事象について、体制の準備に時間を要した。

ⓒ　津波被害が甚大な市町村の負担が大きく、正確な状況把握が遅れた。
　　ⓓ　救援物資の効率的・効果的な供給体制について改善の余地がある。

2　課題分析

　個別事象に係る課題については、このほか、防潮堤の損壊や、公共施設の津波・液状化被害など、行政が主体となったハード整備の強化を必要とする課題も当然にあるが、東日本大震災では、防波堤等の効果を過信したために被災した例もあり、むしろ注目すべき課題は、上記にあげたような、個人や、個人の属するコミュニティにおける防災の意識や行動を、その解決の端緒とする課題であると考えている。
　一方で、東日本大震災を、複合的かつ広域的事象ととらえた場合の課題については、災害の性質ごとに区分された現在の災害応急体制や、現行の本県の基礎的自治体レベルでの防災対策の限界を明らかにしたものと考えており、個人や地域をより高次に、かつ広域的に包括する行政機能の展開を必要とするものであると考えている。

Ⅲ　今後の震災対策の方向性

　Ⅱにおいて、東日本大震災から得た課題を大まかに整理したところであるが、本項では、これら諸課題についての方向性を述べる。

1　個別事象についての課題への対応

⑴　千葉県地域防災計画修正の基本方針

　津波、液状化、帰宅困難者問題など、諸課題ごとに整理した場合、まず共通する方向性は、個人レベルでの行動意識を、どこまで高めることができるか、という点にある。本県では、平成24年2月に、震災の教訓等を踏まえ、「千葉県地域防災計画修正の基本方針」（以下、「基本方針」という）を策定したところであるが、この基本方針では、今後の計画の見直しに向けた視点の

1つとして、「あらゆる可能性を考慮した最大クラスの地震・津波を前提とした防災対策の見直し」をあげている。

これは、国の防災基本計画とも共通する視座であるが、東日本大震災が、過去の歴史的検証により確認できる限りにおいて、最大クラスの地震および津波であったことを踏まえ、今後の防災対策の前提とする災害の想定を、現在の科学的エビデンスに基づく最大限な範囲にまで拡大しようとするものである。

また、この視点に次いで、「減災や多重防御の視点に重点を置き、ハード対策とソフト対策を組み合わせた総合的な防災対策の推進」をあげている。

これは、東日本大震災においては、行政の原初的な機能ともいえる防災対策（ここではアダム・スミスが『諸国民の富』で著した財政論を、ゲルハルト・コルムが整理した際に、政府とは不生産的な「必要悪のドグマ」であって、「安価な政府」が望ましいものとし、政府に対して限定して認めた「公共事業」に、国民の生命や財産を防御する海岸保全施設や避難施設等の整備を含められるのではないかということ（神野直彦『財政学』）や、大火が頻発した江戸時代において、幕府が旗本、大名、町人など、社会構成員の段階に応じて消防組織を編成したことをもって、防災対策が近代以前から行政機能に取り入れられていたものとする筆者の解釈である）と実際の自然災害との、重大な乖離を真摯に認めたうえで、今後の防災対策の推進にあたっては、被害の最小限化を図る「減災」を重要な観点とし、減災対策の主要な担い手として、社会の構成員のより細かな分類である、個人や個人の属するコミュニティの防災機能をより強化しようとするものである。

災害発生時に、最も優先して保護されるべきは人命であるが、これを保護するにあたって、災害発生から経過する時間が短ければ短いほど、行政の防災機能（公助）は完全ではなく、個人や個人を支援するコミュニティ等の機能（自助・共助）が保護主体とならざるを得ない。

(2) 津波対策

津波に対しては、自助・共助による発災直後の避難・避難支援が軸となる。

津波を視認してからの逃避や、第１波以降の後続波への警戒心が低いことは、被災の危険性を大きく高めるため、公助は、平時からの防災意識の普及や、迅速かつわかりやすい津波警報の周知といったソフト対策、海岸保全施設の整備はもとより、当該施設等の多重化、いわゆるリダンダンシーによって、避難のための時間を可能な限り確保するといったハード対策による避難行動の支援が考えられる（本県では、平成24年４月25日に、津波からの避難行動につなげるための新たな津波浸水予測図を策定・公表したところであり、策定の考え方、内容は、本県ホームページ〈http://www.pref.chiba.lg.jp/bousaik/press/2012/201204/tsunami.html〉を参照いただきたい）。

(3) 帰宅困難者対策

いわゆる帰宅困難者問題については、津波等の地震と直接因果関係をもつ事象とは異なり、自らの生命を守るための安全のための一時的な退避行動ではなく、家族の安否や自宅の状況等を確認したいという、安全欲求よりもさらに高次の欲求段階からなる現象であると考えられるが、急激かつ一斉な徒歩帰宅行動によって、かえって被害リスクを高めることになる。また、当然ながら、行政機能は、限られた支援資源を、負傷者をはじめとする被災者に優先して配分しているため、徒歩帰宅行動に対する支援への過大な期待に対して、十分に応えられる状況にない。

したがって、まず自助・共助（この場合の共助は企業・学校等を指すことになる）において安全を確保し、安全な帰宅が可能な状況であると合理的に判断できるまで移動を開始しない、行動「抑制」が重要となる。

そして、公助は、個人の判断に必要な情報提供を行うとともに、道路啓開や一時滞在施設の開設等の徒歩帰宅に必要な環境改善を行うといった防災対策を重点的に進めるべきであると考えている。

2　複合的または広域的事象ととらえた場合の課題への対応

東日本大震災を、複合性や広域性という観点からとらえた場合、行政機能

の維持や、中長期的な支援体制の構築が重要であると考えられる。東日本大震災のような極めて規模の大きい災害が発生した場合、地勢的要因(沿岸や埋立地等)や社会的要因(都市計画区域や石油コンビナート地域等)により、地域ごとの災害リスクは複合的であり、状況によっては相乗的に増加することに留意しなければならない。各地域を局所的にとらえた場合は、既述のように、自助・共助による人命の行動意識の徹底と、公助による補完的効果の向上という防災対策の構造が成立するが、広域的行政機関である都道府県または国の役割は、各地域の個別の災害リスクに同時対応可能な体制を整備し、かつ運用するところにある。

(1) 災害対策本部体制

先の基本方針では、当該課題への対処方針として、災害対策本部と石油コンビナート防災対策本部の兼務を解消し、同時発生した場合にも対応できる体制の整備をはじめとして、中長期的な運営も見据えた本部事務局体制の強化や、被災地の現況と広域支援のタイムラグを短縮するため、市町村の災害対策本部に代替して被害の情報収集を行う現地災害対策本部の強化などの考え方を示している。

(2) 救援物資の調達

東日本大震災では、東北地方において、道路の途絶等により、時間経過とともに多様化する必要物資の慢性的な不足や、物資輸送や管理等に混乱を生じたほか、本県でも、災害時に物資の優先的な提供を受けるべく締結していた協定が、事業所の生産能力の低下や資源の枯渇等により、必ずしも有効に機能しなかった。

また、生産機能の低下や資源の枯渇等による需要過剰の状態が発生すると、支援を要請する地方公共団体間等に非協力ゲーム(自地域の被害情報のみに基づき要請判断を行ううえ、情報の錯綜、不足により、必要以上の要請を行う欲求が高まる等の状況が考えられる)が発生し、必ずしもパレート最適な状態が達成されないほか、供給者側に必要な情報が伝わらないことにより、被害程度に応じた公平な配分が行えないと考えられる。

第2編　第5章　千葉県の対応

　したがって、今後は、協定によって確保できる物資を定量的に算定せず、直接備蓄を優先する取組みや、最適配分を可能とするための国レベルでの供給協定が有効であると考えられるが、前者については財政的制約等もあり、後者については、近い将来発生が予測されている東京湾北部地震を想定した場合、首都機能の維持が優先され、必ずしも本県に有意な内容とはならない懸念があるなど、今後さらなる研究が求められるところである（災害発生直後は、被害情報の不足等により、被災団体からの迅速かつ十分な要請が行えない可能性があることから、支援側からのいわゆる「プッシュ型」支援の検討が国等において行われているところである（参考：防災対策推進検討会議中間報告（平成24年3月7日）〈http//www.bousai.go.jp/chubou/suishinkaigi〉））。

　(3)　**その他**

　なお、特に津波被害の甚大であった九十九里地域においては、平成の大合併においても、必ずしも基礎的自治体の広域化が進展しなかった地域であるが、当該地域では、市町村役場に津波の浸水の危険性がある団体や、その市町村の全域が低地であり津波の避難場所の選定が困難な団体もあり、近隣自治体との協定等の推進はもちろんのこと、さらなる行政機能の広域化、強化等が期待される地域である。

Ⅳ　おわりに

　東日本大震災における課題および諸対策については、本県では、本稿以外にも多くの論点を検証し、施策を検討しているところであり、現在「千葉県地域防災計画」の修正に向けて、鋭意検討を進めているところである。

　また、東日本大震災は、今後のあらゆる防災対策の検討の原点として立脚するものである。本県でも引き続き、東日本大震災の検証を深め、次に来るべき災害に向けて、たゆみなく対策を講ずることとしたい。

第3編
各士業・保険業界等の対応

第1章　日本弁護士連合会の対応

日本弁護士連合会東日本大震災・原子力発電所事故等対応本部副本部長　永井幸寿

I　阪神・淡路大震災における支援活動

> ①　法律相談の実施
> ②　法律扶助協会との連携
> ③　立法提言
> ④　まちづくり支援

　日本弁護士連合会（以下、「日弁連」という）では、平成7年に起きた阪神・淡路大震災に際して、弁護士は、震災後の1年間で約10万件の法律相談を実施し、法律相談で解決できない問題については、法律扶助協会（資力のない人に弁護士報酬を立替払い等の支援を行う財団）等と連携しながら、法的手続の支援を行った。また、私人間の対立、紛争解決だけでは対応できない点については、立法提言を行う等、復興支援を行った。

II　東日本大震災における災害復興支援

> 平成23年3月11日　　「東北地方太平洋沖地震災害対策本部」を設置
> 平成23年4月14日　　「東日本大震災・原子力発電所事故等対策本部」に改名
> 【主な活動実績】
> ①　無料法律相談の実施
> ②　震災ＡＤＲの実施

```
③　原子力発電所事故等への対応
④　立法提言
⑤　広域避難者支援
⑥　まちづくり
【活動を支える支援体制】
日弁連による支援体制
```

　以下東日本大震災での対応につき述べる。詳しくはNBL 974号12頁以下（日弁連ホームページ掲載）を参照されたい。

1　無料法律相談の実施

(1)　概　要

- ▶ 日本司法支援センター、ボランティア、各弁護士会と連携し、避難所等巡回・電話での無料法律相談を展開
- ▶ 各関係者の協力で日弁連で法律相談情報を一元的に集約、解析しフィードバック
- ▶ 実績（平成23年10月31日時点）　　約3万3000件
  　データベース（10月31日時点）　　約2万8000件超

【支援活動】
① 被災地弁護士会による相談活動
- ▶ 岩手県弁護士会、仙台弁護士会、福島県弁護士会が中心
- ▶ 震災直後から面談相談および電話相談による無料法律相談を展開
- ▶ 日本司法支援センター、日弁連、各弁護士会と連携
② 日弁連・各弁護士会等による相談活動の支援
- ▶ 岩手県
  - ・恒常的な支援弁護士の派遣による避難所等での相談
  - ・相続の相談事例が急増している現状を客観的に証明
  - ・沿岸部における常設の法律相談センター設置へ
- ▶ 宮城県
  - ・95カ所の避難所をゴールデンウィークに一斉巡回相談
  - ・延べ300名の弁護士で1000件を超える法律相談を実施

> - 避難者の深刻な住宅ローンの負担の問題を浮き彫りにし、「私的整理に関するガイドライン」の制定に大きく貢献（弁護士会の公益性と立法事実の集約）
> - 各機関との調整について課題
> ▶ 福島県
> - 恒常的な支援弁護士の派遣による相談の実施
> - 原子力発電所事故等に関する相談事例を集約、各種提言の基礎資料へ

　岩手、宮城、福島の被災地の各弁護士会を中心として、電話あるいは避難所での法律相談を実施した。この法律相談にあたっては、日弁連や他の弁護士会も、弁護士を派遣し、支援を行った。

　特に、宮城県ではゴールデンウィークの3日間で、13の弁護士会が延べ300人の弁護士を派遣して法律相談にあたった。この法律相談の実施・運営にあたっては、仙台弁護士会には、支援弁護士の割り振りや、日本司法支援センター（通称：法テラス）との財政予算との関係の調整など、負担をかけることとなった。一方で、弁護士会が、災害時において、さまざまな支援活動が実施できることをマスコミ等を通じて伝えることができたこと、あるいは、法律相談の現場において立法事実の集約ができ、特に二重ローンの問題については、立法提言につながった。

(2)　法律相談の機能

> 【法律相談の機能――半年で3万件以上の無料相談】
> （阪神・淡路大震災の時は）
> ①　紛争予防機能
> ②　精神的支援機能
> ③　パニック防止機能
> 　　（加えて、東日本大震災では）
> ④　情報提供機能
> ⑤　立法事実収集機能

法律相談には、①紛争予防機能、②精神的支援機能、③パニック防止機能、④情報提供機能、⑤立法事実収集機能が認められる。

まず、災害時において、法律相談を行うことは、その後の紛争予防機能があると考えられる。阪神・淡路大震災後においても、上記のとおり法律相談を実施したが、震災前の平成6年と比較し、平成7年、8年、9年の各地方裁判所における民事訴訟の申立件数は減少している。これは、上記10万件に及ぶ法律相談によって、被災者同士に法的な指針が確認できたことによって、話し合いによる紛争解決が実現できたからだと考えられる。

次に、法律相談は、悩みを訴える場でもあり、一種のカウンセリングの機能があり、話を聞いた弁護士自身が被災者である場合には、同じ目線で話を聞くことができることによって、精神的な支援を行うことが可能となる。

また、関東大震災では、暴動を起こすというデマによって、在日朝鮮人が一般の市民によって多数殺害されたが、法律相談の実施によって、法律に従って解決する意識が被災地に普及し、法の支配が回復できるというパニック防止機能もあると考えられる。

さらに、被災自治体が機能不全に陥っているところで、法律相談を通して、被災者に対する公的なサービスを案内したり、被災者生活再建支援法といった法律の内容を紹介したりする情報を提供する役割を担った。

その他、法律相談によって、被災者のニーズを把握し、分析することで、立法措置を講ずる必要がある事実をとらえ、立法提言を行った。特に、東日本大震災発災時の官房長官は、弁護士であったことから、法律相談の実状を鑑み、速やかに立法措置の手続に入り、法律の制定を実現した。

(3) 法律相談実施の工夫

法律相談にあたっては、事前に災害に関する法律問題のQ&Aの作成や会員に対する研修等を行うとともに、さまざまな相談の誘引のためのグッズを開発した。避難所に法律相談のブースを設けても、東北の方は、気質もあってかなかなか相談に訪れない傾向にある。阪神・淡路大震災のときは、関西の方は、自己主張の強い気質の方が多いからか、積極的に相談にきて、質問

をされたのとは全く傾向が異なることが判明した。

しかし、法律相談を案内するビラを作成し、配っても捨てられてしまったことから、改善策として、ティッシュペーパーやボールペンなどに弁護士会の名前を入れて配布し、法律相談を案内したところ、渡す時に会話が生まれ、少しずつ相談につなげていくことができるようになった。

また、紙芝居を作成し、被災者生活再建支援法のしくみをわかりやすく紹介することによって、質問を促し、法律相談の充実に努めた。

(4) 法律相談支援の課題──日弁連と各弁護士会との調整

> ► 日弁連の活動には被災地弁護士会の支援要請が必要
> ► 支援したい被災地外の弁護士会と被災地弁護士会との意識の差異

東日本大震災における法律相談を実施して、明確となった課題として、まず、現地の弁護士会あるいは他士業との調整という点があげられる。

被災地に対して被災地外の弁護士会が支援するにあたっては、全国弁護士会災害復興支援規程という相互支援規程に基づく必要があるが、被災地弁護士会の支援要請が必要と定められている。これは、被災地の住民の権利の擁護者は、被災地の弁護士であるという誇りの面や、職域の面に配慮したものといえる。さらに支援に赴くこととなると、その手続、調整が煩瑣になるという面もあげられる。しかし、全国の弁護士としては支援に行きたいという強い希望もあって、この点の調整が複雑であり困難な点であるいえる。

2 震災 ADR の実施

(1) ADRとは──広域かつ多数の被災者のための簡易・迅速・安価な手続が必要

ADRとは、裁判外紛争処理手続のことであり、簡易、迅速、公正、安価に紛争を解決するという手続である。震災に係るADRについては、日弁連のみならず関係官庁、国会議員の尽力で実現することとなった。

(2) 二重ローン ADR

【阪神・淡路大震災との違い】
▶ ローン問題に関する法律相談の件数
　・東日本大震災：全体の20％を占める
　・阪神・淡路大震災：全体の２％
▶ 不動産価値の減少
▶ 就労先の喪失
▶ 広域かつ多数の被災者（10万人の避難者）全員が破産申立て等をすることは非現実的・裁判所の処理能力の限界
▶ 早期の段階で生活再建を実現し、経済産業の空洞化を防止することで最終的に低コストでの経済復興・再建を果たす必要性

【当初の方針】
▶ 法律による債権買取機構の設置要望「平成の徳政令」

【経過】
▶ 個人債務
→「個人債務者の私的整理に関するガイドライン」
　国、最高裁、全銀協、日弁連等とで協議
▶ 法人等の債務
→買取り法案の制定へ

まず、二重ローン ADR である。二重ローンとは、ローンを組んで建物などを購入したが、津波等により建物が流れてしまったにもかかわらず、なおローンが残っている、という不合理な債務をいう。二重ローンは、決して二重にローンを組む場合のみをいうのではなく、不合理な債務を指している。二重ローンの問題は、阪神・淡路大震災のときにも問題となったが、東日本大震災のほうがさらに深刻な問題といえる。二重ローンに関する法律相談は、阪神・淡路大震災では、法律相談全体の２％であったものの、東日本大震災では、20％を占めている。

また、不動産に関しては、東日本大震災では地盤が沈下して担保価値が減少してしまう事態が生じている。また、就労先が失われてしまう、月々の返

済が困難な事態が生じるといった阪神・淡路大震災との違いがみられる。さらに多数の被災者にもかかわらず、弁護士は、岩手県の弁護士は80人、宮城県は350人、福島県は150人と少人数であり、この少人数で、何万件、何十万件と発生するであろう破産などの手続を行うことは不可能である。被災地の裁判所も小規模なところが多く、処理能力を超えてしまうことが考えられる。その結果、何年間も手続が滞ってしまい、その間返済を継続しなければならなくなるという状態になってしまう。事態は深刻であることから、被災地を訪問した宇都宮健児会長（当時）が「平成の徳政令」とうたい、日弁連として当初、法律による債権買取り機構を設置して、買い取ったのちにその債権を免除するということを検討した。

その後、国や全国銀行協会など関係機関とのさまざまな協議の結果、個人の債務に関しては、私的整理ガイドラインを策定することとした。その結果、個人版私的整理ガイドライン運営委員会が設置され、専門家が派遣され、弁護士は、現在約500人が登録されている。この登録された弁護士は、被災者の弁済計画作成の支援や、金融機関との交渉についてもサポートし、紛争の解決にあたっている。一方で、企業の債務に関しては、株式会社東日本大震災事業者再生支援機構法が平成23年11月に制定されたところである。

(3) 原子力損害賠償 ADR

- ▶ 原子力損害賠償紛争審査会の設置
  - ・賠償基準等について国との協議
- ▶ 原子力損害賠償紛争審査会の組織等に関する政令の改正
- ▶ 原子力損害賠償紛争解決センターの設立
  裁判官、弁護士が中心とした第三者機関の設置
  （原子力損害賠償紛争和解仲介室）

原子力発電所の事故に伴う賠償については、原子力損害賠償紛争審査会において、原子力損害賠償紛争解決センターが設置された。ここでは、パネルという仲介委員によって東京電力と被災者との協議が行われ、和解案が提示

されることにより、紛争が解決することになる。この仲介委員には、弁護士、現職の裁判官が参加することになっている。

(4) 弁護士会の震災ADR

【阪神・淡路大震災では】
- ▶ 「仲裁センター」の設置

【東日本大震災では】
- ▶ 仙台弁護士会による「震災ADR」の設置
- ▶ 無料で実施、電話申立ても可能
- ▶ 300件の申立て、100件が解決（平成23年10月現在）
  無料法律相談実績から、賃貸借や相隣関係などのADRになじむ相談事例を把握したうえで設置

　阪神・淡路大震災においても、仲裁センターが設置された例があるが、東日本大震災に際しても、仙台弁護士会により、紛争解決支援センターが設けられ、民間のADRである震災ADRが実施されている。これは、申立てがあった場合に、弁護士が仲裁人となり、簡易・迅速・適正・低額に紛争の解決を図るというものである。

　申立てにあたっては、電話によることも可能であり、また、申立てを受け付けた弁護士により申立書が作成され、その費用も無料であることから、すでに300件以上の申立てがなされ、平成23年10末日の段階では、申立ての約3分の1にあたる100件の紛争が解決されている。これは、紛争解決にあたっての効果的な手続といえるが、災害のときは、被災者同士は、同じ恐怖をくぐり抜けてきたという一種の連帯意識があるようであり、また、命が助かっただけでよいという、一種の価値の転換もあることから、速やかな解決が図られているといえる。今後は、復興が進むに従って、震災前の価値観が戻ってくることも考えられることから、早い時期での紛争解決を図ることが重要であると考える。

3　原子力発電所事故等への対応

(1)　日弁連による原子力発電所事故等についての提言

【調査】
- ▶ 各地の相談事例分析、日弁連原子力プロジェクトチームによる現地・関係機関視察

【提言】
- ▶ 原子力発電所事故等に関連して36本の意見書、声明、各種提言を発信（11月2日現在）
  （例）
  ・「福島県内の学校等の校舎・校庭等の利用判断における暫定的考え方について」に関する会長声明（4月22日）
  ・「福島第一原子力発電所事故の損害賠償の枠組みについての意見書」（6月22日）

次に、原子力発電所事故への対応として、放射能汚染に関して調査し、提言を行った。

(2)　原子力損害賠償紛争への対応

- ▶ 東京電力の請求書について
- ・請求書の問題点
  精算条項の問題、不動産損害の欠落、加害者側による記載方法の指導
- ▶ 日弁連の対応
  説明会の開催、慎重を訴える意見広告、各種政府要望
- ・政府・国会
  東京電力に指導
- ▶ 損害賠償請求の支援について
  各地における弁護団の結成、説明会、証拠保全のための「被災者ノート」「やさしい原発事故損害賠償申出書」、原子力損害賠償支援機構による情報提供業務への協力

原子力発電所の事故にかかわる最も重大な問題として損害の賠償があげら

れる。

　東京電力は、福島第１原子力発電所の事故に伴う損害賠償の請求書を作成し、被災者に送付したうえで、請求を申請することとしている。この請求書は60頁に及び、またその解説が120頁もあることから読みこなすことが困難であるうえに、精算条項まで設けられており、請求書に則って請求を行った後には、その後、新たな損害が発生しても、再度の請求を認めないとしている。また、不動産に関する賠償については項目が欠落していたり、通常不法行為による損害賠償の請求期間は３年であるはずが、東京電力作成の請求書では、２カ月以内に申請をしなければ失効してしまうような内容となっているなど、さまざまな問題点が認められる。

　さらには、東京電力が各地で開催している説明会では、被災者が複数人の説明員によって請求書への記載を誘導されてしまい、不正確な賠償の請求書が、発送されている危惧がある。

　この東京電力が作成した請求書については、政府も、問題視しており、東京電力側も精算条項の削除や手続・解説の簡易化といった問題点の改善を図ったようではあるものの、実際には、上記精算条項はすべてが削除されたわけではないようである。

　この問題に対して日弁連としては、地元の新聞に注意を喚起するための意見広告や、会長声明を出す形で被災者支援を実施したが、他方で、日弁連が一方の当事者に立って何らかの手続を行うといったことは不可能であることから、各地の弁護士の有志により弁護団が結成され、法的な損害とはいかなるものかといったことを解説する説明会が開催されている。あるいは、弁護士会が被災者ノートというものを作成し、原子力事故に伴って、いつ、どのような支出をし、どのような問題が生じたかという事実を時系列に従って記載できる書式を設け、記録することを促したり、「やさしい原発事故損害賠償申出書」という、チェック方式の簡単でわかりやすい請求書の書式を作成した。

　また、原子力損害賠償支援機構より日弁連に、被災地への訪問相談チーム

を組織することの要請があり、弁護士1名と行政書士3名を1チームとして、各地で損害賠償についての説明会を行った。訪問相談チームによる説明会では、当然、東京電力の請求書についても説明を行い、その問題点について解説している。この説明会では、震災前の東京電力と被災地とのかかわりによって、被災者の反応にはさまざまなものがあり、弁護士等に不信感をもち東京電力を擁護したり、他方で、東京電力への不信により弁護士への損害賠償の依頼をする場面もみられた。

4　立法提言

○阪神・淡路大震災
- ► 提言から成立した法律は0本

○東日本大震災
- ► 主要な8本の法律制定・運用（不適用）を実現（平成23年10月現在）
- ① 相続放棄の熟慮期間の伸長
- ② 災害弔慰金の支給対象の拡大
- ③ 災害援護資金の保証・利率の改善
- ④ 支援金・義捐金等の差押え禁止
- ⑤ 復興基本法の制定
- ⑥ 二重ローンADR制度（私的整理ガイドライン）
- ⑦ 原子力損害賠償ADR（原子力損害賠償紛争解決センター）
- ⑧ 罹災都市借地借家臨時処理法の不適用

○立法等措置が実現した理由

【従来型の活動では】
- ► 立法提言で満足していた、政治に対する偏見、弁護士に対する偏見、政治的中立性への過剰反応など

【東日本大震災復興支援では】
- ► 会長を中心とする復興支援の理念
- ► 日本弁護士政治連盟との連携
- ► 法曹人材の復興や損害賠償支援部署への推薦
- ► 兵庫県弁護士会・復興研究機関の知見

> ▶ 帰宅困難者・放射能問題など首都圏の疑似体験・被災で関心が維持
> ▶ 震災以降の重大事件の不発生
>
> 【現実的方法論】
> 　提言、省庁・議員レクチャー、院内集会、署名活動、マスコミの世論形成

　日弁連の立法提言の結果、東日本大震災に関しては、8本の法律の制定、あるいは制定の阻止を実現した。

　阪神・淡路大震災のときも、日弁連は震災関連の立法に向けて活動をしたが、成果は得られなかった（被災者生活再建支援法は、弁護士の有志が作家の小田実氏とともに、立法を働きかけたものである）。

　東日本大震災における立法措置として、まず、相続放棄の熟慮期間の延長があげられる。相続放棄の熟慮期間の伸張とは、相続放棄を検討する期間は、法律上被相続人の死亡を知った時から3カ月とされているが、震災の被害を鑑みるとあまりに短期間であることから、これを8カ月とし、延長したものである。

　また、災害弔意金とは、亡くなった方の遺族に弔慰金を支払う制度であるが、直系の親族と配偶者に受給権があるとされていたところ、さらに兄弟姉妹まで拡大した。

　災害援護資金は、被災者にお金を貸し付ける制度である。この貸与にあたっては、利率は一律3％であり、保証人を付すことが必須とされていたが、変更を促し、保証人は必須のものとはせず、保証人を付ける場合の利率は1.5％、保証人を付けない場合は3％となった。

　また、義捐金、被災者生活再建支援法の支援金、災害弔慰金については、差押えを禁止する法律を設けた。

　復興基本法については、直接法律の策定にかかわったわけではないものの、個々の被災者の人間の復興をめざすという理念については、日弁連の要望により盛り込まれることになった。

　その他、二重ローンのADRや原子力発電所事故に伴うADRについては、上記を参照されたい。

一方で、罹災土地借地借家臨時処理法（以下、「罹災法」という）の適用については、これを見送るよう提言を行った。罹災法は、そもそも太平洋戦争の敗戦直後、土地の不動産価格よりも土地上に建てられたバラックの価格が高いときに、そのバラックの居住者の権利を確保するために設けられた法律であり、現在の社会には全く適合しないものであったが、阪神・淡路大震災のときには、この法律が適用され、神戸では混乱が生じた。したがって、従来日弁連では改正を求めていたが、東日本大震災においては、仙台弁護士会や東北弁護士会連合会から反対の意見が出され、法務省とともに現地を調査した結果、この罹災法の適用は見送られることとなった。

　これまで日弁連では、さまざまな場面で立法提言を行ってきたものの、なかなか法律の制定を実現することができなかった。それは、提言書の作成が成果となってしまったり、強制加入団体としての性格や、政治への不信、偏見があったことにより、積極的に立法にかかわってこなかった点があげられる。また、政治家からも日弁連への不信があったようである。しかし、東日本大震災に際しては、宇都宮会長の下、提言にとどまらず法律の実現を方針とし、積極的に活動を行った結果、上記立法が実現した。

　現在では、弁護士政治連盟を通じて、弁護士と国会議員との交流が図られていたり、任期付き公務員として、弁護士が官庁で働くことによって、さまざまな提言や官庁のレクチャーなどの要請を行っている。

5　広域避難者支援

(1)　東日本大震災特有の課題

【阪神・淡路大震災】
　広域避難者支援の問題は不発生
【東日本大震災の課題】
- ► 広域避難者支援が課題に
- ► 遠隔地避難
- ► 自治体情報・サービスの途絶

- コミュニティ喪失
- 就労先喪失
- 孤立化・いじめ・登校拒否・家庭崩壊
- 孤独死

　広域避難者には、自治体からの情報が途切れ、サービスが途絶する、コミュニティから離脱してしまう、孤立化やいじめに伴うこどもの登校拒否などの問題があげられる。また、母子による避難の場合には父親との関係が断絶してしまったり、それに伴う父親の孤独死といった事態が生じることがある。

　阪神・淡路大震災の際にも、他の地域への避難者は多くあったが、弁護士会としては、避難状況等を把握できず支援を行うことができなかった。東日本大震災においては、上記事態を回避するためにも支援が必要であると考えている。

(2) 弁護士・日弁連の活動、提言

【日弁連・弁護士会の活動】
- 避難者の把握
- 自治体での調査
- 法律相談事例の集約
- 各種情報提供機能
- 自治体との連携
- 専門職種・NPOとの連携
- コミュニティー創造支援
- 広域支援体制のネットワーク化

　全国の各弁護士会は、自治体等への問合せによる避難者の把握に努めているが、第1次避難所や公的施設の場所は開示されるものの、第2次避難所、私的な施設、ホテルといった場所については開示されないため改善を求めたいと考えている。

　また、各地で法律相談を行ったり、被災者が避難所から仮設住宅に移った場合においても、個別訪問による法律相談を実施し、避難者に向けて自治体

の情報を提供するよう努めている。あるいは、福祉などの専門家やNPOとの連携、コミュニティ創設の支援、県人会創設の支援、イベントの実施、支援体制のネットワーク化を行っている。

6 復興まちづくり支援

(1) 東日本大震災における課題

> 日弁連をはじめとする弁護士チームにより地方公共団体と協働した「まちづくり支援」を実施
> 【阪神・淡路大震災】
> 阪神・淡路まちづくり支援機構(弁護士等専門士業で構成)による10のまちづくり支援
> 【東日本大震災の課題】
> ①住民の自己決定の手続保障がない、②県と市町村の役割分担、③市町村の復興計画策定能力、④特区制度による自由競争の問題、⑤日本経済復興目的と住民の権利

阪神・淡路大震災では、弁護士は専門家と連携して、10のまちづくりに関与した。

東日本大震災におけるまちづくり支援における課題として、まず、住民に自己決定の手続保障がない点があげられる。もともと自治会には手続保障があるが、そこで合意を形成し行政の意見への対案をつくるという習慣がないことから、専門家のサポートが必要であると考えられる。

また、県と市町村の役割分担が明確ではないという課題もあり、市町村に大きな負担がかかっており、特に市町村のまちづくり計画などの策定にあたっては、専門家が補完する必要があろう。

特区制度については、柔軟な手続という面でメリットが認められるが、自由競争をいきなり持ち込むことによって、被災地住民の権利が害されないか、危険があり、慎重な対応が求められる。

(2) 弁護士の役割

【まちづくり支援と弁護士の役割】
　①法律制度の説明、②国・地方公共団体の情報取得、③住民との権利調整について地方公共団体へ助言、④市町村と住民の意見交換などにおける論点整理、⑤法的見解の保証、⑥住民意思を行政へ伝達
【復興提言】
　①まちづくり協議会、②専門家派遣制度、③専門家会議、④住民意思の反映手続、⑤復興事業の国庫負担
　▶「東日本大震災における復興に関する提言」(平成23年10月18日)
【被災地弁護士会との連携で支援を開始したところ】

　弁護士によるまちづくり支援として、法律制度についての住民への説明、あるいは弁護士は、情報の提供を受けやすいことから国や自治体の情報を取得し住民に提供する。また、境界などの権利調整の助言をしたり、住民同士の意見交換の際には、意見の論点整理を行うほか、法律上問題がないかなど法的見解を保証したり、住民の意思を行政側に適切に伝えるといった役割を担うことができる。
　現在、宮城、岩手の弁護士会では、上記のようなまちづくり支援を開始している。

III　日弁連の災害復興支援体制

【阪神・淡路大震災】
　一時的な日弁連災害対策本部は設立された
【東日本大震災】
　より強力な組織体制・情報集約体制
　▶　全国弁護士会災害復興支援規程・規則の整備
　▶　日弁連
　　　災害対策本部、災害復興支援委員会、災害復興基金、
　　　震災相談 Q&A 作成、3万件以上の無料法律相談分析

615

> ▶ 各弁護士会
>   支援規定、災害担当組織設置、全国協議会

　阪神・淡路大震災のとき、日弁連には一時的な日弁連災害対策本部は設置されたが、恒常的な災害対策組織はなかった。そこで、日弁連に恒常的な支援体制と全国的な支援体制をつくるために、平成15年に支援規程を制定した。日弁連の支援体制は、平常時に災害対策事務局と災害復興支援委員会が活動し、同委員会は、①「災害復興支援に関する弁護士会の活動Q&A」の出版、②最高裁判所・法務省・司法支援センターとの災害時の相互協力の協議、③災害時の立法政策の調査等を行った。また、災害時には日弁連災害対策本部が設置され、災害復興支援委員会と連携して、省庁への要請、法改正運動等を行った。

　全国的な支援体制は、各弁護士会・弁護士会連合会に災害担当組織等が設置され、毎年、災害復興支援委員会の開催する「災害復興支援に関する全国協議会」で一堂に会し、情報の交換やワークショップを行って災害に関する知識や意識の共有化を図っている。東日本大震災で、日弁連が効果的な支援活動ができ、全国的に弁護士会、弁護士会連合会が被災地弁護士会を支援できたのは上記支援体制が構築されていたことによる。

第2章 日本行政書士会連合会の対応

日本行政書士会連合会会長
東日本大震災大規模災害対策本部本部長　北山　孝次

はじめに

　まずはじめに、東日本大震災で被災された方々に対しお見舞い申し上げるとともに、お亡くなりになられた方には衷心よりお悔やみ申し上げます。

　平成23年（以下、平成23年につき省略する）3月11日、東北地方太平洋沖地震の発生した時刻、日本行政書士会連合会（以下、「日行連」という）では常任理事会の開催中であった。地震発生直後、筆者は役職員に対して、会館外への避難指示を出すとともに、安全確保を図り被害状況の把握を開始するよう指示した。また、交通網の遮断が報じられたことを受け、役職員の帰途手段の確保・宿泊手配等へ向けた対応を図った。

　本稿では、いわゆる東日本大震災（地震・津波および両者によって誘発された東京電力福島第１原子力発電所の爆発事故による放射能被害を含む）に対する本会の対応について、

① 初動期（震災直後の即時対応）
② 第２期（復興へ向けた方向性を描く）
③ 第３期（第２期に描いた復興支援策の実行推進）

に分類し、報告するものである。

I　初動期（震災直後の即時対応）

1　地震発生〜被害状況の把握、災害対策本部設置

　地震発生の翌日3月12日に、筆者を本部長とする「東日本大震災合同大規模災害対策本部」（以下、「大規模災害対策本部」という）を立ち上げ、まずは、各都道府県行政書士会（以下、「単位会」という）の被災状況の確認、会員の安否情報の収集に着手した。また、災害対策に重点を移し、3月期に予定していた研修事業を中止するなど、事業の緊急時シフトを図った。

　3月14日、全単位会の被災概況を聴取するとともに電子メール、FAX、電話で寄せられる会員の安否情報を集約し、日行連ホームページに掲載した。さらに、人的被害が出ている16都道県の単位会に具体的な支援策を講ずるべく「被災状況や対策の報告及び日行連への要望等について」を発信し、具体的被災状況の調査を行った。

2　災害対策本部による即時対応等

　3月16日には副会長、専務理事、常任理事（総務部・経理部・広報部・法規監察部・業務部の各部長）を招集し、加えて日本行政書士政治連盟総務委員長を招き、大規模災害対策本部会議を開催し、当会として国民に対して、また会員に対して、「なすべきこと」「なし得ること」の課題整理を行い、早速、それぞれの所掌において作業を進めることとした。

　会議では、主な課題として、被災単位会への運営支援、被災会員および被災住民支援にあてるための義援金の募集、繁忙を極める被災自治体における行政事務の補助等の行政協力の提言、被災住民・被災事業者が行政手続で不利益を被らないための政策の提言、住民・事業者に対する復興支援措置に係る申請者および行政への支援などがあげられた。

　4月6日から8日までの3日間、大規模災害対策本部から本部長（筆者）、

姫田副本部長（副会長（当時））、中西災害対策部長（専務理事（当時））および怡土復興支援部長（総務部長（当時））が特に被災の大きかった福島・宮城・岩手3県の県庁および行政書士会を訪問し、直接お見舞いの言葉を伝えるとともに、震災復興に向けた具体的な支援策について協議を行った。

各単位会（福島会：國分会長、宮城会：田代会長職務代行者（当時）、岩手会：中澤会長（当時））との協議では、災害助成金、義援金に対する謝意が表されるとともに、所属会員の安否・被災状況のほか、会員の所在確認の困難さが示された。また、仮事務所開設等に係る登録上の問題、会費減免措置、行政協力のあり方、単位会総会日程の延期等の諸課題について説明、要望等を受けた。これらへの対応については、これ以降、本会と単位会との間で緊密な連携をとりながら、県への協力要請等も含め、迅速かつ的確な対応を図っていくことを確認した。

岩手・宮城・福島の各県に対しては、お見舞と本会および各単位会による連携支援策を盛り込んだ書面を提出し、あわせて単位会総会日程の延期等の検討要請を行った。

具体的な連携支援策としては、入管・国籍関係相談・受付業務、土地・建物の賃貸借に関する相談業務、戸籍法・住民基本台帳法に関する相談業務、被災自動車の抹消登録等に係る手続支援業務、許認可等各種行政手続に関する相談業務などの行政協力の申し出、各種行政手続に係る手数料の減免提案、さらに単位会による被災者向け電話無料相談の実施予定などを伝えた。

さらに、4月11日携帯電話からアクセス可能な携帯用「東日本大震災」関連情報サイトを開設した。このサイトでは、震災関連情報トピックスの閲覧および会員の安否情報等を投稿できる掲示板の利用が可能となっていた（平成24年4月末をもって閉鎖）。

II 第2期(復興へ向けた方向性を描く)

1 被災単位会・会員および被災住民に対する義援金等

(1) 災害助成基金積立預金

災害時における金銭的な助成等は特に迅速な対応が求められるものだが、日行連では、災害対応を想定し積み立てていた総額1500万円の災害助成基金積立預金を取り崩し、青森、岩手、宮城、福島および茨城会に各150万円を、さらに2次分として岩手、宮城、福島会に各250万円を支給した。

(2) 義援金

日行連では、今回の義援金について「単位会、会員及びそのご家族の支援に向け、日行連の判断で該当単位会や自治体等に割り当て、振り込む」(平成23年3月17日付け募集告知より)こととし、一義的には被災会員への見舞い・支援にあるが、被災会員の仕事の確保、被災単位会の運営支援、被災自治体・住民の復旧・復興支援を視野に募集を行った。

3月18日より義援金の募集を始めたところ、4月15日現在(第1次締切)6855万7927円、5月9日現在(第2次締切時、累計)6961万1671円、9月5日現在(第3次締切時、累計)8408万6173円(いずれも予備費を取り崩し災害助成費に支出した1500万円を含む)が寄せられた。

なお、当該義援金については4月5日、5月17日、9月15日の3次にわたり、岩手会、福島会、宮城会、茨城会、千葉会、栃木会、岩手県、福島県、宮城県の9団体に支給した。

2 政府・省庁等への要望

(1) 政府・緊急災害対策本部等への提言

(ア) 3月17日

法務局入国管理局長に宛て、以下の7点について緊急要望を行った。

① 在留期間の伸長等について
② 申請の受理要件について
③ 審査および処分等について
④ 管轄の特例措置について
⑤ 特例措置の範囲の拡大について
⑥ 退去強制手続等について
⑦ その他

　(イ)　3月30日

特定非常災害の被害者の権利利益の保全等について、「特定非常災害の被害者の権利利益の保全等を図るための特別措置に関する法律」3条、4条の主務部局である総務省行政管理局行政手続・制度調査室に宛て、有効期限延長等措置に関する申入れを行った。

　(ウ)　4月12日

政府の緊急災害対策本部（菅直人本部長（当時））に宛て、「震災にかかる行政手続等に関する救済策・緩和策」として、以下の5点について提言を行った。

① 入国管理および難民認定法関係（東北地方太平洋沖地震により多大な被害を受けた地域における出入国管理行政の特例措置について（緊急要望））
② 国籍法関係（14条および17条の期間制限に対する救済策）
③ 民事法関係／私人間の権利義務関係（契約書や借用書の喪失の場合の救済策、自筆証書遺言の喪失の場合の救済策、秘密証書遺言の喪失の場合の救済策、公正証書遺言について利害関係人が本人確認書面を喪失している場合の救済策、建物が流された等による隣地関係確定のための救済策、住宅ローン等の支払いに関する救済策、借家の損壊に伴う貸主の義務の緩和策、借主への救済策）
④ その他行政手続一般（行政書士が被災し依頼人の書類等を喪失して行政手続等が困難となった場合の救済策、震災に伴う緊急措置により不利益が生じた場合の行政不服申立ての代理要件緩和策）

621

⑤　特定非常災害の被害者の権利利益の保全等について、「特定非常災害の被害者の権利利益の保全等を図るための特別措置に関する法律」3条、4条に係る有効期限延長措置等

なお、上記①～④については、3月29日に民主党法務部門会議が開催した法務省関係法令に係る「東北関東大震災復旧・復興に関わる団体ヒアリング」において別途申し入れを行っている。

　㈎　10月5日

国会において第3次補正予算が検討されるにあたって、枝野経済産業大臣に宛て「当会及び行政書士会が行う被災者支援活動への協力、助成について（要望）」と題し、以下の2点について要望書を提出した。

①　被災自動車抹消登録手続関係
②　東京電力の原子力事故損害への本補償手続関係

なお、上記2点については、9月29日付けにて民主党、自民党、公明党各党議連等に宛て別途提出をしている。

(2) 政党への提言

その他、以下のとおり各政党に宛てそれぞれ日行連の支援活動を紹介するとともに国からの補助等の要望を行った。

・4月20日、自民党行政書士制度推進議員連盟総会
・4月26日、民主党行政書士制度推進議員連盟総会
・4月28日、民主党法務部門会議による「震災復旧・復興に向けた取組についてヒアリング」
・8月3日、公明党行政書士制度推進議員懇話会総会
・10月13日、公明党行政書士制度推進議員懇話会による「来年度予算及び税制要望等に関するヒアリング」
・10月19日、国民新党行政書士制度推進議員連盟総会
・10月28日、民主党行政書士制度推進議員連盟総会
・11月30日、自民党「予算・税制等に関する政策懇談会」

なお、主な支援活動の要望項目は以下のとおり。

① 入国・国際関係相談業務・受付支援

　行政書士は入管・国籍手続の専門家であるところから、被災外国人等を対象に地方入国管理局や市町村等で、行政書士が入管手続を中心とした相談を行う。さらに、震災発生後、再入国許可を受けることなく急きょ帰国した外国人の再入国許可等の手続のニーズが多分にあることが予想される。当局職員の繁忙を軽減すべく行政書士が窓口の受付業務を補助することも有効な支援策となりうる。これらの業務については、被災地のみならず全国のニーズのある地方入国管理局および出先等に会員を派遣することも可能である。

② 土地、建物の賃貸借に関する相談支援

　行政書士は権利義務・事実証明書類作成の専門家である。一部行政書士会では国土交通省等の補助を受けて「賃貸住宅セーフティーネット基盤整備事業」に参画し、当事者間の賃貸借問題の裁判外紛争解決（ADR）にあたっている実績もある。被災賃貸借物件に係る権利義務問題等の相談に応じることができる。

③ 戸籍法、住民基本台帳法に関する相談支援

　行政書士は、戸籍法、住民基本台帳法に関する専門家である。今回の大震災では死亡者、行方不明者が多数いるところから、市町村が行う現地調査業務等で会員による行政協力が可能である。

④ 被災自動車の抹消登録等に係る支援

　被災自動車の車両数は膨大な量になることが予想され、被災対応全般を行っている各自治体に処理方法（所有者の確認・抹消登録手続・廃棄作業）では相当な事務負担がかかっている。特に復旧等作業のため自治体が撤去・保管して所有者が不明で引き取り手がいない被災車両の処理および他県に避難している場合の抹消登録手続が問題になっている。

　これらのことに対しては、各県の行政書士会を活用することにより、自治体に代わり被災自動車の処理を一括して行うことが可能となる。被災地域は広範囲にわたっているが、各県の行政書士会所属会員リスト等

のネットワーク活用により、すべての被災地域をカバー（支援）することができる。

　国土交通省では、各避難所等で自動車諸手続の相談や自動車の無料点検を行う「移動自動車相談所」を開設しているが、この移動自動車相談所には岩手、宮城、福島の各行政書士会からそれぞれ所属会員を相談員として派遣し被災住民の支援にあたっている。

　移動自動車相談所では廃車相談（抹消登録）にとどまらず、抹消登録手続を求められた事例も数多くあったとの報告を受けている。

3　被災者向け支援事業の始動（被災者向け相談フリーダイヤル開設について）

　4月8日、日行連では東京会と協同して被災者向け「行政書士会災害相談センター」（フリーダイヤル：0120-166-601、月〜金（平日のみ）午前10時から午後4時まで）を開設し、

① 　被災賃貸物件に係る権利義務問題
② 　一時帰国者の再入国手続、勤務先廃業による在留資格変更などの外国人在留問題
③ 　被災自動車の抹消登録、新規取得のための新車新規登録などの自動車登録問題
④ 　住民票、戸籍に関する諸問題

などの相談に応じた。これまでの活動実績（平成24年1月5日現在）は以下のとおり。

・「被災賃貸物件」に係る相談（7件）
・「外国人在留」に係る相談（1件）
・「被災自動車の抹消登録」に係る相談（8件）
・「住民票・戸籍に関する問題」に係る相談（2件）
・その他（上記に分類されない）相談（27件）
・合計45件

なお、被災単位会の岩手会、宮城会、福島会、茨城会、千葉会はじめ長野会でも電話無料相談を開設し被災者の支援を行っている。

Ⅲ 第3期（第2期に描いた復興支援策の実行推進）

1 日本行政書士会連合会被災者相談センター（福島事務所）

10月12日、東日本大震災および福島第1原子力発電所の事故による被災者の生活再建と被災地の復旧・復興に対するさらなる支援策の一環として、日行連は、福島県郡山市に「東日本大震災大規模災害対策本部」現地事務所を開設した。事務所の名称は、「日本行政書士会連合会被災者相談センター」（フリーダイヤル：0800-800-3200、毎週月曜日および年末年始を除き、毎日、午前10時から午後5時まで。受付は午後4時まで）として、同日の開所式に続き、直ちに相談業務を開始した。

以後、当事務所を拠点とし、原子力損害賠償請求手続をはじめ、相続問題、被災自動車の抹消登録・自動車税還付手続、外国人在留問題その他の生活問題に係る無料相談を継続的に行っている。なお、これまでの活動実績は（資料1）（資料2）のとおり。

第3編　第2章　日本行政書士会連合会の対応

（資料1）　日本行政書士会連合会被災者相談センターの活動実績
（相談内容内訳。平成23年12月15日現在）

No.		件数	％
1	原発関連	121	64.7
2	相談窓口問合せ	22	11.76
3	自動車関連	8	4.27
4	罹災の補償	2	1.06
5	税務相談	7	3.74
6	相続	8	4.27
7	行政相談	9	4.81
8	内容証明	1	0.53
9	離婚・財産分与	3	1.6
10	不動産賃貸借契約	2	1.06
11	相隣関係	1	0.53
12	労働問題	3	1.6
	合計	187	100

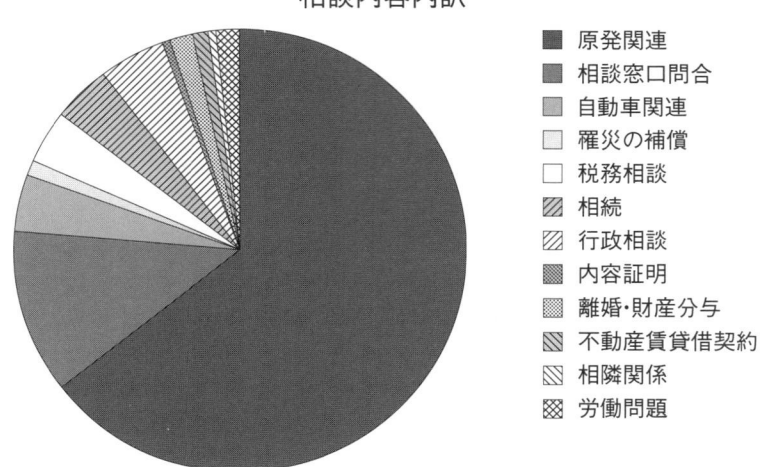

相談内容内訳

■ 原発関連
■ 相談窓口問合
■ 自動車関連
□ 罹災の補償
□ 税務相談
▨ 相続
▨ 行政相談
■ 内容証明
▨ 離婚・財産分与
▨ 不動産賃貸借契約
▨ 相隣関係
▨ 労働問題

III 第3期（第2期に描いた復興支援策の実行推進）

（資料2） 日本行政書士会連合会被災者相談センターの活動実績
（原発関連内訳。平成23年12月15日現在）

No.		件数	%
1	作成支援	47	38.84
2	自主避難関係	7	5.78
3	間接被害	5	4.13
4	生命・身体的損害	10	8.26
5	営業損害	12	9.91
6	30km 圏外	4	3.3
7	自家消費	3	2.47
8	風評被害	5	4.13
9	就労不能	7	5.78
10	資産価値減少	9	7.43
11	その他	12	9.91
	合計	121	100

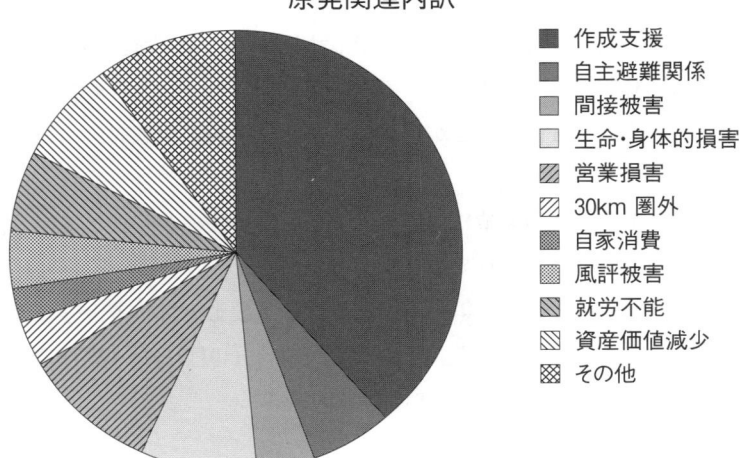

原発関連内訳

2　原子力損害賠償支援機構の事業への協力

　日行連は福島・東京各関係行政書士会等と協力して、福島第 1 原子力発電所事故賠償手続支援について、政府の原子力損害賠償支援機構（以下、「賠償支援機構」という）と協議を進めた。賠償支援機構が行う巡回相談、賠償支援機構本部で行う電話相談に行政書士会員を派遣することで合意に至ったことから、10月31日に覚書を交わし、同日、福島県内の仮設住宅を巡回して行う被災者との個別相談会並びに電話相談をスタートさせた。このことは、同日、NHK でも報道された。

　なお、当該事業への協力体制を構築するため、日行連では、賠償支援機構が行うこれら「訪問相談チーム」や賠償支援機構事務所における電話相談等に対応する相談員の知見を深めるための研修会を東京会（10月26日）、福島会（10月28日）で実施した。同研修会では、賠償支援機構役員、東京電力福島原子力補償相談室の職員および東京三会東日本大震災復旧復興本部の弁護士を招聘し、賠償請求に係る実務的な知識・手続上の要点および現地の状況等について解説を受けた。

　なお、東京の賠償支援機構本部でも電話相談の窓口が設置（フリーダイヤル：0120-01-3814、年末年始を除き、毎日、午前10時から午後 5 時まで相談受付）されており、ここでも行政書士が常駐して情報提供等の相談対応にあたっている。

　これら相談事業の活動実績については、賠償支援機構が公表している活動実績によると、以下のとおりである。

① 福島県内の仮設住宅の集会所等における弁護士・行政書士等により構成される「訪問相談チーム」による巡回相談（10月31日～12月 5 日）
- 訪問した仮設住宅　　：14カ所（約2200世帯）
- 実施回数（延べ）　　：26回
- 説明会参加者　　　　：約360名
- 個別相談件数　　　　：約440組

・延べ派遣人数　　　　　：弁護士98名、行政書士155名
② 機構福島事務所における弁護士および行政書士による無料の対面相談（11月12日〜12月5日）
・個別相談件数　　　　　：約140組
・延べ従事人数　　　　　：弁護士29名、行政書士24名
③ 機構本部における行政書士による賠償請求に関する電話での無料の情報提供（10月31日〜12月5日）
・対応件数　　　　　　　：約560件
・延べ従事人数　　　　　：行政書士131名
④ 機構本部における弁護士による無料の対面・電話相談（11月2日〜12月5日）
・個別相談件数　　　　　：5組
・電話相談件数　　　　　：約20件

Ⅳ　おわりに——今後の展望

　以上、東日本大震災での日行連および関係単位会の取組みと被災者支援活動を紹介した。震災以後、すでに1年余りが経過したが、被災地の復旧復興にはまだ曙光さえみえず、その道のりは遠い。震災により避難所生活や仮設住宅での生活を余儀なくされている方々にとって今後つらく厳しい日々が続くことはまぎれもない事実である。被災された方々がおられる限り、日行連として被災者支援活動を継続し、行政書士に与えられた職能を果たすべく全力をもって震災復興に向けて活動することをあらためて明らかにする次第である。
　なお、以下参考として資料を掲げて本稿を終えることとする。

（資料３）　平成23年３月18日付け・会長談話

東北地方太平洋沖地震について〜巨大地震から１週間たって〜

日本行政書士会連合会
会長　北山孝次

　平成23年３月11日に発生しました東北地方太平洋沖地震は、震度が大きいばかりでなく、巨大津波、更に原子力発電所事故を招き、被災者数、被害規模ともに、未曾有の大惨事となっております。不幸にして亡くなられた方々には衷心よりご冥福をお祈りするとともに、被害にあわれた皆様や避難所で不自由な生活を余儀なくされておられる皆様、会員の皆様には、心よりお見舞い申し上げます。

　当会も地震の翌日の３月12日には、私を本部長とする「東北地方太平洋沖地震合同大規模災害対策本部」を立ち上げ、まずは、各都道府県行政書士会の被災状況の確認を行い、会員の安否情報の収集に着手いたしました。また、災害対策に重点を移し、当面の研修事業を中止するなど、事業の緊急時シフトを図りました。

　更に、３月16日には副会長、専務理事、常任理事（総務部・経理部・広報部・法規察部・業務部の各部長）、日政連総務委員長を招集し、大規模災害対策本部会議を開催し、当会として国民に対し、会員に対し、「なすべきこと」「なし得ること」の課題整理を行い、早速、それぞれの所掌において作業を進めております。

　主な課題として、被災行政書士会への運営支援、被災会員及び被災住民に対する義援金の募集、繁忙を極める被災自治体における行政事務の補助等の行政協力、被災住民・事業者が被災がために行政手続で不利益を被らないための政策提言、住民・事業者に対する復興支援措置に係る申請者及び行政への支援などです。これらのことを実現すべく全力を上げております。

　まだ、原子力発電所の復旧や安定化の目途が立っておらず、東北新幹線や高速道路の復旧にも時間がかかっており、厳しい状況が続いている中、東海・関東以北においては、中規模の地震が続発しております。引き続きお気をつけくださるようお願い申し上げます。

当会では全国の行政書士会と連携し、被災行政書士会・会員を支援するとともに、国民と行政のかけ橋である行政書士の公共的役割をこの非常時においても確実に果たすべく、活動してまいる所存であります。

【参考】行政書士法
（目的）
第一条　この法律は、行政書士の制度を定め、その業務の適正を図ることにより、行政に関する手続の円滑な実施に寄与し、あわせて、国民の利便に資することを目的とする。

以　上

（資料4）　平成23年6月3日付け・会長談話

これまで、そしてこれから

日本行政書士会連合会
会長　北山孝次
東日本大震災災害対策本部
本部長　北山孝次

　東日本大震災では、特に被害の大きかった岩手、宮城、福島の東北3県の被災者は今なお避難所生活を余儀なくされています。
　当会では、被災者の生活支援策として東京会と協同で電話無料相談「行政書士会災害相談センター」を開設し、今後の暮らしや事業の悩み事の相談に応じているところですが、同様の電話無料相談は、東北の被災3県でも行われており、さらには被災県外に避難された避難先の自治体でも被災者を対象に電話無料相談の開設や無料相談会が行われています。これらの相談活動を継続しつつ、様々な行政協力、政策提言、義援金の募集などを行い、公共的使命を果たしてまいる所存です。

I　行政手続等に関する救済策・緩和策の提言

1．総務省行政管理局への「申入書」

当会では、これまで総務省行政管理局行政手続・制度調査室宛に「申入書」を提出し、被災者の行政手続等における権利利益の保全や行政機関の機能補助について支援・協力することを鮮明にしてまいりました。
　政府は政令を出し、特定非常災害の被害者の権利利益の保全等を図るための特別措置に関する法律に基づき、許認可等に係る有効期限延長措置を講ずる具体的な権利利益について、各省から漸次告示が出されるなど迅速な措置が講じられました。

２．法務省入国管理局への緊急要望

　外国人の入国・在留手続等について早急に特別の措置が必要と考え、「東北地方太平洋沖地震により多大な被害を受けた地域における出入国管理行政の特例措置について（緊急要望）」を提出し、①在留期間の伸長等について、②申請の受理要件について、③審査及び処分等について、④管轄の特例措置について、⑤特例措置の範囲の拡大について、⑥退去強制手続等についてを要望しました。結果、在留期間の延長等の出入国の管理上の措置等についてが講じられたところです。

Ⅱ　行政書士、行政書士会が関与する被災者支援策

１．東北３県の視察と県庁での協議

　被災の大きい福島、宮城、岩手の３県に出向き各県庁を訪問しました。その際、「行政書士、行政書士会が関与する被災者支援策」をお示しし、意見交換を行いました。その内容は、①入管・国籍関係業務・受付業務への会員派遣、②土地、建物の賃貸借に関する相談業務での会員の派遣、③戸籍法、住民基本台帳に関する相談業務での行政協力、④被災自動車の抹消登録等に係る支援、⑤許認可等各種行政手続に関する相談業務において各自治体への会員を派遣する用意があることを伝えました。

２．行政書士会災害相談センターの開設

　当会では東京会と協同で４月11日に行政書士会災害相談センターを開設し、被災に係る今後の暮らしや事業の悩み事について相談に応じております。具体的には、①被災賃貸物件に係る権利義務問題、②一時帰国の再入国手続、勤務先廃業に係る在留資格変更等の外国人の在留問題、③被災自動車の抹消登録、新規取得のための新車新規登録等の自動車問題、④住民票、戸籍に関する諸問

題について被災者からの相談に応じています。

　このような被災者支援の無料相談は、当会のみならず被災地である岩手・宮城・福島・茨城・千葉・長野会で行われており、被災者が避難している新潟・広島会でも行われています。

３．福島会、宮城会における被災者の支援活動

　さて、福島県行政書士会ではこのような無料手続相談にとどまらず、被災者の負担軽減を図るため滅失または使用不要になった自動車の抹消登録等手続を無報酬で行っています。東日本大震災での被災車両は40万台を数えるといわれております。この無料手続では、一時抹消登録手数料及び依頼者への郵送代金も会の負担で行うもので、県外に避難された方々からも多数問い合わせが寄せられており、当該手続については被災者はもとより運輸支局、軽自動車検査協会、市町村からも大変感謝されている状況です。

　この抹消登録等手続を無報酬で行うことは宮城会でも行われています。ただ、宮城会では被災車両が隣接県に比べ圧倒的に多いところから、手続料、郵送料は実費負担としております。

　当会では、福島会、宮城会の行っている被災者支援事業を後押しするため、5月13日民主党議員推進連盟の関係者を訪問し、解体・滅失等の届け出を行った軽自動車の解体・代替自動車購入等の手続における検査記録事項等証明書発行に要する手数料の無料化、原発事故による避難指定区域内の自動車に係る一時抹消登録申請に要する手数料の免除措置、被災者との行政手続に係る書類の郵送にかかる郵便料金の免除を陳情してまいりました。

　また、自動車重量税の還付が打ち出されたところから、永久抹消と同時に行う重量税還付申請も無料で行っています。

Ⅲ　原発事故で避難された方々への新たな対応

　津波による福島第一原子力発電所の事故でははっきりとした収束の見込みが立たない中で、避難された方々は帰宅時期も不明という不安を抱えたまま避難生活を余儀なくされています。原子力発電所の事故でこれまで様々な措置が講じられてきました。さらには錯綜する東京電力、原子力保安院、政府の公表情報は、避難者のみならず国民の不安も増大しています。政府はまずは正確な情報把握に努めるとともに情報集積・発信の窓口の一本化を図り、原発事故に関

する情報を小出しにせず、情報開示を徹底すべきだと思います。保有するすべての情報の開示を通して国民の不安感を払拭し、避難者をはじめとして国民生活の安定化を図る必要があると考えます。

　これまでの当会と行政書士会の東日本大震災への取り組みを紹介するとともに、これからの取り組み、特に政府の対応について日本行政書士会連合会の会長として所感を述べました。
　一日も早く復興がなされることを願ってやみません。

以　上

（資料５）　平成23年10月7日付け・会長談話

「日本行政書士会連合会被災者相談センター」福島事務所の開設と原子力損害賠償手続についての会長談話

１．平成23年10月12日「日本行政書士会連合会被災者相談センター」福島事務所の開設
　本年3月11日に発生した東日本大震災では、岩手・宮城・福島の三県がもっとも甚大な被害を被り、これら被災地においては住民のみならず市町村役場、出先機関等も被害を受け、地方自治体の住民サービスも十分な機能を取り戻しておりません。
　日本行政書士会連合会では、震災直後に東日本大震災大規模災害対策本部を立ち上げ、地元行政書士会と協力し、電話無料相談を開設し全般的な相談に応じる体制を敷く一方、とくに被災自動車に関して必要となる種々の手続において、無料相談・無料手続・出張相談等を行ってまいりました。
　この度、福島県郡山市に拠点を設け、復興・支援活動へ向けさらなる注力をすべく、平成23年10月12日に「日本行政書士会連合会被災者相談センター」福島事務所を開設する運びとなりました。今後、当事務所を拠点とし、原子力損害賠償請求手続をはじめ、相続問題、被災自動車の抹消登録・自動車税還付手続、外国人在留問題その他の問題に係る無料相談を継続的に行ってまいります。
２．原子力損害賠償請求手続

東京電力株式会社（以下「東電」という。）は、約6万世帯の被害者向けに賠償請求のための書類一式を発送し、9月12日より本格的な賠償手続を開始しましたが、請求書類の分量も多く、内容も煩雑で、被害者の負担の大きさが社会問題となっています。また、現在、事業者向けの賠償請求に係る書類送付も開始されています。

本手続については、東電の賠償基準と原子力損害賠償紛争審査会の中間指針との間における齟齬や請求書式の分量の膨大さ等について指摘されているように、特に請求者個人に多大な労力と負担が強いられている現状があります。

一方、そうした状況下にあって、悪質なブローカー等が当該手続に介在し不正・不適切な請求や暴利行為等の温床となりうるおそれもあり、こうした事態をいかに抑制するかという課題も生じていると考えられます。

当連合会は、これらの経緯も踏まえつつ、被災者支援の観点に立ち、全国各地に避難している請求者の利便のため、全国の行政書士会を通して支援を行うことを想定し、必要となる要請を国や東電に対して申し入れております。

以　上

（資料6）　日本行政書士会連合会震災対応時系列メモ

3.11　東北地方太平洋沖地震発生
3.12　東日本大震災合同大規模災害対策本部を設置
3.14　日行連ホームページ上に会員安否情報を掲載、16都道県単位会に宛て「被災状況や対策の報告及び日行連への要望等について」を発信
3.16　東日本大震災合同大規模災害対策本部会議を開催
3.17　〈法務省入国管理局長宛て緊急要望〉
3.18　義援金の募集を開始
3.29　〈民主党・法務部門会議（ヒアリング）への提言〉
3.30　〈総務省行政管理局行政手続・制度調査室への申し入れ〉
4.5 　義援金第一次支給
4.6 　会長、福島県・宮城県・岩手県の各行政書士会を訪問、復興について協議（〜8日）
4.8 　日行連・東京会合同で被災者向け「行政書士会災害相談センター」を開設

4.11	携帯電話特設サイトを開設
4.12	〈政府・緊急災害対策本部への提言〉
4.15	義援金募集の一次締切（68,557,927円）
4.20	〈自民党・行政書士制度推進議員連盟総会〉
4.26	〈民主党・行政書士制度推進議員連盟総会〉
4.28	〈民主党・法務部門会議（ヒアリング）への提言〉
5.9	義援金募集の二次締切（累計69,611,671円）
5.13	東日本大震災合同大規模災害対策本部会議開催
5.17	義援金第二次支給
6.3	東日本大震災大規模災害対策本部会議開催
8.3	〈公明党・行政書士制度推進議員懇話会総会〉
9.2	東日本大震災大規模災害対策本部会議開催
9.5	義援金募集の三次締切（累計84,086,173円）
9.15	義援金第三次支給
9.29	民主党、自民党、公明党各党議連等に宛て要望書提出
10.5	枝野経済産業大臣宛て要望書提出
10.12	日本行政書士会連合会被災者相談センター（福島事務所）開設
10.13	〈公明党・行政書士制度推進議員懇話会（次年度予算及び税制に関するヒアリング）〉
10.18	野田首相、原発事故に対する賠償請求手続を支援する「訪問相談チーム」を、政府の原子力損害賠償支援機構内に作る旨の発表。
10.19	〈国民新党・行政書士制度推進議員総会〉
10.26	原子力損害賠償請求業務研修会（東京会）
10.28	原子力損害賠償請求業務研修会（福島会）〈民主党・行政書士制度推進議員連盟〉
10.31	原子力損害賠償支援機構と覚書を交わす。賠償支援機構本部での電話相談及び現地における訪問相談チームの活動開始
11.30	〈自民党（予算・税制等に関する政策懇談会）〉

Ⅳ　おわりに──今後の展望

（資料7）　日本行政書士会連合会被災者相談センター（福島事務所）パンフレット

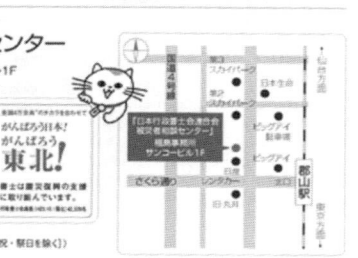

行政書士

頼れる街の法律家

行政書士は、行政書士法に定められた行政手続や権利義務、
事実証明関係書類等に関する法律と実務の専門家です。

「権利義務に関する書類」とは
権利の発生、存続、変更、消滅の効果を生じさせることを目的とする
意思表示を内容とする書類をいいます。

「権利義務に関する書類」のうち、主なものとしては、遺産分割協議書、各種契約書（贈与、売買、交換、消費貸借、使用貸借、賃貸借、雇傭、請負、委任、寄託、組合、終身定期金、和解）、念書、示談書、協議書、内容証明、告訴状、告発状、嘆願書、請願書、陳情書、上申書、始末書、行政不服申立書等があります。

「事実証明に関する書類」とは
社会生活にかかわる交渉を有する事項を証明するにたる文書をいいます。

「事実証明に関する書類」のうち、主なものとしては、実地調査に基づく各種図面類（位置図、案内図、現況図等）、定款、各種議事録、会計帳簿、申述書等があります。

行政書士は、このような書類について、
その作成（「代理人」としての作成を含む）及び相談を業としています。

行政書士法 抜粋

第1条　この法律は、行政書士の制度を定め、その業務の適正を図ることにより、行政に関する手続の円滑な実施に寄与し、あわせて、国民の利便に資することを目的とする。

第1条の2　行政書士は、他人の依頼を受け報酬を得て、官公署に提出する書類（その作成に代えて電磁的記録（電子的方式、磁気的方式その他人の知覚によっては認識することができない方式で作られる記録であって、電子計算機による情報処理の用に供されるものをいう。以下同じ。）を作成する場合における当該電磁的記録を含む。以下この条及び次条において同じ。）その他権利義務又は事実証明に関する書類（実地調査に基づく図面類を含む。）を作成することを業とする。

2　行政書士は、前項の書類の作成であっても、その業務を行うことが他の法律において制限されているものについては、業務を行うことができない。

第1条の3　行政書士は、前条に規定する業務のほか、他人の依頼を受け報酬を得て、次に掲げる事務を業とすることができる。ただし、他の法律においてその業務を行うことが制限されている事項については、この限りでない。

一　前条の規定により行政書士が作成することができる官公署に提出する書類を官公署に提出する手続及び当該官公署に提出する書類に係る許認可等（行政手続法（平成5年法律第88号）第2条第三号に規定する許認可等及び当該書類の受理をいう。）に関して行われる聴聞又は弁明の機会の付与の手続その他の意見陳述のための手続において当該官公署に対してする行為（弁護士法（昭和24年法律第205号）第72条に規定する法律事件に関する法律事務に該当するものを除く。）について代理すること。

二　前条の規定により行政書士が作成することができる契約その他に関する書類を代理人として作成すること。

三　前条の規定により行政書士が作成することができる書類の作成について相談に応ずること。

第3章 日本司法書士会連合会の取組み

日本司法書士会連合会副会長　今川嘉典

I　はじめに

　東日本大震災から1年が経過した。あらためて、お亡くなりになった方のご冥福を心よりお祈りするとともに、被害にあわれ、家族を失い、住むところを失い、いまだ日常の生活を回復されていない方々に対して深くお見舞いを申し上げる。また、現在でも事務所の回復が遅れている司法書士会員もいることに心を痛ませている。

　平成23年（以下、「平成23年」については省略する）3月11日午後2時46分、その時筆者は東京四谷の司法書士会館6階会議室にいた。初めて経験する大きな揺れ、永遠に続くのかと思わせるような長い揺れだった。ビルの軋む音が耳に残り、いつまでも身体が揺れているように感じた。その後何度も繰り返す余震。事務局内のテレビに映し出される映像は、まるで映画のようだった。「これはえらいことだ！」と会長と専務以下複数の役員は、日本司法書士会連合会（以下、「日司連」という）国際交流室の法整備支援活動でカンボジアを訪問していたが、電話連絡のうえ、会館で一夜をあかした翌日に事務局長や役員とともに急きょ対策本部を立ち上げた。電話がつながらず、電子メールやインターネットを利用して情報の収集と発信を行った。その後、対策本部会議で基本方針を定め、また首都圏の機能が混乱している中、テレビ会議システムも利用して理事会を開催して支援策を練った。

　全国の司法書士会および会員からの熱い思いと、また同時にその思いが熱いがために現地に手が届かないという焦りや哀しみを感じるのか、ときには

怒りにも似た声が当連合会に寄せられた。われわれも、個々の思いや力をどのように集結してどのように活かせばよいのか、もどかしさを感じながら手探りで支援活動を開始した。

　福島原子力発電所の事故は、復旧、復興への希望を時にくじけさせる。全く初めて経験するつらい試練である。しかし必ず乗りきらねばならない試練であり、乗りきるという確信をもって歩まなければならない。

　日司連の使命は、司法書士としてできること、やらなければならないことを、全国規模で組織的に、かつ安定して継続させることである。その決意をもって全国の叡智と力を結集して対応にあたってきた。そしてこれからもそれを続けていかなければならない。

II　日司連の対応（その概要）

1　情報の収集

　日司連が行う災害対応はさまざまあるが、まずはすべての活動の基礎となるのが情報の収集把握である。被害状況はマスコミ等の報道によりかなり詳細に知ることはできるが、現地を自分の目で見るということが大切である。日司連では、震災後速やかに役員を派遣し、被災した地域の司法書士会（以下、「被災会」という）を訪問し現地の視察を行い、またその後避難所等の視察も行った。

　被災会では、震災直後から電話や電子メールを利用して、また余震の続く中、手分けして現地へ駆けつけるなどして会員の被害状況の把握を行い、毎日（ときには1日複数回）日司連に報告をしてもらった。会員の被災状況を知ることにより、被災した会員（以下、「被災会員」という）に対してどのような支援活動が必要になるかということを把握するとともに、また被災会が被災した市民（以下、「被災市民」という）に対して行う支援活動がどのような範囲、程度で行うことができるかを把握することになる。そして、加えて

現地の状況や司法書士会および会員の被災状況をいかに全国の会員に対して発信するかということも大きな課題となる。なぜなら、先述したが、全国の会員は、自分の仲間たちがどのような被害を受けているかが心配になるし、自分がどのような支援ができるか、しなければならないかということに気がはやるものであり、現地の正確な情報、とりわけ現地がどのような支援を求めているかという情報の把握を強く求めるのである。

2　情報の共有

日司連では、司法書士会員専用ホームページの掲示板を利用して被災会の状況を提供した。また、メーリングリストを設けて、被災会および後述する市民救援活動を応援する司法書士会との情報交換を行う場を提供した。

今回の災害では、幸いに司法書士会事務局の機能が失われることはなかったので、被災会との連携をとることができたが、今後は事務局機能が失われたときのことも想定して危機管理体制を構築しておくことも検討しなければならない。また、電話による通信が不能になった場合でも、電子メール、ツイッター、フェイスブック等は動いていたようであり、それらを使った連絡網も準備することが必要になるかもしれない。

3　支援活動の概要

日司連が行う支援活動は、大きく分けて、被災市民の救援活動に関するものと、被災会および被災会員の救援活動に関するものの2つがある。被災市民の救援活動に関するものとは、被災会が行う無料電話相談や無料相談会の実施等を日司連として支援することであり、被災会または被災会員の救援活動に関するものとは、日司連から被災会への見舞金の支給、全国規模で義援金を募集し支給することおよび日司連会費の減免措置等である。

司法書士は法律専門士業として業務を通じてその社会的役割を果たすことはもちろんであるが、そのほか消費者問題、高齢者問題および貧困問題等への取組み等法的サービスの提供に積極的に取組む使命がある。災害に際して

市民に対して法的サービスを提供することも司法書士の使命である。したがって、全国の司法書士会会則および連合会会則にはその会の事業の1つとして、「司法書士が提供する法的サービスの拡充」が定められているところである。

　被災会または被災会員を救援する意味は、被災会員が少しでも早くその事務所の回復を図り業務を平常の状態に戻すよう支援することおよび被災会がその組織的会務運営を十全に行えるよう支援することであり、また同時に会員の事務所機能または司法書士会の会務運営機能が回復すれば、結果として市民に対して提供する法的サービスも充実することにつながるという意味をももつ。

　そのほかに、司法書士会が行う市民の救援活動に関する広報活動や震災特例法などの情報の提供も日司連の重要な支援活動となる。

III　会員の被災状況

1　死亡、事務所および自宅の全壊または半壊

　現時点で日司連が把握している会員の被災状況のうち、死亡、事務所および自宅の全壊または半壊については(資料1)のとおりである。なお、(資料1)の数値はすべて被災会の報告に基づき集計したものである。

　(資料1)の数値は、自宅については自己所有に限り、賃貸については含まれていない。また、福島第1原子力発電所事故により避難を余儀なくされた会員についても全壊としてカウントしている。

2　その他の被災状況

　その他、事務所または自宅の一部損壊は、岩手、宮城、福島、千葉、茨城、栃木6県の合計で386名である。これも、自宅については自己所有に限り、賃貸については含まれていない。

（資料１）　日司連が把握している会員の被災状況

死亡	会員	岩手県2名
	同居親族	宮城県2名、岩手県1名
事務所全壊または半壊	岩手県	12名
	宮城県	26名
	福島県	21名
	千葉県	2名
	茨城県	3名
自宅全壊または半壊	岩手県	11名
	宮城県	28名
	福島県	17名
	千葉県	3名
	茨城県	6名
	栃木県	1名

Ⅳ　支援活動のための組織および運営基準

1　支援活動に関する規則と支援組織

　日司連には災害に対応するための規則として、「日司連災害対策及び市民等の救援に関する規則」（以下、「救援規則」という）を定めている。救援規則では、災害に際しては、被災地すなわち被災会に災害対策実施本部をおくことになっている。そして、常設の機関として設置された「災害対策室」が現地におかれた災害対策実施本部と連携をとり救援活動に関する重要事項を決

定し、これも常設の機関として設置された「市民救援委員会」が被災地の実地調査およびその他災害対策室から委託された活動を行うこととされている。

　しかし、東日本大震災は広範囲（複数の県）にまたがるものであり、災害対策実施本部が複数できることになるため、特例措置として各地の災害対策実施本部を統括する部署として日司連内部に統合災害対策本部をおいた。統合災害対策本部は、会長が本部長、副会長が副本部長、理事や司法書士会の役員等が本部部員となり、ほかに常務を担当する者として事務局長をおくという構成にした。阪神・淡路大震災のときに地元の司法書士会会長を務め、その後日司連会長を務め、現在は日司連の名誉会長である北野聖造氏を、阪神・淡路大震災の経験を活かした有益なアドバイスを求めるため副本部長に任命した。

　統合災害対策本部は、災害対策室の役割を代わって担うこととし、一定程度独立性をもって日々の活動にあたり、重要事項については理事会で決定することとした。スピーディーな行動と慎重な決定との調和を図るための工夫である。市民救援委員会は、他の団体および専門家との連携、司法書士の救援活動の広報、あるいは相談内容の分析および震災相談に係るQ&Aの作成等の活動を行った。

　救援規則の具体的な運営方法として施行基準が定められている。救援規則および施行基準とも、東日本大震災のような複数の県にまたがる大規模災害を想定していなかったので、別途「東日本大震災における市民等の救援に関する事業の実施に関する要領」を定めて具体的救援活動を行うこととした。

　市民に対して救援活動を行うのは個々の会員である。その活動を企画し組織的に運営するのは被災会あるいは現地の災害対策実施本部である。そしてその活動を統括し、支援するのが日司連においた統合災害対策本部である。過去の災害においては、現地の災害対策実施本部のみでは救援活動を十分に行うことができない場合もあり、適宜隣接司法書士会の応援を受けたりしながら救援活動を行ってきたが、東日本大震災では、災害の規模が大きいため、

隣接司法書士会のみならず広く他の都道府県の司法書士会からの応援を受けることが必要になった。したがって、それら全国の司法書士会の応援の体制を組織し、統合することも統合災害対策本部の役割である。

2　市民救援基金

(1)　市民救援基金

　日司連では、救援規則において被災市民の救援活動の財源として市民救援基金（以下、「基金」という）を設置し、他の会計と区別して市民救援基金特別会計を設けている。市民救援基金特別会計は、一般会計等他の会計からの繰入金および寄付金等をその収入としている。他の会計と区別することにより、他の事業に支出することなく、またいつ起こるかわからない災害に備えて常に一定の財源を確保している。

(2)　基金設置の経緯

　基金は、平成7年に起きた阪神・淡路大震災をきっかけとしてつくられた。ここでその設置の経緯に簡単にふれておく。なお、その内容については兵庫県司法書士会編「神戸発復興に向けて《阪神・淡路大震災司法書士検証記録》」を参考とした。

　阪神・淡路大震災によって被災した市民を救援するための活動費として群馬司法書士会から3000万円が拠出された。兵庫県司法書士会は、その拠出金を基に「被災市民等救援司法書士基金」（以下、「兵庫基金」という）を設置し、その後各地の司法書士会からの拠出金（群馬司法書士会の拠出を含み合計約8000万円）を受け入れ、兵庫県会自らの拠出金6000万円を加えた合計約1億4000万円を財源として、基金運営を開始した。兵庫基金は、業務報酬の減免に対する補助と無料相談活動に係る補助という2つの事業活動の財源として利用された。

　業務報酬の減免に対する補助について、当時は、司法書士報酬が規定で定められており、その額を減免（増額も同じである）することは原則として認められていなかったが、災害により被災した市民が罹災証明書を提出した場

合等は報酬規定による額を減免することができるとの例外規定があった。兵庫県司法書士会では、被災した市民が司法書士に対して災害を要因とし、また災害により経済的に困窮している状態にありながら業務を依頼した場合には、その例外規定を用いて報酬の減免を行うことにより、被災した市民を救済することが必要であると認識されたが、多くの司法書士も被災していることから、それを組織的活動として推進することが躊躇された。そこで、司法書士がその業務報酬を減免した場合には、兵庫基金を利用して減免報酬額を司法書士に補助することとした。

無料相談活動に係る補助について、阪神・淡路大震災では、震災発生直後から多くの司法書士が現地入りをするなどして、広く無料相談活動を行った。司法書士が被災市民のために無料相談会に参加するなどの救援活動をした場合に、その日当補助として基金から一定の額が支出された。その額は、1回あたり1万円から1万2000円であったが、実質はほとんどが手弁当による活動であったと思われる。

兵庫基金は約4000万円が支出され、残った1億円は、最終的に日司連に寄付された。日司連では、兵庫基金の意志を引き継ぎ、平成11年に市民救援基金および同特別会計を設置してその1億円を財源として基金の運営を開始した。

(3) 過去の災害における救援基金の利用実績

前述したように兵庫基金の利用は、業務報酬の減免に対する補助および無料相談活動に係る補助の2つを大きな柱として行われてきたが、日司連に設置された救援基金もそれを踏襲して行われてきた。平成11年の創設から東日本大震災が起こるまでに、おおむね約1億円から2億円の財源を確保しながら（つまり、基金の利用によって財源が減少した場合は、他の会計から繰り入れることによって一定額を保ちつつ）過去13件の災害に基金が利用されており、その利用総額は約1億3000万円である。

被災会においては、地震や豪雨による災害が起こった場合、基金を利用することにより活動費の心配をすることなく直ちに無料相談活動を行うことが

でき、司法書士会の迅速な行動に対しては周囲から高い評価を受けている。また近隣の司法書士会に相談員の参加をよびかける際にも最低限の相談活動費を支出することが可能であることから、応援依頼もしやすく、近隣の司法書士会における同様の災害が発生した際の相談員の養成にも役立っている。以下は、基金を利用した過去の災害の一覧である。

① 平成12年3月31日　有珠山噴火災害（北海道）
② 平成12年6月26日　三宅島噴火災害（東京都）
③ 平成12年9月11日　東海豪雨災害（愛知県）
④ 平成13年3月24日　芸予地震災害（広島県、愛媛県）
⑤ 平成16年7月13日　新潟・福島豪雨災害（新潟県、福島県）
⑥ 平成16年7月18日　福井豪雨災害（福井県）
⑦ 平成17年10月23日　新潟県中越地震災害（新潟県）
⑧ 平成19年3月25日　能登半島地震災害（石川県）
⑨ 平成19年7月16日　新潟県中越沖地震災害（新潟県）
⑩ 平成20年6月14日　岩手・宮城内陸地震（岩手県、宮城県）
⑪ 平成21年8月9日　平成21年台風第9号による災害（兵庫県）
⑫ 平成22年4月20日　口蹄疫被害災害（宮崎県）
⑬ 平成22年10月20日　奄美地方豪雨災害（鹿児島県）

V　支援活動の詳細

1　被災会および被災会員の救援活動

(1) 義援金等

被害が甚大で司法書士会の会館等にも物的損害があった司法書士会、すなわち岩手県会、宮城県会、福島県会および茨城会を被災会と指定し、震災直後の3月31日に各250万円の見舞金を送った。なお、その後の現地被災状況報告により、千葉会および栃木県会も被災会として指定している。

3月18日に、全国の司法書士会および会員に対して、被災会員を救済するための義援金を募集した。9月頃まで募集を継続したが、被災会員にとっては当座の資金としてできるだけ早く支給する必要があると考え、4月18日に第1次支給を行った。複数回に分けて支給し、最終支給は10月に行ったが、全国から寄せられた義援金の額は、総額で約9200万円であった。釜山法務士会、大韓法務士協会等の団体や企業からも義援金が寄せられた。各地からの心温まる支援に感謝を申し上げたい。

福島県においては、原子力発電所事故による避難区域に事務所があって避難を余儀なくされた会員が12名程度いる。彼らは、現在でも事務所に戻ることができず、その回復が遅れているため、10月20日に彼らを対象とした義援金を別途募集した。2回目の募集にもかかわらず、全国の会員から合計約600万円の義援金が寄せられ、10月20日に福島県会に対して支給した。

⑵ **会費の減免**

日司連の構成員は各地の司法書士会であり、その司法書士会から会費を徴収している。会費には、普通会費（月額4700円）と研修事業特別会費（月額600円）および会館建設等特別会費（月額700円）があり、総額で会員1人あたり月額6000円として各司法書士会の構成員たる会員数を基準として司法書士会から徴収する会費を定めているが、日司連会則88条2項には、災害等の場合の会費減免措置の規定がある。会則に従い被災会の申出があった場合は会費の免除を行うこととした。日司連が司法書士会から徴収する会費を免除することにより、司法書士会は被災会員から徴収する司法書士会会費を免除することが可能となり、結果として被災会員の負担を軽減することとなる。

⑶ **貸付け**

事務所の復興資金および当面の運転資金を日司連から貸し付ける事業を検討した。この事業は、阪神・淡路大震災においても行われたものであり、貸付けの財源として金融機関から融資を受けることを予定していたが、6月23日、24日の両日に開催された第74回日司連定時総会での議論の結果、東日本大震災においては貸し付けを行わないこととなった。阪神・淡路大震災当時

に比べて、公的機関あるいは金融機関による復旧、復興のための融資制度が充実していることがその要因であろうと思われる。

2　被災市民の救済活動

(1)　電話相談の実施

　4月18日から、フリーダイヤルによる電話相談を実施した。当初は法テラスとの共催事業として開始し、その後日司連の単独事業として継続している。震災に関する相談は、被災市民だけでなく、全国にいる親族、知人、友人、その他関係者においてもその需要があると考え、全国どこからでも統一番号で受けることができるような体制を敷いた。当初は、毎週月曜日から金曜日まで、午前10時から午後4時までの時間帯において時間に応じてコマを割り、合計42コマの時間帯を全国の司法書士会の協力を受けてカバーした。相談者がフリーダイヤルに電話すると、担当している司法書士会へ転送されるしくみである。7月からは、時間帯を夜7時まで延長し、またそれに応じて担当コマ数を55コマまで増やした。その後相談件数が落ち着いてきたので、12月からは、時間帯を午前10時から午後5時までとし、また担当コマ数も20コマに減らして現在まで継続している。相談件数は、平成24年3月末までの集計で1696件に上っている。相談項目として多いのは、近隣関係、借家、相続、住宅ローン等の借金などである。なお、相談内容の分析等が今後の作業として残る。全国の多数の司法書士会においても、地元を対象とする独自の無料電話相談を実施している。

(2)　無料相談会の実施

　被災市民に対する相談活動の実施は、災害現場における相談、後述する司法書士会の相談センターでの相談および避難所における相談等がある。また、自治体あるいは各地の法務局が実施する相談会への相談員の派遣活動もある。それら活動は被災会が中心となって行う。日司連の役割は、その司法書士会の活動を支援することである。被災会のみで相談活動を継続していくことは負担が大きすぎるので、他の司法書士会から相談員の派遣という形で応援が

できる体制を構築した。応援会としては、まずは隣接する東北各県および関東ブロックの司法書士会を中心とし、必要に応じて全国の司法書士会から派遣をお願いした。相談はすべて無料で行っており、相談員となる司法書士は、ほとんどが手弁当で、時に遠方から駆けつけることとなり、被災会の会員においては、自らが被災している者も相談員となって活動を行っている。相談員に対しては、基金から1日9000円の補助を行い、また他県からの派遣相談員に対しては加えて交通費の支給も行っているが、交通費については限度を設けており実費全額の補助はできていない。

　平成24年2月までの集計では、合計2190回の相談会に司法書士が参加し（これには、司法書士会主催の相談会に加えて、自治体等が開催した相談会への参加も含む）、延べ4742人の相談員が動員されており、相談件数は6009件に上っている。相談項目としては、電話相談と同様に近隣関係、借家、相続、住宅ローンなどが多くなっている。なお、集計は、被災会および応援会並びに日司連の事務局によって作業が行われているが、事務局は通常業務に加えて震災対応の事務を行っており多忙を極めた状態が震災以降続いている。平成24年2月末でいったん集計を行ったが、すべてのデータがあがってきていないというのが現実である。したがって、これは感覚でとらえざるを得ないが、実際の数値はまだまだ多いと考えられる。また平成24年3月以降も相談活動は続けており、派遣された相談員の数および相談の件数は相当な数になると思われる。

(3) 宮城県内一斉相談会

　6月11日、12日両日にわたり、日司連と法テラスとの共催、宮城県司法書士会の主管により宮城県内各地に計44カ所の相談会場を設けて、県内一斉相談会を開催した。この相談会は日当補助や旅費補助が一切なく完全なボランティアによるものであったが、北は北海道から南は九州、沖縄まで全国から約200人の司法書士の有志が集まり、2日間で300件を超える相談を受けた。

(4) 原子力発電所事故に関する相談会

　福島第1原子力発電所事故に関して相談を受ける場合は、損害賠償請求に

関する相談も含めて特殊な事情が加わってくる。福島県司法書士会では、損害賠償請求に関して、福島県青年司法書士協議会のメンバーが中心となって相談会や説明会を開催している。相談員や講師は、自らが避難区域に事務所があり、避難を余儀なくされた会員が中心となって行われていて、11月に県内6カ所にて市民向けに原子力発電所補償金説明会と生活再建相談会が実施された。また平成24年3月19日、20日、24日、25日には、県内6カ所にて全国から相談員の参加を募集して相談会を開催した。いずれの相談会も、福島県青年司法書士協議会または福島県司法書士会が主催し、日司連はその後援をしている。

3 相談員の養成

(1) 震災相談の特殊性

　震災相談においては、その初期段階では特に法律相談というよりも、いわゆる心の相談が重要であるとされている。被災市民は、精神的に大きな傷を負っており、将来に対して大きな不安を抱いており、精神的にかなり疲弊している。まずは、彼らの心から不安を取り除くべく、親身になってその言葉を聞くこと、彼らの立場に身をおくことが必要となる。法的な問題に心が向かうのはある程度心の余裕ができた頃であり、相当期間経過してからそれらの相談が増えてくると思われる。相談員となる司法書士は、被災市民の心情を十分理解したうえで、それを踏まえた相談技法を身に付ける必要がある。

(2) 相談員養成研修

　上記のとおり、震災相談は司法書士が通常行う法律相談とはまた異質な面をもつため、相談員となる司法書士はその事前準備を十分にすることが必要となり、被災会および他の司法書士会では、相談員養成のための研修会を開催している。日司連では、市民救援委員会のメンバーを中心とした12名の講師団を組成し、各地の研修会にそれら講師を派遣するという形で支援を行った。

　4月から11月までの間で、全国24会の司法書士会における研修会に講師を

派遣した。なお、そのほかにも、市民救援委員会の作成する震災相談対応Q&Aは随時改訂を重ねながら会員に対して提供したが、そのQ&Aなどを基にして、多くの司法書士会が研修会を開催している。

　司法書士会が相談員を養成すること、会員が相談員としてのスキルを磨くことは救援活動を行うための準備である。全国の多くの会員は、震災直後すぐにでも現地に赴いて被災市民の相談を受けるなどして、何らかの形で貢献したいという気持をもっていた。それができないもどかしさを感じた会員も多数いた。日司連は、それらの会員に対して、被災会からの応援依頼がきたときにはいつでも馳せ参じることができるよう、「準備して待つ」という支援をお願いした。全国の司法書士会では、それに応えるべく積極的に相談員養成研修会を開催し、多くの会員が真摯に研修を受けたと理解している。

(3) 福島原子力発電所事故に係る相談員養成

　日司連では、11月30日に、原子力発電所事故被害に係る損害賠償請求手続に関する研修会を開催した。福島県司法書士会会員のほか、全国の会員による参加もあり、合計200名以上の参加となった。本研修はDVDに収録し、日司連の研修ライブラリー（司法書士会員はネットを介してアクセスし、DVD映像を閲覧することによりいつでも研修することができる）に登載したところ、毎月50件から100件近いアクセスがある。福島第1原子力発電所の事故によって、全国に避難している福島県民の数は6万人以上である。全国の司法書士が一定のレベルを維持しつつ、被災市民が避難している地域においても相談に対応できるような体制を整えたいと考えている。

4　復興支援事務所

　全国の司法書士会では、司法書士総合相談センターを設置しており、現在全国で145カ所のセンターが稼働している。被災会においては、その相談センターを利用して震災相談にあたっているが、被災地においては、災害により街の機能が十分回復していない所、あるいは街の機能は一定程度回復していても司法書士事務所を再興するには困難が伴う所があり、そのような場所

では被災市民の相談窓口がない(言い換えれば、司法書士が提供すべき法的サービスが手薄になっている)という状態が続く。そこで、常設の相談場所を確保すべく、日司連の費用負担により事務所を設置することとした。日司連ではその事務所を「復興支援事務所」とよんでいる。設置の形態としては、土地を借り上げそこにプレハブの事務所を設置する、あるいは空き事務所を借り上げるなどの方法をとっている。維持費(賃料等)は日司連が負担し、相談体制の企画、運営は被災会が行う。事務所の運営形態としては、当番制を敷いて相談員をおき、特定の曜日、時間帯に相談を受けるもの、あるいは司法書士が常駐し、相談のみならず登記や裁判事務等の業務の受任、受託を行うものまで、さまざまなものが考えられ、地域の実情に応じて臨機応変に対応することとしている。なお、相談員に対する日当補助や常駐司法書士に対する事務所経営補助等も救援基金から支出される。現時点では(資料2)のとおり復興支援事務所が稼働、または開設予定である。

(資料2) 復興支援事務所の開設状況

岩手県	陸前高田市、大槌町
宮城県	南三陸町、気仙沼市、山元町
福島県	南相馬市(平成24年7月頃に開設予定)

Ⅵ 基金の財源

　先述したように、無料相談会の実施および復興支援事務所の設置、維持費等に必要な費用は、基金から支出することとなっている。基金の収入は、他の会計からの繰入金および寄付金等で賄うことになっており、平成23年度は一般会計から1億1500万円の繰入れを行い、合計約3億円でスタートした。なお、震災後、東京会から1500万円、その他の司法書士会から200万円の寄付金収入もあった。

平成23年度末における基金の支出額は、約１億4000万円となった。したがって、このまま何の手当てもしない場合は１年余りで財源が枯渇することとなる。

　東日本大震災における復興支援事業は、今後も継続していく予定であり、その活動を組織的に安定して行うためには財源の確保が必要となる。また、新たな災害が発生することも十分あり得るため、それに対応するための財源も確保しておかなければならない。他の会計から平成23年度並みの繰入れを続けていくことは困難であるため、日司連では、基金財源確保のためにまずはこの５年間特別会費の徴収をお願いする予定である。

　全国の司法書士会では、東日本大震災の復興支援活動に対して、司法書士会の予算を使いながら支援していただいており苦しい台所事情ではあろうが、ご協力をいただきたいと考えている。

Ⅶ　今後の課題

　被災した市民が司法書士に対して災害を要因とし、また災害により経済的に困窮している状態にありながら業務を依頼した場合には、その報酬を減額または免除し、減免額を司法書士に対して補助するという救援活動について、過去の災害においては救援規則に従い実施してきたところである。平成16年に発生した新潟県中越地震と平成19年に発生した新潟県中越沖地震では、同事業に対してそれぞれ約5000万円の支出が行われており、利用件数も共に3000件を超えている。しかし、東日本大震災につきその事業を実施した場合は、どんなに低く見積もっても10億円を超える財源が必要となることが想定される。したがって、現在はその事業の実施を見合わせているところである。今後は、実施するか否か、並びに実施する場合のその事業内容等を検討しなければならない。

　先述したが、日司連あるいは司法書士会の事務局が災害によりその機能を失った場合には、司法書士会の活動が止まってしまう。それはすなわち、司

法書士が行う市民に対する法的サービスの提供が止まるということであり、専門家団体としては、万一に備えて危機管理体制を整えておく必要がある。民間企業に比べて、団体としての危機管理に対する意識あるいはその体制づくりが、司法書士会では遅れているのかもしれない。他団体との連携のあり方等も視野に入れながら、早急にその体制を整えておく必要があると認識している。

なお、従前の救援規則は、今回のような大規模災害を想定していなかった。したがって、広域にまたがる災害が発生したときの組織体制や、その活動内容等を整備すべく、平成24年5月に規則の改正を行ったところである。

Ⅷ　最後に

日司連では、引き続き東日本大震災に対する市民救援活動を継続していく。現時点ではまずは今後5年間をめどとして大まかな計画を立てている。いうまでもなく、5年で活動を終えるという意味ではなく、5年をめどにしてさらにその先の活動については、救援活動内容や財源の確保方法につき再検討を行うという趣旨である。

冒頭に述べたとおり、市民に対して法的サービスを提供するのは司法書士の当然の使命であり、災害に際してはより一層その役割を果たすべく、全国の会員が1つになって取り組まなければならない。市民の身近な暮らしの法律家として、その信念に基づいて活動することをあらためて誓うものである。

第4章 全国社会保険労務士会連合会の対応

全国社会保険労務士会連合会会長　金田　修

　平成23年（以下、「平成23年」については省略する）3月11日午後2時46分に発生した東日本大震災から1年が経過した。この間、被災地の社会保険労務士会（以下、「被災県会」という）および全国社会保険労務士会連合会（以下、「連合会」という）は、地域の復興および被災者の支援のためにさまざまな施策を実施してきたところである。
　その記録として、これまでの取組みをとりまとめたので紹介したい。

I　震災直後の取組み状況

1　震災当日（3月11日）

　3月11日午後2時46分、東北地方を震源とする大地震が発生し、東京・日本橋にある連合会のビルも大きく揺れ、執務室内のパソコンや書類が落下し、動揺が走った。
　しばらくの間、余震が続いたため、安全確保を最優先しながらも、業務を継続し、状況把握に努めたところ、報道により、震源は東北地域とのことが判明、すぐさま被災県会と電話による連絡を試みたが、固定電話・携帯電話とも不通の状態が継続し、報道以外に外部情報が入らないまま深夜を迎えることとなった。
　当日、会議で来会していた委員、連合会職員、さらには都心で活躍していた社会保険労務士（以下、「社労士」という）の相当数が帰宅困難となり、連合会を簡易宿泊施設として開放した。

2 震災翌日（3月12日）

　翌12日も早朝より被災県会に連絡を試みたが、やはり通信不通の状態が継続し、連絡系統は機能しないままであった。

　連合会では、週明け14日に常任理事会・理事会を控えていたが、12日夜に福島第1原子力発電所の被害状況が甚大で放射能漏れのおそれがあること、加えて、交通機関の混乱が予想されたため、急きょ、会議中止を決断し、震災対応を協議すべく臨時正副会長会を開催することとした。

　また、一時期は不通であった電話も徐々に通じるようになり、同日夕方には、被災県会事務局に大きな被害はなく、被災県会の会長が無事であることが確認された。

　しかし、現地では混乱が続いており、被災県会の会員全員の安否確認にはほど遠い状況であった。

3 震災翌々日（3月13日）

　13日は連合会幹部職員を中心として、連合会全役員の安否確認を行うとともに、正副会長会・常任理事会・理事会の延期を伝え、岩手、宮城、福島を除く各県では会員および職員の人的被害はないとの報告が得られた。

　しかし、被害が甚大であった岩手会、宮城会、福島会の3県の状況についてはほとんど判明せず、全国から心配の声が寄せられた。

4 震災3日後（3月14日）

　震災から3日目、土日を挟み、震災後初の業務日となったが、余震とともに各地で交通マヒが継続する中、情報収集に追われながらの業務となった。

　東北各県を除く各地域との連絡体制は従前の水準に回復し、大きな人的被害がなく、社労士業務にも大きな支障が出ていないとの情報に安堵しながらも、連合会では臨時正副会長会を開催し、次の事項について協議した。

　① 「東北地方太平洋沖地震災害対策本部」の設置について

② 会員安否確認（被害状況）の把握について
③ 義援金のあり方について
④ 平成23年度事業計画案、予算案の修正の有無について
⑤ 厚生労働省の施策（被災地対応）に対する取扱いについて
⑥ 被災された方について、会費減免措置を講ずるかどうか
⑦ 被災された方について、登録関係手数料の減免措置を講ずるかどうか
⑧ 開催延期となった常任理事会・理事会の開催についてどのように対応するか

　上記の協議により、被害が甚大な地域への復興支援並びに被災会員への支援を主たる目的とした「東北地方太平洋沖地震災害対策本部（本部長：金田修連合会会長、本部員：連合会副会長）」（以下、「災害対策本部」という）を設置した（4月1日に、政府がこの震災を「東日本大震災」と命名したことから、連合会の災害対策本部も名称を「東日本大震災災害対策本部」（以下、「対策本部」という）に改称している）。

　対策本部では、会員への支援と社会貢献としての被災地復興支援を目的とした「東北地方太平洋沖地震に対する義援金」を募集することとし、第168回理事会による書面決議において全会一致で実施が可決された。

　また、会員の安否情報をとりまとめ、当面の間、連合会ホームページで毎日情報を公表することとした。

II　復興支援事業実施の決定

　連合会では、対策本部を中心として対応策を検討し、4月4日の常任理事会・理事会合同会議において、大震災対策費として1億5000万円を計上することが了承され、あわせて、平成23年度の事業計画に「災害復興に関する事業」として「東日本大震災の被災者等に対し、社労士としての社会貢献を果たし、復興の支援に資するため、都道府県会の協力を得て、義援金の募集を行うとともに、無料相談の実施、都道府県会及び厚生労働省等が実施する災

害対策事業への協力を行う」との項目を急きょ追加した。

当該事業については、以下の4事業に区分して実施された。
① 被災県会において実施する事業
   ・震災および原子力発電所事故による被災者の方々からの労働問題および労働社会保険に関する電話無料相談の実施
② 被災県以外の都道府県会において実施する事業
   ・被災地を離れ、他の都道府県の避難所に滞在する被災者の方々との対面による無料相談の実施
   ・被災5県会（青森県、岩手県、宮城県、福島県、茨城県）に、近隣の都道府県会会員を相談員として派遣する事業の実施
③ 行政機関等が行う相談会等において協力を行う事業
   ・被災地に所在する労働局、年金事務所、健康保険協会支部、都道府県、市区町村等が主催する相談会への会員派遣に関する事業
④ 連合会が行う各種事業
   ・義援金の募集に関する事業
   ・電話相談による「社労士会復興支援ほっとライン」の開設事業
   ・被災県会が実施する「社労士会労働・年金ほっとキャラバン」に関する共同事業の実施
   ・厚生労働大臣への意見具申

III　東日本大震災対策事業の展開

上記IIにおいて決定した、東日本大震災対策のための4事業については、具体的に、次のように展開された。

1　「東日本大震災義援金（当初名称：東北地方太平洋沖地震義援金）」

被災地域の会員への支援、社会貢献としての被災地復興支援を目的とした

「東日本大震災義援金」を1口2000円として、4月28日までの期間を定めて実施した。

　その結果、全国の会員から8600万円を超える義援金が寄せられ、次のように配分した。

　① 　被災会員へのお見舞金　　　約4600万円
　② 　被災自治体への支援　　　2000万円
　　　（被害が甚大であった被災地の20自治体に各100万円を支援）
　　ⓐ　岩手県：陸前高田市、釜石市、宮古市、大船渡市、大槌町、山田町
　　ⓑ　宮城県：石巻市、東松島市、気仙沼市、名取市、仙台市、多賀城市、岩沼市、山元町、南三陸町、女川町、亘理町
　　ⓒ　福島県：南相馬市、相馬市、いわき市
　③ 　日本赤十字社　2000万円
　　　（社会貢献としての被災地復興支援を目的として寄託）

2　「社労士会復興支援ほっとライン」を開設

　被災された方々が生活の再建をされる中で発生するさまざまな不安解消を図るべく、「社労士会復興支援ほっとライン」を開設し、フリーダイヤルによる無料電話相談を実施。当初は4月から9月までの半年間としていたが、相談件数を勘案し、平成24年3月まで延長し、1年間開設した。

　この相談は、平日（月曜日～金曜日）の午前10時から午後5時までとして受け付けた。

　相談件数は（資料1）のとおりであるが、相談総数は745件に上り、労働者側からの相談が602件となった一方で、使用者側からの相談も143件あり、東日本大震災が労使双方に与えた影響の大きさがうかがえるところである。

　なお、具体的な相談事項としては休業手当て・解雇に分類される事案や、年金に関すること、健康保険や医療保険に関すること等が上位を占めている。

（資料１）　社労士会復興支援ほっとライン相談受付等件数報告書

平成23年4月1日～平成24年3月31日（土日祝除く）

1．相談件数

稼働日数	241
1日平均	3.1
合計	745

2．受付時刻

10～12時	304
12～13時	71
13～15時	175
15～17時	195
合計	745

3．所要時間

30分未満	649
60分未満	85
90分未満	8
90分以上	3
合計	745

4．相談者の区分

労働者	①正社員	203
	②パートアルバイト	97
	③派遣労働者	17
	④有期契約社員	30
	⑤不明・その他	255
	小計	602
使用者		143
合計		745

5．業種

1．製造業	99
2．建設業	40
3．運輸交通業	40
4．貨物取扱業	14
5．商業	80
6．金融・広告業	6
7．保健衛生業	25
8．接客娯楽業	21
9．清掃・と畜業	5
10．不明・その他	412

6．当相談をどこで知ったか

①ホームページ	228
②ハローワーク・監督署等行政機関	92
③法テラス	10
④テレビ	100
⑤新聞	108
⑥ラジオ	14
⑦ほっとライン告知ティッシュ	16
⑧不明・その他	176

7．相談者の所在地

①被災5県	450
②その他の都道府県	239
③不明	56
合計	745

※被災5県＝青森・岩手・宮城・福島・茨城

8．相談事項（複数回答有）

①震災に関する相談	（502件）
1．休業手当・解雇（従業員）	57
2．休業手当・解雇（事業主）	20
3．雇用保険失業給付	51
4．助成金に関すること	31
5．内定の取消等	1
6．被保険者証の滅紛失等	1
7．保険料の納付	51
8．雇用保険法に関すること	27
9．労災保険法に関すること	28
10．労働基準法に関すること	6
11．年金に関すること	47
12．健康保険その他医療保険	44
13．介護保険に関すること	0
14．資金繰りに関すること	20
15．その他	118

②震災以外の相談	（311件）
1．休業手当・解雇（従業員）	2
2．休業手当・解雇（事業主）	0
3．雇用保険失業給付	12
4．助成金に関すること	5
5．内定の取消等	0
6．被保険者証の滅紛失等	0
7．保険料の納付	7
8．雇用保険法に関すること	18
9．労災保険法に関すること	19
10．労働基準法に関すること	18
11．年金に関すること	57
12．健康保険その他医療保険	44
13．介護保険に関すること	0
14．資金繰りに関すること	1
15．その他	128

○相談者所在地詳細情報

岩手県

陸前高田市	8
大船渡市	2
釜石市	4
大槌町	2
宮古市	2
その他	6
不明	1

宮城県

気仙沼市	22
本吉町	2
南三陸町	6
石巻市	81
女川町	6
東松島市	8
塩竈市	5

福島県

相馬市	4
南相馬市	9
浪江町	6
双葉町	4
大熊町	7
富岡町	5
いわき市	20

合計	25

多賀城市	4
仙台市	83
名取市	7
岩沼市	1
亘理町	2
山元町	1
その他	19
不明	57
合計	304

その他	29
不明	13
合計	97

その他の都道府県

北海道	3	新潟県	2	京都府	6	香川県	1
青森県	9	富山県	1	大阪府	11	愛媛県	1
秋田県	3	石川県	0	兵庫県	8	高知県	0
山形県	7	福井県	1	奈良県	2	福岡県	3
茨城県	21	山梨県	3	和歌山県	0	佐賀県	0
栃木県	12	長野県	4	鳥取県	0	長崎県	1
群馬県	4	岐阜県	2	島根県	0	熊本県	1
埼玉県	17	静岡県	3	岡山県	7	大分県	2
千葉県	29	愛知県	20	広島県	1	宮崎県	0
東京都	57	三重県	2	山口県	0	鹿児島県	4
神奈川県	10	滋賀県	1	徳島県	0	沖縄県	4
合計							263

不明	56
合計	745

3 「社労士会労働・年金相談ほっとキャラバン（岩手・宮城・福島）」実施

　特に甚大な被害を受けた岩手・宮城・福島の各県において、「社労士会労働・年金相談ほっとキャラバン」を実施し、現地の社労士が、被災地の避難所に出張し、雇用保険や年金・医療や介護など、労働社会保険分野に関する相談に応じた。

　被災地の避難所では、電話回線の復旧等が十分ではなく、また交通機関の回復に時間を要するケースが多数あり、直接出向いて相談を行うことに大きな意義があり、多くの相談者から感謝の声が寄せられてきたところである。

　この出張相談は、連合会と北海道・東北地域協議会の共同事業として横断幕の作製をはじめ、機材準備等を行って実施した。

　なお、本事業は、5月から6月にかけて行ったところであり、実施状況は（資料2）のとおりであり、岩手県内での相談が全体のほぼ半数となり、最も多くの件数となった。

4 厚生労働大臣への意見具申の実施

　政府においても、東日本大震災を激甚災害に指定するとともに、さまざまな緊急措置等を講じており、その中には、労働社会保険諸法令に関係する案件も多数含まれていた。

　連合会においても、労働社会保険諸法令を扱う国家資格者として、社労士の目線で必要と思われる施策を意見として募り、厚生労働大臣に具申することとしたところ、総数15件（年金関係7件、雇用保険関係6件、労働基準法関係、社会保険全般各1件）の意見が寄せられ、これらの意見を基に、連合会としての意見具申を4月22日および6月22日の2回にわたり行っている（（資料3）（資料4）参照）。

（資料２）　社労士会労働・年金相談ほっとキャラバン（福島県）

	相談予定日	曜日	時間	施設名	市町村	相談件数
1	5月18日	（水）	10:00～15:00	磐梯七つ森センター	磐梯町	8
2	5月20日	（金）	10:00～12:00	農村環境改善センター	会津美里町	6
3	5月21日	（土）	10:00～14:00	新地小学校	新地町	0
4	5月22日	（日）	10:00～14:00	アットホーム大玉	大玉村	6
5	5月22日	（日）	10:00～14:00	中村第二小学校	相馬市	2
6	5月22日	（日）	10:00～14:00	中央台東小学校	いわき市	0
7	5月25日	（水）	14:00～17:00	町民体育館	三春町	3
8	5月27日	（金）	13:00～16:00	那須甲子少年自然の家	西郷村	3
9	5月28日	（土）	10:00～14:00	パルセいいざか	福島市	5
10	5月28日	（土）	10:00～14:00	スポーツアリーナそうま	相馬市	0
11	5月28日	（土）	10:00～14:00	ビッグパレットふくしま	郡山市	6
12	5月28日	（土）	10:00～14:00	磐梯青少年交流の家	猪苗代町	0
13	5月28日	（土）	10:00～14:00	南の森スポーツパーク	いわき市	4
14	5月29日	（日）	10:00～14:00	中村第一中学校	相馬市	3
15	5月29日	（日）	13:00～16:00	平体育館	いわき市	0
16	5月29日	（日）	10:00～14:00	リステル猪苗代	猪苗代町	8
17	6月2日	（木）	10:00～14:00	郡山市青少年会館	郡山市	4
18	6月4日	（土）	10:00～14:00	農業総合センター	郡山市	3
19	6月4日	（土）	10:00～11:30	船引町旧春山小学校	田村市	4
20	6月4日	（土）	10:00～14:00	原町第一小学校(原町区)	南相馬市	3
21	6月5日	（日）	10:00～14:00	内郷コミュニティセンター	いわき市	6
22	6月7日	（火）	10:00～14:00	福島県自治研修センター	福島市	1
23	6月18日	（土）	10:00～14:00	原町第二中学校	南相馬市	7
24	6月18日	（土）	13:00～16:00	旧騎西高校	埼玉県加須市	4
25	6月19日	（日）	10:00～14:00	石神第一小学校	南相馬市	4
						90

(資料3) 東日本大震災の発生に伴う特例措置等に関する社会保険労務士からの意見について

社労連第180号
平成23年4月22日

厚生労働大臣　殿

全国社会保険労務士会連合会
会　長　金　田　修

東日本大震災の発生に伴う特例措置等に関する
社会保険労務士からの意見について

　貴省における東日本大震災の被災者対応へのご尽力に深く敬意を表します。
　また、平素は当会の事業運営に格別のご高配を賜り厚く御礼申し上げます。
　さて、当連合会におきましては、平成23年4月1日付社労連第138号「東北地方太平洋沖地震に関する復興支援に関する協力について」により、当面の取り組みの一環として、社労士の社会的使命を果たすべく、貴省が講じられる対応策について積極的に協力を行うとともに、被災地域等の会員から当連合会に寄せられる要望等を提出させていただきたい旨、お願い申し上げたところでございます。
　つきましては、今般被災地域をはじめ、全国で復興支援のための活動を行う社労士から、4月18日までに寄せられた意見を別添のとおりまとめましたので、貴職におかれましては国務ご多端の折、誠に恐縮ではございますが、ご高覧の上、よろしくお取り計らい賜りますようお願い申し上げます。

1．実施されている特例措置について
【労働関係】

制度	課題	解決策
雇用保険	私の関与先は、石巻の水産加工業が多く、会社の社屋等が復興しても、生産者（漁業者）の復興を待たなければなりません。（生産者も石巻のため）そのため、水産加工会社が雇用できるまでには、早くても2年はかかると見込まれます。 つまり、雇調金（休業）や、みなし失業（離職）だけでは救えないのです。さらに解雇された労働者も若いころから、水産加工業だけに携わっているため転職するにも、難しい人もいると推測されます。前に勤めていた会社に再雇用されるまでの間の対策が必要です。	大震災及び原発事故の重大さに鑑み、大震災時に雇用保険の被保険者であった者については、被災地を含む一定の条件（事業再建を前提）のもと、被保険者期間及び年齢にかかわらず、給付日数を再延長し、その間の生活の維持を図り、将来の雇用に結び付けることを考えるべきである。また、当該期間を経過した際には、その時の状況を勘案して新たな施策を講じるべきである。例えば、事業再建の準備段階から、元従業員の再雇用を早期に行えるよう、再雇用する事業主向けの助成率の高い特定求職者雇用開発助成金のような制度を新設することも検討していただきたい。
助成金	中小企業緊急雇用安定助成金の特例措置の件 　災害救助法適用地域に所在する事業所は、震災日に遡った期間を対象として申請でき、また適用事業所を東京で一括して申請している場合も災害救助法適用地域に所在する事業所の事業量が会社全体の3分の1以上の場合には該当します。しかし、今回申請できない顧問先が2件ありました。 　1件目は、東北自動車道のサービスエリアに店舗を構えている会社です。東北自動車道は数日間通	大震災及び原発事故の影響は災害救助法適用地域のみならず、計画停電、または原材料の不足等により広範囲に及ぶことから、労働保険の適用について一括の認可を受けている事業所においては、小規模事業所が切り捨てにならないよう、事業所ごとの影響を勘案して助成金の申請を可能とすることや、災害救助法適用地域に所在する事業所と一定規模以上の経済的関係を有する事業所においても計画届の事後提出を認めるなど、雇用調整助成金・中小企業緊急雇用

行止めになり、この店舗は営業できませんでしたが、この顧問先は東京で一括適用しているため、営業できなかった店舗の事業量は会社全体の3分の1を占めておりましたが、災害救助法適用地域に所在する事業所として認定されず、遡りの特例が申請できません。
　2件目は、宮城県の災害救助法適用地域に事業所がありますが、この顧問先も東京で一括適用申請しており、宮城県の事業所の事業量が会社全体の事業量の3分の1未満でしたので、遡りの特例が申請できないうえ、今後の通常申請もできません。 | 安定助成金の支給要件及び手続を緩和すべきである。

2．今後必要とされる施策について
【労働関係】

制度	課題	解決策
労働基準	計画停電について、現状の時間帯は6：20〜22：00までの時間帯でグループごとに計画されているが、特に製造業に関しては、計画停電の時間がたとえ3時間であっても、これに関連して計画停電を挟んだ前後の時間にラインを稼働させることが実質的に不可能であったり、極端に効率が悪く、稼働させることが経営上適当でない場合があります。 　これらは、産業や製造する製品によっても異なるところとは思いますが、実際に、当職がかかわる事業場（食品製造業）についても、計画停電の中止が事前に発表されない場合においては、昼間の計画	計画停電または電力の需給状況により、勤務時間を深夜に変更せざるを得ない事業所においては、雇用の維持の観点から、必要最小限の範囲で従事させる深夜業について、労働者の健康及び安全等に配慮しつつ、労使協定等に基づく一定の制約を前提として労働基準法の割増賃金に関する暫定的な特例を設けることを検討していただきたい。

	停電時間帯を避け、22：00以降の停電が行われない時間帯から深夜シフトにて対応しています。 　しかしながら、現行法においては、深夜業については事業主に対し2割5分以上の割増賃金の支払いが義務付けられているため、計画停電時と平時とを比較すると、労働生産性は低下する一方で、深夜業に対する割増賃金により人件費が増加することにより、企業経営を圧迫する要因となることが懸念されます。本件については、同様の事情がある中小企業においては、特に深刻なものであると考えられます。	
助成金	原発から30km圏内の事業所が一時休業しようとしても雇用調整助成金が支給されません。労働者の生活維持のためには解雇しか方法がないのは理不尽です。	この度の原発事故の重大さに鑑み、雇用調整助成金の支給要件及び手続を大幅に緩和すべきである。

【社会保険関係】

制度	課題	解決策
国民年金	国民年金保険料の免除申請にかかる被災状況届について、個別の届出を求めるのは非効率です。	大震災及び原発事故の被災地域に住所を有する者に対しては、個別の申請に基づく免除ではなく、充分な追納可能期間を周知したうえで、職権による一括免除を行うなどの措置について検討されたい。なお、個別の申請に基づく免除については、被害が明確な地域の住民においては、少なくとも、個別に被災状況届を添付させることなく、保険料の免除を認めるべきである。

国民年金	22年度・23年度の学生納付特例申請について、制度が十分に周知されていないうえ、被災地の学生に申請を求めるのは困難です。	大震災及び原発事故の被災地域の学生について、期限内の申請が困難であった場合は、期限後においても申請を受理し、遡って納付特例を適用する措置を講ずるべきである。
厚生年金	健康保険料・厚生年金保険料について、震災によって納付できない事業所が相当数発生することが想定されます。	大震災及び原発事故の被災地域の事業所については、事業の再建を支援するため、健康保険・厚生年金保険の事業主・本人負担の保険料の減免措置を柔軟に講ずるべきである。
年金制度	障害・遺族年金の初診日・納付要件について、震災のために給付を受けることができない方が生じることが想定されます。	障害・遺族年金を受給するためには、国民年金の保険料が納付されていることが要件となっているが、3月11日に発生した大震災及びその後の原発事故により、被災地の被保険者については、2月分の保険料が納付されていないことが想定されるので、それらの被保険者については、1月分の保険料の納付を要件とする特例措置を講ずるべきである。 また、初診日の認定についても柔軟に対応し、受給権の確保を図るべきである。
年金制度	震災による津波に巻き込まれて行方不明となっている方の死亡の推定について、国民年金法（第18条の2）、厚生年金保険法（第59条の2）、労災保険法（第10条）では、要件が「船舶の沈没」「航空機の墜落」等に限定されています。今回の津波における被害には適用になりません。結局は、民法の危機失踪や戸籍法の認定死亡等	早急に、民法に規定する「1年」より短期間で、遺族補償給付・遺族年金等の請求を行えるよう特例を設けるべきである。

	によらなければならないと思われますが、これでは遺族が遺族年金等を受けるまでに長期間も待たなければなりません。	
社会保険全般	年度更新・算定基礎届手続の猶予措置はすでに発せられていますが、実際に算定基礎手続が被災者である事業主の手でスムーズに行われるのは困難であると考えます。また、保険料の納付ができない事業主も数多いと想定されます。労働保険については給与の支払い実績がないとする手続が可能ですが、社会保険においては喪失手続を取る以外に保険料を軽減する手段がありません。この場合、無保険状態或いは空白状態を生じることになります。	大震災及び原発事故の被災地域の事業所については、算定基礎届の手続を省略させ、被災事業所の復興支援の観点から実情に応じた特例的な保険者算定を行い、その後の賃金に変動があれば随時改定により対応するといった措置を講ずるべきである。 また、大震災及び原発事故の被災地域の事業所については、健康保険・厚生年金保険の事業主・本人負担の保険料の減免措置を柔軟に講ずるべきである。

第3編　第4章　全国社会保険労務士会連合会の対応

～東日本大震災 災害復興支援～
厚生労働大臣への意見の募集について

【 募 集 要 項 】

1．募集の概要

　連合会は、東日本大震災に関する被災地支援を行うため、3月14日に緊急正副会長会議を開催し、「東北地方太平洋沖地震災害対策本部（現 東日本大震災災害対策本部）」を設置して、社労士会が労務管理及び労働社会保険の専門家の団体として行うべき当面の取り組みの1つとして「被災地の復興が早期に実現され、被災者の生活が1日も早く回復するよう、必要な施策について、厚生労働大臣に意見具申を行う」ことを決定いたしました。
　この取り組みは、今般発生した東日本大震災に伴い、厚生労働省において事業主及び労働者等に向けた労働社会保険諸法令にかかる多数の特例措置等を施行するなか、会員の皆様は、被災者はもとより停電の影響を受ける企業などの相談や依頼を受け、当該特例措置等にかかる相談指導や申請等の手続業務を実施されていることから、連合会として、会員の皆様が業務を通じて得た、特例措置の改善及び今後必要と考えられる施策についてご意見を集約し、厚生労働大臣に具申するものです。
　会員の皆様におかれましては、本要項によりご意見をお寄せいただきますようお願い申し上げます。

2．意見の提出方法

（1）意見票の取得
　　意見票は以下のファイルを連合会ホームページ（「社会保険労務士の皆様へ」の「TOPICS」）からダウンロードしてください。

　　（Microsoft Word版）東日本大震災災害復興支援　厚生労働大臣への意見
　　（PDF版）東日本大震災災害復興支援　厚生労働大臣への意見
　　　http://www.shakaihokenroumushi.jp/social/topics/2011/0401.html

（2）意見票の送付
　①電子メール（連合会ホームページ）の場合
　　意見票にご記入のうえ、添付ファイルとしてご送信ください。
　　※送信時のタイトルは、「厚生労働大臣への意見」としてください。

　　電子メールアドレス　research@shakaihokenroumushi.jp

　②FAXの場合
　　意見票にご記入のうえ送信してください。

　　FAX番号：03－6225－4865
　　全国社会保険労務士会連合会　業務部企画課あて

　③郵送の場合
　　意見票にご記入のうえ、以下の宛先までご送付ください。

　　〒103－8346
　　東京都中央区日本橋本石町3－2－12　社会保険労務士会館
　　全国社会保険労務士会連合会　業務部企画課あて

3．募集対象
　　都道府県社会保険労務士会の会員

4．いただいたご意見の取扱いについて
　　今般の意見募集は、緊急を要する案件が含まれることが想定されるため、募集期限を設けず、適宜厚生労働大臣への申し入れを行うこととさせていただきます。

5．お問い合わせ
　　全国社会保険労務士会連合会　業務部企画課
　　電話番号：03－6225－4864

6．個人情報の取扱いについて
　　本募集により知り得た事項については、本件の目的以外に使用することはありません。

以上

672

III 東日本大震災対策事業の展開

（資料4） 東日本大震災の発生に伴う特例措置等に関する社会保険労務士からの意見について

社労連第261号
平成23年6月22日

厚生労働大臣　殿

全国社会保険労務士会連合会
会長　金田　修

東日本大震災の発生に伴う特例措置等に関する
社会保険労務士からの意見について

　貴省における東日本大震災の被災者対応へのご尽力に深く敬意を表します。
　また、平素は当会の事業運営に格別のご高配を賜り厚く御礼申し上げます。
　さて、当連合会におきましては、被災者及び被災地域の早期復興を実現するための取り組みの一環として、平成23年4月22日付社労連第180号「東日本大震災の発生に伴う特例措置に関する社会保険労務士からの意見について」により、被災地域等の会員から同年4月18日までに当連合会に寄せられた意見を提出させていただいたところでございますが、当連合会においては、引き続き、東日本大震災の発生に伴う特例措置に関する意見の募集を行っております。
　今般、6月14日までに寄せられた意見を別添のとおりまとめましたので、貴職におかれましては国務ご多端の折、誠に恐縮ではございますが、ご高覧の上、よろしくお取り計らい賜りますようお願い申し上げます。

673

5 宮城労働局主催の「賃金立替払制度相談業務」を支援

　宮城労働局では、管内において、被災に伴う倒産企業に対する未払賃金立替制度に関するコンサルタント事業を行うことになり、宮城会に対して社労士の派遣要請を行った。

　しかし、宮城県内の社労士の多くが被災していたことから、県外の都道府県会にも協力要請が行われ、秋田会から3名（延べ23日間）、山形会から4名（延べ33日間）、東京会から8名（延べ52日間）の協力により、業務の円滑な実施に寄与したところである。

6 被災5県会における連合会会費の減免措置

　平成23年度通常総会において、被災県会について、平成23年度の連合会会費の一定額を免除とする措置について決議し、岩手会、宮城会、福島会は3カ月の会費減免とした。

Ⅳ 金田連合会会長の被災会員へのお見舞い、現地視察（4月）

　4月16日、東日本大震災で特に大きな被害を受けた宮城県（仙台市）と岩手県（陸前高田市）を金田連合会会長が視察した。

　本視察では、北海道・東北地域協議会の山内会長（当時、以下同）の同行の下、宮城会長瀬会長との対談、岩手会勝又会長（当時、以下同）の協力により、陸前高田市の被災会員（2名）にお見舞いの面会を行い、被災の現状や今後の業務の見通しをうかがった。

　なお、当日は、仙台空港が再開されてから2日後であり、空港ターミナルビルはいまだほとんどの機能が回復しておらず、空港敷地内では依然として大型の重機によるがれきの整理作業が続けられ、津波で流された乗用車が、そこかしこに数十台、全体では400〜500台スクラップ場のように積み上げら

れ、自家用飛行機も流された状態のまま放置されていた。着陸前に飛行機から陸地をみると、一面が津波による泥で茶色に染まっていたような状況であった。

また、宮城会長瀬会長との対談では、地震当日から今日に至る宮城会の対応等の状況について話があり、仙台市内では電気、ガス、水道が止まり、電話もFAXも使用できず会員の安否確認が困難を極めたとのことであった。今後、災害時に生活インフラが寸断され都道府県会事務局の機能が低下することに備え、安否確認等は都道府県会と連合会が連携して行えるしくみづくりとそれを会員に周知しておくことが重要ではないかとの意見が交わされた。

この時点で、宮城会では、会員の被害として、亡くなった会員が1名、安否確認中の会員が3名との報告がなされた（当時、安否確認中であった会員3名は、その後無事が確認された）。

その後、岩手会勝又会長の案内により、岩手県の陸前高田市へ移動した。同市は東日本大震災で岩手県内で最も大きな被害を受けた被災地である。

市内に入ると、まだ太平洋が見えない山間の地域から、あちこちにがれきが積まれており、泥にまみれた乗用車や横転したトラックが放置され、津波が沿岸部から、想像もつかない力で陸地の奥まで押し寄せたことがわかった。さらに市街地に入ると、街の中心部のほど近くにコンクリート造りのビル（雇用促進住宅）が2棟建っていたが、5階建ての4階部分までが津波によって大きな被害を受けたことが車の中からでも確認でき、ショッピングセンター等、鉄筋コンクリートの建築物でも骨組みだけ、木造の建物はすべてがれきに姿を変えていた。

当日、被災地の会員2名と合流、金田会長と面会した。

1名は震災直前の3月1日に登録した、A氏である。地震当日は、事務所開所式を行い、看板を掛けたばかりであった。地震が発生した瞬間に、「これは宮城県沖地震で、すぐに大きな津波が押し寄せるだろう」と判断し、高台に避難した。事務所開所の案内をした人も大勢の方が亡くなったそうである。津波により、事務所を流失したものの、アパートをみつけ、地域のボ

ランティアに参加している、とのことだった。

　もう１名はＢ氏である。地震当日は、陸前高田市内で業務をしていた。Ｂ氏も地震が発生した瞬間に、津波を予測していたが、地震発生から防災放送による警報が市内に放送されるまで約20分、放送から街が大津波に飲み込まれるまではたった３分しかなく、感覚として、「知らない間に音もなく水面が一気に押し寄せてきた」という。こうした状況で、多くの方が亡くなった。Ｂ氏はこの地震と津波によって、顧問先の90％を失ったという。それでも、「被害にあった顧問先の事業主や従業員の皆様が困っている状況だからこそ、われわれ社労士がやるべきことはたくさんあるし、仕事を通じ皆さんに希望をもっていただきたいので、非常に厳しい状況ではありますが、悲しんでばかりいられません」と話された。金田会長から、「こんな状況だからこそ、われわれ社労士は専門家として被災者と被災地の１日も早い復興が実現されるために、力を尽くさなければならない。そのためにも、お２人もぜひご協力いただきたい」との言葉を受けた２人は、「亡くなった方々や地域の、ひいてはこの国の復興のために、頑張りたい」と力強く応えた。

　面会後、陸前高田市から一関市に戻る車中で、岩手会勝又会長が、「阪神・淡路大震災を知っているつもりだったが、今回の震災で、災害というのは実際に経験してみなければわからないことばかりだということを痛感した。一方で、社労士の業務が、雇用・労働、健康保険・年金をはじめ、いかに国民の生活に密着しているかを強く感じ、この資格がいかに大切な、やりがいのある資格であるかを改めて感じた。これから岩手会の会員の総力を結集し、復興に向けた取り組みをしたい」とコメントされている。

　山内地域協議会会長からは、「復興に向けた取組みは、県会の活動を、近県の会や地域協議会がしっかり支え、更に全国の県会と連合会がしっかり支援することが重要。今回の経験と、対応の経験を蓄積して、今後の災害対策に活かすべき」とコメントがなされた。

Ⅴ　東日本大震災復興支援講演会・宮城県仙台市における常任理事会・理事会合同会議開催

　震災後、連合会の北海道・東北地域協議会より、復興支援事業の一環として、東北地域で理事会を開催したいとの申出がなされた。

　連合会では、9月に開催した理事会において、平成24年3月の常任理事会・理事会が震災後ちょうど1年を迎える時期であることから、平成24年3月21日に宮城県仙台市において会議を開くことを決定した。

　復興支援事業であることから、会議の開催のみならず、地域の中小企業経営者を支援する事業として、「被災地の中小企業に活力を！！」をテーマとし、復旧に向け懸命に努力されている中小企業事業主の方々を対象に東日本大震災復興支援講演会をホテルモントレ仙台で開催した。

　講演会は、金田会長の挨拶の後、結城登美雄（ゆうきとみお）氏を講師として迎えて行われた。結城氏は、民俗研究家、東北大学大学院非常勤講師であり、ライフワークとして東北各地における地域おこし活動を展開していることで知られている。

　また、「東北の地域づくり活動を先導し地域振興に貢献」したことが高く評価され、平成23年度河北文化賞を受賞されている。

　当日の講演は、各地の過疎地における地域おこしなどに関するアドバイザー、総合プロデューサーとしての経験談を中心に進められた。

　氏の講演内容は、広大な被災地域の復興は、住みにくい場所であるがゆえに過疎地となった場所がいまだに集団的に暮らして集落を残していることを考えると、商業ベースに無理に乗らないその土地固有の事業を共同化して起こして復活することが可能なのではという提言であった。そのためには、よい地域であるための7つの条件（①よい自然風土があること、②よい仕事の場があること、③よい居住環境があること、④よい文化があること、⑤よい仲間がいること、⑥よい学びの場があること、⑦よい行政があること）があるとして、

講演が締めくくられた。
　この講演会には、宮城県内の事業主をはじめ139名が参加し、定員144名の会場は、ほぼ満席となる盛況であった。
　講演会の後、宮城労働局長を来賓に迎え、連合会第121常任理事会・第171回理事会合同会議が開催された。
　また、被災地の食材を用いることによって、被災地復興の支援に協力することを目的として、合同会議後に東日本大震災復興支援懇談会を開催。宮城会長瀬会長の挨拶、岩手会勝又会長の乾杯後、各テーブルで懇談が行われた。日頃の社労士業務の活動や東日本大震災に絡む話題等、理事会の場とは違った和やかさが広がり、福島会鈴木会長の閉会の挨拶で幕を閉じた。
　また、翌3月22日は、都道府県会において、東日本大震災により将来の防災計画制定に向けた機運が高まっていることを受け、金田連合会会長をはじめ、副会長、常任理事、理事81人がバス3台に分乗して宮城県内の被災地の視察を行った。
　当日は、午前8時30分に最初の視察地である石巻市に向け、仙台市を出発した。この日は、甲子園の選抜高校野球で立派に選手宣誓を行った地元宮城の石巻工業高校が試合を行う日でもあった。
　この石巻市では、先生や児童が犠牲となり、現在も荒涼とした土地と化した風景が広がるだけである門脇小学校近くに到着し視察した。
　震災前、周囲には、多くの住居や会社があったはずであるが、見渡す限り空地となっており、津波の激しさを再認識させられた。
　途中、津波によって流された車数百台がうず高く積まれた光景や、全児童が津波を避け、屋根で夜を明かしたとされる幼稚園の脇を通るなど、これまで報道によって見聞していた被災地の状況に言葉を失い、いまだなお津波の爪痕が大きく残っていることから、あらためて長期支援の必要性を認識したところである。
　その後、バスは、名取市の閖上（ゆりあげ）漁港方面と塩釜市方面とに分かれて視察した。

塩釜市では、震災後、一時は操業停止となったものの、復旧にこぎつけた地酒工場と、笹かまぼこ工場を見学した。地酒工場では、被災状況のスライド上映と復興にまつわる経緯の説明が工場側からあった。

　この工場では、自然災害に対する備えがなされており、震災時も職員とお酒を求めにきていたお客さんの全員がヘルメットをかぶり、高台へ避難、全員が難を逃れたものの、工場は津波により浸水し、酒蔵そのものに大きな被害があったとのことであった。

　一方の笹かまぼこ工場では、津波がきた時の水位が壁に色分けして示されており、昼食にあわせて工場の代表者から、機械類が使用不能となった状況等から復旧に至るまでの苦労話が披露された。

　仙台空港に近い名取市の閖上漁港は、被災以前はその空港は望めなかったのが、すぐ近くにあるかのように空港のほぼ全貌がみえるほどに、何もない風景が続くのみであり、建物の土台の跡だけが残る土色の中に、時折、引き取り手のない崩れた船ががれきとして残されていた。

　今回の視察は、時間の制約もあり、やむなく宮城県内の被災地3カ所に限定されたところであるが、被災の大半は、地震よりも津波による被害であり、石巻市は浸水面積73平方キロ、塩釜市は6平方キロ、名取市は27平方キロという記録が残されている。また、その浸水率は、石巻市13.1%、塩釜市で33.3%、名取市は27.6%という状況であった。移動中に見た日本三景の1つである松島のある東松島市では、浸水面積37平方キロ、浸水率36.3%、市街地等の3分の2が津波の影響を受けている。しかし、その移動中に利用した高速道路が、津波を食い止め、津波の被害を受けなかった地域もある。

　また、バスで移動中、ここまで津波がきたという場所までは大変な状況であるにもかかわらず、わずか1メートル手前でも津波の難を免れた場所では、何ごともなかったかのように建物等が存在し、地震そのものの被害よりも津波の被害がいかに甚大であったか思い知らされるとともに、こういったことについて専門家を交えてきちんと検証することが、将来の被災予防のヒントになるはずであると感じたところである。

Ⅵ　被災県会会長による報告

以下、被災県会である岩手、宮城、福島の各県会会長の報告を掲げる。

〈岩手県社労士会　勝又映二会長〉

　平成23年3月11日に発生した東日本大震災により、岩手県では死者、行方不明者を合わせて6,045名、家屋の倒壊数24,736棟という甚大な被害を受けました。大槌町では人口の7.5%、陸前高田市では7.1%の方々がお亡くなりになり、津波の押し寄せた地域は、壊滅的な状態となってしまいました。

　当会会員の被害は、死亡1名、全壊・家屋流出4名、大規模半壊1名、半壊2名、一部損壊3名、休業1名です。

　震災発生後、当会では以下の取組みを行ってきました。

○**会員の安否確認**

　震災直後、県会としてどのような対応を行うべきか、まったく見当もつかない状況でしたが、ラジオ等の報道により、沿岸地域が津波による壊滅的な被害を被ったことを知り、会員の安否確認作業から着手しました。事務局がある盛岡市内は内陸ですので、電話等の生活インフラは早期に復旧しましたので、まずは全会員にFAXで、FAXの受信不能者には郵送で安否確認の通知を行いました。実際、郵送も配達不能地域が広域でしたので、岩手放送局等のマスコミにも協力を求めました。

　今思うのは、平成11年の阪神大震災から備えることの大切さを学んでいたつもりでしたが、遠くから眺めていたことを反省しています。

○**震災直後の被災会員支援**

　安否確認と平行して、家を津波で失う等深刻な被害を受けた会員に、まずは、仮の見舞金を届けることにしました。また、在宅で避難されている会員から食料等の支援を求められた際には、短時間で沢山の支援物

資が県会事務局に届けられたものの、一度には運ぶことができず、何度かに分けて届けました。

　岩手県は、壊滅的な被害を受けた山田町や陸前高田市がある沿岸地域から盛岡市まで、途中２時間程山道を越えなければなりません。津波による瓦礫は市街地から山間部の入り口まで押し寄せ、あちこちで通行できない道があるばかりでなく、ガソリンの確保が大変難しい状況での支援でした。

　被災地の会員は自らも大変な状況の中で、寝食も忘れ、被災された事業所や被災された方々の支援や相談活動に取り組んでいました。震災直後には何年分にも相当する離職票を作成したものと思います。

　社労士という職業が真に国民の生活に密着し支えていることを実感し感動しました。

○相談事業

　安否確認、被災会員支援を行う一方で、社労士会として、地域の皆様への相談活動を進めました。被災者の皆様は、地震と津波で、家族や家、職場を失っています。当然、これからどうやって生活を立て直していくのか、その時に年金、医療、雇用についての不安を感じることになるので、これらの不安を解消できる我々が、早期に相談活動を開始することが必要であると考え、被災直後ではありましたが、盛岡周辺の会員に集まっていただき、３月24日から県会事務局で無料相談を開始しました。これは士業としては弁護士会に続いての立ち上げとなりました。

　この取組みは、地元の放送局や新聞社の協力を得て、連日報道され、遠方からも多くの相談をいただいたところです。この活動は、今日も継続して実施しています。

　また、連合会の支援をいただき、５月10日から「社労士会労働・年金相談ほっとキャラバン」を開始、６月９日までに22日間活動し244件の相談を受けました。

　このキャラバンは、壊滅的な被害を受け、公的機関が相談窓口を開設

することが困難な地域に、キャラバンカーで巡回訪問し、相談を受ける取組みでしたが、相談者からは「よく来てくれた」と大変感謝されました。

　また、県会主催の相談活動に続き、労働局、日本年金機構等の行政機関からの協力要請に対応、県内各地の商工会議所、商工会連合会、経営者協会、各士業との連携による相談活動について、会員総動員で取り組みました。

　震災前は、県会の取組みに関する連携といえば労働局や年金機構が中心だったわけですが、岩手県や市町村との連携がいかになかったかを痛感しました。

○復興支援セミナー

　震災から4ヶ月が過ぎた7月になると、県内の企業も事業を再開できるところが多くなってきました。しかし、貴重な人材を失ったり、社屋や工場が被害を受け、これからどのように事業を復旧していくか、多くの経営者が悩んでいました。

　そこで、こうした経営者が少しでも元気を取り戻し、一日も早く事業を再開されるよう、9月26日に住田町、27日に北上市で復興支援セミナー「逆境が切り拓く、変革へのアイディア」と相談会を開催し、地域の経営者等218名（住田町88名、北上市130名）に参加していただきました。講師をお願いした（株）良品計画会長の松井忠三氏の「逆境だから知恵がでる」という言葉が印象的でした。

○皆様からの温かいご支援

　全国からは、連合会をはじめ、各会から激励、支援の申し出、義捐金・お見舞金を頂戴しました。

　また、震災直後から、連合会金田会長、全国政連堀谷会長をはじめ、多くの皆様にお越しいただき、温かいお言葉をいただきました。

　昨年12月には、被災された会員から住宅の基礎工事が始まったとの知らせもいただくことができました。

被災地はまだまだ厳しい状況にありますが、着実に復興に向かって歩んでいます。

ここまで来られたのも、また、数々の相談活動等を行うことができたのも、連合会をはじめ全国の会員の皆様のご支援があったからと思っています。心より感謝申し上げます。

（資料5） 岩手会における相談活動

	相談日数	相談員数	備考
県会事務局「無料相談」（3/24～10/31）「継続中」	134日	228人	
社労士会「ほっとキャラバン」（5/10～6/9）	22日	58人	244件
気仙沼地区相談所（7/20～10/26）	15日	30人	98件
宮古・釜石出張相談会（4/17）	2日	16人	8件
士業「なんでも相談会」（6/6～9/20）	9日	15人	
岩手労働局ワンストップサービスへの協力（4/1～7/28）	43日	57人	116件
岩手行政評価事務所への協力（7/4）	1日	2人	
被災児童生活支援事業（9/20～9/30）	8日	8人	
商工団体への相談支援（5/11～6/1）	3日	3人	
FP協会「生活再建相談会＆セミナー」（6/25・26）	2日	4人	

（資料６） 復興支援セミナー開催状況

	開催日	開催場所	参加者数
復興支援セミナー	9/26	住田町	88人
復興支援セミナー	9/27	北上市	130人

〈宮城県社労士会　長瀬里志会長〉

　あの大震災から早や１年余り、仙台の街は人で溢れ、恒例の年末を彩っている定禅寺通りのイルミネーションや１月14日の「どんと祭」（正月飾りなどを燃やす祭事）も実施されるなど普段の賑わいを取戻している一方、あちこちのビルにおいて、地震で傷んだ壁の補修、建物の撤去や建て替えが今も続いています。仙台中心部は、このような状況ですが、仙台、石巻、南三陸町、気仙沼などの海岸地域一帯は、瓦礫は除去されているものの見るも無残な姿にさらされており、復旧・復興もこれからというところです。大津波で家を流された多くの人々は避難所から仮設住宅への移転がやっと完了し、長く厳しい冬の生活を強いられています。そして、あの海は大津波など何知らぬ顔で太陽の光を浴びてキラキラと輝いて美しい姿を見せています。

　こうした中で、全国の皆様の温かい励ましとご支援のおかげで宮城県は今、復旧・復興に向け頑張っています。本当にありがとうございました。

　さて、宮城県社労士会の震災後を振り返ります。

　実は大地震の約51時間前の３月９日12時前から翌10日にかけて震度５弱の地震があり、その余震とみられる地震も発生していました。

　そして「３月11日14時46分」の大地震。誰もが、その日、時刻まで記憶している今まで経験したことのない大地震。それは、おそらくは誰もが「死」を覚悟したほどの長い大きな揺れでありました。

仙台駅近くにある宮城県社労士会の事務所は、足の踏み場もない位の散乱した書類、横倒しになった備品類で大混乱でした。出入口のドアが開かず、職員は会議室のドアから脱出しましたが、幸いなことに、他のほとんどのビルや家屋で電気、水道、ガスが止まるなかで、県会の事務所ビルは、翌週からは電気等のライフラインも大丈夫で電話も掛けられました。困ったのは、交通手段と食糧でした。地下鉄の一部は運行していましたが、バス、JRは不通で、更にガソリンの供給が滞り、通勤に何キロも歩き、通常、1時間程度の通勤が2時間から3時間もかかりました。ほとんどの家庭では電気、ガス、水道などあらゆるライフラインが止まり、寒さに加え水・食糧の不足、ガソリン、灯油などの燃料不足に悩まされる毎日が幾日も続きました。

　1週間ほどしてスーパーマーケットやコンビニなど開店する店が多くなってきましたが、時間制限の上、品不足、長蛇の列、それが日常で、職員は、冷凍していた食品など手持ちの食品を事務所に持ち込んで食べつなぎました。

　震災直後、最初に取り組んだのは、会員437名（23年4月25日現在）の安否の確認作業でした。来る日も来る日も電話の掛け通しの毎日でした。事務所の電話と個人の携帯電話を使い連絡をとりましたが、特に被害の大きかった石巻、気仙沼の会員にはなかなか繋がらず、全員を確認できたのは4月末のことでした。

　3月24日には、県会において復興支援対策本部を設置し、今後の対応について協議を行い、連合会対策本部と連携するほか、宮城県災害復興支援士業連絡会、仙台商工会議所等商工団体とも連携し、支援活動を行うこととし研修会も開催しました。

　連合会が行う「社労士会復興支援ほっとライン」は4月1日から、「社労士会労働・年金相談ほっとキャラバン」は5月16日から、県会独自の「総合労働相談室相談日の拡充」は4月4日からそれぞれ実施したところです。

宮城県災害復興支援士業連絡会や商工会議所等商工団体及び行政評価局等が開催する相談会（3月26日から10月頃まで断続的に実施）や日本司法支援センター（法テラス）の設置した「法テラス南三陸町」（10月2日）「法テラス山元町」（12月1日）「法テラス東松島」（2月5日）のそれぞれにも多数の当会社労士を派遣しました。
　特に「労働・年金相談ほっとキャラバン」は出動回数が33回（日）に及び反響も大きく、やりがいのある取組みであったように思います。
　また、10月から12月まで石巻市庁舎内で「被災地支援無料相談会」を開催しました。11月には、会長、副会長そして各支部長が被害の大きかった市や町（11市・町）を訪問し、連合会からの寄付金それぞれ100万円総計1,100万円を贈呈しましたが、大変感謝されたところです。
　そして、12月末には、連合会を通じて全国の皆様からの義捐金を被災した会員の皆様にお送りできました。市町村における罹災証明が遅延したこと等のため遅くなりました。会員の皆様から感謝の手紙が数多く寄せられており、そのほとんどが家屋の修繕等に使われるとのことでした。全国の皆様、連合会の皆様、本当にありがとうございました。厚く御礼申し上げます。

〈福島県社労士会　鈴木健夫会長〉
○はじめに～福島県被害の実情
　3月11日の東日本大震災と東京電力福島第一原発事故からもう1年になります。
　当日県会では、年金・労働総合相談所主催で労働相談員と会員を対象に福島駅西口の建築間もない商工会議所などが入っているビル4階で「個別労働紛争解決について」の研修会の最中でした。もの凄い大きな東西の揺れと200秒以上に及ぶ長さに講師をはじめ全員が机の下にもぐり、その足にしがみつきながら地震のおさまるのを待ったものの、これ

まで経験したことがないものすごい揺れと、格納されていた間仕切りが飛び出しバシャンバシャンと左右にはねる音に建物がいまにも倒れ下敷きになって、もうおしまいかと死の恐怖におののく有様でした。それは私だけでなく、何人かの会員も後で述懐するほどの凄まじいものでした。

　幸いに会員は全員無事で研修会は直ちに中止し、会員にはできるだけ大きな道路を通って帰宅していただくようお願いしました。その1時間後に巨大津波が襲い浜通り地区の相馬郡、双葉郡、いわき市の沿岸部等は壊滅的被害を被りました。

　この巨大地震と津波による福島県の被害は甚大で死者2,375名、行方不明214名（2012年3月現在）をはじめとして、住宅全壊20,123戸、半壊64,851戸、一部損壊158,000戸、その外工場、店舗、電気、水道、道路、港湾、学校、福祉施設、農林水産関係施設等、被害額約数兆円と推定され、これに放射能汚染による莫大な除染費用5兆円（環境省試算）、2012年までの損害額4兆円（東電賠償額〜東電経営管理委員会試算）や健康管理さらに今後長期にわたって生産や生活不能による各分野の損害額をみれば、その額は福島県の予算や県民の所得（福島県市町村の当初予算額合計約1兆円（2012年）、県民総所得5.6兆円（2008年））からみてもいかに膨大なものであるかであります。

　また、双葉町と大熊町に立地した東京電力福島第一原発は、この地震等により全電源喪失で原子炉の炉心を冷却できずメルトダウンし、12日午後の水素爆発など3回の爆発と格納容器からの圧力を逃すベントにより膨大な放射性物質（チェルノブイリ原発事故の2割、セシウム放出4京ベクレル）を放出した、原発の周辺の浜通り地方だけでなく60km以上離れた福島市をはじめ郡山市、白河市など中通り一帯に飛散、県土の過半に及ぶ広大地域を汚染することになりました。

　このため3月11日政府は初の「原子力緊急事態宣言」を発し、半径3km圏内の避難と同10km圏内の屋内退避を指示しましたが、12日には避難指示を20km圏内に広げました。これにより全町村避難は11市町村

（南相馬市は小高区など）9.5万人以上におよび、被災者はいまも福島市や二本松市、郡山市、会津若松市、いわき市等の県内外各地の仮設住宅や借上住宅等に不自由な先行き見通しの立たない不安な生活を余儀なくされています。

　幸いに県会会員の死亡、行方不明者はないものの、警戒区域等のため今も自宅や事務所に戻れない会員は10名近くおり、また住居や事務所の全半壊等の被害を受けた会員は60数名になりました。早速、連合会や各都道府県会、全国の会員の皆さんからたくさんの温かい義援金やお見舞等をいただき事務所の再興に向けた会員に大きな励ましと援助になっただけでなく、全会員にとっても大きな励ましになったことに改めて厚く御礼申し上げます。

○復興に向けた福島県の現状

　3.11の東日本大震災で同じく甚大な被害を受けた岩手県、宮城県でも復興のテンポが遅々としているとはいえ、市町村ごとに自分たちの町をどうつくり、子供や孫の世代にどう繋げていくか、そして自分達がそこにどう希望を見出すか、町づくりの議論や取組みが進められているとメディアは報道しています。

　しかし、福島県は、原発事故による放射性物質による汚染が前述のように、原発周辺地域だけでなく、福島市、郡山市など中通りの全域にわたる広大な地域であるため、復旧復興はこの除染がされない限り、なかなか手が付けられない状態で今も復興再生を阻んでいます。放射線量を福島市でみると、爆発直後約24マイクロシーベルト（時間当たり）であった数値が以後ずっと低下していましたが、昨年の秋頃から殆どの地点で1.0マイクロシーベルト前後の横ばいとなり、今ではまっとうに除染されない限り線量が下がらない状態です。

　安心して生活ができないため子供の健康や将来を心配し、県外へ避難する子供とお母さんが今も多数おり、小学校の学級が半分ほどに減ったり、幼稚園の園児が4分の1になったところもあります。県外流出の児

童・生徒の数は１万５千人超（全県の10％以上）にも及び、県外への避難者はいまなお６万３千人以上にのぼっています。医療従事者では、医師200名、看護師2,000名が県外へ流出したといわれ、他の多くの業種でも頼りとする従業員が復帰できず事業経営に大きな障害となっています。人口の流出と人口減は震災後９ヶ月で3.9万人にのぼりとまりません。政策大学院大学出口恭子准教授の最近の発表によるとこのまま流出が続き戻らなければ平成40年の福島県の人口は現在（2010年203万人）の49.2％減と予測し、更に経済の面では今後10年間はゼロ成長で、以後はマイナス０.１％とされ、我々にとって大変衝撃的なものです。

　現在も前述のように、経済や産業への影響も甚大で米や果物、野菜等の農産物、漁業などの水産物については全滅で、旅館や観光業、産婦人科、小児科、歯科などの医療、学校、幼稚園や不動産業などそれは広範なもので、そのうえ風評被害は全産業を苦しめています。こうしたことは、今後社労士の業務に対しても少なからず影響をもたらすものと考えねばなりません。

　福島県民の安心、安全と県土の復興再生のためには一刻も早い放射性物質の除染と徹底した取組みの重要性は、今では誰の目にも明らかになってきました。２月には福島市にも復興庁の事務所ができ、除染の取組みも一部では始まりつつありますが、除染などの事業が果たして進展がみられるのでしょうか。

　また、原発事故の収束への動向は県民にとって依然気がかりな大問題ですが、つい最近も２号機の圧力容器の異常高温の騒ぎがありました。

　結局、温度計の故障と断定されたもののメルトダウンした核燃料はどうなっているのか、原子炉やプラント全体がどんな状態か、放射線量が依然として高いため十分把握できず、いつ何が起こるか分からない状態は今も続いているといわれます。そのいくつかの心配の１つに、水素爆発で建屋の上部が吹き飛んだ４号基の核燃料プールには原子炉数基分の取り出して間もない核燃料の遮壁なし貯蔵があります。余震などでプー

ルが崩れないよう補強工事で、一時のような危機的状況はなくなったといわれていますが、今後大きな地震が発生し、核燃料プールにヒビが入り、水漏れで核燃料が露出、火災を起こした場合、今の技術では消し止める方法がなく、手の施しようのない大惨事になると指摘する専門家もいる状況です。

○県会の被災者支援の活動について

　太平洋から50数km、原発から60kmの福島市では地震による建物等の被害は意外に少なかったものの停電や断水が発生、そのため水や食料品そしてガソリンや灯油などの入手が困難になり、また原発が12日、14日、15日と三度にわたり連続して爆発したことから放射能の被曝も心配されたため、3月16日から23日まで事務局を休止し職員を自宅待機としました。

　こうした中で会員の安否確認を行うと共にガソリンや食料品も出回るようになると4月2日から会員有志が自主的に市内のあちこちの避難所に出向き、無料相談会を始めました。その後、理事会が災害対策特別委員会を設置し、体制の確立と共に会としての避難所の無料相談会に切り換え、以後、労働局への協力としてのワンストップサービス出張相談を34ヶ所で実施するなど無料相談会を継続しました。

　また、5月に入り、連合会の支援・指導による「労働・年金ほっとキャラバン」を県内の主要な避難所25ヶ所で無料相談を行うと共に、8月以降は連合会の支援事業として町ぐるみ避難の10市町村の仮設役場や仮設住宅の集会所等で本年3月まで各支部が分担、継続し、これまでにその数のべ240回になりました。

　また、11月からは大震災で親（片親または両親）を亡くした震災遺児等家庭相談支援事業を福島県から受託し、20数名の会員が年度末終了を目標にその支援にあたっております。

　そして、被災した中小企業が相当数にのぼること、放射能を「正しく怖れる」こと、除染に対する正しい認識が復興再生のキーポイントであ

ることから被災中小企業復興支援特別講演会（講師 三ツ星ベルト株式会社（神戸市）会長西河紀男氏『阪神・淡路大震災からの経営再建』）を1月20日（於福島市）に開催、講師は兵庫県社労士会の特別の計らいでご紹介していただき、参加者に感銘を与え成功を収めました。また、「放射能の人体への影響と除染について」の特別講演会を2月28日（於福島市）児玉龍彦東大教授を迎えて開催。市民650名が来場され、その他数百名の方々に入場希望をお断りするほどでしたが、参加者に放射線の正しい知識と除染について、放射線に立ち向かう勇気を与え大変喜ばれました。

　いま警戒区域等からの避難者（被災者）で雇用保険の受給者は約6,000人以上と推定されますが、3回の特例による受給延長も本年1月から徐々に打ち切りが始まりこの夏ごろにはほとんどの人が受給できなくなる見込みです。原発事故被災者のアンケート（読売新聞調査）によれば「主な稼ぎ手で現在仕事をしていない人」が46％と半数近くにのぼり雇用保険の打ち切りは、生活面で一層厳しさが増すものと思われます。三ツ星ベルト㈱西河紀男会長は震災復興の最大の課題は雇用の創出、仕事をつくることが一番と断言されました。復興が遅々として進まぬ中でも雇用問題等を最優先に被災者の生活再建に向けた復興事業が今後最も重要なことではないかと思います。

　福島県の復興事業が中途半端に終わり原発政策の見直しもうやむやとなり、除染も中途で放棄、健康被害は何事もなかった、農村は荒廃し、警戒区域等はゴーストタウン化、若い人たちの流出が続く等々、福島県の「未来像」とまったくかけ離れた結果にならないようにしなければならず、県民はみんな奮起しなければならないと思います。そのためにも国の施策と支援、全国の協力のもとに県民が結束し被災者が仕事に就けることを中心に復興事業を進め、避難者が故郷に戻り、新エネルギーの関連産業が興り、農林水産も再生、廃炉作業も進むなど新たな再生復興をどうしてもやり遂げねばならないと思います。そのために我々も県民の一員として今後も可能な限り支援を続ける必要があるのではないかと

> 考えます。

Ⅶ　結　び

　このたびの東日本大震災において、お亡くなりになられました方に衷心よりお悔み申し上げますとともに、被災された方々にあらためて心よりお見舞い申し上げます。

　この未曾有の大災害を経験し、われわれ士業者が速やかに被災者の立場に立って支援を行うことの重要性を再認識するとともに、準備不足であった面においては、今後の大規模災害時に活かせるよう、さまざまな面で準備を進めていかなくてはなりません。

　また、いかなる事態においても、各士業、行政、その他関係者が一致団結して、ともに協力し、行動することが真に国民の皆様の生活基盤の復旧や地域復興に役立つことはいわずもがなです。

　この大災害を過去の出来事とせず、いつ同様の事態が発生しても戸惑うことのないよう、万全の準備を整えていかねばならないとの決意を新たにし、結びといたします。

第5章 日本税理士会連合会の対応

日本税理士会連合会総務部長 中村 一三

I はじめに

　東日本大震災は、地震による被害だけでなく、津波や原子力発電所の事故による被害など、従来の大規模災害の経験では対応できない多くの問題を引き起こした。

　日本税理士会連合会（以下、「本会」という）では、平成23年（以下、「平成23年」については省略する）3月23日に「東北地方太平洋沖地震救援対策本部」（後に「東日本大震災救援対策本部」に名称変更）を設置し、さまざまな角度から震災対応を進めてきた。

　東北税理士会を中心とする会員の安否確認、義援金の募集などにいち早く着手するとともに、被災した会員および一般市民への救済を進めた。義援金については、多くの会員、関連団体、海外の友好団体から7億3000万円超の浄財が寄せられ、これを被災会員の所属する5税理士会に配分するとともに、社会福祉法人中央共同募金会に寄附し、被災者の経済的支援を行った。

　同時に、わが国で唯一の税務専門家団体である特性を活かしその社会的責任を果たす観点から、さまざまな震災対応を講じてきた。本稿では、これらの活動に絞りその足跡を報告したい。なお、本会では、被災者および被災地の早期復興を後押しする観点から、今後も継続して必要な支援策を講じていくこととしている。

Ⅱ　日本税理士会連合会における実務対応

1　税制に関する対応

　税制に関する支援策については、これまでの大規模災害への対応策を参考としつつ、被災者の救援、安定した生活の実現、被災地の復興のため、迅速かつ柔軟に取り組むことを基本的な考え方とし、概要以下のような対応を進めた。

(1)　要望書の提出

　今般の地震が所得税、贈与税の申告・納付の期限（3月15日）が差し迫っている中で発生したことから、地震発生の翌日の3月12日に急きょ「納税申告書の提出期限の延長等に関する緊急要望書」（資料1）を作成し、財務大臣および国税庁長官に提出した。翌13日には、国税庁ホームページに「東北地方太平洋沖地震により多大な被害を受けた地域における申告・納付等の期限の延長措置について」が公表された。

　次いで3月29日に、「東北地方太平洋沖地震に関する要望事項」（資料2）をとりまとめ、国税に基づく申告期限の延長、雑損控除等の前年分所得への適用、貸倒損失・貸倒引当金の認識方法および計上時期の弾力化、災害に伴う原状回復費の雑損控除または必要経費算入等についての要望を民主党をはじめとする政党等に提出した。

　さらに、上記の要望事項に数項目の要望を追加し「東日本大震災に関する税制改正要望」（資料3）を作成、財務省、関係省庁および政党に提出した。あわせて、内閣総理大臣、財務大臣、経済産業大臣および法務大臣との懇談が随時実現し、震災関連要望について意見交換を行った。

(2)　情報提供

　本会のホームページ上に「東日本大震災復興支援情報」のページを設け、震災特例法等を会員および納税者に広く周知することに努めたほか、国税庁

をはじめとする関係省庁との緊密な連携の下で必要な情報を即時に発信する体制を維持している。

2　納税者への支援活動

　本会では、毎年の確定申告期に全国各地に無料税務相談会場を設け、税理士が納税者の相談にあたっている。また、11月11日から17日の「税を考える週間」の期間中、並びに2月23日の「税理士記念日」にも同様に無料税務相談を実施している。

　上述の活動に加え、平成23年度中には被災された納税者への税務相談対応としてさまざまな支援活動を展開した。その主なものを以下に記す。

- ○　4月4日、公益財団法人日本税務研究センターとの共催により電話による無料税務相談を開始した。
- ○　11月26日および27日の2日間、本会と15税理士会の共催による全国無料税務相談を全国80カ所で実施した（資料4）。延べ979人の会員が震災特例法に係る税制上の減免・軽減措置等の相談に応じた。
- ○　平成24年1月28日〜3月4日までの土曜日および日曜日、東北税理士会との共催により被災者向け無料税務相談を実施し、平成23年分所得税等の納付・還付申告相談に対応した。
- ○　平成24年2月4日および5日、東京、東京地方、千葉県、関東信越、北海道および近畿税理士会から税理士20人を東北税理士会に派遣して無料税務相談を実施した。

III　結　び

　災害と税務に関しては、国および地方自治体においてさまざまな特例法や取扱いが設けられ、特に地方自治体については個々の条例により取扱いが異なる。本会としては、的確な情報収集と提供を行う体制を確保することが重要であると認識している。また、納税者の要望事項を十分に把握しこれに応

えることも税務専門家が果たすべき重要な役割である。

そのため、本会では、災害時への対応が迅速かつ的確に行われるよう、平素より国税庁および関係行政機関との連携協力関係を維持している。

（資料１）　納税申告書の提出期限の延長等に関する緊急要望書

平成23年3月12日

納税申告書の提出期限の延長等に関する緊急要望書

１．国税に基づく申告等の期限の延長について

　今月11日に起きた東北地方太平洋沖地震により、その災害地域は東北地方のみならず関東地方、信越地方の広きに渡り、死者・行方不明は1,000人を超え、国内観測史上最大の規模とされています。また、福島第1原子力発電所においては、原子力建屋の中で何らかの機器が破損して放射能が外部に漏れている可能性があり、近隣10キロメートルの住民に対して避難勧告をしております。

　このような事態は、国税通則法第11条に規定する「災害その他やむを得ない理由」であると判断されますので国税に関する法律に基づく申告等の期限の延長を図ると同時に、国税通則法施行令第3条に規定する「都道府県の全部又は一部にわたる災害その他やむを得ない理由による法11条に規定する期限までに同条に規定する行為をすることができないと認める場合」に該当すると考えられますので、地域及び期日を指定して当該期限を延長することをお願いいたします。特に期限の迫っている平成22年分の確定申告については、即刻特別のご配慮方をお願いいたします。

２．国税関係法律の臨時特例の法律の一部改正について

　平成7年の阪神・淡路大震災（以下「大震災」という。）時、その被害が広域な地域にわたり、同時に大量・集中的に、かつ、平成6年分の所得税の確定申告前といった特殊な時期に発生した等を踏まえ、被災者の負担の早期の軽減を図る等のため、本来、雑損控除は、その災害等による損失が生じた年分の所得税について適用されるのですが、大震災の被災者の住宅家財等について生じた損失については平成6年分に生じたものとして雑損控除ができる特例が設け

られました。これについては、「阪神・淡路大震災の被災者等に係る国税関係法律の臨時特例に関する法律の一部を改正する法律」（平成7年法律第48号。以下「震災特例法」という。）に基づくものであります。また、大地震については当該地震特例法に基づく所得税の取り扱いについて、平成7年4月25日課資3－3、課所4－5など通達が発せられています。

今回の東北地方太平洋沖地震にあっても、同様の手続きを進められるようご配慮方をお願いいたします。

なお、所得税確定申告期限が3月15日、消費税申告期限が3月31日と間近に迫る中、附帯税については、弾力的にお取扱いくださるよう併せて要望いたします。

（資料2） 東北地方太平洋沖地震に関連する要望事項

平成23年3月29日

東北地方太平洋沖地震に関連する要望事項

日本税理士会連合会は、「納税申告書の提出期限の延長等に関する緊急要望書」（平成23年3月12日）を野田財務大臣及び川北国税庁長官に既に提出し、申告等期限の延長及び震災特例法の改正について要望しているところである。

今般、以下の事項について併せて要望する。

1．申告期限の延長等について

東北地方太平洋沖地震（以下「今般の地震」という。）の被災地域における納税者の申告期限については、阪神・淡路大震災（平成7年1月17日）を上回る期限の延長が必要である。

阪神・淡路大震災の場合、延長された申告期限は、原則として平成7年5月31日であり（相続税は平成7年10月31日）、個別の延長申請による期限は税目ごとに異なっていた（所得税は平成8年3月15日、個人事業者の消費税は平成8年4月1日、法人税及び法人の消費税は平成8年1月31日）。

今般の地震においては、税目を問わず一律に1年以上の申告期限を延長することを検討されたい。

2．雑損控除・雑損失の繰越控除等について

　阪神・淡路大震災の場合のときは、雑損控除を平成6年の申告で適用することが可能とされた。今般の地震について、野田財務大臣は、①雑損控除および災害減免法による減免を平成22年分の所得で適用できるようにすること、②事業用資産の損失は平成22年分の事業所得の計算上必要経費に算入すること、③既に申告済みである場合についても適切に対応すること、を発言されている。

　これらについては、簡明な内容で簡素な手続きであることが望ましい（「住宅、家財等に対する損害額の簡易計算【阪神・淡路大震災用】」は、実務上の利便性が高いものであった。）。

　なお、控除しきれなかった雑損控除額は、現行法では翌年以降3年間での繰越控除が可能となっている。しかし、今般の地震の場合は、生産手段が広範囲に罹災又は消滅している地域が多くあり、翌年以降3年間で控除しきれるかどうか不明である。

　したがって、被災された納税者については、繰越控除期間を5年に延長するか、「翌年以後3年間の繰越控除」（現行）の他に「前年以前3年間の繰戻し還付」（新設）を選択できるようにすべきである。

　また、被災された納税者（青色申告者）の純損失等の繰越控除期間も雑損失の延長又は繰戻し還付と同様に延長等すべきである。

3．貸倒損失等について

　今般の地震により、今後、取引等が実質的に消滅する事例や債務超過となる事例が多く発生するものと予測される。貸倒損失および貸倒引当金の認識方法及び計上時期について、災害の実態に則した弾力的な措置が求められる。

　また、自社が保有している資産に係る損失についても同様に弾力的な措置が必要である。

4．災害復旧費について

　災害に伴う原状回復費（復旧費）については、液状化現象や津波による被害のあった土地の原状回復費を含めて、原則として雑損控除又は必要経費算入（損金算入）を認めるべきである。

5．事業用資産の買換えについて

被災事業用資産等の買換えに係る課税の繰延割合は100％とすべきである。

6．相続関連について

(1) 被災地に係る資産について課税価格に算入すべき金額を軽減し、小規模宅地等に係る課税価格の計算特例を弾力的に運用すること（継続居住要件など）が必要である。
(2) 農地及び非上場株式等の納税猶予制度の適用要件を緩和すべきである。
(3) 今般の地震の場合、大津波による行方不明者が非常に多い状況となっている。特別失踪の場合は、危難が去ってから1年経過の後、失踪宣告により死亡したものとみなされる（民法30条、31条）。また、戸籍法による認定死亡の場合は、即時に効果が生ずる（戸籍法89条）。多くの被相続人に関する権利・義務関係が未確定のままの状態であることは、当事者にとっても不便であり、かつ、災害復興にも支障をきたすものと考えられる。したがって、実態に則した対応が望まれる。同時死亡の推定（民法32の2）についても同様に検討されたい。

7．地方税について

固定資産税の賦課期日は1月1日であるが、土地、家屋および償却資産のうち被災したものについては、納期限の延長のみならず、平成23年1月1日に滅失があったものとみなす減免措置が必要である。

また、事業所税や被災資産の代替資産に係る不動産取得税についても減免措置が必要である。

（資料3）　東日本大震災に関する税制改正要望

平成23年7月

東日本大震災に関する税制改正要望

この度の東日本大震災は、地震による被害にとどまらず、津波や原子力発電所の事故による被害など、従来の大規模災害の経験では対応しきれない多くの問題を引き起こした。税制においても、これまでの大規模災害への対応策を参

考としつつも、被災者の救援、安定した生活の実現、被災地の復興のため、大胆かつ柔軟に対応することが望まれる。

　日本税理士会連合会では、上記の基本的な考え方に基づき、3月29日に公表した要望事項に加え、以下の項目を要望する。

【税務行政・通則法】

1．被災者が税制上の支援措置を受ける場合の手続き等の簡便化

　東日本大震災に係る特例措置の適用を受けるための手続きや計算方法については、簡便な方法が示されているものの、被災者にとっては、簡略化された手続きや計算を行うことが困難な場合も考えられる。課税の公平にも配慮しつつも被災者の現状に応じた柔軟な対応が望まれる。また、税理士が納税者の代理として過年度の申告書等の閲覧をする場合には、本人確認や代理権限の確認を簡略化することが望まれる。

【所得税】

2．経済的利益への非課税措置等

　法人が被災者を雇用し、その者に家賃等の補助をした場合におけるその経済的利益に対する課税は、軽減又は免除されることが適当である。

3．寄附金税制の見直し

　東日本大震災による被害は甚大であり、被災者の支援や復興に資するためには、膨大な財源が必要となる。現在、国債の発行や税制改正による措置が多元的に検討されているが、民間からの寄附金や義援金の拠出を継続的に奨励するためには、寄附金税制について根本的な見直しが必要である。

【法人税】

4．被災した取引先の従業員等に対する見舞金の損金算入

　法人が、被災した取引先に対して支出する見舞金は、交際費等に該当せず、損金の額に算入される。同様に、その取引先の役員又は従業員で被災した者がいる場合において、その者に直接的に支出する見舞金であっても、その会社を通じて支出されるものと同等であると認められるものについては、交際費等以外の費用として取り扱われることが適当である。

5．減価償却の割増償却

空室となっている社宅や遊休の保養施設を避難所や居住施設として提供した場合には、割増償却を行う等の特例措置を設けるべきである。

【個人・法人共通】

6．雇用促進税制の拡充

被災者を新たに雇用する場合には、当初の平成23年度税制改正法案で示されている雇用促進税制（税額控除制度）を拡充するなどの措置が必要である。例えば、今回の原子力発電所の事故により、避難を余儀なくされ、長期間にわたり地元に戻れない者を雇用した場合には、控除額の割増等を行うべきである。

【贈与税】

7．住宅取得資金の非課税枠の拡充

被災者が新たな住宅を取得するために親族等から贈与を受ける資金については、受贈者及び贈与者の要件を緩和し、非課税枠を大幅に拡充すべきである。

【地方税】

8．ふるさと納税の見直し

被災地域に対して「ふるさと納税」を活用した寄附を行う場合には、5,000円の控除額を撤廃し、全額が控除されるようにすべきである。

【全般】

9．原子力発電所の事故への対応措置

今回の原子力発電所の事故による被害については、税制面で支援可能なものを対応されたい。

(資料4) 全国無料税務相談ポスター

第6章 日本土地家屋調査士会連合会の取組み

日本土地家屋調査士会連合会副会長　関根　一三

I　初期活動

　平成23年（以下、「平成23年」については省略する）3月11日、午後2時46分、三陸沖を震源として発生した東北地方太平洋沖地震（後に4月1日の閣議決定により、呼称が「東日本大震災」とされた）に対し、日本土地家屋調査士会連合会（以下、「連合会」という）では、大規模災害対策に関する規則に基づき直ちに、「東北地方太平洋沖地震災害対策本部」を設置して、同本部役員が連合会事務所に連日常駐のうえ、被災各地における土地家屋調査士会からの所属会員に関する安否情報の収集と全国の土地家屋調査士会への情報伝達を行った。

　また、被災地の土地家屋調査士会への救援・支援物資の調達と搬送についての協力を全国の土地家屋調査士会に求め、復旧・復興支援のための被災地の視察および関係各省庁との連絡、協議を行い、全国土地家屋調査士政治連盟とも協力して、被災地復興に必要な提言・要望を法務大臣、各政党および各議員連盟に対して行った。

1　土地家屋調査士会会員の安否情報の収集

　震災発生後、各土地家屋調査士会あてに会員の安否情報の確認を行う旨、通知を発出し、各会からの安否情報および被害情報が寄せられた。

　東日本の各会においては、おおむね会員の安否が確認されたが、特に被害の大きい福島会、宮城会、岩手会においては安否確認のための交通手段（特

にガソリン不足）がなく相当の苦労の末、3月18日までに福島会、宮城会会員全員の安否が確認された。しかし、岩手会においては、3月24日においても2名の安否確認ができなかった。その後、会員1名が亡くなった旨の悲報がもたらされた。

2　救援・支援物資の調達と搬送

特に被害の大きい宮城会、福島会、岩手会に対する救援・支援物資の送付について、各土地家屋調査士会に通知を発出したが、宅配便等が使用できず、高速道路は一般車の通行が禁止されており、緊急通行車両の指定を受けられないか検討していたところ、被災地復興支援に対する協力が認められ、緊急通行車両の許可が得られたことから、近県の土地家屋調査士会を拠点として、福島会、宮城会、岩手会への搬送を行うこととした。

緊急通行車輛指定車

救援・支援物資は、生活用品から食料までさまざまな物資が寄せられたが、（資料1）の搬送経路にて多くの物資を搬送することができた。

搬送経路については、（資料1）のとおりである。

また、主な救援・支援物資は（資料2）のとおりである。なお、物資は会員のみならず、被災地の方々に福島、宮城、岩手の各土地家屋調査士会会員により配布した。

I 初期活動

(資料1) 救援・支援物資搬送経路

新潟経由	○新潟県土地家屋調査士会（物資収納拠点。各土地家屋調査士会から物資送付） →山形県土地家屋調査士会（物資積替所）→宮城会、岩手会へ ○新潟県土地家屋調査士会（物資収納拠点。各土地家屋調査士会から物資送付） →秋田県土地家屋調査士会（物資積替所）→宮城会、福島会へ
連合会経由	○日本土地家屋調査士会連合会（東京・物資収納拠点。各土地家屋調査士会から物資送付）→福島会、宮城会、岩手会

(資料2) 主な救援・支援物資

ミニドラム缶（20ℓ）	7箱
ガソリン缶（20ℓ）	1箱
ミネラルウォーター（2ℓ×6）	75箱
炊き出しセット	1箱
毛布・布団類	24箱
ポケットティッシュ（2×15）、薬（家庭用常備薬）（1箱）、ランタン・ヘッドライト等（1箱）、ローソク・マッチ等	1箱
生理用品	10箱
マスク	11箱
ローソク	1箱
タオル類	12箱
トイレットペーパー	63箱
紙おむつ（大人、子供共）	4箱
カイロ	4箱

衣類	20箱
軍手	10箱
離乳食	3箱
カップ麺	26箱
粉ミルク	12箱
ポリタンク	1箱
電池類	5箱
コンロ、カセットコンロ等	6箱
サランラップ	1箱
プラスチック手袋（1箱）	6箱
マスク	10箱
紙コップ（2400個）	5箱
乾電池類	5箱
電気ランタン（40個）	3箱
お菓子（黒糖125g×129袋）	38箱
タオル（10枚組×6個）、半袖U首下着（2枚組×11ヶ）、ブリーフ（2枚組×10ヶ）、ソックス（4足組×10ヶ）、ポリエチ衛生手袋（8箱）、ビニール極薄手袋（6箱）	1箱
充電器、ハンディポータブルラジオ（40個）	1箱
サランラップ（11個）、割りばし（100膳×3）、紙皿（30枚×2）、紙ボール（10枚×5）、紙コップ、プラコップ（14個）、ビニール袋小（170枚×2）、敷布（1枚）、カセットボンベ（17本）	1箱
毛布等（8枚）、敷布（1枚）	1箱

生理用品（2P×17個）、尿取りパット	1箱
キッチンマット（1枚）、貼るカイロ（40枚）、カイロ（7枚）、絆創膏（40枚×2、100枚×8）、マスク大人用（30枚×2）、マスク子供用（20枚×2）、歯ブラシ（7本×2）、綿棒（20本×4）、トイレットペーパー（12ロール×3）、軍手（33組）、ポリ手袋（20枚×2）、ハンドタオル（6枚）、フェイスタオル（16枚）、男性用長袖下着（1枚）、ローソク（33個）、セキュリティーアラーム（5個）、ドコモ充電器（1個）、乾電池単1（1個）、単2（12個）、単3（7個）、単4（3個）	1箱
トイレットペーパー（24ロール×1、12ロール×2）、マスク（170枚）、バンドエイド（2箱）、大人用子供用風邪薬	1箱
箱ティッシュ（5個×2）、マスク（50枚×7）、バンドエイド（30枚×10）、LEDライト（2個）	1箱
その他多数	

※連合会に届けられた物資の一覧であり、このほか、被災地や搬送拠点に直接送られたものもある。

3　被災地の視察

連合会としては、役員を被災地に派遣して、その現状を把握させ、今後の復興支援のため、どのような施策が必要か、どのような対策が必要か等現地視察を行った。

視察場所は、宮城県石巻市、同仙台市若林地区、岩手県陸前高田市、同気仙沼市である。写真は、宮城県石巻市の一部である。

第3編　第6章　日本土地家屋調査士会連合会の取組み

4　保険会社の要請による地震保険調査協力

　損害保険会社から、4月中旬に地震保険調査に関する業務委託の要請があり、宮城・福島・岩手の各土地家屋調査士会が窓口となり、土地家屋調査士が地震保険調査を行ったところ、同社から迅速正確な対応がなされたとの報告を受けた。

（資料3）　保険会社からの委託業務の内容

1．委託対象者：土地家屋調査士としての資格・実務経験のある方
2．調査対象地域：岩手県、宮城県、福島県
3．業務内容 　① 東日本大震災において被害を受けた住宅および家財に関する地震保険の調査。

②　当社の拠点（事務所：盛岡市、仙台市、郡山市、等）に朝8時30分頃（各拠点により異なる）に集合、その日の調査対象物件に関する資料を渡します。原則1日4件以上の調査をお願いしますが、実際の調査件数は物件所在地や交通事情により変動します。

③　現地の調査では、「地震保険損害調査書」に従い住宅および家財についての損害箇所等の確認（含む写真撮影）を行ったうえで、認定結果（全損、半損、一部、損対象外）の判定を行い、被保険者（住宅および家財の所有者）に説明を行います。

④　現地の調査終了後、当社事務所に戻って、その日のうちに「地震保険損害調査報告書」を完成させ、提出いただきます。なお、業務の終了時間は調査件数や調査物件の場所により変動します。

4．報酬

①　当社規定に基づいてお支払いします。

②　標準的な報酬モデル

・業務日14日の場合、○○万円（消費税別、源泉徴収前、残業代相当や日当その他経費を含む）。

※業務日とは実際に被害物件調査を行う日のことであり、事前研修日や損害保険鑑定人により調査への同行研修を行った日、移動日、休暇・待機日等は含みません。

③　宿泊が必要な場合のホテルの手配は原則として当社にて行います。また当社の各拠点から調査物件までの交通についても当社にてタクシー等を手配する場合には当社から直接タクシー会社に精算します。

5．その他の条件

①　別紙「情報管理に関する確認書」を提出いただきます。

②　原則として、土日祝日を含めて連続して2週間程度の委託が可能な方が条件となります。ただし委託期間中に週1日程度の休暇を交代で取得いただきます。

③　実際の業務委託前に、当社の指定する事前研修1日および損害保険鑑定人による調査への同行研修1日を受けていただきます。

※研修日は上記報酬の算出の基礎には含みません。また交通費も各自負担となります。

① 立会調査に当たって必要となるデジタルカメラ等は土地家屋調査士の方でご用意をお願いします。

5 登記事務の取扱いに関する情報伝達関係

(1) 被災地の法務局管内・地方法務局管内の一部支局・出張所の一時事務停止の連絡

被災地の法務局管内・地方法務局管内の一部支局・出張所の一時事務停止の連絡を各土地家屋調査士会あてに通知した（（資料4）参照）。

（資料4） 被災地の法務局管内・地方法務局管内の一部支局・出張所の一時事務停止の通知

平成23年3月13日

各土地家屋調査士会長　殿

日本土地家屋調査士会連合会長

東北地方太平洋沖地震等の被災に伴う
登記所の事務停止等について（通知）

本日午後4時40分に、法務省民事局民事第二課から、次のとおり連絡が入りましたので、取り急ぎ、お知らせいたしますとともに、会員の皆さまに周知を図っていただきますようお願い申し上げます。

なお、詳細については、法務局ホームページにも掲載されるとのことです。

標記地震の被災に伴う事務停止の関係

次に記す登記所について、明日からの1週間を事務停止とする。

① 仙台法務局管内　　石巻支局、気仙沼支局
② 福島地方法務局管内　　富岡出張所
③ 盛岡地方法務局管内　　一関支局、大船渡出張所

ただし、事務停止の期間は変更される場合もあるとのことです。

標記地震の被災に伴う統合の延期の関係

秋田地方法務局管内で予定されていた、「横手支局を大曲支局に統合す

る。」件を、当面、見送ることとする。
　（備考）上記1に記載した登記所の管轄不動産について、登記情報提供サー
　　　　ビスの利用及び他の登記所に対する窓口又は郵送による登記事項証明書の
　　　　交付請求は可能です。

(2) 基準点測量成果（電子基準点、三角点、水準点）の公表および街区基準点の成果の公開を停止

　地震の影響に伴い、東北地方およびその周辺で地殻変動が大きかった地域の基準点測量成果（電子基準点、三角点、水準点）の公表を停止し、基準点の改測を行う予定であるため、その改定の成果が公表されるまでの間、分筆の登記等に伴って登記所に提出される地積測量図の作成に係る留意点について、国土交通省国土地理院から法務省あて通知に基づき、各土地家屋調査士会あてに通知した。

　基準点測量成果の公表が停止された地域における街区基準点の成果の公開の停止について、法務省から、電子基準点および三角点の測量成果公表停止地域については、該当登記所における街区基準点の成果の公表を停止する旨の通知があり、各土地家屋調査士会あてに通知した（（資料5）参照）。

（資料5）　基準点測量成果の公表が停止された地域における地積測量図の作成等に関する留意点について（通知）

　　　　　　　　　　　　　　　　　　　　　　　　法務省民二第696号
　　　　　　　　　　　　　　　　　　　　　　　　平成23年3月18日

日本土地家屋調査士会連合会会長　松岡直武　殿

　　　　　　　　　　　　　　　　法務省民事局民事第二課長　小出邦夫

　　　　平成23年東北地方太平洋沖地震に伴い基準点測量成果の
　　　　公表が停止された地域における地積測量図の作成等に
　　　　　　　関する留意点について（通知）

　国土交通省国土地理院（以下「地理院」という。）は、本月11日に発生した

標記地震の影響に伴い、東北地方及びその周辺で地殻変動が大きかった地域の基準点測量成果（電子基準点、三角点、水準点）の公表を停止し、基準点の改測を行う予定としています。

そこで、その改定の成果が公表されるまでの間、分筆の登記等に伴って登記所提出される地積測量図の作成に係る留意点は、下記のとおりとしますので、この旨、土地家屋調査士会及び貴会会員に周知をお願いするとともに、各土地家屋調査士会においては、管轄の法務局及び地方法務局と十分な打合せをするなど表示に関する登記の申請についての処理に遺漏のないよう配意願います。

記

1　基準点測量成果の公表が停止された地域
　　青森県、秋田県、岩手県、山形県、宮城県、福島県、新潟県、栃木県、群馬県、長野県、茨城県、埼玉県、東京都、千葉県、神奈川県、山梨県
2　基準点測量成果の公表が停止された地域において提出される地積測量図の取扱い
　　基準点測量成果の公表が停止された地域において提出される地積測量図に記録された筆界点の座標値は、「近傍に基本三角点等が存しない場合その他の基本三角点等に基づく測量ができない特別の事情がある場合」（不動産登記規則（平成17年法務省令第18号。以下「規則」という。）第77条第2項）に該当するものとして、近傍の恒久的地物に基づく測量の成果として取り扱うものとする。
　　したがって、地積測量図に記録された筆界点の座標値が既設の基本三角点等に基づいて実施された場合であっても、同座標値は、任意座標値として取り扱われることになる。
　　ただし、地積測量図に記録された筆界点の座標値が既設の基本三角点等に基づいて測量された成果であるときは、土地家屋調査士又は土地家屋調査士法人に対し、その旨を地積測量図に記録することを求めるものとする。
3　地震前の測量成果による筆界点の座標値の取扱い
　　提出された地積測量図に記録された筆界点の座標値が地震前の測量成果に基づくものである場合には、地震後に、その成果について、点検が行われ、その点検結果において相対的位置に変動がない（公差の範囲内）と確認され

> たときは、その旨が、規則第93条ただし書に規定する土地家屋調査士又は土地家屋調査士法人が作成した不動産に係る調査に関する報告に記録されていることが必要となる。
> 4 その他
> 　地理院が基準点の改定を行い、その成果に基づき、地震発生前の座標値から地震発生後の座標値に変換するためのパラメータ等が公表された場合の取扱いについては、おって連絡するものとする。

(3) 計画停電実施の際の登記・供託オンライン申請システム等の運用についての通知

　計画停電実施の際の登記・供託オンライン申請システム等の運用について、法務省においてはコンピュータシステムを用いた登記に関する事務については、自家発電装置を稼動させ運用が行われているが、自家発電装置を稼動させるための燃料を確保することができないときは、運用に影響が生ずることがあることを各土地家屋調査士会あてに通知した。

(4) 災害復旧における境界標識等の保存

　土地関係の相談等にあたる場合には、土地の境界を示す境界石、コンクリート杭、金属鋲等の境界標識はもとより、塀・石垣の基礎部分、側溝なども可能な限り保存するよう周知することについて法務省から依頼があり、各土地家屋調査士会あてに通知した。

(資料6) 東北地方太平洋沖地震による災害復旧における境界標識等の保存について（依頼）

法務省民二第739号
平成23年3月24日

日本土地家屋調査士会連合会
東北地方太平洋沖地震災害対策本部長　殿

法務省民事局民事第二課長

> 東北地方太平洋沖地震による災害復旧における
> 境界標識等の保存について（依頼）
>
> 　標記地震による被災地域において、倒壊家屋の撤去等の復旧作業が開始されたところですが、土地の境界を示す境界石、コンクリート杭、金属鋲等の境界標識はもとより、塀・石垣の基礎部分、側溝なども土地の位置、境界を確認するために重要な役割を果たしますので、これらについて可能な限り保存するよう関係作業機関等への周知を依頼しました。
> 　ついては、貴会会員が土地関係の相談等に当たる場合にも、この趣旨を踏まえて対応されるよう関係者に周知方配慮をお願いします。

(5) 「環境に配慮した復興」への協力要請

　地震発生と同時に政府・関係機関に働きかけ、阪神・淡路大震災の復興支援の経験を活かし、災害復興事業の第一歩が土地の境界の画定であることを主張してきたところ、連合会に対し、環境省災害廃棄物対策特別本部長から「環境に配慮した復興」への協力要請が発せられた。3月25日に示された環境省災害廃棄物対策特別本部のお知らせの中に、被災者生活支援特別対策本部の下に設置された「災害廃棄物の処理等に係る法的問題に関する検討会議」（小川敏夫法務副大臣を座長、辻恵民主党議連幹事長ほか内閣法制局、警察庁、法務省、国土交通省、環境省等で構成）の指針によると「損壊家屋等の撤去について」の項目に「土地家屋調査士等」の名称の記述があり、今後、国または地方自治体から復興に向けての協力の依頼が予測されることから、その準備として「損壊家屋等撤去の判断と記録業務の手引き」を作成した。

　しかし、災害廃棄物の処理は環境省の予算で実施されるところ、実際の処理にあたっては、被災した市町村が主体となり、地元の産業廃棄物処理業者へ依頼する等の方法によって行われることが多く、土地家屋調査士が支援する状況はみられなかった。

　ところが、災害廃棄物である「がれき」は膨大な量であり、被災した市町村の行政機能が低下していて対応が進まない状況であることから、政府は、

8月、東日本大震災で発生したがれきの処理について、被災した市町村から要請があれば国が代行できる特別措置法案を閣議決定した。

本件を受け、あらためて土地家屋調査士が支援する場面が発生するものと考え、連合会では積極的に関与していく方針としている。

(6) 消費者庁との協力

東日本大震災によって被災した、消費者である国民が必要とする相談を受けるために、自治体と各種の専門家と消費者庁が協力して窓口を設けることについて、消費者庁から連合会に協力要請があり、連合会が各土地家屋調査士会へ連絡し、積極的に消費者庁と協力していくこととした。

具体的には、各自治体が国民生活センターへ専門家派遣希望を申請し、同センターから土地家屋調査士会へ専門家推薦依頼を行う。推薦依頼を受けた土地家屋調査士会は、派遣する土地家屋調査士を推薦し、同センターが当該土地家屋調査士を委嘱することとなり、謝金等が支給されるものである。

(資料7) 被災地相談に際しての専門家派遣事業のスキーム (消費者庁作成)

また、すでに相談会が行われている場合にも、本スキームが適用されるものであり、被災した土地家屋調査士会を中心に、本スキームの利用を進めた。

宮城会、福島会、岩手会、県、市町村と協議をもちながら相談業務を進めた。

6　災害復旧・復興支援対策に関する政策要望関係

法務大臣、各政党および各議員連盟に対して、全国の土地家屋調査士会、土地家屋調査士会員および公共嘱託登記土地家屋調査士協会等が一丸となって国や自治体が行う諸施策に基づき1日も早い被災地の復興の支援に協力することを申し入れ、復旧・復興支援対策に必要な提言・要望を行っている（（資料8）参照）。

（資料8）　提言・要望事項

① 被災地における登記事務の円滑な処理体制について

　被災地においては、庁舎の被災により事務を一定期間停止せざるを得ない登記所があります。また全国の登記事務がコンピュータで処理されネットワークで繋がっている現下にあって、各地の登記所で、計画停電の影響を受けること、及びその影響で地権者等の権利の保全や登記システムを利用する諸手続に影響をもたらすのではないかと懸念しているところです。国におかれましては、被災地を管轄する登記所における内部の事務処理や申請者にとっての円滑な申請手続等に支障が生じないよう適切な処置をとられるよう要望いたします。

② 登記事項証明書等の証明書の交付の円滑さ・利便性の確保について

　被災に伴う諸手続、銀行融資、税の軽減、家屋の再建に関する事務手続等、多くの場面で登記記録や地図等の閲覧や証明書（登記簿謄本等）の交付が必要になりますが、その需要は通常時の事務量をはるかに超えるものと予測しているところであります。特に被災地を管轄する登記所においては、これら事務が円滑に行われるような人員配置や予算措置が図られるよう要望いたします。なお、オンラインによる登記事項要約書の交付制度を活用する等も有用であると考えます。

③ 行政手続等における証明書類の添付に関する特別の措置について

　地震・津波等による市町役場の被災により台帳・原簿や資料の流失等の報道に接しているところであります。

　不動産登記申請に係る手続を含め、行政機関等に対する申請や手続等において、例えば申請人や関係者の住民票や戸籍謄抄本、諸証明書類、その他自治体が発行する書面の添付を要するとされている手続について、市町役場の被災により当該証明書類等の発行が不能若しくは困難となった地域における当該書類の添付について何らかの法的措置又は代替措置が必要と考えます。

　その際、例えば不動産登記申請における登記識別情報の提供ができない場合の本人確認について、資格者代理人による本人確認制度が採用されていること（不動産登記法23条第4項1号）などを参考に、申請人及び関係者のプライバシーや権利等を損なうことのないよう配慮し、かつ被災者の利便性に考慮した行政諸手続が円滑に運用されるような措置の検討を要望します。また、「本人限定受取郵便」についても郵便局からの通知が適切な形で受取人に到達すること、及び郵便物受取に際し提示することとされている身分証明書類等についても弾力的な運用がなされるよう必要な措置を要望します。

④ 土地の地殻変動と登記の取り扱いについて

　道路・河川・公共用地等のインフラの復旧・整備、官公署や民間人等の建物等の復旧や再建等においては、最初に土地の境界の画定が必要になります。

　今次の災害のように、広範囲かつ大規模で巨大な地殻変動及び津波による地形地物の流失・移動が見受けられる場合、境界の画定に関する考え方や手法は、従来の経験則だけでは、十分に対応できないこともあると考えるところです。

　今次の大震災では、平成7年の阪神・淡路大震災を遥かに上回る規模と思われる地殻変動により、広範囲にわたって地表面が移動しているとの観測結果が、国土地理院から公表されています。

　そこで、地殻変動による地表面の広範囲な移動と土地の筆界（境界）に対する考え方についての、政府としての何らかの指針の発出が必要と考えます。

　土地の境界について、旧来からの「筆界（境界）は不動のものである」との考えに固執すると、権利の調整や建築物や構築物の位置などを巡って混乱と多くの紛争の発生が予測されるところであり、道路や河川等のインフラの復旧・

整備においても、また、土地の上に存する構築物等への法的な影響や混乱を予防するためにも、更に今後の復興事業の推進や民有地の境界（筆界）の確認等の円滑さの確保の面においても、不動産登記における筆界の取扱を含め、統一された見解を早期に発出することが重要であると考えるからです。

そのため、例えば阪神・淡路大震災の際に政府から発せられた照会回答と同様に『（不動産登記における）土地の筆界は、その地表面の移動とともに相対的に移動したものとして取り扱うこととする』旨の通達及び運用指針等を早期に発出される等、適切な措置を要望いたします。

【参考：阪神・淡路大震災における地殻変動と土地の筆界についての通達】

兵庫県南部地震による土地の水平地殻変動と登記の
取扱いについて（回答）

地震による地殻の変動に伴い広範囲にわたって地表面が水平移動した場合には、土地の筆界も相対的に移動したものとして取り扱う。

なお、局部的な地表面の土砂の移動（崖崩れ等）の場合には、土地の筆界は移動しないものとして取り扱う。

（平成7年3月29日　法務省民三第2589号　民事局長回答）

---

⑤　土地の境界標識等の保全措置について

地震・津波・火災等により不明となった土地の境界を復元・画定するに当たって、被災者間での境界について認識・記憶の相違を端緒として近隣関係に摩擦が生じることもあること等を考慮した対応を行うことだと考えます。

被災地において、危険物や瓦礫の除去が最優先されることは当然ですが、これら作業を急ぐあまり、境界標識や土地の境界付近の地物を棄損してしまうことが予測されるところです。既に法務省から関係機関に境界標識の保存について通知がされているところではありますが、引き続き関連機関においてこれらに関する広報活動を行っていただきたいこと、及び境界・土地の区画等が関係する調査を実施する際には、法定業務を通じて境界に関する知識経験の豊富な土地家屋調査士を活用するなどの適切な措置を採ることを提案いたします。

⑥　家屋の流失、全半壊等に伴う瓦礫の除去作業に必要な調査や不動産登記手

続に必要な現地調査の円滑さの確保について
　被災地においては相当数の建物が流失、全半壊、全半焼しているところ、先ず、瓦礫状となった建築廃材や構築物の除去に伴う調査、そのあとに続く不動産登記法に基づく建物滅失登記等が必要になります。これらの調査等が円滑に行われるために必要な措置を要望します。例えば、滅失の登記については、不動産登記法上は原則として所有者の申請によるものとされています。しかしながら、被災地及び被災者の実情に鑑み、これを法務局または地方法務局が職権により行うこととすること、及び必要な現地調査、関係資料調査並びに滅失登記処理を実施するために必要な予算措置、現地立ち入り等の際の円滑さの確保のための措置を提案致します。

⑦　行政機関や専門職・専門職能団体等が行う相談活動への支援について
　被災地においては、未だ経験したことのないようなさまざまな事象が生起され、被災者及び関係者の要請に応じて適切なアドバイスをする等の相談所の開設要望があるものと思料いたします。とりわけ、私ども土地家屋調査士は震災・津波被災を原因とする土地や建物に関する相談、例えば、建物の全半壊に伴う各種の不動産登記手続や権利の保全に関する相談、地殻変動に伴う土地の移動と登記の問題、瓦礫の撤去等に伴う境界が不明になった土地の境界等に関する所有者や関係者からの相談が夥しく発生するものと予測しているところです。
　阪神・淡路大震災においては、被災地及び近隣の土地家屋調査士会では調査士会やその支部、会員が単独で、又は法務局・自治体はじめ行政機関と共同で多くの相談所を開設し、住民の不安の解消やアドバイスに当たってきたところです。今次の大災害においてもこの経験を踏まえ、これらの活動を積極的に進めることとしております。
　つきましては土地家屋調査士のほか、各種の国家資格者等の専門職及びその団体がその知見や組織力を最大限に発揮して被災者の被災対応やその後の復旧・復興活動を支援するについての必要な措置を採られるよう要望いたします。

⑧　複数の専門家団体が職能横断的に構成する復興支援組織の活用について
　国家資格者等の専門家団体等を構成員とする大災害からの復興支援組織が組成された場合には、行政のみでは取り組むことが困難な事案に対応するための

アドバイザー等として活用するなど、行政・地域・地権者等の当該組織との効果的な連携が図られるような体制を構築する等、これら民間の専門家の活用が最大限に図られるような措置を採られるよう提言いたします。

II 復興支援

今後の復興への過程において、土地・建物に関する豊富な知識と経験を有する土地家屋調査士の専門的知見が最大限に活用されることおよび土地家屋調査士会等の土地家屋調査士によって構成される団体が、組織をあげて災害復興支援体制を構築し、運営することにより、被災者の生活の早期安定および被災地の早期復興の実現に寄与することを目的として、連合会に「大規模災害復興支援対策本部」を設置した。

1 職権建物滅失登記に関する処理方法等作成、調整

東日本大震災による倒壊、流失、消失した建物は膨大な数であり、それらの倒壊等建物の滅失登記を速やかに実施することが被災地の速やかな復興にも資する。そこで被災者の負担軽減を図るためにも、倒壊等建物について職権による滅失登記を行うことが法務省民事局によって示された。

連合会においては、法務省民事局民事第二課による「倒壊等建物の滅失登記に関する調査の作業フロー」、「東日本大震災による倒壊等建物の滅失登記の処理計画」等を基に、「東日本大震災による倒壊等建物の滅失調査作業の手引」を作成し、宮城・福島・岩手の各土地家屋調査士会へ、倒壊等建物の滅失調査作業について案内した。

また、成果物の作成にあたっては、重ね図の作成等が必要なことから、その作成方法等についても、WEB会議を利用して紹介した。

第1次の倒壊等建物の滅失調査作業として、各法務局、地方法務局から発注された倒壊等建物の滅失調査作業は、1法務局、8地方法務局であった。

第3編　第6章　日本土地家屋調査士会連合会の取組み

（資料9）　倒壊等建物の滅失調査結果

	Aタイプ	Bタイプ	Cタイプ	Dタイプ	計
千葉地方法務局			407	3918	4325
長野地方法務局			188	298	486
新潟地方法務局			29	177	206
栃木地方法務局			253	1963	2216
茨城地方法務局			1708	15160	16868
仙台法務局	2052	3186	12047	1146	18431
福島地方法務局		3416	7713	2603	13732
盛岡地方法務局	3430	4597	3776	420	12223
青森地方法務局		82	844	1667	2593
計	5482	11281	26965	27352	71080

※調査方法によりA、B、C、Dタイプの4タイプに分かれている。

　倒壊等建物の滅失調査作業の第2次作業が仙台法務局、盛岡地方法務局、福島地方法務局から発注される予定であり、その棟数は約7万5000棟であるが、いまだ各市町村では、すべての倒壊建物、滅失希望建物の調査が終了しておらず、今後増加する傾向にあるとみられる。

2　地図実態調査等に関する作業フロー等作成、調整

　被害のあった地域においては、地殻変動または津波によって地図復旧を必要とする地域が多数あるものと想定される。

　連合会では、地図復旧作業モデル作成のために、宮城県仙台市太白区緑ヶ丘、岩手県大船渡市末崎町細浦湾地域において、測量・調査等を行った。

　それらの結果を基に、「東日本大震災による法務省地図実態調査フロー」および「東日本大震災による法務省地図実態調査要領（案）」を構築し、法

務省民事局民事第二課に提案を行った（（資料10）参照）。

（資料10）　法務省への提案内容

① 宮城県仙台市太白区緑ヶ丘地内における移動量等の測量
１．作業実施場所の概要
　　平成22年度法14条第１項地図作成地区　　　精度区分　甲１
　　地番数1470　筆界点数　4400点　基準点数　315点

２．測量作業内容
　(1)　１級基準点測量
　　　　電子基準点仙台、同利府、同名取の３点を既知点として、1088A、H18GP307、1100A、H20GP3014点を新点として、GPSスタティック法による基準点測量を実施した。
　　　　既知点の座標は国土地理院が５月31日に公開した成果値によった。
　　　　なお、現時点では地殻変動補正パラメーターが公表されていないため、セミダイナミック補正によっていない。
　(2)　３級基準点測量
　　　　上記４点を既知点として、法14条地図作成時設置された３級基準点および４級基準点の中から10点を選定し、GPSスタティック法による基準点測量を実施した。
　(3)　４級基準点測量
　　　　筆界点測量を実施する箇所を選定し、その観測の既知点とするため４級基準点測量を行い、４級基準点を35点観測した。
　　　　観測は３地区に分けて実施し、平均計算は厳密平均計算によった。
　(4)　筆界点測量
　　　　設置した基準点を既知点として、筆界点測量をおこなった。
　　　　観測した点数は約300点。

３．測量結果
　(1)　１級基準点測量
　　　　各点の移動方向と移動距離を計算した。（別紙１）

各点は、方向角105度 9 分～18分の方向に3,258m～3,304m 移動し、標高は0.3m 沈下している結果となった。
　　　北南に位置する1088A と H20GP301では、同程度の移動量であるが、東西に位置する H18GP307と1100A（距離1200m）では移動量が 5 cm 程度相違し、東方向（震源地）に近いほど移動量が増大しており、完全な平行移動ではないことがわかった。
(2)　3 級基準点測量
　　各点の移動方向と移動距離を計算した。（別紙 3 ）
　　中央部付近の H21GP305の移動量が大きい。
(3)　4 級基準点測量
　　各点の移動方向と移動距離を計算した。
　　Z4065と Z4054の移動量が大きい。
(4)　筆界点観測
　・移動量の計算
　観測した302点の筆界点の移動量を計算すると、南北方向では移動量が一定であり、東西方向では移動量が 5 cm ほど増加しているため、Y 座標により移動増分の計算を行い、計算移動量の値より30mm 以上移動している点（異常点）（20mm（公差）＋10mm（計算誤差）と仮定）を抽出したところ、移動量の大きい点（異常点）は、302点のうち58点（19％）の結果となった。
　・点間距離の計算
　点間距離を計算し、成果値より辺長の公差を計算したところ、公差（甲 1 ）を超えている辺は264辺のうち32辺（12％）の結果となった。
　・地積測定
　一筆地については、 3 カ所観測（ 1 カ所は 2 筆一体）をおこなったが、そのうち 2 筆については面積公差内であるが 1 カ所については制限を超えた結果となった。

4 ．考　察
　今回の調査は、地区全体にわたって詳細に行ったものではないが、調査箇所において、筆界点の移動量は場所により変動しており、完全な平行移動ではないと考えられる。
　筆界点の位置誤差（筆界点のこれを決定した与点に対する位置誤差）につい

別紙1

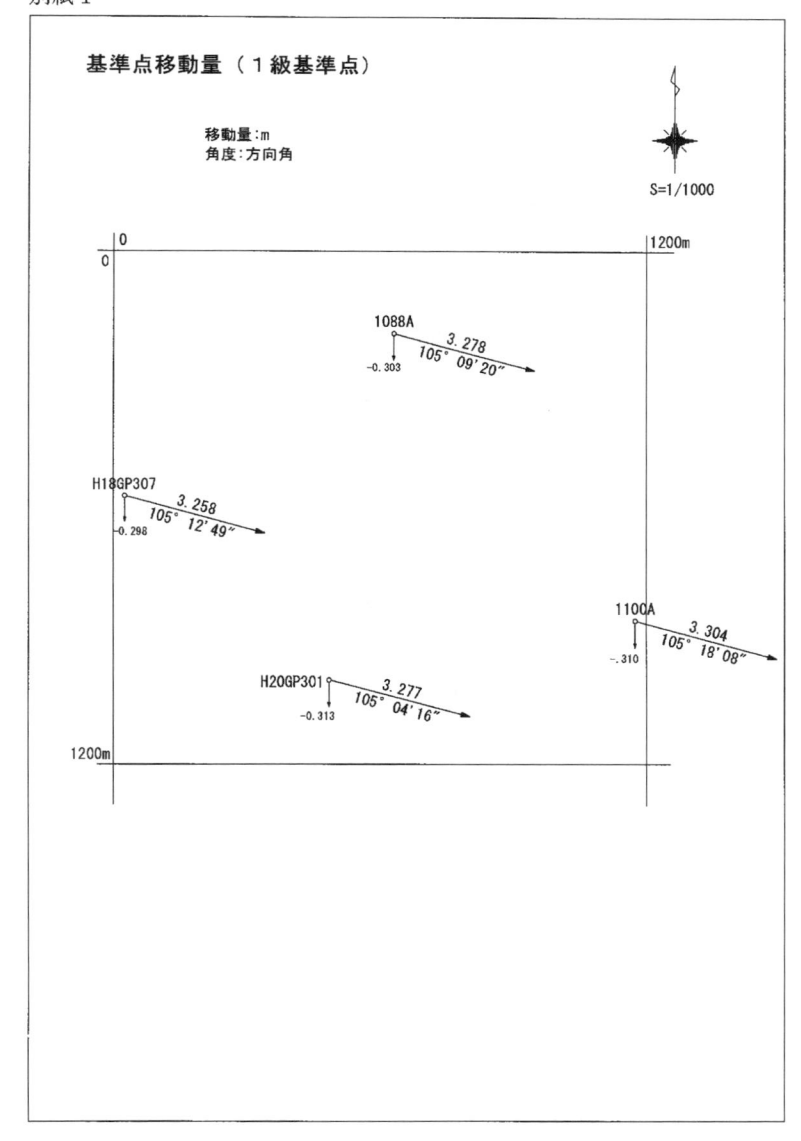

基準点移動量（1級基準点）

移動量：m
角度：方向角

S=1/1000

0　　　　　　　　　　　　　　　　　　1200m

1088A　3.278
-0.303　105°09'20"

H18GP307　3.258
-0.298　105°12'49"

1100A　3.304
-.310　105°18'08"

H20GP301　3.277
-0.313　105°04'16"

1200m

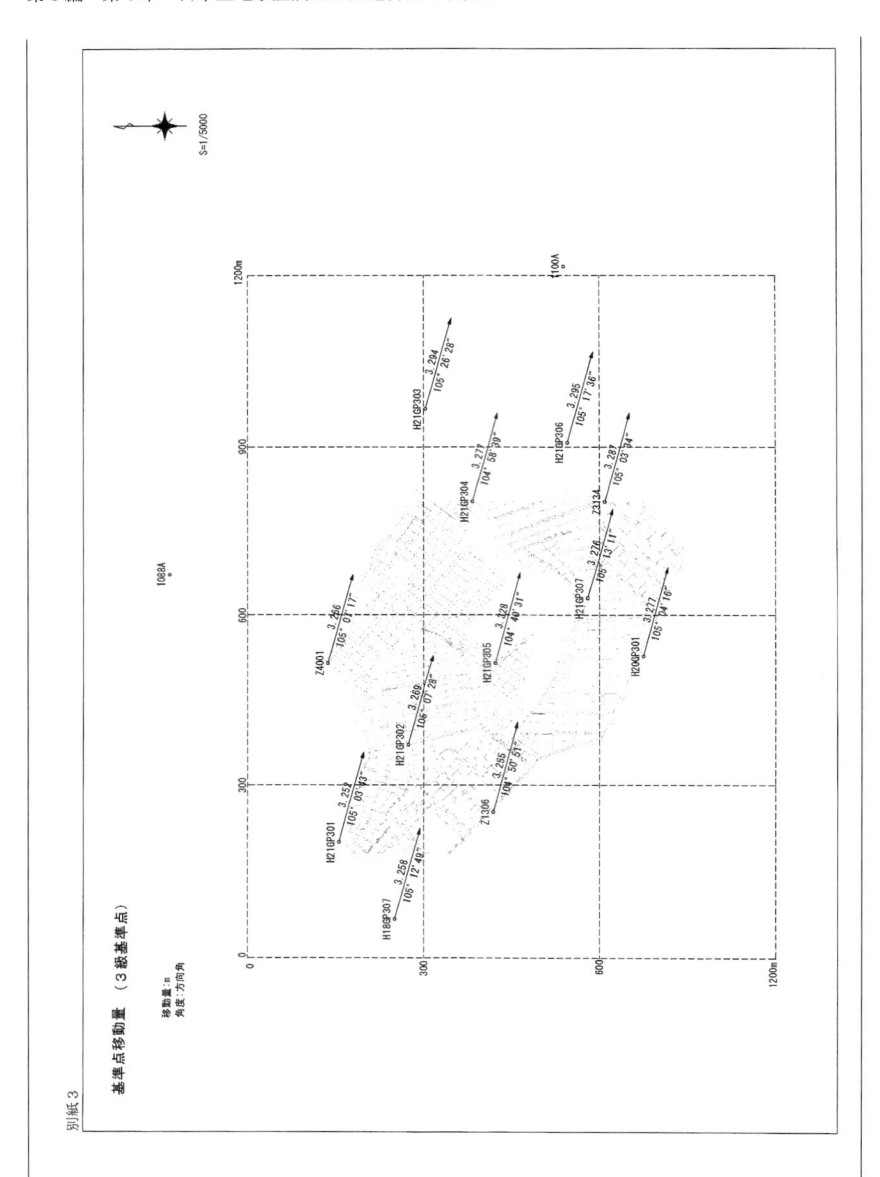

第3編　第6章　日本土地家屋調査士会連合会の取組み

岩手県大船渡市末崎町細浦湾地域は省略

て、法14条地図作成時観測された際の与点と筆界点が同じ観測を行うことができきたのは109点で、そのうち公差（甲1－6cm）を超えた箇所は8点（与点2点）となった。（与点～筆界点距離で計算）点間距離の公差が大きく超えている箇所もあることから、他にも位置誤差が公差を超えている箇所もあると考えられる。

また、局所的な崖崩れ等による地表面の土砂の移動箇所もあると思われるが、辺長誤差、面積誤差も公差を超えている箇所も相当あると考えられ、当該地区の法14条第1項地図が全体として、精度（甲1）を維持しているかどうかについては疑問がある。

さらに地区全体について詳細な調査と慎重な対応が不可欠であると思われる。

② 東日本大震災による法務省地図実態調査の基本的な考え方

(1) 災害復旧のために緊急性を要する地域を優先すること。
（例）①津波により家屋等の損傷が激しく復旧工事を必要とする地域
　　　②山手の分譲地で土留めの崩落などの復旧を要する地域
　　　③その他行政（県・市区町村）より要求のある地域
(2) 地図分類一覧図を作成すること【※この作業だけは別途事業】
　①実態調査とは別に、地形図と法務局備付地図（準ずる図面含む）との重ね図（法14条地図地域区分図）を作成し、地図と準地図の分類及び地籍調査図、土地改良所在図、土地区画整理所在図、土地台帳付属地図、その他の図面の5分類を各々行う。※全部で10分類となる。
　②1/25,000程度の地形図にこれらの区分を明示する。
(3) 地域全体の法14条第1項地図の被災状況の実態を調査すること。
　①東北3県（宮城県＋岩手県＋福島県）の被災地区を対象とする。
　②東北3県の面積×0.8＝3万635km²×0.8≒2.9万km²
　　内訳：宮城（7285.73km²）、岩手（15278.77km²）、
　　　　　福島（13782.75km²）＝36347.25km²
　　※岩手（34市町村）＋宮城（39市区町村）＋福島（59市町村）＝132市町村
　　　但し、海岸線沿い：岩手⑿＋宮城⑽＋福島⑽＝38市町村
　③法14条地図枚数及び被災概況調査図の枚数は次のとおりである。
　　　地図＝宮城（118,719枚）＋岩手（143,022枚）＋福島（211,960枚）＝473,701枚

被災概況調査図＝岩手（184枚）＋宮城（107枚）＋福島（167枚）＝458枚
※但し、福島県の原子力発電所から半径30km区域内は除外する。
(4) 各市区町村の法14条地図の被災地域を特定し、地図改修の必要性、緊急性を調査判断すること。
①市街地であること。
②地形損壊度が大きい地域であること。
③復興事業に必要性が大であること。

③ 地図実態調査方法の提案

　法務省の基本的考え方を受けて、連合会としては、土地の境界等の被災状況実態調査要領（案）を作成して、宮城会、福島会、岩手会に提供した。

土地の境界等の被災状況実態調査要領（案）

第1　目的
　この要領は、東日本大震災により土地の境界が不明となってしまったり、土地の境界が不規則に移動したりした状況を確認するための実態調査の方法について定め、実態調査後に実施される筆界の復元作業、登記所備付地図の修正作業の対象地域を特定するための資料を収集することを目的とする。

第2　業務委託
　本要領に定める実態調査は、委託して実施する。ただし、市町村等への協力要請、情報収集等については、必要に応じて、当局職員が協力する。
　1　地方自治体への協力要請
　　(イ)　地震、津波による被災地域、及び被災個所の情報提供
　　(ロ)　自治体所有の調査の基盤となるデジタル地図の提供
　2　国土地理院・独立行政法人・民間企業等への地図・空中写真情報提供の協力要請
　　国及び・独立行政法人・民間企業等が所有する地図・空中写真等を利用して地図被災地域の情報整理のための基礎資料として提供を求める。

第3　委託業務の内容
　1　基礎資料調査
　　(1)　情報の取得

II 復興支援

①法務局が保有する情報
- 地図情報（法務省フォーマット、紙データ）
- 地積測量図
- 基準点成果等

②地方自治体（県及び市区町村）が保有する情報
- 都市計画図（1/1,000～1/2,500のDMデータ又はシェイプ、紙地図）
- 道路台帳及び道路台帳図面
- 道水路復旧箇所情報
- 水道管破損箇所情報
- 崖崩れ・地盤沈下・地盤の亀裂等の情報

③国土地理院が保有する情報
- 三角点・水準点の変位量情報
- 震災前後の空中写真等

④独立行政法人・民間業者が保有する情報
- 住宅地図情報及び地形図情報
- 電気・電話事業者の情報
- ガス事業者の情報

(2) 「被災概況調査書」の作成……（様式①）

　前述の基礎資料調査において国の機関、各地方自治体及び民間企業等の被災状況を被災状況調査書に記載すると共に状況確認ができる資料を取得する。また、その資料は被災概況調査書の補足資料として綴り込む。

　また、被災状況により①津波損壊地域、②地割れ・地滑り・崩落地域、③海没地域、④液状化地域、⑤断層地域、⑥局所隆起・沈下地域、⑦土地流失地域、⑧その他の地域（擁壁倒壊・家屋倒壊等）の8つの被災状況に区分してそのエリアが確認できる資料までできるだけ入手する。

(3) 「被災概況調査素図」の作成

　縮尺1/25,000地形図（国土地理院）程度の地図上に前項の被災概況調査書を作成した被災エリア、被災状況区分（前述8区分）を記載す

る。
2 地図の分類の一覧図及び被災状況地図作成による検討
 (1) 「地図分類一覧図」の作成（図－①参照）

　　地図情報システムに記録された情報を基に国土基本図等（1/2,500～1/5,000）と重ね合せ、地図の種類・分類別の区域界を抜き出し、地域を色分けした一覧図を1/25,000地形図で作成する。

　　分類は以下の9区分を標準とする。
　　①地籍図（不動産登記法第14条第1項指定）
　　②地籍図（不動産登記法第14条第4項指定）
　　③土地改良所在図（不動産登記法第14条第1項指定）
　　④土地改良所在図（不動産登記法第14条第4項指定）
　　⑤土地区画整理所在図（不動産登記法第14条第1項指定）
　　⑥土地区画整理所在図（不動産登記法第14条第4項指定）
　　⑦その他（不動産登記法第14条第1項指定）
　　⑧その他（不動産登記法第14条第4項指定）
　　⑨旧土地台帳附属地図（不動産登記法第14条第4項指定）
 (2) 「被災概況調査図」の作成（図－②参照）

　　県及び市区町村が保有する情報を基に被災状況を示した地図を作成する。できれば前項の地図分類一覧図上に被災概況調査素図の情報を記載するのが望ましい。
3 現地調査
 (1) 調査区域の選定
　　①「地図被災調査書」の作成……（様式②）

　　　前記1及び2の作業により調査した「被災概況調査図」の内容を「地図被災調査書」に纏めて調査区域を選定する。

　　　また、その選定基準は、地図改修の必要性、緊急性等を考慮して行うものとする。例えば、次のような項目を考慮するものとする。
　　　①市街地である。
　　　②地形損壊度が大きい地域である。
　　　③復興事業に必要性が大である。
　　　④地元住民からの要望がある。　　etc.

また、その選定した区域と一定の距離を置いた区域においても、一定程度調査を行う。
  (2) 地図の精度検証
    本実態調査は、不動産登記法（平成16年法律第123号）第14条第1項に規定する地図が備え付けられている地域について実施するものであるが、調査区域の検査測量の実施に先立って、同地図の作成年、作成方法、精度区分等を確認し、検査測量の結果の分析の前提となるよう「地図被災調査書」に纏める等、精度を検証しておく。
  (3) 調査区域内の検査測量
    ①選定区域の特定
      選定された調査区域において、300mメッシュを基準として、筆界点間、面積等の測量を行う。測量を行う点は、300mメッシュの外周付近4点及び中央部付近の1点の割合を標準として特定する。
    ②「被災地域特定図」の作成（図—③参照）
      これら特定された300mメッシュ及び観測点約5点を国土基本図等と不動産登記法第14条第1項地図の重ね図上に配置した「被災地域特定図」を作成する。
    ③検査測量の資料の確認
      選定された5箇所付近の基準点成果、点の記、筆界点座標一覧を整理し現地調査の資料として用意する。
    ④検査測量の実施
      筆界点及び基準点を捜索し適当な筆界線の点間距離を数箇所観測し「地図被災調査書」に記載する。また、観測点数点でできる区画をもって面積の精度確認も行う。
    ⑤「地図被災調査書」補足資料の作成
      「地図被災調査書」の補足資料として、観測した測点及び土地の区画が確認できる「観測点詳細図」（図—④参照）を作成し、その観測した測点付近の現況写真を撮影する。
4 「地図被災調査書」「被災地域特定図」の報告
  (1) 「被災地域特定図」のまとめ
    前述までの、資料調査、検査測量の結果を纏めた「地図被災調査

書」及び「被災地域特定図」から、筆界の移動状況を分析し、地図の修正が必要なエリアを特定し「被災地域特定図」に記録する。
　(2)　「地図被災調査書」の報告
　　　土地家屋調査士は検査測量を行った結果を纏めた「地図被災調査書」の末尾に地図修正の必要性を「全面修正・一部修正（ブロック修正）・不要」のいずれに該当するかを判断し法務局担当者に提出する。
　5　法務局における地図修正必要箇所の判定
　(1)　「地図修正必要箇所リスト」の作成……（様式③）
　　　土地家屋調査士の「地図被災調査書」の報告を受け、土地の境界復元又は地図の修正作業が必要な地域の位置及び範囲を示した「被災地域特定図」を参考に「地図修正必要箇所リスト」を作成する。
第4　業務管理等
　1　進行管理
　　当局は、受託した土地家屋調査士からの報告に基づき、随時、作業の進行状況を確認するとともに、当該土地家屋調査士からの照会に対して回答を行う。
　2　作業報告会の開催
　　委託業務の円滑な進行を図るため、定期的に、受託した土地家屋調査士から当局への報告を目的とする会議を開催する。
第5　調査結果の報告
　　受託した土地家屋調査士は、最終的な調査結果について、当局に報告する。
第6　附則
　　この要領は、平成23年8月〇日から実施する。

④　土地の境界等の被災状況実態調査作業の実地

　地図の被災状況実態調査については、平成23年10月頃発注され、作業が行われた。作業の内容の一部は、300m×300mの区域において5箇所の筆界点について、位置、辺長等を計測し、法14条1項地図の成果辺長と比較を行い、許容誤差範囲内か、範囲外か、大きく辺長差があるのか等、1箇所ごとの調書を作成した。

福島地方法務局、仙台法務局、盛岡地方法務局とも500箇所程度（500×5＝2500）について計測した。
　その結果を分析し、地図の修正箇所を把握して、法務局、地方法務局所管の法14条地図の修正業務を行うことになる。

Ⅲ　会員の被害の状況

　土地家屋調査士会会員の被害の状況を調査し、大規模災害対策に関する規則により、災害を受けた会員に対し給付金を支給した。また、福島原子力発電所事故により避難を余儀なくされた会員に対しても、給付金を支給することとした（（資料11）参照）。

（資料11）　土地家屋調査士会員の被害状況

	死　亡	建物全壊	建物半壊	床上浸水	その他	避　難
宮　城　会		14	20	1	2	
福　島　会		10	28			26
岩　手　会	1	11	3		10	
千　葉　会			4		2	
茨　城　会		2	3		10	
計	1	37	58	1	24	26

第7章 生命保険業界の対応

社団法人生命保険協会総務部長
兼災害地域生保契約照会センター長　椿　雅実

I　震災対応への基本的な考え方

　生命保険協会では平成23年3月11日の震災発生当日に大地震対策本部を設置し、東日本大震災への対応の基本方針として「被災された方が一刻も早くご安心いただけるよう最大限の配慮に基づいた対応を行うこと」を決定した（（資料1）参照）。

　初動対応としては、「被災者の生活支援と安心感の提供」、次のステップとして「震災の特徴を鑑みた照会・手続きへの対応」を行った。

（資料1）　震災対応への基本的考え方

```
＜基本方針＞
被災された方が一刻も早くご安心いただけるよう
最大限の配慮に基づいた対応を行うこと
```

〈対応の柱〉

- 〈初動〉被災者の生活支援と安心感の提供
- 〈照会・手続き時〉震災の特徴を鑑みた照会・手続きへの対応
- お客さまの安否確認活動
- 確実に保険金をお支払いするための基盤整備

また、「お客さまの安否確認活動」と「確実に保険金をお支払いするための基盤整備」の取組みは、震災直後から現在も取り組んでいる対応の柱である。それぞれの具体的な取組み内容については、以下において解説する。

II 震災対応における生命保険協会の役割

1 生命保険協会とは

生命保険協会は、任意加入、つまり加入するかしないかは各生命保険会社の自由判断となっている業界団体である。現在、日本で営業している生命保険会社43社、全社が加入している。

法人形態は社団法人であり、その目的として定款には、「わが国における生命保険業の健全な発達および信頼性の維持を図ること」と掲げられている。

事業としては、生命保険に関する理論および実務の調査・研究、生命保険に関する広報活動、生命保険に関する意見の表明、営業職員・代理店や内勤職員の教育制度の運営、消費者からの相談・苦情対応、裁判外紛争解決機関としての対応、生命保険会社の事業にかかわるガイドラインの策定などを行っている。

2 東日本大震災への対応

東日本大震災への取組みにあたっては、生命保険協会と会員各社は常に連携をとって対応した（(資料2)参照）。具体的には、生命保険協会から会員各社に対し定期的にアンケートを実施し、各社の取組みについて情報を集約し、フィードバックを行った。好取組事例のフィードバックを行うことで、当該事例を参考に、各社がそれぞれPDCA（plan-do-check-act）サイクルの中で日々改善を行い、お客さまへの対応レベルの底上げが図られた。その結果、底上げされたレベルが業界の新たな標準となるという循環を繰り返し

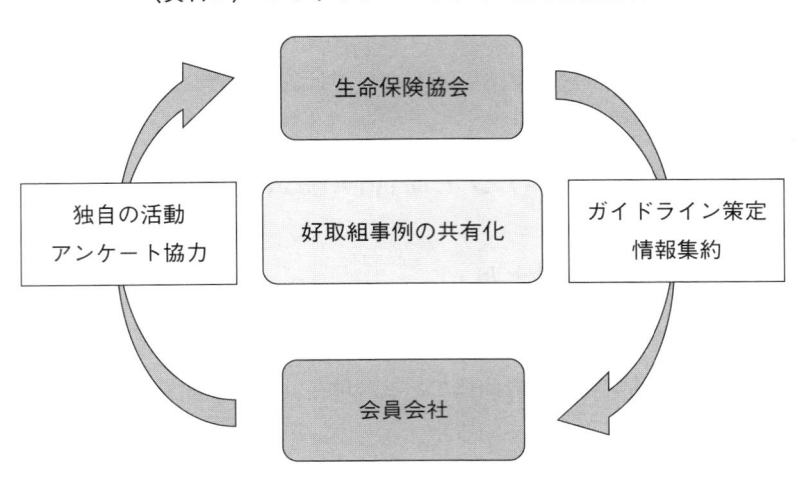

（資料２） プラットホームとしての生命保険協会

つまり、生命保険協会は、いわば情報のプラットフォームの役割を果たし、その結果、会員各社間の被災地における業務の標準化が図られた。また、業務の標準化に関しては、必要に応じてガイドラインの策定を行った。

3 震災対応の意思決定組織

生命保険協会における震災対応の意思決定組織については、（資料３）のとおりである。

生命保険協会の大地震対策は、昭和54年に制定した「大地震対策要綱」に基づいてさまざまな対応を行うこととしているが、阪神・淡路大震災時の経験を踏まえて、対策要綱の大幅な改定を行った。その１つが、緊急時におけるスリムな組織体系と迅速な意思決定が可能な体制を整えることであった。

平常時は会社代表者で構成される理事会、役員クラスで構成する大地震対策総合委員会、各種対策委員会や専門部会で検討する体制となっているが、大地震が発生したときは、大地震対策本部が設立され、意思決定が行われる。改定前の対策要綱では会社代表者20数名で構成される理事会が意思決定機関

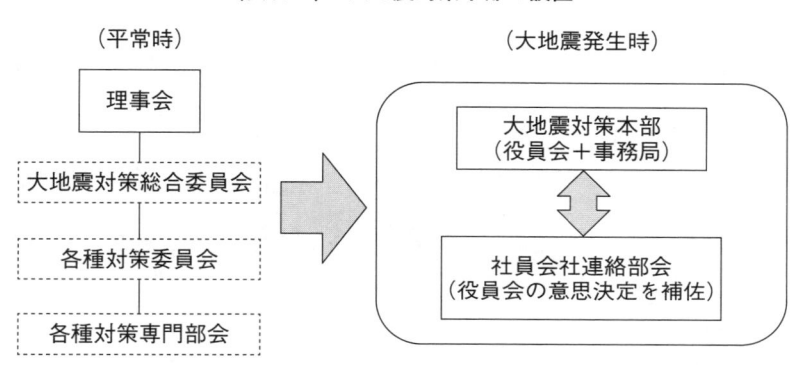

（資料３）　大地震対策本部の設置

（平常時）
- 理事会
- 大地震対策総合委員会
- 各種対策委員会
- 各種対策専門部会

（大地震発生時）
- 大地震対策本部（役員会＋事務局）
- 社員会社連絡部会（役員会の意思決定を補佐）

であったが、現在の対策本部は、役員会と事務局で構成している。役員会は会長と５名の副会長、理事事務局長の７名で構成し、震災時の緊急の対応策を決定する権限が付与されている。

　また、対策本部と会員会社との連絡窓口を一元化するため、社員会社連絡部会という組織を設けている。東日本大震災では対策本部が迅速な判断を行い、社員会社連絡部会メンバーが、業界と自社の対応のパイプ役としての役割を果たすことにより、業界として一致団結した対応ができた。

　さらに、役員会のメンバーである会長と各社代表者でもある副会長が、東日本大震災後早い時期に被災地を訪問し、実態を把握したことも、的確で迅速な判断が下せた一要因であると考えている。

III　生命保険業界の取組み（概観）

　東日本大震災における生命保険業界の取組みを概観する（（資料４）参照）。
　東日本大震災に際しては、過去の経験も踏まえ、震災後直ちに対応すべきことと、次に起こることを想定し中長期的な視点で対応すべき事項等について整理して対応した。
　まず、「被災されたお客さまの状況に応じた取組み」として、震災直後は、

第3編　第7章　生命保険業界の対応

（資料4）　生命保険業界の取組み（概観）

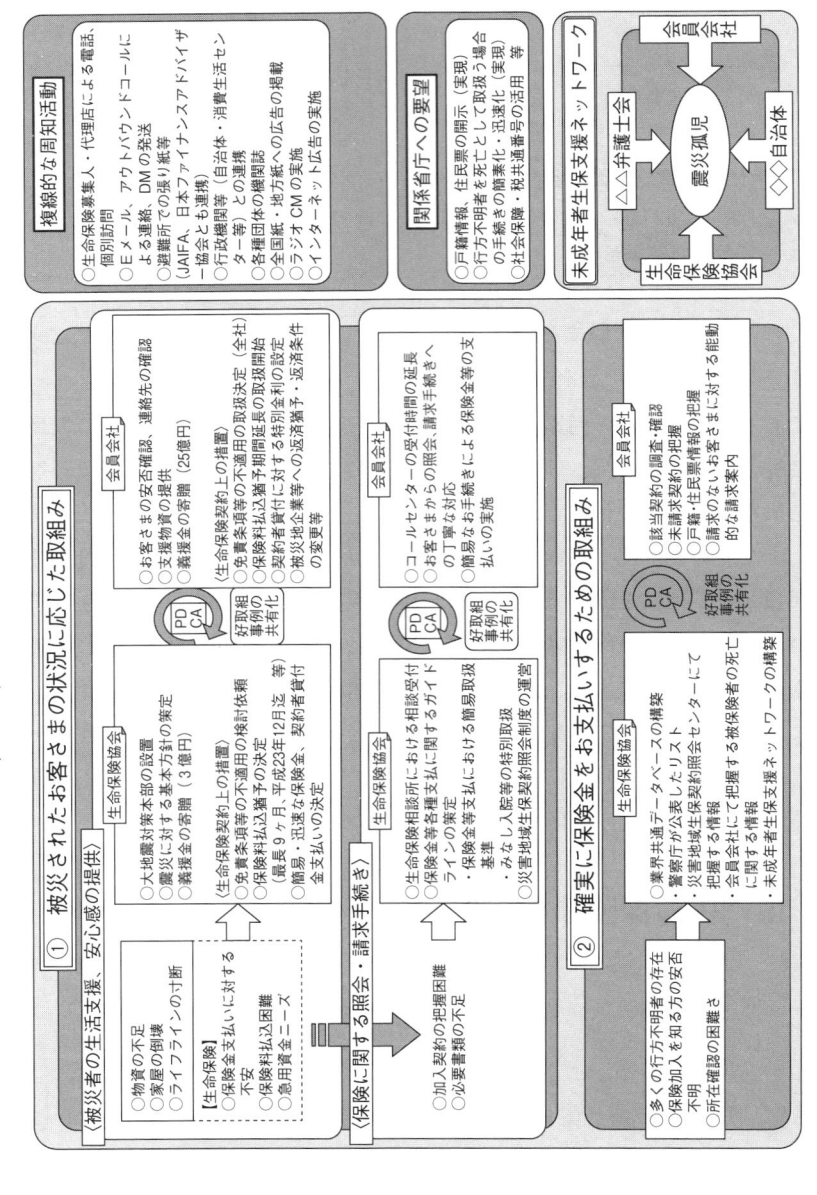

① 被災されたお客さまの状況に応じた取組み

〈被災者の生活支援、安心感の提供〉

- 物資の不足
- 家屋の倒壊
- ライフラインの寸断

【生命保険】
- 保険支払いに対する不安
- 保険料払込困難
- 急時資金ニーズ

生命保険協会
- 大地震対策本部の設置
- 震災に対する基本方針の策定
- 義援金の寄贈（3億円）

（生命保険契約上の措置）
- 免責条項等の不適用の検討依頼
- 保険料払込猶予期間延長の決定（最長9ヶ月、平成23年12月迄 等）
- 簡易・迅速な保険金、契約者貸付金支払いの決定

会員会社
- お客さまの安否確認・連絡先の確認
- 支援物資の提供
- 義援金の寄贈（25億円）

（生命保険契約上の措置）
- 免責条項等の不適用の取扱決定（全社）
- 保険料払込猶予期間延長の取扱開始
- 契約者貸付に対する特別金利・返済猶予・返済条件の変更等

好取組事例の共有化　PDCA

〈保険に関する照会・請求手続き〉

- 加入契約の把握困難
- 必要書類の不足

生命保険協会
- 生命保険相談所における相談受付
- 保険金等支払いに関するガイドラインの策定
- 災害地域生保契約照会制度の運営
- みなし入院等における簡易取扱基準
- 保険金支払における簡易取扱

会員会社
- コールセンターの受付時間の延長
- お客さまからの照会・請求受付の工夫など
- 簡易・柔軟な手続きによる保険金等の支払いの実施

好取組事例の共有化　PDCA

② 確実に保険金をお支払いするための取組み

- 多くの行方不明者の存在
- 保険加入を知る方の安否不明
- 所在確認の困難さ

生命保険協会
- 生命保険データベースの構築
- 警察庁が公表した遺体情報
- 災害地域生保契約照会センターにて把握する情報
- 会員会社にて把握する被保険者の死亡に関する情報
- 未成年者生保支援ネットワークの構築

会員会社
- 該当契約の調査・確認
- 未請求住民契約の把握
- 戸籍・住民票情報の把握
- 請求のないお客さまに対する能動的な請求案内

好取組事例の共有化　PDCA

複線的な周知活動／個別訪問
- 生命保険募集人・代理店による電話、Eメール、アウトバウンドコール等による連絡、DMの発送
- 避難所での張り紙等
- 日本ファイナンシャルアドバイザー協会（JAIFA）とも連携
- 行政機関等（自治体・消費生活センター）との連携
- 各種団体・地方紙への広告の掲載
- 全国紙、地方紙、秋冬期CMの実施
- ラジオCM・秋冬番号広告の活用 等
- インターネット広告の実施

関係省庁への要望
- 戸籍情報、住民票の開示（実現）
- 行方不明者を死亡として取扱う場合の手続きの簡素化、迅速化（実現）
- 社会保障・税共通番号の活用 等

未成年者生保支援ネットワーク

生命保険協会 ⇔ 震災孤児 ⇔ 会員会社
△△弁護士会 ／ ◇◇自治体

738

被災者の生活支援を優先事項として取組み、その後は、被災者の心情に鑑みながら段階的に対応を変化させるなど、お客さまのおかれた状況を勘案しながら取組みを展開していった。

次に、「確実に保険金をお支払いするための取組み」として、震災後1年以上が経過したが、生命保険業界としては、継続して、保険金・給付金の確実な支払いに努めることによって、国民生活の安心を支えるという使命を着実に果たし、復興のために少しでも役に立てればと考えている。

また、支払対象ではないお客さまでも、たとえば、経済的な事情により保障内容の見直しを検討されるケースも想定され、生命保険という大切な契約を継続していくためのコンサルティングの必要性も高まっていることから、万全の対応を期したいと考えている。

そのほか、複線的な周知活動、関係省庁への要望、未成年者生保支援ネットワークといった取組みを実施しているが、具体的には、以下において解説する。

Ⅳ 被災者の生活支援と安心感の提供

初動対応として被災地支援・保険契約上の措置等について取組みを行った。

1 被災地への生活支援

○金銭的支援
・義援金の寄贈
▶生命保険協会（3億円）
▶各生命保険会社（累計約25億円）
　（＊グループとしての寄贈を含む）
○物的支援
・食料品、衣類等、衛生用品、電化製品、その他
○人的支援

> ・本社等からの応援スタッフの派遣
> ・現地での震災復興局等の設置
> ・現地でのボランティア活動

　生命保険業界の東日本大震災への対応の柱の1つとして掲げた初動対応としての「被災者の生活支援と安心感の提供」について、説明する。
　震災直後においては、ライフラインが寸断され、物資が不足するなど、被災者の安全確保・生活支援が急務となっていた。また、保険金支払いに不安をもつ方や、当面の保険料の支払いが困難となる方も生じていた。
　そこで、このステージでは、被災者の生活支援と安心感を提供していくことを優先事項とした取組みが必要とされた。
　被災地に対する生活支援としては、生命保険協会から3億円の義援金、各生命保険会社の独自の義援金として累計約25億円を寄贈した。物的な支援としては、会員各社が現地からの要望も聞きながら、食料品や衣類等、衛生用品、電化製品など、さまざまな支援物資の提供を行った。これらの支援物資は、社内や職員にとどまることなく、それぞれの現場において、避難所へ届けたり、また営業職員が訪問先のお客さまへ届けるなどにより、有効活用された。人的な支援としては、本社等からの応援スタッフの派遣、現地での震災復興局等の対応組織の設置、さらには現地でのボランティア活動などを実施した。

2　その他の被災地支援

> ○福祉巡回車の寄贈
> ・全国の地方生命保険協会が、各地域の特色を生かした地方CR活動（Community Relations＝地域との良好な関係づくり）を展開
> ▶社会福祉協議会等への福祉巡回車や福祉物品の寄贈活動
> ▶献血活動
> ▶障がい者支援活動　ほか

IV 被災者の生活支援と安心感の提供

・26地方生命保険協会の助け合いの取組みとして、生命保険会社の職員等から寄せられた募金等2664万円を基に福祉巡回車（30台）を23カ所の社会福祉協議会へ寄贈

地　域	岩手県	宮城県	福島県	合　計
寄贈台数	10台	11台	9台	30台

　その他の被災地支援として、福祉巡回車を寄贈した。約20年前から全国54カ所にある地方生命保険協会では、生命保険業界の営業拠点とマンパワーのネットワークを活用し、社会福祉協議会等への福祉巡回車や福祉物品の寄贈活動をはじめ、献血活動、障がい者支援活動等、地域社会との良好な関係づくりをめざした「地方CR活動（Community Relations＝地域との良好な関係づくり）」を展開してきた。東日本大震災では、社会福祉協議会において在宅福祉サービスなどに利用されていた福祉巡回車が津波の被害を受けた事例が多発した。そこで、被災3県をはじめとする全国26の地方生命保険協会において、生命保険会社の職員等によびかけ集まった募金等2664万円を基に福祉巡回車（軽自動車）を購入し、被災3県下23カ所の社会福祉協議会に計30台を寄贈した。

3　保険契約上の措置

　保険契約上の措置について説明する。
　以下では、5つの措置を取り上げるが、生命保険協会の会員会社の中には設立後大震災の経験がない生命保険会社も多く、震災対応を迅速かつ的確に行わなければならない中、こうした会社から、生命保険協会が主導して実施する施策が非常に役に立ったとの声が聞かれた。

(1) 地震免責条項等の不適用

　一般的に、災害関係特約については約款上、地震等による災害関係保険金・給付金を削減したり、支払わない場合がある旨規定されているが、東日本大震

741

災においてはこれを適用せず災害関係保険金・給付金を全額支払うことをすべての生命保険会社が決定。

　第1は、地震免責条項等の不適用である。一般的に、災害関係特約については約款上、地震を原因とする災害関係保険金・給付金は、金額を削減したり、支払わない場合がある旨規定されている。

　しかし、東日本大震災に際しては、すべての保険会社が、被災されたお客さまの契約については、地震免責条項は適用せず、災害関係保険金・給付金の全額を支払うことを決定し、その旨を生命保険協会より、地震発生から5日目の平成23年3月15日にプレスリリースなどで公表した。

(2) 保険料の払込猶予期間の延長

> ▶お客さまからの申出により、保険料の払込みについて猶予する期間を最長9カ月（平成23年12月末まで）延長した。
> ▶猶予期間分の保険料全額の払込みが困難な場合には、平成24年1月より継続して保険料を払込みいただくことにより、猶予期間分の保険料の払込期日を同年10月末まで延長した。
> ▶保険料払込猶予取扱件数は約23万件。

　次に、一時的に保険料の支払いが困難となるお客さまのために、保険料の払込猶予期間の延長についても直ちに決定し、平成23年3月12日に公表した。

　当初は最大6カ月間の延長としたが、東日本大震災の被害状況を踏まえ、さらに3カ月間延長し、平成23年12月までの最大9カ月間の延長とすることを同年4月27日に決定し、公表した。なお、猶予期間分の保険料の払込期日は平成24年10月末までとなるが、生命保険各社では猶予期間が終了された契約者へのアフターフォロー等に努めている。

　保険料払込猶予の取扱件数は、約23万件となっている。

Ⅳ 被災者の生活支援と安心感の提供

(3) 金利減免等の特別取扱い（各生命保険会社）

> ▶契約者貸付の特別金利の設定（制度なし・未実施15社、実施済み32社）（平成23年4月8日現在）。
> ▶被災地企業への返済猶予・返済条件の変更等。

　第3に、各生命保険会社47社（平成23年4月当時、現在は43社）のうち32社では、契約者貸付における特別金利の設定を行った。ある会社の例では、通常は3.75％の金利を1.5％に減免している。その他、被災地企業へ貸付金の返済猶予・返済条件の変更なども実施し、安心感の提供に努めた。

(4) 簡易・迅速な保険金・給付金の支払い

　東日本大震災においては、着のみ着のままで避難したうえ家財も流失し、保険証券や印鑑等が手元にないケースが数多く生じることが想定されたことから、保険金等の請求の際には、必要書類の一部を省略し、簡易・迅速な支払いを行うこととし、震災発生翌日の平成23年3月12日に公表した（(資料5)参照）。

(資料5) 簡易・迅速な保険金・給付金のお支払い

> 着の身着のままで避難

> 保険金・給付金・契約者貸付等に必要な
> 書類等（保険証券、印鑑）がない

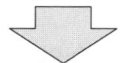

↓

> 必要書類の一部を省略し、簡易・迅速な支払・取扱を実施

(5) 保険金等各種支払いに関するガイドラインの策定

　生命保険協会では平成23年3月15日に保険金等各種支払いに関するガイドラインを策定した（(資料6)参照）。

743

(資料6) 保険金等各種支払いに関するガイドライン

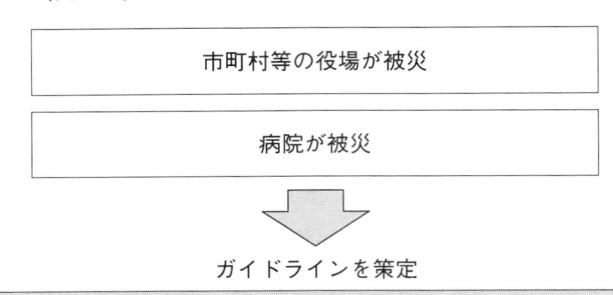

```
┌─────────────────────────────────┐
│      市町村等の役場が被災         │
└─────────────────────────────────┘
┌─────────────────────────────────┐
│         病院が被災                │
└─────────────────────────────────┘
              ↓ ガイドラインを策定
┌─────────────────────────────────┐
│ 保険金・給付金支払い時の提出書類の省略 │
│ 入院等の特別取扱い（みなし入院等）    │
└─────────────────────────────────┘
```

具体的には、市町村の役場が被災し、住民票や不慮の事故を証する書類などが揃わない場合でも、保険金・給付金の請求を可能とする等の簡易取扱基準や、病院が被災し入院ができずに、臨時施設等で医師の治療を受けた後、入院された場合においては、被災日から入院したものとみなす特別取扱いについて、会員各社間で認識を共有化した。

V 照会・請求手続への対応

初動対応に続いて、次のステップである生命保険に関する照会・請求手続のステージにおける取組みを行った。

1 災害地域生保契約照会制度

東日本大震災では、津波の影響により、家屋等が流出・消失してしまい、着の身着のままで避難している事例、契約者・被保険者・受取人が津波によって同時に死亡・行方不明になっている事例など、生命保険に関する手がかりがなくなってしまったケースや保険加入を知る方の安否が不明なケースが多数発生した。

（資料7） 災害地域生保契約照会制度の背景

```
┌─────────────────────────┐
│    家屋等の流失・消失     │
└─────────────────────────┘
┌─────────────────────────┐
│   着の身着のままでの避難   │
└─────────────────────────┘
┌─────────────────────────────────────┐
│ 契約者・被保険者・受取人が同時に死亡・行方不明 │
└─────────────────────────────────────┘
              ▼
┌─────────────────────────────────────┐
│ ・加入していた生命保険会社がわからない      │
│ ・生命保険に加入していたかわからない       │
└─────────────────────────────────────┘
              ▼
┌─────────────────────────────────────┐
│   生命保険会社（全社）での調査体制の整備    │
└─────────────────────────────────────┘
```

　日本の生命保険契約の典型的なパターンは、世帯主である夫が契約者および被保険者となり、妻または子供が受取人となるものである。東日本大震災における津波では、この夫婦と子供、家族全員が死亡または行方不明になるケースが多数生じた。

　受取人が死亡した場合は、その受取人の法定相続人が保険金請求権者となる。子供が死亡している場合、法定相続の順番は、父母、父母がいなければ兄弟姉妹となるが、自分の子供や兄弟が、どこの生命保険会社と契約しているかは、知らないのが通常であろう（（資料7）参照）。

　そこで、こうした問題に対応すべく、生命保険協会では、平成23年4月1日より、「災害地域生保契約照会制度」を発足させた。この制度は、東日本大震災により被災された方が、加入していた生命保険会社がわからず保険金の請求を行うことが困難な場合において、生命保険協会に加盟する生命保険会社43社全社に対して、契約の有無に関する調査依頼を行う制度である。

　東日本大震災の特徴から、この制度を利用する人が多数に上ることが予想されたため、震災発生直後、直ちにシステム開発に着手した。開発業者の懸

(資料8) 災害地域生保契約照会手続の流れ

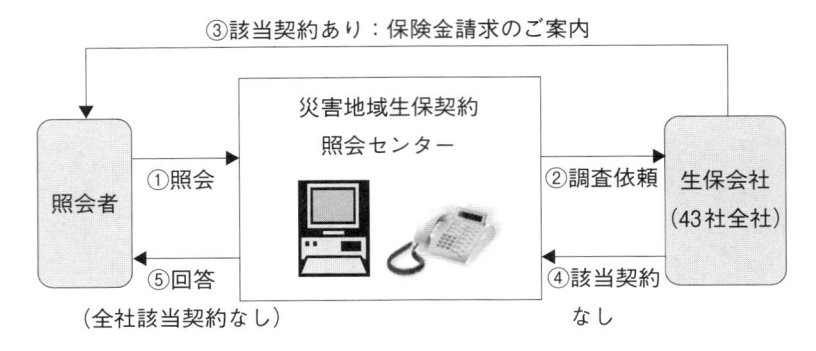

③該当契約あり：保険金請求のご案内

照会者　①照会　→　災害地域生保契約照会センター　②調査依頼　→　生保会社（43社全社）
⑤回答　←　　　　　　　　　　　　　　　　　　　　　④該当契約なし
（全社該当契約なし）

命の作業により平成23年4月6日にシステムが完成し、照会者からの情報をデータ化し、即座に会員会社へ提供し、会員各社が保有する既契約データとマッチング処理が可能となった。

　（資料8）にあるとおり、まずは、この制度を運営するために、生命保険協会内に災害地域生保契約照会センターを立ち上げた。震災発生後直ちに、設立の準備にとりかかり、運営に必要となる電話、パソコン、対応マニュアル、Q&A等を準備し、設立の構想から約半月足らずで発足させた。

　営業時間終了後には、受電担当者のミーティングを毎日実施し、お客さまからの声を基に受電担当者の話法の改良を図る等、その体制の強化に努めた。手がかりのない中で契約の調査を行うには、照会センターの窓口で応対する者が、被災者の心情に配慮しつつ、照会者の方から必要な情報（氏名、生年月日等）を聞き出すことが必要である。そのため、電話照会の受付状況に応じ、照会センターの電話設置数を即日倍増させるなどの緊急措置も講じた。この照会センターは、生命保険協会の職員はもとより、会員全社の輪番制により派遣されたボランティアにより支えられた。こうした業界をあげた人的協力が照会センターの運営の基礎となっている。

　照会制度の手続としては、照会者からの照会をセンターが受付け、センターから会員会社43社全社に調査依頼をする。各社で調査を行った結果、加入

(資料9)　災害地域生保契約照会センター調査結果（平成24年3月31日現在）

	調査済み照会対象者	契約あり	契約なし
対象者数	6408名	4070名	2338名
占有率	100.0%	63.5%	36.5%

　契約が特定できた場合は、その契約を保有する生命保険会社から照会者あてに直接連絡し、保険金請求の案内を行い、速やかな支払いにつなげていく。また、調査の結果、契約がみつからなかった場合は、生命保険協会から照会者あてにその旨を回答する等、調査の結果を必ず照会者にフィードバックする運営を実施している。

　平成23年4月1日の制度発足から平成24年3月31日までに、照会受付数は3654件、照会対象者数は6411名であった。また、（資料9）のとおり、全社の調査が済んだ照会対象者の数は6408名、そのうち契約があったものが4070名であり、判明率は63.5%となっている。もともと契約があるかどうかがわからない方からの照会である中、有益な制度と評価されている。

　また、判明率については、制度発足当初の4月、5月は、67%から68%であった。各社の支払いがすでに済んでいる場合は、契約はないとの回答になるため、各社の支払いが進むに従って判明率は逓減している。

　なお、この照会制度については、今後は災害救助法が適用された地域において、家屋等の流出・焼失等により生命保険契約に関する手がかりを失った方についても適用していくことにした。

2　お客さまからの相談対応

●各社コールセンター等でのご相談受付
●生命保険協会の「生命保険相談所」および「地方連絡所」によるご相談受

> 付
> ● 避難所等での出張相談窓口の設置

　災害地域生保契約照会センターでの対応のほか、お客さまからの相談対応として、生命保険各社のコールセンター等での相談受付けをはじめ、生命保険協会の「生命保険相談所」および被災地を含む全国53カ所の「地方連絡所」でも、専門の相談員が対応した。

　加えて、東日本大震災では、多くの方が避難所での生活を余儀なくされたことから、被災地および被災地以外の避難所において、出張相談窓口を設置、被災者の方からの相談に対応した。

VI　各種取扱い等の周知

　東日本大震災は被災地域が広域にわたる地震と津波の被害、さらに長期に及ぶ原子力発電所事故の影響から、避難所での生活を余儀なくされている方が多数生じたが、その避難所も全国各地に点在し、避難生活も長期化し、契約関係者の所在が不明となっているケースが多数あった。このような状況の中では、不特定多数の被災者にアプローチすることで、契約に係る各種取扱いについてお知らせし、場合によっては会社あてに連絡・相談をいただく必要があると考えた。

　そこで、すべての被災者へ必要な情報を提供するために、報道発表や新聞・ラジオ・インターネット等の広告、避難所でのポスター掲示やチラシ配布、自治体広報誌における記事掲載の協力依頼、協会のホームページ〈http://www.seiho.or.jp/〉での告知等を実施した（(資料10) 参照）。

　マスメディアを通じた広告としては、新聞の全国紙・地方紙への広告を計153回、ラジオCMを計392回実施した。新聞広告やラジオCMが実施された直後は、前述の災害地域生保契約照会センターの電話が混雑する等、マスメディアの効果の大きさをあらめて実感した。

VI　各種取扱い等の周知

（資料10）　必要な情報をお客さまに届ける取組み

```
┌─────────────────────────────┐
│ ・広域にわたる地震・津波被害      │
│ ・長期に及ぶ原発事故の影響        │
└─────────────────────────────┘
              ↓
┌───────────────────┐    ┌───────────────┐
│ ・各地に点在する多様な避難先 │ →  │ 契約関係者の      │
│ ・避難生活の長期化         │    │ 所在が不明        │
└───────────────────┘    └───────────────┘
              ↓
┌─────────────────────────────┐
│ 不特定多数の被災者にアプローチすることで、│
│ 契約に係る各種取扱いについてお知らせし、 │
│ あるいは会社宛にご連絡・ご相談をいただく必要 │
└─────────────────────────────┘
              ↓
```

- 報道発表や新聞・ラジオ・インターネット等の広告出稿
- 避難所でのポスター掲示・チラシ配布
- 自治体広報誌における記事掲載協力依頼
- 協会HPでの告知　等

　避難所でのポスター掲示やチラシ配布は、生命保険募集人、代理店、生命保険会社のスタッフなどが訪問して行った。その際は、目立つジャンパーを着て、背中にメッセージを記載したゼッケンを貼付した。

　避難所での周知活動は、岩手・宮城・福島の3県以外についても実施した。生命保険各社、生命保険ファイナンシャルアドバイザー協会（JAIFA＝Japan Association of Insurance and Financial Advisors）、生命保険文化センターなど、組織の枠を超えてボランティアを募ったところ、約330名もの参加者が集まり、チームを組んで、新潟、山形等、東北3県以外の避難所226カ所のすべてについて周知活動を展開した。

749

自治体の広報誌については、約18の市町村で、生命保険業界の取組みや災害地域生保契約照会センターの連絡先などについて掲載してもらった。

Ⅶ　お客さまの安否確認活動

東日本大震災において、生命保険業界では総力をあげて、お客さまの「安否確認活動」を実施した。被害が甚大であった宮城県、岩手県、福島県において、生命保険業界の安否確認対象となるお客さま数は延べ約293万名に上った。

「安否確認活動」とは、全社一丸となり、この延べ約293万名すべてのお客さまとコミュニケーションをとれるようにすることを目標とする活動である。

避難所生活を余儀なくされた方も多数に上る中、保険金請求はもとより、保険料の払込猶予の特別措置を受けつつ契約を継続いただくために必要な手続の案内を行ううえでも、お客さまの安否を確認し、コミュニケーションル

（資料11）　お客さまの安否確認活動

東北3県での安否確認対象お客さま数
のべ約293万人

↓

各社のリソースを活用して安否確認を実施
　✓ 個別訪問による確認
　✓ アウトバウンドコール
　✓ メール・ダイレクトメールの発信

↓

99.97％の安否を確認済み（平成24年3月14日現在）

ートを確保することは大変重要であった。

　そこで、生命保険各社では、それぞれがもつさまざまなチャネルやリソースを最大限活用し、懸命な安否確認活動を行っている。被災地においては、生命保険募集人や代理店がお客さまの自宅や避難所を個別訪問し、お客さまの安否や連絡先の確認を行った。親類や知人の家に避難されている方も少なくなく、職場や知人・友人の方に避難先を確認することもあった。また、お客さまのリストを役場に持参し、役場の協力を得て避難先を確認したり、グーグル等の検索サイトに提供された情報を、定期的、網羅的に確認するなどの対応も行った。さらに、会社から積極的にアウトバウンドコールを実施したり、電子メールやダイレクトメールの発信を行う会社もあった。

　こうした対応を行うにあたっては、本社からもスタッフを派遣し、現地のスタッフを支援した。その結果、平成24年3月14日現在、安否確認の対象となる約293万人のお客さまのうち、99.97％の方の安否確認がとれている。

　こうしたお客さまの安否確認を含め、生命保険各社の被災地における活動状況については、定期的にアンケートを実施し、好取組事例について全社で共有化し、お客さまへの対応レベルの底上げを図っている。

Ⅷ　確実に保険金を支払うための基盤整備

1　業界共通データベースの構築

　東日本大震災では、被害が広範な地域に及び、行方不明者も多数存在すること等から、生命保険会社単独では亡くなられた方の情報を把握することが困難なケースがあった。そこで、生命保険協会では、東日本大震災による死亡者等の情報を集約した業界共通のデータベースを構築することとした。

　生命保険協会が情報のプラットフォームとなり、生命保険会社が単独で把握できない情報を業界全体で共有化することにより、確実に保険金等をお支払いするための基盤を整備している。

（資料12） 業界共通データベースの構築

地震により亡くなられた方の情報の把握

```
(1) 警察が公表する「亡くなられ身元が確認された方」リスト
(2) 会員各社が把握した被保険者死亡情報
(3) 災害地域生保契約照会センター把握情報
```

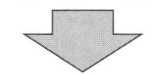

⇩

自社契約の特定⇒保険金請求のご案内へ

　データベースに集約しているデータは、①警察が公表する「亡くなられ身元が確認された方」のリスト、②会員各社が把握した被保険者の死亡に関する情報、③災害地域生保契約照会センターに寄せられた情報である。

　会員各社においては、当該データベースの検索機能を活用し、お客さまからの請求を待たずに、請求可能な契約の特定に努め、積極的に案内を行っている。

2　市区町村役場の戸籍・住民票等開示の要望

　次に、確実に保険金を支払うための基盤整備として、生命保険会社に対する市区町村役場の戸籍・住民票等の開示を要望し、実現したことがあげられる。

　東日本大震災では、あらかじめ生命保険会社に登録された保険金受取人が死亡しているケースが多数あった。受取人が死亡したケースでは、正当な保険金請求権者を特定する必要があり、その特定に時間がかかるという課題があった。

　そこで、生命保険協会では、金融庁を通じて、生命保険会社が直接、市区町村に対して戸籍・住民票等の開示請求ができるようにすることを要望し、

(資料13)　戸籍・住民票等の開示の要望

- 保険金受取人＝生命保険会社に登録済の受取人
- 受取人が死亡している場合等は保険金請求権者（一般的には法定相続人）を特定する必要

↓

＊保険会社による市区町村役場への戸籍・住民票等の開示請求を要望

↓

- 保険会社による戸籍謄本の交付請求の承認
- 保険会社による住民票の写し等の交付請求の承認

↓

請求権者の特定・請求のご案内へ

＊戸籍：日本国民についての身分関係を公証するもの。

　金融庁は、法務省や総務省に対して、被災地の現状や保険金や給付金の支払いに係る実務上の課題等を説明し理解を求めた。その結果、平成23年4月19日には、法務省から保険会社による戸籍謄本の交付請求が、同月22日には、総務省から保険会社による住民票の写しの交付請求が承認され、地方自治体が保有する戸籍や住民票について、生命保険会社が直接開示請求できることとなった。

　生命保険協会では、自治体への開示請求に関する事務ルールを策定し、会員各社間で認識の共有化を図った。これにより、保険金受取人が死亡しているケースにおいても、迅速に法定相続人を把握することが可能となり、迅速な保険金の支払いが可能となった。

IX　保険金・給付金の支払い状況

　（資料14）は、保険金・給付金の支払い状況である。

第3編　第7章　生命保険業界の対応

（資料14）　生命保険会社43社の保険金支払件数・金額（平成24年3月30日現在）

支払件数	支払金額(死亡保険金)	
		うち災害死亡保険金額
2万75件	1529億7647万円	482億4936万円

　東日本大震災に関する支払保険金額の合計は、約1670億円と予測している（平成23年12月末時点）。平成24年3月30日現在では、支払件数2万75件、支払実績金額1529億7647万円、うち災害死亡保険金は482億4936万円となった。

X　行方不明者への対応

　東日本大震災では、行方不明者が膨大な数に上ったが、これらの方の死亡の確定がされないままでは、死亡保険金を支払うことができないという課題があった。現行法に基づく危難による死亡の認定制度としては、戸籍法に基づく警察庁や海上保安庁による認定死亡制度と、民法に基づく危難失踪の宣告があるが、認定死亡は、死亡が確実でなければならないなど認められる要件が厳格であり、危難失踪宣告は、危難から1年間経過しなくてはならない。

　そこで、生命保険協会では、行方不明者の家族・親族の心情に配慮しつつ、生活保障のためにできる限り早期に保険金を支払う必要があるとの認識の下、金融庁を通じて関係省庁に対し、危難失踪宣告の短期化等を要望した。

　これだけ膨大な行方不明者について、その死亡保険金を支払うことは、わが国生命保険史上初めてのことであり、お客さまの声、自治体の状況等について、金融庁と連携し、被災地の現状把握に努めた。

　平成23年6月7日、法務省は、東日本大震災の行方不明者については、戸籍法86条3項に基づく死亡届の簡易取扱いとすることを公表し、「死亡の事実を証すべき書面」を簡素化するなど厳格な要件を緩和した。

　これを受け、行方不明者対応特別ワーキンググループを設置して、対応を

検討していた生命保険協会でも、ワーキンググループのメンバーが沿岸部を中心に21カ所の各市町村役場を訪問し、実務の取扱いの確認などを行い、保険金支払いの実務が円滑に行えるよう対応した。

　東日本大震災のような未曾有の災害においては、被災者への安心感を提供するため、官民が一体となって取組むことの重要性をあらためて実感した。

XI　震災孤児対応

　東日本大震災では、親その他親権を有する方の全員を亡くした未成年者、いわゆる「震災孤児」が200名を超すと報道されている。震災孤児は、両親が加入していた生命保険契約の存在を知らない可能性があり、生命保険業界としても、請求可能な契約の案内を適切に行う必要がある。

　請求手続を行うにあたり、未成年者は単独で有効な法律行為ができないことから、後見人が選定される必要がある。しかし、震災の影響により、後見人の選定手続が難航する可能性があった。また、両親の死を受け入れることが難しい震災孤児がいることも想定され、そのような場合は、震災孤児の心情に配慮した対応が求められた。

　さらに当然のことながら、支払われた保険金が適切に利用される必要もある。震災孤児にとって保険金が役立つためには、生命保険会社が保険金の請求を待って保険金を支払うだけでは足りず、未成年者の身上監護や財産管理が適切に行われる必要がある。しかし、それは生命保険業界だけでは解決することはできない問題である。

　そこで、生命保険金の支払いという限られた範囲ではあるが、関係する機関が、お互いに信頼関係をもち、震災孤児に対して生命保険を適切に支払うこと等を目的として、関係者間による情報連携を図るためのネットワークを構築することとした（（資料15）参照）。このネットワークは、震災孤児またはその後見人等から生命保険に関する相談があり、参加者自身で対応することが困難な事項が生じた場合には、ネットワーク参加者が相互に必要な手続

第3編　第7章　生命保険業界の対応

（資料15）　未成年者生保支援ネットワーク

・今回の震災で両親を亡くされた震災孤児に対し、保険金を適切にお支払い
・地方弁護士会や生命保険協会（会員会社含む）等により情報連携ネットワークを構築し、震災孤児を支援

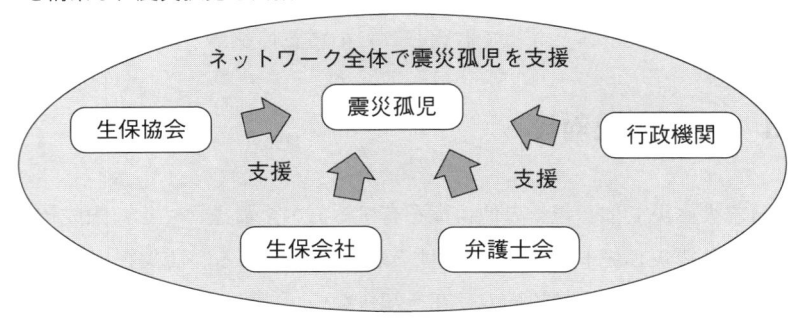

```
           ネットワーク全体で震災孤児を支援
    ┌─────────────────────────────────────┐
    │    生保協会  →  震災孤児  ←  行政機関   │
    │         支援   ↑   ↑   支援           │
    │         生保会社    弁護士会           │
    └─────────────────────────────────────┘
```

の相談に乗ったり、信頼できる相談先を紹介するものである。

　現在、ネットワークには、県の行政機関である岩手県保険福祉部児童家庭課と福島県中央児童相談所、また、岩手県・宮城県・福島県の弁護士会、生命保険協会およびすべての生命保険会社が参加している。

XII　今後に向けて

　生命保険業界では、今後も引き続き保険金等の支払い、保険料猶予契約のアフターフォロー等、震災対応に鋭意取り組んでいく決意である。一方で、東日本大震災への一連の対応を総括し、大地震対策要綱の見直しを行う等、今後起こりうる有事の際にも、生命保険事業の社会的責任をしっかりと果たしていくことができるよう体制整備を行っていく。

　なお、今後の対応の1つとして、生命保険協会では、番号制度を通じたICTの利活用について要望活動を行っている（（資料16）参照）。平成24年2月にマイナンバー法案（社会保障・税の番号制度）が国会に提出され、平成27年1月の導入が検討されているが、東日本大震災の状況を踏まえると、たと

756

XII　今後に向けて

(資料16)　番号制度を通じた ICT の利活用

```
┌─────────────────────────────────────────┐
│ 安否確認活動や保険金支払等において、          │
│ ・お客さまの最新の属性情報を把握しておらず、活動が難航 │
│ ・自治体への照会（戸籍等の書類請求）も多数発生   │
└─────────────────────────────────────────┘
                    ▼
        ┌───────────────────────────┐
        │ 番号制度のネットワークシステムに    │
        │ 保険会社が直接アクセスできないか？  │
        └───────────────────────────┘
                    ▼
┌─────────────────────────────────────────┐
│ ・死亡事実の確認や正当な請求権者およびその所在の把握等 │
│   により、保険金受取人への速やかな保険金請求案内が可能 │
│ ・行政事務の効率化にも資する                  │
└─────────────────────────────────────────┘
```

えば、受取人が死亡している場合でも、番号制度を通じ行政情報を確認し、正当な請求権者およびその所在を把握することができれば、迅速な保険金の請求案内が可能となる。生命保険協会では、番号制度は、行政機関や民間企業が国民の情報をより正確に把握し、災害時を含めて適切なサービスを行うための次世代における社会基盤になりうるものと考えており、震災時におけるマイナンバーの有効な利用方法を検討するとともに、公的な社会保障を補完する私的保障の役割を担う生命保険事業において、平時においても利活用できるよう引き続き要望していきたい。

第8章　損害保険業界の対応

一般社団法人日本損害保険協会常務理事　村　田　勝　彦

I　東日本大震災の規模・特徴

　最初に、東日本大震災の規模について、阪神・淡路大震災と比較をしつつ確認をしておきたい（（資料1）参照）。
　震源の深さは、阪神・淡路大震災が深さ16キロメートルであったのに対し、東日本大震災は24キロメートルであった。一方、震源の長さは、通常の地震では震源を点でとらえるのが一般的であるが、東日本大震災においては、むしろ点の集まり、線ともいうべき長い震源域であった。
　マグニチュードは、未曾有の9.0というこれまで経験のない規模であった。震度も、阪神・淡路大震災では、揺れを観測した範囲が関東から九州までであったが、東日本大震災では、北海道から九州までほぼ全国的に揺れを観測した。
　死者・負傷者・行方不明者は、東日本大震災は死者が約1万5000人と、阪神・淡路大震災の2倍から3倍となっている。一方で、東日本大震災での負傷者は、阪神・淡路大震災よりも少なかった。行方不明者は、東日本大震災のほうが、阪神・淡路大震災と比較して、圧倒的に多い。
　また、阪神・淡路大震災は建物の倒壊による圧死が多かったが、東日本大震災は死者・行方不明者を含め、津波による犠牲者が多いという特徴がある。人的被害は、家屋の倒壊よりも津波のほうが非常に大きくなるということがいえる。建物被害に大きな差がないことからすると、津波による人的被害がいかに大きかったかがわかる。

II 地震保険金

（資料1） 東日本大震災〜阪神・淡路大震災との比較

		阪神・淡路大震災	東日本大震災
1.	発生年月日・曜日 風速	平成7（1995）年1月17日（火） 5：46 発生 風速 3m/s （兵庫県神戸市）	平成23（2011）年3月11日（金） 14：46 発生 風速 4m/s （宮城県仙台市）
2.	震源・深さ	淡路島北部沖の明石海峡 震源の深さ16km	三陸沖牡鹿半島の東南東 震源の深さ24km
3.	マグニチュード	7.3	9.0
4.	震度 （主な震度最大地域）	震度1〜7（7は日本初の適用） 関東から九州までの広範囲に渡って揺れを観測。 ※最大震度7を観測したのは、淡路島の一部及び阪神（神戸・芦屋・西宮等）地区 東京では震度1を観測	震度1〜7 北海道から九州までほぼ全国的に揺れを観測。 ※最大震度7を観測したのは、宮城県北部 東京23区で震度5強を観測
5.	死者・負傷者 行方不明者	死者 6,434人 負傷者 43,792人 行方不明者 3人	死者 15,838人 負傷者 5,950人 行方不明者 3,647人
6.	建物被害	全壊 104,906棟 半壊 144,274棟 一部損壊 263,702棟 ※火災による被害 7,483棟	全壊 120,233棟 半壊 189,583棟 一部損壊 598,131棟 ※火災による被害 287件
7.	避難者数、避難所数	避難者数 316,678人（ピーク時） 避難所数 1,163箇所	避難者数 386,739人（地震発生1週間後） 避難所数 2,417箇所（地震発生2ヵ月後）

※東日本大震災のデータは 緊急災害対策本部発表（官邸HP2011年11月15日現在）および内閣府被災者生活支援チーム発表（内閣府HP2011年7月22日現在）より

　上記から東日本大震災は、観測史上最大のマグニチュードであったこと、観測史上最大の津波であったことの2点が、想定外の被害をもたらしたといえる。

II　地震保険金

1　支払実績

　地震保険金の支払実績については、平成7年に発生した阪神・淡路大震災の際に783億円という過去最大の保険金の支払いを行っている。過去2番目の支払額は、平成13年に起きた芸予地震であり、169億円であったことから、東日本大震災が発生するまでは、阪神・淡路大震災の被害が非常に甚大であったという認識であった。以下、3位から10位までの地震保険の支払実績は、福岡、新潟、十勝、岩手、駿河などの地域であり、東海・南海地震の発生が

(資料2) 地震保険のこれまでの保険金支払実績

※東日本大震災に関する支払いは除いている。

	地震名	発生年月日	支払保険金 (単位：億円)
1	平成7年兵庫県南部地震 (阪神・淡路大震災)	1995/1/17	783
2	平成13年芸予地震	2001/3/24	169
3	福岡県西方沖を震源とする地震	2005/3/20	169
4	平成16年新潟県中越地震	2004/10/23	149
5	平成19年新潟県中越沖地震	2007/7/16	82
6	福岡県西方沖を震源とする地震	2005/4/20	64
7	平成15年十勝沖地震	2003/9/26	60
8	平成20年岩手・宮城内陸地震	2008/6/14	54
9	駿河湾を震源とする地震	2009/8/11	45
10	岩手県沿岸北部を震源とする地震	2008/7/24	39

※「平成13年芸予地震（2001/3/24）」の支払保険金は16,939百万円。
「福岡県西方沖を震源とする地震（2005/3/20）」は16,896百万円。
※日本地震再保険株式会社調べ（2010年3月31日現在）。

(損保協会ホームページから)

想定される地域や東京を中心とした関東地方はあがっていない（(資料2)参照)。これらの地域ではこの20年間大きな地震が発生していないという状況であり、不気味に感じられる。

2　保険金の支払状況

　東日本大震災は、上記のとおりこれまで経験したことのない規模の地震であったことから、当初地震保険の保険金の支払いは少なくとも1年はかかる

II　地震保険金

のではないかと推測された。また、被害が非常に甚大であり、地震保険の保険金の支払い自体は問題ないものの、火災保険や自動車保険などは、火災や津波により物がなくなってしまうと翌年以降の保険契約ができないことから、震災後の保険契約について、危惧されたところである。

　地震保険の保険金の支払いは、（資料3）のとおり、平成23年6月頃に、支払額が1兆円を超え、同年11月24日現在で1兆1849億円となっている。保険金の支払完了率は現在約98％という状況であり、今後の支払見込み額は最終的に1兆2000億円に達するのではないかと思われる（平成24年4月2日現在、1兆2241億円となっている）。

　阪神・淡路大震災では、損害保険業界が全力をあげて支払いに徹したものの、783億円の保険金の支払いに3カ月を要した。東日本大震災では、迅速な保険金支払いに注力した結果、震災発生から約3カ月後の6月時点で、支払額が1兆円を突破し、スピーディーな対応が実現できたといえる。

　（資料3）における6月以前の棒グラフは、日に日に高くなっており、特に4月末からゴールデンウィークにかけて伸びが顕著であるが、この時期は週単位で1000億円、2000億円の保険金の支払いが行われている。発災直後は、

（資料3）　地震保険の保険金お支払い状況（平成23年11月24日現在）

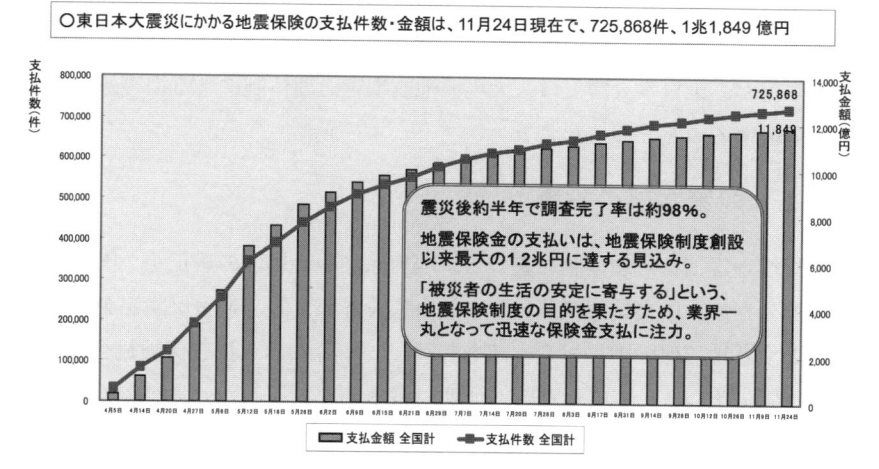

○東日本大震災にかかる地震保険の支払件数・金額は、11月24日現在で、725,868件、1兆1,849億円

震災後約半年で調査完了率は約98％。
地震保険金の支払いは、地震保険制度創設以来最大の1.2兆円に達する見込み。
「被災者の生活の安定に寄与する」という、地震保険制度の目的を果たすため、業界一丸となって迅速な保険金支払に注力。

761

鉄道網、道路網、港、空港など、東北の交通網が壊滅的な被害を受けたことや、日本全土が揺れたということもあって関東地方でも相当な被害があり、いち早く寄せられたその保険金請求にも対応する必要があった。実際に、被災地での損害調査ができるようになったのは、交通網等が回復し、職員の派遣が可能となった4月頃であり、また、保険金請求勧奨のポスターを避難所等に掲示し告知を図ったこと、航空写真等による全損一括認定を行ったことなどにより、その後の急激な保険金の支払いにつながった。

Ⅲ 東日本大震災への損害保険業界の取組み

1 東日本大震災の対応体制

　地震災害は、損害保険業界にとって最大のリスクである。地震保険制度の発足した昭和41年以来、大震災が発生した場合の対応として、地震保険損害処理総合基本計画を策定しており、大規模地震損害処理体制あるいは中小規模地震損害処理体制による損害処理の実施とそれぞれの対応策を定めている。
　（資料2）において、地震保険のこれまでの保険金支払実績の一覧表を掲げているが、これまでに発生した比較的規模の大きい地震の対応体制は、すべて中小規模地震損害処理体制であった。中小規模の体制はこれまで何度も経験したが、東日本大震災は、大規模地震損害処理体制による損害処理を初めて経験することとなった。

2 対策本部の設置

　大規模地震損害処理体制に基づき、地震保険損害処理の適正かつ円滑な実施を図るため、中央統括機関として、東京を本部とし、損害保険協会長を本部長とする地震保険中央対策本部を設置し、仙台にある損害保険協会（以下、「損保協会」という）の東北支部に現地対策本部を設置した（詳細は（資料4）のとおりである）。損保協会東北支部では、支部の建屋自体が被害にあい、事

III 東日本大震災への損害保険業界の取組み

（資料4） 対策本部の設置

地震保険損害処理の適正かつ円滑な実施を図るため、
○3月11日 日本損害保険協会本部に中央統轄機関として、「地震保険中央対策本部」（本部長：協会長）を設置
○3月11日 東北支部に被災地現地統括機関として、「地震保険現地対策本部」（本部長：協会支部委員長）を設置

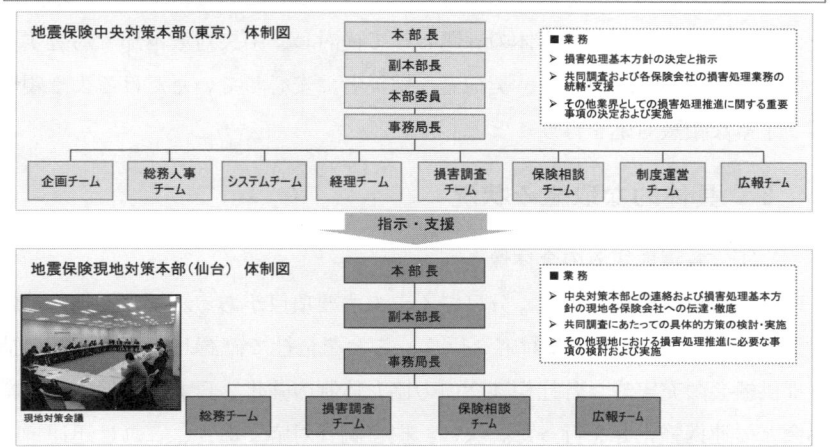

地震保険中央対策本部（東京） 体制図
- 本部長
- 副本部長
- 本部委員
- 事務局長

■ 業務
- 損害処理基本方針の決定と指示
- 共同調査および各保険会社の損害処理業務の統轄・支援
- その他業界としての損害処理推進に関する重要事項の決定および実施

チーム：企画チーム／総務人事チーム／システムチーム／経理チーム／損害調査チーム／保険相談チーム／制度運営チーム／広報チーム

指示・支援

地震保険現地対策本部（仙台） 体制図
- 本部長
- 副本部長
- 事務局長

■ 業務
- 中央対策本部との連絡および損害処理基本方針の現地各保険会社への伝達・徹底
- 共同調査にあたっての具体的方策の検討・実施
- その他現地における損害処理推進に必要な事項の検討および実施

現地対策会議

チーム：総務チーム／損害調査チーム／保険相談チーム／広報チーム

務所は無事であったものの、会議を行うフロアが使用不可能となったため、現地の協会長会社の会議室を借りて会議を行った。

　主な業務は、損害処理基本方針の決定、共同調査、各保険会社の損害処理業務の支援等、地震保険の損害処理に関する取組みであったが、実際には、地震保険の損害処理以外にも多数の課題があり、震災対応を進める過程で、震災対応に関係するすべての取組みについて中央対策本部の場で決定するという権限強化を図った。

　運営にあたっては、現地を本部が支援する体制をとり、数多くあった現場の声を要望・苦情として吸い上げ、それを受けて本部でその対応策を決定する、という取組みを行った。

　また、中央対策本部においては、平成23年3月17日に中央対策本部会議および理事会を開催し、基本方針と当面の対応を確認している。基本方針として3点掲げ、まず、被災者の生活の安全に資するため、保険金の支払いに保険業界として総力をあげて対応することとした。さまざまな課題はあるが、

763

本件については最優先事項として取り組むという趣旨である。次に、被災契約者等に迅速・的確・公平に地震保険金の支払いをするため、損害保険業界として一致団結し全力をあげて損害対応を行うこととした。すべての地震保険に関する課題は、業界全体の課題として検討し、中央対策本部で対処するということである。第3に、契約者、被災者に安心していただけるよう親切かつ丁寧な相談対応を行うこととした。

3　具体的な取組み状況

(1)　各種取組みの全体像

取組みの全体像は、大きく分けて4点の主要項目がある。まず、相談対応であり、「親切かつ丁寧な対応を行う」ことを全社で確認し、相談窓口の情報提供機会の充実や、各社相談窓口の協力体制の強化、日本損害保険代理業協会との連携強化等を行った。次に、損害調査対応であり、これは迅速・的確・公平な保険金支払いに留意した。第3点は、各種特別措置であり、契約者や被災者の利便性の向上を最優先に考え対応した。最後に情報発信として、被災者や契約者の後ろには日本国民がいるという前提で、国民に損害保険業界は何をやっているのかということをしっかり伝えることを基本方針とした。

(2)　相談対応

相談対応として、はじめに、損害保険会社の相談窓口を案内するため、ポスターを8万枚作成し、損害保険会社や、被災地の自治体、消費者行政機関等を通じて、各地の避難所等合計246カ所に掲示した。このポスターの掲示にあたっては、損保協会の職員も5月の連休などの間に自ら掲示する作業を担った。

また、被災地域のラジオ局で、各社相談窓口や保険金請求の案内のCM500本を放送した。特に、地震保険金の請求勧奨に関する広告については、現地のマスコミ等を通じて精力的に行った。これは、被害を受けた方で、保険金請求ができることに気づかない方がいる可能性があることから、とにかく損害保険会社へ連絡してほしいという趣旨で実施した。

また、相談対応の取組みとして、自社・他社を問わず、窓口を訪れたお客様に親切に対応することを徹底した。自社の契約者以外からの相談であっても親切丁寧に対応し、他社の窓口を案内するという取組みを行うというものである。

　さらに、自分が契約している保険会社がわからないお客様への対応として、契約会社照会制度を実施した。平成23年11月30日現在で、地震保険の契約照会は4618件、地震保険以外の保険の契約照会は2007件を受け付けている（なお、平成24年3月31日現在、地震保険の契約照会は4715件、地震保険以外の保険の契約照会は2162件となっている）。

　また、被災地における相談機能の強化のため、上記相談窓口ポスターの避難所等への掲示のほか、日本損害保険代理店業協会と協力して、平成23年4月15日から22日にかけ、宮城・岩手両県の避難所で巡回相談を実施した。この取組みについては、特に現地の代理店からの積極的な申出により、協力関係ができたものである。また、東北財務局からの要請に応じ、出前金融相談3カ所に損保協会の職員を派遣し、損害保険の相談に対応した。

(3) 損害調査対応

　地震保険では、基本的に現場で損害調査を行い、その損害の程度に応じて損害認定を行い、全損、半損、一部損という区分で保険金を支払うことになっている。

　しかし、東日本大震災では、あまりに大量・広域に損害が発生したことと、現場に行けない状況が続いたこともあり、そのような中で保険金を支払うために、さまざまな取組みを実施した。その1つが、新聞等でも紹介された共同調査による保険金支払いである。航空写真や衛星写真によって全損地域を一括して認定するという手法であり、岩手・宮城・福島の沿岸部地域を中心に、航空写真や衛星写真2万3000枚を用いて作業を行った。震災直後は自衛隊機が飛行するため民間機は飛行を制限されたこと、天候が悪くて飛行機が飛ばせなかったことなどもあり、航空写真がなかなか入手できず、代わりに衛星写真で全損地域の認定をスタートした。その後、飛行機を飛ばせるよう

になると、航空写真による作業も始めることができた。その作業は大変難航し、写真を住宅地図に落とし込む作業や、保険証券記載の住所と照合させる作業、たとえば番地が飛び地である場合や、保険証券に書いてある住所が若干違っている場合などでは、特に苦労があった。そういった困難な作業を経て、全損地域の認定に何とかこぎつけ、5月の連休明けくらいから急速に保険金の支払いが増加した。

　また、損害調査に関する共通枠組みの構築も重要な取組みの1つであり、たとえば、被災状況に応じた基準の明確化として、津波による浸水損害の認定基準を明確化する取組みを行った。従来から津波による損害は補償対象になっているが、東日本大震災に際して、湾岸部の奥まった地域では、津波に襲われたものの家屋は流されなかったというケースがみられた。しかし、家屋自体は残っているといっても、海水や油にさらされたことによる損害が発生しており、家屋が流されたという損害形態とは全く異なる認定手法が必要となったことから、新たに基準を明確化する必要が生じたのである。

　また、地盤の液状化による建物損害の調査方法を明確化した。液状化では、通常の発想では建物が傾くと考えられるところ、東日本大震災での液状化損害では、建物が傾くことなく沈下したという状況があった。液状化損害の場合は、傾いた建物の傾斜を測って損害認定を行うが、傾斜はないものの建物全体が沈んだという事態に対応するため、基準の明確化を行ったものである。

　また、損害調査の効率化も重要な取組みであり、たとえば、軽微な損害などのケースにおいて、一定条件を満たす場合には、お客様の自己申告により損害調査を行うこととした。お客様に簡易な調査票を渡し、自己申告により建物や家財の被害状況の報告と写真を送ってもらい、損害認定をするというものである。これは全く新しい試みであった。

　また、損害保険募集人による損害調査サポートスキームの構築も新しい取組みである。損害保険募集人は保険契約を募集する代理店であるが、損害調査についても代理店に支援してもらった。このような取組みの多くは、初めてのものであったが、現実に起こった問題に対応するため、試行錯誤して取

り組んだものである。

(4) 特別措置

　損害保険業界共通の取組みとして、たとえば、保険契約の継続手続の猶予期間を、最長約6カ月間、平成23年9月末まで延長した。また、保険料の払込期間についても、最長約6カ月間（平成23年9月末まで）延長する取組みを行った。保険料の払込期間の延長については、真にやむを得ない場合は、個社として、12月まで期間の延長を認めた保険会社もあった。損害保険は、ほとんどが1年契約であることから、この保険料の払込みを6カ月間猶予することは、保険期間の約半分を延長することとなるが、被災契約者の状況を鑑みて、対応することとした。

　また、行政に対して、保険金支払業務に資源を集中できるよう各種報告の簡素化など、さまざまな要望を行った。あわせて迅速な保険金支払いを促進するため、金融庁を通じて関係各省へ規制緩和等のはたらきかけを行った。

　これらについては、金融庁をはじめとする行政の迅速な対応により、多くの要望が実現した。特に、緊急車両通行確認標章の交付は、損害保険会社としては大きな支援となる措置となった。当初、東北自動車道は、物資を輸送する自衛隊車両などの緊急車両以外は基本的に通行することはできなかった。しかし、損害保険会社としては、保険金支払いに必要な損害調査を行うために、被災地へ対応要員や資器材を送り込む必要があり、この東北自動車道を通行できる緊急車両の標章交付を要望することとなった。当初、行政機関も慎重な対応姿勢であったが、金融庁のサポートもあって、地震保険の必要性を訴えた結果、その意義が認められ、標章の交付がかなった。これにより、損害調査対応が格段に早まったのである。

　また、業界ベースで取組む新たな特別措置について、「被災者や契約者のために何かできることはないか」と考え、会員会社にアイデアを募り、さまざまな取組みを行った。（資料5）の取組みは実現した主な特別措置の一例であるが、これらは、保険会社がそれぞれ工夫して、お客様のためにできることは何かということを考え、それを業界ベースで持ち寄って検討し、実現

（資料5）　新たな特別措置

■新たな特別措置を業界ベースで検討
　―各社から新規アイデアを広く募り、実施に向けて検討
　・実現した主な特別措置
　　―地震保険における被保険者死亡時の保険金請求書類の簡素化
　　―特別措置を適用する対象者の範囲拡大
　　―罹災日に遡及した解約手続の実施
　　―罹災に伴う解約時提出書類の省略
　　―契約者有利となる解約保険料での返還
　　―契約内容変更時の保険料払込猶予
　　―署名・捺印の省略による手続の実施
　　―保険証券紛失契約者に対する本人確認の弾力運用
　　―契約手続の代理人（配偶者、親族等）への範囲拡大　等

に結びつけたものである。

(5)　情報発信

　情報発信としては、上記のとおり、損害保険業界が一体となって何を行っているのか、どういう状況にあるのかということを、すべての日本国民に知っていただくという考えから情報公開を行った。被災者や契約者の後ろには国民がいるという前提で、広く情報開示を行った。

(6)　その他の取組み

　最後に、その他の取組みとして、行政からのさまざまな要請への対応を行った。また、被災地の支援を目的に、損害保険業界として10億円の義援金の拠出や、支援物資の提供を行った。会員会社個社でも、義援金や支援物資の提供等を通じて東北地方全体の支援を行っている。

Ⅳ　今後の課題

　今後の課題は、4点あげられる。

IV 今後の課題

　第1に、的確・迅速な地震保険金の支払いである。保険金の支払完了率は約98％であるが、平成23年12月現在でもまだ新たな保険金請求が寄せられていることから、支払完了率が100％に至るめどはまだ立っていない状況である。損害保険業界としては、最後の1件まで、支払いを完遂すべく努めていく。

　第2に、地震保険の一層の普及促進である。東日本大震災で1兆2000億円の保険金を支払うことができたのは、それだけ保険契約が結ばれていたことによる。特に宮城県は、過去に宮城県沖を震源とする地震がたびたび発生していることもあり、地震保険の付帯率や普及率が非常に高い地域であった。阪神・淡路大震災も大災害であったが、地震保険については当時普及率が3％程度しかなかったため、783億円という保険金支払いにとどまった。被災地の復興ためには、地震保険の普及を推進することが重要であると考えている。宮城県では県の防災計画に「地震保険の活用」が明記されているが、同様の対応を他県にも働きかけることが、地震保険の普及を推進するうえで、一つの方策になるのではないかと思われる。

　第3に、安定的な地震保険制度の運営に向けた取組みを進めることである。地震保険に関する諸課題については、財務省の「地震再保険特別会計に関する論点整理に係るワーキンググループ」で論議されている。損保協会は、お客様から寄せられた声を集約し、同グループに報告しているが、今後も引き続き、論議のためのさまざまな情報を提供していきたいと考えている。

　第4は、震災時における損保協会の役割発揮に向けて検討を行うことである。損保協会が有事に期待される役割を十分に発揮するため、東日本大震災を通じて得たさまざまな経験を今後の体制に活かしていきたいと考えている。今後、いつ起きるかもわからない次の地震に対応するため、東日本大震災に関する各種課題の洗い出しを行い、それらの課題について、スケジュールを区切って対応の検討を進めているところである。

　なお、本稿は平成23年12月13日に行われた講演内容をまとめたものである。

第9章 被災地における里山・里海の復興に向けて

国際連合大学高等研究所 SATOYAMA イニシアティブ国際パートナーシップ事務局次長　中尾文子

はじめに

　SATOYAMA イニシアティブ国際パートナーシップ（IPSI）は2010年に愛知県の名古屋市で行われた生物多様性条約の第10回締約国会議を契機にして、日本政府、特に環境省と国際連合大学高等研究所（以下、「高等研究所」という）が中心となって提唱し創設された、人と自然との共生をめざす世界的な取組みを推進しようという枠組みである。その概要とパートナーシップの下で行われている東日本大震災復興支援に係る活動の紹介をさせていただく（なお、筆者は、2012年6月現在は、環境省自然環境局自然環境計画課生物多様性国際企画官である）。

Ⅰ　里山・里海

　日本人では「里山」という言葉を知らないという方は少ないと思うが、あらためて整理すると、「里山」は二次林や田んぼ、ため池、あるいは草地、そしてもちろん人の居住空間からなるさまざまな土地利用がモザイク状にみられ、それらが有機的にかかわり合っている空間といえるだろう。「里海」という言葉は、里山と比べると若干聞きなれない言葉かもしれないが、沿岸海域で漁業等を通じて海洋生物の生息場所を多様にするような人手がかけられた空間だといえるだろう（柳哲雄「里海と沿岸域統合管理」環境技術 Vol.40 No.8, 2011.）。東日本大震災において被災された東北地方の多くは、このよ

（資料 1 ） 社会生態学的生産ランドスケープおよびその構成要素の呼称の例

国 名[注]	呼 称（参考説明。なお、さまざまな解釈があり得ることに留意）
韓国	maeul（里地里山に類似）、maeulsoop（里山に類似）
フィリピン	payohs（棚田）、muyongs（里山に類似）、umas（休閑中の焼畑、居住地）
インド	sacred groves（共同管理されており、一定の利用が許容される）
スリランカ	owita（水田及び自給用菜園から構成される）
タンザニア	ngunda（ngolo＜斜面における伝統的な耕作システム＞とその周辺）
マラウイ・ザンビア	chitemene（焼畑を中心とした社会生態学的システム）
ペルー	ayllu（人と自然の共生に近い概念そのものあるいはその発現としての社会生態学的システム、ランドスケープ）
アルゼンチン	chacras（小規模な畑地、住居、二次林から構成され、家族単位で行われるモザイク状の土地利用）
スペイン	dehesa（放牧に農林業を組み合わせた、イベリコ豚、闘牛、メリノ羊等の畜産業）
フランス	terroir（自然と人との関わり合いから地域の特産品を生み出しているところ）
キューバ	campos monte（里山）

注）当該国の一部の地域でのみ使用されている語を含む。

うな里山、あるいは里海なのではないかと考えている。

　高等研究所では、かねてより日本の里山・里海と人間との相互作用に焦点をあてた生態系評価（「日本の里山・里海評価」）を行ってきた。その中では、包括的に「里山・里海ランドスケープとは、動的な空間モザイクであり、人間の福利に資するさまざまな生態系サービスをもたらす、管理された社会・生態学的システム（a dynamic mosaic of managed socio-ecological systems producing a bundle of ecosystem services for human well-being）」という定義がなされている（中尾文子、西麻衣子「日本の里山・里海評価からSATOYAMAイニシアティブへ」環境技術 Vol. 40 No. 8, 2011.）。

　里山的な空間は世界各地に存在するが総称する世界共通の言葉は存在しておらず、それぞれの国や地域において独自の呼称が用いられている（（資料 1 ）参照）。

　このため、当該定義を踏まえ、SATOYAMAイニシアティブ国際パートナーシップでは、世界各地に存在する里山的な空間を、社会生態学的生産ランドスケープとよんでいる。

キューバの社会生態学的生産ランドスケープ
campos monte

社会生態学的生産ランドスケープは、それが存在する地域の風土、文化、社会経済などの状況に応じ一様ではないが、人々が暮らし、伝統や文化を育くむ場であり、食料や木材等の生産の場であり、そしてさまざまな生き物−生物多様性が育くまれる場であって、人間の福利の向上に寄与している。しかし、現在、日本の里山も含め社会生態学的生産ランドスケープは、さまざまな課題に直面している。今回の地震・津波のような自然災害に対する回復力は大きな課題である。また、過疎・高齢化がその他の要因と相まって引き起こす農地の放棄という問題は他の先進国でも多くみられる現象である。一方、東南アジアをはじめとした、人口が急激に増えている地域の中には、過剰利用により消滅の危機にあるところもある。このような状況に鑑み IPSI では、共通の理念を掲げて社会生態学的生産ランドスケープの維持や再構築に向けた取組みの推進を図っている。

II SATOYAMA イニシアティブの長期目標、行動指針および視点

SATOYAMA イニシアティブでは、自然のプロセスに沿った社会経済活動の維持発展を通じた「自然共生社会の実現」を長期目標として掲げている。これは生物多様性条約第10回締約国会議で採択された、生物多様性戦略計画2011-2020・愛知目標のビジョンに呼応している。自然共生社会を実現するために、「多様な生態系のサービスと価値の確保のための知恵の結集」、「革

II SATOYAMA イニシアティブの長期目標、行動指針および視点

(資料 2)　長期目標・行動指針・視点

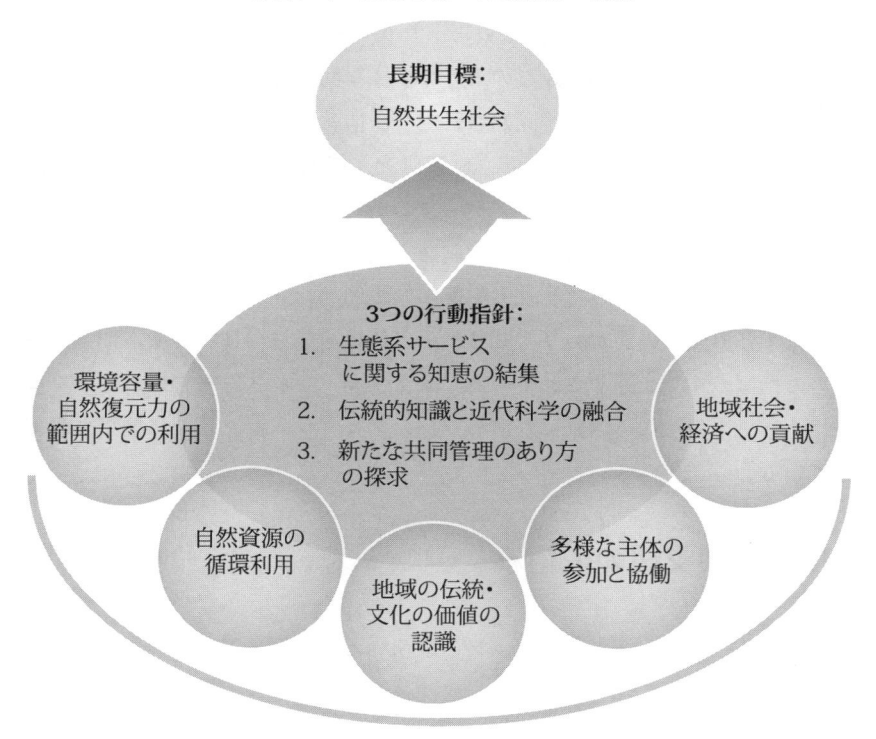

長期目標:
自然共生社会

3つの行動指針:
1. 生態系サービスに関する知恵の結集
2. 伝統的知識と近代科学の融合
3. 新たな共同管理のあり方の探求

環境容量・自然復元力の範囲内での利用

地域社会・経済への貢献

自然資源の循環利用

地域の伝統・文化の価値の認識

多様な主体の参加と協働

新を促進するための伝統的知識と近代科学の融合」および「伝統的な地域の土地所有・管理形態を尊重した上での、新たな共同管理のあり方」を行動指針としている。特にこの新たな共同管理というものは日本のように担い手不足が問題になっているところにおいて、いわゆる里山に居住している人だけではなく都市住民、あるいは企業をはじめとした、これまで自然管理にあまり参画してこなかった関係者も、かかわっていくべきではないかという発想に基づいている((資料 2)参照)。

　IPSI の参加団体は2010年10月の発足時点では、51団体であった。その後とどまることなく参加団体が増えてきており、2011年11月には100団体を超える見込みとなっている(2012年 6 月現在117団体)。このパートナーシップ

のユニークなところは、さまざまな団体が参加している点である。政府だけではなくNGO、企業、先住民・コミュニティー団体、学術研究機関、国連等国際機関も参加している。このような多様な団体で構成されることにより新たな共同のプロジェクトが開始されたり、情報交換が進められている。

　IPSIでは、知見の集約・発信、政策研究、指標研究、能力開発、現地活動を、社会生態学的生産ランドスケープの重要性に対する理解の促進や、同ランドスケープの維持・再構築の実施を支援するために推進している。実際に高等研究所がかかわって、社会生態学的生産ランドスケープにおけるコミュニティと自然とのかかわりの強さやその持続可能性等について、把握するための指標づくりが進められている。また、同ランドスケープにおけるコミュニティーや先住民の活動に対する支援のプログラムが、新たに構築されてきている。

III　復興支援の取組み

　さて、この国際パートナーシップの事務局として行っている復興支援の取組みを紹介したい。2011年8月5日にサステナブル・オーシャンズ・イニシアティブという海洋に関するパートナーシップと共催して、復興支援シンポジウムを国連大学本部で開催し、農林漁業の先駆的な取組みをされている方、農協・漁協の方、そして生態学をはじめとする研究者の方々に講演、そしてパネルディスカッションを行っていただいた。当該シンポジウムで発言された示唆に富んだメッセージのいくつかを以下に紹介したい。

- ○　震災復興に実際に取り組んでいるが非常に大変である。まだ先がみえてこない。それでもこの東北地方の里山・里海に存在してきた人手不足、あるいは高齢化社会等の問題を新たに浮き彫りにし、それを解決する機会につながると信じて取り組んでいる。
- ○　農林漁業、あるいは生業の再生と復興に向けた重要なポイントとして、経済的な支援だけではなくて、やはり生物多様性や、あるいはこれまで

- この地域に存在していた文化・伝統についても大切にしていくべきではないか。
- ○ さまざまなステークホルダーの参加の確保が重要である。消費活動を通じた都市住民の参加もそのうちの1つだろう。
- ○ 里山と里海の連携の重要性を町づくりの議論中で見直していくべきではないか。
- ○ 世界に存在する、津波を始めとしたさまざまな自然災害に対して脆弱な地域に対して、そして日本人の後世に対して寄与するよう、復興取組みから得られる教訓の収集とそれらの発信が重要である。

おわりに

　第15回生物多様性条約科学技術助言補助機関会合（SBSTTA）（2011年11月7日～11日於モントリオール）では生態系の再生が重要なテーマの1つになっている。これに際し、同条約事務局、環境省およびIPSI事務局がサイドイベント「生命の回復——生態系の回復における挑戦、希望と生物多様性条約の役割」を共催する予定である（2011年11月8日に実施）。被災地の里山里海における復興に向けた取組みについて、特に生態系の回復という観点から、紹介したい。そして今後とも、IPSIを通じて被災した里山・里海の復興について可能な支援に取組むとともに、さまざまな主体による復興に向けた取組みを記録に残し国際発信に努めていきたい。

　関連して、復興に際して重要な視点である里山と里海のつながりについて国連大学で作成したビデオ「森と海の絆」を以下のウェブサイト〈http://satoyama-initiative.org/video〉に公開しているので、ご覧いただければ幸いである。

〈引用・参考文献〉
- 柳　哲雄「里海と沿岸域統合管理」環境技術 Vol. 40 No. 8, 2011.

- 中尾文子、西麻衣子「日本の里山・里海評価からSATOYAMAイニシアティブへ」環境技術 Vol. 40 No. 8, 2011.
- 中尾文子「SATOYAMAイニシアティブ－生物多様性の持続可能な利用と人間の福利の向上の推進をめざして」環境情報科学39巻3号，2010

資料編
自治体アンケート

資料編　自治体アンケート

［資料］　自治体アンケート

　東日本大震災後、震災対応セミナー実行委員会では、平成23年11月に各自治体にアンケートへの対応をお願いし、被災自治体20件、それ以外の自治体2件の回答をいただいた。ここに、ご協力いただいた自治体にお礼を申し上げるとともに、その回答をまとめたものを以下に掲載する。

〈被災自治体〉
Q1．市・町・村のいずれでしょうか。
　・市：11件　・町：7件　・村：2件

Q2．所在地はどちらでしょうか。
　・岩手県：7件　・宮城県：5件　・福島県：5件　・茨城県：2件
　・千葉県：1件

Q3．震災後、他の自治体からの人的支援・交流はありましたか。
　・特定の自治体から人的支援を受けた：6件
　・不特定の自治体から人的支援を受けた：5件
　・特定・不特定の自治体から人的支援を受けた：1件
　・人的支援は受けていない：6件
　・人的支援を行っている：1件
　・無回答：1件

Q4．（Q3において人的支援・交流があった自治体）特定の自治体からの人的支援はなぜ実現したのでしょうか（複数回答可）。
　・もともと災害時応援協定等の取り決めがあった：5件
　・震災後に先方からアプローチがあり実現した：4件
　・全国市長会から県を通して話があり、条件的に合致したため：1件
　・県の仲介により実現：1件

Q5．（Q3において人的支援・交流があった自治体）相手の自治体は近隣自治体

ですか（複数回答可）。
- 同一県内の自治体である：15件
- 遠隔地の自治体である：11件
- 隣接県内の自治体である：8件
- 同一または隣接県内ではない：1件

Q6．協定の内容はどのような範囲ですか（複数回答可）。
- 救援物資や飲料水の供給：19件
- 人的支援：19件
- 医療支援：8件
- 被災者の一時収容のための施設の提供：2件
  （その他回答として、被災者の一時受け入れ、生活必需品・救助車両・資機材の提供、車両等の斡旋）

Q7．被災地の自治体として、災害時の他の自治体からの人的支援をどのように考えますか。
- 非常に重要であり、災害前からある程度取り決めておくことが望ましい：19件
- 無回答：1件

Q8-1．Q6に関連して、仮に災害時における他の自治体の支援体制をあらかじめ取り決めておく場合に、各自治体が自主的に活動すれば協力自治体をみつけることが可能でしょうか。それとも、何らかの紹介や国または都道府県による調整が必要でしょうか（複数回答可）。
- 国または都道府県があらかじめ他地方の自治体につき情報提供、紹介等することが望ましい：13件
- 各自治体が自主的にみつけることが可能であるし、容易である：7件

Q8-2．具体的にどのような形で他の自治体との協力体制、支援体制を実現させる方法がよいと思われるか、ご意見、ご提案等があれば自由にお書きください。
- 人口規模および面積の関係も影響すると考えられることから大都市圏の自治

体に対し、面積では上回っていても人口規模では何十倍というのが現実で、支えてもらっても支えきれないと考える。首都圏および何県にも及ぶ災害においては、1人あたり必要最低限の物資需要量を求め各自治体の災害物資需要量に見合う協定団体を既存協定団体を優先したうえで募うことで、平常時においても地域間の交流とか経済の活性化にもつながると考える。今回の災害では、自治体機能全体を他自治体へ移転している事例があり、今後の自治体運営のあり方についても検討課題と考える。
- 現在は何らかのつながりから災害時協力協定がなされており、まるっきり関係のない自治体同士が協定を結ぶには仲介等が必要と思われる。
- 近隣の市町村にあっては、沿岸部と隣接する市町村との連携が重要であり、当市においては、A市が後方支援拠点基地になることを想定し事前に訓練も実施していたのが役立った。遠隔の市町村にあっては、姉妹都市、友好都市など文化的、社会的つながりの深い市町村や、そうした市町村と応援協定を締結している市町村からの支援が良好に機能していたことから、こうした体制を恒久化していくのが望ましい。
- 被災自治体のホームページ等の情報による。

Q9．震災に関連して、問題に対応したいにもかかわらず、法令上の制約等により早期の実現が困難であった事柄はありましたか。
- 多数あった：2件
- いくつかあった：10件
- それほどなかった：5件
- 全然なかった：2件
- 無回答：1件

Q10-1．Q9に関連して、早期の実現が困難であった事柄があった場合には、どのような分野でしたか（複数回答可）。
- 土地・住宅・建設関係：9件
- 廃棄物・リサイクル・公害関係：7件
- 防災・危険物関係：4件
- 道路・運輸・流通関係：4件

- 医療・医薬品関係：2件
- 放射線量対策：1件
- 農林水産・食品関係：1件
- 避難者の受入れ：1件
- エネルギー関係：1件

Q10-2. 具体的な法令、条文等をあげられる場合、具体的な事例のご説明が可能な場合ご記載をお願いします。
- 災害救助法第23条において救助について限定的であり、今回原子力に関する経費（スクリーニング会場提供等）、市民への広報等一部認められない項目あり。
- 遺体の検案に必要な保健所職員が確保できなかった。
- 津波遺留品（金庫、写真等）の取り扱い（災害廃棄物、水難救護法に基づく漂流物か）。
- 土地に関して、地盤沈下・東方への移動があり、復元に困難を生じることから、家屋基礎の撤去が進んでいない。
- 震災後、東北3県からの避難者が殺到し、村独自で受入れの体制・要網等を整備し受け入れたが、災害救助法の適用がされず、被災地へその費用を求償することができなかった。

Q11. 法令上の制約に対し何らかの改善要望を国や都道府県に伝えましたか。
- 伝えていない：7件
- 伝えたが、実現されなかった：4件
- 伝えたところ、一部は実現された：3件
- 関係機関で対策を協議している：1件

Q12. 法令上の制約によっていまだ実現されていない事柄で、実現されることが被災地あるいは今後の災害時に役立つと現場で考えられている事柄がございましたら、ご記載ください。
- 市内でも放射線量の低い地域に住宅建設を進めたいが、農振法等により建設ができない。

- 今回の震災では、他自治体の被災者の受入対応に忙殺され、本来の業務に支障を来しているところである。さらにその業務にかかわった職員の人件費については、時間外のみ対象経費として認められることとなっているが、被災者受入れ自治体については、通常の人件費に対しても支援すべきと考える。
- 被災地の製造業等の企業が避難先で操業にあたり都市計画法上の用途制限のため、適地がなく、別の地域に適地を求めるしかなかった。
- 今回の震災後、各法令等の弾力運用（災害救助法の）という通知はきたが、具体的にどのような事務処理、対応をとるべきかが明確でなかった。
- 阪神・淡路大震災の事例はあったが、それを市町村独自で適用してよいのか判断することが困難であった。今回、災害救助法について震災後に理解した自治体が多いので、定期的に被災後の事務処理等をシミュレーションしておく必要がある。

Q 13-1. 震災に関連して、問題に対応したいにもかかわらず、自治体の人員上の制約等により早期の実現が困難であった事柄はありましたか。
- 多数あった：4件
- いくつかあった：6件
- それほどなかった：7件
- 全然なかった：2件

Q 13-2. 具体的な事例のご説明が可能な場合はご記載をお願いします。
- 被害状況の把握および被害認定
- 放射能対策
- 避難運営に係る人的対応
- 民間からの派遣受入れに難しさを感じる。
- Ｂ市で行った業務のすべて（がれきの撤去、相談業務、家屋調査等）
- 被災・罹災発行業務等
- 避難所の運営に人員不足
- 災害時要援護者の避難体制

Q 14. 人員上の制約によっていまだ実現されていない事柄で、実現されることが

被災地あるいは今後の災害時に役立つと現場で考えられている事柄がございましたら、ご記載ください。
- 除染作業
- 民間からの派遣受入れ
- 住民1人ひとり（避難者）が避難所を運営できるような体制づくり

Q 15. 震災直後に何かをしようとしたところ、法令上・人員上以外の制約があって実現できなかった事柄で、今後の災害時に実現されることが望ましい事柄があればご記載ください。
- 人員の確保
- 技術的支援
- 避難所運営等の震災対応に加え、国の高速道路無料化に伴い、被災証明書の発行業務が急増し、窓口が一時期非常に混乱した。
- 国においては、基礎自治体が無用の混乱を招くことのないような制度による支援（12月からの制度）をしてほしい。
- 情報収集、被災者への正確な情報の提供、物資や燃料の確保
- 救援物資の募集や被災地への搬送（住民から送りたいとの要望が多数あったが、処理しきれなかった）
- 福祉避難所として指定できる施設は、ほとんどなく、災害弱者の対応

Q 16. 震災後（直後を除く）に何かをしようとしたところ、法令上・人員上以外の制約があってできなかった事柄で、今後実現されることが望ましい事柄があればご記載ください。
- 人員の確保
- 市外に避難された方の把握

Q 17. その他、被災地の自治体またはその担当者としての現在の課題と講じるべき対策、将来のわが国における災害時への教訓等につき、ご意見、ご要望、ご提案等あればご記載ください。
- 大規模災害発生時の被災自治体は予算執行を発生時点で凍結できる法制の整備をし国が直接執行する法制の整備。

- 災害対策本部設置の時から地域防災計画所掌事務に専念できる職場環境の整備。
- 放射性物質の中間処理と最終処理施設の整備。
- 首都機能および複数県が被災した場合の指揮権は国主導で統制できる体制の整備を願う（被災していない地方自治体の防災担当者はもとより各行政の担当職員を強制派遣可能な機構の整備を願う）。
- 国の迅速な対応（都道府県市町村に丸投げでなく自ら動く）と情報共有および対策における市町村の強制力
- 高速道路の無料化について何の説明もなされず行われたことから、自治体により被災証明の発行条件に差が生じたり、1日中その発行に追われ、業務に支障を来した。
- 事前に会議をすれば誰でもこの混乱は想像できたと思われる。しかも、途中で方針を変更し、12月から窓口で苦情のお客さんが多く訪れている。
- 国および県は災害の状況を踏まえ、直後に応急仮設住宅以外に民間賃貸住宅借上げによる応急仮設住宅の取扱いを進めるとか、住宅の応急修理については1カ月以内に完了するとされているが、3カ月とか6カ月以内とする旨を当初から事務連絡をいただかないと、相談にくる被災者に対し住宅の斡旋もできないし、資材もないのに1カ月以内で修理を終えるよう、無理な説明をすることとなる。
- 大規模災害時の技術系職員の確保が課題と考える。その際に、民間の人的支援が容易に可能な法整備が必要ではないか。
- 地震（津波）に対する対応を自助公助の立場で考え対策を講じていかなければ、無駄な経費ばかり費してしまうおそれがある。
- 被災された方の住宅補償や放射能対策が大事だと思う。
- 震災後、時間が経過すると防災意識が低下してしまう。そのようなことがないよう、長期的、継続的に対策を講じる必要がある。

〈被災自治体以外の自治体〉

Q1．都道府県・市・町・村のいずれでしょうか。
　　・県：1件（中部・北陸）　・市：1件（関東）

Q2．震災後、被災自治体との人的交流はありましたか。
　・特定の自治体への人的支援を実施した：2件

Q3．特定の自治体への人的支援はなぜ実現したのでしょうか。
　・全国知事会、国の省庁による調整
　・県からの要請により、緊急消防援助隊を被災地へ派遣した。

【他の自治体と災害時協定（名称を問わない）の取り決めのある自治体のみの回答】
Q4．相手の自治体は近隣自治体ですか。
　・同一県内である：2件
　・隣接県内である：1件
　・同一または隣接県内ではないが、近県の自治体である：2件
　・遠隔地の自治体である：2件

Q5．協定の内容はどのような範囲ですか。
　・救援物資や飲料水の供給：2件
　・人的支援：2件
　・医療支援：2件
　・応急復旧活動等に必要な職員の派遣、児童生徒の受入れ、住宅の斡旋：1件

Q6．災害時の他の自治体からの人的支援をどのように考えますか。
　・非常に重要であり、災害前からある程度取り決めておくことが望ましい：2件

Q7．仮に災害時における他の自治体の支援体制をあらかじめ取り決めておく場合に、各自治体が自主的に活動すれば協力自治体をみつけることは可能でしょうか。それとも、何らかの紹介や国または都道府県による調整が必要でしょうか。
　・国または都道府県があらかじめ他地方の自治体につき情報提供、紹介等することが望ましい：2件

Q8．震災に関連して、法令上の制約等により早期の実現が困難であった事柄はありましたか。
- いくつかあった：1件
- 全然なかった：1件

Q9．早期の実現が困難であった事柄があった場合には、どのような分野でしたか。
- 防災・危険物関係：1件

Q10．法令上の制約に対し何らかの改善要望を国や都道府県に伝えましたか。
- 伝えていない：2件

Q11．法令上の制約によっていまだ実現されていない事柄で、実現されることが被災地あるいは今後の災害時に役立つと現場で考えられている事柄がございましたら、ご記載ください。
- 無回答：2件

Q12．震災に関連して、問題に対応したいにもかかわらず、自治体の人員上の制約等により早期の実現が困難であった事柄はありましたか。
- いくつかあった：1件（罹災証明書の発行や家屋の被災状況調査）
- 全然なかった：1件

以上

震災対応セミナー実行委員会

山田　英雄（会長。公益財団法人公共政策調査会顧問）
炭谷　　茂（副会長。社会福祉法人恩賜財団済生会理事長）
庭山正一郎（副会長。弁護士（あさひ法律事務所）、実務公法学会会長）
北里　敏明（副会長。弁護士（北里敏明法律事務所））
井澤　倫子（委員長。霞水会国際総合研究所理事長）
山下清兵衛（副委員長。弁護士（マリタックス法律事務所）、実務公法学会副会長）
石川美津子（委員。弁護士（銀座栄光法律事務所））
奥田　久美（委員。全国社会保険労務士会連合会専務理事）
尾見　博武（委員。弁護士（尾見法律事務所））
川端　和治（委員。弁護士（霞が関総合法律事務所））
木村弘之亮（委員。ケルン大学租税法研究所客員研究員、弁護士（Dr. 木村国際税理法律事務所））
木村　庸五（委員。弁護士（日比谷南法律事務所））
志賀　　櫻（委員。弁護士（志賀櫻法律事務所）、國學院大學法科大学院客員教授）
高木　一嘉（委員。弁護士（高木一嘉法律事務所））
関　　葉子（委員。弁護士（銀座プライム法律事務所））
滝澤　　進（委員。霞水会国際総合研究所理事）
竹内八十二（委員。土地家屋調査士（竹内土地家屋調査士事務所）、日本土地家屋調査士会連合会長）
竹本　和彦（委員。国際連合大学高等研究所シニアフェロー）
永井　幸寿（委員。21世紀防災・危機管理研究所所長、弁護士（アンサー法律事務所））
永田　　均（委員。京都文教大学教授）
永野　　博（委員。政策研究大学院大学教授）
中野　明安（委員。弁護士（丸の内総合法律事務所）、災害復興まちづくり支援機構事務局長、日本弁護士連合会災害復興支援委員会事務局次長）

震災対応セミナー実行委員会

中西　　豊（委員。行政書士（行政書士中西豊事務所）、日本行政書士会連合会副会長、東京都行政書士会会長）
西村　國彦（委員。弁護士（さくら共同法律事務所））
早川　敏夫（委員。司法書士（早川司法書士事務所）、日本司法書士会連合会副会長）
東澤　　靖（委員。弁護士（霞が関総合法律事務所））
藤原　宏髙（委員。弁護士（ひかり総合法律事務所））
松下　一彦（委員。一般社団法人全日本土地区画整理士会専務理事）
水野　泰孝（委員。弁護士（水野泰孝法律事務所））
三森　　仁（委員。弁護士（あさひ法律事務所））
三宅　　弘（委員。弁護士（原後綜合法律事務所））
村上　德光（委員。公益財団法人公共政策調査会専務理事）
横山　和夫（委員。税理士・行政書士（横山税務会計行政総合事務所））
岡田　高明（監事。税理士（税理士法人ナレッジ会計事務所））
幸村　俊哉（事務局長。弁護士（東京丸の内法律事務所））
松本　寿子（事務次長。行政書士（行政書士松本寿子事務所））
工藤　康博（事務局。行政書士（行政書土工藤康博事務所））
菅野有里子（事務局。行政書士（菅野行政書士事務所））
浅野　幸恵（事務局。行政書士（行政書士浅野幸恵事務所））
中村　恭章（事務局。社会保険労務士・行政書士（社会保険労務士・行政書士中村事務所））
関口　　治（事務局。土地家屋調査士（関口登記測量事務所））
荻野　照美（事務局。司法書士（おぎの司法書士事務所））

（所属は、平成24年6月末日現在）

3.11大震災の記録
――中央省庁・被災自治体・各士業等の対応――

平成24年7月11日　第1刷発行

定価　本体9,048円（税別）

編　　者	震災対応セミナー実行委員会
発　　行	株式会社　民事法研究会
印　　刷	株式会社　太平印刷社

発　行　所　株式会社　民事法研究会
　　　〒150-0013　東京都渋谷区恵比寿3-7-16
　　　〔営業〕TEL 03(5798)7257　FAX 03(5798)7258
　　　〔編集〕TEL 03(5798)7277　FAX 03(5798)7278
　　　http://www.minjiho.com/　info@minjiho.com

落丁・乱丁はおとりかえします。　ISBN978-4-89628-798-1 C2032 ¥9048E
カバーデザイン　関野美香

最新の情報・特例措置、船舶・自動車・がれき処理等の新たな実務を織り込み改訂！

震災の法律相談Q＆A
〔第2版〕

弁護士法人　淀屋橋・山上合同　編

A5判・393頁・定価　2,940円（税込、本体2,800円）

本書の特色と狙い

▶阪神淡路大震災を経験した弁護士が、東日本大震災に伴う関係法令、不動産、取引、不法行為、労働、親族・相続、外国人、倒産、保険、税金等の法律問題を震災後、1ヵ月余りでいち早く解説し、好評を博した内容を、平成23年9月末日現在の最新の内容を織り込み改訂／

▶第2版では、新たに災害救助法、被災者生活再建支援法を織り込み、原子力損害賠償の問題を踏まえ、幅広い法律を網羅／

▶船舶・自動車・津波・原子力被害等、東日本大震災下での独自の問題にも丁寧に対応／

▶執筆者に司法書士を迎え、登記および不動産登録免許税等の内容が充実／

▶新章として、「行政」をめぐる解説を織り込み、罹災証明・被災証明、土地区画整理事業等の内容が充実／

▶コラムとして、仙台弁護士会に所属する被災地の弁護士が、現地の情報を紹介／

本書の主要内容

第1章	災害に関する法律（33問）	第8章	人（21問）	
第2章	不動産（68問）	第9章	倒　産（10問）	
第3章	不動産以外の財産（18問）	第10章	保　険（19問）	
第4章	取　引（35問）	第11章	税　金（24問）	
第5章	不法行為（22問）	第12章	行　政（19問）	
第6章	会社法・金融商品取引法（6問）	●参考資料		
第7章	労　働（35問）			

発行　民事法研究会

〒150-0013　東京都渋谷区恵比寿3-7-16
（営業）TEL. 03-5798-7257　FAX. 03-5798-7258
http://www.minjiho.com/　info@minjiho.com